Buch-Updates

Registrieren Sie dieses Buch auf unserer Verlagswebsite. Sie erhalten damit Buch-Updates und weitere, exklusive Informationen zum Thema.

Und so geht's
> Einfach www.sap-press.de aufrufen
<<< Auf das Logo **Buch-Updates** klicken
> Unten genannten **Zugangscode** eingeben

Ihr persönlicher Zugang zu den Buch-Updates: 146400030643

Personalplanung und -entwicklung mit SAP® ERP HCM

 PRESS

SAP PRESS ist eine gemeinschaftliche Initiative von SAP und Galileo Press. Ziel ist es, Anwendern qualifiziertes SAP-Wissen zur Verfügung zu stellen. SAP PRESS vereint das fachliche Know-how der SAP und die verlegerische Kompetenz von Galileo Press. Die Bücher bieten Expertenwissen zu technischen wie auch zu betriebswirtschaftlichen SAP-Themen.

Jörg Edinger, Richard Haßmann, Gerold Heitz
Personalabrechnung mit SAP
2009, 595 S., geb.
ISBN 978-3-8362-1154-3

Martin Esch, Anja Junold
Berechtigungen in SAP ERP HCM
2008, 352 S., geb.
ISBN 978-3-8362-1081-2

Hans-Jürgen Figaj, Richard Haßmann, Anja Junold
HR-Reporting mit SAP
2007, 431 S., geb.
ISBN 978-3-89842-878-1

Jörg Edinger, Anja Junold, Klaus-Peter Renneberg
Praxishandbuch SAP-Personalwirtschaft
2., akt. und erw. Auflage 2009, 565 S., geb.
ISBN 978-3-8362-1312-7

Aktuelle Angaben zum gesamten SAP PRESS-Programm finden Sie unter *www.sap-press.de*.

Richard Haßmann, Christian Krämer, Jens Richter

Personalplanung und -entwicklung mit SAP® ERP HCM

Bonn • Boston

Liebe Leserin, lieber Leser,

vielen Dank, dass Sie sich für ein Buch von SAP PRESS entschieden haben.

Qualifizierte und motivierte Mitarbeiter sind ein entscheidender Erfolgsfaktor für jedes Unternehmen – mehr denn je, wenn man sich die demographische Entwicklung in Westeuropa anschaut. Mit IT-Unterstützung können Sie die Prozesse der Personalplanung und -entwicklung umfassend und integriert unterstützen und so »Talente« für Ihr Unternehmen gewinnen, sie halten und weiterqualifizieren. Mit SAP ERP Human Capital Management (HCM) bietet SAP ein reichhaltiges Softwareangebot für den personalwirtschaftlichen Bereich, nicht zuletzt für das Talent Management.

Richard Haßmann, Christian Krämer und Jens Richter kennen SAP ERP HCM wie ihre Westentasche und geben Ihnen mit diesem Buch einen zuverlässigen Begleiter an die Hand: vom Organisationsmanagement über das Skillmanagement und die Learning Solution bis zum E-Recruiting und zur Personalkostenplanung. Sie erhalten wertvolle Anregungen zur Gestaltung effizienter Prozesse und erfahren, wie Sie SAP ERP HCM effektiv implementieren und optimieren. Außerdem lernen Sie das entscheidende Customizing kennen.

Wir freuen uns stets über Lob, aber auch über kritische Anmerkungen, die uns helfen, unsere Bücher besser zu machen. Am Ende dieses Buchs finden Sie daher eine Postkarte, mit der Sie uns Ihre Meinung mitteilen können. Als Dankeschön verlosen wir unter den Einsendern regelmäßig Gutscheine für SAP PRESS-Bücher.

Ihr Frank Paschen
Lektorat SAP PRESS

Galileo Press
Rheinwerkallee 4
53227 Bonn

frank.paschen@galileo-press.de
www.sap-press.de

Auf einen Blick

TEIL I Grundlagen

1 Überblick über SAP ERP HCM 25
2 Organisationsmanagement 39
3 Rollenkonzept in SAP ERP HCM 125
4 SAP NetWeaver Portal in SAP ERP HCM 157
5 SAP Business Workflow 165
6 Queries in SAP ERP HCM 173

TEIL II Talent Management

7 Einführung in das Talent Management 187
8 Skillmanagement 199
9 Zielvereinbarung und Beurteilung 231
10 Veranstaltungsmanagement und SAP Learning Solution 285
11 SAP E-Recruiting 409
12 Unternehmensvergütungsmanagement 485

TEIL III Personalplanung und -analyse

13 Personalplanungsprozess 497
14 Positions- und Kontingentplanung 513
15 Personalkostenplanung und -simulation 529
16 Analyse der Personalplanung und -entwicklung mit SAP NetWeaver BW 557
17 SAP Strategic Enterprise Management 583

Der Name Galileo Press geht auf den italienischen Mathematiker und Philosophen Galileo Galilei (1564–1642) zurück. Er gilt als Gründungsfigur der neuzeitlichen Wissenschaft und wurde berühmt als Verfechter des modernen, heliozentrischen Weltbilds. Legendär ist sein Ausspruch *Eppur se muove* (Und sie bewegt sich doch). Das Emblem von Galileo Press ist der Jupiter, umkreist von den vier Galileischen Monden. Galilei entdeckte die nach ihm benannten Monde 1610.

Gerne stehen wir Ihnen mit Rat und Tat zur Seite:
frank.paschen@galileo-press.de bei Fragen und Anmerkungen zum Inhalt des Buchs
service@galileo-press.de für versandkostenfreie Bestellungen und Reklamationen
thomas.losch@galileo-press.de für Rezensionsexemplare

Lektorat Frank Paschen
Korrektorat Bettina Mosbach, Bonn
Einbandgestaltung Silke Braun
Coverbild Getty Images RF/Tom Brakefield
Typografie und Layout Vera Brauner
Herstellung Katrin Müller
Satz III-satz, Husby
Druck und Bindung Bercker Graphischer Betrieb, Kevelaer

Bibliografische Information der Deutschen Bibliothek
Die Deutsche Bibliothek verzeichnet diese Publikation in der Deutschen Nationalbibliografie; detaillierte bibliografische Daten sind im Internet über http://dnb.ddb.de abrufbar.

ISBN 978-3-8362-1122-2

© Galileo Press, Bonn 2009
2., aktualisierte und erweiterte Auflage 2009
Die erste Auflage erschien unter dem Titel »Personalplanung und -entwicklung mit mySAP HR«.

Das vorliegende Werk ist in all seinen Teilen urheberrechtlich geschützt. Alle Rechte vorbehalten, insbesondere das Recht der Übersetzung, des Vortrags, der Reproduktion, der Vervielfältigung auf fotomechanischen oder anderen Wegen und der Speicherung in elektronischen Medien. Ungeachtet der Sorgfalt, die auf die Erstellung von Text, Abbildungen und Programmen verwendet wurde, können weder Verlag noch Autor, Herausgeber oder Übersetzer für mögliche Fehler und deren Folgen eine juristische Verantwortung oder irgendeine Haftung übernehmen.

Die in diesem Werk wiedergegebenen Gebrauchsnamen, Handelsnamen, Warenbezeichnungen usw. können auch ohne besondere Kennzeichnung Marken sein und als solche den gesetzlichen Bestimmungen unterliegen.

Sämtliche in diesem Werk abgedruckten Bildschirmabzüge unterliegen dem Urheberrecht © der SAP AG, Dietmar-Hopp-Allee 16, D-69190 Walldorf.

SAP, das SAP-Logo, mySAP, mySAP.com, mySAP Business Suite, SAP NetWeaver, SAP R/3, SAP R/2, SAP B2B, SAPtronic, SAPscript, SAP BW, SAP CRM, SAP EarlyWatch, SAP ArchiveLink, SAP GUI, SAP Business Workflow, SAP Business Engineer, SAP Business Navigator, SAP Business Framework, SAP Business Information Warehouse, SAP inter-enterprise solutions, SAP APO, AcceleratedSAP, InterSAP, SAPoffice, SAPfind, SAPfile, SAPtime, SAPmail, SAPaccess, SAP-EDI, R/3 Retail, Accelerated HR, Accelerated HiTech, Accelerated Consumer Products, ABAP, ABAP/4, ALE/WEB, Alloy, BAPI, Business Framework, BW Explorer, Duet, Enjoy-SAP, mySAP.com e-business platform, mySAP Enterprise Portals, RIVA, SAPPHIRE, TeamSAP, Webflow und SAP PRESS sind Marken oder eingetragene Marken der SAP AG, Walldorf.

Inhalt

Einleitung 17

TEIL I Grundlagen

1 Überblick über SAP ERP HCM 25

1.1 SAP ERP HCM als integrierte Komponente von SAP ERP und der SAP Business Suite 25
1.2 Komponenten von SAP ERP HCM 27
1.3 Personalstammdaten 30
    1.3.1 Grundsätzlicher Aufbau 30
    1.3.2 Stammdaten pflegen und anzeigen 32
    1.3.3 Integration in die Personalplanung und -entwicklung 35
1.4 Fazit 37

2 Organisationsmanagement 39

2.1 Betriebswirtschaftliche Grundlagen 39
2.2 Konzeption in SAP ERP HCM 40
    2.2.1 Grundbegriffe 40
    2.2.2 Ausgewählte Objekttypen und Verknüpfungen 47
    2.2.3 Statusverwaltung 51
    2.2.4 Auswertungswege 53
    2.2.5 Organisationsstruktur 54
    2.2.6 Aufgabenkatalog 56
    2.2.7 Pflegeoberfläche 59
    2.2.8 Organisationsmanagement als Grundlage für Planung und Entwicklung 68
    2.2.9 Organisationsmanagement als Grundlage der Personaladministration 69
2.3 Umsetzung in SAP ERP HCM 73
    2.3.1 Pflege der Organisationsstruktur 73
    2.3.2 Pflege beliebiger Strukturen 83
    2.3.3 Pflege der Matrixorganisation 84
    2.3.4 Ausgewählte Infotypen 89
    2.3.5 Erstellung eigener Auswertungswege 91
    2.3.6 Objekttypen anlegen 92

		2.3.7	Infotypen erweitern und anlegen	100
		2.3.8	Anpassung der Pflegeoberfläche	103
		2.3.9	Arbeiten mit verschiedenen Planvarianten	109
		2.3.10	Auswertungen im Organisationsmanagement	111
		2.3.11	Transport von Strukturen	116
	2.4	Prozessbeispiele		118
		2.4.1	Anlegen neuer Planstellen mit Antragsverfahren	118
		2.4.2	Szenarioplanung	120
	2.5	Kritische Erfolgsfaktoren		122

3 Rollenkonzept in SAP ERP HCM 125

	3.1	Bedeutung des Rollenkonzeptes		125
	3.2	Umsetzung des Rollenkonzeptes		126
		3.2.1	Definition von Rollen im System	126
		3.2.2	Zuordnung von Rollen im System	129
		3.2.3	Zusammenhang zwischen Rolle und Benutzer	132
	3.3	Berechtigungen in SAP ERP HCM		133
		3.3.1	Zentrale Berechtigungsobjekte	133
		3.3.2	Strukturelle Berechtigungsprüfung	138
		3.3.3	Spezielle Konzepte in der HCM-Berechtigung	145
		3.3.4	Kontextabhängige Berechtigungsprüfung	151
	3.4	Kritische Erfolgsfaktoren		154

4 SAP NetWeaver Portal in SAP ERP HCM 157

	4.1	Grundlagen von SAP NetWeaver Portal		158
		4.1.1	Benutzerverwaltung	159
		4.1.2	Bestandteile der Portal-Anwendungen	160
	4.2	Business Packages in SAP ERP HCM		161
		4.2.1	Employee Self-Services (ESS)	161
		4.2.2	Manager Self-Services (MSS)	162
	4.3	Reporting im Portal		163
	4.4	Fazit		164

5 SAP Business Workflow 165

	5.1	Leistungsspektrum und Zusammenhänge	165
	5.2	Integration von Workflows in SAP ERP HCM	167
	5.3	Workflow Builder	167
	5.4	Standardelemente in der Personalplanung und -entwicklung	169

5.5	Bearbeiterfindung		170
5.6	Kritische Erfolgsfaktoren		171

6 Queries in SAP ERP HCM ... 173

6.1	Einführung		173
	6.1.1	Aufbau und Technik der Query	173
	6.1.2	Logische Datenbanken in SAP ERP HCM	175
6.2	Umsetzung in SAP ERP HCM		178
	6.2.1	Nutzen und Einsatzgebiete der Query in der Personalplanung und -entwicklung	178
	6.2.2	Arbeiten mit der SAP Query	178
	6.2.3	Ad-hoc Query	181
	6.2.4	Ad-hoc Query versus SAP Query	183
6.3	Kritische Erfolgsfaktoren		183

TEIL II Talent Management

7 Einführung in das Talent Management ... 187

7.1	Was ist Talent Management?		187
	7.1.1	Bestimmung der Zielgruppen	187
	7.1.2	Bereiche des Talent Managements	188
	7.1.3	Gestaltungsrahmen des Talent Managements	189
7.2	Talent Management in SAP ERP HCM		189
	7.2.1	Bestandteile	190
	7.2.2	Erweiterte Stellenarchitektur	194
	7.2.3	Infotypen	194
	7.2.4	Voraussetzungen für die Nutzung	197
7.3	Fazit		197

8 Skillmanagement ... 199

8.1	Konzeption in SAP ERP HCM		199
	8.1.1	Qualifikationskatalog	199
	8.1.2	Profile	204
	8.1.3	Auswertungen	206
	8.1.4	Integration	207
8.2	Umsetzung in SAP ERP HCM		209
	8.2.1	Grundsätzliche Systemeinstellungen	209
	8.2.2	Pflege des Qualifikationskatalogs	213

	8.2.3	Arbeiten mit Profilen	218
	8.2.4	Zentrale Steuerung	224
8.3		Prozessbeispiel »Dezentrale Skill-Pflege«	226
8.4		Kritische Erfolgsfaktoren	229

9 Zielvereinbarung und Beurteilung — 231

9.1		Konzeption in SAP ERP HCM	231
	9.1.1	Leistungsumfang	231
	9.1.2	Beurteilungs- und Zielvereinbarungsprozess	232
	9.1.3	Integration	237
9.2		Umsetzung in SAP ERP HCM	240
	9.2.1	Grundsätzliche Customizing-Einstellungen	240
	9.2.2	Customizing im Katalog für Beurteilungsformulare	242
	9.2.3	Business Server Pages	265
	9.2.4	Zielvereinbarung und Beurteilung anlegen	268
	9.2.5	Reporting	271
9.3		Neuerungen im Enhancement Package 4	276
	9.3.1	Neue Benutzeroberfläche mit Web Dynpro ABAP	277
	9.3.2	Ziele kaskadieren	279
	9.3.3	Teamkalibrierung und Vergütung	280
	9.3.4	Integration mit SAP Enterprise Learning	281
9.4		Kritische Erfolgsfaktoren	282

10 Veranstaltungsmanagement und SAP Learning Solution — 285

10.1		Betriebswirtschaftliche Grundlagen	285
	10.1.1	Formen des E-Learning	286
	10.1.2	Wann kann E-Learning sinnvoll eingesetzt werden?	288
	10.1.3	Vorteile des E-Learning	291
	10.1.4	Strategische Bedeutung des E-Learning	292
10.2		Learning-Management-Systeme	294
10.3		Konzeption des Veranstaltungsmanagements in SAP ERP HCM	295
	10.3.1	Struktur des Veranstaltungsmanagements	297
	10.3.2	Dynamische Menüs	300
	10.3.3	Integration des Veranstaltungsmanagements	306
10.4		Umsetzung in SAP ERP HCM	324
	10.4.1	Aufbau des Schulungskatalogs	325
	10.4.2	Planung im Veranstaltungsmanagement	341
	10.4.3	Tagesgeschäft	351

	10.4.4	Nachbereitung von Trainings	363
	10.4.5	ESS im Veranstaltungsmanagement	368
10.5	Prozessbeispiel: Papierloses Veranstaltungsmanagement		369
10.6	Kritische Erfolgsfaktoren		371
10.7	SAP Learning Solution		372
	10.7.1	Das SAP-Forschungsprojekt im Bereich Lernen...........	372
	10.7.2	Leistungsmerkmale	373
	10.7.3	Integration der Learning Solution in SAP ERP HCM....	381
	10.7.4	Neuerungen im Enhancement Package 4	385
	10.7.5	Prozessbeispiele für das E-Learning	392
	10.7.6	Projektvorgehen	404
	10.7.7	Kritische Erfolgsfaktoren	406

11 SAP E-Recruiting 409

11.1	Betriebswirtschaftliche Grundsätze		409
	11.1.1	Ziele des Personalbeschaffungsprozesses	410
	11.1.2	Ziele der Nachfolgeplanung	410
	11.1.3	Beschaffungsmedien	411
	11.1.4	Administration des Bewerbungsprozesses	415
	11.1.5	Bewerberauswahl	417
	11.1.6	Beschaffungscontrolling	419
	11.1.7	Recruiting über das Internet	420
11.2	Besonderheiten des E-Recruitings		422
	11.2.1	»War for Talent«	422
	11.2.2	Beschaffung und Personalbindung	422
	11.2.3	Kontrolle des Personalbeschaffungsprozesses	423
	11.2.4	Prozess und Organisation	424
	11.2.5	Service Providing in der Personalbeschaffung	425
	11.2.6	Technologie	425
11.3	Konzeption der Personalbeschaffung in SAP ERP HCM		426
	11.3.1	Überblick	426
	11.3.2	Prozess und Rollen der Personalbeschaffung	429
	11.3.3	Suchaufträge	431
	11.3.4	Prozessvorlagen	435
	11.3.5	Fragebögen	437
	11.3.6	Weitere wichtige Begriffe	443
11.4	Konzeption der Nachfolgeplanung in SAP ERP HCM		445
	11.4.1	Überblick	446
	11.4.2	Prozess und Rollen der Nachfolgeplanung	447

11.5	Rollen in SAP E-Recruiting	452
	11.5.1 Der externe Kandidat	453
	11.5.2 Der interne Kandidat	464
	11.5.3 Der Manager	465
	11.5.4 Der Personalbeschaffer	467
	11.5.5 Der Administrator	471
	11.5.6 Der Nachfolgeplaner	472
11.6	Customizing und Technologie	473
	11.6.1 Technische Einstellungen	473
	11.6.2 Grundeinstellungen	474
	11.6.3 Talent Warehouse	475
	11.6.4 Applicant Tracking	476
	11.6.5 Aktivitäten	477
	11.6.6 Fragebögen	479
	11.6.7 Suchauftragsmanagement	479
	11.6.8 Weitere technische Aspekte	479
11.7	Weitere Neuerungen im Enhancement Package 4	481
11.8	Kritische Erfolgsfaktoren	481

12 Unternehmensvergütungsmanagement 485

12.1	Überblick	485
	12.1.1 Möglichkeiten des Unternehmensvergütungsmanagements	485
	12.1.2 Integration	486
12.2	Vergütungsverwaltung	486
12.3	Long-Term Incentives	488
12.4	Budgetierung	490
12.5	Monetäre Stellenbewertung	491
12.6	Fazit	494

TEIL III Personalplanung und -analyse

13 Personalplanungsprozess 497

13.1	Ansatz zur integrierten Personalplanung	498
	13.1.1 Elemente der Personalplanung	498
	13.1.2 Aufgabenteilung zwischen zentraler und dezentraler Planung	502
	13.1.3 Integration zentraler und dezentraler Planungsschritte	504

	13.1.4	Dezentrale Aufgaben	504
	13.1.5	Zentrale Aufgaben	505
13.2	Personalplanungsprozess im Überblick		506
	13.2.1	Grundlagen der Personalplanung	506
	13.2.2	Rahmenprozess der Personalplanung	506
	13.2.3	Risikomanagement	508
13.3	Fazit		509
	13.3.1	Rollenspezifischer Zugriff	509
	13.3.2	Inhaltliche Anforderungen	510

14 Positions- und Kontingentplanung ... 513

14.1	Konzeption in SAP ERP HCM		513
	14.1.1	Planung auf Planstellenebene	514
	14.1.2	Kontingentplanung	516
	14.1.3	Offenheit für Erweiterungen und neue Strukturen	517
14.2	Umsetzung in SAP ERP HCM		518
	14.2.1	Relevante Infotypen	518
	14.2.2	Auswertungen auf Planstellenbasis	521
	14.2.3	Kontingentplanung	523
14.3	Prozessbeispiele		524
	14.3.1	Risikomanagement	524
	14.3.2	Strukturierung des Stellenplans	526
14.4	Kritische Erfolgsfaktoren		527

15 Personalkostenplanung und -simulation ... 529

15.1	Integration mit anderen Komponenten		530
15.2	Prozess der Personalkostenplanung		531
15.3	Planungsvorbereitung		533
	15.3.1	Planungskontext definieren	534
	15.3.2	Planungsszenario definieren	534
	15.3.3	Kostenbestandteile definieren	535
15.4	Datensammlung		535
	15.4.1	Technisches Zusammenspiel von Lohnart, symbolischem Konto und Kostenbestandteil	535
	15.4.2	Datensammlung für Mitarbeiter	537
	15.4.3	Definition eigener Datensammlungsmethoden	539
	15.4.4	Beispiel einer Datensammlung	541
	15.4.5	Datensammlung für organisatorische Objekte	542
	15.4.6	Nachbearbeitung der gesammelten Daten	543

15.5 Personalkostenpläne erstellen und verwalten 544
    15.5.1 Planungslauf durchführen 544
    15.5.2 Customizing des Planungslaufes 546
15.6 Planung durch den Kostenverantwortlichen 548
15.7 Planung durch den Kostenplaner 549
15.8 Überleitung des Kostenplans in das Controlling 549
15.9 Reporting 550
    15.9.1 Reporting in SAP ERP HCM 550
    15.9.2 Reporting in SAP NetWeaver BW 551
15.10 Verfügbare Standardrollen für die Kostenplanung 553
15.11 BAdIs in der Kostenplanung 553
    15.11.1 BAdIs in der Datensammlung 553
    15.11.2 BAdIs im Kostenplanungslauf 554
    15.11.3 BAdI in der Detailplanung 554
    15.11.4 BAdI bei der Buchung ins Rechnungswesen 554
15.12 Kritische Erfolgsfaktoren 555

16 Analyse der Personalplanung und -entwicklung mit SAP NetWeaver BW 557

16.1 Einführung in SAP NetWeaver BW 557
16.2 Auswertungen erstellen mit dem BEx Query Designer ... 560
16.3 Reporting mit dem BEx Analyzer 566
16.4 Reporting im Portal mit dem BEx Web Analyzer 570
16.5 BEx Web Application Designer 571
16.6 Business Content 572
    16.6.1 Strategische Personalwirtschaft 573
    16.6.2 Organisationsmanagement 574
    16.6.3 Personalentwicklung 574
    16.6.4 Personalkostenplanung 575
    16.6.5 Veranstaltungsmanagement und SAP Learning Solution 575
    16.6.6 Performance Management 576
    16.6.7 Unternehmensvergütungsmanagement 577
    16.6.8 Talent Management 579
    16.6.9 E-Recruiting 580
16.7 Fazit 581

17 SAP Strategic Enterprise Management ... 583

17.1 Grundlagen ... 583
   17.1.1 Betriebswirtschaftliche Grundlagen ... 583
   17.1.2 Problemfelder ... 584
17.2 Systembausteine von SAP SEM ... 585
   17.2.1 Business Planning und Simulation (SEM-BPS) ... 585
   17.2.2 Business Consolidation (SEM-BCS) ... 585
   17.2.3 Strategy Management (SEM-SM) ... 586
   17.2.4 Performance Measurement (SEM-PM) ... 586
   17.2.5 Stakeholder Relationship Management (SEM-SRM) ... 587
17.3 Relevanz für das Personalmanagement ... 588
17.4 Fazit ... 588

Anhang ... 589

A   Infotypen der Personalplanung und -entwicklung ... 591
B   Auswertungen im Organisationsmanagement ... 605
C   Berechtigungsobjekte ... 609
D   BAdIs in der Komponente »Zielvereinbarung und Beurteilung« ... 613
E   Erläuterungen zu Prozessmodellen ... 615
F   Literaturverzeichnis ... 619
G   Die Autoren ... 621

Index ... 623

Was ist das Ziel dieses Buchs? Wer kann von der Lektüre profitieren? Wie ist das Buch aufgebaut, und wie können Sie es optimal einsetzen? Diese Frage wollen wir im Folgenden beantworten.

Einleitung

Der Bereich der Personalplanung und -entwicklung hat sich in den letzten Jahren weiterentwickelt und auch bei SAP eine neue Ausrichtung gefunden. Dies schlägt sich nicht nur in zahlreichen neuen Begriffen nieder, wie z.B. Talent Management oder der Umbenennung von SAP HR in SAP ERP HCM, sondern auch in vielen Neu- und Weiterentwicklungen in der Anwendung. Im Bereich der Personalentwicklung beziehungsweise des Talent Managements zeigen sich diese Entwicklungen besonders in der Komponente *E-Recruiting*, die wegen der Neuausrichtung die Komponente *Bewerberverwaltung* komplett ersetzt, und in der Komponente *Learning Solution*, die das *Veranstaltungsmanagement* ablöst. Beide Komponenten rücken den Mitarbeiter oder potenziellen Mitarbeiter als »Talent« in den Mittelpunkt. Dazu kommen Weiterentwicklungen im Bereich der Benutzerfreundlichkeit und Integration der Endbenutzer in die Prozesse der Personalplanung und -entwicklung. Dabei spielt das Portal eine wichtige Rolle, dessen Einsatzmöglichkeiten ständig weiterentwickelt werden. Im Bereich der Learning Solution werden z.B. für alle Anwendergruppen vom Lernenden über den Vorgesetzten bis zu den Trainingsadministratoren und Trainern Portal-Services angeboten. Außerdem wurden mit der Integration der Werkzeuge von NAKISA auch die Benutzerfreundlichkeit und Prozesse stark verbessert, was die Akzeptanz der Anwendung erhöht.

Es ist somit an der Zeit, eine vollständig überarbeitete Ausgabe dieses Buchs zu veröffentlichen. Trotz der neuen Schwerpunkte werden wir auch in dieser Ausgabe die Begriffe »Personalplanung« und »Personalentwicklung« beibehalten; die Gliederung des Inhalts trägt jedoch der Neuausrichtung in SAP ERP HCM Rechnung. Das Buch basiert auf dem aktuellen Release SAP ERP 6.0 mit Enhancement Package 4 (EhP4). Neu hinzugekommen sind die Kapitel zu den neu entwickelten Komponenten – alle anderen Kapitel wurden beibehalten, aber gründlich überprüft und überarbeitet.

Manche Beispiele in diesem Buch nutzen die Möglichkeiten des SAP-Systems zur Unterstützung von Prozessen in ganz anderer Weise, als dies ursprünglich gedacht war. Die Personalplanung und -entwicklung in SAP ERP HCM bietet hierzu vielfältige Möglichkeiten, die ein einziges Buch nicht erschöpfend beschreiben kann. Denken Sie sich also in die Strukturen und Funktionalitäten des Systems ein, und entdecken Sie ganz eigene Möglichkeiten, Ihre Anforderungen jenseits der Standardszenarien abzudecken. Gerade der Bereich der Personalplanung und -entwicklung ist in jedem Unternehmen individuell ausgerichtet; viele Theorien, Ansätze und Konzepte verlangen hier nach spezifischen Lösungen.

Mit diesem Buch wollen wir Mitarbeitern aus Personal- und IT-Abteilungen sowie allen Interessierten die Strategie, Konzeption und Umsetzung der Prozesse der Personalplanung und -entwicklung in SAP ERP HCM nahe bringen. Ausgehend von den Anforderungen und Problemen, die uns in der Projektpraxis immer wieder begegnen, zeigen wir Lösungen auf, die auch einmal unkonventionell (oder positiv formuliert: innovativ) sein können.

Dass wir an vielen Stellen auch auf Schwächen des SAP-Systems eingehen, soll die Qualität dieses Systems keinesfalls in Frage stellen. Für den Leser ist es jedoch besonders wichtig, diese Schwächen und die möglichen Lösungsansätze zu kennen.

> **Kostenloser HCM-Newsletter**
>
> Informationen rund um das Thema SAP ERP HCM bietet das AdManus-Beratungsnetzwerk für SAP ERP HCM in einem regelmäßigen Newsletter an. Registrieren Sie sich kostenlos unter *www.admanus.de/newsletter*.
>
> Außerdem möchten wir auf den Newsletter der iProCon Human Capital Management Limited hinweisen, einem Beratungsunternehmen, das Management-Beratung im HCM-Bereich anbietet (*http://www.iproconhcm.co.uk/newsletter.htm*).

Zielgruppen

Dieses Buch wendet sich an folgende Zielgruppen:

- *Entscheider* in Personal-, IT- und Organisationsabteilungen erhalten einen kritischen Überblick über die Prozessunterstützung von SAP ERP HCM. Ihnen wird ein Gefühl für die Möglichkeiten der Software vermittelt und auf Aufwandstreiber und Stolpersteine in Projekten hingewiesen.
- *Projektleiter* finden in diesem Buch insbesondere die wesentlichen Integrationsaspekte und kritische Erfolgsfaktoren für die Implementierung.

- *Teammitglieder von Implementierungsprojekten, Berater* und *Customizing-Verantwortliche* finden zu jedem Prozess eine Vielzahl von Hinweisen. Dabei werden grundlegende Funktionalitäten etwas genauer erklärt, sodass Mitarbeiter, die diese Rollen neu einnehmen, einen guten Leitfaden zur Einarbeitung erhalten. Für Fortgeschrittene werden viele Empfehlungen gegeben, ohne dass immer alle Details dargestellt werden können. Wichtiger ist es, die grundsätzliche Richtung zu kennen. Innerhalb der vorhandenen Funktionalität werden verschiedene Anregungen zu deren Einsatz gegeben.
- Interessierte *Anwender*, die gerne über den Tellerrand ihrer spezifischen Tätigkeiten hinaussehen wollen, sowie *Key-User*, die auch für die Fortentwicklung des Systems mitverantwortlich sind, erhalten einen guten Überblick über die Zusammenhänge und ein Verständnis für die Arbeitsweise des Systems.
- *Studenten* oder *andere Interessierte*, die sich in die Themen Personalentwicklung und Personalplanung einarbeiten, erhalten einen echten Einblick in die Praxis der Personalarbeit und deren IT-Umsetzung mit SAP ERP HCM. Die Themen des Buchs repräsentieren wesentliche Funktionen einer Personalabteilung und vermitteln ein Gefühl dafür, welche Probleme in diesen Arbeitsbereichen auftreten. Die Darstellung betriebswirtschaftlicher Hintergründe ergänzt das Buch insbesondere für diese Zielgruppe.
- *Programmierer* lernen mit diesem Buch den fachlichen und anwendungsorientierten Hintergrund ihrer Arbeit kennen. Insbesondere die Zusammenhänge der Customizing- und Anwendungsdaten sind für die Programmierung von Auswertungen, User Exits und Erweiterungen eine große Hilfe.

Aufbau

Das Buch gliedert sich in drei Teile und einen Anhang:

In **Teil I**, »Grundlagen«, erhalten Sie zunächst einen Überblick über SAP ERP HCM (Kapitel 1) und lernen das Organisationsmanagement (Kapitel 2) kennen, das die Grundlage und Voraussetzung für alle anderen Komponenten bildet. Im Anschluss führen wir Sie in folgende grundlegende Themen ein: Sie lernen das Rollenkonzept kennen (Kapitel 3), das mit den dazugehörenden Berechtigungen den Zugriff auf die Daten von SAP ERP HCM steuert, sowie das Portal, das nicht nur als User Interface und Zugangspunkt für Employee Self-Services und Manager Self-Services dient, sondern auch Anwendungen für weitere Benutzergruppen bietet (Kapitel 4). Außerdem lernen Sie den SAP Business Workflow (Kapitel 5) kennen. Mit Workflows können Abläufe automatisiert werden, an denen mehrere Personengruppen beteiligt sind, beispielsweise die Buchung von Seminaren durch Mitarbeiter mit Genehmigung durch den Vorgesetzten. Mit Queries (Kapitel 6) können Berichte in Form von Listen schnell und flexibel erstellt werden.

In **Teil II**, »Talent Management«, beschreiben wir die Komponenten zur Personalentwicklung von SAP ERP HCM. Nach einer Einführung in den Prozess des Talent Managements (Kapitel 7) werden die Themengebiete Skillmanagement (Kapitel 8), Zielvereinbarung und Beurteilung (auch: Performance Management, Kapitel 9), Veranstaltungsmanagement und SAP Learning Solution (Kapitel 10), SAP E-Recruiting (Kapitel 11) und Unternehmensvergütungsmanagement (Kapitel 12) behandelt.

Teil III, »Personalplanung und -analyse«, umfasst den Personalplanungsprozess (Kapitel 13), die Positions- und Kontingentplanung (Kapitel 14), die Personalkostenplanung und -simulation (Kapitel 15) und die Analyse der Personalplanung und -entwicklung mit SAP NetWeaver BW (Kapitel 16). Eine Darstellung der Berührungspunkte zwischen SAP ERP HCM und SAP Strategic Enterprise Management (Kapitel 17) bildet den Abschluss des dritten Teils und des Buchs insgesamt.

Im **Anhang** finden Sie die wichtigsten Infotypen, Auswertungen und Berechtigungsobjekte auf einen Blick.

Die einzelnen Kapitel des Buchs müssen nicht chronologisch durchgearbeitet werden; für Leser mit geringen Kenntnissen in SAP ERP HCM empfiehlt es sich aber, das zweite Kapitel, »Organisationsmanagement«, in jedem Fall vor den Buchteilen II und III zu lesen.

Zudem sollte sich jeder Leser im Laufe der Zeit einen Überblick über alle Prozesse verschaffen – und nicht nur über den Prozess, für den er selbst verantwortlich ist oder in dem er arbeitet. Ein grundsätzliches Verständnis für die weiteren Zusammenhänge ist für die Arbeit in hoch integrierten Abläufen äußerst förderlich.

Zum Zeitpunkt der Fertigstellung des Buchs war das Enhancement Package 4 zu SAP ERP 6.0 gerade neu erschienen. Durch Enhancement Packages (EhP) können Neuerungen in kleinen »Portionen« entwickelt werden. Der Kunde muss keinen kompletten Release-Wechsel durchführen, sondern kann bereits mit einem »kleinen« Release-Wechsel die Neuerungen der EhPs einsetzen. Gerade der Bereich der Personalplanung und -entwicklung ist aktuell im Fokus der SAP und in diesem Buch beschriebene Komponenten von SAP ERP HCM wurden z. T. neu entwickelt und werden mit der Auslieferung von Enhancement Packages weiter verbessert. Vor dem Start eines neuen Projekts sollten Sie daher gerade in diesem Bereich prüfen, ob Ihr System auf dem aktuellen Stand der Entwicklung ist oder ob Sie gegebenenfalls neue EhPs installieren müssen.

Die Prozessbeispiele in diesem Buch basieren im Wesentlichen auf Praxisanforderungen verschiedener Unternehmen. Für die Darstellung im Druck wurden sie vereinfacht und von Details befreit. Dem Buchformat mussten auch einige Modellierungskonventionen geopfert werden. Kenner der ARIS-Methode mögen daher die an einigen Stellen durchaus unsaubere Modellierung verzeihen. Unser Leitgedanke war, die relevanten Inhalte mit möglichst geringem Platzbedarf zu transportieren.

Richard Haßmann, **Christian Krämer** und **Jens Richter**

TEIL I
Grundlagen

In diesem Teil des Buchs erhalten Sie Einblick in grundlegende Themen rund um SAP ERP HCM, die in den weiteren Teilen vorausgesetzt werden. Ein solches grundlegendes Thema ist insbesondere das Organisationsmanagement, das eine zentrale Rolle innehat. Zahlreiche Funktionalitäten anderer HCM-Komponenten bauen auf das Organisationsmanagement auf. Darüber hinaus lernen Sie in diesem Teil das Rollenkonzept kennen sowie das Portal, den Business Workflow und Queries.

SAP ERP HCM ist ein mächtiges Paket zur Unterstützung von Prozessen des Personalmanagements. Die integrierte Einbindung in die Prozesse der Logistik und des Rechnungswesens sowie die Möglichkeiten von SAP NetWeaver Portal im Rahmen der Gesamtlösung SAP Business Suite gehören zu den Stärken dieses Pakets.

1 Überblick über SAP ERP HCM

In diesem Kapitel erhalten Sie einen Überblick über den Aufbau und die Funktionalitäten von SAP ERP HCM. Außerdem gehen wir auf die Integration in die Gesamtlösung SAP Business Suite ein.

1.1 SAP ERP HCM als integrierte Komponente von SAP ERP und der SAP Business Suite

Die Integration verschiedenster Prozesse in *eine* betriebswirtschaftliche Gesamtlösung ist sicher eine der wichtigsten Stärken von SAP. Daher muss auch SAP ERP HCM im Kontext der Gesamtlösung betrachtet werden. Die Prozesse von SAP ERP, dem Nachfolger von SAP R/3, gliedern sich in die folgenden Hauptbereiche:

- SAP ERP Financials – Rechnungswesen
- SAP ERP Operations – Logistik
- SAP ERP Human Capital Management (HCM) – Personalwirtschaft
- SAP ERP Corporate Services – z.B. Reisemanagement

Die vom Basissystem *SAP NetWeaver* angebotenen Komponenten werden von den Anwendungskomponenten genutzt. Die wichtigsten Komponenten sind:

- **SAP NetWeaver Application Server**
  SAP NetWeaver AS bildet die Basis für alle Geschäftsanwendungen und vereint die bewährte Infrastruktur ergänzt um eine Plattform für webbasierte Services.

- **SAP NetWeaver Business Warehouse**
  SAP NetWeaver BW ermöglicht komponentenübergreifende Auswertungen von Unternehmensdaten.
- **SAP NetWeaver Process Integration**
  SAP NetWeaver PI bietet eine Technologie mit der Schnittstellen für eine offene Integration in andere Anwendungen realisiert werden können.
- **SAP NetWeaver Portal**
  Das Portal bietet einen zentralen Einstieg in alle Anwendungen.

Die Solution Map der SAP gibt einen Überblick über die Gesamtlösung (siehe Abbildung 1.1).

Abbildung 1.1 SAP Solution Map

SAP ERP als Nachfolger von SAP R/3 wird inzwischen um einige selbstständige Produkte ergänzt, die die gleiche Basistechnologie nutzen. Diese bilden die SAP Business Suite, die folgende Produkte umfasst:

- **SAP Customer Relationship Management**
  Mit SAP CRM wird das Kundenmanagement eines Unternehmens unterstützt.
- **SAP Product Lifecycle Management**
  SAP PLM ermöglicht das Einbeziehen von internen und externen Partnern in den Prozess der Produktentwicklung und Produktion.
- **SAP Supply Chain Management**
  SAP SCM ermöglicht das Einrichten von flexiblen Unternehmensnetzwerken; Angebot und Nachfrage können über Unternehmensgrenzen hinweg synchronisiert werden.

- **SAP Supplier Relationship Management**
  SAP SRM ermöglicht die Vereinfachung von Beschaffungsprozessen.

Anhand einiger Beispiele wollen wir die Integration von SAP ERP HCM in andere Komponenten verdeutlichen:

- Verbuchung von Ergebnissen der Entgeltabrechnung und der Reisekostenabrechnung in der Finanzbuchhaltung (FI) und der Kostenrechnung (CO)
- Überleitung von Ergebnissen der Personalkostenplanung in die Kostenrechnung (CO)
- Zuordnung von Kostenstellen und anderen Kostenträgern aus der Kostenrechnung (CO) in die Personalstammdaten
- Einbindung der Organisationsstruktur des Organisationsmanagements in die Strukturen des Rechnungswesens
- Leistungsverrechnung (CO), Kostenverteilung (CO) oder Fremddienstleistungsabrechnung (MM, Materials Management) aus der Zeitwirtschaft
- auftragsbezogene Personaleinsatzplanung (Kapazitätsplanung) für Aufträge in Produktion (PP, Production Planning), Instandhaltung (EAM, Enterprise Asset Management) oder Servicemanagement (CS, Customer Service)
- Verrechnung von Veranstaltungskosten (CO)
- Fakturierung von Veranstaltungsgebühren (SD, Sales and Distribution)
- Beschaffung von Materialien für die Durchführung von Veranstaltungen (MM)
- Verprobung verschiedener Felder (z.B. Dienstwagen oder Leihgabe) gegen eine Anlagennummer (FI-AM)
- Erzeugen von Lohnscheinen aus der Logistik (PP, EAM)
- Cross-Application Time Sheet (CATS): Verbindung zahlreicher Prozesse, bei denen Zeiten von Mitarbeitern geführt, bewertet und verrechnet werden
- Nutzung der Personalstämme und des Organisationsmanagements in verschiedenen Komponenten.

1.2 Komponenten von SAP ERP HCM

SAP hat die Aufteilung der Komponenten im Bereich der Personalwirtschaft im Rahmen der Neuausrichtung von SAP HR zu SAP ERP HCM neu strukturiert. In Abbildung 1.2 sehen Sie die drei Ebenen *Talent Management*, *Work-*

force Deployment und *Workforce Process Management*. Diese drei Bereiche des Human Capital Managements werden umgeben vom Bereich *Workforce Planning and Analytics*, das heißt die Planung und Analyse unterstützt auf allen drei Ebenen die Personalarbeit. Der Bereich *End-User Delivery* enthält alle Funktionen zur Integration des Benutzers in die Prozesse der Personalwirtschaft (Stichwort: Self-Service).

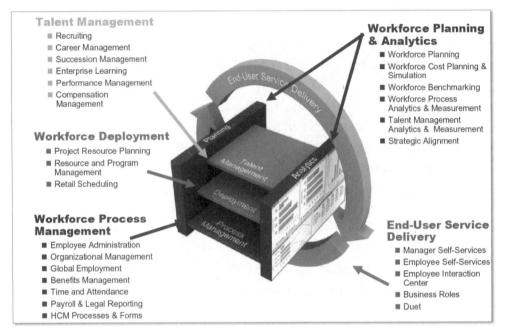

Abbildung 1.2 SAP ERP Human Capital Management

Talent Management

Das Talent Management befasst sich mit der Gewinnung und Entwicklung von Mitarbeitern und mit deren Bindung an das Unternehmen:

- Recruiting
- Karriereplanung
- Nachfolgeplanung
- Entwicklungsplanung, Aus- und Weiterbildung
- Performance Management (Zielvereinbarung und Beurteilung)
- Vergütungsgestaltung

Workforce Deployment

Das Workforce Deployment steuert den Einsatz von Mitarbeitern und besteht aus den Komponenten:

- projektbezogene Kapazitätsplanung
- Ressourcen- und Programm-Management
- Einsatzplanung

Workforce Process Management

Die administrativen Prozesse der Personalwirtschaft sind unter dem Begriff *Workforce Process Management* zusammengefasst. Dazu gehören:

- Personaladministration
- Organisationsmanagement
- Management internationaler Mitarbeiter
- Altersversorgung
- Arbeitgeberleistungen
- Zeitwirtschaft
- Personalabrechnung
- formulargesteuerte Personalprozesse

Workforce Planning und Analytics

Dieser Bereich umfasst die übergreifenden Komponenten zur Planung und Analyse der personalwirtschaftlichen Prozesse:

- Personalplanung
- Planung und Simulation der Personalkosten
- Benchmarking
- Prozessanalyse
- Bewertung des Talent Managements
- strategische Ausrichtung

> **Verlagerung von SAP ERP HCM-Prozessen in neue webbasierte Lösungen**
>
> Mit der Umstellung auf SAP ERP HCM hat SAP neue Lösungen entwickelt, die weitgehend webbasiert sind. Daneben existieren auch die alten R/3-basierten Lösungen, die weiterhin gewartet, aber nicht mehr weiterentwickelt werden. Zu den neuen Lösungen gehören das E-Recruiting, das die Bewerberverwaltung ablöst, das Performance Management (Zielvereinbarung und Beurteilung), das die R/3-basierten Beurteilungen ersetzt, die webbasierte Nachfolgeplanung, die die Nachfolgeplanung im R/3-Organisationsmanagement ersetzt, und die Learning Solution bzw. das Enterprise Learning als Nachfolger des Veranstaltungsmanagements (siehe auch SAP-Hinweis 953832).

1.3 Personalstammdaten

Die Personalstammdaten, die in der Komponente *Personaladministration* geführt werden, stellen eine wesentliche Basis für alle HCM-Prozesse dar. Daher gehen wir hier auf diese Komponente kurz ein, obwohl sie nicht unmittelbar Thema dieses Buchs ist. Wir besprechen jedoch nur relativ allgemein die Stammdatenpflege und die Integrationsaspekte.

> **Literaturempfehlung**
>
> Für weitere Informationen zu diesem Thema verweisen wir auf das SAP PRESS-Buch »Personalwirtschaft mit SAP ERP HCM«, das sich der Personaladministration ausführlich widmet. Vollständige bibliographische Angaben und weitere Literaturempfehlungen finden Sie im Anhang.

1.3.1 Grundsätzlicher Aufbau

Im Folgenden erläutern wir grundlegende Begriffe der Personaladministration und geben eine Einführung in die Handhabung.

Aufgaben der Personaladministration

Die Personaladministration beschäftigt sich im SAP-System im Wesentlichen mit der Pflege, Anzeige und Auswertung von Personalstammdaten. Meist erfolgt dies, um für andere Prozesse (z.B. Entgeltabrechnung, Personalentwicklung, Personalplanung) die erforderlichen Daten bereitzustellen. Dabei werden die Grunddaten der administrativen Prozesse (Zeitwirtschaft, Entgeltabrechnung etc.) zum weitaus größten Teil in der Personaladministration geführt. In den Prozessen der Personalplanung und -entwicklung werden zu großen Teilen eigene Grunddaten verwendet.

Infotyp

Die Personaldaten werden in sogenannten *Infotypen* abgelegt. Infotypen sind Datenerfassungsmasken, die inhaltlich zusammengehörende Datenfelder zusammenfassen (z.B. Adressdaten, Daten zur Schwerbehinderung etc.). Da das Infotypkonzept in sehr ähnlicher Weise auch im Organisationsmanagement genutzt wird, verweisen wir hier auf Kapitel 2, »Organisationsmanagement«. Abbildung 1.3 zeigt als Beispiel den Infotyp 0002 (Daten zur Person).

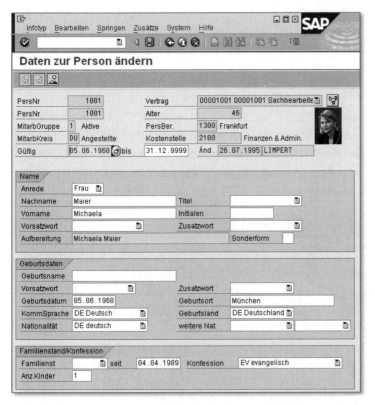

Abbildung 1.3 Infotyp 0002 (Daten zur Person)

Personalnummer

Die Personalnummer ist aus Systemsicht das zentrale Ordnungskriterium für alle Personaldaten. Jeder einzelne Datensatz ist mithilfe der Personalnummer einem Mitarbeiter eindeutig zugeordnet. Dies gilt sowohl für die in Infotypen organisierten Stammdaten als auch für die Ergebnisse aus Entgeltabrechnung, Zeitwirtschaft, betrieblicher Altersversorgung und Reisekostenabrechnung. Dort, wo in den Daten der Personalplanung und -entwicklung eine Verbindung zu Mitarbeitern benötigt wird, ist die Personalnummer ebenfalls die einzige Verbindung. Daraus wird insbesondere deutlich, dass die nachträgliche Änderung einer Personalnummer praktisch nicht möglich ist, ohne dass Inkonsistenzen in der Datenbank entstehen oder die gesamte Historie des Mitarbeiters verloren geht. In SAP ERP HCM ist die Personalnummer maximal achtstellig und numerisch aufgebaut.

1.3.2 Stammdaten pflegen und anzeigen

Die Pflege von Personaldaten erfolgt fast vollständig über Infotypen. Die Arbeit mit den Infotypen der Personaladministration beschreiben wir in diesem Abschnitt in groben Zügen.

Stammdatenpflege: Einstiegsmaske

Personalstammdaten pflegen Sie über den Menüpfad PERSONAL • PERSONALMANAGEMENT • ADMINISTRATION • PERSONALSTAMM • PFLEGEN. Das Grundbild der Stammdatenpflege (siehe Abbildung 1.4) gliedert sich in den OBJEKTMANAGER (links) und das eigentliche Pflegebild (rechts).

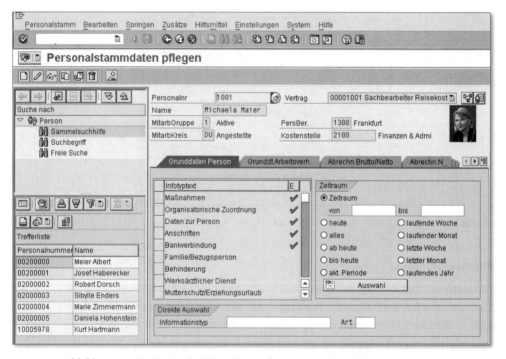

Abbildung 1.4 Einstieg in die Stammdatenpflege

Die Bedienung des Grundbilds zur Infotyp-Pflege ist intuitiv. Grundsätzlich sind die Auswahlfelder für Personalnummer, Informationstyp und Subtyp (»Art«) sowie den Zeitraum auszufüllen. Danach kann über das Menü oder die Buttonleiste die gewünschte Aktion ausgewählt werden.

Auswahl des Infotyps

Zur Auswahl des gewünschten Infotyps gibt es mehrere Möglichkeiten:

- Eingabe der Infotypnummer
- Eingabe der Infotypbezeichnung
- Auswahl über die Auswahlhilfe ([F4]-Hilfe) des Infotypfelds
- Markieren des Infotyps in einer Registerkarte

Besonders benutzerfreundlich ist die Auswahl über Registerkarten. Sie kann zum Aufbau einer aufgabenspezifischen Oberfläche genutzt werden.

Auswahl der Personalnummer

Die Suche nach der Personalnummer eines Mitarbeiters wird sehr vielfältig unterstützt. Diese Unterstützung sollte den Benutzern auch bekannt sein, da sonst häufig viel Zeit verloren geht. Bei Aufruf der Auswahlhilfe werden mehrere Suchhilfen über sogenannte *Matchcodes* und über die freie Suche angeboten (siehe Abbildung 1.5).

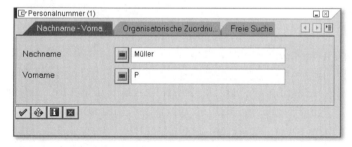

Abbildung 1.5 Suchhilfe für Personalnummern

Am häufigsten wird dabei die Suche über Namen verwendet. Diese kann auch ohne [F4]-Hilfe durch die Eingabe von »=n.Nachname.Vorname« oder auch nur der Anfangsbuchstaben des Namens im Personalnummernfeld verwendet werden. Insbesondere bei größeren Organisationen ist auch die Suche über die organisatorische Zuordnung sehr hilfreich. Damit können Sie z.B. die Suche nach Nachnamen mit der Suche nach Personalteilbereichen kombinieren.

Grundfunktionen der Arbeit mit Infotypen

Die eigentliche Arbeit mit Infotypen erfolgt mit folgenden Aktivitäten:

- **Anlegen**
  Bei dieser Aktivität wird ein neuer Satz mit Beginn- und Enddatum angelegt. Je nach Zeitbindung (siehe Abschnitt 2.2.1) werden dadurch andere Sätze gelöscht oder begrenzt. *Anwendungsbeispiele*: Die Geburt eines Kindes erfordert das Anlegen eines entsprechenden Satzes des Infotyps 0021 (Familie/Bezugsperson). Nach einem Umzug wird im Infotyp 0006 (Anschriften) ein neuer Satz ab dem 04.03.2009 angelegt. Dabei wird die alte Adresse mit Enddatum 03.03.2009 abgegrenzt.

- **Ändern**
  Ein bestehender Satz eines Infotyps wird verändert, und zwar für seinen gesamten Gültigkeitszeitraum. *Anwendungsbeispiel*: Fehlerkorrekturen, z.B. bei falsch geschriebenem Familiennamen.

- **Kopieren**
  Das Kopieren ist vergleichbar mit der Aktivität ANLEGEN, mit dem Unterschied, dass ein alter Satz als Vorlage verwendet wird. *Anwendungsbeispiel*: Änderung des Familiennamens ab dem 11.03.2009 wegen Heirat.

> **Aufbau einer Historie beim Pflegen von Informationen**
> Wenn Sie die Funktion ÄNDERN anstelle von KOPIEREN nutzen, führt dies sehr häufig zu Fehlern und zur Zerstörung der Historie!

- **Abgrenzen**
  Nach Eingabe eines Abgrenzdatums werden alle Sätze angeboten, die zu diesem Datum gültig sind. Nach Selektion der gewünschten Sätze und erneuter Betätigung des Buttons ABGRENZEN werden die Enddaten auf den Tag vor dem Abgrenzdatum gesetzt. Das Abgrenzen ist nur bei Infotypen der Zeitbindung 2 und 3 zulässig. Bei Infotypen der Zeitbindungen 1 und 2 löst das Anlegen oder Kopieren gegebenenfalls automatisch eine Abgrenzung aus, da keine parallelen Sätze erlaubt sind. Das System macht darauf mit einer Warnmeldung aufmerksam. *Anwendungsbeispiel*: Abgrenzen eines Vermögensbildungsvertrags, der zu einem bestimmten Zeitpunkt endet und bisher ohne Ende (bis 31.12.9999) eingegeben war.

- **Anzeigen**
  Die Anzeige von Infotypen ermöglicht die Einsicht in Daten, ohne die Möglichkeit, Änderungen durchzuführen. Dadurch wird die Personalnummer nicht für andere Systembenutzer zur Bearbeitung gesperrt.

- **Listerfassung**
  Die Listerfassung ist nur für bestimmte Infotypen zulässig, für die eine Erfassung in einer Zeile möglich ist. Dies sind insbesondere die Infotypen der Zeitwirtschaft.

- **Sperren/Entsperren**
  Gesperrte Sätze eines Infotyps bleiben bei der weiteren Verarbeitung, insbesondere in der Entgeltabrechnung, unberücksichtigt. Daher ist diese Funktionalität hilfreich, wenn man sich bei einer Datenerfassung nicht ganz sicher ist und noch Klärungsbedarf besteht oder wenn die Auswirkung einer Löschung vorher getestet werden soll. Das gesperrte Erfassen von Daten und anschließende Entsperren durch einen anderen Benutzer eignet sich insbesondere zur Umsetzung des Vier-Augen-Prinzips.

- **Löschen**
  Infotypen der Zeitbindung 1 müssen durchgängig vorhanden sein. Daher ist es nicht möglich, alle Datensätze eines solchen Infotyps zu löschen. Beim Löschen eines Datensatzes wird der Vorgänger vom System so weit verlängert, dass wiederum keine Lücke vorliegt. Dies wird durch eine Warnmeldung angekündigt.

- **Überblick**
  Die Aktivität ÜBERBLICK zeigt alle Einträge des Infotyps im Auswahlzeitraum als Liste. Aus der Liste heraus können dann für einzelne Sätze wiederum einige der hier beschriebenen Funktionen ausgeführt werden (siehe Abbildung 1.6).

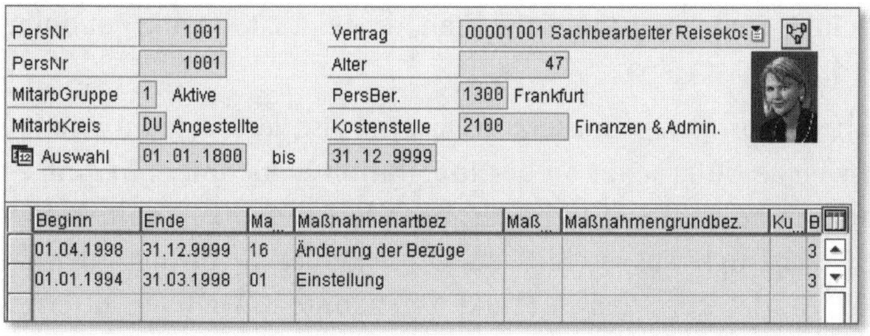

Abbildung 1.6 Liste der Sätze eines Infotyps

1.3.3 Integration in die Personalplanung und -entwicklung

In der Personalplanung und -entwicklung werden immer wieder einzelne Daten der Administration benötigt, z.B. Name, Kostenstelle, Geburtsdatum, Sollarbeitszeit etc. Es muss auch immer wieder die Verbindung zu einem Mitarbeiter hergestellt werden, was technisch über die Personalnummer erfolgt.

Am deutlichsten wird die Integration in das Organisationsmanagement. Durch die Zuordnung eines Mitarbeiters im Organisationsmanagement ändern sich auch seine Stammdaten im Infotyp 0001 (Organisatorische Zuordnung).

Organisatorische Zuordnung im Infotyp 0001

Der Infotyp 0001 erlaubt unter anderem die Zuordnung von Mitarbeitern zu Organisationseinheiten, Planstellen und Stellen. Dies ist auch ohne den Einsatz des Organisationsmanagements möglich. Das Anlegen der entsprechenden Organisationsobjekte erfolgt dann über das Customizing des Infotyps in einfachen Tabellen. Dadurch lässt sich allerdings keine echte Struktur abbilden. Daher und aufgrund der zusätzlichen Funktionalitäten ist der Einsatz des Organisationsmanagements spätestens ab einer Unternehmensgröße von 1.000 Mitarbeitern unbedingt zu empfehlen. Auch bei kleineren Unternehmen ist der Einsatz oft sinnvoll – Sie sollten in diesem Fall aber darauf achten, dass die Pflege nicht zum Selbstzweck wird, sondern einfachen, pragmatischen Konventionen folgt.

Die Aktivierung der Integration in das Organisationsmanagement erfolgt in zwei Schritten:

1. Über den IMG-Pfad PERSONALMANAGEMENT • ORGANISATIONSMANAGEMENT • INTEGRATION • INTEGRATION ZUR PERSONALADMINISTRATION • INTEGRATION ZUR PERSONALADMINISTRATION EINRICHTEN setzen Sie unter Grundeinstellungen den Eintrag PLOGI-ORGA auf »X«. In der gleichen Tabelle finden sich noch weitere Steuerungsmöglichkeiten, die im Customizing gut dokumentiert sind.

2. Wenn nun die Integration grundsätzlich aktiviert ist, legen Sie im zweiten Schritt fest, welche Mitarbeiter an der Integration teilnehmen. In einigen Unternehmen sind dies alle Mitarbeiter, in anderen werden Rentner oder geringfügig Beschäftigte ausgeschlossen. Diese Steuerung erfolgt über das Merkmal PLOGI, das über den in Punkt 1 genannten IMG-Pfad zu erreichen ist.

Bei aktiver Integration muss nun nur die Planstelle gepflegt werden. Stelle sowie Organisationseinheit (und Kostenstelle) werden automatisch anhand des Organisationsmanagements aus der Planstelle abgeleitet.

1.4 Fazit

Integrierte komponentenübergreifende Prozesse sind eine Stärke der SAP-Software. In diesem Kapitel haben Sie die Komponenten von SAP ERP HCM im Umfeld der SAP Business Suite kennengelernt und gesehen, dass auch diese aufeinander aufbauen. Die grundlegenden Funktionen der Personaladministration, die zum Verständnis des Buchs erforderlich sind, wurden beschrieben. Im nächsten Kapitel lernen Sie nun das Organisationsmanagement kennen, das die notwendige Basis für die Komponenten der Personalplanung und Entwicklung bildet.

Das Organisationsmanagement ist eine sehr mächtige und flexible Komponente, die nicht zuletzt die Grundlage für die Prozesse der Personalplanung und -entwicklung bildet. In diesem Kapitel konzentrieren wir uns auf diese Prozesse.

2 Organisationsmanagement

In den folgenden Abschnitten beschreiben wir die Aspekte der Komponente *Organisationsmanagement*, die im Rahmen der Personalplanung und -entwicklung wichtig sind. Wir beginnen mit einem Überblick über die relevanten Begriffe und Konzepte.

2.1 Betriebswirtschaftliche Grundlagen

Die aus der Organisationstheorie stammende Unterscheidung zwischen Aufbau- und Ablauforganisation ist auch für die Personalplanung und -entwicklung von Bedeutung: Die Organisation der Abläufe bestimmt den Qualifikationsbedarf der Mitarbeiter, die diese Abläufe ausführen. Die Ablauforganisation mit über- und untergeordneten Arbeitsplätzen gibt Laufbahnen und Karrierepfade vor. Folgende Aspekte spielen für die Personalentwicklung eine Rolle:

- **Anforderungsprofil des Arbeitsplatzes**
  Die Anforderungen eines Arbeitsplatzes leiten sich aus seiner Stellenbeschreibung ab. Sieht diese Beschreibung z.B. Personalverantwortung vor, so umfassen die Anforderungen wohl auch den Bereich der sogenannten *Soft Skills* wie Führungsfähigkeit, Kommunikationsfähigkeit etc. Je präziser ein Arbeitsplatz beschrieben ist, desto besser können die geeigneten Mitarbeiter für diesen Arbeitsplatz identifiziert werden.

- **Qualifikationsprofile**
  Das Pendant zum Anforderungsprofil ist das *Qualifikationsprofil*. Es enthält die Qualifikationen, die ein Mitarbeiter mitbringt. Im Bereich des Ausbaus der bestehenden Qualifikationen und in der Identifizierung und Entwicklung der fehlenden Qualifikationen eines Mitarbeiters setzt die

Personalentwicklung an: Fehlende Qualifikationen gilt es aufzubauen, zusätzliche Qualifikationen, die der Mitarbeiter zur Ausführung seiner derzeitigen Tätigkeit vielleicht nicht benötigt, gilt es zu pflegen und zu fördern, entweder durch das Aufzeichnen von Karrierepfaden oder durch eine effektive Nachfolgeplanung.

- **Beurteilungen**
Erst regelmäßig stattfindende Beurteilungs- und Entwicklungsgespräche ermöglichen eine Beurteilung und Bewertung der Mitarbeiterpotenziale und der Karrierewünsche. Beurteilungen dienen auch der Aktualisierung des Qualifikationsprofils eines Mitarbeiters.

- **Bedarfe**
Aufgabe der Personalentwicklung ist es, neben den qualitativen auch die quantitativen Bedarfe des Unternehmens zu erfüllen. Durch Reorganisationen der Organisationsstruktur oder der Prozesse können neue Bedarfe entstehen oder auch bestimmte Kapazitäten freigesetzt werden, die es neu einzusetzen gilt.

- **Laufbahnen, Karrierepfade und Nachfolgeplanung** (siehe Kapitel 11, »SAP E-Recruiting«)
Laufbahnen definieren die Entwicklung eines Mitarbeiters über die Positionen, die er im Laufe seiner Tätigkeit im Unternehmen einnehmen kann/muss, um ein definiertes Karriereziel zu erreichen. Die Nachfolgeplanung hingegen stellt den Karrierepfad eines Mitarbeiters ausgehend von der Ziel-Planstelle dar und ermittelt so die optimale künftige Besetzung für diese Planstelle.

2.2 Konzeption in SAP ERP HCM

Um das Organisationsmanagement und seine Bedeutung für die oben genannten Aspekte der Personalplanung und -entwicklung zu verstehen, sind Kenntnisse über die Elemente des Organisationsmanagements und deren Zusammenspiel notwendig.

2.2.1 Grundbegriffe

Das Konzept des SAP-Organisationsmanagements erschließt sich über eine Reihe von Grundbegriffen. Sollten Sie bereits mit der Grundkonzeption des Organisationsmanagements vertraut sein, können Sie die folgenden

Begriffserläuterungen überspringen und mit Abschnitt 2.3, »Umsetzung in SAP ERP HCM«, fortfahren.

Planvariante

Eine Planvariante stellt aus Sicht der Personalplanung und -entwicklung eine eigene abgegrenzte Welt dar. Die Varianten werden genutzt, um unterschiedliche Planungsszenarien durchzuspielen. So können Sie eine Aufbauorganisation in einer solchen Variante reorganisieren und ihre Auswirkungen auf die Organisation untersuchen. Dazu müssen Sie die aktuelle Planvariante auf weitere Varianten kopieren.

Unter der aktiven oder auch *Integrationsplanvariante* versteht man die Variante, die in SAP ERP HCM produktiv genutzt wird. Diese wird mit der Erstimplementierung einmal festgelegt (meistens auf »01«). Die Integrationsplanvariante ist dann auch die einzige Planvariante, deren Änderung einen direkten Einfluss auf die Personaladministration hat, falls die Integration aktiv ist. Eine einmal festgelegte Integrationsplanvariante darf nie wieder geändert werden, da dies zu Inkonsistenzen im Datenbestand führen würde. So werden die Daten zu Planstellen, Organisationseinheiten oder Stellen in Infotypen (siehe folgenden Abschnitt) immer unter einer bestimmten Planvariante angelegt. Würde diese Variante geändert, so wären diese Daten nicht mehr aktiv und führten somit zu Inkonsistenzen. Die zu bearbeitende Planvariante können Sie über den Menüpfad PERSONAL • ORGANISATIONSMANAGEMENT • EINSTELLUNGEN • PLANVARIANTE SETZEN einstellen.

Infotypen

Die Organisationsstruktur in SAP ERP HCM besteht aus mehreren Objekten, die auf Objekttypen basieren. Diese Objekte sind wiederum über unterschiedlichste Verknüpfungen miteinander verbunden. Objekte werden über einen eindeutigen Schlüssel identifiziert, der sich aus der Planvariante, dem Objekttyp und dem Objektschlüssel zusammensetzt, z.B. »01 O 00000001« für eine Organisationseinheit (siehe Abbildung 2.1).

Die Daten im SAP ERP HCM-Organisationsmanagement sind – wie auch in der Personaladministration – in *Infotypen* abgelegt. Ein Infotyp ist eine Zusammenfassung von fachlich zusammengehörenden Daten. Beispielsweise existieren in der Personaladministration unter anderem die Infotypen »Adresse« oder »Bankverbindung«.

Dem Benutzer stellen sich Infotypen als Eingabemaske dar. Innerhalb eines Infotyps gibt es Plausibilitätskontrollen und Mussfelder. Infotypen können zusätzlich in *Subtypen* untergliedert sein und haben stets einen Gültigkeitszeitraum. Infotypen können über eine sogenannte Infogruppe in eine logische Abfolge gebracht werden und damit zu einer *Maßnahme* zusammengefasst werden. Neben der Bezeichnung werden Infotypen über eine vierstellige Nummer gekennzeichnet. Der Nummernbereich der Personalplanung und -entwicklung und damit auch des Organisationsmanagements liegt zwischen 1000 und 1999. Abbildung 2.1 zeigt als Beispiel den Infotyp 1000 (Objekt).

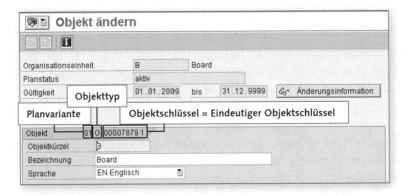

Abbildung 2.1 Infotyp 1000, Objekt »Organisationseinheit«

Programmierer interessieren sich sicherlich für die Tatsache, dass sich die Daten der Infotypen in der Datenbank auf Tabellen befinden, die nach der Infotypnummer benannt sind. Die Infotypen der Personaladministration sind in Tabellen mit der Bezeichnung »PAnnnn« (nnnn = Infotypnummer) abgelegt, die Daten der Infotypen der Personalbeschaffung in Tabellen mit der Bezeichnung »PBnnnn« und die Datenbanktabellen der Personalplanungs- und -entwicklungsinfotypen lauten auf »HRPnnnn«. Somit heißt z.B. die Datenbanktabelle für den Infotyp 1000 (Objekt) »HRP1000«.

Subtypen

Subtypen dienen der Unterteilung eines Infotyps in Masken zu ähnlichen Sachverhalten. Als Beispiel soll hier der Infotyp 1001 (Verknüpfungen) dienen. Im Organisationsmanagement gibt es die unterschiedlichsten Verknüpfungen zwischen den einzelnen Objekten. Für jede dieser Verknüpfungen existiert ein Subtyp des Infotypen 1001 (Verknüpfungen). Beispielsweise dient der Subtyp A 002 (Berichtet an) und B 002 (Ist Linienvorgesetzter von) der Verknüpfung zweier Organisationseinheiten (siehe auch Abbildung 2.2).

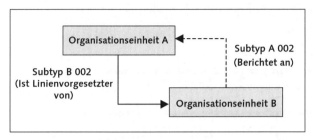

Abbildung 2.2 Verknüpfungen zwischen Organisationseinheiten

Zeitbindung

Eines der wesentlichen Merkmale des Infotypkonzepts ist die grundsätzliche Bindung der Daten an einen Zeitraum. Damit wird die Historisierung der Daten der Personalplanung und -entwicklung überhaupt erst möglich. Die Zeitbindung gibt an, ob ein Infotyp mehrfach im System vorhanden sein darf oder ob er lückenlos existieren muss. Es werden folgende Zeitbindungsarten unterschieden:

- **Zeitbindung 0**
  Über den gesamten Gültigkeitszeitraum des Objekts muss genau ein Satz (und zwar immer derselbe) bestehen. Diese Zeitbindung kommt in der Personalplanung und -entwicklung nicht zur Anwendung.

- **Zeitbindung 1**
  Zu einem Zeitpunkt muss genau ein gültiger Satz vorhanden sein. Überschneidungen sind nicht möglich. Beispiel: Infotyp 1000 (Objekt). Ein Objekt, z. B. eine Organisationseinheit, ist mit seinen Attributen zu einem Zeitpunkt immer nur einmal vorhanden.

- **Zeitbindung 2**
  Zu einem Zeitpunkt kann höchstens ein gültiger Satz vorhanden sein. Lücken sind erlaubt, Überschneidungen sind nicht möglich. Beispiel: Infotyp 1007 (Vakanz). Ein Objekt kann zu einem Zeitpunkt nur einmal als vakant gekennzeichnet werden. Es muss aber nicht über den gesamten Zeitraum vakant sein.

- **Zeitbindung 3**
  Zu jedem Zeitpunkt können beliebig viele gültige Sätze vorhanden sein. Beispiel: Infotyp 1001 »Verknüpfungen« mit bestimmten Subtypen (Ver-

knüpfungsarten). Eine Organisationseinheit kann zum selben Zeitpunkt mit mehreren anderen Organisationseinheiten verknüpft sein.

Die grafische Darstellung in Abbildung 2.3 verdeutlicht noch einmal die unterschiedlichen Zeitbindungen.

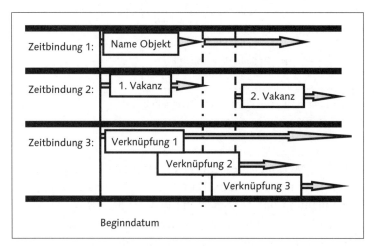

Abbildung 2.3 Zeitbindung von Infotypen

Auf der Oberfläche des Organisationsmanagements treten die Infotypen kaum noch direkt in Erscheinung. Der Infotyp 1000 (Objekt) wird z. B. indirekt über das Anlegen eines Objekts erzeugt.

Nummernkreise

Je nachdem, welcher Nummernkreis definiert wurde, vergibt das System gegebenenfalls automatisch die Schlüsselnummern für die Objekte des Organisationsmanagements. Hinter der IMG-Aktion PERSONALMANAGEMENT • ORGANISATIONSMANAGEMENT • GRUNDEINSTELLUNGEN • NUMMERNKREISPFLEGE verbirgt sich die Definition für die Nummernvergabe. Im Einzelnen ist hier hinterlegt, für welche Nummernkreisintervalle das System die Objekt-IDs im Organisationsmanagement vergibt und für welche eine manuelle Vergabe durch den Benutzer erfolgt. Des Weiteren ist zu unterscheiden, ob die Vergabe planvariantenübergreifend oder für jede Planvariante separat stattfindet. Falls Sie beabsichtigen, Daten zwischen verschiedenen Planvarianten auszutauschen, sollten Sie die Nummernvergabe planvariantenübergreifend definieren, da sonst die Gefahr besteht, dass Objekte mit gleicher ID überschrieben werden. Im Standard arbeitet die Nummernvergabe nicht planvariantenübergreifend. Falls die Objektschlüssel planvariantenabhängig vergeben werden sollen, ist für jede Planvariante und gegebenenfalls für jeden Objekttyp ein eigener Nummernkreis zu vergeben. Zur Aktivierung der planvariantenübergreifenden Nummernvergabe muss ein »X« im Feld WERT/KÜRZEL eingetragen werden (siehe Abbildung 2.4). Diese Tabelle erreichen Sie über den IMG-Pfad PERSONALMANAGEMENT • ORGANISATIONSMANAGEMENT • GRUNDEINSTELLUNGEN • NUMMERNKREISPFLEGE • PLANVARIANTENÜBERGREIFENDE NUMMERNVERGABE EINSTELLEN.

Abbildung 2.4 Planvariantenübergreifende Nummernvergabe aktivieren

Zur Festlegung der Art der Nummernvergabe und der Nummernkreise müssen Sie die IMG-Aktion PERSONALMANAGEMENT • ORGANISATIONSMANAGEMENT • GRUNDEINSTELLUNGEN • NUMMERNKREISPFLEGE • NUMMERNKREISE PFLEGEN ausführen. Es gibt folgende Optionen:

- **Interne Nummernvergabe**
  Das SAP-System vergibt die Nummern automatisch. Die Nummernkreise sind mit »INT« gekennzeichnet.

- **Externe Nummernvergabe**
  Der Benutzer vergibt die Nummern. Die Nummernkreise sind mit »EXT« gekennzeichnet.

Falls Sie sich gegen die planvariantenübergreifende Nummernvergabe entschieden haben, müssen Sie den Nummernkreis pro Objekttyp und Planvariante definieren. Ansonsten reicht es aus, den Nummernkreis pro Objekttyp festzulegen. Den Objekttypen werden eigene Nummernbereiche (*Subgruppen*) zugeordnet. Die Namen der Subgruppen sind dabei so aufgebaut, dass die beiden ersten Stellen die Planvariante und die beiden letzten Stellen den Objekttyp näher bestimmen.

> **Beispiel**
>
> Nummernvergabe für Planvariante 10, Objekttyp S: Subgruppe 10S. Bei der Definition der Subgruppen sind *Platzhalter* erlaubt. Dabei steht z.B. das Zeichen $ für eine Stelle der Subgruppe.

Bei der Nummernvergabe müssen Sie folgende Konventionen einhalten:

- **Ohne planvariantenübergreifende Nummernvergabe**

    $$$$ – Planvariante und Objekttyp maskiert

    10$$ – Planvariante 10, Objekttyp maskiert

    10S – Planvariante 10, Objekttyp S

    $$S – Nicht erlaubt!

- **Mit planvariantenübergreifender Nummernvergabe**

    $$$$ – Planvariante und Objekttyp maskiert

    $$S – Planvariante maskiert, Objekttyp S

    10$$ – Nicht erlaubt!

    10S – Nicht erlaubt!

Nach der Erfassung der relevanten Subgruppe muss festgelegt werden, ob eine interne oder externe Nummernvergabe gewünscht ist. Da die Objekte zusätzlich über ein Kürzel identifiziert werden können, ist es nicht notwendig, sprechende Nummern zu vergeben. Daher empfehlen wir, die interne Nummernvergabe vorzuziehen; es sollte nur in Ausnahmefällen auf die externe Nummernvergabe zugegriffen werden. Dies könnte z.B. der Fall sein, wenn eine gemischte Systemlandschaft vorliegt, bei der die Nummern durch ein externes System vergeben werden und daher keine Vergabe durch das SAP-System stattfinden soll.

Im Beispiel in Abbildung 2.5 ist aufgeführt, wie die Nummernvergabe für die Planvariante 10 und den Subtyp S eingerichtet wird. Der Standardeintrag »$$$$« im Feld SUBGRUPPE steht für alle Nummernkreise, die nicht explizit in der Tabelle aufgeführt sind. Dieser Eintrag sollte nicht gelöscht werden.

Die Nummernkreispflege ist nicht an die automatische Aufzeichnung zum Transport aus einem Entwicklungssystem z.B. in ein Produktivsystem angeschlossen. Daher muss der Transport von Änderungen, die innerhalb der Nummernkreisintervalle vorgenommen wurden, manuell veranlasst werden. Hierzu kann im Einstiegsbild der Nummernkreis-Intervallpflege über INTERVALL • TRANSPORTIEREN die entsprechende Funktion aufgerufen werden. In der Regel werden Sie ihre Organisationsstruktur aber direkt im Produktivsystem pflegen und aktuell halten.

In den nachfolgenden Ausführungen gehen wir immer von einer *internen* und *planvariantenübergreifenden* Nummernvergabe aus.

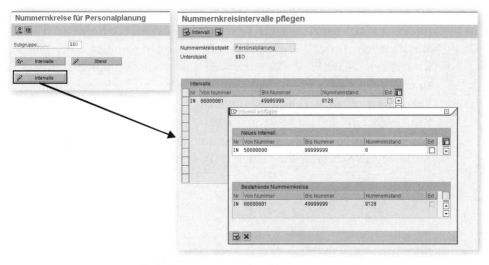

Abbildung 2.5 Interne Nummernkreisvergabe

2.2.2 Ausgewählte Objekttypen und Verknüpfungen

Während die Stammdaten der Personaladministration ausschließlich am Informationsobjekt »Person« angelegt werden, gibt es im Organisationsmanagement unterschiedlichste Objekttypen. Grundsätzlich wird zwischen internen und externen Objekttypen unterschieden. So sind z. B. Organisationseinheiten und Planstellen interne Objekttypen, da sie direkt im Organisationsmanagement angelegt und gepflegt werden. Personen und Kostenstellen hingegen sind externe Objekttypen, da sie ihren Ursprung in der Personaladministration bzw. Kostenrechnung haben. Als Bestandteil des eindeutigen Schlüssels (siehe Ausführungen zum Begriff *Infotyp* in Abschnitt 2.2.1, »Grundbegriffe«) gibt es für jeden Objekttyp ein Kürzel. So ist z. B. die Organisationseinheit mit einem »O« gekennzeichnet, die Planstelle mit einem »S« und die Person mit einem »P«. Objekte können miteinander verknüpft werden, um deren Beziehung zueinander zu beschreiben oder Strukturen abzubilden. Objekte und Verknüpfungen sind in Infotypen abgelegt. Ein Objekt besteht immer aus dem Infotyp 1000 (Objekt) und in der Regel aus dem Infotyp 1001 (Verknüpfungen). Einige für die Personalentwicklung wichtige Objekttypen werden nachfolgend genauer beschrieben.

Organisationseinheiten

Die Grundbausteine einer Organisationsstruktur sind die *Organisationseinheiten*. Diese bilden das Gerüst für die Aufbauorganisation. Organisationseinheiten sind zunächst nicht weiter spezifizierte Objekte der Organisationsstruktur. Es kann sich dabei um einen Geschäftsbereich, ein Team oder auch um ein Werk handeln. Durch diese allgemeine Definition ist es möglich, beliebig tiefe Hierarchien aufzubauen. Die Hierarchie wird dabei mithilfe der Über- und Unterordnung der Organisationseinheiten erreicht. Dazu dienen die Verknüpfungen »Berichtet an« und »Ist Linienvorgesetzter von«. Zur besonderen Kennzeichnung der zunächst neutralen Organisationseinheiten kann über den Infotyp 1003 (Abteilung/Stab) das Abteilungskennzeichen oder die Kennzeichnung als Stabsabteilung eingepflegt werden (siehe Abbildung 2.6).

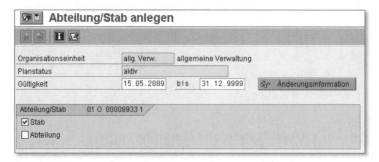

Abbildung 2.6 Stabs-/Abteilungskennzeichen

Planstellen

Um die Mitarbeiter in die Organisationsstruktur aufnehmen zu können, gibt es die *Planstellen*. Diese SAP-Planstellen sind nicht mit den gleichnamigen »Planstellen« des öffentlichen Dienstes zu verwechseln. Im öffentlichen Dienst bezeichnet man als Planstelle die Finanzierung eines Mitarbeiters aus Haushaltsmitteln. Demgegenüber bezeichnet die SAP-Planstelle einen von einem Mitarbeiter besetzten Platz. Freie Planstellen, die in Zukunft besetzt werden sollen, können als »vakant« gekennzeichnet werden. Durch die Kennzeichnung als »vakant« können Sie diese Stellen z.B. für das E-Recruiting in SAP ERP HCM zugänglich machen. Planstellen sind immer einer Organisationseinheit zugeordnet, wozu die Verknüpfungsart »gehört zu« benutzt wird. Eine besondere Kennzeichnung erhalten die *Leiterplanstellen*, die als Leiter einer Organisationseinheit eingesetzt werden. Die technische Kennzeichnung erfolgt durch die Verknüpfung »leitet« zwischen der Organisationseinheit und der Planstelle. Leiterplanstellen haben für viele Bereiche des Systems eine besondere Bedeutung. Beispielsweise dienen sie im Workflow dazu, innerhalb der Organisationsstruktur verantwortliche Vorgesetzte aufzufinden oder im Manager Self-Service, um Manager zu identifizieren. Auch die strukturelle Berechtigungsprüfung kann sich der Leiterplanstellen bedienen.

Stellen

Je nachdem, wie viele der nachfolgend aufgezeigten Daten an einer Planstelle festgemacht werden, kann es sich lohnen, eine Art Muster für die Planstellen anzulegen. An einem solchen Muster können dann einige allgemein gültige Daten wie Anforderungen und Aufgaben abgelegt werden. SAP hat unter dem Begriff der *Stelle* ein solches Muster geschaffen. Die Stelle ist damit eine Vorlage für unterschiedlich ausgeprägte Planstellen im Unternehmen. Man kann auch sagen, dass Stellen eine Möglichkeit zur Gruppierung von Planstellen sind. So kann die Stelle »Sekretärin« das Muster für die Planstelle »Sekretärin Vorstand A« sein. Die Stellen werden oft zu Auswertungszwecken genutzt, denn mit Stellen können Sie sich anzeigen lassen, wie viele Sekretärinnen oder Ingenieure es – unabhängig von der Ausprägung der jeweiligen Stelle in den einzelnen Abteilungen – im Unternehmen gibt.

Aufgaben

In SAP ERP HCM wird zwischen *Standardaufgaben* und *Aufgaben* unterschieden. Unter *Standardaufgaben* werden alle Tätigkeiten verstanden, die innerhalb des SAP Business Workflows ausgeführt werden können. Eine Standardaufgabe ist also immer ein Objekt, das mit einer Methode verknüpft ist. Die Standardaufgaben sind in einem Katalog zusammengefasst, der sich von der Anwendungskomponentenstruktur des Systems ableitet. Ein Beispiel für eine Standardaufgabe ist die Durchführung eines Profilvergleichs zwischen einem Bewerber und einer Planstelle in der Bewerberverwaltung. *Aufgaben* dienen dagegen der Beschreibung von Tätigkeiten, die innerhalb der Organisationseinheiten ausgeführt werden sollen.

Arbeitsplatz

Als *Arbeitsplätze* werden innerhalb von SAP ERP HCM Orte bezeichnet, an denen eine Arbeit verrichtet wird. An einem Arbeitsplatz werden Informationen zu bestimmten Rahmenbedingungen und Aktivitäten festgelegt. So kann z. B. über den Infotyp 1009 (Gesundheitsvorsorge) festgelegt werden, in welchem zeitlichen Abstand der Inhaber des Arbeitsplatzes sich einer bestimmten gesundheitlichen Prüfung wie einem Sehtest oder einer Vorsorgeuntersuchung der Lunge unterziehen muss. Des Weiteren lässt sich über den Infotyp 1010 (Kompetenzen/Hilfsmittel) dokumentieren, welche Hilfsmittel für den Arbeitsplatz zur Verfügung gestellt werden müssen (z. B. Atemmaske, Schutzbrille) oder welche Kompetenzen und Vollmachten mit dem Arbeitsplatz verbunden sind (z. B. Handlungsvollmacht, Prokura, Einkauf bis 50.000 €). Auch Vorgabewerte wie »Arbeitszeit« (Infotyp 1011) und »Mitarbeitergruppe/-kreis« (Infotyp 1013) können an einem Arbeitsplatz festgemacht werden.

Qualifikation

Qualifikationen können im Organisationsmanagement bzw. in der Komponente *Personalentwicklung* z.B. an Stellen und Planstellen festgemacht werden. An *Stellen* dienen Qualifikationen als Vorgabewerte für die aus den Stellen abgeleiteten Planstellen. An den Planstellen werden über die Zuordnung von Qualifikationen Anforderungsprofile erstellt, die zum Abgleich der Anforderungen der Planstelle mit den Qualifikationen eines Bewerbers oder Mitarbeiters genutzt werden können. Die Qualifikationen sind in einem Katalog strukturiert; diesen Qualifikationskatalog erreichen Sie über das SAP-Menü PERSONAL • PERSONALENTWICKLUNG • INFOSYSTEM • BERICHTE • KATALOG • QUALIFIKATIONEN. Abbildung 2.7 zeigt den Qualifikationskatalog, der durch selbst definierte Qualifikationen ergänzt werden kann. Näheres zum Qualifikationskatalog, dem Anlegen von Anforderungs- und Qualifikationsprofilen finden Sie in Kapitel 8, »Skillmanagement«.

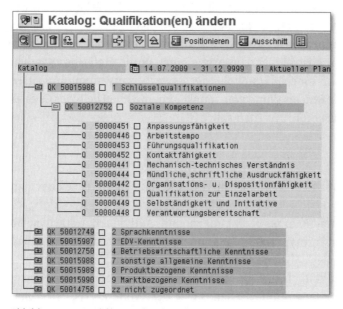

Abbildung 2.7 Qualifikationskatalog

Abbildung 2.8 zeigt die Grundstruktur des Organisationsmanagements.

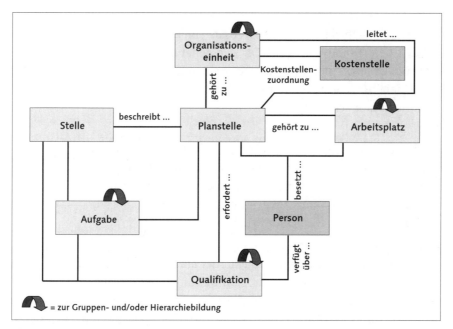

Abbildung 2.8 Kernstruktur des Organisationsmanagements

2.2.3 Statusverwaltung

Objekte, Verknüpfungen und andere Infotypen können im Organisationsmanagement in einem vordefinierten Status angelegt werden. Damit lassen sich z. B. systemgestützte Genehmigungsverfahren für die Einrichtung neuer Objekte wie Planstellen realisieren (siehe Abbildung 2.9). Die Status beeinflussen die Verfügbarkeit der Objekte und Infotypsätze in der Strukturpflege. Es gibt folgende Status:

- **1 – aktiv**

  Das Objekt oder der Infotypsatz ist derzeit aktiv und verwendbar. Die Bearbeitungsaktivitäten für ein Objekt im aktiven Status sind uneingeschränkt. Objekte oder Infotypsätze im Status »aktiv« können sowohl angelegt, angezeigt als auch abgegrenzt, gelöscht und aufgelistet werden. Nur in diesem Status sind Objekte mit anderen aktiven Objekten verknüpfbar.

- **2 – geplant**

  Das Objekt oder der Infotypsatz kann zwar vorgeschlagen werden, ist jedoch noch nicht aktiv, also nicht verwendbar. Objekte im Status »geplant« können angelegt, angezeigt, abgegrenzt, gelöscht und aufgelistet werden. Eine Verknüpfung mit aktiven Objekten ist nicht möglich.

- **3 – beantragt**
  Es liegt ein Objekt oder ein Infotypsatz einer Person oder Personengruppe zur Überprüfung vor, das bzw. der genehmigt oder abgelehnt werden kann. Objekte und Infotypsätze im Status »beantragt« können weder angelegt noch geändert werden. Eine Verknüpfung mit aktiven Objekten ist nicht möglich.

- **4 – genehmigt**
  Dieser Status zeigt an, dass ein zuvor beantragtes Objekt oder ein beantragter Infotypsatz angenommen bzw. genehmigt wurde. Eine Bearbeitung der Daten ist allerdings erst dann möglich, wenn der Status »genehmigt« in den Status »aktiv« umgesetzt wurde. Eine Verknüpfung mit aktiven Objekten ist nicht möglich.

- **5 – abgelehnt**
  Wird ein zuvor beantragtes Objekt oder ein zuvor beantragter Infotypsatz nicht genehmigt, können die Daten nur angezeigt werden. Eine Bearbeitung ist erst dann wieder möglich, wenn das Objekt oder der Infotypsatz in den Status »geplant« umgesetzt wurde. Eine Verknüpfung mit aktiven Objekten ist nicht möglich.

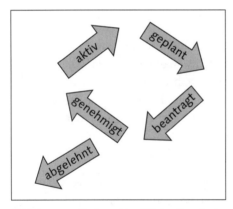

Abbildung 2.9 Systemunterstütztes Genehmigungsverfahren für Objekte und Infotypsätze

Über den Report RHAKTI00 oder die sogenannte *Detailpflege* (siehe Ausführungen zum Punkt »Zusatzdaten zu Objekten erfassen« in Abschnitt 2.3.1, »Pflege der Organisationsstruktur«) kann der Status von Objekten nachträglich geändert werden. Der Report bietet die Möglichkeit, eine große Anzahl von Objekten und Infotypsätzen auf einmal zu ändern. Die Detailpflege hingegen kann zur Änderung einzelner Objekte und Infotypsätze herangezogen werden.

2.2.4 Auswertungswege

Auswertungen des Organisationsmanagements können als Selektionskriterium einen Auswertungsweg heranziehen. Auch die Pflege der Organisationsstruktur kann auf der Grundlage eines Auswertungsweges ausgeführt werden. Um z.B. eine Struktur aus Organisationseinheiten und Planstellen aufbauen zu können, müssen dem System ein sogenanntes *Startobjekt* sowie eine Regel mitgegeben werden, die den Weg beschreibt, den die Auswertung vom Startobjekt ausgehend nehmen soll, und angibt, welche Objekte davon angezeigt werden sollen. Ein Beispiel ist der Auswertungsweg O-O-S-P (siehe Abbildung 2.10). Dieser Weg listet das Startobjekt (eine Organisationseinheit) und alle Organisationseinheiten auf, die hierarchisch darunter liegen (**O-O**-S-P). Zusätzlich werden alle Planstellen angezeigt, die mit den angezeigten Organisationseinheiten verknüpft sind (O-O-**S**-P). Schließlich zeigt die Struktur auch die Personen an, die die Planstellen besetzen (O-O-**S-P**).

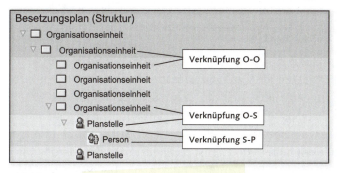

Abbildung 2.10 Auswertungsweg O-O-S-P

Zur besseren Veranschaulichung stellt Abbildung 2.11 dar, wie das System über einen Auswertungsweg eine bestimmte Menge an Mitarbeitern selektiert, die die angegebenen Selektionskriterien erfüllen. Im Beispiel sollen in der Personalabteilung alle Mitarbeiter selektiert werden, deren Planstelle auf der Grundlage der Stelle »Sekretärin« erstellt wurde. Im Ergebnis werden dann alle Sekretärinnen der Personalabteilung angezeigt.

Falls die bestehenden Auswertungswege Ihren Ansprüchen nicht genügen oder eigene Objekttypen und Verknüpfungen erstellt wurden, können Sie eigene Auswertungswege erstellen. Näheres hierzu beschreiben wir in Abschnitt 2.3.5, »Erstellung eigener Auswertungswege«.

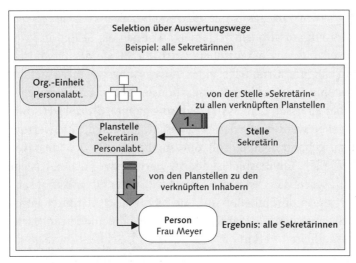

Abbildung 2.11 Auswertungsweg »alle Sekretärinnen«

2.2.5 Organisationsstruktur

Mit den in Abschnitt 2.2.2, »Ausgewählte Objekttypen und Verknüpfungen«, vorgestellten Objekten des Typs »Organisationseinheit« und dem Infotyp 1001 (Verknüpfungen)« lässt sich die Organisationsstruktur des Unternehmens abbilden. Dabei ist die Struktur im Organisationsmanagement von SAP ERP HCM immer in einer Baumgrafik dargestellt. Hierarchisch untergeordnete Organisationseinheiten sind entsprechend unter den darüber liegenden Einheiten angeordnet. Der Benutzer blickt stets über einen bestimmten Einstiegszeitraum auf die Organisationsstruktur. Je nachdem, ob sich Objekte innerhalb oder außerhalb des Betrachtungszeitraums befinden, werden sie angezeigt oder ausgeblendet. Dabei werden das Beginn- und Enddatum des Infotyps 1000 (Objekt) und des Infotyps 1001 (Verknüpfung) als Kriterien herangezogen.

Die Verknüpfung von Kostenstellen mit Organisationseinheiten und Planstellen hat eine Verknüpfung der Kostenstellenstruktur mit der Organisationsstruktur zur Folge. Bei aktiver Integration der Personaladministration (also der Stammdaten des Mitarbeiters) mit dem Organisationsmanagement wird die Information der Kostenstelle aus der Organisationsstruktur in die Mitarbeiterstammdaten übernommen (in Infotyp 0001 (Organisatorische Zuordnung)). Um bestimmte Daten wie z.B. die Kostenstelle nicht an jeder Organisationseinheit pflegen zu müssen, gibt es die sogenannte *Vererbung*. Diese bewirkt unter anderem, dass eine an der obersten Organisationseinheit gepflegte Kostenstelle so lange für alle darunter liegenden Organisationseinheiten maßgeblich ist, bis eine abweichende Kostenstelle gepflegt wird (siehe Abbildung 2.12).

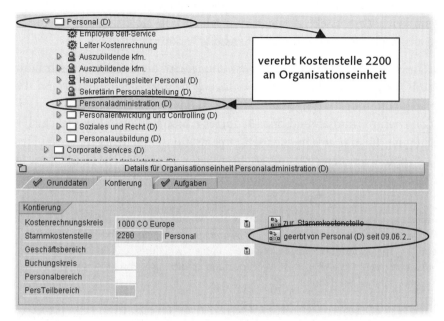

Abbildung 2.12 Vererbung am Beispiel der Kontierung

Wenn zusätzlich die Kontierungsmerkmale wie Kostenrechnungskreis, Buchungskreis und Geschäftsbereich von Organisationseinheiten auf untergeordnete Planstellen vererbt werden sollen, muss dies über den IMG-Pfad PERSONALMANAGEMENT • ORGANISATIONSMANAGEMENT • GRUNDEINSTELLUNGEN • VERERBUNG VON KONTIERUNGSMERKMALEN AKTIVIEREN eingestellt werden. Dazu tragen Sie in das Feld WERT/KÜRZEL für die Gruppe PPOM und das semantische Kürzel INHS ein »X« ein (siehe Abbildung 2.13).

Abbildung 2.13 Vererbung von Kontierungsmerkmalen auf Planstellen aktivieren

Die Bedeutung der Vererbung wird nochmals deutlich, wenn man sich vor Augen hält, dass die Pflege der Kostenstellenzuordnung komplett ins Organisationsmanagement verlagert wird und im Idealfall jede Kostenstelle nur einmal zugeordnet werden muss. Der Pflegeaufwand wird damit erheblich reduziert, und die Kostenstellen der Mitarbeiter können leichter ermittelt werden, da man zuerst die Planstelle des Mitarbeiters prüfen kann und – wenn keine Kostenstelle gepflegt ist – sich einfach die Organisationseinheiten ansehen muss, mit denen die Planstelle verknüpft ist.

Im Hinblick auf die Berechtigungsverwaltung wird die Organisationsstruktur für die sogenannte *strukturelle Berechtigung* herangezogen. Diese kann die Berechtigungsobjekte aufgrund der Zuordnung Person – Planstelle – Organisationseinheit ermitteln und dem Benutzer z.B. die Pflege- oder Ansichtsberechtigung für die entsprechenden Organisationseinheiten geben. Näheres zur strukturellen Berechtigung erfahren Sie in Kapitel 3, »Rollenkonzept in SAP ERP HCM«.

> **Literaturempfehlung**
>
> Wenn Sie sich für Berechtigungen im Allgemeinen und für strukturelle Berechtigungen im Besonderen interessieren, empfehlen wir Ihnen das SAP PRESS-Buch »Berechtigungen in SAP ERP HCM«. Vollständige bibliographische Angaben finden Sie im Literaturverzeichnis.

Von zentraler Bedeutung ist die Organisationsstruktur auch für den SAP Business Workflow. Dieser kann z.B. aufgrund einer Leiterplanstelle den Vorgesetzten eines Mitarbeiters identifizieren und damit bestimmte Workflow-Aufgaben wie die Genehmigung eines Urlaubsantrags an den Vorgesetzten weiterleiten. Weitere Details zum Thema Workflow finden Sie in Kapitel 5, »SAP Business Workflow«. An den in der Organisationsstruktur angelegten Planstellen und an Stellen können Aufgaben abgelegt werden, die die Tätigkeiten der jeweiligen Planstelle oder Stelle beschreiben.

2.2.6 Aufgabenkatalog

Aufgaben dienen in SAP ERP HCM mehreren Zwecken. Zum einen kann mithilfe der Aufgabenzuordnung zu Stellen oder Planstellen eine Stellenbeschreibung oder ein Tätigkeitsprofil realisiert werden. Zum anderen dient die Zuordnung von Aufgaben zu Stellen und Planstellen der Steuerung des Workflows, der Aufgaben nur an die jeweils zuständigen Mitarbeiter weiterleitet. Beide Arten von Aufgaben befinden sich hierarchisiert bzw. gruppiert im *Aufgabenkatalog* (siehe Abbildung 2.14). Dieser Katalog ist in der Standardauslieferung bereits mit einigen Aufgaben gefüllt und kann kundenindividuell angepasst werden.

Konzeption in SAP ERP HCM | 2.2

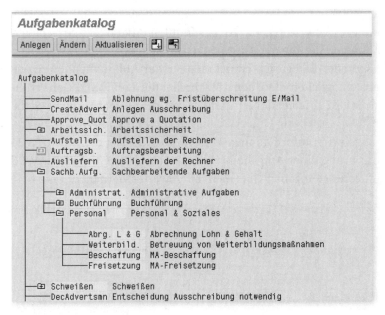

Abbildung 2.14 Aufgabenkatalog

Aufgaben können innerhalb des SAP ERP HCM-Systems in verschiedene Klassen eingeordnet werden. So werden Aufgaben als fachlich, persönlich oder disziplinarisch klassifiziert oder aber keiner Klasse zugeordnet. Eine Gruppierung der Aufgaben zu Aufgabengruppen ist sinnvoll, um die Pflege der Zuordnung von routinemäßig zusammen auszuführenden Tätigkeiten an Stellen und Planstellen zu erleichtern. Den Aufgabenkatalog erreichen Sie aus dem SAP-Menü über PERSONAL • ORGANISATIONSMANAGEMENT • EXPERTENMODUS • AUFGABENKATALOG oder über WERKZEUGE • BUSINESS WORKFLOW • AUFBAUORGANISATION • EXPERTENMODUL • AUFGABENKATALOG.

Beachten Sie bei der Pflege des Aufgabenkatalogs, dass in der Hierarchie des Kataloges ein neues Objekt immer ausgehend von dem ihm übergeordneten Objekt anzulegen ist. Eine neue Aufgabe auf oberster Ebene legen Sie also ausgehend vom Aufgabenkatalog als oberstes Objekt an. Den Aufgaben können folgende Attribute in Form von Infotypen mitgegeben werden:

- **Verbale Beschreibung (1002)**
  Hier kann eine ausführliche Beschreibung der Aufgabe als Freitext hinterlegt werden. Dabei ist es möglich, bereits verfasste Texte, sofern sie im *.txt*-Format vorliegen, in diesen Infotypen zu exportieren. Dieser Infotyp hat reinen Informationscharakter.

▶ **Charakter (1004)**

Die Zuordnung von Aufgaben zu bestimmten Charaktereigenschaften dient der Kategorisierung der Aufgaben nach Rang, Phase und Zweck. Die Ausprägungen der Kategorien entnehmen Sie der Abbildung 2.15. Diese Kategorien ermöglichen die Unterstützung bei der Lohn- und Gehaltsfindung und liefern Informationen darüber, ob die Aufgaben einer Stelle oder Planstelle direkt zur Unterstützung der Unternehmensziele beitragen. Die abgelegten Informationen können über die Reports RHXIAW04 (Charakterisierung einer Aufgabe in einer Organisation) und RHXIAW05 (Charakterisierung einzelner Aufgaben) ausgewertet werden.

Abbildung 2.15 Infotyp »Charakter«

▶ **Standard-Profile (1016)**

Über diesen Infotyp ordnet man, abhängig von der jeweiligen Aufgabe, Profile zu, die es dem Benutzer ermöglichen, bestimmte Tätigkeiten im System durchzuführen (nähere Informationen zu Berechtigungen liefert Kapitel 3, »Rollenkonzept in SAP ERP HCM«). Berechtigungsprofile werden Benutzern des Systems individuell zugeordnet. Mit dem Infotyp »Standard-Profile« können diese Profile einer Organisationseinheit, Stelle, Planstelle oder einer Aufgabe zugeordnet und über die Vererbung auf den Mitarbeiter übertragen werden. Voraussetzung dafür ist lediglich, dass der Mitarbeiter mit einem der oben genannten Objekte verknüpft ist, also auf der entsprechenden Planstelle sitzt oder der entsprechenden Aufgabe zugeordnet ist. Die Zuordnung der hier angegebenen Profile zu den jeweiligen Benutzern starten Sie über den Report RHPROFL0. Voraussetzung für eine korrekte Zuordnung von Profil zum Benutzer ist die Verknüpfung zwischen einer Person im System und einem Benutzer über den Infotyp 0105 (Kommunikation) in den Personalstammdaten.

- **PD-Profile (1017)**

  Ähnlich wie beim Infotyp 1016 (Standard-Profile) werden bei diesem Infotyp Profile z.B. einer Aufgabe zugeordnet. Die PD-Profile steuern die strukturelle Berechtigung, also welche Objekte ein Benutzer innerhalb der Organisationsstruktur anzeigen oder bearbeiten darf. Der Infotyp ermöglicht über den Report RHPROFL0 die automatische Zuordnung von strukturellen Berechtigungsprofilen zu Benutzern. Da die PD-Profile nur den Zugriff auf das Organisationsmanagement regeln, ist es unabdingbar, auch den Infotyp »Standard-Profile« zu pflegen.

- **Qualifikationsmanagement (1055)**

  Dieser Infotyp dient der direkten Zuordnung von Qualifikationen oder Qualifikationsblöcken (neuer Objekttyp) zu Aufgaben.

- **Klassifikation/Sperrkennzeichen (1217)**

  Dieser Infotyp ist für *Workflow-Aufgaben* anzulegen. Die Aufgaben können nach folgenden Kriterien klassifiziert werden: »Generelle Aufgabe« bedeutet, dass jeder am Workflow Beteiligte diese Aufgabe durchführen darf. »Generelles Weiterleiten erlaubt/nicht erlaubt« besagt, dass die Aufgabe auch an Benutzer weitergeleitet werden darf bzw. nicht weitergeleitet werden darf, denen diese Aufgabe nicht direkt zugeordnet ist.

- **Belastung: Langzeit MW (Mittelwert) (1403)/Belastung: Aufg. Bezogen (1404)**

  Mit diesen Infotypen können Sie die Grunddaten anlegen und verwalten, die Sie für die Planung und Durchführung von arbeitsmedizinischen Vorsorgeuntersuchungen in Ihrem Unternehmen benötigen. Voraussetzung ist der Einsatz der Komponente *SAP Environment, Health, and Safety Management* (SAP EHS Management).

2.2.7 Pflegeoberfläche

Die Pflegeoberfläche des Organisationsmanagements wurde mit dem Release 4.6C gründlich überarbeitet. Die alte Pflegeoberfläche aus den vorherigen Release-Ständen wird mittlerweile nicht mehr in vielen Unternehmen eingesetzt, ist jedoch weiterhin im System verfügbar und wird im Expertenmodus bzw. der sogenannten *einfachen Pflege* weiterhin angeboten. Freunde der alten Pflegeoberfläche können sich diese über SYSTEM • BENUTZERVORGABEN • EIGENE DATEN auf der Registerkarte PARAMETER dauerhaft einrichten (siehe Abbildung 2.16). Diese Einstellung funktioniert allerdings nur mit der Transaktion PPOM.

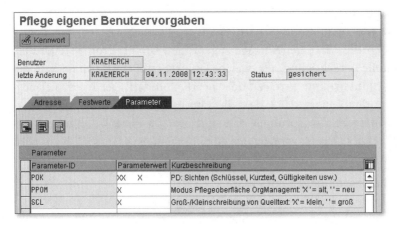

Abbildung 2.16 Voreinstellung der Pflegeoberfläche

Die Oberfläche vereint viele nützliche Funktionalitäten auf einer Maske, die sich in vier Bereiche gliedert (siehe Abbildung 2.17). Aufgrund der *Split-Screen-Technik* lassen sich die einzelnen Bildbereiche mit der Maus vergrößern und verkleinern, je nachdem, in welchem Bereich man gerade arbeitet.

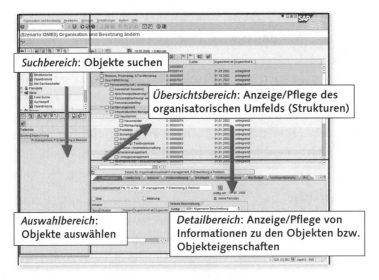

Abbildung 2.17 Teilbereiche der Pflegeoberfläche

Suchbereich

Ausgangsbasis der Bearbeitung einer Organisationsstruktur ist das *Startobjekt*. Über den Suchbereich wird das Startobjekt anhand verschiedener Suchhilfen ermittelt (siehe Abbildung 2.18).

Konzeption in SAP ERP HCM | 2.2

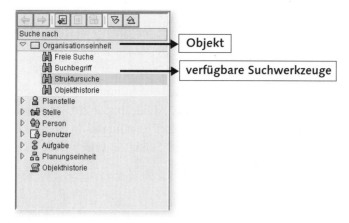

Abbildung 2.18 Suchbereich

Die Suche ermöglicht es, eine gesamte Struktur oder Objekte eines bestimmten Objekttyps, z.B. Planstellen, zu suchen. Im Standard gibt es drei Suchwerkzeuge für Objekte:

- **Suchbegriff**
  Durch die Eingabe eines Suchbegriffs wird sowohl nach der Kurzbezeichnung als auch nach der Langbezeichnung sowie nach dem Schlüssel eines Objekts gesucht. Eine weitere Option ermöglicht die Suche nach Objekten, die direkt oder indirekt einem anderen Objekt zugeordnet sind (siehe Abbildung 2.19).

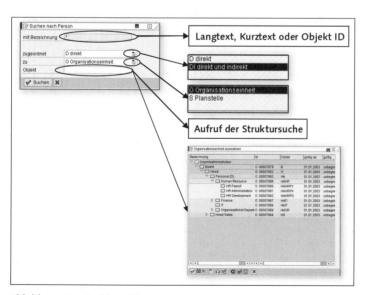

Abbildung 2.19 Suchbegriff

2 | Organisationsmanagement

▶ **Struktursuche**
Die Struktursuche ermöglicht es, sich anhand der bereits bestehenden Organisationsstruktur das gewünschte Objekt herauszusuchen

▶ **Freie Suche**
Mit dieser Suche kann der Benutzer Objekte anhand einer Vielzahl von kombinierbaren Kriterien selektieren (siehe Abbildung 2.20). Mit der sogenannten *Infoset-Query* (siehe hierzu Kapitel 6, »Queries in SAP ERP HCM«) kann er bestimmen, welche Felder zur Selektion und welche Felder für die Ausgabeliste herangezogen werden.

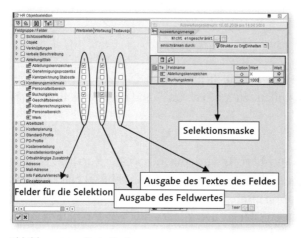

Abbildung 2.20 Freie Suche

Abbildung 2.21 Suchvarianten

Selektionen, die einmal durchgeführt wurden, können als Suchvariante abgespeichert werden (siehe Abbildung 2.21). Dabei müssen Sie beachten, dass nicht die Ergebnisliste, sondern die Selektionskriterien abgespeichert werden. Sobald also eine gespeicherte Suchvariante aufgerufen wird, selektiert das System aufgrund der gespeicherten Kriterien. Die Suchvarianten erscheinen im Suchbereich und können durch einfaches Anklicken gestartet werden.

Auswahlbereich

Nach erfolgreicher Selektion über den Suchbereich werden die Ergebnisse der Selektion in den Auswahlbereich übernommen. Bei der Struktursuche zeigt der Auswahlbereich die gesamte aktive Organisationsstruktur an. Je nachdem, welches Objekt gesucht wurde, erscheint die Organisationsstruktur in unterschiedlichen Detaillierungsstufen. Wurde z.B. ausgehend vom Objekt »Organisationseinheit« die Struktursuche aufgerufen, so ist im Auswahlbereich die Struktur der Organisationseinheiten zu sehen. Wurde hingegen von der »Planstelle« als Suchobjekt ausgegangen, so erscheint die Struktur der Organisationseinheiten bis auf die Ebene der Planstellen. Im Gegensatz zur Struktursuche liefern die anderen Suchhilfen eine *Ergebnisliste* und keine Ergebnisstruktur.

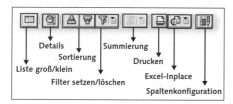

Abbildung 2.22 Icons im Auswahlbereich

Der Benutzer kann den Auswahlbereich selbst anpassen. Dazu stehen ihm verschiedene Funktionalitäten zur Verfügung (siehe Abbildung 2.22):

- **Liste groß/klein**
  Mit dieser Funktion kann die Darstellung der Liste vergrößert werden. Der gesamte linke Bildschirmbereich wird dann für die Liste reserviert. Der Suchbereich ist ausgeblendet.
- **Details**
  Alle zur Verfügung stehenden Informationen zu einem Eintrag aus der Ergebnisliste werden angezeigt.

▶ **Sortierung**
Die Inhalte der Spalten lassen sich auf- und absteigend sortieren.

▶ **Filter setzen/löschen**
Durch das Setzen von Filtern kann die Ergebnisliste weiter eingeschränkt werden. Dabei können die angebotenen Informationen der Liste genutzt werden. Aus dem Spaltenvorrat werden die Spalten ausgewählt, die als Filterkriterium dienen sollen.

▶ **Summierung**
Wenn die Ergebnisliste summierbare Zahlen enthält, können mit dieser Funktion Summen gebildet werden.

▶ **Excel-Inplace**
Im Standard werden Listen im sogenannten ALV *Grid Control* dargestellt. Diese Darstellungsweise ermöglicht das Verschieben von Spalten per Drag & Drop. Alternativ dazu können Sie Listen im *Excel-Inplace* darstellen. Bei dieser Variante werden die Daten der Liste in Excel übertragen und dort angezeigt. Voraussetzung hierfür ist, dass Excel auf dem jeweiligen PC installiert ist und ein entsprechendes Template, in diesem Fall *sap_om.xls*, zur Verfügung steht.

▶ **Spaltenkonfiguration**
Über diese Funktionalität kann der Benutzer einstellen, welche der angebotenen Informationen in den Spalten angezeigt werden sollen (siehe Abbildung 2.23). Die Auswahl an Informationen ist abhängig davon, welche Objekte aktuell im Auswahlbereich angezeigt werden. Die Spaltenkonfiguration gibt es sowohl im Auswahlbereich als auch im Übersichtsbereich.

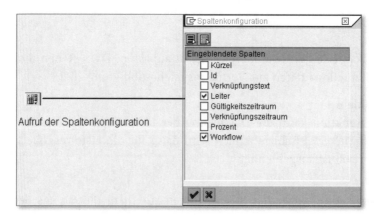

Abbildung 2.23 Spaltenkonfiguration

Der Suchbereich und der Auswahlbereich ergeben zusammen den *Objektmanager*. Der Objektmanager kann über das Menü EINSTELLUNGEN • OBJEKTMANAGER AUSBLENDEN aus- und wieder eingeblendet werden.

Übersichtsbereich

Durch einen Doppelklick auf einen Eintrag aus dem Auswahlbereich wird dieser in den Übersichtsbereich übernommen. Von dort aus können z.B. neue Objekte in die Struktur mit aufgenommen oder bestehende gelöscht oder geändert werden. Der Übersichtsbereich kennt verschiedene Sichten auf die ausgewählten Objekte (siehe Abbildung 2.24). So kann z.B. die Zuordnung von Aufgaben zu Planstellen oder Organisationseinheiten oder ein Besetzungsplan als Liste oder als Struktur angezeigt werden. Der Button SPRINGEN erlaubt es, zwischen den einzelnen Sichten des Organisationsmanagements zu wechseln.

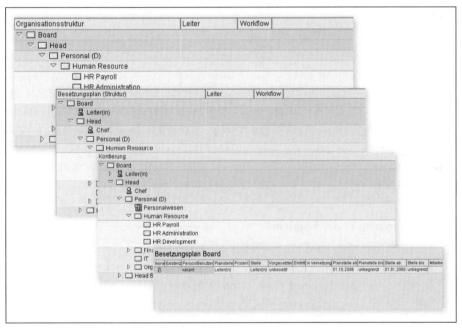

Abbildung 2.24 Sichten im Übersichtsbereich

Detailbereich

Wird im Übersichtsbereich ein Objekt per Doppelklick ausgewählt, so erscheinen im Detailbereich einzelne Registerkarten (auch Reiter oder Tab-Strips). Auf den Registerkarten sind inhaltlich zusammengehörende Informationen zusammengefasst. Daten mehrerer Infotypen können auf einer Registerkarte erscheinen. Abbildung 2.25 zeigt die Registerkarten aus dem Detailbereich einer Organisationseinheit.

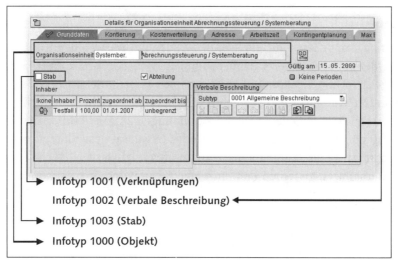

Abbildung 2.25 Detailbereich der Registerkarte »Grunddaten«

Es werden sowohl Informationen des Infotyps 1000 (Objekt) als auch der Infotypen 1001 (Verknüpfungen), 1003 (Abteilung/Stab) und 1002 (Verbale Beschreibung) auf dieser Registerkarte angezeigt. Der Detailbereich kann angepasst werden; Informationen hierzu finden Sie in Abschnitt 2.3.7, »Infotypen erweitern und anlegen«. Sind auf einer Registerkarte bereits Informationen abgelegt, so ist diese mit einem grünen Haken versehen.

Zusammenspiel der Bereiche

Objekte, die über den Suchbereich selektiert wurden, erscheinen im Auswahlbereich in Form einer Struktur oder Liste. Durch Auswahl eines Objekts aus der Ergebnisliste wird dieses Objekt in den Übersichtsbereich übernommen. Im Übersichtsbereich gibt es unterschiedliche Darstellungsarten über verschiedene Auswertungswege. Die Daten können als Liste oder als Baumstruktur dargestellt sein. Aus dem Übersichtsbereich wird die Organisationsstruktur gepflegt, das heißt es werden neue Objekte angelegt und bestehende Objekte abgegrenzt, kopiert oder gelöscht. Per Doppelklick auf ein Objekt aus dem Übersichtsbereich verzweigen Sie in den Detailbereich. Von dort aus können Sie die Objekteigenschaften in Registerkarten pflegen.

Per Drag & Drop können Sie Objekte aus dem Auswahlbereich Objekten im Übersichtsbereich zuordnen. So können Sie eine Person aus dem Auswahlbereich einer Planstelle im Übersichtsbereich zuordnen (siehe Abbildung 2.26).

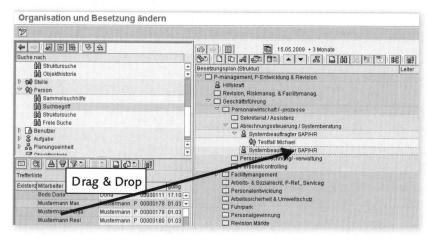

Abbildung 2.26 Zuordnung per Drag & Drop

Auch eine organisatorische Änderung wie das Verlagern von Planstellen in eine andere Organisationseinheit können Sie per Drag & Drop vornehmen. Dabei ist aber Vorsicht geboten, da das System standardmäßig als Beginndatum der neuen Zuordnung das im Übersichtsbereich über EINSTELLUNGEN • DATUM UND VORSCHAUZEITRAUM voreingestellte Datum annimmt und als Enddatum den 31.12.9999 – Sie werden also nicht ausdrücklich nach dem Gültigkeitszeitraum der neuen Zuordnung gefragt. Es empfiehlt sich deshalb, bei organisatorischen Änderungen die Zeitraumabfrage zu aktivieren. Dies können Sie über den Menüpfad EINSTELLUNGEN • ZEITRAUMABFRAGE BEI ORGANISATORISCHEN ÄNDERUNGEN tun (siehe Abbildung 2.27).

Abbildung 2.27 Zeitraumabfrage aktivieren

Sobald die Zeitraumabfrage aktiviert ist, wird eine Versetzung erst dann wirksam, wenn Beginn- und Enddatum explizit gepflegt sind (siehe Abbildung 2.28).

Bei der Pflege werden alle durchgeführten Aktionen im Speicher vermerkt, jedoch nicht sofort auf der Datenbank gesichert. Erst nachdem Sie über den Button SPEICHERN alle bisherigen Eingaben gespeichert haben, sind die Daten auf der Datenbank und somit in anderen Applikationen verfügbar. Dies ist besonders beim Testen der Auswirkungen von Änderungen im Organisationsmanagement auf andere Applikationen zu beachten. In Abschnitt 2.3.1, »Pflege der Organisationsstruktur«, beschreiben wir, wie Sie das System veranlassen, Sie in gewissen Abständen an das Speichern zu erinnern.

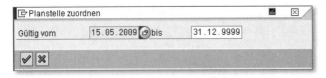

Abbildung 2.28 Zeitraumabfrage bei Versetzung

2.2.8 Organisationsmanagement als Grundlage für Planung und Entwicklung

Für die Prozesse der Personalplanung und Entwicklung ist das Organisationsmanagement mit den zugehörigen Objekttypen unabdingbar. Abbildung 2.29 zeigt, wie stark das Organisationsmanagement in andere Bereiche integriert ist.

Abbildung 2.29 Integrationsaspekte des Organisationsmanagements

Planstelle, Stelle und oftmals auch die Organisationseinheit sind die grundlegenden Objekte, die etwa bezüglich Anforderungsprofilen, Karrierepfaden oder Mitarbeiterzielen weiter charakterisiert werden können.

Personal(kosten)planung

Planstellen und Stellen dienen als Input für die Personalplanung. So können Sie etwa auswerten, wie viele Planstellen besetzt, in Zukunft vakant oder gegebenenfalls obsolet sind. Des Weiteren können Sie an (vakanten) Planstellen Sollkosten hinterlegen, um auch nicht besetzten Planstellen eine Wertigkeit für die Personalkostenplanung zuordnen zu können.

Bedarfsplanung

Vakante, obsolete und geplante Planstellen dienen als Grundlage zur Feststellung der aktuellen Anzahl an Planstellen und der zukünftigen Bedarfe.

Personalentwicklung

Anforderungsprofile, die an Planstellen hinterlegt werden können, dienen als Grundlage für Stellenbeschreibungen und für das Qualifikationsmanagement in der Personalentwicklung.

Talent Management

Innerhalb des Talent Managements werden die Objekte des Organisationsmanagements und die darin hinterlegten Informationen verwendet. Hierbei kann z.B. das E-Recruiting mit vakanten Planstellen und der zugehörigen organisatorischen Einordnung der Vakanzen versorgt werden. Des Weiteren können Sie in der Learning Solution den Lernbedarf des Mitarbeiters anhand des Abgleichs des Anforderungsprofils seiner Planstelle mit seinem Qualifikationsprofil ermitteln und entsprechende Kurse (E-Learning und/oder Klassenraumtraining) anbieten. Beurteilungskriterien können von Planstellen und Stellen als Grundlage für die Mitarbeiterbeurteilung und die Positionsbewertung ermittelt werden.

2.2.9 Organisationsmanagement als Grundlage der Personaladministration

Das Organisationsmanagement empfiehlt sich zur Strukturierung und Auswertung in der Personaladministration. Bereits der pragmatische Einsatz der folgenden, zuvor erläuterten Objekte ist dafür ausreichend:

- Organisationseinheiten und ihre Einbindung in die Organisationsstruktur
- Planstellen, ihre Einbindung in die Organisationsstruktur und die Zuordnung von Inhabern
- Stellen als Mittel zur Beschreibung und Klassifizierung von Planstellen

Eine weitere Bedeutung im Zusammenhang mit der Personaladministration kommt dem Organisationsmanagement in der Berechtigungsprüfung von SAP ERP HCM zu. Bei aktivierter struktureller Berechtigung ist es möglich, Benutzern ihre Berechtigung anhand ihrer Zuordnung in der Organisationsstruktur zu vergeben.

Die Schnittstelle zwischen der Personaladministration und dem Organisationsmanagement bildet die im Infotyp 0001 (Organisatorische Zuordnung) mit dem Mitarbeiter verknüpfte Planstelle. Mit der Zuordnung des Mitarbeiters zu einer Planstelle und somit zu einer Organisationseinheit erfolgt seine Einordnung in die Aufbauorganisation (Organisationsstruktur). Des Weiteren wird im Infotyp 0001 die Zuordnung des Mitarbeiters zur Unternehmensstruktur (Personalbereich, Personalteilbereich) und zur Personalstruktur (Mitarbeitergruppe, Mitarbeiterkreis) eines Unternehmens vorgenommen. Durch die aktive Integration leitet sich die Kostenstelle aus dem Organisationsmanagement ab. Sie ist im Infotyp 0001 nicht mehr änderbar.

Sie aktivieren die Integration des Organisationsmanagements zur Personaladministration in zwei Schritten:

1. Über den IMG-Pfad PERSONALMANAGEMENT • ORGANISATIONSMANAGEMENT • INTEGRATION • INTEGRATION ZUR PERSONALADMINISTRATION EINRICHTEN setzen Sie über die Aktion GRUNDEINSTELLUNGEN den Eintrag PLOGI-ORGA auf »X« (siehe Abbildung 2.30). Die Tabelle, in der die Integration aktiviert wird, enthält noch weitere Steuerungsmöglichkeiten und ist gut dokumentiert. Die Dokumentation der einzelnen Steuerungsschalter erreichen Sie über die Positionierung des Cursors auf dem gewünschten Eintrag in der Spalte SM. KÜRZEL (semantisches Kürzel) und Aktivierung des Buttons DOKUMENTATION (siehe Abbildung 2.30). Die Tabelle tritt im Customizing der Personalplanung und -entwicklung in ähnlicher Form sehr häufig auf und wird im Folgenden noch des Öfteren erläutert.

2. Ist die Integration grundsätzlich aktiviert, muss außerdem festgelegt werden, welche Mitarbeiter an der Integration teilnehmen sollen. Einige Unternehmen schließen hierbei z.B. Rentner und geringfügig Beschäftigte aus. Die Steuerung erfolgt über das Merkmal PLOGI, das über den gleichen IMG-Pfad zu erreichen ist. Abbildung 2.31 zeigt die Integration aller Mitarbeiter.

Bei aktiver Integration muss im Infotyp 0001 (Organisatorische Zuordnung) nur noch die Planstelle gepflegt werden. Die Felder der Stelle sowie der Organisationseinheit und Kostenstelle werden automatisch gefüllt.

Gruppe	sm. Kürzel	Wert Kürz.	Beschreibung
PLOGI	EVCCC	02	Stammdatenmaßnahme Buchungskreiswechsel
PLOGI	EVCRE	X	Ereignis erzeugen bei Eintrag T77INT (Maßn. vorm.)
PLOGI	EVEGC	02	Stammdatenmaßnahme Mitarbeiterkreiswechsel
PLOGI	EVENB		Erweiterte Integration (X=ein, Space=aus)
PLOGI	EVPAC	02	Stammdatenmaßnahme Länderwechsel
PLOGI	ORGA	X	Integrationsschalter Organisatorische Zuordnung
PLOGI	PRELI	99999999	Integration: Defaultplanstelle
PLOGI	PRELU		Integration: PA-Update Online oder Batch
PLOGI	TEXTC		Integration: Kurztext der Stelle übernehmen
PLOGI	TEXTO		Integration: Kurztext der Organisationseinheit übe
PLOGI	TEXTS		Integration: Kurztext der Planstelle übernehmen
PPABT	PPABT	1	Abteilungsschalter
PPINT	BTRTL		Vorschlagswert für den Personalteilbereich
PPINT	PERSA		Vorschlagswert für den Personalbereich

Abbildung 2.30 Integration zur Personaladministration einrichten

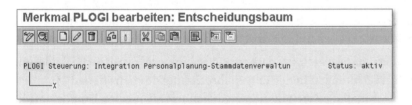

Abbildung 2.31 Die Integration über das Merkmal PLOGI ist generell aktiviert.

Grundsätzlich ist die Zuordnung von Mitarbeitern zu Organisationseinheiten, Planstellen und Stellen auch ohne den Einsatz des Organisationsmanagements möglich. Die entsprechenden Organisationsobjekte werden dann nicht in der Strukturpflege, sondern über das Customizing in einfachen Tabellen gepflegt. Ab einer Größe von circa 500 Mitarbeitern ist der Einsatz des Organisationsmanagements jedoch aufgrund der zusätzlichen Funktionalitäten unbedingt zu empfehlen.

Ein weiterer Integrationsaspekt ist die Verknüpfung zur Personalbeschaffung, die über die vakanten Planstellen auf Daten des Organisationsmanagements zugreift. Die Kennzeichnung einer Planstelle als vakant wird im Infotyp 1007 (Vakanz) erfasst. Dabei müssen Sie zusätzlich beachten, wann eine Planstelle als vakant gilt.

Über den IMG-Pfad PERSONALMANAGEMENT • ORGANISATIONSMANAGEMENT • BETRIEBSWIRTSCHAFTLICHE INFOTYPEINSTELLUNGEN • INFOTYP VAKANZ AKTIVIEREN/DEAKTIVIEREN wird die vakante Planstelle über einen Schalter definiert. Wenn die Integration des Organisationsmanagements zur Personalbeschaffung aktiviert werden soll, muss der Infotyp 1007 (Vakanz) aktiviert sein. Dazu müssen Sie den Eintrag PPVAC auf »1« setzen (siehe Abbildung 2.32). Ist die Integration zur Personalbeschaffung nicht aktiv, müssen Sie den entsprechenden Eintrag auf »0« setzen. Damit gilt jede unbesetzte Planstelle als vakant.

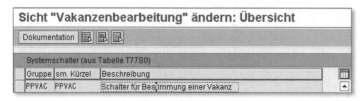

Abbildung 2.32 Infotyp 1007 (Vakanz)

Hier noch einige wichtige Anmerkungen zur Integration:

- Die Mitarbeiter, die die Personaladministration und das Organisationsmanagement im System pflegen, müssen sich der Integrationsaspekte und ihrer Auswirkungen auf die Arbeit der jeweiligen Kollegen bewusst sein.
- Besonders zu beachten ist, dass rückwirkende organisatorische Änderungen Rückrechnungen in der Entgeltabrechnung des betroffenen Mitarbeiters auslösen und zu weit in die Vergangenheit reichenden Umbuchungen in der Kostenrechnung führen können, wenn sich durch die organisatorische Änderung die Kostenstelle des Mitarbeiters ändert.
- Auch die Integration in die Personalbeschaffung und die Personalbedarfsplanung ist zu beachten, denn diese Komponenten sind auf folgende Bedingungen angewiesen:
    - rechtzeitige und korrekte Pflege von Vakanzen
    - Abgrenzung leerer Planstellen, die definitiv nicht mehr besetzt werden sollen
    - Anlegen und entsprechende Benennung von Planstellen für neue Mitarbeiter

2.3 Umsetzung in SAP ERP HCM

Nachdem wir bislang die betriebswirtschaftlichen und technischen Grundlagen des Organisationsmanagements erläutert haben, betrachten wir im Folgenden, wie die zuvor genannten Objekte als Grundlage für Personalentwicklungsprozesse genutzt werden können.

2.3.1 Pflege der Organisationsstruktur

Über den SAP-Menüpfad PERSONAL • ORGANISATIONSMANAGEMENT • AUFBAUORGANISATION • ORGANISATION UND BESETZUNG • ANLEGEN erreichen Sie die Pflegeoberfläche der Organisationsstruktur. Diesen Weg müssen Sie beschreiten, wenn Sie erstmalig eine neue Struktur anlegen und die Wurzel dieser Struktur bestimmen möchten. Die weitere Pflege erfolgt dann über den Pfad PERSONAL • ORGANISATIONSMANAGEMENT • AUFBAUORGANISATION • ORGANISATION UND BESETZUNG • PFLEGEN. Die von den Infotypen weitgehend abstrahierte Pflegeoberfläche gliedert sich in die bereits bekannten vier Bereiche: den Suchbereich zur Ermittlung der gewünschten Startobjekte, den Auswahlbereich zur Anzeige der Suchergebnisse, den Übersichtsbereich zum Aufbau der Struktur und den Detailbereich zur Anzeige bzw. zur Pflege der Informationen zu den Objekten bzw. Objekteigenschaften. Das Zusammenspiel der einzelnen Bereiche der Pflegeoberfläche des Organisationsmanagements wurde bereits in Abschnitt 2.2.7, »Pflegeoberfläche«, beschrieben. Der vorliegende Abschnitt beschäftigt sich mit der Pflege der Struktur, der Objekte und der zugehörigen Objekteigenschaften.

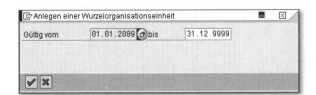

Abbildung 2.33 Anlegen eines Wurzelobjekts

Beim Anlegen des Wurzelobjekts (siehe Abbildung 2.33) und weiterer Objekte müssen Sie unbedingt darauf achten, das Beginndatum möglichst weit in die Vergangenheit zu legen. Alle Objekte, die später miteinander verknüpft werden sollen, können frühestens ab Beginndatum des Zielobjekts verknüpft werden. Falls z.B. eine Planstelle seit 01.01.2009 Gültigkeit hat, kann ein Mitarbeiter, der seit 01.05.2008 im Unternehmen beschäftigt ist, auch erst zum 01.01.2009 mit dieser Planstelle verknüpft werden. Auf diese

Weise behandelt das System alle Verknüpfungen, die im Organisationsmanagement angelegt werden sollen.

Projekterfahrungen haben gezeigt, dass Objekte bisweilen mit einem zu späten Beginndatum angelegt werden (z.B. die gesamte Organisationsstruktur). Sollte auch Ihnen ein solcher Fehler unterlaufen sein, so bietet das System die Möglichkeit, das Beginndatum mithilfe des Reports RHBEGDA0 nachträglich zu ändern. Der Report setzt das Beginndatum von einzelnen oder mehreren Organisationseinheiten auf einen neuen Wert. Sie finden den Report im SAP-Menü unter PERSONAL • ORGANISATIONSMANAGEMENT • WERKZEUGE • INFOTYP • NEUES BEGINNDATUM. Der Report bietet zur Selektion der relevanten Organisationseinheiten die Möglichkeit, entweder explizit die Objekt-IDs einzugeben oder z.B. anhand eines Auswertungsweges die Menge der Objekte zu bestimmen. Mit einer Testfunktion können Sie die jeweiligen Ergebnisse ohne Datenbankänderung ansehen. Die betroffenen Objekte können während der Laufzeit gesperrt werden. Neben der Verlängerung der Objektgültigkeit werden auch die Verknüpfungen der betroffenen Objekte entsprechend angepasst.

Nachdem das Wurzelobjekt einer Struktur angelegt ist, können Sie die Struktur aus dem Übersichtsbereich heraus pflegen. Abbildung 2.34 zeigt die einzelnen Icons, auf die wir im Folgenden noch genauer eingehen werden.

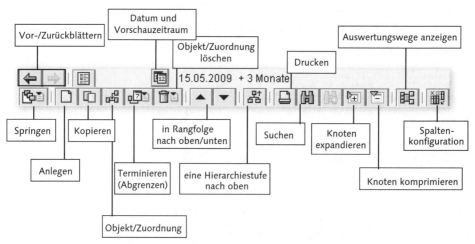

Abbildung 2.34 Icons im Übersichtsbereich

Die Pflege der Organisationsstruktur geschieht immer unter der Vorgabe eines Pflegezeitraums. Das System gibt bei erstmaligem Aufruf der Organisationsstruktur das aktuelle Systemdatum als Stichtag vor. Über den Pfad EIN-

STELLUNGEN • DATUM UND VORSCHAUZEITRAUM oder über den entsprechenden Button (siehe Abbildung 2.35) können Sie das Beginndatum und den betrachteten Zeitraum oder ein Enddatum eingeben. Diese Einstellung ist für die Dauer einer Anmeldung am System gültig. Beim erneuten Anmelden wird das Beginndatum wieder auf das Systemdatum zurückgesetzt.

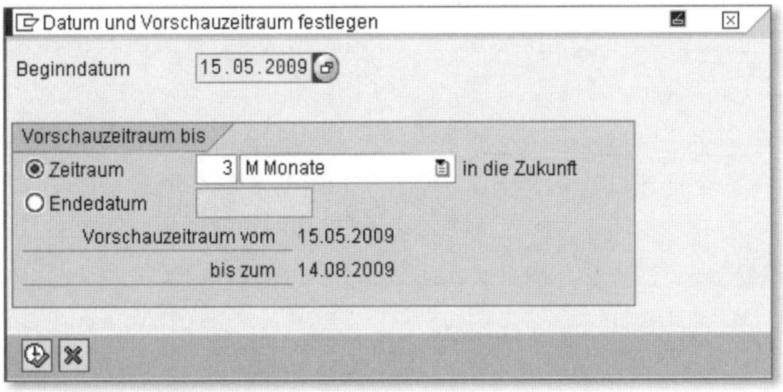

Abbildung 2.35 Datum und Vorschauzeitraum festlegen

Das Beginndatum des Pflegezeitraums ist außerdem maßgeblich für das Anlegen neuer Objekte bzw. Zuordnungen innerhalb einer Struktur. Das Beginndatum des Pflegezeitraums wird automatisch als Beginndatum neuer Objekte vorgeschlagen.

Bevor Objekte im Übersichtsbereich angelegt werden, sollten Sie sich für eine Sicht auf die Struktur entscheiden. Im Standard gibt es unter anderem folgende Sichten:

- Aufgabenzuordnung
- Besetzungsplan (Liste)
- Besetzungsplan (Struktur)
- Leiterzuordnung
- Organisationsstruktur

Über den Button SPRINGEN (siehe Abbildung 2.34) können Sie zwischen den einzelnen Sichten wechseln.

Objekte anlegen

Nachdem eine Wurzelorganisationseinheit angelegt wurde und Sie sich für eine Sicht entschieden haben, wird immer ausgehend von einem Objekt ein weiteres Objekt angelegt. Das System schlägt jeweils die im Customizing festgelegten möglichen Nachfolgeobjekte vor. Je nachdem, in welcher Sicht

Sie sich befinden, z. B. Sicht ORGANISATIONSSTRUKTUR oder Sicht BESETZUNGSPLAN (Struktur), schlägt das System andere Objekte zum Anlegen vor. Ausgehend von einer Organisationseinheit in der Sicht BESETZUNGSPLAN schlägt das System z. B. das Anlegen einer weiteren, untergeordneten Organisationseinheit oder einer Planstelle vor (siehe Abbildung 2.36).

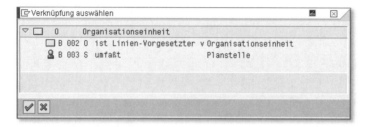

Abbildung 2.36 Vorschlag beim Anlegen neuer Objekte

Aus der Sicht der Aufgabenzuordnung schlägt das System das Anlegen von weiteren Organisationseinheiten, Planstellen oder Aufgaben vor. Die Einstellungen hierzu entnimmt das System, abhängig von der gewählten Sicht, aus den zulässigen Verknüpfungen einer Organisationseinheit mit anderen Objekten. Die entsprechenden Einstellungen nehmen Sie beispielsweise im IMG-Pfad PERSONALMANAGEMENT • ORGANISATIONSMANAGEMENT • GRUNDEINSTELLUNGEN • ERWEITERUNG DATENMODELLIERUNG • VERKNÜPFUNGSPFLEGE • ERLAUBTE VERKNÜPFUNGEN BZW. • OBJEKTTYPEN PFLEGEN vor. Zur Erstellung eigener Objekttypen und Verknüpfungen verweisen wir an dieser Stelle auf den Abschnitt 2.3.6, »Objekttypen anlegen«.

Anschließend müssen Sie die Gültigkeit des Objekts definieren. Das System schlägt automatisch das Beginndatum der Sicht auf das Organisationsmanagement als Beginndatum des Objekts vor. Als Enddatum wird der 31.12.9999 vorgeschlagen. Sie können aber auch Objekte von Anfang an mit einer begrenzten Gültigkeitsdauer anlegen – allerdings gilt die Verknüpfung der Objekte, die dem begrenzt angelegten Objekt zugeordnet werden sollen, dann maximal bis zum Ende der Gültigkeit dieses Objekts. Die Bezeichnung als Kurz- und Langtext des neu angelegten Objekts wird im Detailbereich auf der Registerkarte GRUNDDATEN erfasst (siehe Abbildung 2.37). Der Schlüssel des neuen Objekts, die Objekt-ID, die je nach Einstellung vom System automatisch vergeben werden kann, sowie der Gültigkeitszeitraum des Objekts sind hier zunächst nicht sichtbar. Über die Spaltenkonfiguration (siehe Abbildung 2.23) können Sie unter anderem die Objekt-ID und den Gültigkeitszeitraum des Objekts und der Verknüpfungen im Übersichtsbereich einblenden.

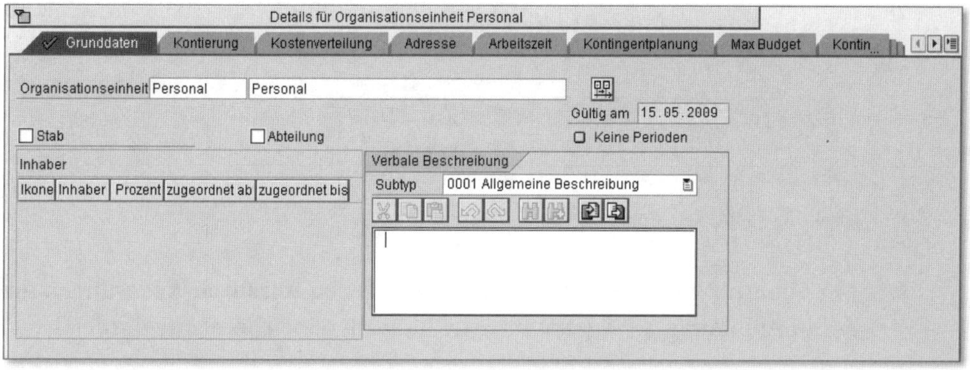

Abbildung 2.37 Erfassung der Grunddaten

Beim Anlegen eines neuen Objekts aus der Struktur heraus werden automatisch die zugehörigen Verknüpfungen (Infotyp 1001) erzeugt. Dabei wird immer eine A- und eine B-Verknüpfung erzeugt. Beim Anlegen einer Organisationseinheit erstellt das System also sowohl eine Verknüpfung B002 (Ist Linienvorgesetzter von) von der Ausgangsorganisationseinheit zur untergeordneten Organisationseinheit als auch eine Verknüpfung A002 (Berichtet an) von der untergeordneten Organisationseinheit zur Ausgangsorganisationseinheit.

Alle Änderungen, die an einer Organisationsstruktur vorgenommen werden, müssen gespeichert werden.

> **Änderungen müssen gespeichert werden**
>
> Das Bearbeiten von Objekten allein bewirkt noch keine Änderung auf der Datenbank.

Da unter Umständen viele Änderungen vorgenommen werden, bevor gespeichert wird, können Sie im Customizing unter PERSONALMANAGEMENT • ORGANISATIONSMANAGEMENT • HIERARCHIEFRAMEWORK • SICHERUNGSABFRAGE EINRICHTEN definieren, nach wie vielen Aktionen eine Aufforderung zum Speichern der Daten erfolgen soll. Unter einer *Aktion* versteht man hierbei eine Benutzerinteraktion mit Datenänderung. Zur Einrichtung dieser Aufforderung begeben Sie sich zur oben genannten IMG-Aktion und tragen in der aufgeblendeten Tabelle einen Eintrag für das Szenario ein (z.B. OEM0 für das Szenario »Organisation und Besetzung«) und definieren die Anzahl der Aktionen (siehe Abbildung 2.38).

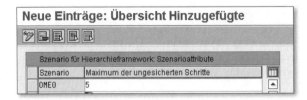

Abbildung 2.38 Sicherungsabfrage einrichten

Der Benutzer wird somit nach der eingetragenen Anzahl an Änderungen mit der in Abbildung 2.39 gezeigten Meldung zum Speichern aufgefordert.

> **Sicherungsfrage kann ignoriert werden**
>
> Das Speichern kann jedoch auch leicht umgangen werden: Wird der Speichervorgang nach dieser Aufforderung nicht durchgeführt, beginnt der Zähler für die Protokollierung der Anzahl der Änderungen wieder von vorne.

Abbildung 2.39 Sicherheitsabfrage bei Änderungen

Eine weitere wichtige Option beim Pflegen der Organisationsstruktur ist die UNDO-Funktion. Diese Funktion ermöglicht es dem Benutzer, bereits gemachte Änderungen, die noch nicht gespeichert wurden, rückgängig zu machen bzw. wieder herzustellen.

Objekte kopieren

Eine weitere Möglichkeit, Objekte zu erstellen, ist das Kopieren bestehender Objekte. Hierzu wählen Sie ausgehend vom zu kopierenden Objekt die Funktion KOPIEREN (siehe Abbildung 2.34). Damit werden sämtliche Daten des Ursprungsobjekts kopiert und können anschließend überschrieben werden. Zum Kopieren gibt es eine Customizing-Einstellung, die es erlaubt, bestimmte Infotypen vom Kopieren eines Objekts auszuschließen (siehe Abbildung 2.40). Standardmäßig sind in der Tabelle T77ITEX bereits einige Einträge vorhanden. Damit wird ausgeschlossen, dass beim Vervielfältigen von Organisationseinheiten verknüpfte Organisationseinheiten und Planstellen mit kopiert werden.

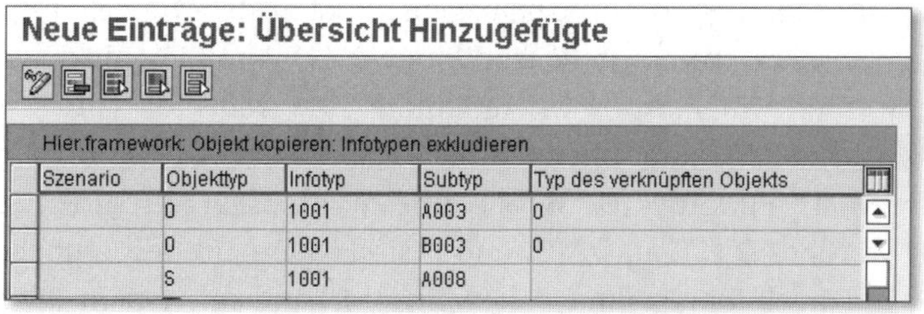

Umsetzung in SAP ERP HCM | 2.3

Neue Einträge: Übersicht Hinzugefügte					
Hier.framework: Objekt kopieren: Infotypen exkludieren					
Szenario	Objekttyp	Infotyp	Subtyp	Typ des verknüpften Objekts	
	O	1001	A003	O	
	O	1001	B003	O	
	S	1001	A008		

Abbildung 2.40 Standard-Exklusion von Infotypen beim Kopieren

Wenn Sie weitere Exklusionen wünschen, so können Sie diese über den IMG-Pfad Personalmanagement • Organisationsmanagement • Hierarchieframework • Infotypen beim Kopieren interner Objekte exkludieren einstellen. Sie können Einträge wiederum für ein bestimmtes Szenario erfassen, z. B. OME0 für das Szenario »Organisation und Besetzung«. In der Spalte Objekttyp wählen Sie aus, für welche Objekte die Einschränkung gelten soll. In der Spalte Infotyp tragen Sie den Infotyp ein, der nicht kopiert werden soll. Über den Subtyp – sinnvoll z. B. beim Infotyp 1001 (Verknüpfungen) – und den Typ des verknüpften Objekts können Sie die Auswahl weiter verfeinern. Der Infotyp 1000 (Objekt) darf nicht in diese Tabelle aufgenommen werden; mögliche Einträge zu diesem Infotyp ignoriert das System.

Objekte zuordnen

Bei der Zuordnung von Personen zu Planstellen muss grundsätzlich unterschieden werden, ob es sich um eine rein organisatorische Ursache der Zuordnung oder Versetzung handelt oder um eine Zuordnung eines Mitarbeiters zu einer neuen Planstelle aufgrund seiner persönlichen Leistung bzw. Karriere. Eine aus organisatorischer Sicht notwendige Versetzung eines Mitarbeiters von einer Planstelle auf eine andere oder mitsamt seiner Planstelle in eine neue Organisationseinheit beschreibt einen Vorgang, der aus dem Organisationsmanagement heraus, also von einer Organisationsabteilung, vorgenommen werden sollte. Handelt es sich allerdings um eine Versetzung aufgrund persönlicher Umstände des Mitarbeiters, so ist diese Versetzung über das Durchführen einer Personalmaßnahme aus den Stammdaten der Personaladministration heraus durchzuführen. Allein um die Historie des Mitarbeiters in den Stammdaten einwandfrei nachvollziehen zu können, muss dafür eine Maßnahme durchgeführt werden. Zur Einhaltung der Maßgabe dient ein Standard-Workflow, der als auslösendes Ereignis die Versetzung eines Mitarbeiters aus dem Organisationsmanagement heranzieht.

2 | Organisationsmanagement

Die Zuordnung aus dem Organisationsmanagement kann per Drag & Drop oder über den Button ZUORDNEN (siehe Abbildung 2.41) vom Zielobjekt aus vorgenommen werden. Im Beispiel in Abbildung 2.41 soll die Planstelle SACHBEARBEITER EINKAUF (D) zusammen mit der Person »Beate Dietl« von der ORGANISATIONSEINHEIT EINKAUF (D) in die Organisationseinheit EINKAUF TEAM A verlegt werden. Die Teams A, B und C sind innerhalb des Betrachtungszeitraums hinzugekommen und daher entsprechend mit einem Pfeil versehen.

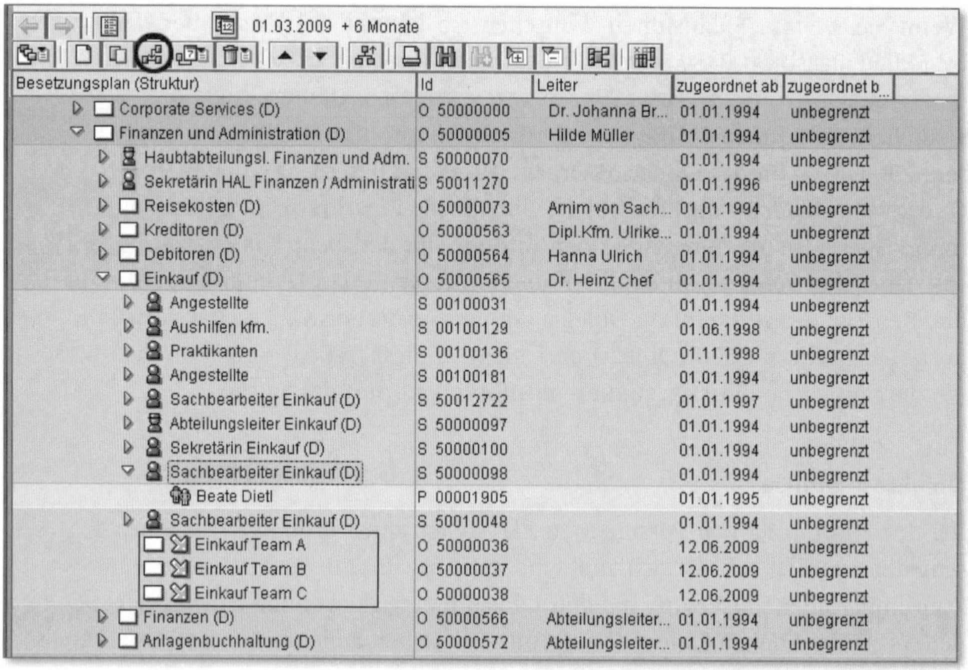

Abbildung 2.41 Zuordnung von Objekten

Ausgehend von der Ziel-Organisationseinheit EINKAUF TEAM A wird über das Icon ZUORDNEN ein Auswahlfenster aufgeblendet, das dem Bearbeiter mögliche Objekte einer Zuordnung anbietet. Das angezeigte Auswahlfenster entspricht dem in Abbildung 2.36 gezeigten Fenster. Nach Anwahl der Planstelle als zu verknüpfender Objekttyp wird die gesamte Organisationsstruktur zur Auswahl der betreffenden Planstelle angeboten.

Bei aktivierter Zeitraumabfrage bei organisatorischen Änderungen (siehe Empfehlung aus Abschnitt 2.2.7, »Pflegeoberfläche«) wird der Zeitraum abgefragt, für den die Zuordnung gelten soll (siehe auch Abbildung 2.28). Nachdem der Verknüpfungszeitraum bestätigt wurde, ist die Versetzung auch in der Struktur sichtbar. An der abgebenden Organisationseinheit EIN-KAUF (D) ist die Planstelle mit einem entsprechenden Pfeil versehen. Dieser sagt aus, dass die Planstelle innerhalb des Betrachtungszeitraumes die Organisationseinheit verlässt. Zusätzlich ist die Planstelle jetzt mit der neuen Organisationseinheit EINKAUF TEAM A verknüpft und dort über einen Pfeil als hinzukommend gekennzeichnet.

Abbildung 2.42 Auswahl des zu verknüpfenden Objekts

Die Versetzung von Personen von einer Planstelle auf eine andere ist – wie bereits erwähnt – nur dann aus dem Organisationsmanagement durchzuführen, wenn es sich um eine rein organisatorische Maßnahme handelt. Bei der Durchführung einer solchen Versetzung fragt das System automatisch nach, ob es sich um eine Versetzung oder um eine zusätzliche Besetzung handelt. Eine Versetzung liegt dann vor, wenn die Verknüpfung mit der alten Planstelle durch die Verknüpfung mit der neuen Planstelle ersetzt wird. Die alte Verknüpfung müssen Sie dann durch Markieren des entsprechenden Feldes terminieren (siehe Abbildung 2.43).

Abbildung 2.43 Versetzung einer Person

Im Feld MASSNAHME kann angegeben werden, welche Art der Personalmaßnahme in der Personaladministration durchgeführt werden muss. Abhängig vom Eintrag wird ein entsprechender Standard-Workflow gestartet, der den Sachbearbeiter des versetzten Mitarbeiters (eingetragen im Stammdaten Infotyp 0001 (Organisatorische Zuordnung)) über die Versetzung informiert und ihn zur Durchführung der notwendigen Aktionen auffordert. Eine zusätzliche Besetzung bedeutet, dass eine Person mehrere Planstellen gleichzeitig besetzt. Die notwendigen Einstellungen zum Workflow für diese Maßnahmen nehmen Sie im IMG unter PERSONALMANAGEMENT • ORGANISATIONSMANAGEMENT • INTEGRATION • INTEGRATION ZUR PERSONALADMINISTRATION • WORKFLOW FÜR ORGANISATORISCHE ÄNDERUNGEN (WS01000014) vor.

Zusatzdaten zu Objekten erfassen

In den Standardeinstellungen sind im Detailbereich der Strukturpflege nicht alle Infotypen auf den Registerkarten untergebracht. Die Pflege des Infotyps 1014 (Obsolet) ist z.B. im Standard nicht über die Registerkarten möglich. Um diesen Infotyp dennoch pflegen zu können, verzweigen Sie – ausgehend vom gewünschten Objekt – über das SAP-Menü SPRINGEN • DETAILOBJEKT • ERWEITERTE OBJEKTBESCHREIBUNG in die Grundtransaktion oder Detailpflege zur Bearbeitung der Infotypen pro Objekt (siehe Abbildung 2.44). Über den SAP-Pfad PERSONAL • ORGANISATIONSMANAGEMENT • EXPERTENMODUS gelangen Sie ebenfalls an diese Stelle, ohne über die Strukturpflege gehen zu müssen. Für die einzelnen Objekte stehen jeweils separate Transaktionen zur Verfügung:

- PO10 – Pflege von Organisationseinheiten
- PO03 – Pflege von Stellen
- PO13 – Pflege von Planstellen
- PO01 – Pflege von Arbeitsplätzen
- PP01 – Pflege allgemein (von hier aus können beliebige Objekte bearbeitet werden)

Falls z.B. die Pflege des Infotyps »Verknüpfungen« über die Grundtransaktion nicht untersagt ist (siehe Abbildung 2.65 in Abschnitt 2.3.6, »Objekttypen anlegen«), so kann dieser Infotyp hier angelegt, kopiert, geändert oder gelöscht werden. Die Pflege über die Grundtransaktion erlaubt es, Infotypen in einem bestimmten Status anzulegen (siehe Abschnitt 2.2.3, »Statusverwaltung«); so können Infotypen als »geplant« angelegt und dann durch ein Genehmigungsverfahren geschleust werden.

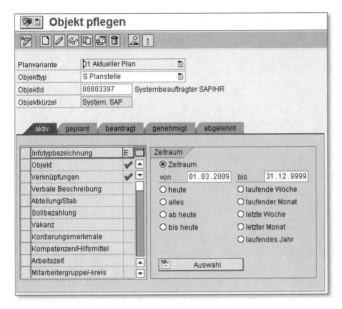

Abbildung 2.44 Infotyp-Pflege über Grundtransaktion

2.3.2 Pflege beliebiger Strukturen

Neben den Standardsichten auf das Organisationsmanagement gibt es die Möglichkeit, über das SAP-Menü PERSONAL • ORGANISATIONSMANAGEMENT • AUFBAUORGANISATION • STRUKTUREN ALLGEMEIN ausgehend von einem beliebigen Objekt(-typ) und durch Angabe eines entsprechenden Auswertungsweges auf beliebige Strukturen zuzugreifen. Die Liste möglicher Auswertungswege wird durch die Angabe eines Start-, Übergangs- und End-Objekttyps aufgebaut (siehe Abbildung 2.45 und Abbildung 2.46). Weitere Informationen zum Thema »Auswertungswege« können Sie in Abschnitt 2.2.4 nachlesen.

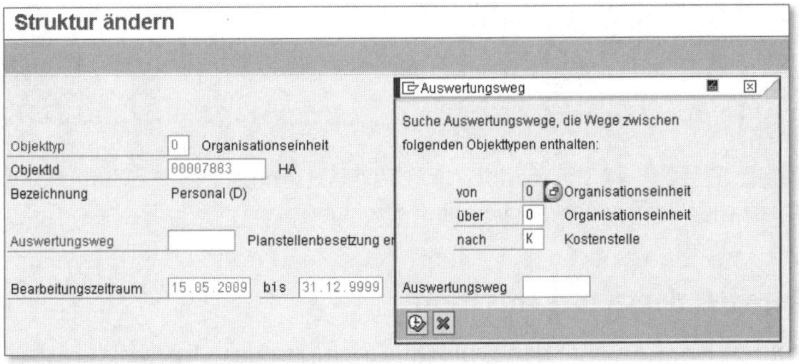

Abbildung 2.45 Pflege beliebiger Strukturen

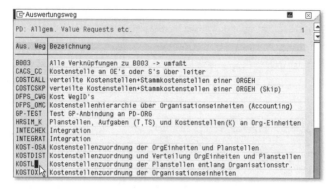

Abbildung 2.46 Liste der Auswertungswege

Nach Auswahl des gewünschten Auswertungsweges aus der Liste wird die Struktur entsprechend der Selektionskriterien angezeigt (siehe Abbildung 2.47).

Die Pflege beliebiger Strukturen bietet die Möglichkeit, eigene Objekte, Verknüpfungen und Auswertungswege als Grundlage einer Strukturdarstellung zu verwenden. Auch die Pflege der selbst definierten Sicht auf die Struktur ermöglicht das Anlegen der angezeigten Objekte wie im Beispiel der Organisationseinheiten, Planstellen und Kostenstellenzuordnungen. Die Pflegeoberfläche ist bei dieser Bearbeitungsart allerdings noch auf dem alten Stand. Durch die Möglichkeiten der Anpassung der neuen Oberfläche auf neue Objekttypen und Verknüpfungen wird diese Pflegetransaktion möglicherweise irgendwann obsolet sein.

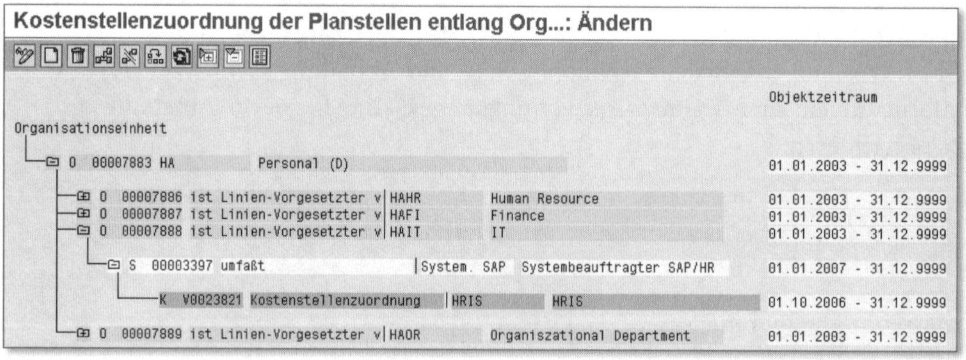

Abbildung 2.47 Anzeige/Bearbeitung von beliebiger Struktur

2.3.3 Pflege der Matrixorganisation

Da die Matrixorganisation eine ganz spezielle Sicht auf das Organisationsmanagement ist, gibt es für diese Sicht eine spezielle Pflege- und Ansichtstransaktion. Matrixorganisationen lassen sich weder über die Standardsichten noch über beliebige Sichten des Organisationsmanagements abbilden. Zunächst wird erläutert, was eine Matrixorganisation ist, welches Customizing vorausgesetzt wird und welche Auswertungsmöglichkeiten es gibt.

Was ist eine Matrixorganisation?

Eine Matrixorganisation ist eine Überlagerung zweier unterschiedlicher Gliederungskriterien auf derselben hierarchischen Ebene (z.B. kann eine Personalabteilung nach Sparten aufgeteilt sein: Personalabteilung für die Sparte »Pumpen«, Personalabteilung für die Sparte »Motorräder« etc). Durch die Kombination einer vertikalen mit einer horizontalen Gliederung bzw. Dimension entstehen Schnittpunkte, in denen sich in der Regel Organisationseinheiten sowie Arbeitsplätze (Planstellen) befinden können. Abbildung 2.48 zeigt als Beispiel eine Spartenmatrix. In dieser Spartenmatrix sind Organisationseinheiten oder Planstellen funktional/organisatorisch einer Fachabteilung zugeordnet (z.B. Marketing), aber gleichzeitig auch für eine bestimmte Sparte zuständig (z.B. Farben). Matrixorganisationen ermöglichen die Definition einer solchen Doppelunterstellung von Mitarbeitern und Organisationseinheiten, die in vielen Unternehmen vorkommt.

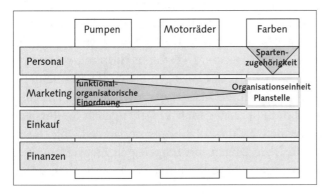

Abbildung 2.48 Beispiel für eine Spartenmatrix

Matrixtyp definieren

Bevor eine Matrix erstellt werden kann, muss ein *Matrixtyp* definiert werden. Über Matrixtypen definiert man die in den beiden Dimensionen vorkommenden Objekttypen und damit die Erscheinungsform der Matrix. Über den IMG-Pfad PERSONALMANAGEMENT • ORGANISATIONSMANAGEMENT • MATRIXORGANISATION • MATRIXTYPEN DEFINIEREN gelangen Sie an die entsprechenden Customizing-Einstellungen zu den Matrixtypen. Zunächst wird eine

Bezeichnung (Schlüssel und Langbezeichnung) für den Matrixtyp vergeben. Der Kundennamensraum ist hierbei über Zahlen (0–9) und über Y oder Z als Anfang der Bezeichnung definiert. Durch Auswahl der Objekttypen in Verbindung mit einem Auswertungsweg werden die gewünschten Objekttypen für beide Dimensionen festgelegt (siehe Abbildung 2.49).

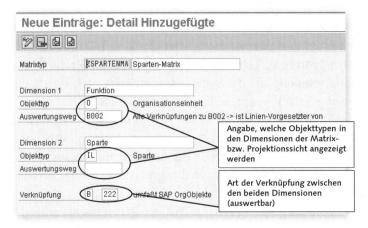

Abbildung 2.49 Matrixtypen definieren

Sobald der gewünschte Matrixtyp angelegt ist, können Sie mit der Pflege der Matrix beginnen. Für das Beispiel der Spartenmatrix ist es allerdings erforderlich, dass die funktional-organisatorische Dimension bereits im System vorhanden ist. Über den SAP-Pfad PERSONAL • ORGANISATIONSMANAGEMENT • AUFBAUORGANISATION • MATRIX • ÄNDERN gelangen Sie in die Matrixpflege. Zunächst müssen Sie den gewünschten Matrixtyp auswählen und anschließend die Startobjekte für die Pflege der Matrix. Dabei geben Sie für jede Dimension das entsprechende Objekt oder die entsprechenden Objekte an. Über den im Matrixtyp für jede Dimension festgelegten Auswertungsweg werden vom System die weiteren Objekte ermittelt (siehe Abbildung 2.50).

Über die Auswahl der Pflegesicht legen Sie fest, von welcher Dimension ausgehend Sie die Matrix anlegen wollen. Klarer Vorteil der Projektion auf Dimension 1 oder 2 ist die Darstellung in einer Baumstruktur, aus der die hierarchische Einordnung der einzelnen Objekte hervorgeht. Dieser Überblick geht bei der Matrixsicht leider verloren. Abbildung 2.51 zeigt sowohl die Pflege aus Dimension 1 als auch die Pflege aus Dimension 2. Bei der Dimension 1 steht die Funktion im Vordergrund, und die Sparten werden entsprechend zugeordnet. Die Dimension 2 hingegen geht von den Sparten als oberste Objekte aus und zeigt die jeweils zugeordneten Funktionen.

Umsetzung in SAP ERP HCM | 2.3

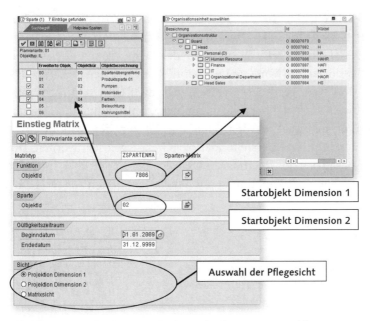

Abbildung 2.50 Startobjekte und Pflegesicht der Matrix auswählen

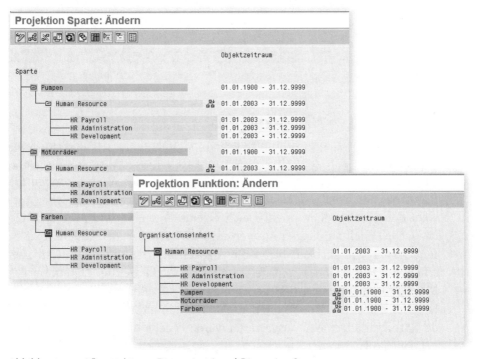

Abbildung 2.51 Pflegesicht von Dimension 1 und Dimension 2

Die dritte Möglichkeit, eine Matrix zu pflegen, ist die *Matrixsicht*. Wie Abbildung 2.52 zeigt, sind dort alle Objekte einer Dimension jeweils in *einer* Ebene eingeordnet, somit geht die Struktur der Dimensionen aus Darstellungsgründen verloren. Vorhandene Verknüpfungen zwischen den Dimensionen werden durch ein grafisches Symbol angezeigt. Über den Menüpfad SICHT • VERKNÜPFUNGSZEITRAUM EIN kann an den Schnittpunkten das Datum der Verknüpfung angezeigt werden. Durch Anklicken der Schnittpunkte können neue Verknüpfungen erstellt oder bestehende gelöscht werden. Die Darstellung der Matrix in der Matrixsicht lässt sich per Knopfdruck spiegeln, um z.B. die Positionen der Funktionen mit denen der Sparten zu tauschen.

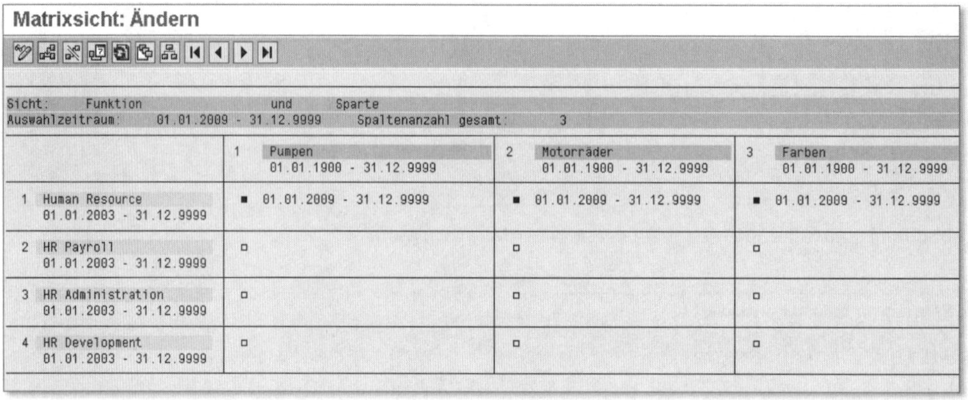

Abbildung 2.52 Matrixsicht

Auswertbarkeit der Matrixorganisation

Eingepflegte Matrixorganisationen lassen sich über den SAP-Pfad PERSONAL • ORGANISATIONSMANAGEMENT • AUFBAUORGANISATION • MATRIX • ANZEIGEN darstellen. Zur Selektion von Objekten innerhalb der Matrix können Sie Standardreports des Organisationsmanagements nutzen, die alle eine Auswahl der Objekte über einen – auch eigenen – Auswertungsweg ermöglichen. Die Erstellung eigener Auswertungswege erläutert der Abschnitt 2.3.5. Eine weitere Möglichkeit bietet die Auswertung der Verknüpfungen zwischen der Dimension 1 und der Dimension 2, die bei der Definition des Matrixtyps anzugeben ist (siehe Abbildung 2.49). Reicht die reine Darstellung der einzelnen Dimensionen aus, so können diese auch über die Pflege der »Struktur allgemein« ausgewertet werden (siehe Abschnitt 2.3.2, »Pflege beliebiger Strukturen«).

2.3.4 Ausgewählte Infotypen

Sämtliche Informationen zu Objekten sind im System als Infotypen abgelegt, insbesondere das Objekt selbst und seine Verknüpfungen. Dementsprechend sind die Infotypen 1000 (Objekt) und 1001 (Verknüpfungen) die zentralen Personalplanungsinfotypen. Der Infotyp 1000 definiert die Existenz eines Objekts im System. Alle Objekttypen müssen daher mindestens die Infotypen 1000 und 1001 haben, um zu existieren. Erst nachdem der Infotyp »Objekt« für ein Objekt angelegt wurde, können alle anderen Personalplanungs-Infotypen bearbeitet werden. Einige der hier vorgestellten Infotypen werden in anderen Kapiteln noch einmal aufgegriffen, da sie in anderen Komponenten der Personalplanung und -entwicklung Verwendung finden. Auch die bisherigen und die unmittelbar folgenden Ausführungen erläutern einige Infotypen.

Sollbezahlung

Im Infotyp zur Sollbezahlung können Informationen zur tariflichen Einordnung einer Planstelle hinterlegt werden. Diese Information kann in der Personalkostenplanung zur Ermittlung der Bewertung einer vakanten Planstelle herangezogen werden. Der Infotyp erlaubt die Eingruppierung einer Planstelle in eine Gehalts- oder Tarifstruktur. Des Weiteren können auch explizit Beträge als Sollbezahlung hinterlegt werden. Die Sollbezahlung kann sowohl an Stellen als auch an Planstellen gepflegt werden.

Vakanz

Über den Infotyp 1007 (Vakanz) erhält das E-Recruiting Planstellen, die mit Suchaufträgen verknüpft werden können. Sobald eine Planstelle im Organisationsmanagement den Infotyp »Vakanz« erhält, also als wieder besetzbar gekennzeichnet ist, kann das E-Recruiting auf diese Planstelle zugreifen und eine Rekrutierungsmaßnahme starten. Je nach Einstellung des E-Recruitings können aber auch nicht vakante Planstellen für Suchaufträge verwendet werden. Vakanzen werden ausschließlich an Planstellen gepflegt.

Beim Einsatz der Personalkostenplanung können Vakanzen bei der Erstellung einer Kostenvorschau berücksichtigt werden. Dabei ist wichtig, dass die Sollbezahlung an einer vakanten Planstelle gepflegt ist (siehe vorigen Abschnitt). Vakanzen werden ebenso in der Laufbahn- und Nachfolgeplanung genutzt, wo diese Information z.B. bei der Suche von geeigneten Planstellen für einen Mitarbeiter verwendet werden kann. Die Erfassung des

Infotyps »Vakanz« ist sinnvoll, wenn eine der folgenden Komponenten zum Einsatz kommt:

- Personalkostenplanung
- Laufbahn- und Karriereplanung
- E-Recruiting

Kontierungsmerkmale

Kontierungsmerkmale werden für Organisationseinheiten und Planstellen definiert und spielen eine Rolle bei der Zuordnung von Kostenstellen zu Objekten. Dabei liefern die Kontierungsmerkmale den Buchungskreis, den Geschäftsbereich, den Personalbereich und den Personalteilbereich. Diese Daten können bei der Kostenstellenfindung herangezogen werden. Es empfiehlt sich, die Kontierungsmerkmale zu nutzen, um falsche oder widersprüchliche Dateneingaben zu verhindern. Durch das Vererbungsprinzip wird die Dateneingabe reduziert, da an Organisationseinheiten gepflegte Kontierungsmerkmale an die darunter liegenden Organisationseinheiten vererbt werden. Wenn die Kontierungsmerkmale auch an untergeordnete Planstellen vererbt werden sollen, müssen Sie dies über die IMG-Aktivität PERSONALMANAGEMENT • ORGANISATIONSMANAGEMENT • GRUNDEINSTELLUNGEN • VERERBUNG VON KONTIERUNGSMERKMALEN AKTIVIEREN einstellen. In den Standardeinstellungen ist die Vererbung der Kontierungsmerkmale auf die Planstellen nicht aktiv. Wenn in einem Unternehmen Planstellen häufig direkt mit Kostenstellen verknüpft werden, empfiehlt sich die Aktivierung der Vererbung.

Des Weiteren können Sie die Integration zur Personaladministration effizienter nutzen, da die Kontierungsmerkmale Vorschlagswerte wie Personalbereich und -teilbereich für die Personalstammdaten liefern.

Obsolet

Mit diesem Infotyp können Sie Planstellen, die z.B. im Zuge einer Reorganisation nicht mehr benötigt werden, aber noch besetzt sind, als obsolet kennzeichnen. Dadurch können Sie genau ermitteln, ob Handlungsbedarf besteht, wie z.B. die Suche nach neuen Betätigungsfeldern für die Inhaber dieser Planstellen.

Weitere Infotypen werden sich in den einzelnen Kapiteln dieses Buchs beschrieben, die alle auf den Daten des Organisationsmanagements aufbauen.

2.3.5 Erstellung eigener Auswertungswege

Wie bereits in den vorherigen Abschnitten erwähnt, dienen Auswertungswege der Bestimmung der Menge an Objekten und Verknüpfungen für eine Auswertung oder zur Pflege einer Struktur. Für die im Standard vorhandenen Objekte und Verknüpfungen gibt es bereits im System vorgefertigte Auswertungswege. Falls die vorhandenen Objekte und Verknüpfungen jedoch den Anforderungen im Unternehmen nicht genügen und daher neue definiert werden müssen, reichen die Standard-Auswertungswege nicht mehr aus, da ihnen diese neuen Objekte nicht bekannt sind.

Über den IMG-Pfad PERSONALMANAGEMENT • ORGANISATIONSMANAGEMENT • GRUNDEINSTELLUNGEN • AUSWERTUNGSWEGE PFLEGEN gelangen Sie in die entsprechende Tabelle zur Erstellung neuer Auswertungswege. Sofort ist zu erkennen, dass jede Verknüpfung an sich schon einen Auswertungsweg darstellen kann. Die Customizing-Tabelle ist in mehrere Stufen untergliedert, die auf der linken Seite des Bildschirms dargestellt sind (siehe Abbildung 2.53). Durch Auswahl eines Eintrags in der Tabelle auf der rechten Seite und anschließendes Auswählen der gewünschten Stufe auf der linken Seite gelangen Sie in eine weitere Customizing-Tabelle. Wichtig ist dabei, dass die jeweils folgende Customizing-Tabelle nur für einen Eintrag angesehen werden kann. Wenn Sie sich die komplett gefüllte Tabelle ansehen möchten, so ist dies ausschließlich über die Transaktion SM31 unter Angabe des Tabellennamens möglich.

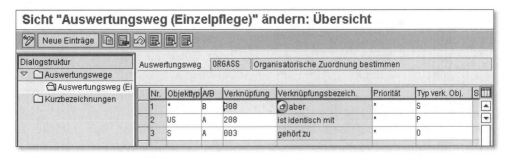

Abbildung 2.53 Definition eines Auswertungswegs

Ein neuer Auswertungsweg muss zunächst benannt werden. Der zulässige Namensraum ist Y* oder Z*. Damit der Auswertungsweg funktioniert, müssen Sie dem System mitteilen, welche Objekte und welche Verknüpfungen in welcher Reihenfolge über den Auswertungsweg ausgelesen werden sollen. Wählen Sie dazu einen Eintrag aus und auf der linken Seite die Aktion AUSWERTUNGSWEG (Einzelpflege). Die Reihenfolge, in der die Verknüpfungen abgefragt werden, wird über die laufende Nummer in der Spalte NR festgelegt. Danach definieren Sie das Ausgangsobjekt in der Spalte OBJEKTTYP. Sollen alle Objekte auf bestimmte Verknüpfungen überprüft werden, so geben Sie hier ein »*« ein. Mithilfe der Spalten A/B und VERKNÜPFUNG legen Sie fest, welche Verknüpfungen ermittelt werden sollen. Die Spalte PRIORITÄT hat im Zusammenhang mit Auswertungswegen eine eher untergeordnete Bedeutung. Da über Prioritäten festgelegt wird, in welcher Reihenfolge Objekte in der einfachen Pflege und in der Strukturgrafik angeordnet werden, ist eine Eingabe in diesem Feld nur dann sinnvoll, wenn als Ergebnis nur Objekte angezeigt werden sollen, denen eine bestimmte Priorität zugeordnet ist. Durch Eingabe eines »*« legen Sie fest, dass die Objekte nach ihrer Objekt-ID sortiert angeordnet werden sollen. Die Spalte SKIP dient dazu, eine in dieser Zeile bestimmte Verknüpfung zwar für den Auswertungsweg zu berücksichtigen, aber nicht anzuzeigen. Entscheidend für die Ausgabe der Ergebnisse ist die Reihenfolge der im Auswertungsweg enthaltenen Verknüpfungen.

Der in Abbildung 2.53 aufgezeigte Auswertungsweg ermittelt den Inhaber einer Planstelle über die Verknüpfung »Inhaber von«, prüft anschließend über die Verküpfung »ist identisch mit«, ob es einen System-User gibt, der dem Inhaber entspricht, und liest schließlich über die Verknüpfung »gehört zu« die Organisationseinheit, der die Planstelle zugeordnet ist. Dieser Auswertungsweg dient z. B. der Ermittlung des Startobjekts für die strukturelle Berechtigung.

2.3.6 Objekttypen anlegen

Es wird im Verlauf eines Projekts unter Umständen notwendig sein, die bestehenden Objekttypen des Organisationsmanagements um neue Objekte zu erweitern. Das Organisationsmanagement ist wie ein Baukastensystem aufgebaut, mit dessen Hilfe Sie durch Auswahl der Objekte die Organisationsstruktur aufbauen können. Somit ist es relativ leicht, neue Objekte zu definieren und auszuwerten. Der IMG-Pfad PERSONALMANAGEMENT • ORGANISATIONSMANAGEMENT • GRUNDEINSTELLUNGEN • ERWEITERUNG DATENMODELLIERUNG • OBJEKTTYPEN PFLEGEN führt Sie zur Tabelle T77O0 (siehe Abbildung 2.54), in der alle Objekttypen des Organisationsmanagements definiert sind. Um das Objekt mit weiteren Eigenschaften zu versehen und gegebenenfalls für den Workflow zu nutzen, müssen Sie nach der Vergabe eines Objektkürzels für den Objekttyp (Kundennamensraum 0*–9*) und einer Langbezeichnung in der Spalte ORGOBJEKTTYP den entsprechenden Organisationsobjekttyp angegeben bzw. vorher einrichten. Der Organisationstyp legt unter anderem die möglichen Aktivitäten auf einen Objekttyp fest sowie Ereignisse zur Beschreibung von Zustandsänderungen. Als Beispiel aus der Praxis dient der Objekttyp »Stellenfamilie«, der zur Strukturierung der Stellen im System genutzt werden soll.

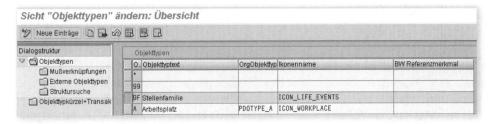

Abbildung 2.54 Objekttypdefinition

Über die Spalte NAME DER IKONE können Sie die gewünschte Darstellungsform des Objekts für die Strukturpflege auswählen. Über die Auswahlhilfe können Sie aus einer Vielzahl von Objektdarstellungen auswählen (siehe Abbildung 2.55).

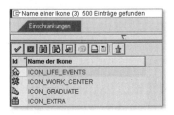

Abbildung 2.55 Icon-Auswahl für Objekttypen

Objekttypen, die in eine Struktur eingebettet sind, können nicht ohne Verknüpfung angelegt werden. So kann eine Planstelle z. B. in der Strukturpflege nur angelegt werden, wenn diese mit einer Organisationseinheit verknüpft ist. Um dies auch für eigene Objekttypen sicherstellen zu können, gibt es sogenannte *Mussverknüpfungen*. Für eigene Objekttypen können Mussverknüpfungen erst dann angelegt werden, wenn für den neuen Objekttyp die gewünschten Verknüpfungen über den IMG-Pfad PERSONALMANAGEMENT • ORGANISATIONSMANAGEMENT • GRUNDEINSTELLUNGEN • ERWEITERUNG DATENMODELLIERUNG • VERKNÜPFUNGSPFLEGE • VERKNÜPFUNGEN PFLEGEN zulässig gemacht wurden (siehe Abbildung 2.56). Da die Stellenfamilie an sich gruppierbar ist und Stellen unter Stellenfamilien gruppierbar sein sollen, ist es notwendig, sowohl Verknüpfungen zwischen Stellenfamilien untereinander als auch zwischen Stellenfamilien und Stellen zu erlauben.

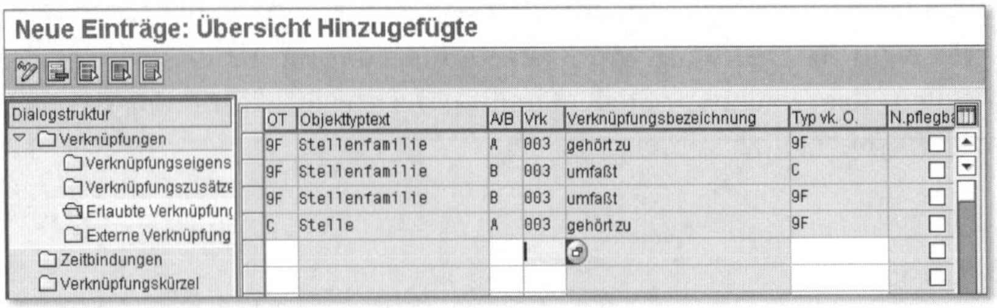

Abbildung 2.56 Erlaubte Verknüpfungen zur »Stellenfamilie«

Die Mussverknüpfungen werden dann anschließend in der Tabelle T77SO festgelegt. Abbildung 2.57 zeigt als Beispiel die Mussverknüpfung für den Objekttyp »Stellenfamilie«. Mit dieser Mussverknüpfung ist definiert, dass eine Stelle immer mit einer Stellenfamilie verknüpft sein muss.

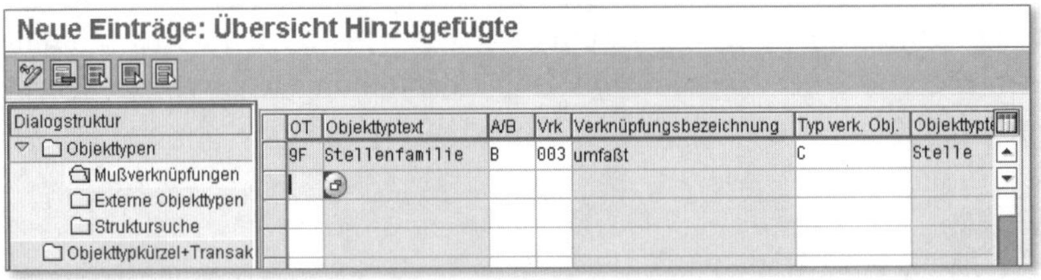

Abbildung 2.57 Mussverknüpfung für Objekttypen

Bei der Definition von Objekttypen unterscheidet man zwischen internen Objekttypen, deren Stammsätze in Datenbanktabellen der Personalplanung liegen (z. B. Organisationseinheit, Planstelle, Stelle), und externen Objekttypen, deren Stammsätze in Datenbanktabellen anderer SAP-Anwendungen liegen (z. B. Personen, Bewerber, Kostenstellen). Für externe Objekttypen muss zusätzlich zur Tabelle T77TO in der Tabelle T77EO (Externe Objekttypen) ein Schnittstellenprogramm angegeben werden, das die Kommunikation zwischen den externen Objekten und dem Organisationsmanagement sicherstellt.

Die bereits in Abschnitt 2.2.7, »Pflegeoberfläche«, erläuterte Struktursuche für Objekttypen (z. B. Organisationseinheiten) ermöglicht ein Eintrag in der Tabelle T77OS. Die Einstellung können Sie über die Aktion STRUKTURSUCHE vornehmen (siehe Abbildung 2.58). Durch Angabe eines Auswertungsweges und Statusvektors (z. B. »1« für aktive Objekte) wird die Objektmenge für die Struktursuche festgelegt. Die Checkbox STICHTAG steuert, ob die Struktursuche in Suchhilfen zum aktuellen Systemdatum oder unter Berücksichtigung eines Zeitraums durchgeführt wird. Ist dieses Kennzeichen nicht gesetzt, kann es bei großen Strukturen zu sehr langen Laufzeiten bei der Struktursuche kommen, da für die Einschränkung des Zeitraums die jeweils für die Struktursuche verwendete Anwendung zuständig ist. Gibt die Anwendung keinen Zeitraum an die [F4]-Hilfe weiter, so wird mit dem niedrigsten Systemdatum (i.d.R. 01.01.1900) als Beginndatum und dem 31.12.9999 als Endedatum gesucht.

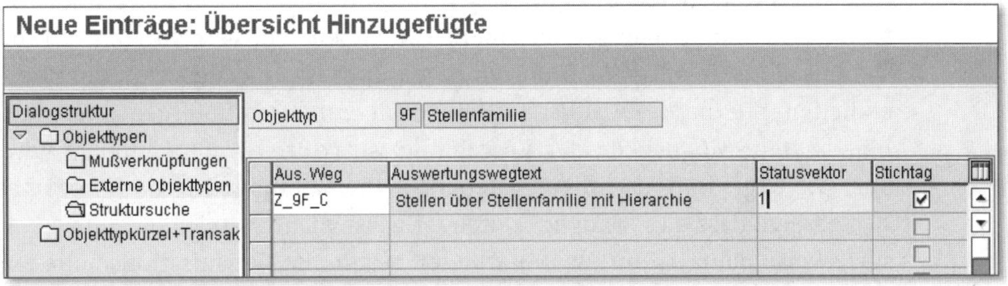

Dialogstruktur	Objekttyp	9F	Stellenfamilie		
▽ ☐ Objekttypen					
☐ Mußverknüpfungen	Aus. Weg	Auswertungswegtext		Statusvektor	Stichtag
☐ Externe Objekttypen	Z_9F_C	Stellen über Stellenfamilie mit Hierarchie	1		☑
☐ Struktursuche					☐
☐ Objekttypkürzel+Transak					☐

Neue Einträge: Übersicht Hinzugefügte

Abbildung 2.58 Struktursuche für Objekttypen definieren

Die Aktion OBJEKTKÜRZEL + TRANSAKTIONEN steuert, welche Objekttypen bei Auswertungen und Transaktionen herangezogen werden. Werden in einer Auswertung z.B. Stellen benötigt, so werden die Objekte betrachtet, die dem semantischen Kürzel CLASS der Parametergruppe OTYPE zugeordnet sind – in den Standardeinstellungen ist dies das Objekt C. Genauso verhält es sich bei Transaktionen. Die Transaktion PO01 z.B. dient der Pflege von Arbeitsplätzen. Dem semantischen Kürzel PO01 der Parametergruppe TCODE ist also der Objekttyp A zugeordnet. Bisher ist in der Praxis ein solcher Schritt nicht notwendig gewesen. Falls es aufgrund bestimmter Umstände dennoch notwendig sein sollte z.B. den Objekttyp »Stelle« durch einen eigenen Objekttyp zu ersetzen, so müssen Sie sowohl für das semantische Kürzel CLASS (Steuerung von Auswertungen auf Stellen) als auch für PO03 (Transaktion zum Pflegen von Stellen) den Objekttyp C durch den eigenen Objekttyp ersetzen (siehe Abbildung 2.59).

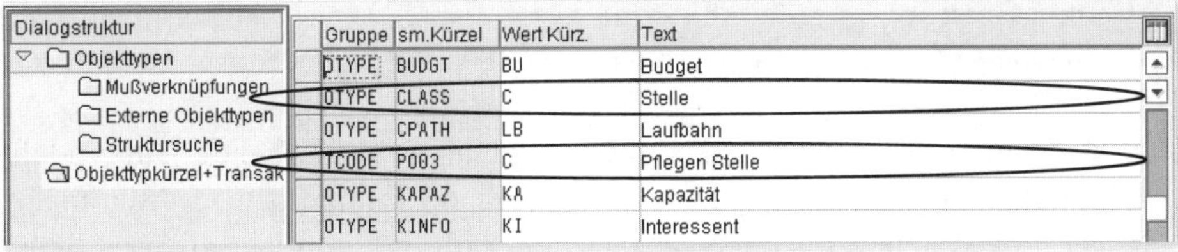

Dialogstruktur	Gruppe	sm.Kürzel	Wert Kürz.	Text
▽ ☐ Objekttypen	OTYPE	BUDGT	BU	Budget
☐ Mußverknüpfungen	OTYPE	CLASS	C	Stelle
☐ Externe Objekttypen	OTYPE	CPATH	LB	Laufbahn
☐ Struktursuche	TCODE	PO03	C	Pflegen Stelle
☐ Objekttypkürzel+Transak	OTYPE	KAPAZ	KA	Kapazität
	OTYPE	KINFO	KI	Interessent

Abbildung 2.59 Objekttyp für Objektkürzel und Transaktionscode ändern

Der neu erstellte Objekttyp wird in den PD-Stammdaten über den Infotyp 1000 (Objekt) angelegt. Da alle Objekttypen mindestens die Infotypen 1000 *und* 1001 (Verknüpfungen) haben müssen, um zu existieren, ist zusätzlich zur Definition eines neuen Objekts die Erstellung einer eigenen Verknüpfungsart notwendig.

Nachfolgend erstellen wir beispielhaft eine Verknüpfung, die zur Erweiterung der strukturellen Berechtigung genutzt werden soll. Hintergrund: Die strukturelle Berechtigung kann einem Systembenutzer Berechtigung auf die Organisationseinheit geben, der er zugeordnet ist, und den Organisationseinheiten, die dieser Organisationseinheit hierarchisch untergeordnet sind. Eine weitere Möglichkeit der Vergabe der strukturellen Berechtigung wird über die Organisationseinheit gesteuert, die jemand leitet. In der Praxis hat sich gezeigt, dass diese Möglichkeiten teilweise nicht ausreichend sind – beispielsweise dann, wenn ein Mitarbeiter bestimmte Organisationseinheiten im System bearbeiten soll, obwohl er weder in einer dieser Organisationseinheiten sitzt noch eine der Einheiten leitet. In einem solchen Fall müssen Sie eine neue Verknüpfungsart definieren, die dann zwischen einer Planstelle und einer Organisationseinheit erstellt werden soll. Über die neue Verknüpfung »bearbeitet im HR« und »wird im HR bearbeitet von« wird dann zwischen der Planstelle des Bearbeiters im Personalbereich und der Organisationseinheit, die er bearbeiten soll, eingepflegt.

Verknüpfungen sind Subtypen des Infotyps 1001 (Verknüpfungen), daher müssen Sie zunächst über den IMG-Pfad PERSONALMANAGEMENT • ORGANISATIONSMANAGEMENT • GRUNDEINSTELLUNGEN • ERWEITERUNG DATENMODELLIERUNG • INFOTYPPFLEGE • SUBTYPEN PFLEGEN die neue Verknüpfung als Subtyp des Infotyps 1001 anlegen (siehe Abbildung 2.60).

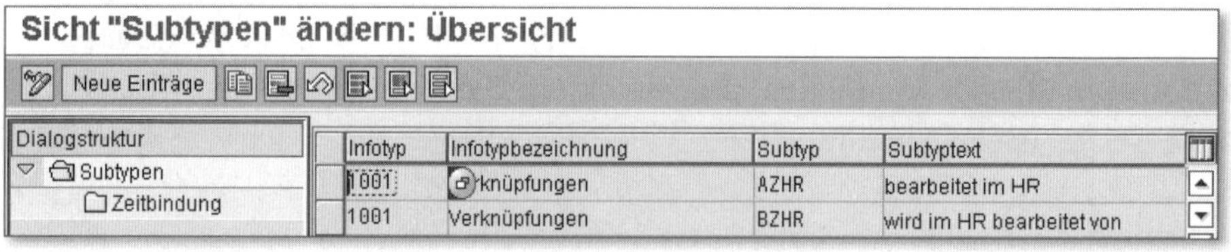

Abbildung 2.60 Subtypen für Infotyp »Verknüpfungen« anlegen

Anhand der Zeitbindung, die in einem weiteren Schritt bei der Subtypdefinition erforderlich ist, wird festgelegt, ob ein Infotyp bzw. Subtyp mehrfach im System vorhanden sein darf oder ob er lückenlos existieren muss (siehe Abschnitt 2.2.1, »Grundbegriffe«). Da ein Bearbeiter gleichzeitig mehrere Organisationseinheiten bearbeiten kann und eine Organisationseinheit gleichzeitig von mehreren Bearbeitern betreut werden kann, wurde bei beiden Verknüpfungen jeweils die Zeitbindung »3« vergeben (siehe Abbildung 2.61).

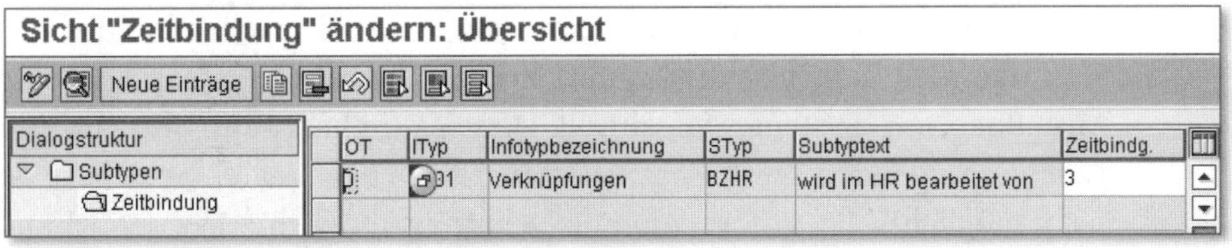

Abbildung 2.61 Zeitbindung für Verknüpfungen pflegen

Über den IMG-Pfad PERSONALMANAGEMENT • ORGANISATIONSMANAGEMENT • GRUNDEINSTELLUNGEN • ERWEITERUNG DATENMODELLIERUNG • VERKNÜPFUNGSPFLEGE • VERKNÜPFUNGEN PFLEGEN gelangt Sie anschließend in die in Abbildung 2.62 gezeigte Customizing-Tabelle.

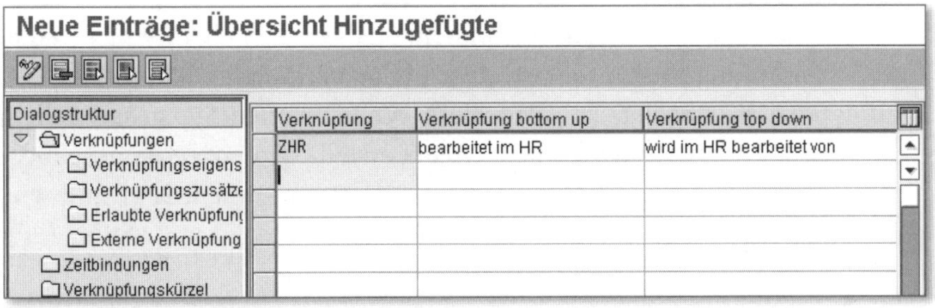

Abbildung 2.62 Pflege von Verknüpfungen

Der Kundennamensraum für Verknüpfungen lautet A** bis Z** und ist immer dreistellig. Bei der Langbezeichnung ist jeweils ein Name für die Bottom-up-Verknüpfung und ein Name für die Top-down-Verknüpfung anzugeben. Am Beispiel der Verknüpfung 003 zwischen Planstellen und Organisationseinheiten würde der Name für die *Bottom-up*-Verknüpfung »gehört zu« zwischen Planstelle zur Organisationseinheit gewählt und der Name für die *Top-down*-Verknüpfung »umfasst« zwischen Organisationseinheit und Planstelle (siehe Abschnitt 2.2.2, »Ausgewählte Objekttypen und Verknüpfungen«).

Nach der Vergabe der Bottom-up- und Top-down-Bezeichnungen (siehe Abbildung 2.62) werden über die nächste Aktion auf der linken Bildschirmseite die Verknüpfungseigenschaften festgelegt. Dort werden die A-(Bottom-up-) und B-(Top-down-)Verknüpfungen über folgende Felder näher spezifiziert (siehe Abbildung 2.63):

- **100 %-Prüfung**
  Diese Prüfung ist für gewichtete Verknüpfungen gedacht, wo bei der Prozentangabe eine Überprüfung der 100 %-Marke stattfinden soll. Dies ist z.B. sinnvoll, wenn es um die Verknüpfung zwischen Planstellen und Personen geht, da hier vielleicht die Besetzung einer Planstelle über der 100 %-Marke nicht gewünscht ist und daher bei der Stammdatenpflege eine Mitteilung vom System erfolgen soll. Diese Mitteilung kann über die Eingabe der folgenden Werte spezifiziert werden: »E« = Fehler (Speichern ist nicht möglich); »I« = Information (Speichern ist möglich); »W« = Warnung (Speichern ist möglich); » « = keine Prüfung.

- **Arbeitszeit-Prüfung**
  Falls hier ein Eintrag vorgenommen wird, findet bei der Verknüpfung zu Personen im Zusammenhang mit dem Infotyp 1011 (Arbeitszeit) eine Prüfung auf Unter- oder Überschreitung statt. Die möglichen Werte in diesem Feld sind identisch mit denen der 100 %-Prüfung.

- **Prüfung Obsolet**
  Über dieses Feld können Sie bestimmen, ob das System beim Anlegen dieser Verknüpfung prüfen soll, ob eines der zu verknüpfenden Objekte den Infotyp 1014 (Obsolet) hat. Auf diese Weise können Sie sicher stellen, dass keine Verknüpfung zu einem Objekt erstellt wird, das zukünftig nicht mehr relevant sein wird. Die möglichen Werte in diesem Feld sind wiederum identisch mit denen der 100 %-Prüfung.

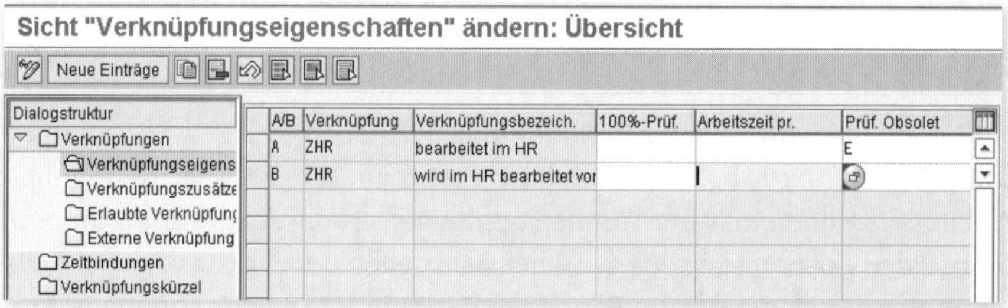

Abbildung 2.63 Verknüpfungseigenschaften pflegen

Im vorliegenden Beispiel soll lediglich eine Prüfung auf obsolete Objekte stattfinden. Mit der Aktion VERKNÜPFUNGSZUSÄTZE können Sie Zusatzdaten wie etwa den Gewichtungsfaktor für eine Verknüpfung einblenden. Ist der Gewichtungsfaktor aktiv, so können Sie beim Anlegen einer Verknüpfung einen Prozentsatz mitgeben. Als Beispiel dient hier die Verknüpfung zwischen einer Person und einer Planstelle (siehe Abbildung 2.64).

Abbildung 2.64 Besetzungsprozentsatz eingeblendet

Des Weiteren können Sie eigene Bildschirmmasken, sogenannte *Dynpros*, mit selbst programmierten Routinen zu einer Verknüpfung definieren. Unsere Verknüpfung für die Erweiterung der strukturellen Berechtigung erfordert keine Eingaben an dieser Stelle.

Über die Aktion ERLAUBTE VERKNÜPFUNGEN legen Sie fest, für welche Objekte die neu erstellte Verknüpfung zulässig sein wird (siehe Abbildung 2.65). Für unser Beispiel ist es notwendig, dass die Verknüpfung sowohl an Planstellen als auch an Organisationseinheiten angelegt werden kann. Wird eine der Verknüpfungen angelegt, so legt das System automatisch die dazugehörige zweite Verknüpfung an. Zwischen der Organisationseinheit O und der Planstelle S wird die Verknüpfung B ZHR (wird im HR bearbeitet von) und zwischen der Planstelle S und der Organisationseinheit O wird die Verknüpfung A ZHR (bearbeitet im HR) angelegt. Mit der Checkbox N.PFLEGBAR legen Sie fest, ob die Verknüpfung im Infotyp 1001 (Verknüpfungen) über die Grundtransaktion oder nur aus der Strukturpflege heraus pflegbar ist. Wenn das Feld markiert ist, ist die Pflege aus der Grundtransaktion (z.B. PP01) nicht möglich. Zum Thema Grundtransaktion siehe Abschnitt 2.3.1, »Pflege der Organisationsstruktur« und dort Abbildung 2.44).

Für eigene Verknüpfungen empfiehlt es sich, die Pflege über die Grundtransaktion zu ermöglichen, da sonst die Pflegeoberfläche entsprechend angepasst werden müsste, um eine Pflege aus der Struktur zu ermöglichen (siehe Abschnitt 2.3.8, »Anpassung der Pflegeoberfläche«).

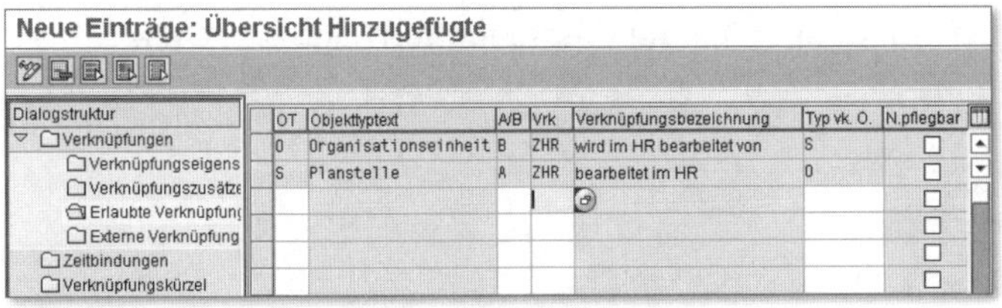

Abbildung 2.65 Pflege der erlaubten Verknüpfungen

Für den Fall, dass Verknüpfungen zwischen zwei externen Objekten erstellt werden sollen, sind in der Aktion EXTERNE VERKNÜPFUNGEN weitere Einstellungen erforderlich, z.B. die Angabe eines Schnittstellenprogramms. Die Aktion ZEITBINDUNGEN wurde bereits in einem vorherigen Schritt durchgeführt (siehe Abbildung 2.61). Nach Abschluss aller aufgezeigten Customizing-Aktivitäten kann die neue Verknüpfung bereits eingepflegt werden. Über den Expertenmodus bzw. die Detailpflege über die Grundtransaktion stehen im Infotyp 1001 (Verknüpfungen) die beiden neuen Subtypen AZHR und BZHR zur Verfügung.

2.3.7 Infotypen erweitern und anlegen

Customer Includes (CI) sind Bereiche in Datenbanktabellen, die für kundeneigene Felder reserviert sind und die bei einem Release-Wechsel nicht überschrieben werden. Dank solcher Customer Includes können Sie fast alle Standardinfotypen um kundeneigene Felder erweitern, ohne zu riskieren, dass bei einem Release-Wechsel die Ergänzungen wieder durch die Standardeinträge überschrieben werden. Alle Datenbanktabellen der Personalplanungs- und -entwicklungsinfotypen beginnen mit der Bezeichnung HRPXXXX (XXXX = Infotypnummer). Neu definierte Felder werden in einem von SAP vorgesehenen Subscreen dargestellt. Einfache Eingabefelder können somit ohne Programmierkenntnisse definiert werden. Komplexere Felder mit kundenindividuellen F4 -Hilfen und Plausibilitätsprüfungen erfordern hingegen Programmierkenntnisse. Eine Einstellung, die nach der Erweiterung der Datenbanktabellen und der Erstellung neuer Dynpros vorgenommen werden muss, führen Sie über den IMG-Pfad PERSONALMANAGEMENT • ORGANISATIONSMANAGEMENT • GRUNDEINSTELLUNGEN • ERWEITERUNG DATENMODELLIERUNG • KUNDENEIGENE EINSTELLUNGEN ZU INFOTYPEN durch. Abweichend von den Standard-Dynpros können Sie hier einen Eintrag für den entsprechenden Infotyp machen, um festzulegen, welches Dynpro beim Aufrufen des Infotyps angezeigt werden soll (siehe Abbildung 2.66).

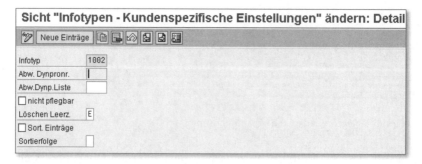

Abbildung 2.66 Kundenspezifische Einstellungen zu Infotypen

Sowohl für das Einzelbild als auch für das Listbild können Sie abweichende Dynpros angeben. Auch die Sortierung der Datensätze im Listbild lässt sich über diese Tabelle für jeden Infotyp steuern.

Reicht die Erweiterung bestehender Infotypen für die spezifischen Anforderungen eines Unternehmens nicht aus, so besteht die Möglichkeit, eigene Infotypen im Kundennamensraum 9000-9999 anzulegen. Über die Transaktion PPCI (siehe Abbildung 2.67) kann unter Angabe einer Infotypnummer ein neuer Infotyp angelegt werden. Die Transaktion PPCI setzt Kenntnisse in der Programmierung in ABAP/4 sowie im Umgang mit dem ABAP/4-Dictionary und dem ABAP/4-Screenpainter voraus. Als Voraussetzung für das Anlegen eines neuen Infotyps muss bereits eine Data-Dictionary-Struktur (DDIC) mit der Namenskonvention HRIXXXX (XXXX = Infotypnummern) angelegt sein, in der alle Felder des Infotyps deklariert sind, bevor die Transaktion PPCI durchgeführt wird. Außer der Struktur HRIXXXX darf kein weiteres DDIC-Element für diesen Infotyp angelegt sein. Über die Transaktion SE11 oder den SAP-Pfad WERKZEUGE • ABAP WORKBENCH • ENTWICKLUNG • DICTIONARY gelangen Sie auf die Oberfläche zum Anlegen von Strukturen. Da Strukturen nicht gleich auf dem Screen zur Auswahl angeboten werden, müssen Sie in das Feld DATENTYP den Namen der anzulegenden Struktur eingeben und anschließend auf den Button ANLEGEN klicken. Erst dann fragt das System, was angelegt werden soll. Durch Auswahl des Objekts »Struktur« gelangen Sie in die Definitionsmaske für Strukturen.

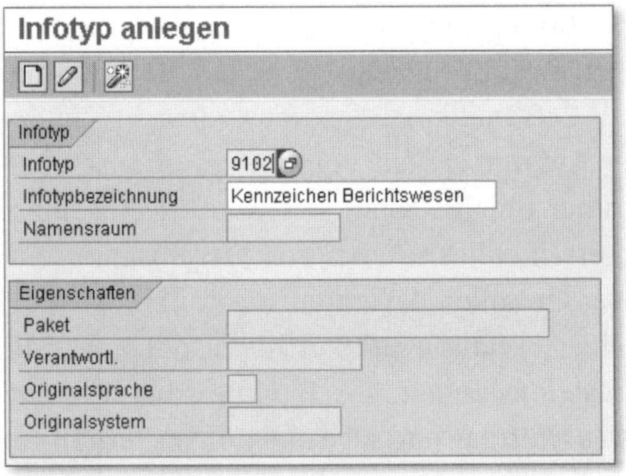

Abbildung 2.67 Transaktion PPCI

Über den Button ANLEGEN werden – aufbauend auf der zuvor definierten DDIC-Struktur – alle notwendigen Modulpools mit der Ablauflogik, den Dynpros und den Tabelleneinträgen in T77XX-Tabellen etc. angelegt. Weitere Details können Sie der Dokumentation der Transaktion PPCI entnehmen.

Ist der Infotyp erstellt, so muss in der Tabelle T777I (erreichbar über den IMG-Pfad PERSONALMANAGEMENT • ORGANISATIONSMANAGEMENT • GRUNDEINSTELLUNGEN • ERWEITERUNG DATENMODELLIERUNG • INFOTYPPFLEGE • INFOTYPEN PFLEGEN) der neue Infotyp noch den gewünschten Objekttypen des Organisationsmanagements zugeordnet werden (siehe Abbildung 2.68). Soll der Infotyp in die Pflegeoberfläche des Organisationsmanagements als Registerkarte im Detailbereich aufgenommen werden, so legen Sie in der Transaktion PPCI über das Menü INFOTYP • SUBSCREEN ANLEGEN den Subscreen 7000 an, der zur Darstellung in den Registerkarten verwendet wird. Zusätzlich müssen Sie in der Tabelle T777I im Feld SUBSCREEN den Wert »7000« eintragen. In Abschnitt 2.3.8, »Anpassung der Pflegeoberfläche«, beschreiben wir das Vorgehen zum Integrieren neuer Infotypen in die Pflegeoberfläche ausführlicher.

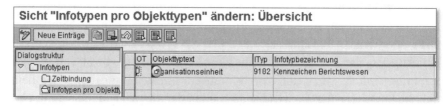

Abbildung 2.68 Infotypen den Objekttypen zuordnen

Der aufgezeigte neue Infotyp 9102 (Kennzeichen Berichtswesen) ist entstanden, weil Organisationseinheiten in SAP ERP HCM nur über das Abteilungs- bzw. Stabskennzeichen (Infotyp 1003) näher spezifiziert werden können (siehe auch Abschnitt 2.2.2, »Ausgewählte Objekttypen und Verknüpfungen«). Die Anforderungen eines Personalberichtswesens hinsichtlich der Selektionsmöglichkeiten und der Auswertbarkeit von Organisationseinheiten gehen aber in der Regel darüber hinaus. Nicht selten gibt es in einem Unternehmen mehr als zwei unterschiedliche Arten von Organisationseinheiten, die separat ausgewertet werden sollen. So lautete die konkrete Anforderung, die der neue Infotyp (siehe Abbildung 2.69) erfüllen sollte, dass die Dienststellennummer der Organisationseinheit, ihr Funktionsbereich und die Art der Organisationseinheit auswertbar und als Selektionskriterium für Berichte verfügbar sein mussten.

Die Erstellung des neuen Infotyps war natürlich nur ein Teil der komplexen Erweiterungen für das Personalberichtswesen – erst durch weitere Anpassungen und Programmierungen entstand ein Personalberichtswesen, das den betriebswirtschaftlichen Anforderungen des Unternehmens genügte.

Umsetzung in SAP ERP HCM | **2.3**

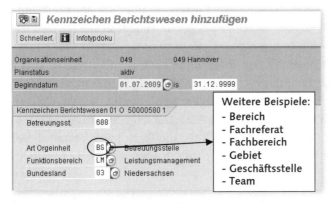

Abbildung 2.69 Neuer Infotyp 9102 (Kennzeichen Berichtswesen)

2.3.8 Anpassung der Pflegeoberfläche

Die in Abschnitt 2.2.7 ausführlich erläuterte Pflegeoberfläche ist hinsichtlich kundenindividueller Anpassungen sehr flexibel. So können Sie neu erstellte Objekttypen, Verknüpfungen und Infotypen in die neue Oberfläche integrieren und somit für die Strukturpflege verfügbar machen. Des Weiteren können Sie bestehende Elemente der Oberfläche an Kundenwünsche anpassen.

Anpassung der Registerkarten im Detailbereich

Die erste Anpassungsmöglichkeit ist die Änderung der Registerkarten im Detailbereich (siehe Abbildung 2.70). Die notwendigen Einstellungen nehmen Sie über den IMG-Pfad PERSONALMANAGEMENT • ORGANISATIONSMANAGEMENT • HIERARCHIEFRAMEWORK • REGISTERKARTEN IM DETAILBEREICH ANPASSEN vor.

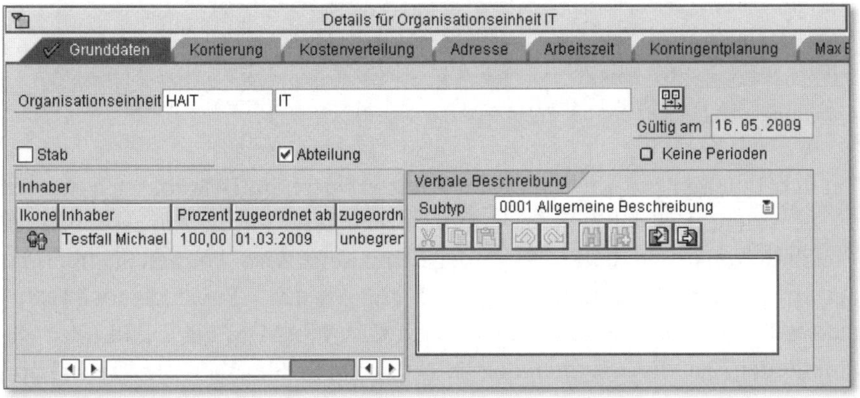

Abbildung 2.70 Registerkarten im Detailbereich

103

Die Texte und Icons einer Registerkarte passen Sie über die entsprechende Customizing-Aktivität an. Die dabei zu pflegende Tabelle ermöglicht es, die Standardeinträge aus der Registerkartendefinition unter Angabe von Funktionsbausteinen zur Ermittlung der Texte und Icons zu übersteuern (siehe Abbildung 2.73). Die Funktionsbausteine müssen dabei bestimmten Konventionen genügen. Damit diese eingehalten werden, gibt es zwei Muster-Funktionsbausteine (CB_OM_DETAILSCREEN_TEXT für den Registerkartentext und CB_OM_DETAILSCREEN_ICONS für die Icons). Der Vorteil dieser Methode ist, dass die Texte und Icons dynamisch eingeblendet werden können.

Ein ähnliches Verfahren wie das zur Änderung der Texte und Icons der Registerkarten wird auch für die Änderung der Reihenfolge der Registerkarten und für das Ein- und Ausblenden von Standardregisterkarten eingesetzt. Hierzu gibt es eine Tabelle, die die Einträge der Registerkartengruppendefinition übersteuert (Abbildung 2.74). Abbildung 2.71 zeigt z. B. die Übersteuerung der Reihenfolge der Registerkarte BASIS_P, die Grunddaten für den Objekttyp P. Dazu müssen exakt die Daten des Eintrags in der Definition der Registerkartengruppe (siehe Abbildung 2.74) in die Tabelle eingetragen werden, die über den IMG-Pfad PERSONALMANAGEMENT • ORGANISATIONSMANAGEMENT • HIERARCHIEFRAMEWORK • REGISTERKARTEN IM DETAILBEREICH ANPASSEN • REIHENFOLGE DER REGISTERKARTEN ÄNDERN zu erreichen ist. Lediglich die Nummer im Feld REIHENFOLGE wird verändert angegeben (siehe Abbildung 2.71).

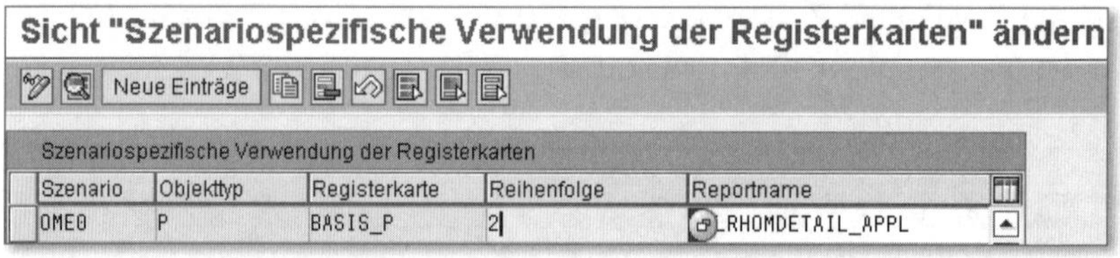

Abbildung 2.71 Reihenfolge der Registerkarten übersteuern

Bei den Tabellen zur Anpassung der Registerkarten im Detailbereich müssen Sie beachten, dass das Feld SZENARIO entscheidend für die Anpassungen ist. Welches Szenario in der Strukturpflege eingesetzt wird, können Sie über das Setzen des Benutzerparameters (SAP-Menü SYSTEM • BENUTZERVORGABEN • EIGENE DATEN, Registerkarte PARAMETER) OM_FRAM_SCEN_DISPLAY = »X« einblenden. Ist der Parameter aktiviert, können Sie über die Transaktion PPOME (Organisation und Besetzung ändern) das Szenario im Kopf der Pflegeoberfläche erkennen (siehe Abbildung 2.72). In den Standardeinstellungen ist es das Szenario OME0.

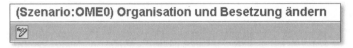

Abbildung 2.72 Eingeblendetes Szenario zur Strukturpflege

Erweiterung der Registerkarten im Detailbereich

Zur Integration eines Infotyps in den Detailbereich müssen Sie diesen über den IMG-Pfad PERSONALMANAGEMENT • ORGANISATIONSMANAGEMENT • HIERARCHIEFRAMEWORK • NEUEN INFOTYP INTEGRIEREN • INFOTYP ALS REGISTERKARTE IM DETAILBEREICH AUFNEHMEN mithilfe einer eigenen Registerkarte in eine bestehende Registerkartengruppe aufnehmen. Die Registerkarte definieren Sie über eine Customizing-Tabelle, in der Sie sich an bestehenden Einträgen orientieren können und einen Standardeintrag für PD-Infotypen kopieren sollten (siehe Abbildung 2.73). Der Kundennamensraum beginnt hier mit Y oder Z. In der Regel werden eigene Infotypen separat und nicht zusammen mit anderen Infotypen auf einer Registerkarte erscheinen, weshalb das Feld INFOTYPSPEZIFISCH angekreuzt sein muss. Als Beispiel dient hier die Integration des Infotyps 9102 (Kennzeichen Berichtswesen), der in Abschnitt 2.3.7, »Infotypen erweitern und anlegen«, erstellt wurde.

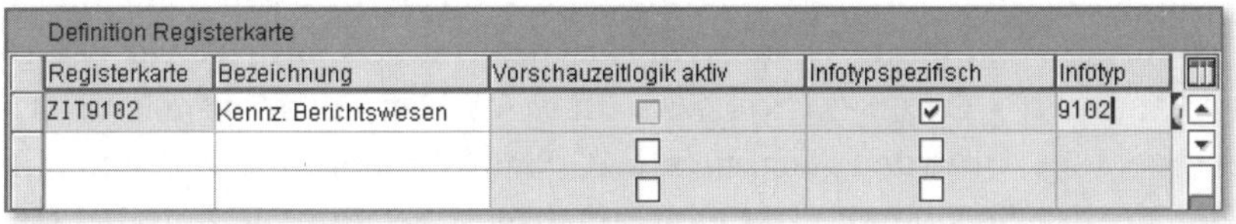

Abbildung 2.73 Eigene Registerkarte anlegen

Anschließend muss die Tabelle in Abbildung 2.74 gepflegt werden. Neben dem Szenario müssen Sie sich entscheiden, für welchen Objekttyp die neue Registerkarte verfügbar sein soll. Dabei steht der Platzhalter »*« für alle Objekttypen. Da der Infotyp 9102 (Kennzeichen Berichtswesen) ausschließlich an Organisationseinheiten gepflegt werden soll, lautet der Eintrag im Feld OBJEKTTYP »O«. Nach Eingabe der zuvor definierten Registerkarte ZIT9102 muss außerdem die Position der Registerkarte innerhalb der Gruppe definiert werden. Dies wird über eine fortlaufende Nummer gesteuert.

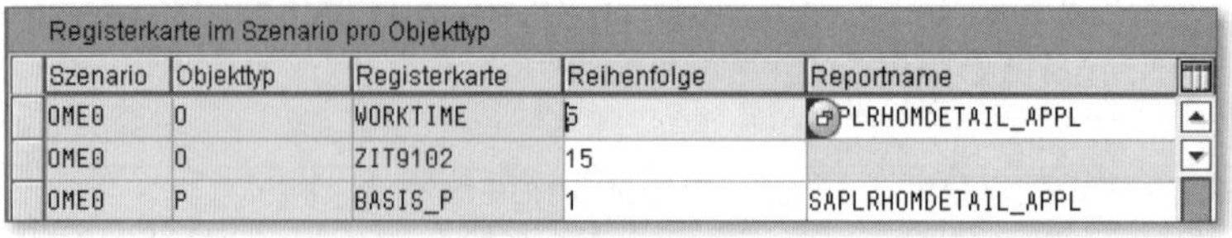

Registerkarte im Szenario pro Objekttyp					
Szenario	Objekttyp	Registerkarte	Reihenfolge	Reportname	
OME0	O	WORKTIME	5	PLRHOMDETAIL_APPL	
OME0	O	ZIT9102	15		
OME0	P	BASIS_P	1	SAPLRHOMDETAIL_APPL	

Abbildung 2.74 Eigene Registerkarte in Registerkartengruppe aufnehmen

Die Eingabe eines Reportnamens ist nur erforderlich, falls Felder mehrerer unterschiedlicher Infotypen auf einer Registerkarte angezeigt werden sollen. Das Ergebnis der Eingaben ist eine neue Registerkarte mit den Feldern des neuen Infotyps (siehe Abbildung 2.75).

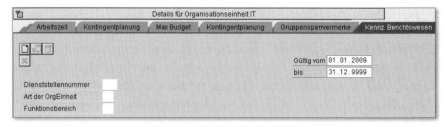

Abbildung 2.75 Neue Registerkarte mit eigenem Infotyp

Integration eigener Objekttypen in die Pflegeoberfläche

Als Beispiel für die Integration eines neuen Objekttyps in die Pflegeoberfläche dient der in Abschnitt 2.3.6 neu angelegte Objekttyp 9F »Stellenfamilie«. Wählen Sie zur Einbindung neuer Objekttypen am besten den Pfad PERSONALMANAGEMENT • ORGANISATIONSMANAGEMENT • HIERARCHIEFRAMEWORK • OBJEKTMANAGER. Über den genannten IMG-Pfad kommen Sie zur ersten Einstellung, die den Suchbereich des Objektmanagers betrifft. Die Aktivität lautet EIGENEN SUCHKNOTEN DEFINIEREN und ist der erste Schritt zur Einbindung des neuen Objekttyps in den Suchbereich. Dazu wird der neue Objekttyp in die entsprechende Customizing-Tabelle aufgenommen (siehe Abbildung 2.76), aus der der Name des Suchknotens (Kundennamensraum Y* oder Z*), die Bezeichnung, der entsprechende Objekttyp und der Name des zu verwendenden Icons hervorgehen.

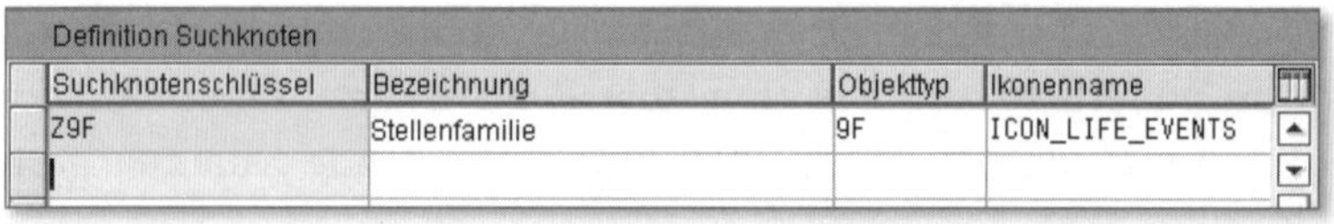

Definition Suchknoten				
Suchknotenschlüssel	Bezeichnung	Objekttyp	Ikonenname	
Z9F	Stellenfamilie	9F	ICON_LIFE_EVENTS	

Abbildung 2.76 Eigenen Suchknoten definieren

In der anschließenden Aktion SUCHBEREICH ANPASSEN ist wiederum das Szenario – diesmal des Suchbereichs – das entscheidende Feld, um die Einstellungen für den richtigen Bereich vorzunehmen. Um das Szenario des Suchbereichs bzw. Objektmanagers angezeigt zu bekommen, setzen Sie wieder einen Benutzerparameter: OM_OBJM_SCEN_DISPLAY (zum Vorgehen siehe Beschreibungen zu Abbildung 2.72). Standardmäßig wird das Szenario OMEO00 verwendet. Mit diesen Informationen können Sie in die Tabelle zu szenariospezifischen Definitionen der Knoten im Suchbereich die entsprechenden Einträge vornehmen (siehe Abbildung 2.77). Da der Objektmanager sowohl aus dem Suchbereich als auch aus der Ergebnisliste besteht, können Sie in dieser Tabelle angeben, welche Informationen des neuen Objekts in welcher Spalte der Ergebnisliste angezeigt werden sollen.

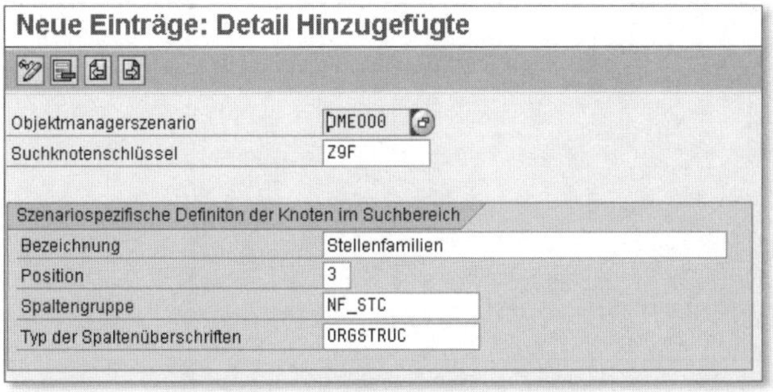

Abbildung 2.77 Objektmanager erweitern

Tragen Sie dazu im Feld SPALTENGRUPPE die szenariospezifische Gruppe ein, die – abhängig vom Objekt – anders bezeichnet ist und über den gesetzten Benutzerparameter OM_ARRAYTYPE_DISPLAY angezeigt werden kann. Um das Szenario bzw. die Spaltengruppe sehen zu können, folgen Sie dem in Abbildung 2.78 aufgezeigten Weg.

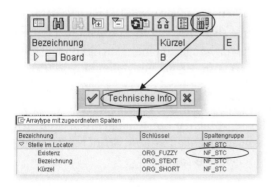

Abbildung 2.78 Spaltengruppe ermitteln

Tragen Sie als Typ der Spaltenüberschriften »ORGSTRUC« ein, um die passenden Spaltenüberschriften in der Ergebnisliste auszuwählen. Wurden alle Einstellungen vorgenommen, müssen Sie im letzten Schritt dem Suchknoten noch die gewünschten Suchwerkzeuge (z.B. freie Suche, Suchbegriff oder Struktursuche) zuordnen (siehe Abbildung 2.79). Nach der Auswahl des Suchwerkzeugs können Sie dessen Position unterhalb des Suchknotens festlegen.

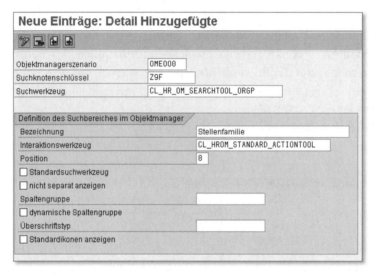

Abbildung 2.79 Suchwerkzeuge den Suchknoten zuordnen

Über die Auswahl des Interaktionswerkzeugs legen Sie außerdem fest, welche Aktionen mit den Einträgen der Ergebnisliste möglich sein sollen und was das Ergebnis dieser Aktionen ist. Mögliche Aktionen sind z.B. Drag & Drop eines Eintrags zur Verknüpfung oder die Übernahme des Eintrags in den Übersichtsbereich per Doppelklick. Wenn über den Standard hinausgehende Aktionen realisiert werden sollen, sind Programmierkenntnisse erforderlich, da die Interaktionswerkzeuge als *ABAP Objects-Klasse* implementiert sind. Die Zuordnung mehrerer Suchwerkzeuge zu einem Suchknoten erfolgt über die Erfassung weiterer Datensätze in die entsprechende Customizing-Tabelle. Ist ein Suchwerkzeug über das Feld STANDARDSUCHWERKZEUG als Standard definiert, wird dieses Suchwerkzeug automatisch gestartet, sobald der Suchknoten angewählt wird. Die restlichen Einstellungen beziehen sich auf die Darstellung und die Aktionsmöglichkeiten (z.B. Sortieren oder Filtern), die mit der Ergebnisliste möglich sein sollen.

2.3.9 Arbeiten mit verschiedenen Planvarianten

Wie bereits in Abschnitt 2.2.1, »Grundbegriffe«, erläutert, stellen Planvarianten Szenarien dar, in denen Aufbauorganisationen abgebildet werden können. In der als aktiv gekennzeichneten Planvariante wird die aktuell gültige Aufbauorganisation eines Unternehmens abgebildet. Dies ist zugleich die Integrationsplanvariante, die im Fall der Integration zur Personaladministration berücksichtigt wird. Weitere Planvarianten werden verwendet, um zusätzliche Aufbauorganisationen als Planungsszenarien abzubilden.

In der Regel enthält eine Planvariante eine Organisationsstruktur, also nur eine Wurzelorganisationseinheit. Sie können aber auch mehrere Wurzelorganisationseinheiten und damit mehrere Organisationsstrukturen in einer Planvariante anlegen. Im Einführungsleitfaden (IMG) werden unter PERSONALMANAGEMENT • GLOBALE EINSTELLUNGEN IM PERSONALMANAGEMENT • PLANVARIANTENPFLEGE die Planvarianten verwaltet. Die in dieser Tabelle eingetragene Planvariante ».:« (siehe Abbildung 2.80) darf weder verwendet noch gelöscht werden, da sie für den Datentransport von einem System in ein anderes genutzt wird.

Das Feld AKTIVE kennzeichnet die Integrationsplanvariante.

> **Aktive Planvariante darf nicht verändert werden**
> Ändern Sie niemals bei aktiver Integration des Organisationsmanagements in die Personaladministration die aktive Planvariante, da sonst Inkonsistenzen im System entstehen!

Im Feld AKTUELLE ist immer die Planvariante angekreuzt, mit der aktuell im System gearbeitet wird. Die zu bearbeitende Planvariante wählen Sie innerhalb der Pflegeoberfläche der Organisationsstruktur über das Menü EINSTELLUNGEN • PLANVARIANTE • ALTERNATIVE ODER AKTIVE aus.

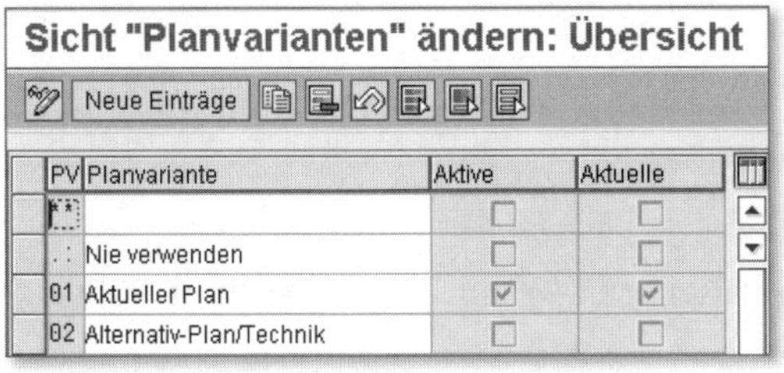

Abbildung 2.80 Pflege der Planvarianten

Planvariante kopieren

Mithilfe des Reports RHCOPL00 können Sie Objekte aus einer Planvariante in eine andere Planvariante kopieren. Dies ist dann sinnvoll, wenn die aktive Planvariante als Grundlage für eine alternative Planung dienen soll. Beachten Sie bei der Verwendung des Reports, dass Sie diesen nur zum Kopieren in überschneidungsfreie Bereiche einer anderen Planvariante verwenden dürfen. Die Objekte können also entweder in eine leere Planvariante kopiert werden, oder Sie kopieren nur überschneidungsfreie Bereiche, die gegebenenfalls in der Zielplanvariante vor dem Kopieren gelöscht werden. Wird dies nicht beachtet, können in der Zielplanvariante Verletzungen von Nummernkreisdefinitionen oder Inkonsistenzen auftreten. Probleme durch Überschneidungen von Nummernkreisen können Sie außerdem vermeiden, indem Sie mit planvariantenübergreifender Nummernvergabe arbeiten (lesen Sie hierzu auch die Ausführungen zum Begriff »Nummernkreise« in Abschnitt 2.2.1, »Grundbegriffe«). Über die Reportparameter können Sie sowohl die Menge der Objekte spezifizieren als auch angeben, ob nur bestimmte Teilstrukturen (Auswertungswege) kopiert werden sollen.

Planvarianten abgleichen

Der Report RHCOPLPT dient zum Abgleichen von Planvarianten. Er arbeitet in zwei Schritten, wobei erst im zweiten Schritt der eigentliche Kopiervorgang stattfindet. Zunächst wird über die Reportparameter spezifiziert, welche Objekte oder welche Teilstrukturen kopiert werden sollen. Daraufhin werden die ausgewählten Objekte und Teilstrukturen in Ausgangsplanvariante und Zielplanvariante verglichen, und das Ergebnis des Vergleichs wird in Form einer strukturellen Auswertung auf dem folgenden Bildschirm ausgegeben. Über ein Ampel-Icon wird angezeigt, inwieweit ein Objekt in der Ausgangs- und Zielplanvariante übereinstimmt bzw. ob es überhaupt in beiden Planvarianten existiert:

- **Grüne Ampel**
  Das Objekt ist in beiden Planvarianten vorhanden und stimmt bezüglich des gewählten Auswertungsweges überein.
- **Gelbe Ampel**
  Das Objekt ist in beiden Planvarianten vorhanden und stimmt teilweise überein.
- **Rote Ampel**
  Das Objekt existiert nur in der Ausgangsplanvariante.

Falls Sie die Objekte vor dem Kopieren im Detail vergleichen möchten, können Sie sich über das Menü SPRINGEN • OBJEKTBESCHREIBUNG alle Infotypen der Objekte anzeigen lassen. Im zweiten Schritt wählen Sie durch Markieren eines Teilbereichs die zu kopierenden Objekte aus.

2.3.10 Auswertungen im Organisationsmanagement

Durch den Einsatz des Organisationsmanagements erhalten auch Berichte aus anderen Bereichen der SAP ERP HCM-Komponente erweiterte Selektionsmöglichkeiten. Selektionen, die bisher z. B. mangels einer Organisationsstruktur über den Personalteilbereich durchgeführt wurden, können durch den Einsatz des Organisationsmanagements viel stärker verfeinert werden. Da Personalteilbereiche in jedem Unternehmen anders ausgeprägt sind, also z. B. zur Abbildung der einzelnen Filialen eines Unternehmens oder der Landesgesellschaften dienen, ist es allein über das Kriterium des Personalteilbereichs z. B. nicht möglich, gezielt eine Organisationseinheit innerhalb einer Filiale als Selektionskriterium heranzuziehen. Durch den Einsatz des Organisationsmanagements hingegen steht die Organisationsstruktur als Selektionskriterium zur Verfügung.

Abbildung 2.81 zeigt, wie ein Report der Personaladministration durch die Verwendung der Organisationsstruktur erlaubt, einzelne Organisationseinheiten zur Selektion der darunter zugeordneten Mitarbeiter einzusetzen.

Bei der Selektion über die Organisationsstruktur müssen Sie beachten, dass die Auswahl einer Organisationseinheit nicht automatisch die Selektion der darunter liegenden Organisationseinheiten beinhaltet. Es werden nur die Organisationseinheiten selektiert, die auch angekreuzt sind. Dies kann automatisch über die Verwendung des in Abbildung 2.81 markierten Buttons TEILBAUM MARKIEREN für die unter der markierten Organisationseinheit liegenden Organisationseinheiten durchgeführt werden.

Im Organisationsmanagement selbst stehen Berichte zur Verfügung, mit denen Sie Daten zu den Elementen der Aufbauorganisation aufrufen können. Beim Aufruf eines Berichts gelangen Sie zunächst auf ein Selektionsbild. Neben berichtsspezifischen Parametern werden in der Regel folgende Selektionsfelder angeboten:

- **Objekttyp**
  Je nach Bericht handelt es sich beim Objekttyp um Organisationseinheiten, Stellen, Planstellen, Arbeitsplätze oder Aufgaben. Hier wird angegeben, mit welchem Objekt der Bericht gestartet werden soll. Über den Suchbegriff kann dabei nach einem Objekt gesucht werden.

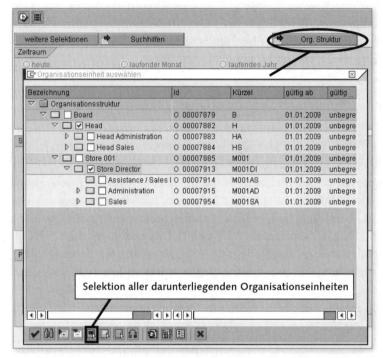

Abbildung 2.81 Selektion über die Organisationsstruktur

- **Status**
  Über den Status wird festgelegt, dass nur Objekte ausgewertet werden, die einen bestimmten Status haben, z.B. alle aktiven Objekte.

- **Auswertungszeitraum/Auswertungsstichtag**
  Je nach Bericht stehen unterschiedliche Kriterien zur Bestimmung eines Stichtags oder eines Auswertungszeitraums zur Verfügung.

- **Standardselektionsbild**
  Bei vielen Berichten, die über das SAP-Menü aufgerufen werden, kann zum Standardselektionsbild gewechselt werden, das weitere Selektionsparameter zur Verfügung stellt. Dies sind z.B. die Planvariante, der Auswertungsweg und die Anzeigetiefe, die bestimmt, bis zu welcher Ebene einer Struktur ein Bericht durchgeführt werden soll.

Nachfolgend stellen wir einige ausgewählte Berichte in Kurzform dar, die über den SAP-Menüpfad PERSONAL • ORGANISATIONSMANAGEMENT • INFOSYSTEM aufgerufen werden. Das Infosystem gliedert sich in Auswertungen zu den Bereichen ORGANISATIONSEINHEIT, STELLE, PLANSTELLE, ARBEITSPLATZ, AUFGABEN und ALLGEMEIN.

Auswertungen zur Organisationseinheit

Der *Organisationsplan* dient dazu, sich einen Überblick über die Gesamtstruktur zu verschaffen und daraus eine Strukturgrafik zu erzeugen (siehe Abbildung 2.82).

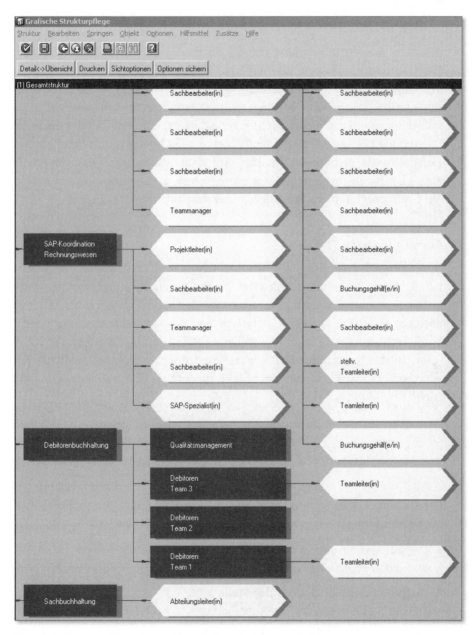

Abbildung 2.82 Strukturgrafik der Organisationsstruktur

Es gibt vier Variationen des Reports:

- Organisationsstruktur
- Organisationsstruktur mit Planstellen
- Organisationsstruktur mit Personen
- Organisationsstruktur mit Arbeitsplätzen

Aus allen Auswertungen lässt sich die Struktur auch pflegen. Das Erzeugen einer Strukturgrafik kann bedingt dazu genutzt werden, ein Organigramm des Unternehmens zu drucken. Die grafische Darstellung ist jedoch nicht sehr flexibel, da man auf voreingestellte Darstellungsweisen angewiesen ist und die einzelnen Objekte nicht eigenhändig verschieben kann. Auch die Darstellung der unterschiedlichen Objekte wie Organisationseinheiten und Planstellen ist nicht beeinflussbar. Auf dem Markt werden mittlerweile einige Lösungen angeboten, die es ermöglichen, die Organisationsstruktur in ein Grafikprogramm zu exportieren und dort aufzubereiten.

Auswertungen zu Stellen

In Abschnitt 2.2.2, »Ausgewählte Objekttypen und Verknüpfungen«, wurde bereits darauf hingewiesen, dass der Objekttyp »Stelle« zu Auswertungszwecken genutzt werden kann, da es mithilfe der Stellen möglich ist, sich z.B. anzeigen zu lassen, wie viele Sekretärinnen und Ingenieure es – unabhängig von ihrer Ausprägung in den jeweiligen Abteilungen (siehe Abschnitt 2.2.2) – im Unternehmen gibt. Der Report »Stellenplan« wertet alle Mitarbeiter aus, die über ihre Planstelle einer Stelle zugeordnet sind und listet diese auf (siehe Abbildung 2.83).

Da der Report in einem sogenannten *Table Control* ausgegeben ist, können Sie die Spalten verschieben und ein Layout speichern. Per Knopfdruck können Sie die Liste in eine Textverarbeitung oder eine Tabellenkalkulation exportieren.

Die *Stellenbeschreibung* beinhaltet Informationen zu folgenden Sachverhalten (siehe Abbildung 2.84):

- **Verbale Beschreibung der Stelle**
  Es wird der Inhalt des Infotyps 1002 (verbale Beschreibung) ausgegeben.
- **Aufgaben und Tätigkeiten der Stelle**
  Die der Stelle zugeordneten Aufgaben werden mit den zugeordneten Prozentsätzen aufgezeigt.

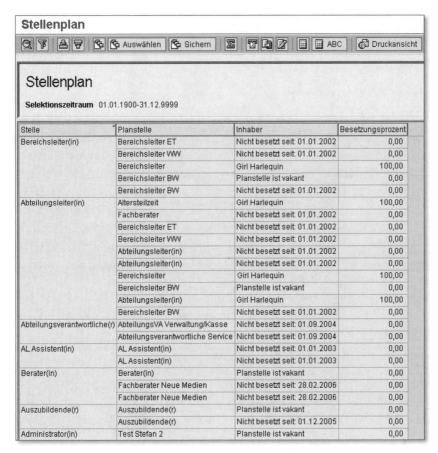

Abbildung 2.83 Report »Stellenplan«

- **Anforderungen der Stelle**
  Die benötigten Qualifikationen aus dem Anforderungsprofil der Stelle werden zusammen mit der geforderten Ausprägung dargestellt.

- **Nachfolge-/Vorgängerstellen**
  Aus der Komponente *Karriere- und Nachfolgeplanung* werden die Stellen aufgezeigt, die eine Mitarbeiter erreichen kann, sowie die Stellen, die ein Mitarbeiter durchlaufen musste, um die aktuelle Stelle erreichen zu können. Die Nachfolgeplanung innerhalb des SAP E-Recruitings baut nicht mehr auf diesen Informationen auf (siehe hierzu Kapitel 15, »Personalkostenplanung und -simulation«).

Für Planstellen gibt es einen vergleichbaren Report. Eine Übersicht über die vorhandenen Reports im SAP ERP HCM-Organisationsmanagement mit einer kurzen Beschreibung finden Sie im Anhang dieses Buchs.

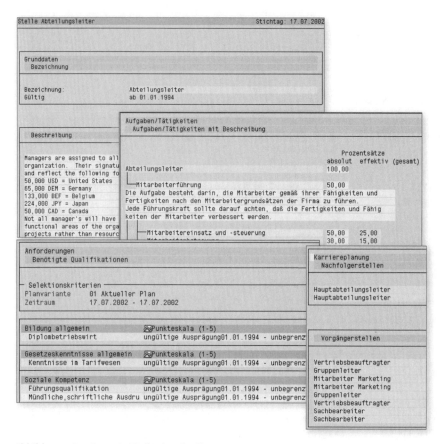

Abbildung 2.84 Report »Stellenbeschreibung«

2.3.11 Transport von Strukturen

Grundsätzlich ist die Einrichtung des Organisationsmanagements in einem Produktivsystem möglich. Die Organisationsstruktur kann also in einem Produktivsystem gepflegt und verändert werden. Die Organisationsstruktur ist hinsichtlich des Transportierens in einem Testsystem standardmäßig so eingerichtet, dass das System den Benutzer beim Anlegen, Ändern oder Löschen von Objekten immer dazu auffordert, diese Objekte einem Transportauftrag zuzuordnen oder einen neuen Auftrag anzulegen.

Transportanschluss einrichten

Über den IMG-Pfad PERSONALMANAGEMENT • ORGANISATIONSMANAGEMENT • TRANSPORT • TRANSPORTANSCHLUSS EINRICHTEN kann diese Einstellung verändert werden. In der Tabelle T77S0 ist der Schalter CORR in der Gruppe TRSP für den Transportanschluss zuständig (siehe Abbildung 2.85).

Abbildung 2.85 PD-Transportanschluss einrichten

Folgende Einträge sind im Feld WERT KÜRZ. möglich:

- **» « (leer) – Automatischer Transportanschluss aktiv**
  Das System fordert Sie stets beim Anlegen, Ändern oder Löschen von Objekten dazu auf, diese Objekte einem Transportauftrag zuzuordnen bzw. einen neuen Auftrag dafür anzulegen.

- **T – Transport über Objektsperre (Reparatur-Flag)**
  Bei dieser Einstellung erfolgt keine Abfrage nach einem Transportauftrag, aber über den Report RHMOVE50 (Transport von Objekten über Objektsperre) können alle Objekte, an denen Veränderungen vorgenommen wurden, selektiert und transportiert werden.

- **X – Kein automatischer Transportanschluss**
  Diese Einstellung bewirkt, dass beim Anlegen, Ändern oder Löschen von Objekten keine Abfrage nach einem Transportauftrag erscheint. Wenn Objekte transportiert werden sollen, müssen sie über den Report RHMOVE30 (Manueller Transport) transportiert werden. Bei der Ausführung dieses Reports wird manuell festgelegt, welche Objekte transportiert werden sollen, somit besteht die Gefahr, dass bei umfangreichen Änderungen einzelne Objekte versehentlich nicht transportiert werden.

Das semantische Kürzel ADMIN der Gruppe TRSP hingegen steuert, ob auch integrationsrelevante Änderungen des Infotyps 0001 (Organisatorische Zuordnung) den Transportanschluss für Personalplanungsobjekte aktivieren sollen. Das Feld WERT KÜRZ. kann folgende Werte annehmen:

- **» « (leer) – Automatischer Transportanschluss im Infotyp 0001 aktiv**
  Integrationsrelevante Änderungen an Infotyp 0001 (Organisatorische Zuordnung) (z.B. Änderung der Planstellenzuordnung) werden auf einen Transportauftrag geschrieben und könnten in eine anderes System transportiert werden. Diese Einstellung setzt voraus, dass auch der Schalter CORR der Gruppe TRSP aktiviert, also auf » « gesetzt ist.

- **X – Kein automatischer Transportanschluss im Infotyp 0001**
Änderungen an Infotyp 0001 (Organisatorische Zuordnung) führen nicht zur Erzeugung eines Transportauftrags (Standardeinstellung).

Infotypen gegen Import sperren

Diesen Arbeitsschritt erreichen Sie über den IMG-Pfad PERSONALMANAGEMENT • ORGANISATIONSMANAGEMENT • TRANSPORT • INFOTYPEN GEGEN IMPORT SPERREN. Er schützt Infotypen gegen unerwünschtes Überschreiben beim Import neuer Daten durch das Transportwesen. Die relevante Tabelle wird leer ausgeliefert und muss auf Wunsch gefüllt werden. Es sind alle zu schützenden Infotypen in der Form Objekttyp – Infotyp – Subtyp in die Tabelle einzutragen. Wenn z.B. der Infotyp 1000 (Objekt) in die Tabelle eingetragen wird, wird dem System mitgeteilt, dass es keine Objekte des genannten Objekttyps importiert. Alle Objekttypen, Infotypen und Subtypen, die gegen Import geschützt werden sollen, müssen explizit eingetragen werden, da eine generische Eingabe von Objekttypen, Infotypen und Subtypen nicht möglich ist.

2.4 Prozessbeispiele

Nachdem Sie die meist sehr technischen Vorgänge im Organisationsmanagement besser kennengelernt haben, zeigen wir Ihnen nachfolgend ein paar Prozesse aus der Praxis, um die Verwendung des Organisationsmanagements und dessen Einfluss auf die Prozessgestaltung im Unternehmen besser zu verdeutlichen.

2.4.1 Anlegen neuer Planstellen mit Antragsverfahren

Der unten aufgeführte Prozess zeigt die Verwendung der Status der Objekte im Organisationsmanagement zur Abbildung eines Genehmigungsverfahrens, beginnend bei der Planung von Planstellen bis hin zur Genehmigung oder zur Ablehnung der beantragten Planstellen. Dabei stellen wir Reports vor, die als Hilfsmittel den Prozess unterstützen (siehe Abbildung 2.86 und Abbildung 2.87).

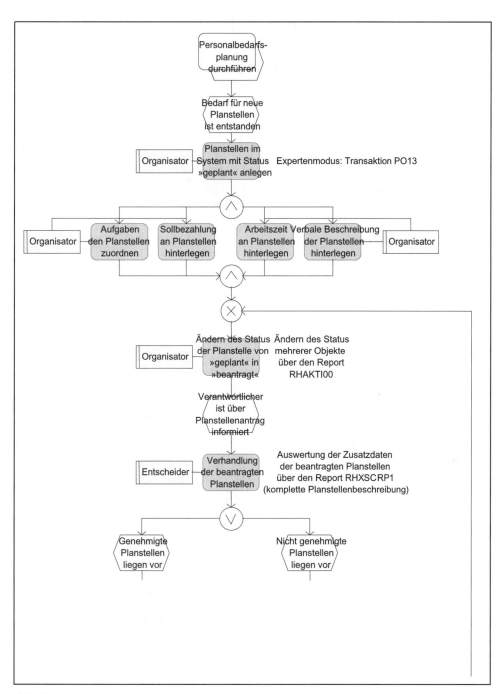

Abbildung 2.86 Planstellengenehmigung 1

2.4.2 Szenarioplanung

Der Prozess »Szenarioplanung« zeigt ein mögliches Vorgehen bei der Planung eines neuen Organisationsmanagement-Szenarios durch Kopieren einer Planvariante und anschließenden Abgleich der neuen mit der alten Struktur (siehe Abbildung 2.88).

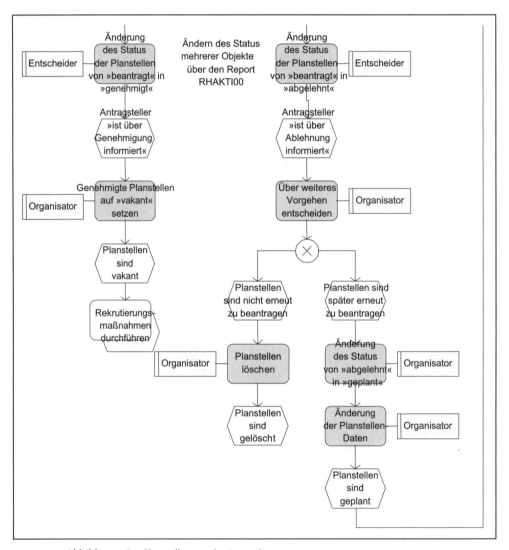

Abbildung 2.87 Planstellengenehmigung 2

Prozessbeispiele | 2.4

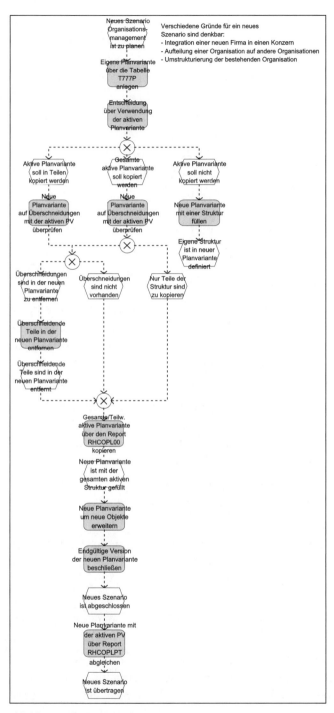

Abbildung 2.88 Szenarioplanung

2.5 Kritische Erfolgsfaktoren

Folgende kritische Erfolgsfaktoren sind zu beachten:

- Teilweise werden im Organisationsmanagement in SAP ERP HCM viele ungewohnte Begriffe benutzt, deren Bedeutung in der betriebswirtschaftlichen Praxis eine andere ist als im System. Leider lässt sich dies bei einer Standardsoftware, die viele Bereiche und die unterschiedlichsten Branchen bedient, nicht vermeiden. Man sollte Begriffe wie *Planstelle* oder *Stelle* im Umfeld des Systems als das wahrnehmen, was sie in SAP ERP HCM verkörpern.

- Die Strukturen müssen geklärt werden, auch im Hinblick auf die Strukturen anderer Prozesse. Insbesondere im Organisationsmanagement ist es wichtig, dass die Struktur des Unternehmens in einer transparenten Darstellung vorliegt. Diese Informationen sollten vor dem Pflegen der Struktur ins System verfügbar sein.

- Falls die strukturelle Berechtigung zum Einsatz kommt, ist frühzeitig zu prüfen, ob die Möglichkeiten der Standardversion ausreichend sind (siehe Abschnitt 2.3.6, »Objekttypen anlegen«) oder ob möglicherweise neue Objekte oder Verknüpfungen notwendig sind.

- Die Anpassung der Pflegeoberfläche und die Möglichkeit der Erstellung eigener Objekte und Auswertungswege erlauben es, die täglichen Abläufe optimal zu unterstützen. Die Höhe des Aufwands, der in die Optimierung der Abläufe investiert wird, sollte von der Häufigkeit der zu unterstützenden Prozesse abhängen.

- Aufgrund der vielen Möglichkeiten, Daten z.B. an Planstellen oder Stellen zu hinterlegen, besteht die Gefahr, mehr Daten zu erfassen, als man eigentlich benötigt.

- Die Prozesse der Datenpflege sind frühzeitig zu klären. Sie sollten durch Berater oder Mitarbeiter definiert werden, die über ein hohes Maß an Erfahrung in SAP ERP HCM verfügen.

- Die Pflege der Organisationsstruktur erfordert eine sehr genaue Arbeitsweise, wenn das Organisationsmanagement direkt im Produktivsystem gepflegt wird. Die große Bedeutung der korrekten Pflege verdeutlicht bereits die Tatsache, dass sich durch falsches Versetzen einer besetzten Planstelle die Kostenstellenzuordnung eines Mitarbeiters ändern und damit eine Rückrechnung und Korrektur der Buchungen zur Folge haben kann.

- Durch die starke Integration des Organisationsmanagements (siehe Abbildung 2.28) sollte die Pflege des Organisationsmanagements möglichst zentral durchgeführt werden und nicht auf viele Bereiche im Unternehmen verteilt werden.

- Da das Organisationsmanagement »vielen Herren dient« (so z.B. dem SAP Business Workflow, den strukturellen Berechtigungen, der Abbildung der Aufbauorganisation, der Organigrammerstellung und dem Reporting), ist es oft schwierig, die richtige Struktur zu finden. Überlegen Sie vorab genau, welche Komponenten verwendet werden sollen. Nicht immer ist eine Anpassung der Struktur selbst erforderlich; oft genügt es, zusätzliche Verknüpfungen oder Infotypen zu verwenden.

In diesem Kapitel wurde teilweise schon auf die Verwendung des Organisationsmanagements für die strukturellen Berechtigungen in SAP ERP HCM eingegangen. Das nachfolgende Kapitel erläutert Ihnen ausführlich, welche Konzepte hinter den Berechtigungen und Rollen stehen.

Das Rollenkonzept dient der Definition komplexer Zugriffsberechtigungen, verbunden mit der dynamischen Anpassung von Funktionen und Oberflächen an die Rolle des Benutzers.

3 Rollenkonzept in SAP ERP HCM

Die dynamische Anpassung der Funktionen und Oberflächen an die Rolle, in der der Benutzer mit dem System arbeitet, ist ein wesentliches Element der Benutzerfreundlichkeit. Im SAP-System bietet das Rollenkonzept hierfür zahlreiche Funktionen, insbesondere die Integration der Zugriffsberechtigungen. Die Rollendefinition ist somit ein sehr wichtiger Schritt in jedem Projekt.

3.1 Bedeutung des Rollenkonzeptes

Das Konzept der *Rolle* ist wesentlicher Bestandteil moderner Anwendungssoftware. Ziel ist es, die bereitgestellten Funktionen, Menüs und Oberflächen auf die Bedürfnisse des Benutzers zuzuschneiden. Dabei stehen im Allgemeinen zwei Aspekte im Vordergrund:

- die Anforderungen des Benutzer aufgrund der von ihm wahrzunehmenden Aufgaben (Rolle)
- die Anforderungen des Benutzer aufgrund persönlicher Vorlieben

Der zweite Aspekt fällt eigentlich unter den Begriff der *Personalisierung*, ist jedoch in der SAP-Terminologie dem Rollenkonzept zugeordnet. Über das Rollenkonzept in SAP-Umgebungen werden folgende Punkte gesteuert:

- Aufbau des Benutzermenüs (*Easy-Access-Menü*)
- Zugriffsberechtigungen auf Daten
- Berechtigung zur Ausführung bestimmter Funktionen
- Zugriff auf verschiedene Systeme in der SAP-Systemlandschaft (z.B. verschiedene SAP ERP-Systeme, SAP NetWeaver BW, SAP Strategic Enterprise Management etc.)
- Beteiligung an Workflows (siehe auch Kapitel 5, »SAP Business Workflow«)

Die Bedeutung der Rollendefinition für Akzeptanz und Sicherheit ist umso größer, je breiter das Spektrum der verfügbaren Funktionen ist und je mehr Benutzer mit unterschiedlichen Anforderungen mit dem System arbeiter.

3.2 Umsetzung des Rollenkonzeptes

Die allgemeine Rollen- und Berechtigungsverwaltung bildet keinen inhaltlichen Schwerpunkt dieses Buchs; wir konzentrieren uns vielmehr im Folgenden auf die speziellen Aspekte der Personalwirtschaft.

> **Literaturempfehlung**
>
> Informationen zum Rollenkonzept in SAP ERP HCM finden Sie im SAP PRESS-Buch »Berechtigungen in SAP ERP HCM«. Vollständige bibliographische Angaben und weitere Literaturempfehlungen finden Sie im Anhang.

3.2.1 Definition von Rollen im System

Die Rollendefinition erfolgt über den Menüpfad WERKZEUGE • ADMINISTRATION • BENUTZERPFLEGE • ROLLEN. Hier sind zunächst zwei Arten von Rollen zu definieren:

- **Einzelrollen**
  Sie bestimmen unmittelbar die ausführbaren Funktionen und Datenzugriffe.

- **Sammelrollen**
  Sie fassen mehrere Einzelrollen so zusammen, dass sie die Aufgaben einer Gruppe von Benutzern vollständig abdecken.

Die Strukturierungsmöglichkeit, die durch diese Zweistufigkeit gegeben ist, sollte in jedem Fall genutzt werden. Sie verbessert durch die Wiederverwendung der Bausteine (Einzelrollen) die Übersicht und vereinfacht Wartung und Weiterentwicklung erheblich. Tabelle 3.1 zeigt einen Ausschnitt aus einer sinnvollen Rollenstruktur.

In der umfassenden Ansicht werden zu einer Einzelrolle folgende Punkte gepflegt, die den Registerkarten aus Abbildung 3.1 entsprechen:

- eine allgemeine BESCHREIBUNG, die die relevanten Informationen für den Einbau der Einzelrolle in Sammelrollen liefert
- das MENÜ, das dem Benutzer als Ausschnitt aus dem Easy-Access-Menü (gegebenenfalls angereichert um eigene Transaktionen) angezeigt wird

3.2 Umsetzung des Rollenkonzeptes

	Personalcontroller	Personalleiter	Leiter Gehaltsabrechnung	Sachbearbeiter Seminarverwaltung
Pflege des Organisationsmanagements	X			
Anzeige des Organisationsmanagements	X	X	X	X
Personalkostenplanung ohne Freigabe	X			
Freigabe der Personalkostenplanung		X		
Auswertung des Personals ohne Abrechnung	X	X	X	X
Alle Auswertungen zur Abrechnung	X	X	X	
HCM Query	X			
Ad-hoc Query		X	X	X
Pflege der Abrechnungsdaten			X	
Prüfverfahren		X	X	
Anzeige der Abrechnungsdaten	X	X	X	
Anzeige der Stammdaten ohne Abrechnung	X	X	X	X
Tagesgeschäft Seminarverwaltung				X

Tabelle 3.1 Beispiel für eine Rollenstruktur – Ausschnitt

- die Zuordnung zu Objekten des SAP Business Workflows (WORKFLOW)
- die BERECHTIGUNGEN als Kern der Rolle
- die BENUTZERZUORDNUNG (siehe auch Abschnitt 3.2.2, »Zuordnung von Rollen im System«), die allerdings in der Regel über die Benutzerzuordnung der Sammelrollen vererbt wird
- die PERSONALISIERUNG, bei der insbesondere die Zuordnung zu einer Query-Benutzergruppe hilfreich ist

Bei der Pflege einer Sammelrolle werden dieser mehrere Einzelrollen zugeordnet. Berechtigungen, Personalisierung und Workflow-Eigenschaften sind nicht mehr an der Sammelrolle zu pflegen, sondern werden dynamisch aus den zugeordneten Einzelrollen ermittelt. Das Menü der Sammelrolle kann aus den Menüs der Einzelrollen generiert werden. Dabei ist gegebenenfalls eine manuelle Nachbearbeitung erforderlich, um Redundanzen zu vermeiden.

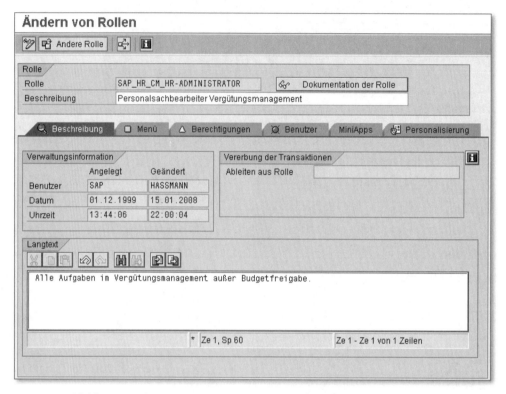

Abbildung 3.1 Pflege einer Einzelrolle

Den Kern der Rollenpflege bilden die *Berechtigungen*. Die in diesem Zusammenhang relevanten Begriffe werden im Folgenden kurz erläutert:

- Ein *Berechtigungsobjekt* steuert den Zugriff auf ganz bestimmte Daten oder Funktionen im System, z.B. den Aufruf von Transaktionscodes, die Bearbeitung von Infotypen oder die Bearbeitung von Reisen. Die Berechtigungsobjekte sind zur besseren Übersicht nach Anwendungskomponenten gruppiert. Für SAP ERP HCM steht die Gruppe »Personalwesen« zur Verfügung.

- Eine *Berechtigung* basiert auf einem Berechtigungsobjekt und beinhaltet die Erlaubnis für konkrete Aktionen, z.B. den Aufruf der Transaktion PA30, die Pflege der Infotypen 0001 bis 0007 für alle Mitarbeiter oder die Pflege von noch nicht genehmigten Reisen.

▶ Ein *Berechtigungsprofil* ist eine Zusammenfassung beliebig vieler Berechtigungen und wird den Benutzern zugeordnet. Diese Zuordnung kann direkt erfolgen (altes Konzept) oder mithilfe von Rollen (aktuelles Konzept).

Das Anlegen von Berechtigungen in einem Berechtigungsprofil erfolgt im aktuellen Konzept über die Registerkarte BERECHTIGUNGEN der Rollenpflege. Aufgrund des vorab gepflegten Menüs wird durch den Profilgenerator ein Vorschlag für die Berechtigungen erstellt, der dann noch zu ergänzen und anzupassen ist (siehe Abbildung 3.2). Dadurch wird automatisch ein Profil erstellt und über die Rolle oder die Sammelrolle den Benutzern zugeordnet. Sowohl Berechtigungen als auch Profile können auch außerhalb der Rollenpflege erstellt und zugeordnet werden. Dies war in alten Release-Ständen das einzig mögliche Vorgehen, sollte nun aber nur noch in Ausnahmefällen genutzt werden.

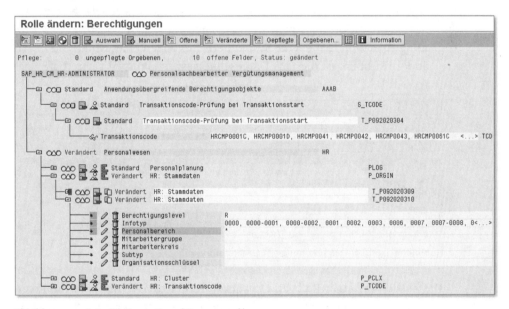

Abbildung 3.2 Beispiel für ein Berechtigungsprofil

3.2.2 Zuordnung von Rollen im System

Für die Zuordnung von Rollen zu Benutzern gibt es grundsätzlich zwei Wege (siehe Abbildung 3.3):

▶ die direkte Zuordnung über die Registerkarte BENUTZER in der Rollenpflege oder über die Benutzerstammpflege selbst
▶ die Zuordnung über das Organisationsmanagement

Die Zuordnung über das Organisationsmanagement wollen wir im Folgenden etwas genauer betrachten, denn sie verdeutlicht über HCM-System hinaus die Bedeutung des Organisationsmanagements als Kernfunktion. Der dahinter stehende Grundgedanke ist, dass die Planstelle, der Arbeitsplatz, die Stelle oder die Organisationseinheit eines Mitarbeiters auch bestimmt, welche Rolle er bei der Arbeit im SAP-System wahrnimmt. Dies entspricht dem Wesen eines integrierten Systems, da dieselbe Information an verschiedenen Stellen (Organisationsmodellierung, Workflow und Zugriffsrechte) genutzt wird. Allerdings muss dieser Aspekt auch von Anfang an bei der Konzeption des Organisationsmanagements berücksichtigt werden. Dabei sind jedoch zwei Dinge zu beachten:

- Steht die Organisationsstruktur, wie sie aus Sicht des HCM-Systems erforderlich ist, mit den Anforderungen des Rollenkonzeptes im Einklang?
- Die Integration führt dazu, dass Mitarbeiter mit Pflegeberechtigung für das Organisationsmanagement oder auch nur für die Planstellenzuordnung eines Mitarbeiters die Systemberechtigungen eines Mitarbeiters verändern können. Ist dies aus Datenschutzgesichtspunkten vertretbar?

Abbildung 3.3 Benutzerzuordnung mit Organisationssicht

Die Zuordnung einer Rolle zu Organisationsobjekten erfolgt über die Registerkarte BENUTZER der Rollenpflege. Dort wird zunächst über die Schaltfläche ORG.MANAGEMENT die Zuordnung der Rolle zu Organisationsobjekten vorgenommen. Anschließend wird ein Abgleich durchgeführt, der die entsprechenden Benutzer in die Rolle übernimmt. Dabei werden bei den Objekten »Organisationseinheit« und »Stelle« die direkt verknüpften Planstellen und ihre Inhaber mit der Rolle verknüpft. Es erfolgt keine Verknüpfung über mehrere Organisationsebenen hinweg.

Umsetzung des Rollenkonzeptes | 3.2

Die Zuordnung der Planstelle zum Systembenutzer kann über zwei Wege erfolgen:

1. Direkte Zuordnung des Benutzers (User, Objekttyp »US«) zur Planstelle als Inhaber – dieser Weg sollte nur gewählt werden, wenn der Benutzer nicht auch als Mitarbeiter im System geführt wird – z. B. bei externen Mitarbeitern.

2. Zuordnung eines Mitarbeiters (Personalnummer) zur Planstelle (Inhaberverknüpfung) und über den Subtyp 0001 (Systembenutzername) des Infotyps 0105 (Kommunikation) im Personalstamm (siehe Abbildung 3.5) – die Zuordnung im Infotyp 0105 hat zentrale Bedeutung und wird nicht nur für die Rollenzuordnung, sondern z. B. auch für Workflow, MSS (Manager Self-Services) und Sachbearbeiterzuordnungen benötigt. Daher sollten Sie die Pflegeberechtigung für diesen Subtyp besonders umsichtig handhaben.

Abbildung 3.4 verdeutlicht die Pflege der Zuordnung.

Abbildung 3.4 Rollenzuordnung über das Organisationsmanagement

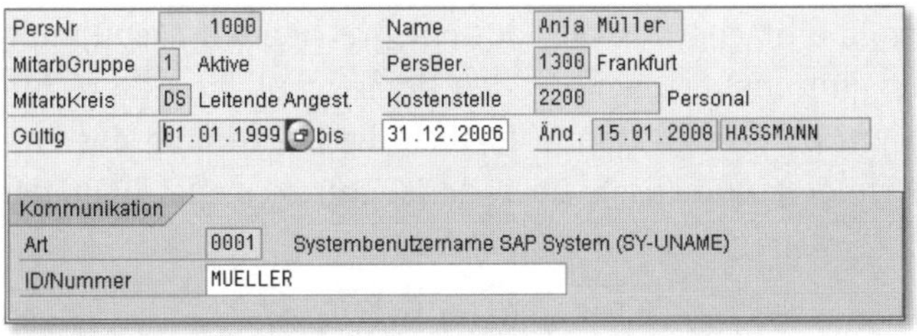

Abbildung 3.5 Systembenutzername im Infotyp 0105 (Kommunikation)

3.2.3 Zusammenhang zwischen Rolle und Benutzer

In den nächsten Absätzen verdeutlichen wir den Kern des Rollenkonzepts – mit Fokus auf die grundlegenden HR-Spezifika – noch einmal anhand der Abbildung 3.6. Wir konzentrieren uns in diesem Beispiel vollständig auf die reine Berechtigungsvergabe und ignorieren die kleineren Annehmlichkeiten des Rollenkonzepts wie Personalisierung und Menü.

In der Rollen- und Benutzerpflege werden dem Benutzer *Sammelrollen* zugeordnet. Die Zusammensetzung der Sammelrollen aus mehreren Rollen wird in der *Rollenpflege* definiert. In der Rollenpflege wählen Sie (im Untermenü BERECHTIGUNGEN) die Berechtigungsobjekte aus, die für die Rolle relevant sind (soweit möglich, nach dem Vorschlag des Profilgenerators). Zu jedem Objekt werden durch Pflege der einzelnen Felder eine oder mehrere Berechtigungen innerhalb der Rolle definiert. Diese Berechtigungen sind es, die letztlich dafür sorgen, dass der Benutzer etwas »darf«.

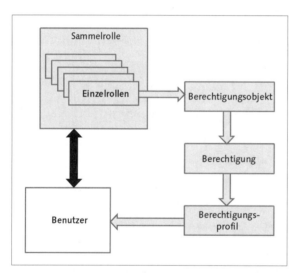

Abbildung 3.6 Zusammenhang »Rolle – Berechtigung – Profil – Benutzer«

Die Generierung (durch einfache Auswahl des entsprechenden Menüpunktes oder Drücken des Buttons) erzeugt aus den derart gepflegten Berechtigungen automatisch ein Berechtigungsprofil. Auch die Zuordnung des Profils zum Benutzer erfolgt automatisch über den Benutzerabgleich in der Rollenpflege.

Das Konzept von Rollen und Sammelrollen bietet eine komfortable Möglichkeit, die Pflege von Berechtigungen und Profilen zu vereinfachen und zu strukturieren. Technisch gesehen könnte man durchaus ohne Rollen und

Sammelrollen auskommen und die ausschlaggebenden Objekte (Berechtigungen und Profile) manuell erstellen. Bei einem solchen Vorgehen fehlen aber nicht nur die rollenabhängigen Menüs, sondern es verschlechtert sich auch die Wartbarkeit der Berechtigungen erheblich.

3.3 Berechtigungen in SAP ERP HCM

Gerade in den Prozessen der Personalplanung und -entwicklung, an denen viele Benutzer auch außerhalb der Personalabteilung in verschiedenen Rollen beteiligt sind, spielt das Berechtigungskonzept eine große Rolle. Die zentralen Berechtigungsobjekte in SAP ERP HCM regeln entweder den Zugriff auf Mitarbeiterdaten (also Infotypen) oder auf andere Objekte wie Organisationseinheiten, Stellen, Veranstaltungstypen und Qualifikationen. Im Wesentlichen sind hier vier Fragen relevant:

- Auf welche Personen (oder sonstige Objekte) hat der Benutzer Zugriff?
- Auf welche speziellen Daten dieser Personen hat der Benutzer Zugriff?
- Was darf der Benutzer mit diesen Daten tun?
- In welchem Zeitraum darf der Benutzer auf die Daten zugreifen?

Voranzustellen ist außerdem noch die Frage, welche Systemfunktionen im Allgemeinen (z. B. »Pflege Personalstammdaten«, »Profilabgleich«, »Kreditoren ändern«) ausgeführt werden dürfen. Diese Frage ist über den Begriff der *Transaktion* zu klären und ist nicht nur in der Personalwirtschaft, sondern über alle Prozesse hinweg relevant. Erst wenn die Funktionalität, repräsentiert durch eine Transaktion, grundsätzlich zulässig ist, interessiert sich das System dafür, welche Daten der Benutzer nun verwenden darf.

Im Folgenden stellen wir zunächst die wesentlichen Berechtigungsobjekte dar, die auch in der Personalplanung und -entwicklung relevant sind. Danach beschreiben wir die Ergänzung durch die strukturelle Berechtigungsprüfung und zum Abschluss stellen wir einige spezielle Konzepte in der HCM-Berechtigungsprüfung dar. Das Kapitel wird ergänzt durch Anhang C, der ein kritisches Customizing auch aus Berechtigungssicht beschreibt.

3.3.1 Zentrale Berechtigungsobjekte

Die drei wichtigsten Berechtigungsobjekte sind die Transaktionsberechtigung, die Berechtigung für Objekte der Personalplanung und -entwicklung sowie die Berechtigungen für Personalstammdaten:

Transaktionsberechtigung

Wie in allen anderen Prozessen auch prüft das HCM-System für jede aufzurufende Transaktion die Berechtigung des Objektes S_TCODE. Viele besonders sensible HCM-Transaktionen prüfen zusätzlich noch die Berechtigung des Objektes P_TCODE. Diese redundante Prüfung bietet eine zusätzliche Sicherheit für den Fall einer zu offenen Berechtigungsvergabe im anwendungsübergreifenden Objekt S_TCODE.

Berechtigung für Objekte der Personalplanung und -entwicklung

Das Objekt PLOG ist für den Zugriff auf alle Objekte des PD verantwortlich. Es ist je Objekttyp steuerbar und regelt, auf welche Infotypen und Subtypen wie (durch Pflege, Anzeige, Genehmigung etc.) zugegriffen werden darf. Aufgrund der Vielzahl von Objekttypen kann sich die Konzeption hier recht aufwendig gestalten. Des Weiteren benötigt man zu diesem Berechtigungsobjekt eine Vielzahl von Einzelberechtigungen je Rolle. Die Vorschläge des Profilgenerators bedürfen im Allgemeinen einer sehr umfangreichen Nachbearbeitung und vertiefter Kenntnisse der PD-Strukturen.

Insbesondere muss häufig der Zugriff auf bestimmte Verknüpfungen beschränkt werden. Dies erfolgt über die Subtypen des Infotyps 1001 (Verknüpfungen), die den verschiedenen Verknüpfungsarten entsprechen. Auf diese Weise erreichen Sie beispielsweise, dass ein Benutzer zwar eine Organisationseinheit mit einer Planstelle als »umfasst« verknüpfen darf, nicht aber als »leitet«. In der Regel lässt sich bei mittelstark differenzierten Rollenkonzepten der Personalplanung und -entwicklung die Steuerung über Verknüpfungsarten nicht vermeiden. Sie sollten mit diesem Teil des Konzeptes frühzeitig beginnen und einen besonders hohen Testaufwand hierfür einplanen.

Beim Zugriff auf PD-Objekte wird grundsätzlich immer auch die strukturelle Berechtigung geprüft (siehe Abschnitt 3.3.2, »Strukturelle Berechtigungsprüfung«). Die Prüfung lässt sich hier nicht – wie in Abbildung 3.7 für den Zugriff auf Personalstammdaten gezeigt – abschalten.

Berechtigungen für Personalstammdaten

Den Zugriff auf Personalstammdaten können Sie über mehrere Berechtigungsobjekte steuern. Welche dieser Objekte für die Prüfung aktiv sind, wird über die Systemsteuerungstabelle T77S0 bestimmt (IMG-Pfad: Personalmanagement • Personaladministration • Werkzeuge • Berechtigungsverwaltung • Berechtigungshauptschalter bearbeiten). Das Customizing hierzu ist denkbar einfach (siehe Abbildung 3.7). Allerdings muss die Konsistenz dieser Berechtigungshauptschalter untereinander und mit der Pflege der Rollen sichergestellt sein. Eine Prüfung durch das System erfolgt hier nicht.

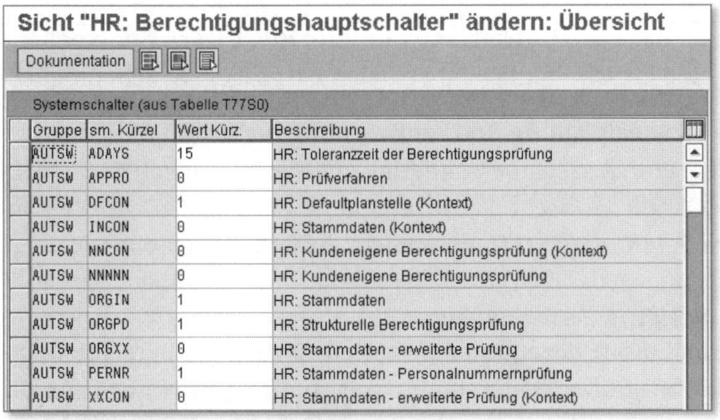

\multicolumn{4}{l}{Sicht "HR: Berechtigungshauptschalter" ändern: Übersicht}
\multicolumn{4}{l}{Dokumentation}
\multicolumn{4}{l}{Systemschalter (aus Tabelle T77S0)}
Gruppe	sm. Kürzel	Wert Kürz.	Beschreibung
AUTSW	ADAYS	15	HR: Toleranzzeit der Berechtigungsprüfung
AUTSW	APPRO	0	HR: Prüfverfahren
AUTSW	DFCON	1	HR: Defaultplanstelle (Kontext)
AUTSW	INCON	0	HR: Stammdaten (Kontext)
AUTSW	NNCON	0	HR: Kundeneigene Berechtigungsprüfung (Kontext)
AUTSW	NNNNN	0	HR: Kundeneigene Berechtigungsprüfung
AUTSW	ORGIN	1	HR: Stammdaten
AUTSW	ORGPD	1	HR: Strukturelle Berechtigungsprüfung
AUTSW	ORGXX	0	HR: Stammdaten - erweiterte Prüfung
AUTSW	PERNR	1	HR: Stammdaten - Personalnummernprüfung
AUTSW	XXCON	0	HR: Stammdaten - erweiterte Prüfung (Kontext)

Abbildung 3.7 Pflege der Berechtigungshauptschalter

Steuerung über organisatorische Zuordnung
Die gängigste HCM-Berechtigungsprüfung, an der Sie in der Regel nicht vorbeikommen werden, erfolgt über das Berechtigungsobjekt P_ORGIN. Sie erlaubt die Zugriffsteuerung über folgende Elemente:

- Berechtigungslevel (Art des Zugriffs)
- Personalbereich
- Mitarbeitergruppe
- Mitarbeiterkreis
- Organisationsschlüssel
- Infotyp
- Subtyp

Der Berechtigungslevel kann neben »Anzeigen«, »Anzeige für Matchcodes«, »Schreiben«, »Gesperrt schreiben« und »Entsperren« insbesondere auch den Wert »S« annehmen: »Entsperren, sofern der letzte Änderer nicht der angemeldete Benutzer ist«. Mit dieser Ausprägung wird ein Vier-Augen-Prinzip unterstützt.

Bei den Möglichkeiten zur organisatorischen Einschränkung (über Felder des Infotyps 0001) fällt auf, dass weder Personalteilbereich noch Kostenstelle zur Auswahl stehen. Diese und andere Prüfungen können aber gegebenenfalls durch die Benutzung des dynamisch konfigurierbaren Organisationsschlüssels realisiert werden. Dazu sollte über das Customizing gewährleistet sein, dass der Organisationsschlüssel nicht frei pflegbar ist und automatisch mit Daten aus Feldern gefüllt wird, die zur Berechtigungsvergabe dienen sollen.

Zur Einschränkung der Daten stehen sowohl Infotyp- als auch Subtypebene zur Verfügung – eine Einschränkung auf Feldebene ist dagegen nicht möglich.

Im Rahmen der Personalplanung und -entwicklung benötigen Sie im Allgemeinen zumindest eine Anzeigeberechtigung auf die Infotypen 0000 (Maßnahmen), 0001 (Organisatorische Zuordnung) und 0002 (Daten zur Person) – auch wenn eine Anzeige von Infotypen nicht direkt benötigt wird.

Steuerung über die eigene Personalnummer
Insbesondere beim Einsatz dezentraler Szenarien ist auch das Berechtigungsobjekt P_PERNR von großer Bedeutung, da es die Berechtigungen für die eigenen Daten bestimmt. Die Verbindung zwischen Personalnummer und Benutzer wird auch hier wieder über den Subtyp 0001 des Infotyps 0105 (Kommunikation) hergestellt.

Dabei gibt es zwei Einsatzmöglichkeiten, die über das Berechtigungsfeld INTERPRETATION EINER ZUGEORDNETEN PERSONALNUMMER gesteuert werden:

1. Es werden für die eigene Personalnummer zusätzliche Rechte vergeben. Diese Variante ist insbesondere im Rahmen einer ESS-Anwendung (ESS = Employee Self-Service) relevant, wenn der Mitarbeiter z.B. seine eigenen Entgeltdaten anzeigen oder seine eigenen Adressdaten ändern darf. In diesem Fall ist das Feld INTERPRETATION EINER ZUGEORDNETEN PERSONALNUMMER mit »I« zu füllen. Im Beispiel aus Abbildung 3.8 hat der Benutzer Lesezugriff auf alle persönlichen Stammdaten und kann außerdem seine Adressdaten pflegen.

Abbildung 3.8 Zusätzliche Rechte für eigene Daten

2. Für die eigene Personalnummer werden bestimmte Rechte ausgenommen. Dies betrifft eher zentrale Benutzer wie z.B. Gehaltsabrechner, die

grundsätzlich gehaltsrelevante Daten pflegen dürfen, nicht jedoch ihre eigenen. Das Feld INTERPRETATION EINER ZUGEORDNETEN PERSONALNUMMER ist dann mit »E« zu füllen.

Der Einsatz des Berechtigungsobjektes P_PERNR wird sehr oft falsch verstanden. Beachten Sie, dass dieses Objekt ausschließlich dazu dient, Berechtigungen für die eigene Personalnummer entweder zu erweitern oder einzuschränken. Es kommt also *nur dann* zum Einsatz, wenn es um Daten der zum angemeldeten Benutzer gehörenden Personalnummer geht. In diesem Fall übersteuert das Objekt die Prüfung der übrigen Berechtigungsobjekte. Es ist insbesondere nicht möglich, Berechtigungen auf Personalstammdaten ausschließlich über dieses Objekt zu steuern – mit Ausnahme der eigenen Daten. In der Regel wird das Objekt mit den Objekten P_ORGIN oder P_ORGXX kombiniert.

Für das Feld INTERPRETATION EINER ZUGEORDNETEN PERSONALNUMMER des Berechtigungsobjektes P_PERNR ergeben die Ausprägungen <Space>, »E,I« und »*« keinen Sinn und führen zu nicht definiertem Verhalten in der Berechtigungsprüfung.

Steuerung über Sachbearbeiter
Im Infotyp 0001 kann jedem Mitarbeiter je ein Sachbearbeiter für »Zeit«, »Abrechnung« und »Personal« zugeordnet werden. In den Prozessen der Personalplanung und -entwicklung ist am ehesten der »Personalsachbearbeiter« (Betreuer) relevant, gegebenenfalls im Vergütungsmanagement auch der Abrechnungssachbearbeiter. Das Berechtigungsobjekt P_ORGXX erlaubt die Zugriffsprüfung analog zu P_ORGIN über diese drei Sachbearbeiter einer Sachbearbeitergruppe.

Berechtigung im HCM-Reporting

Da die Prüfung auf die Leseberechtigung für Stammdaten insbesondere bei der Ausführung von Reports sehr viel Rechenzeit beansprucht, ist es möglich, die Prüfung für bestimmte Reports einzuschränken oder auszuschalten. Dies erfolgt über das Berechtigungsobjekt P_ABAP.

Auch dieses Objekt wird oft falsch verstanden und zudem durch den Profilgenerator allzu großzügig vorgeschlagen. Das Objekt ersetzt nicht die grundsätzliche Berechtigung zum Starten eines bestimmten Reports, sondern vereinfacht (und beschleunigt) nur die Prüfung der im Report ausgewerteten Daten. Vergibt man für dieses Objekt volle Berechtigung, so kann ein Benutzer alle Personalstammdaten in den Reports einsehen, und zwar auch dann, wenn er eigentlich keine Berechtigung auf die entsprechenden Infotypen oder Personalnummern besitzt.

Die Pflege der Berechtigung erfolgt durch Eintrag des Reportnamens (auch mit »*« möglich) und eines der beiden »Vereinfachungsgrade«:

1. Die ungeprüfte Ausführung des Reports deaktiviert die Prüfungen auf Personalstammdaten und die strukturelle Prüfung. Das ist sinnvoll für »unkritische« Listen (z.B. Raumverzeichnis) oder bei Benutzern, die ohnehin über eine volle Leseberechtigung für Personalstammdaten verfügen.
2. Die Prüfung auf Infotypen und die Prüfung auf die organisatorische Zuordnung erfolgen unabhängig voneinander. Ein Benutzer hat also für alle Infotypen, auf die er überhaupt Zugriff hat, auch auf die gleiche Menge an Personalnummern Zugriff. Dies bewirkt eine Beschleunigung der Berechtigungsprüfung.

Das Berechtigungsobjekt P_ABAP ist nur relevant für Reports, die die logische Datenbank PNP verwenden.

3.3.2 Strukturelle Berechtigungsprüfung

Die strukturelle Prüfung erlaubt, Zugriffe über beliebige Strukturen der Personalplanung und -entwicklung zu steuern. Ist der Berechtigungshauptschalter AUTSW-ORGPD aktiv (siehe Abbildung 3.7), schließt diese Prüfung auch Personalnummern ein. Die strukturelle Prüfung ist insbesondere im Bereich der Personalplanung und -entwicklung von großer Bedeutung und wird z.B. für den dezentralen Zugriff von Führungskräften benötigen.

> **Die strukturelle Prüfung schränkt Berechtigungen ein**
> Die strukturelle Prüfung kann keine zusätzlichen Rechte erteilen, sondern nur die Rechte weiter einschränken, die für Personaldaten und PD-Objekte bereits aufgrund der oben beschriebenen Berechtigungsobjekte bestehen.

Die Daten, auf die ein Benutzer Zugriff hat, stellen also einen Ausschnitt aus einer Struktur (z.B. aus der Organisationsstruktur) dar. Dieser Ausschnitt wird durch folgende Faktoren bestimmt:

- durch das »Wurzelobjekt« der Teilstruktur, für die der Benutzer berechtigt sein soll (z.B. die Organisationseinheit »Vorstand Deutschland«)
- durch den Auswertungsweg (siehe Kapitel 2, »Organisationsmanagement«), über den die Objekte zu erreichen sind (z.B. den Standardweg ORGCHART, der ausgehend von einer Organisationseinheit alle unterge-

ordneten Organisationseinheiten, alle Leiterplanstellen, ihre Inhaber und zugehörigen Stellen beinhaltet)

Im Beispiel über den Auswertungsweg ORGCHART käme also eine strukturelle Berechtigung zustande, die für einen verantwortlichen Mitarbeiter der Führungskräftebetreuung in Deutschland geeignet ist.

Das strukturelle Berechtigungsprofil wird in der Tabelle T77PR definiert (IMG-Pfad: PERSONALMANAGEMENT • ORGANISATIONSMANAGEMENT • GRUNDEINSTELLUNGEN • BERECHTIGUNGSVERWALTUNG • STRUKTURELLE BERECHTIGUNG • STRUKTURELLE PROFILE PFLEGEN). Hier werden das Wurzelobjekt und der Auswertungsweg hinterlegt (siehe Zeile 1 in Abbildung 3.9). Gegebenenfalls sind auch mehrere Zeilen dieser Art erforderlich, wenn verschiedene Wurzelobjekte oder verschiedene Auswertungswege benötigt werden. Außerdem müssen dann Objekttypen, auf die der Benutzer unabhängig von einer Struktur Zugriff haben soll, ohne Auswertungsweg zugeordnet werden (in den mit 10 bis 13 nummerierten Zeilen der Abbildung 3.9 sind dies die Objekttypen »Qualifikationen«, »Veranstaltungen«, »Veranstaltungstypen« und »Veranstaltungsgruppen«).

Profil	Nr.	Planvar.	Objekttyp	ObjektId	Pflege	Ausw. Weg	Statusvek.	Tiefe
FK-BETREUUNG	1	01	O	100	☑	ORGCHART	1	
FK-BETREUUNG	10	01	Q		☑			
FK-BETREUUNG	11	01	E		☑			
FK-BETREUUNG	12	01	D		☐			
FK-BETREUUNG	13	01	L		☐			

Abbildung 3.9 Berechtigungsprofil in der Tabelle T77PR

Des Weiteren bestimmt die Profilpflege der Tabelle T77PR folgende Entscheidungen:

- Auf welche Planvarianten bezieht sich der Zugriff? Für die meisten Benutzer wird dies nur die »aktive« Planvariante sein.
- Dürfen die jeweiligen Objekte gepflegt werden?
- Für welche Status ist der Zugriff erlaubt (z.B. nur »geplante« Objekte)?
- Wie weit (über wie viele Ebenen) wird ein Auswertungsweg gegebenenfalls verfolgt (z.B. wenn nur die eigene und die direkt unterstellten Organisationseinheiten gepflegt werden sollen)?

Nach der Definition des Profils wird es nur noch dem Benutzer zugeordnet. Die Zuordnung des Profils erfolgt in der Tabelle T77UA (IMG-Pfad: PERSONALMANAGEMENT • ORGANISATIONSMANAGEMENT • BERECHTIGUNGSVERWALTUNG

- STRUKTURELLE BERECHTIGUNG • STRUKTURELLE BERECHTIGUNGEN ZUORDNEN) und kann dort auch zeitabhängig gesteuert werden (siehe Abbildung 3.10).

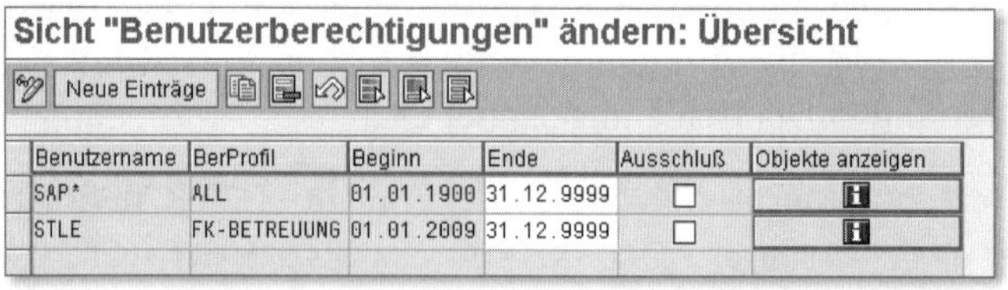

Benutzername	BerProfil	Beginn	Ende	Ausschluß	Objekte anzeigen
SAP*	ALL	01.01.1900	31.12.9999	☐	🔳
STLE	FK-BETREUUNG	01.01.2009	31.12.9999	☐	🔳

Abbildung 3.10 Zuordnung eines Benutzerprofils in der Tabelle T77UA

Die strukturelle Prüfung ergibt übrigens nicht nur über die »klassische« Organisationsstruktur Sinn. Es folgen einige Anwendungsbeispiele, in denen andere Strukturen verwendet werden:

- Im Veranstaltungsmanagement sind unterschiedliche Bearbeiter für bestimmte Veranstaltungsgruppen zuständig. Dann kann ein Auswertungsweg von der Startgruppe über die Gruppenhierarchie zu Veranstaltungstypen, Veranstaltungen und Teilnahmen führen.

- Die Zuständigkeit für bestimmte Teilbudgets wird durch einen Auswertungsweg über die Budgetstruktur (siehe Kapitel 12, »Unternehmensvergütungsmanagement«) abgebildet.

- In der Personalentwicklung sind unterschiedliche Mitarbeiter für die Definition unterschiedlicher Bereiche des Skill-Katalogs zuständig. Dies bildet ein Auswertungsweg über Qualifikationsgruppen und Qualifikationen ab.

Mithilfe des Reports RHAUTH00 lässt sich dann sehr einfach überprüfen, auf welche Objekte ein bestimmter Benutzer oder ein bestimmtes Strukturprofil Zugriff hat. Der Report kann über den Pfad PERSONAL • ORGANISATIONSMANAGEMENT • WERKZEUGE • STRUKTURBERECHTIGUNG • PRO BENUTZER/PROFIL aufgerufen werden.

Dynamisches Startobjekt
Um auch Führungskräften eine Zugriffsberechtigung für die ihnen unterstellten Mitarbeiter zu erteilen, müssten Sie für jede Führungskraft ein eigenes Profil definieren, da das Startobjekt jeweils ein anderes ist. Um dies zu vermeiden, können Sie das Startobjekt dynamisch bestimmen. Die Tabelle T77PR ermöglicht es, das Feld OBJEKTID offen zu lassen und stattdessen einen Funktionsbaustein zu hinterlegen, der das Startobjekt findet. Im Standard werden dazu zwei Funktionsbausteine ausgeliefert:

- RH_GET_ORG_ASSIGNMENT findet als Startobjekt die Organisationseinheit, der die Personalnummer des Benutzers zugeordnet ist.

3.3 | Berechtigungen in SAP ERP HCM

- RH_GET_MANAGER_ASSIGNMENT findet als Startobjekt die Organisationseinheit, der die Personalnummer des Benutzers zugeordnet ist, die er leitet.

Häufig reichen diese beiden Bausteine nicht aus. Dies ist z.B. der Fall, wenn die zuständigen Bearbeiter (z.B. Sekretariate) organisatorisch nicht direkt der Organisationseinheit zugeordnet sind, für die sie zuständig sind (sondern z.B. einer untergeordneten Ebene). In diesem Fall wäre folgendes Vorgehen sinnvoll:

1. Anlegen einer kundeneigenen Verknüpfungsart (z.B. »ist Sekretariat für«)
2. Definition eines Auswertungsweges, der diese Verknüpfung berücksichtigt
3. Verknüpfung der Sekretariatsplanstelle oder der Sekretariats-Organisationseinheit mit der richtigen Start-Organisationseinheit
4. Kopieren eines der beiden Standardfunktionsbausteine in den Kundennamensraum
5. Berücksichtigung des neuen Auswertungsweges im kopierten Funktionsbaustein (siehe Abbildung 3.11)
6. Eintragung des neuen Funktionsbausteines in die Tabelle T77PR

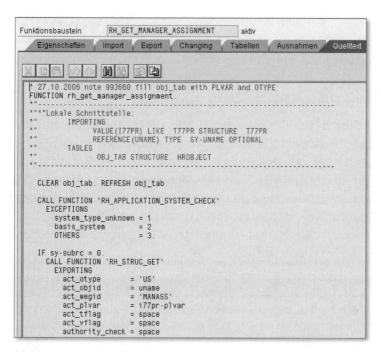

Abbildung 3.11 Berücksichtigung eines eigenen Auswertungsweges: an markierter Stelle im Funktionsbaustein austauschen

Diese Anpassung ist also recht einfach – natürlich sind auch kompliziertere Logiken denkbar, nach denen das jeweilige Startobjekt gefunden wird.

Default-Profil

Es gilt grundsätzlich die folgende Regelung: Wenn einem Benutzer in der Tabelle T77UA kein Profil zugeordnet ist, wird ihm das gleiche Profil zugeordnet, das dem Benutzer SAP* zugeordnet ist. In der Standardauslieferung ist dies das Profil ALL, das »keine Einschränkung« bedeutet. Aus Datenschutzgründen ist es aber häufig geboten, dass eine fehlende Zuordnung nicht zu voller Berechtigung, sondern zu gar keiner Berechtigung führen soll. Ordnen Sie entsprechend in diesem Fall dem Benutzer SAP* ein leeres Profil zu.

Noch interessanter ist folgender Fall: Die Mehrzahl aller Benutzer soll ein bestimmtes strukturelles Profil erhalten, das gleichzeitig als Default-Profil gelten soll. In der Regel kommt dafür ein Profil in Frage, bei dem das Startobjekt dynamisch gefunden werden muss. Auch dieses Profil kann dem Benutzer SAP* zugeordnet werden. Allerdings ist das Verhalten der beiden Standardfunktionsbausteine in diesem Fall nicht befriedigend. Sie ermitteln nämlich dann das Startobjekt nicht anhand der Kennung des angemeldeten Benutzers, sondern mit dem Benutzernamen »SAP*«. Aber auch dieses Problem lässt sich durch eine Kopie des Standardbausteins und eine entsprechende Anpassung recht einfach beheben.

Performance der strukturellen Berechtigungsprüfung

Da die in den Strukturprofilen hinterlegten Wege recht aufwendig sein können, wirkt sich die strukturelle Prüfung eventuell deutlich auf die Performance aus. Dieser Effekt kann reduziert werden, indem das System die für einen Benutzer erlaubten Objekte im SAP-Memory speichert. Dies kann je Benutzer gesteuert werden und wird über den folgenden IMG-Pfad gepflegt: PERSONALMANAGEMENT • ORGANISATIONSMANAGEMENT • GRUNDEINSTELLUNGEN • BERECHTIGUNGSVERWALTUNG • STRUKTURELLE BERECHTIGUNG • BENUTZERDATEN IM SAP-MEMORY SPEICHERN.

> **SAP-Memory**
> Als Faustregel gilt: Für Benutzer, bei denen die strukturelle Prüfung mehr als 1.000 Objekte finden muss, sollte die Speicherung in SAP-Memory aktiviert werden.

Nachteil dieser Lösung ist, dass Änderungen, die seit dem letzten Update des SAP-Memorys erfolgt sind, bei der Prüfung nicht berücksichtigt werden.

Lediglich bei umfangreichen oder wichtigen Änderungen, die unmittelbar wirksam werden sollen, können Sie im Einzelfall das SAP-Memory auch über den Report RHBAUS00 manuell aktualisieren. Dies ist auch für einzelne Benutzer möglich.

Probleme der strukturellen Berechtigungsprüfung

Neben den Performance-Einbußen müssen bei der strukturellen Berechtigung noch folgende Punkte besonders beachtet werden:

- **Strukturprüfung bei mehreren Funktionen**
  Die Strukturprüfung erfolgt zusätzlich zu den Prüfungen auf Personalstammdaten. Verfügt ein Benutzer über mehrere Strukturprofile, so ist keine Verbindung zwischen den Strukturprofilen und bestimmten Stammdatenberechtigungen möglich. Dadurch kann es bei mehreren Strukturprofilen pro Benutzer zu unerwünschten »Überkreuzungen« kommen.

  Angenommen, ein Benutzer nimmt im System zwei Rollen wahr: In seiner Rolle als Führungskraft hat er Zugriff auf alle Daten der ihm unterstellten Mitarbeiter, als Verantwortlicher in der Personalentwicklung soll er auf bestimmte Daten aller Mitarbeiter eines Standortes zugreifen können. Will man die Eingrenzung der Mitarbeiter in beiden Fällen über ein Strukturprofil abbilden, lässt es sich nicht vermeiden, dass der Benutzer auch von allen Mitarbeitern des genannten Standortes dieselben Daten einsehen kann wie die der ihm unterstellten Mitarbeiter – also alle. Dieses Problem lässt sich nur dadurch umgehen, dass der Mitarbeiter je nach Rolle mit zwei verschiedenen Benutzerkennungen arbeitet. Alternativ kann dieses Problem durch die Verwendung der kontextabhängigen Berechtigungsprüfung gelöst werden (siehe Abschnitt 3.3.4, »Kontextabhängige Berechtigungsprüfung«).

- **Nicht integrierte Personalnummern**
  Sind nicht alle Personalnummern in das Organisationsmanagement integriert (gilt in der Regel für die Personalnummern ausgeschiedener Mitarbeiter und Rentner), ist die Prüfung schwierig. Im Standard wird dann gegen die im Infotyp 0001 gespeicherte Organisationseinheit geprüft. Wenn das Feld leer ist, wird der Zugriff verwehrt. Mit dem SAP-Hinweis 339367 wurde hier eine Lösung bereitgestellt. Sie hält in der Tabelle T77S0 für den Berechtigungshauptschalter AUTSW – ORGPD bei aktiver Strukturprüfung für nicht integrierte Personen vier unterschiedliche Möglichkeiten bereit:
  - *Schalterstellung 1*: Falls eine Organisationseinheit im Infotyp 0001 zugeordnet ist, wird gegen diese Organisationseinheit geprüft. Falls

keine Organisationseinheit zugeordnet ist, wird die Berechtigung verweigert.

- *Schalterstellung 2*: Die Organisationseinheit wird nicht ausgewertet. Die Berechtigung wird verweigert.
- *Schalterstellung 3*: Falls eine Organisationseinheit existiert, wird gegen diese Organisationseinheit geprüft. Falls keine Organisationseinheit zugeordnet ist, wird die Berechtigung erteilt.
- *Schalterstellung 4*: Die Organisationseinheit wird nicht ausgewertet. Die Berechtigung wird erteilt.

- **Einfluss der Stammdatenpflege auf Berechtigungen**
Im Rahmen der strukturellen Prüfung hängt der Zugriff auf mögliche sensible Daten von sehr vielen Faktoren ab. Diese Faktoren können oft auch von vielen Benutzern beeinflusst werden. Es ist grundsätzlich darauf zu achten, dass alle Elemente, die die Berechtigungsprüfung berühren, nur von möglichst wenig Benutzern verändert werden können. Die wesentlichen Elemente sind:

- Zuordnung des Systembenutzernamens im Infotyp 0105 (Kommunikation)
- Pflege des Infotyps 0001 bei nicht integrierten Personalnummern
- Planstellenzuordnung eines Mitarbeiters
- Organisationsstruktur des Organisationsmanagements

Weitere Elemente sind:

- Definition der Profile in der Tabelle T77PR
- Zuordnung der Profile in der Tabelle T77UA

- **Komplexe Anforderungen im Organisationsmanagement**
Die Sicht der Organisationsstruktur spiegelt in der Regel die disziplinarische Zuordnung wider. Gegebenenfalls existieren im Fall der Matrixorganisation eine zweite Sicht, die z.B. die Sparte repräsentiert. Für die Vergabe von Zugriffsberechtigungen ist aber oft eine andere Sicht erforderlich, die von diesen Sichten zumindest in einigen Fällen abweicht. Am häufigsten tritt hier die Standortsicht auf. Sie ist z.B. relevant, wenn jeweils das Sekretariat eines Standortes für die Buchung von Schulungen im Veranstaltungsmanagement zuständig ist. In diesem Fall müsste man eine eigene Standortstruktur pflegen oder eine Standortprüfung auf andere Art realisieren, z.B. mithilfe einer kundeneigenen Berechtigungsprüfung (siehe dazu auch die Ausführungen im folgenden Abschnitt 3.3.3, »Spezielle Konzepte in der HCM-Berechtigung«).

3.3.3 Spezielle Konzepte in der HCM-Berechtigung

Im Umfeld der HCM-Berechtigungen stellen wir nun weitere Konzepte vor, die sehr spezielle Anforderungen erfüllen können.

Zeitraumproblematik der Berechtigungsprüfung

Die Berechtigungsprüfung greift an verschiedenen Stellen auf Entscheidungskriterien zu, die sich im Zeitablauf ändern. Dies sind insbesondere die Daten des Infotyps 0001 sowie die PD-Strukturen. So kann z.B. ein Mitarbeiter durch eine Versetzung auch den Personalsachbearbeiter wechseln. Bei einem solchen Sachbearbeiterwechsel tritt eine recht komplizierte Regelung in Kraft, die garantieren soll, dass einerseits eine sinnvolle Wahrnehmung der Aufgaben durch die Sachbearbeiter möglich bleibt, andererseits die Prüfung nicht zu offen ausfällt.

Grundsätzlich sind drei Fälle zu unterscheiden:

1. Die Zuständigkeit des Sachbearbeiters beginnt erst in der Zukunft. In diesem Fall darf der Sachbearbeiter nur Daten pflegen, die komplett in seinen Zuständigkeitszeitraum fallen. Er kann also schon vorarbeiten, dem bisher noch zuständigen Kollegen aber nicht »ins Handwerk pfuschen«. Außerdem sieht er alle Daten, deren Gültigkeit schon vor seiner Zuständigkeit beginnt, aber auch in seinen Zuständigkeitszeitraum hineinreicht.

2. Der Sachbearbeiter ist zum aktuellen Kalendertag für den Mitarbeiter zuständig. Dann darf er alle Zugriffe entsprechend seiner Rolle unabhängig vom Gültigkeitszeitraum der Daten ausführen.

3. Die Zuständigkeit des Sachbearbeiters endet in der Vergangenheit. Dann hat er grundsätzlich keinen Schreibzugriff, kann aber die Daten, die in seinen Zuständigkeitszeitraum hineinreichen, einsehen.

Bei der Zuständigkeit gibt es außerdem einen Toleranzzeitraum, der gewährleisten soll, dass bestimmte Restarbeiten oder Abschlussarbeiten noch vom alten Sachbearbeiter durchgeführt werden können. Dieser Zeitraum beträgt standardmäßig 15 Tage und kann über den Berechtigungshauptschalter AUTSW – ADAYS (siehe Abbildung 3.7) verändert werden.

Die Prüfung auf den Zuständigkeitszeitraum erfolgt grundsätzlich nur bei Infotypen, für die in der Tabelle T582A (»Infotypeigenschaften« – IMG-Pfad: PERSONALMANAGEMENT • PERSONALADMINISTRATION • ANPASSUNG DER ARBEITSABLÄUFE • INFORMATIONSTYPEN • INFOTYPEN) das Kennzeichen für ZUGRIFFSBERECHTIGUNGEN gesetzt ist (siehe Abbildung 3.12). Da diese Schlüsselung teilweise auch bei sensiblen Daten im Standard fehlt (z.B. »Werksärztlicher Dienst«, »Betriebliche Altersversorgung Deutschland« sowie verschiedene Abrechnungsdaten mehrerer Länderversionen), sollte sie überprüft werden, wenn die zeitraumabhängige Prüfung für wichtig erachtet wird.

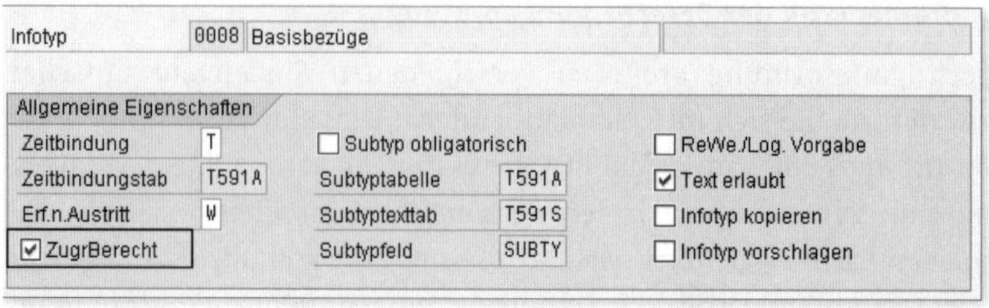

Infotyp	0008	Basisbezüge			
Allgemeine Eigenschaften					
Zeitbinding	T	☐ Subtyp obligatorisch		☐ ReWe./Log. Vorgabe	
Zeitbindungstab	T591A	Subtyptabelle	T591A	☑ Text erlaubt	
Erf.n.Austritt	W	Subtyptexttab	T591S	☐ Infotyp kopieren	
☑ ZugrBerecht		Subtypfeld	SUBTY	☐ Infotyp vorschlagen	

Abbildung 3.12 Aktive zeitabhängige Prüfung für den Infotyp 0008 (Basisbezüge)

Die Zeitraumabhängigkeit bezieht sich ausschließlich auf die Frage »War der Mitarbeiter zum fraglichen Zeitpunkt im Zuständigkeitsbereich?« und *nicht* auf die Frage »War der Sachbearbeiter zum fraglichen Zeitpunkt bereits für diesen Zuständigkeitsbereich verantwortlich?«. Wenn ein Mitarbeiter also seit zwei Jahren dem Personalbereich 4711 zugeordnet war, während der Sachbearbeiter erst heute die Berechtigung für diesen Personalbereich zugeordnet bekommt, so hat der Sachbearbeiter dennoch auf die vollen zwei Jahre Zugriff. Nur so lässt sich eine kontinuierliche Bearbeitung von Daten im Fall der Nachfolge eines Sachbearbeiters gewährleisten.

Prüfverfahren

Das Konzept des Prüfverfahrens stellt eine besondere Form zeitabhängiger Berechtigungsprüfungen dar. Es geht davon aus, dass bestimmte Daten zu einem gewissen Zeitpunkt geprüft und anschließend nicht mehr geändert werden dürfen. Diese Prüfung wird im Infotyp 0130 (Prüfverfahren) dokumentiert (siehe Abbildung 3.13). Daten, die dem entsprechenden Prüfverfahren zugeordnet sind und vor dem Freigabedatum liegen, dürfen nicht mehr geändert werden. Eine Ausnahme bilden dabei jene Benutzer, die eine Pflegeberechtigung für den Infotyp 0130 haben. Sie dürfen die Daten auch nach Freigabe noch ändern.

Die Definition von Prüfverfahren erfolgt im Customizing in der Tabelle T591A bzw. unter dem IMG-Pfad PERSONALMANAGEMENT • PERSONALADMINISTRATION • WERKZEUGE • BERECHTIGUNGSVERWALTUNG • SPEZIELLE BERECHTIGUNG DER PERSONALADMINISTRATION • PRÜFVERFAHREN • PRÜFVERFAHREN FESTLEGEN. Abbildung 3.14 zeigt das Anlegen neuer Prüfverfahren.

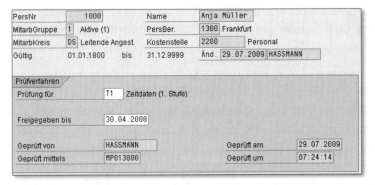

Abbildung 3.13 Infotyp 0130 (Prüfverfahren)

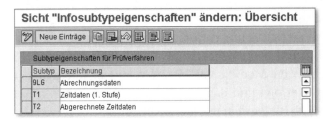

Abbildung 3.14 Anlegen neuer Prüfverfahren

Anschließend werden die Daten bestimmt, die unter das Prüfverfahren fallen. Dies erfolgt auf der Ebene von Infotypen und Subtypen. Abbildung 3.15 zeigt die Zuordnung des Prüfverfahrens zum Infotyp 0008 (Basisbezüge).

Abbildung 3.15 Definition eines Prüfverfahrens

Kundeneigene Berechtigungsprüfung

Eine kundeneigene Anpassung der Berechtigungsprüfung kann aus drei Gründen erforderlich sein:

1. Die Prüfungen im Standard bieten nicht genügend Möglichkeiten.
2. Die Standardprüfungen, insbesondere die strukturelle Prüfung, sind nicht performant genug.

3. Die erforderliche Prüfung ließe sich zwar im Standard abbilden, wäre aber umständlich und dementsprechend mit hohem Wartungsaufwand verbunden.

Lesern ohne Programmiererfahrung im SAP-Umfeld erscheinen diese Ausführungen vielleicht ein wenig technisch – sie interessieren sich wahrscheinlich stärker dafür, was mit dieser Technologie in der Praxis konkret möglich ist. Dieser Frage wollen wir uns im Folgenden widmen. Die einfachste Methode zur Lösung des Problems ist, ein kundeneigenes Berechtigungsobjekt anzulegen und dieses in die Standardprüfung für HCM-Stammdaten zu integrieren. Insbesondere die Felder des Infotyps 0001 (Organisatorische Zuordnung) lassen sich einfach prüfen, also z.B. auch der Personalteilbereich oder der Abrechnungskreis. Das Vorgehen ist in diesem Fall recht einfach, erfordert allerdings einen Entwicklungs-User sowie Grundkenntnisse in der Entwicklung. Für die Generierung und Anpassung des Codings muss außerdem für den Report MPPAUTZZ ein Objektschlüssel eingegeben werden. Es handelt sich demnach um eine Modifikation, die allerdings an einer von der SAP vorgesehenen Stelle erfolgt und daher als unkritisch gelten kann. Auf die Details der Programmierung gehen wir hier nicht ein.

Folgende Schritte müssen Sie zur Realisierung durchführen:

1. Legen Sie ein Berechtigungsobjekt in der Klasse HR an über die Transaktion SU21 bzw. den Pfad WERKZEUGE • ABAP WORKBENCH • ENTWICKLUNG • WEITERE WERKZEUGE • BERECHTIGUNGSOBJEKTE • OBJEKTE. Dabei können Sie alle Felder des Infotyps 0001 sowie die Felder BERECHTIGUNGSLEVEL, INFOTYP und SUBTYP analog zum Berechtigungsobjekt P_ORGIN verwenden.

2. Bauen Sie das neue Objekt in den Berechtigungsprofilen ein (im Allgemeinen über die Rollen).

3. Generieren Sie das Programm-Coding für die Prüfung des neuen Objekts automatisch mithilfe des Reports RPUACG00. Dieser erstellt das Coding im Programm MPPAUTZZ – nimmt dem Kunden also die Progammierarbeit ab.

4. Passen Sie das generierte Coding an, sodass auch weitere kundeneigene Anforderungen abgebildet werden können. So können Sie z.B. dafür sorgen, dass die Prüfung des Objektes grundsätzlich positiv ausfallen soll, wenn die ersten vier Stellen der Stammkostenstelle bei dem zu bearbeitenden Mitarbeiter und beim angemeldeten Benutzer übereinstimmen. Viele weitere ähnliche Logiken sind denkbar.

5. Aktivieren Sie die kundeneigene Prüfung durch den Berechtigungshauptschalter AUTSW – NNNNN (siehe Abbildung 3.7).

Da der Einbau der Prüfung des kundeneigenen Berechtigungsobjektes in dem Programm MPPAUTZZ von vornherein vorgesehen ist, ist die Integration in die Standardanwendung recht einfach. Viel schwieriger wäre es, ein eigenes Objekt, das man »auf der grünen Wiese« definiert hat, an den richtigen Stellen einzubauen. Die Vorgenerierung des Prüf-Codings erleichtert die Sache zusätzlich.

Neben dem Konzept aus kundeneigenem Objekt und dem Programm MPPAUTZZ gibt es zum aktuellen Release-Stand auch das BAdI (Business Add-In) HRPAD00AUTH_CHECK zur HCM-Berechtigungsprüfung. Eine Beschreibung der notwendigen Einstellungen finden Sie im IMG unter dem Pfad PERSONALMANAGEMENT • PERSONALADMINISTRATION • WERKZEUGE • BERECHTIGUNGSVERWALTUNG • BAdI: KUNDENINDIVIDUELLE BERECHTIGUNGSPRÜFUNG. Die Prüfungen sind in den Methoden einer Klasse realisiert. Für die Umsetzung sind gute Kenntnisse im Umgang mit Klassen in ABAP Objects erforderlich.

Nach dem Anlegen einer Implementierung des BAdI können Sie einzelne Prüfungen kundenindividuell ablaufen lassen und diejenigen, die standardmäßig erfolgen sollen, an die entsprechende Standardklasse delegieren.

Unter anderem bieten sich folgende mögliche Anwendungen an:

- Ein Benutzer, der seine eigenen Daten gemäß Objekt P_PERNR nicht pflegen darf, darf entsprechend auch keine Daten von im Infotyp 0021 hinterlegten Familienangehörigen pflegen, die ebenfalls Mitarbeiter des Unternehmens sind.
- Die Pflege der Infotypen 0008, 0014 und 0015 darf nur bis zu einer bestimmten Obergrenze erfolgen, die z.B. in einem kundeneigenen Infotyp am Personalstamm des Benutzers abgelegt ist.
- Ein Benutzer darf bestimmte Daten nur dann pflegen, wenn er in seinem Qualifikationsprofil über eine entsprechende Qualifikation verfügt (z.B. Steuerdaten, Sozialversicherungsdaten, Altersversorgung etc.).

Ein BAdI gibt es auch für die Anpassung der strukturellen Berechtigungsprüfung an kundenspezifische Belange. Sie erreichen das BAdI über den IMG-Pfad PERSONALMANAGEMENT • ORGANISATIONSMANAGEMENT • GRUNDEINSTELLUNGEN • BERECHTIGUNGSVERWALTUNG • STRUKTURELLE BERECHTIGUNG • BAdI: STRUKTURELLE BERECHTIGUNGSPRÜFUNG.

Spezielle Berechtigungsfragen bei Auswertungen

Bei Listen und Statistiken treten teilweise andere Anforderungen auf als bei der direkten Anzeige oder Pflege von Daten.

Aggregierte Daten versus Einzeldaten
Häufig kommt es vor, dass ein Benutzer zwar die Daten eines bestimmten Personenkreises in Statistiken berücksichtigen soll, diese Daten jedoch eigentlich nicht kennen darf.

> **Beispiel**
>
> Ein Personalcontroller soll die Gehälter des Vorstandes nicht kennen, aber in der von ihm erstellten Statistik soll die Gehaltssumme auch die Vorstandsgehälter enthalten.

Dies ist zunächst nicht möglich, da zum Lesen der Vorstandsgehälter auch dann eine entsprechende Datenberechtigung erforderlich ist, wenn das Lesen über eine Auswertung erfolgt. Ist diese Berechtigung vorhanden, kann aber auch direkt Einsicht in die Einzeldaten genommen werden.

Für dieses Problem gibt es zwei Lösungsansätze:

1. Für die betroffene Auswertung wird die Berechtigungsprüfung über das bereits beschriebene Berechtigungsobjekt P_ABAP abgeschaltet. Dann besteht allerdings die Gefahr, dass die Auswertung nur für eine Person ausgeführt wird. Da dann die Gehaltssumme dem Einzelgehalt entspricht, werden die »geheimen« Daten doch offen gelegt.

2. Für die Auswertung wird ein kundeneigener Report programmiert, der an dieser Stelle keine Berechtigungsprüfung durchführt. Bei diesem Ansatz ist es auch möglich, die gezielte Selektion einzelner Personen in der Statistik auszuschließen.

Berechtigungsprüfung in Eigenentwicklungen
Anders als Sie es vielleicht von manchen anderen Systemen her kennen, erfolgt die Berechtigungsvergabe in SAP ERP ausschließlich im Anwendungssystem und nicht auf Datenbankebene. Dies hat zur Folge, dass die Zugriffsprüfungen für bestimmte Daten in jedem Programm explizit eingebaut sein müssen.

Die Programme der Standardauslieferung enthalten im Allgemeinen ausreichende Prüfroutinen. Das Gleiche gilt für Queries und auch für Eigenentwicklungen, die vollständig auf den von der SAP ausgelieferten »logischen

Datenbanken« beruhen. Jede andere Eigenentwicklung, in die nicht explizit eine Prüfroutine eingebaut wurde, liefert dem ausführenden Benutzer die Daten ohne weitere Prüfung, sofern er die Berechtigung zum Ausführen des Programms besitzt. Das heißt insbesondere, dass Benutzer mit Berechtigung zur ABAP-Programmierung auf diesem Weg alle Daten auslesen können – und zwar in allen Systemen, in denen sie entweder Programme erstellen dürfen oder in die sie Programme transportieren dürfen. Dabei reicht der Zugriff auf einen Mandanten aus, um die Daten aller anderen Mandanten lesen zu können.

Verhalten von Auswertungen bei fehlender Berechtigung
Führt ein Benutzer eine Listenauswertung aus, die Daten außerhalb seiner Berechtigung enthält, werden alle Zeilen übersprungen, die »verbotene Daten« enthalten.

> **Beispiel**
>
> Eine Liste soll die Namen und die Vollmachten aller Mitarbeiter enthalten. Der ausführende Benutzer hat aber bei einigen der selektierten Personen keine Leseberechtigung für die Vollmacht, sondern nur für den Namen. Die Liste gibt dann die betroffenen Personen nicht aus (auch nicht den Namen) und zeigt lediglich am Ende die Warnmeldung »Personalnummern wegen fehlender Berechtigung übersprungen« an.

3.3.4 Kontextabhängige Berechtigungsprüfung

Die kontextabhängige Berechtigungsprüfung löst das in Abschnitt 3.3.2, »Strukturelle Berechtigungsprüfung«, beschriebene Problem im Bereich der Personalstammdaten. Sie ermöglicht es, die Berechtigungen für Personalstammdaten mit strukturellen Profilen zu verknüpfen.

Konzept

Als Basis für diese Lösung werden korrespondierend zu den bisher vorhandenen Berechtigungsobjekten zusätzlich die Objekte P_ORGINCON und P_ORGXXCON ausgeliefert. Gegenüber P_ORGIN und P_ORGXX verfügen diese beiden Objekte über das zusätzliche Feld PROFL, in das ein strukturelles Profil aus der Tabelle T77PR eingetragen wird. Dadurch wird die so vergebene Stammdatenberechtigung an das strukturelle Profil angehängt. Die entsprechende Stammdatenberechtigung gilt damit nur für diejenigen Personalnummern, die über das zugeordnete strukturelle Profil erreichbar sind.

Abbildung 3.16 verdeutlicht das Konzept an einem einfachen Beispiel: Ein Benutzer soll sowohl auf die Daten der Mitarbeiter der Organisationseinheit O1 als auch auf die der Mitarbeiter der Organisationseinheit O2 Zugriff haben. Dies erreichen Sie durch die Vergabe der strukturellen Profile PROFL1 und PROFL2 über die Tabelle T77UA. Allerdings soll der Benutzer nicht für alle Mitarbeiter die gleichen Berechtigungen haben. Für die Mitarbeiter von O1 soll er die Infotypen 0000 bis 0007 pflegen, für die Mitarbeiter von O2 dagegen nur die Infotypen 0008 und 0015. Dies erreichen Sie nicht durch Abbildung der beiden unterschiedlichen Berechtigungen über das Objekt P_ORGIN, sondern über P_ORGINCON in Verbindung mit einem Verweis auf die strukturellen Profile PROFL1 und PROFL2. Somit ergeben sich zwei in sich geschlossene Profile, die das Gesamtprofil gemäß der beschriebenen Anforderung bilden. Würde man im gleichen Beispiel anstelle von P_ORGINCON das Objekt P_ORGIN verwenden, so hätte der Benutzer für alle Mitarbeiter aus O1 *und* O2 Pflegeberechtigung für die Infotypen 0000 bis 0008 und 0015.

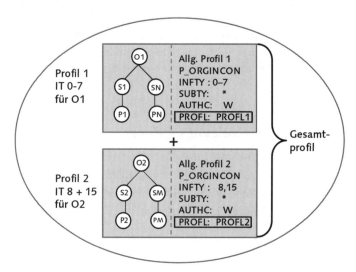

Abbildung 3.16 Kontextabhängige Prüfung

Konfiguration

Voraussetzung für die Zuordnung der strukturellen Profile zu den Stammdatenberechtigungen ist zunächst die Konfiguration der strukturellen Profile, wie in Abschnitt 3.3.2, »Strukturelle Berechtigungsprüfung«, beschrieben. Insbesondere muss immer noch die Zuordnung der Profile zu den Benutzern über die Tabelle T77UA erfolgen – auch wenn dies aufgrund des Eintrags in der Stammdatenberechtigung redundant erscheint.

Außerdem müssen die Prüfungen über die verschiedenen Berechtigungsobjekte aktiviert werden. Dazu gibt es zusätzliche Berechtigungshauptschalter in der Tabelle T77S0:

- AUTSW – INCON
  aktiviert die kontextabhängige Prüfung über das Objekt P_ORGINCON.

- AUTSW – XXCON
  aktiviert die kontextabhängige Prüfung über das Objekt P_ORGXXCON.

- AUTSW – NNCON
  aktiviert die kontextabhängige Prüfung über das kundeneigene Objekt P_NNNNNCON.

- AUTSW – DFCON
  steuert das Systemverhalten in der kontextabhängigen Prüfung bei Personen, die nicht im Organisationsmanagement verknüpft sind, analog zum Hauptschalter AUTSW – ORGPD bei der nicht-kontextabhängigen Prüfung. Tabelle 3.2 liefert eine Entscheidungshilfe für den Wert dieses Schalters in Abhängigkeit vom Inhalt des Feldes ORGANISATIONSEINHEIT im Infotyp 0001.

	Organisationseinheit (wenn vorhanden) auswerten	Organisationseinheit nie auswerten
Berechtigung per Default ablehnen	1	2
Berechtigung per Default erteilen	3	4

Tabelle 3.2 Berechtigungshauptschalter DFCON

Die Berechtigungshauptschalter müssen in einer sinnvollen Kombination gepflegt sein. Eine Prüfung durch das System erfolgt nicht! Insbesondere dürfen die jeweils miteinander korrespondierenden Schalter für die kontextabhängigen und nicht-kontextabhängigen Objekte nicht gemeinsam aktiv sein. Ist also der Schalter ORGINCON aktiv, muss der Schalter ORGIN inaktiv sein.

3.4 Kritische Erfolgsfaktoren

Das Berechtigungskonzept selbst kann insgesamt als kritischer Erfolgsfaktor jedes größeren Projekts mit SAP ERP HCM angesehen werden. Besonders herauszustellen sind hierbei folgende Punkte:

- Die Prozesse und Zuständigkeiten sind vor der Detailarbeit in der Berechtigungskonzeption zu klären.
- An der Berechtigungskonzeption sollte neben Vertretern der Systemadministration und der beteiligten Fachabteilungen unbedingt ein Mitarbeiter mit umfassenden Kenntnissen und Projekterfahrung im SAP-Rollenkonzept beteiligt sein. Alle an der Konzeption Beteiligten müssen den groben Aufbau und die relevanten Begrifflichkeiten des SAP-Rollenkonzeptes frühzeitig kennenlernen.
- Die prozessübergreifenden Berechtigungen (Drucken, Variantenpflege, SAP Office, Download nach MS Office etc.) dürfen in der Konzeption nicht vergessen werden.
- Eine saubere, modulare Struktur mit Rollen und Sammelrollen sowie eine insgesamt möglichst kleine Zahl an Rollen kann den Wartungsaufwand erheblich reduzieren.
- Für den Test der Rollen ist ausreichend Zeit einzuplanen. In einem größeren Projekt sollten alle Integrationstests und Schulungen mit den Rollen ausgeführt werden, die später auch in der Produktivumgebung genutzt werden.
- Jeder Benutzer sollte in seiner Rolle über die Berechtigung für die Transaktion SU53 (Anzeige Berechtigungsprüfung) verfügen und darin eingewiesen sein. Dann lässt sich bei Berechtigungsproblemen schnell die Ursache finden.
- Die meisten Berechtigungskonzepte in SAP ERP HCM werden erst kompliziert, wenn die üblichen Ausnahmen berücksichtigt werden. Erfolgt dies erst beim Auftauchen der ersten Probleme im Produktivbetrieb, verliert das Konzept aufgrund des Zeitdrucks sehr schnell seine Struktur und wird unübersichtlich. Absehbare Ausnahmen wie Vertretungsregelungen, Abordnung, Traineeprogramme, Mehrfachbeschäftigungsverhältnisse, Übergangszeiten oder Anzeigerechte innerhalb der Personalabteilung etc. sind von Anfang an in das Konzept einzubeziehen.
- Die Anzahl der Rollen, Sammelrollen und strukturellen Profile sind verantwortlich für einen wesentlich erhöhten Aufwand bei der späteren War-

tung. Konzepte, die diese Zahl reduzieren helfen, sollten daher nach Möglichkeit stets genutzt werden. Neben der strukturellen Berechtigung mit dynamischem Startobjekt gehören dazu insbesondere auch die kundeneigenen Berechtigungsobjekte und die genannten BAdIs zur kundenspezifischen Anpassung der Prüfung.

- Customizing-Einstellungen (z.B. T77S0, T582A) und Anwendungsdaten (z.B. Infotyp 0105 (Orgstruktur)), die Einfluss auf die Berechtigungsprüfung haben, sind besonders zu dokumentieren und zu prüfen.

Dieses Kapitel hat Ihnen einen Überblick über die vielfältigen Möglichkeiten zur Vergabe von Berechtigungen gegeben. Reichen die Möglichkeiten des SAP-Standards nicht aus, dann können auch eigene Berechtigungsobjekte oder zusätzliche Prüfungen in User Exits definiert werden. Es ist besonders bei personenbezogenen Daten erforderlich, den Zugriff auf die Daten genau steuern zu können.

Im nächsten Kapitel wird mit SAP NetWeaver Portal ein weiteres grundlegendes Thema behandelt, das für den Einsatz von Self-Services eine wichtige Rolle spielt.

Nicht zuletzt die Self-Services für Mitarbeiter (ESS) und Vorgesetzte (MSS) räumen dem Einsatz eines Portals in SAP ERP HCM eine zentrale Position ein. In diesem Kapitel erhalten Sie einen Überblick über die Möglichkeiten, die SAP NetWeaver Portal bietet.

4 SAP NetWeaver Portal in SAP ERP HCM

SAP NetWeaver Portal ermöglicht es Unternehmen, Informationen, Anwendungen und Services in einem Webbrowser darzustellen. Außerdem bietet das Portal die Möglichkeit, auf Daten und Anwendungen mehrerer Systeme über eine einheitliche Oberfläche zuzugreifen. Das Portal bietet dabei ein einfach und intuitiv zu bedienendes Werkzeug für die Integration von Mitarbeitern (Employee Self-Services, ESS) und Vorgesetzten (Manager Self-Services, MSS) in personalwirtschaftliche Prozesse. So können Befragungen oder Beurteilungen durchgeführt werden, ohne dass Fragebögen versandt und später erfasst werden müssen. Seminarbuchungen können mit automatisierten Genehmigungsprozessen durchgeführt werden, ohne viel Papier und Arbeitszeit für den Ablauf der Buchung zu verschwenden.

Die Anforderungen aus Mitarbeiter- und Unternehmenssicht liefern im Grunde die besten Argumente für den Einsatz von Employee Self-Services. Mitarbeiter erwarten heute von einem modernen Personalmanagement, dass es ihre Daten in transparenter Form und auf dem aktuellen Stand vorhält (z.B. neue Adresse, neue Bankverbindung). Die Personalabteilung soll sich vor allem als Serviceabteilung anbieten und dem Mitarbeiter mehr Eigenverantwortung für seine Daten übertragen.

Die Unternehmen stellen ähnliche Anforderungen an ein modernes Personalmanagement: Personalabteilungen sollen mehr Service und dienstleistungsorientiertes Arbeiten bieten, sich an der Strategie des Unternehmens ausrichten und sich auf diese Ziele konzentrieren. Eine weitere Anforderung betrifft die Kostenreduktion bei der Durchführung personalwirtschaftlicher Prozesse.

Self-Services ermöglichen es den Mitarbeitern, eigenverantwortlich die eigenen Daten aktuell zu halten. Die Personalabteilung kommt dann zum Einsatz, wenn es um Beratungsbedarf seitens der Mitarbeiter geht. Dabei kann sich das Personalmanagement – entlastet von den administrativen Tätigkeiten – auf seine Beratungstätigkeit konzentrieren und die planerischen Prozesse wie z.B. die Personalentwicklung mehr in den Vordergrund stellen.

Neben der Erfüllung der Anforderungen von Unternehmen und Mitarbeitern ergibt sich folgender Nutzen aus dem Einsatz von Employee Self-Services:

- hohe Aktualität der Daten
- schneller Ablauf von Prozessen ohne Liegezeiten
- Entlastung der Personalabteilung von administrativen Routinearbeiten
- mehr Raum für qualitative Personalarbeit
- Einsparung von Verwaltungskosten
- Dezentralisierung der Personalarbeit
- durchgängige Prozesse, bei denen jeder Beteiligte direkt eingebunden werden kann

> **Mitarbeiterportal oder Unternehmensportal**
>
> Hinter der Einführung von SAP NetWeaver Portal steht häufig das Bestreben, ESS- und MSS-Prozesse zu nutzen. Häufig wird diese Einführung aus dem Umfeld der Personalabteilung initiiert. Da ein Portal aber einen einheitlichen Zugriff auf alle Systeme bieten soll, melden weitere Bereiche ihr Interesse zur Mitwirkung am Portal an. Deshalb sollte bereits im Vorfeld eines Projekts geklärt werden, ob das Ziel ein Mitarbeiterportal ist, für die Nutzung von Self-Services, oder ein Unternehmensportal, das in allen Bereichen des Unternehmens verwendet wird. Das sollte von den Projektbeteiligten definiert werden.

4.1 Grundlagen von SAP NetWeaver Portal

In diesem Abschnitt erhalten Sie einen Einblick in die Grundlagen von SAP NetWeaver Portal. Für weiterführende Informationen zu diesem sehr umfangreichen Thema empfehlen im Literaturverzeichnis einige spezifische Publikationen.

4.1.1 Benutzerverwaltung

Das Portal ist eine einheitliche Oberfläche, in der Funktionen angeboten werden, die in verschiedenen Systemen ablaufen können, ohne dass der Benutzer dies bemerkt. Er meldet sich im Portal an und erhält Zugriff auf die benötigten Anwendungen. Ein Benutzer also mit ausreichender Berechtigung in SAP ERP HCM ausgestattet sein, um die Anwendung auszuführen, es erfolgt aber keine eigene Anmeldung, sondern die Authentifizierung wird durch das sogenannte *Single Sign-On (SSO)* an das Backend-System weitergereicht. Wie in Abbildung 4.1 zu sehen ist, meldet sich der Benutzer am Portal an und greift von dort aus direkt auf Anwendungen zu, die in verschiedenen Systemen ablaufen können, ohne dass zusätzliche Anmeldungen erforderlich sind. Voraussetzung dafür ist die identische Bezeichnung der Benutzer in den Systemen, da dieser Benutzername durch das Single Sign-On weitergereicht wird.

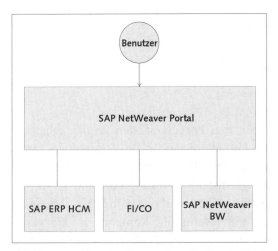

Abbildung 4.1 Zugriff auf Anwendungen über SAP NetWeaver Portal

Für die Benutzerverwaltung des Portals gibt es mehrere Möglichkeiten, von denen zwei besonders zu empfehlen sind: Bei der ersten Möglichkeit werden die Benutzer in einem SAP-System verwaltet. Hier bietet sich die Nutzung der Zentralen Benutzerverwaltung (ZBV) oder von deren Nachfolger, dem Identity Management, an. Alternativ können die Daten aus einen LDAP-Verzeichnis, der Microsoft Benutzerverwaltung, verwendet werden. Werden die Daten aus dem LDAP-Verzeichnis verwendet, so reicht die Anmeldung am Windows-System aus, um ohne weitere Anmeldung in das Portal zu gelangen.

4.1.2 Bestandteile der Portal-Anwendungen

In Abbildung 4.2 sehen Sie den schematischen Aufbau des Portal-Desktops. Auf die einzelnen Bereiche gehen wir im Folgenden genauer ein.

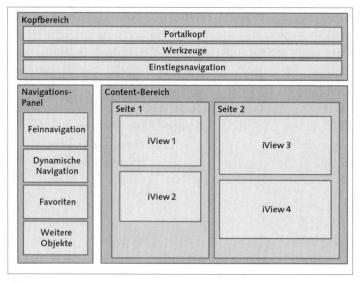

Abbildung 4.2 Aufbau des Portal-Desktops

Der *Kopfbereich* des Portals enthält den Portalkopf, den Werkzeugbereich und die Einstiegsnavigation. Der Portalkopf enthält das Firmenlogo, einen Begrüßungstext und Funktionslinks. Über die Funktionslinks können Sie die Hilfe aufrufen, die Personalisierungseinstellungen zum individuellen Anpassen des Erscheinungsbilds des Portals wählen und sich vom Portal abmelden. Der Werkzeugbereich erscheint nur, wenn die Komponente *Knowledge Management (KM)* installiert ist. Dann können Sie hier das Collaboration Launchpad, mit dem die Collaboration-Funktionen zur betrieblichen Zusammenarbeit ausgeführt werden können, aufrufen und im Daten-Repository des Knowledge Managements danach suchen. Außerdem beinhaltet der Kopfbereich den Bereich der Einstiegsnavigation. Dieser bietet abhängig von den zugeordneten Rollen eine Registerebene und eventuell eine Unterregisterebene. Die Registerebene enthält Ordner auf höchster Ebene, die meist die Aufgaben einer bestimmten, dem Benutzer zugeordneten Rolle widerspiegeln. Die Unterregister unterteilen die Rolle in ausführbare Aufgaben.

Das Navigations-Panel enthält eine Liste oder eine Baumstruktur von Links, über die Sie eine Seite oder einen iView im Content-Bereich starten. Die Feinnavigation ist abhängig von der Einstiegsnavigation im Kopfbereich.

Im Content-Bereich werden Seiten, die aus mehreren iViews bestehen, oder einzelne iViews im Vollseitenmodus angezeigt. Ein iView ist ein Bereich im Portal, in dem Daten aus den Content-Quellen dargestellt und Funktionen angeboten werden. Mehrere iViews können zu Seiten zusammengesetzt werden.

4.2 Business Packages in SAP ERP HCM

SAP NetWeaver Portal bietet ein System zur Einbindung von betriebswirtschaftlichen Funktionen. SAP und Partnerfirmen bieten sogenannte Business Packages, eine zusammenhängende Sammlung von betriebswirtschaftlichen Funktionen an, die im Portal installiert werden können und per Remote Function Call (RFC) mit den Anwendungen im Backend-System, z. B. dem HCM-System kommunizieren. Für SAP ERP HCM stehen die Business Packages für folgende Anwendungen zur Verfügung:

- Employee Self-Service
- Manager Self-Service
- Talent Management Specialist
- Recruiter
- Recruiting Administrator
- Referent/Tutor (LSO)
- Course Administrator (LSO)
- HR Administrator
- Employee Interaction Center

4.2.1 Employee Self-Services (ESS)

Die Self-Services sind für Mitarbeiter konzipiert, die nicht zur Personalabteilung gehören und nur für bestimmte Aufgaben Systemzugriff erhalten sollen. Dies sind zum einen die Mitarbeiter, die per Employee Self-Services (ESS) direkt an personalwirtschaftlichen Prozessen beteiligt werden, und zum anderen die Gruppe der Vorgesetzten, auf die wir im nächsten Abschnitt eingehen werden.

Das Business Package für ESS enthält Szenarien aus den Bereichen Personaladministration, Zeitwirtschaft, Personalabrechnung, Reisemanagement und auch aus der Personalentwicklung. In Abbildung 4.3 sehen Sie die Pflege des Profils mit Qualifikationen, die vom Mitarbeiter selbst durchgeführt werden kann.

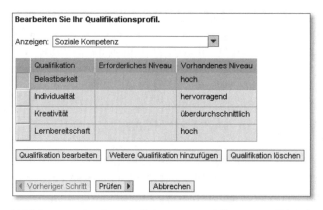

Abbildung 4.3 Employee Self-Services: Qualifikationsprofil bearbeiten

4.2.2 Manager Self-Services (MSS)

Die andere große Gruppe von Benutzern sind die Vorgesetzten, die zur Wahrnehmung ihrer Personalverantwortung das HCM-System nutzen sollen. Hierbei spielt auch der Bereich des Reportings eine wichtige Rolle.

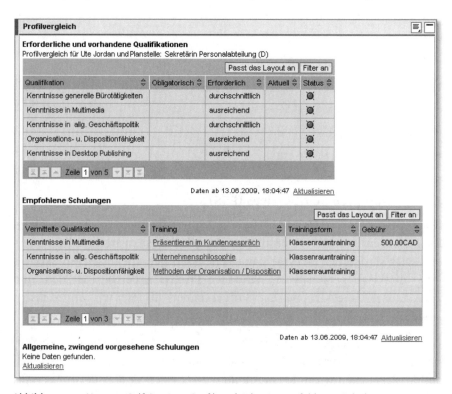

Abbildung 4.4 Manager Self-Services: Profilvergleich mit empfohlenen Schulungen

Der Vorgesetzte kann z.B. die Qualifikationsdaten seines Teams bearbeiten und Mitarbeiter auf Schulungsmaßnahmen buchen (siehe Abbildung 4.4). Außerdem kann er Mitarbeiterbeurteilungen durchführen und Auswertungen starten.

4.3 Reporting im Portal

Das Reporting verlagert sich zunehmend von Standardreports in SAP ERP HCM hin zu Auswertungen in SAP NetWeaver BW. Da SAP NetWeaver BW in den meisten Firmen in einem eigenen System betrieben wird, kommt auch hier die Integrationsmöglichkeit von mehreren Systemen in einem Portal zum Tragen. Die Auswertungen können einfach aufgerufen werden und bieten grafische Darstellungsmöglichkeiten (siehe Abbildung 4.5), die mit Standardreports nicht möglich sind.

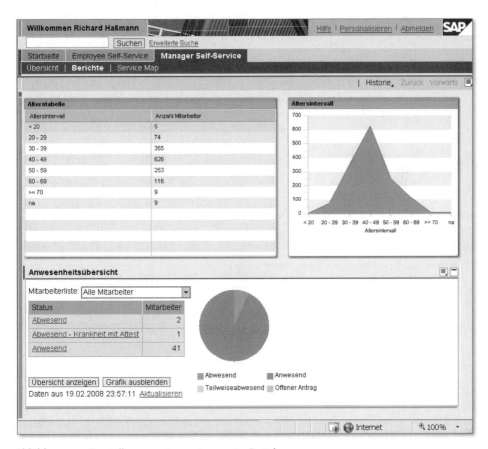

Abbildung 4.5 Darstellung von Auswertungen im Portal

4.4 Fazit

Das Portal ist zum notwendigen Element einer SAP-Systemlandschaft geworden. Gerade im Bereich der Personalplanung und -entwicklung mit Einsatz der Learning Solution und Auswertungen in SAP NetWeaver BW ist der Einsatz von SAP NetWeaver Portal obligatorisch.

Im nächsten Kapitel gehen wir auf den SAP Business Workflow ein, der zur automatisierten Steuerung von Prozessen gerade im Umfeld der Self-Services verwendet wird.

Durch die Notwendigkeit, Prozesse hinsichtlich ihrer Qualität und Stabilität zu optimieren und transparenter zu machen, gepaart mit der Anforderung, Papier einzusparen und Kosten zu reduzieren, gewinnt der Einsatz von Workflow-Systemen zunehmend an Bedeutung.

5 SAP Business Workflow

Durch den Einsatz von SAP Business Workflow können Arbeitsabläufe vom System unterstützt und gesteuert werden. Besonders geeignet hierfür sind Prozesse, die sich häufig in gleicher oder ähnlicher Ausprägung wiederholen, sowie Abläufe, die kritisch für das Unternehmen sind und daher eine besondere Überwachung erfordern. Der Ablauf eines Workflows erfolgt im System und erspart den Einsatz von Papier, da alle von den Beteiligten durchgeführten Aktionen im System erfolgen und dort dokumentiert und kommuniziert werden. Die Bearbeitung der Workflow-Aufgaben erfolgt direkt vom Arbeitsplatz aus, was in der Regel Arbeitszeit und damit Kosten einspart. Durch diese Ersparnis amortisiert sich die Implementierung des Workflows in kurzer Zeit.

5.1 Leistungsspektrum und Zusammenhänge

Grundsätzlich umfassen Business Workflows folgende Aspekte eines Prozesses:

- den Prozessablauf selbst (also die Geschäftsaktivität)
- die beteiligten Personen innerhalb der Organisationsstruktur
- die Auswirkungen des Prozesses (z.B. Änderung bestimmter Daten im System)

Business Workflows erleichtern so die elektronische Verarbeitung strukturierter Prozesse, die eine Reihe von Aktivitäten umfassen. Diese Prozesse treten wiederholt in ähnlicher oder identischer Form auf, beziehen mehrere Personen und/oder Abteilungen mit ein und erfordern ein hohes Maß an

Koordination. Dies eignet sich besonders für Prozesse, die nach einem vordefinierten Modell in einer strukturierten Organisation ablaufen. Im Zusammenhang mit SAP ERP HCM gliedern sich Workflows in drei Gruppen:

- **Workflows zur Steuerung von Informationsflüssen**
  - Änderungs- und Statusmitteilungen
  - frühes Archivieren
  - formularbasierte Abläufe, Abbildung von Umlaufzetteln
  - Hilfe in Fehlersituationen und beim Customizing
- **Workflows zur Steuerung einzelner Prozesse**
  - Folgeprozess beim Erreichen bestimmter Grenzwerte (maximale Teilnehmerzahl erreicht)
  - Unterstützung in der Stammdatenpflege (Referenten)
  - Drucken und Senden von Reports
  - automatische Buchung
  - automatische Archivierung
- **Workflows zu Steuerung komplexer Prozesse**
  - Genehmigungsverfahren bei der Buchung und Stornierung von Veranstaltungen
  - Rechnungsstellung
  - Eskalationsverfahren
  - Bewerberverwaltung

Einfache Beispiele für die effiziente Reduzierung von manuellem Aufwand durch den Einsatz von SAP Business Workflow sind die Genehmigungs- und Informations-Workflows im Veranstaltungsmanagement. Sie können automatisch dafür sorgen, dass Vorgesetzte über Buchungen und Stornierungen ihrer Mitarbeiter informiert werden oder diese zur Genehmigung erhalten, ohne dass eine einzige E-Mail von Hand geschrieben werden muss oder Zeit beim Transport von Formularen mit der Hauspost verloren geht.

Einfache, klar definierte Teilprozesse wie die oben genannten sind mit Workflows leicht umzusetzen, im Bedarfsfall schnell anzupassen und zahlen sich aufgrund der verbesserten Effizienz in der Regel schnell aus.

5.2 Integration von Workflows in SAP ERP HCM

Grundsätzlich ist der SAP Business Workflow anwendungsübergreifend in das SAP ERP-Basissystem integriert und kann so die betriebswirtschaftlichen Funktionen optimal unterstützen.

Seine zentralen Bausteine sind im Einzelnen:

- der Workflow Builder, eine grafische Definitionsumgebung für Workflows (siehe Abschnitt 5.3)
- das Laufzeitsystem, das die Workflows überwacht und steuert
- fertige Workflow-Muster, die mit dem System ausgeliefert werden und wiederverwendet werden können (in der Regel genügt es, mögliche Bearbeiter zuzuordnen und die Ereigniskopplung zum Starten des Workflows zu aktivieren)

Schließlich ist das *Business Object Repository* (BOR) zu nennen, in dem Objekte (die zentralen Bestandteile eines Workflows) definiert und implementiert werden können.

5.3 Workflow Builder

Der Workflow Builder ist das zentrale Werkzeug von SAP Business Workflow (siehe Abbildung 5.1). Er ermöglicht unter anderem mit seiner grafischen Oberfläche das Anlegen, Ändern, Testen und Anzeigen einer Workflow-Definition.

Die *Workflow-Definition* steuert den Geschäftsprozess (z.B. die Genehmigung einer Weiterbildungsmaßnahme). Eine Workflow-Definition besteht aus aufeinander folgenden Schritten, die jeweils genau eine Aktion im Prozess beschreiben, so z.B.:

1. einen Antrag stellen
2. einen Antrag prüfen
3. eine Wiedervorlageschleife durchlaufen
4. auf das Ergebnis eines anderen Prozesses warten

Workflows werden in der Regel von Ereignissen ausgelöst. Diese Ereignisse (Events) sind unabhängig vom Workflow. Sie werden beim Erreichen bestimmter betriebswirtschaftlicher Zustände vom System erzeugt und müssen aktiv mit dem Workflow gekoppelt sein. Aktionen im Workflow können Steuerungsschritte sein. Sie können auch auf konkrete Aufgaben verweisen, die von ausgewählten Bearbeitern durchgeführt werden. So genehmigt in der Regel der Vorgesetzte eine Weiterbildungsmaßnahme.

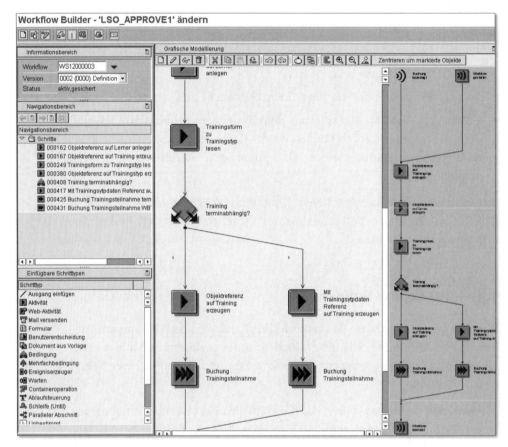

Abbildung 5.1 Workflow Builder

Jeder Schritttyp hat im Workflow sein eigenes Symbol, um die Definition unmittelbar lesbar zu machen (siehe Abbildung 5.2). Eine detaillierte Liste dieser Symbole und ihrer Bedeutung würde an dieser Stelle den Rahmen dieses Kapitels sprengen. Sie findet sich aber im Workflow-Teil der SAP-Dokumentation. Die Daten werden von Workflow-Schritt zu Workflow-Schritt automatisch weitergeleitet. Die Schnittstelle hierfür repräsentiert der Workflow-Container.

Abbildung 5.2 Übersicht der Schritttypen

5.4 Standardelemente in der Personalplanung und -entwicklung

In diesem Abschnitt listen wir die Workflow-Muster für die Personalplanung und -entwicklung auf, die standardmäßig zur Verfügung stehen.

- **Bereich »Zielvereinbarung und Beurteilung«**
  - Info an Beurteilten – Ändern WS 12300114
  - Info an Beurteilten – Genehmigen WS 12300116
  - Info an Beurteilten – Review WS 12300126
  - Info an Beurteilten – Anzeigen WS 12300113
  - Info an Beurteilten – Genehmigt WS 12300120
  - Info an Beurteilten – Abgelehnt WS 12300121
  - Info an Beurteiler – Ändern WS 12300110
  - Info an Beurteiler – Genehmigen WS 12300115
  - Info an Beurteiler – Ändern im Zeitraum WS 12300127
  - Info an Beurteiler – Review WS 12300125
  - Info an Beurteiler – Anzeigen WS 12300109

- **Bereich »Organisationsmanagement«**
  - Vorgemerkte Personalmaßnahme ausführen WS 01000014 (Vormerkung)
  - Vakanz zur Planstelle anlegen WS 01000040
  - Vakanz zur Planstelle abgrenzen WS 01000041
  - Fehler beim Bearbeiten einer Vakanz WS 01000043
  - Vorgemerkte Personalmaßnahme ausführen WS 01000077
  - Nachricht neuer Mitarbeiter in Abteilung WS 01200136
- **Bereich »Expertensuche«**
  - Genehmigung Expertenprofil WS 12500009
- **Bereich »E-Recruiting«**
  - Suchauftrag genehmigen WS 51800008
  - Stellenausschreibung genehmigen WS 51800010
  - Irrtum bei Datenerfassung korrigieren WS 51800042
  - Neues Kennwort vergeben WS 51900003
  - Statusänderung WS 51900005
  - Registrierung eines Kandidaten löschen WS 51900006
  - Objekt anlegen WS 51900008
  - Aktivität anlegen WS 51900009
- **Bereich »Veranstaltungsmanagement«**
  - Fehlerbehandlung Korrespondenz WS 004100120
  - Teilnahmestornierung Mitarbeiter WS 01200147
  - Genehmigung Teilnahme eines Mitarbeiters WS 0120051
  - Umbuchung eines Mitarbeiters genehmigen WS 01200160
- **Bereich »Learning Solution/Trainingsmanagement«**
  - Buchung Trainingsteilnahme (WS 12000003)
  - Stornierung Trainingsteilnahme (WS 12000004)

5.5 Bearbeiterfindung

Eine besondere Rolle kommt der Komponente *Organisationsmanagement* (OM) von SAP ERP HCM zu. Sie liefert für den SAP Business Workflow die gesamten Informationen zur Aufbauorganisation des Unternehmens und ihrer Besetzung mit Mitarbeitern. Durch geschickt gewählte, personenunabhängige Zuordnung von Workflow-Schritten zu Objekten aus dem Organisationsmanagement (z.B. Organisationseinheit, Planstelle, Stelle etc.) können sogar Änderungen der Aufbauorganisation erfolgen, ohne dass Workflow-Definitionen geändert werden müssen.

Hauptzweck von SAP Business Workflow ist es, die richtige Aufgabe zur richtigen Zeit an den richtigen Bearbeiter (Organisationseinheit, Planstelle, Stelle oder Benutzer) zu leiten und so Geschäftsprozesse zu beschleunigen. Die Komponente *Organisationsmanagement* liefert den Rahmen für eine Routing-Struktur, die SAP Business Workflow zur Laufzeit für die Aufgabenzuordnung verwendet. Um die Zahl der gefundenen Bearbeiter auf die tatsächlichen Bearbeiter zu reduzieren, können Sie zudem die Rollenauflösung verwenden.

Es gibt zwei mögliche Arten, das Organisationsmanagement in Verbindung mit Workflow zu nutzen:

- Das Unternehmen setzt das Organisationsmanagement zu personalwirtschaftlichen Zwecken ein. Wenn die Integration zwischen OM und Workflow eingerichtet ist, kann man nicht nur Benutzern, sondern auch Mitarbeitern (über den Infotyp 0105 (Kommunikation) = Benutzer) Aufgaben zuordnen.

- Das Unternehmen setzt das Organisationsmanagement nicht innerhalb seiner personalwirtschaftlichen Prozesse ein. In diesem Fall legt man jeweils kleine Teile der Organisationsstruktur an, um die Workflows lauffähig zu machen. Da dann keine Personen als HR-Objekte in der Organisationsstruktur geführt werden, kann man die Aufgaben direkt den Benutzern zuordnen.

5.6 Kritische Erfolgsfaktoren

Folgende Punkte sind für den Erfolg von Workflow-Projekten von besonderer Bedeutung:

- Die mit SAP Business Workflow zu unterstützenden Geschäftsprozesse müssen im Ablauf klar definiert sein.
- Die Bearbeiterzuständigkeiten müssen ebenso klar geregelt und die notwendigen Kompetenzen vergeben sein.

- Je höher die Frequenz eines Prozessdurchlaufs ist, desto höher ist der Nutzen durch die Realisierung eines Workflows.
- Mitarbeiter und Betreuer müssen intensiv geschult und auf den Einsatz vorbereitet werden.
- Die Arbeitnehmervertretung muss von den Vorteilen überzeugt werden (Workflow kann Leistungskontrolle ermöglichen).
- Genügen die Standard-Workflow-Muster den Anforderungen auch nach kleineren Anpassungen nicht, kann der Aufwand für die Eigenentwicklung sehr hoch werden. In diesem Fall ist insbesondere für kleinere Unternehmen eine kritische Hinterfragung der Kosten/Nutzen-Relation zu empfehlen.

Im nächsten Kapitel erhalten Sie einen Einblick in die Auswertungsmöglichkeiten, die Ihnen Queries in SAP ERP HCM bieten.

Mit der SAP Query und der Ad-hoc Query stehen in SAP ERP HCM Werkzeuge zur einfachen und schnellen Definition von Berichten und Listen zur Verfügung. Diese Werkzeuge bieten dem Benutzer eine breite Palette an Möglichkeiten.

6 Queries in SAP ERP HCM

SAP Query und Ad-hoc Query sind zwei Werkzeuge zur flexiblen Definition von Auswertungen. Der Endbenutzer kann sich damit eigenständig Auswertungen aus vorgegebenen Strukturen zusammenstellen und muss seine Anforderungen nicht von der IT-Abteilung umsetzen lassen. Beide Werkzeuge basieren auf der gleichen Technik und unterscheiden sich lediglich in den Werkzeugen zur Berichtsdefinition. Die Ad-hoc Query ist das einfachere und schneller zu erlernende Tool, die SAP Query bietet dafür mehr Möglichkeiten bei der Definition von Berichten, beispielsweise die Möglichkeit, die Daten in mehreren Zeilen darzustellen.

6.1 Einführung

Im Folgenden lernen Sie den Aufbau der Query kennen sowie Begrifflichkeiten, die für das Verständnis der Auswertungsmöglichkeiten hilfreich sind.

6.1.1 Aufbau und Technik der Query

Jede Auswertung, auch *Query* genannt, basiert auf einem *InfoSet*. Dem Benutzer steht in diesem InfoSet ein Datenbestand zur Verfügung, aus dem er Datenfelder für Auswertungen beliebig zusammenstellen kann. Die Felder sind in sogenannten *Feldgruppen* organisiert. Diese entsprechen meist den Infotypen, aus denen die Daten entnommen werden (siehe Abbildung 6.1). Durch einfaches Markieren mit der Maus (siehe Abschnitt 6.2.2, »Arbeiten mit der SAP Query«, und Abschnitt 6.2.3, »Ad-hoc Query«) werden Felder für die Ausgabe in einer Liste und die Selektion von Daten zusammengestellt. SAP liefert InfoSets aus, die als Vorlage für die Definition eigener InfoSets herangezogen werden können. Die SAP InfoSets befinden sich im sogenannten *globalen Arbeitsbereich*; eigene InfoSets sollten im *Standardarbeitsbereich* angelegt werden.

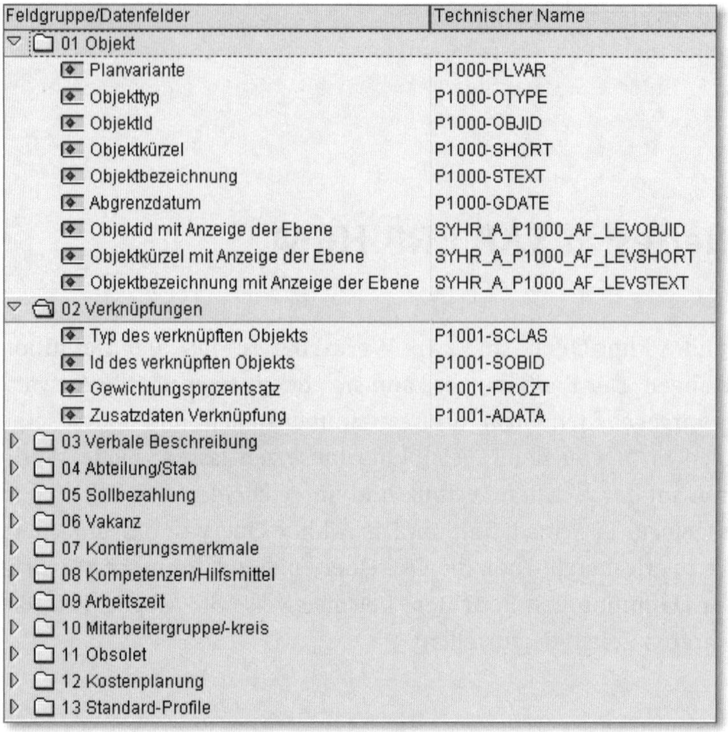

Feldgruppe/Datenfelder	Technischer Name
▽ 📁 01 Objekt	
◉ Planvariante	P1000-PLVAR
◉ Objekttyp	P1000-OTYPE
◉ ObjektId	P1000-OBJID
◉ Objektkürzel	P1000-SHORT
◉ Objektbezeichnung	P1000-STEXT
◉ Abgrenzdatum	P1000-GDATE
◉ ObjektId mit Anzeige der Ebene	SYHR_A_P1000_AF_LEVOBJID
◉ Objektkürzel mit Anzeige der Ebene	SYHR_A_P1000_AF_LEVSHORT
◉ Objektbezeichnung mit Anzeige der Ebene	SYHR_A_P1000_AF_LEVSTEXT
▽ 📁 02 Verknüpfungen	
◉ Typ des verknüpften Objekts	P1001-SCLAS
◉ Id des verknüpften Objekts	P1001-SOBID
◉ Gewichtungsprozentsatz	P1001-PROZT
◉ Zusatzdaten Verknüpfung	P1001-ADATA
▷ 📁 03 Verbale Beschreibung	
▷ 📁 04 Abteilung/Stab	
▷ 📁 05 Sollbezahlung	
▷ 📁 06 Vakanz	
▷ 📁 07 Kontierungsmerkmale	
▷ 📁 08 Kompetenzen/Hilfsmittel	
▷ 📁 09 Arbeitszeit	
▷ 📁 10 Mitarbeitergruppe/-kreis	
▷ 📁 11 Obsolet	
▷ 📁 12 Kostenplanung	
▷ 📁 13 Standard-Profile	

Abbildung 6.1 Feldgruppen und Datenfelder

Den technischen (Daten liefernden) Unterbau von InfoSets bilden in der Regel logische Datenbanken oder Teile davon (so z.B. die logischen Datenbanken PNP oder PNPCE in der Personaladministration sowie PCH in der Personalplanung und -entwicklung). Logische Datenbanken sind im Prinzip Programme, die auf die Daten einer bestimmten Applikation zugreifen (z.B. PNP für die Personaladministration), dazu über ein eigenes Selektionsbild verfügen und die von ihnen ermittelten Daten übergeordneten Reports und auch Queries zur Verfügung stellen. So besteht ein großer Vorteil der Verwendung logischer Datenbanken darin, dass alle Queries und Reports, die auf diesen Datenbanken basieren, automatisch mit den gleichen Mechanismen der Datenbeschaffung arbeiten. Ein weiterer Vorteil ist, dass in den logischen Datenbanken bereits alle erforderlichen Berechtigungsprüfungen erledigt werden.

Zur Organisation von InfoSets und Queries dienen die *Benutzergruppen*. In einer Benutzergruppe werden Benutzer (SAP User) fachlich gruppiert (z.B. die Mitarbeiter der Personalentwicklung). Die Benutzergruppe wird dann einem oder mehreren InfoSets zugeordnet (siehe Abbildung 6.2). Dies bedeutet, dass die Mitglieder der Benutzergruppe alle Queries sehen und auch nutzen können, die das zugeordnete InfoSet (bzw. die zugeordneten InfoSets) als Datenbasis verwenden.

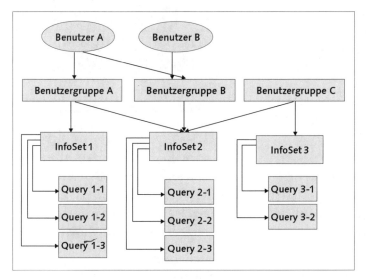

Abbildung 6.2 Benutzer, Benutzergruppen, InfoSets und Queries im Zusammenhang

Von dieser Zuordnung unberührt bleibt die grundsätzliche Prüfung nach dem Berechtigungskonzept, die regelt, ob ein Benutzer Zugriff auf bestimmte Daten erhält oder nicht. Zugriff auf Daten, für die der Benutzer nach dem Berechtigungskonzept keine Berechtigung hat, kann er auch mittels Query nicht erlangen. Die Grundlagen zur Prüfung der Berechtigung sind in der logischen Datenbank hinterlegt und funktionieren in der Query analog jeder anderen Auswertung, welche die logische Datenbank verwendet.

6.1.2 Logische Datenbanken in SAP ERP HCM

Wie im vorherigen Abschnitt bereits angesprochen, sind InfoSets in SAP ERP HCM auf der Basis der logischen Datenbanken PNP oder PNPCE und PCH definiert.

Der Vorteil des Einsatzes der logischen Datenbank ist, dass damit die Queries das Selektionsbild der logischen Datenbank mit umfangreichen und komfortablen Selektionsmöglichkeiten erben. Sowohl für die Wahl des Auswahlzeitraums als auch für die Selektion der Organisationsstruktur. Bei Verwendung der logischen Datenbank PCH umfasst das Selektionsbild einen Editor zur Definition von Strukturbedingungen (siehe Abbildung 6.3).

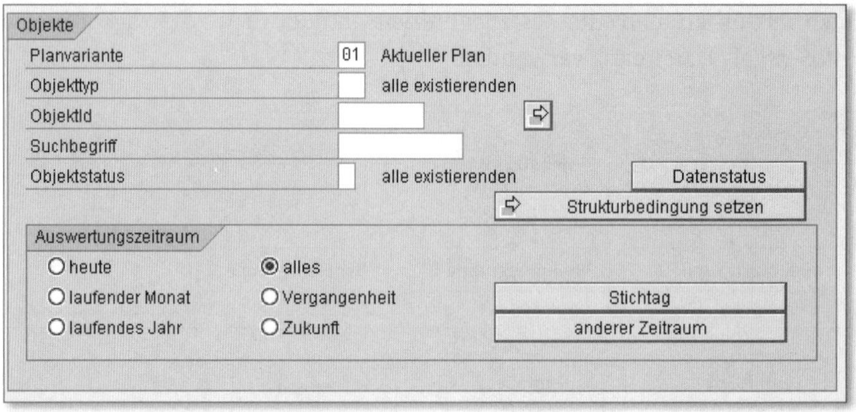

```
Objekte
  Planvariante                       01   Aktueller Plan
  Objekttyp                               alle existierenden
  ObjektId                                                    ⇨
  Suchbegriff
  Objektstatus                            alle existierenden      Datenstatus
                                                         ⇨   Strukturbedingung setzen
Auswertungszeitraum
  ○ heute              ● alles
  ○ laufender Monat    ○ Vergangenheit       Stichtag
  ○ laufendes Jahr     ○ Zukunft             anderer Zeitraum
```

Abbildung 6.3 Selektionsbild einer Query auf der Basis der logischen Datenbank PCH

Im Bereich der Personalentwicklung können Sie sowohl die logische Datenbank PNP oder PNPCE als auch die logische Datenbank PCH einsetzen.

Die logische Datenbank PNP oder PNPCE sollte zum Einsatz kommen, wenn die *Person* bei der Auswertung im Mittelpunkt steht. Ein InfoSet kann alle Infotypen der Personaladministration einschließlich kundeneigener Infotypen enthalten und um Objekte der Personalplanung ergänzt werden, die mit der Person verknüpft sind (siehe Abbildung 6.4) Auch der Selektionsbildschirm ermöglicht primär die Einschränkung nach Kriterien der Personaladministration. Auf diese Weise können z.B. Listen von Mitarbeitern mit Qualifikationen oder Veranstaltungsteilnahmen erzeugt werden.

Bei InfoSets, die auf der logischen Datenbank PCH aufbauen, stehen *Objekte* aus der Personalplanungsdatenbank und deren Beziehung zu anderen Objekten im Mittelpunkt. Abbildung 6.5 zeigt z.B. die Infotypen, die zu dem Objekt »Stelle« in einem InfoSet verwendet werden können. Beim Anlegen des InfoSets muss ein Objekt festgelegt werden, das mit dem InfoSet ausgewertet werden soll. Dies können z.B. Auswertungen sein, die Qualifikationen und alle verbundenen Stellen auswerten, die diese Qualifikation als Anforderung voraussetzen oder alle Personen, die diese Qualifikation erfüllen.

Einführung | 6.1

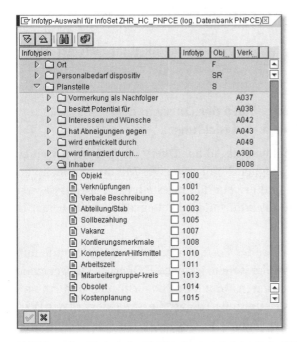

Abbildung 6.4 Verknüpfte Objekte in ein InfoSet mit der PNPCE einbinden

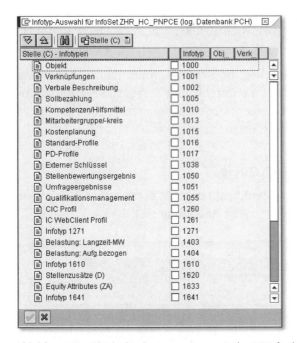

Abbildung 6.5 Objekt für die Auswertung mit der PCH festlegen

6.2 Umsetzung in SAP ERP HCM

In diesem Abschnitt lernen Sie die Auswertungsmöglichkeiten der Query kennen.

6.2.1 Nutzen und Einsatzgebiete der Query in der Personalplanung und -entwicklung

Für schnelle Abfragen ist vor allem die Ad-hoc Query mit ihrer relativ einfachen Definitionsoberfläche geeignet. Binnen weniger Minuten können vorhandene Abfragen geändert und erweiterte Fragestellungen angepasst werden. Dies betrifft sowohl die Selektionsmöglichkeiten als auch die Felder in der Ausgabe.

Für Berichte, die in gleichbleibender Form einer größeren Zahl von Benutzern zur Verfügung gestellt werden sollen, ist die SAP Query besser geeignet. Bedingt durch ihre umfangreicheren Definitionsmöglichkeiten und ein entsprechend anspruchsvolleres Definitions-Tool ist die SAP Query in der Wartung zwar aufwendiger, bietet jedoch im Gegenzug das Erscheinungsbild und sämtliche Möglichkeiten eines Standardberichts. In der Anwendung ist sie für den Benutzer unmittelbar verständlich. Außerdem können Sie mit der SAP Query einige Fragestellungen beantworten, die die Ad-hoc Query nicht abdeckt. Im Vergleich zu selbst entwickelten Reports ist die Query sowohl in der Entwicklung als auch in der Wartung deutlich kostengünstiger.

Ein weiterer Vorteil der Query liegt im Benutzergruppenkonzept, das dem Berechtigungskonzept der logischen Datenbank nachgeschaltet ist und eine genaue Zuordnung der Queries eines InfoSets zu ihren möglichen Benutzern in Form der Benutzergruppen realisiert.

6.2.2 Arbeiten mit der SAP Query

Die SAP Query finden Sie im Menübaum unter WERKZEUGE • ABAP WORKBENCH • HILFSMITTEL • SAP QUERY (siehe Abbildung 6.6).

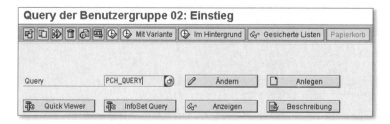

Abbildung 6.6 Einstieg in die SAP Query-Bearbeitung

Nach dem Start der Definitionsumgebung entscheiden Sie zunächst, welches InfoSet als Datenbasis verwendet werden soll (siehe Abbildung 6.7).

Abbildung 6.7 Auswahl des InfoSets beim Anlegen einer SAP Query

Als nächsten Schritt legen Sie die allgemeinen Parameter der Query wie Titel, Listenformat, Tabellenformat und allgemeine Ausgabeform an (siehe Abbildung 6.8).

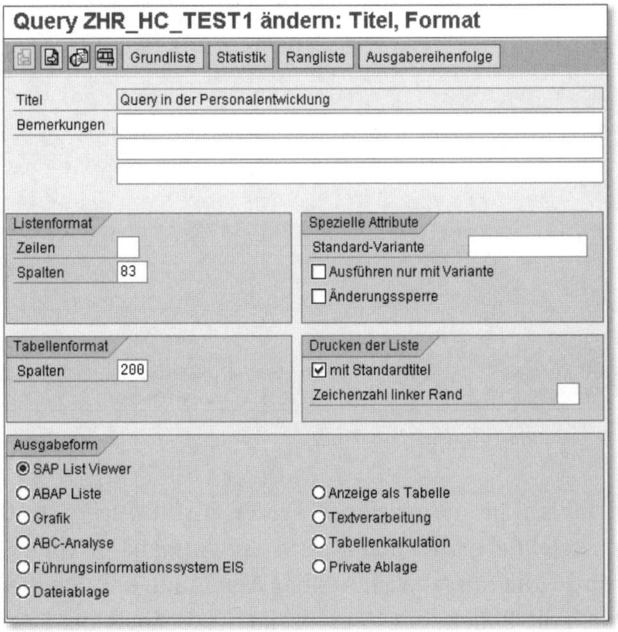

Abbildung 6.8 Anlegen der Eigenschaften einer neuen Query

6 | Queries in SAP ERP HCM

Anschließend folgt die Auswahl der Feldgruppen, die Sie in der Query verwenden wollen. Feldgruppen sind Teilmengen eines InfoSets und gruppieren in der Regel die Felder eines InfoSets nach fachlichen Gesichtspunkten (ähnlich den Infotypen, die Daten in der Personaladministration gruppieren).

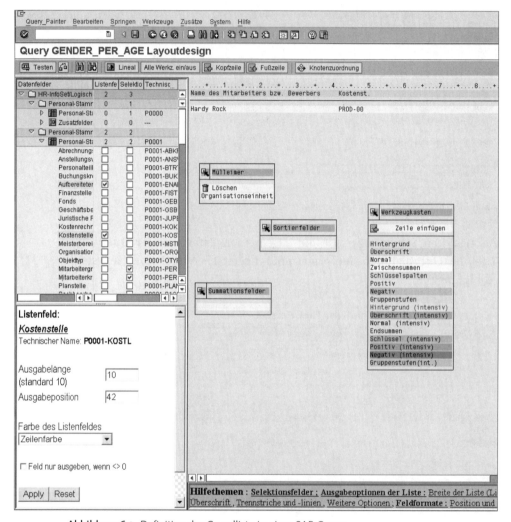

Abbildung 6.9 Definition der Grundliste in einer SAP Query

Nach dieser Auswahl wählen Sie die einzelnen Felder aus und legen fest, nach welchen Kriterien selektiert wird und was in der Ausgabe erscheint. Anschließend definieren Sie die Ausgabelisten (siehe Abbildung 6.9). An dieser Stelle können Sie auch die Benennung der einzelnen Ausgabefelder kontrollieren und bei Bedarf anpassen.

Je nach gewählter Ausgabeform (z.B. List-Viewer), können bei der späteren Verwendung der Query das Layout (Reihenfolge, Ein- und Ausblenden von Feldern) und die Formatierung (Filter, Zwischensummen, Aggregationsebenen) den individuellen Erfordernissen des Adressaten angepasst werden.

6.2.3 Ad-hoc Query

Die Ad-hoc Query erreichen Sie im Menü z.B. über den Pfad PERSONAL • PERSONALMANAGEMENT • ADMINISTRATION • INFOSYSTEM • REPORTING-WERKZEUGE • AD-HOC-QUERY. Wie in der SAP Query wählen Sie zunächst das InfoSet aus. Wie in Abbildung 6.10 zu sehen, gliedert sich der Bildschirm in drei Teile: ❶ die Feldauswahl aus der InfoSet-Struktur links oben, ❷ die Selektionskriterien rechts oben und ❸ im unteren Bildbereich eine Vorschau auf die Ausgabe.

Hinter dem Button AUSWERTUNGSMENGE... verbirgt sich unter anderem eine komfortable Selektionsmöglichkeit über die Baumstruktur des Organisationsmanagements. Darüber ist die Zeitauswahlsektion platziert, über die man den Zeitbereich für die Gültigkeit der selektierten Daten auswählt. Im mittleren Teil rechts sind schließlich die von uns ausgewählten Selektionskriterien angeordnet.

Die Ausgabe mittels List-Viewer (siehe Abbildung 6.11) können Sie Ihren Erfordernissen gemäß anpassen. Sie bietet folgende Möglichkeiten:

- Sortieren, Ein- und Ausblenden von Spalten
- Ausgabe von Schlüsseln und/oder Langtext
- Aggregation nach frei wählbaren Spalten in der Ausgabeliste mit ausblendbaren Details
- ABC-Analysen und grafische Anzeige (Diagramme Torten etc.)
- Abspeichern selbst entwickelter Layouts
- Überführung der Ausgabeliste (auch in aufbereiteter Form) nach MS Excel und Word
- Versenden der Listen per SAP Mail, bei aktivem Mail Connector auch an externe Mail-Adressen

6 | Queries in SAP ERP HCM

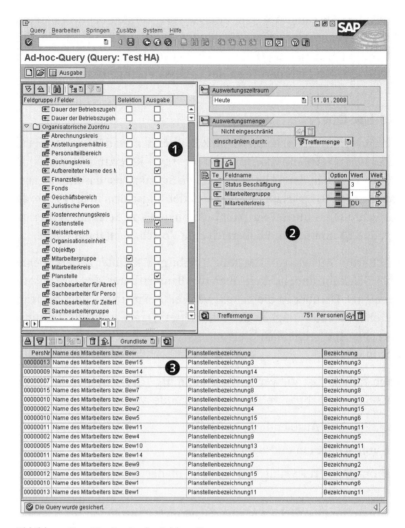

Abbildung 6.10 Einstieg in die Ad-hoc Query

PersNr	Name des Mitarbeiters bzw. Bew	Planstellenbezeichnung	Bezeichnung
00001001	Michaela Maier	Sachbearbeiter Reisekosten (D)	Finanzen & Admin.
00001003	Stefan Pfändili	Finanzbuchhalter Kreditoren (D)	Finanzen & Admin.
00001004	Olaf Paulsen	Sachbearbeiter Kreditoren 1 (D)	Finanzen & Admin.
00001005	Hanno Gutjahr	Sachbearbeiter Kreditoren 2 (D)	Finanzen & Admin.
00001006	Yasmin Awad	Sachbearbeiter Kreditoren 3 (D)	Finanzen & Admin.
00001011	Claudia Förster	Finanzbuchhalter Debitoren (D)	Finanzen & Admin.
00001012	Sandra Grundig	Finanzbuchhalter Debitoren (D)	Finanzen & Admin.
00001013	Wolfgang Humboldt	Finanzbuchhalter Debitoren (D)	Finanzen & Admin.
00001014	Gudrun Hintze	Sekretärin Debitoren (D)	Finanzen & Admin.
00001016	Mike Kaufman	Sachbearbeiter Personaladm. (D)	Personal
00001023	Nicole Hörter	Sekretärin Pers.entw./Controlling (D)	Personal
00001024	Nicole Hörter		Personal

Abbildung 6.11 List-Viewer-Ausgabe einer Ad-hoc Query

6.2.4 Ad-hoc Query versus SAP Query

Die SAP Query stellt ein komplexes Werkzeug dar, mit dessen Hilfe auch aufwendige Abfragen formuliert werden können. Es ist ebenfalls möglich, mehrere Arten von Listen aus dem Abfrageergebnis zu extrahieren. Man unterscheidet hierbei Grund- und Ranglisten sowie Statistiken. Vom Erscheinungsbild her ist die SAP Query identisch mit den Standardreports. Mithilfe der SAP Query werden auch Mitarbeiter ohne Programmierkenntnisse in die Lage versetzt, komplexe Abfragen zu entwickeln. Auf diese Weise können Sie oftmals auf eine teure Individualprogrammierung verzichten.

Um einfache Ad-hoc-Anfragen zu klären, ist der Aufwand zur Definition einer kompletten SAP Query jedoch oft zu groß. Diese Aufgabe bewältigt die Ad-hoc Query besser. Sie basiert auf der SAP Query, ist jedoch wesentlich leichter zu handhaben und daher in den Fachabteilungen wesentlich leichter einsetzbar. Ihre Handhabung ist leicht erlernbar. Da die Selektionskriterien mit abgespeichert werden, gibt es bei der Ad-hoc Query keine Varianten wie bei Standardreports oder SAP Queries. Unterschiedliche »Varianten« müssen als unterschiedliche InfoSet Queries abgespeichert werden.

Beide Queries stoßen an ihre Grenzen, wenn es darum geht, zu interdisziplinären Fragestellungen zu berichten oder auch Verzweigungsoptionen zu anderen Applikationen und Detailinformationen zu Objekten (Drilldown) zu ermöglichen. Für solche Aufgaben müssen Sie entweder programmieren oder SAP NetWeaver BW einsetzen.

6.3 Kritische Erfolgsfaktoren

Einzelne Queries auf Basis der ausgelieferten InfoSets oder auch auf Basis selbst erstellter InfoSets können Sie durchaus ohne eine aufwendige Konzeptionsphase erstellen. Soll das Instrument der Query aber einer breiten Gruppe von Benutzern zur Verfügung gestellt werden, so sind einige Punkte zu beachten:

- Bei der Benennung der Felder in Ausgabelisten muss peinlich auf Klarheit geachtet werden. Zunächst erscheint die Bezeichnung des Felds aus dem Data Dictionary – diese ist oft wenig aussagekräftig: Die Überschrift »Bezeichnung« erscheint zunächst einmal über Spalten mit Langtexten zu Kostenstelle, Organisationseinheit, Planstelle und vielen anderen Spalten. An dieser Stelle müssen Sie dann in der Liste nachdefinieren.

- Aufgrund der Anforderungen der verschiedenen Benutzergruppen ist vor dem Anlegen einzelner InfoSets und Queries eine klare Struktur bezüglich der Query-Benutzergruppen und der zugeordneten InfoSets zwingend erforderlich. Dabei muss nicht nur der Inhalt, sondern auch die Komplexität der InfoSets auf die jeweiligen Benutzer abgestimmt sein.
- Die Entwicklung von SAP Queries erfordert bereits einen relativ hohen Schulungsaufwand der jeweiligen Benutzer.
- Das Berechtigungskonzept muss nach Klärung der datenschutzrechtlichen Hintergründe grundlegend geprüft und unter Umständen weiterentwickelt werden.

In diesem Kapitel haben Sie die Auswertungsmöglichkeiten der SAP Query und Ad-hoc Query kennengelernt. Beide Tools eignen sich zur flexiblen Auswertung von Daten aus der Personalplanung und -entwicklung; ihre Stärke liegt im Bereich der Erstellung von Listen. Zum Durchführen von Analysen gibt es SAP NetWeaver BW, das Sie in Kapitel 16 kennenlernen. Der sich nun anschließende zweite Teil des Buchs widmet sich dem Talent Management.

TEIL II
Talent Management

In diesem Teil des Buchs beschreiben wir die Komponenten aus dem Bereich Talent Management. Nach einer Einführung behandeln wir das Skillmanagement, das Performance Management (Zielvereinbarung und Beurteilung), das Veranstaltungsmanagement und die SAP Learning Solution, SAP E-Recruiting sowie das Unternehmensvergütungsmanagement.

Als Talent Management bezeichnet man die langfristige Sicherstellung der Besetzung von kritischen Positionen im Unternehmen. In diesem Kapitel erhalten Sie eine Einführung in das Talent Management und in die Umsetzung in SAP ERP HCM.

7 Einführung in das Talent Management

Mit der Einführung der Personalentwicklungskomponenten von SAP ERP HCM werden in vielen Unternehmen Personalentwicklungsprozesse erstmals mit einem IT-System umfassend unterstützt. Häufig bilden isolierte Systeme für die Seminarorganisation und einzelne Masken für Ausbildungsdaten bislang die einzige IT-Unterstützung in diesem Bereich. Daher zeigen wir in diesem Kapitel den Prozess eines IT-unterstützten Talent Managements Schritt für Schritt auf.

7.1 Was ist Talent Management?

Das Talent Management hat sich in den letzten Jahren als Reaktion auf die sich ändernden Bedingungen der Suche nach qualifizierten Mitarbeitern entwickelt. Die Suche nach qualifizierten Arbeitskräften in den westlichen Industrieländern wurde durch den demografischen Wandel erschwert; zudem hat sich der Wettbewerb um qualifizierte Arbeitskräfte in globalen Märkten verschärft. Unternehmen müssen größere Anstrengungen unternehmen, um die Besetzung kritischer Stellen sicherzustellen. Dies erfordert eine aktive Gewinnung von Mitarbeitern, die Bindung von Mitarbeitern an das Unternehmen und die konsequente Entwicklung von Mitarbeitern mit Potenzial.

7.1.1 Bestimmung der Zielgruppen

Am Anfang des Prozesses steht immer die Bestimmung der Zielgruppe, die für den Erfolg eines Unternehmens wichtig ist.

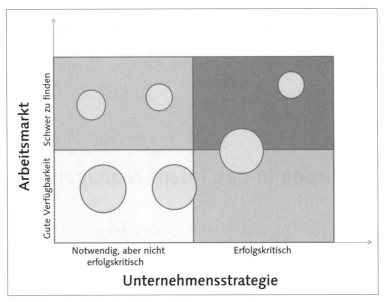

Abbildung 7.1 Definition der Zielgruppe

Die Kreise in Abbildung 7.1 stellen den Mitarbeiterbedarf dar, wobei die Größe der Kreise mit der Anzahl der benötigten Mitarbeiter korreliert. Die Mitarbeiter, die alle für das Unternehmen wichtig und notwendig sind, haben unterschiedlichen Einfluss auf den Unternehmenserfolg. Der Bedarf an Mitarbeitern kann am Arbeitsmarkt unterschiedlich leicht gedeckt werden. Die Mitarbeiter, die erfolgskritisch für ein Unternehmen sind und am Arbeitsmarkt nur schwer zu bekommen sind, müssen im Rahmen eines Talent Managements besonders fokussiert werden.

7.1.2 Bereiche des Talent Managements

Für das Talent Management ergeben sich vier Tätigkeitsfelder:

- **Gewinnung von Mitarbeitern**
  Der Arbeitgeber muss sich als attraktiver Arbeitgeber nach außen darstellen und Beziehungen zu potenziellen, talentierten Mitarbeitern aufbauen.

- **Identifikation von talentierten Mitarbeitern**
  Talentierte Mitarbeiter und Kandidaten müssen identifiziert werden.

- **Entwicklung von Mitarbeitern**
  Herausfordernde Aufgaben müssen den Mitarbeitern systematisch zuge-

ordnet werden. In Mitarbeitergesprächen müssen die Mitarbeiter Feedback zu ihrer Leistung und Lernentwicklung erhalten.

- **Einsatz von Mitarbeitern**
Vielversprechende Kandidaten müssen systematisch eingesetzt werden; dabei spielt auch die Nachfolgeplanung eine wichtige Rolle.

7.1.3 Gestaltungsrahmen des Talent Managements

Die Umsetzung eines konsequenten Talent Managements ist nicht nur Aufgabe der Personalabteilung – vor allem Führungskräfte müssen das Talent Management verstehen, unterstützen und umsetzen. Hierbei ist auch die Unterstützung des Topmanagements notwendig.

- **Führung**
Die Führungskräfte sind für die erfolgreiche Umsetzung zentral; sie müssen dem Talent Management verpflichtet sein.

- **Organisation**
Die erforderlichen Kompetenzen der Führungskräfte müssen sichergestellt werden.

- **Controlling**
Relevante Key-Performance-Indikatoren müssen erfasst werden, z.B. die Anzahl der High Potentials pro Organisationseinheit, die Anzahl intern besetzter kritischer Positionen und die Schnelligkeit bei der Besetzung von kritischen Funktionen.

- **Technologie**
Der Prozess muss durch geeignete Informationstechnologie unterstützt werden.

- **Kultur**
Nicht nur die Personalabteilung, sondern die gesamte Unternehmenskultur muss das »Talent« als zentralen Faktor des Unternehmenserfolgs begreifen.

7.2 Talent Management in SAP ERP HCM

In SAP ERP HCM werden unter *Talent Management* alle Komponenten zusammengefasst, die die beschriebenen Prozesse des Talent Managements unterstützen. Dazu gehören:

- **E-Recruiting**
  Das E-Recruiting bietet nicht nur die Möglichkeit, Mitarbeiter effektiv über das Medium Internet zu gewinnen, sondern ermöglicht auch die Verwaltung von Kandidatenpools, mit denen ein Kontakt aufgebaut wird, auch wenn aktuell keine geeignete Planstelle vorhanden ist. Der Talentpool kann sowohl mit externen Bewerbern als auch mit wechselwilligen internen Mitarbeitern aufgebaut werden.

- **Learning Solution**
  Die Learning Solution bietet alle Möglichkeiten zur Förderung lebensbegleitenden Lernens mit der Möglichkeit, Lernfortschritte aufzuzeichnen und auszuwerten.

- **Zielvereinbarung und Beurteilung**
  Diese Komponente ermöglicht einen flexibel gestaltbaren Beurteilungsprozess. Es können Planungsgespräche, Review und Beurteilungen abgebildet werden.

- **Talent Management und Talententwicklung**
  Mit dieser Komponente können die Kernprozesse des Talent Managements durchgeführt werden.

- **Unternehmensvergütungsmanagement**
  Das Unternehmensvergütungsmanagement dient der Planung und Umsetzung einer Vergütungspolitik zur Bindung von Mitarbeitern an das Unternehmen bei gleichzeitiger Kostenkontrolle.

Die Komponenten von SAP ERP HCM, die das Talent Management im weiteren Sinn unterstützen, werden in späteren Kapiteln dieses Buchs beschrieben. Zuerst wenden wir uns der Komponente *Talent Management* zu.

7.2.1 Bestandteile

Zu den Kernfunktionen des Talent Managements gehören die folgenden Funktionen:

Talentprofil

Das Talentprofil enthält die relevanten Informationen über einen Mitarbeiter. Im Standard können Informationen aus den Kategorien »Berufserfahrung intern«, »Berufserfahrung extern«, »Ausbildung«, »Besondere Leistungen«, »Laufbahnziel« und »Mobilität« gespeichert werden. Diese Informationen kann der Mitarbeiter selber im ESS hinterlegen (siehe Abbildung 7.2).

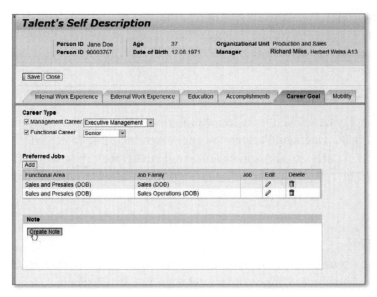

Abbildung 7.2 Talentprofil im Employee Self-Service (ESS)

In der Managersicht (siehe Abbildung 7.3) können Sie diese Daten ansehen und Informationen zur Einschätzung des Potenzials, der Performance oder möglicher Karrierehindernisse des Mitarbeiters hinterlegen.

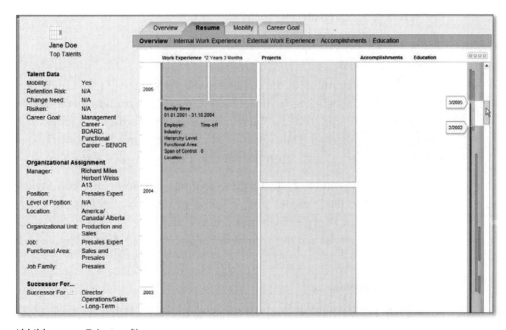

Abbildung 7.3 Talentprofil

Das Kurzprofil zeigt eine Auswahl der Daten, die im Customizing festgelegt werden kann. Diese wird für die Talentkonferenz, zur Suche von Talenten und beim Talentvergleich verwendet.

Talentgruppen

Die Talentgruppe fasst Talente zu frei definierbaren Gruppen zusammen, z.B. »Zugehörigkeit zu einem Programm« oder »Eignung«. Zur Talentgruppe können eine definierte Zugehörigkeitsdauer und ein Bearbeitungsteam definiert werden. Die Talentgruppe wird im Infotyp 7420 (Talentgruppe) gespeichert.

Talentkonferenz

Die Talentkonferenz ist die Besprechung zur Diskussion aller Talente eines Bereichs. Alle Teilnehmer können die festgelegten Talente einsehen, gegebenenfalls neue Talente hinzufügen, Talente vergleichen und die Einstufung von Potenzial und Performance ändern.

Talentvergleich

Im Talentvergleich können Kurzprofile verschiedener Talente nebeneinander gestellt und verglichen werden.

Nachfolgeplanung

Die Nachfolgeplanung stellt die Besetzung der wichtigsten Stellen im Unternehmen sicher. Mögliche Nachfolger werden nominiert und genehmigt. Es kann eine Begründung für die Zuordnung angelegt werden und eine Rangfolge festgelegt werden. Dies wird mit der Verknüpfung *740 ist Nachfolger von/hat Nachfolger* zwischen zentraler Person und Planstelle festgelegt.

Mitarbeiter, die grundsätzlich für die Nachfolge zur Besetzung von Stellen aus einer Jobfamilie geeignet sind, können in einen Nachfolgepool aufgenommen werden. Dies geschieht mit der Verknüpfung *744 hat Potential für /ist Potential von* zwischen der zentralen Person (CP) und der Jobfamilie (JF).

Talenteinschätzung

Die Talenteinschätzung ermöglicht es dem Manager, Daten zum Talent zu erfassen. Dazu gehören:

- Daten aus dem Performance Management
- Entwicklungspläne
- Potenzial
- Risiko
- Karrierehindernis
- Kompetenz
- Normierung für Talentgruppe

Die Normierung für Talentgruppen erfolgt ohne Bewertungskriterien, dafür mit einer im Customizing vordefinierten Begründung.

Talententwicklung

Mit der Talentenwicklung werden Entwicklungspläne für Mitarbeiter (siehe Abbildung 7.4) angelegt und überwacht. So wird z.B. für einen Mitarbeiter, der als Toptalent in der Talentkonferenz identifiziert wurde, ein Entwicklungsplan aufgestellt. Dieser Entwicklungsplan beschreibt den Entwicklungsbedarf des Mitarbeiters durch geeignete Schulungsmaßnahmen oder durch Mentoring. In einem anderen Fall wird ein Mitarbeiter als potenzieller Nachfolger für eine Stelle identifiziert, muss sich jedoch in einigen Bereichen noch dafür qualifizieren.

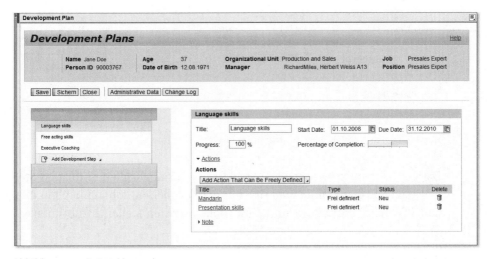

Abbildung 7.4 Entwicklungsplan

In jedem Entwicklungsgebiet können Entwicklungsziele festgelegt werden, die entweder frei definiert oder dem Qualifikationskatalog entnommen werden. Für die Erreichung dieser Entwicklungsziele können wiederum Entwicklungsmaßnahmen entweder frei definiert oder dem Schulungskatalog entnommen werden. Die Entwicklungsziele könne verfolgt und mit einem Prozentsatz der Erreichung belegt werden.

7.2.2 Erweiterte Stellenarchitektur

Das Datenmodell des Talent Managements wurde im Bereich des Stellenkatalogs um die Objekte »Jobfamilie« und »Funktionsbereich« erweitert. Dies ermöglicht eine zusätzliche Strukturierung des Jobkatalogs (siehe Abbildung 7.5). Der Funktionsbereich umfasst Jobfamilien, die wiederum Stellen oder auch direkt Planstellen umfassen können. Qualifikationen, die Funktionsbereichen oder Jobfamilien zugeordnet sind, werden auch an die Stellen und Planstellen weitervererbt.

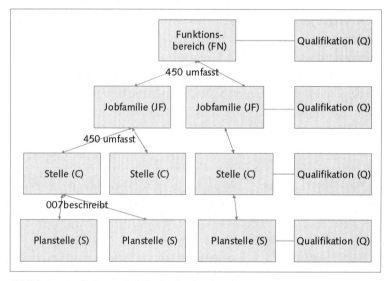

Abbildung 7.5 Datenmodell des Stellenkatalogs

Daraus ergeben sich zusätzliche Strukturierungsmöglichkeiten für den Stellenkatalog. Bisher konnte man sich nur damit behelfen, Jobfamilien mit dem Objekt »Stelle« abzubilden und diese Stelle weiteren Stellen zuzuordnen.

7.2.3 Infotypen

Im Folgenden erhalten Sie einen Überblick über die Infotypen des Talent Managements. Die Infotypen können nicht direkt bearbeitet werden, sondern werden von der Anwendung im Hintergrund befüllt.

- **Organisatorische Grundlagen und Nachfolgeplanung**
  - **7400 (Schlüsselkennzeichen)**
    In diesem Infotyp wird hinterlegt, ob die Stelle/Planstelle eine Schlüssel- oder Schlüsselplanstelle ist. Die Status »nominiert«, »genehmigt« oder »abgelehnt« können mit einer Begründung im Infotyp abgelegt werden.
  - **7401 (Laufbahntyp)**
    In diesem Infotyp hinterlegen Sie den Laufbahntyp oder die Laufbahnebene.
- **Talentprofil**
  - **7402 (Berufserfahrung intern)**
    Hier werden Informationen über die Berufserfahrung im Unternehmen hinterlegt. Dazu können Projekte mit Beteiligung des Mitarbeiters, die Rolle des Mitarbeiters im Projekt, Anzahl der unterstellten Mitarbeiter und weitere Informationen abgelegt werden.
  - **7403 (Berufserfahrung extern)**
    Hier wird die Berufserfahrung abgelegt, die bei anderen Arbeitgebern erworben wurde. Dazu gehören Daten wie Arbeitgeber, Branche, Anzahl der unterstellten Mitarbeiter, Funktionsbereich und Hierarchiestufe.
  - **7404 (Ausbildung)**
    Informationen zur Ausbildung (z.B. Art der Ausbildung, Ausrichtung und Abschluss) werden in diesem Infotyp abgelegt.
  - **7405 (Besondere Leistungen)**
    Besondere Leistungen, die im Beruf oder außerhalb gesammelt wurden (z.B. ein spezielles Hobby), können in diesem Infotyp gespeichert werden.
  - **7406 (Mobilität)**
    Daten zur Mobilität, wie die Bereitschaft den Arbeitsort zu wechseln, werden hier abgelegt.
  - **7407 (Laufbahnziel)**
    Hier werden die Ziele abgelegt, die der Mitarbeiter anstrebt, z.B. Laufbahntyp, Laufbahnebene oder bevorzugte Stellen.
  - **7408 (Potenzial)**
    Die Potenzialeinschätzung, die entweder vom Vorgesetzten oder in einer Talentkonferenz vorgenommen wird, wird in diesem Infotyp abgelegt. Dabei können Potenzialwerte mit Skalen festgelegt werden.

- **7409 (Performance)**
  Ebenso wie das Potenzial kann auch die Performance in der Talentkonferenz oder vom Vorgesetzten in einem Formular festgelegt und hier gespeichert werden.

- **Talentkonferenz**
  - **7431 (Talentkonferenz Grunddaten)**
    In diesem Infotyp werden die Grunddaten der Talentkonferenz zum Objekttyp RM (Talentkonferenz) abgelegt. Dazu gehören Status, Titel, Kategorie, die Organisationseinheit, welche die Talentkonferenz durchführt, sowie Sprache und Fristen.
  - **7432 (Zugeordnete Objekte)**
    Hier können Notizen zum Talent gepflegt werden, die während der Talentkonferenz sichtbar sind.
  - **7433 (Teilnehmer)**
    Die zugeordneten Teilnehmer werden hier abgelegt.
  - **7434 (Agendapunkte)**
    Die Agendapunkte der Talentkonferenz werden mit diesem Infotyp angelegt.
  - **7435 (Dokumente)**
    Dokumente zu den Agendapunkten mit Anlagen können hier abgelegt werden.
  - **7436 (Termine)**
    Der Termin oder die Termine der Talentkonferenz werden mit diesem Infotyp angelegt.
  - **7437 (Verantwortliche)**
    Informationen zum Bearbeitungsteam der Talentkonferenz werden hier hinterlegt.

- **Talentgruppen**
  - **7420 (Talentgruppe)**
    Hier speichern Sie die Grunddaten zur Talentgruppe mit Titel und Dauer, die ein Talent zu einer Talentgruppe zugeordnet ist.
  - **7430 (Bearbeitungsteam)**
    Das Bearbeitungsteam mit den Talentexperten wird hier abgelegt.

7.2.4 Voraussetzungen für die Nutzung

Folgende Komponenten müssen für die Nutzung des Talent Managements und der Talententwicklung installiert sein:

- SAP NetWeaver Portal mit den installierten Business Packages *Talent Management Specialist 1.41*, *Manager Self Service 1.41* und *Employee Self Service 1.41*
- SAP NetWeaver Enterprise Search für die Suche
- Adobe Document Service (ADS) für die Erstellung von Besprechungsunterlagen für die Talentkonferenz
- SAP NetWeaver Knowledge Provider für die Ablage von Anlagen und Notizen zu Talentprofil, Talentkonferenz und Talentgruppen
- SAP Talent Visualization by NAKISA 2.0 (Fremdprodukt) zur grafischen Darstellung der Nachfolgeplanung und Stellenarchitektur

7.3 Fazit

Mit den Neuentwicklungen im Bereich *Talent Management* hat SAP neue Möglichkeiten geschaffen, Prozesse der Talentverwaltung und Nachfolgeplanung mit einer einfach zu bedienenden Oberfläche zu verwalten. Um ähnliche Prozesse in der »alten« Personalentwicklung abzubilden, waren in der Regel Zusatzentwicklungen erforderlich, wenn man dem Vorgesetzten eine einfach zu handhabende Lösung anbieten wollte.

Da die vorgestellte Komponente noch neu ist, fehlen Erfahrungswerte. Es bleibt daher abzuwarten, ob sich das *Talent Management* in der Praxis durchsetzt und die Anforderungen der breiten Masse von Anwendern erfüllt.

Im nächsten Kapitel gehen wir auf das *Skillmanagement* ein, das Sie dabei unterstützt, die Mitarbeiter Ihres Unternehmens entsprechend ihren Fähigkeiten einzusetzen. Diese Komponente bildet eine wesentliche Grundlage für die Personalentwicklung mit SAP ERP HCM.

Das Skillmanagement wurde im letzten Kapitel als Grundlage für die Personalentwicklung herausgestellt. SAP ERP HCM stellt eine sehr gute Basis für die IT-Unterstützung des Skillmanagements bereit.

8 Skillmanagement

Das Skillmanagement unterstützt Sie dabei, die Mitarbeiter Ihres Unternehmens entsprechend ihren Fähigkeiten einzusetzen.

8.1 Konzeption in SAP ERP HCM

Die Basis für das Skillmanagement bildet der Qualifikationskatalog der HCM-Komponente *Personalentwicklung*. Er beherbergt den gesamten Fundus an Qualifikationen, die dann die verschiedenen Profile bilden. Die Profile wiederum sind mit den einzelnen Mitarbeitern oder den Elementen der Aufbauorganisation verknüpft.

8.1.1 Qualifikationskatalog

Der Qualifikationskatalog bietet mehr als eine reine Aufzählung aller im Unternehmen relevanten Fähigkeiten (Skills). Durch den Objekttyp der *Qualifikationsgruppe* erlaubt er insbesondere eine Strukturierung nach inhaltlichen Gesichtspunkten. Mithilfe der Qualifikationsgruppen kann eine hierarchische Struktur beliebiger Tiefe aufgebaut werden (siehe Abbildung 8.1). Der Aufbau dieser Struktur stellt eine wichtige Grundsatzentscheidung zu Beginn des Projekts dar und ist nachträglich oft nur mit hohem Aufwand zu korrigieren.

Auch die Qualifikationen selbst können weiter hierarchisiert sein. Dadurch kann man einem Mitarbeiter sowohl die allgemeine Qualifikation »MS Office« als auch die speziellen Qualifikationen »MS Excel«, »MS Word« etc. zuordnen. Im Gegensatz zu dem in Abbildung 8.1 dargestellten Katalog kann in diesem Beispiel die Qualifikation »MS Office« direkt einem Mitarbeiter zugeordnet werden. In diesem Fall muss aber auch die Interpretation eindeutig sein: Kann ein Mitarbeiter mit dieser Qualifikation grundsätzlich mit allen MS Office-Produkten umgehen oder kennt er sich unter Umständen nur mit einem der Produkte aus? Die Einhaltung dieser Konvention muss organisatorisch sichergestellt sein.

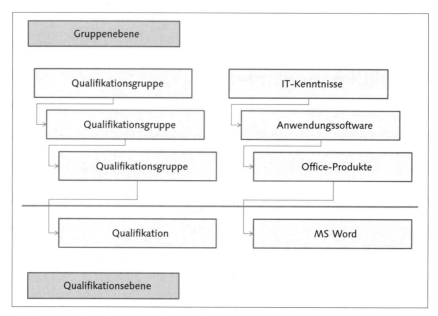

Abbildung 8.1 Struktur des Qualifikationskatalogs

Für Auswertungen und Abgleiche ist die Hierarchisierung auf Ebene der Qualifikationen eher ungünstig. Alternativ kann das Objekt »Qualifikationsblock« verwendet werden, dass verschiedene Qualifikationen zusammenfasst, die als Paket zugeordnet werden können.

Folgende (alternative) Leitlinien können die Konzeption der Gliederung sinnvoll unterstützen:

- Ausrichtung an der Prozessarchitektur des Unternehmens (wobei im Allgemeinen mehrere zusätzliche Gruppen mit übergreifenden Qualifikationen wie Schlüsselqualifikationen oder Sprachkenntnissen erforderlich sind)
- Ausrichtung an der Organisationsstruktur des Unternehmens
- Orientierung am Trainingskatalog (siehe Abschnitt 10.3.1, »Struktur des Veranstaltungsmanagements«)
- Orientierung an der Frage, ob eine direkte Zuordnung zu einem Mitarbeiter sinnvoll ist, sowie an der verwendeten Bewertungsskala (siehe den fol-

genden Abschnitt). Diese Leitlinie ist sinnvoll beim Übergang von Qualifikationsgruppen zu Qualifikationen.

- Zusammenfassung von Qualifikationen, die mit der gleichen Skala bewertet werden, in einer Gruppe
- Verfügbarkeit im Employee Self-Service (siehe Kapitel 4, »SAP NetWeaver Portal in SAP ERP HCM«)

Skalen

Insbesondere der letzte Punkt, die Verfügbarkeit im Employee Self-Service, ist für die Abbildung in SAP ERP HCM wesentlich. Die Qualifikationsgruppe ist nämlich direkt mit einer Bewertungsskala (auch *Ausprägungsskala* oder einfach *Skala* genannt) verknüpft. Alle Qualifikationen einer Gruppe werden dann nach dieser Skala bewertet, wenn sie z.B. einem Mitarbeiter zugeordnet werden. Dazu zwei Beispiele:

1. Die Qualifikationsgruppe »Führerschein« enthält als Qualifikationen alle relevanten Führerscheinklassen. Als Ausprägung sind bei diesen Qualifikationen die Werte »ja«, »nein«, »z. Zt. eingezogen« sinnvoll.
2. Für die Qualifikationsgruppe »Sprachen« sind andere Ausprägungen sinnvoll, z.B. von »nicht vorhanden« über »Grundkenntnisse« bis zu »Muttersprachler«.

In keinem der beiden Beispiele wäre die klassische Schulnotenskala die optimale Wahl. Die Skalen werden also zwingend von der Qualifikationsgruppe an die Qualifikation vererbt, was die wichtigste systembedingte Restriktion für den Aufbau des Qualifikationskatalogs darstellt.

Freitexte

Neben der Beschreibung durch Skalen werden Qualifikationsgruppen und Qualifikationen auch durch Freitexte beschrieben. Bei Gruppen dienen diese Texte in erster Linie der Orientierung bei der Einordnung neuer Qualifikationen oder bei der Suche innerhalb des Katalogs. Bei den Qualifikationen selbst ist eine ausführliche Beschreibung in Form eines Freitextes unabdingbar, wenn mehrere Personen unabhängig voneinander die Ausprägung von Qualifikationen bewerten sollen. Wie im Beispiel weiter oben beschrieben, ist sonst z.B. nicht klar, ob die Qualifikation »MS Office« erst dann zu vergeben ist, wenn Kenntnisse zu allen Produkten vorliegen, oder ob Kenntnisse über ein einziges Produkt ausreichen. Auch in anderen Fällen – vor allem bei sogenannten *Soft Skills* – ist eine klare Beschreibung entscheidend: Sie allein ermöglicht eine einheitliche Bewertung und Interpretation der Bewertungen.

Aufbau von Skalen

Die Personalentwicklung in SAP ERP HCM kennt grundsätzlich zwei Arten von Skalen:

- **Qualitätsskalen**
  Sie bestehen aus konkret definierten Ausprägungen wie »sehr gut«, »gut«, »schlecht«, »sehr schlecht«. Jede Ausprägung entspricht dabei einem numerischen Rang. Dies ist erforderlich, um Durchschnittswerte oder Eignungsprozentsätze zu berechnen.

- **Quantitätsskalen**
  Sie bestehen aus einem Intervall, in dem prinzipiell jeder beliebige Wert angenommen werden kann (eingeschränkt nur durch eine festzulegende Schrittweite). Die einzelnen Werte müssen dazu nicht ausdrücklich definiert werden. Somit ist eine Quantitätsskala zwingend numerisch.

Im Qualifikationskatalog können ausschließlich Qualitätsskalen verwendet werden; sie sind lediglich in der Mitarbeiterbeurteilung (siehe Kapitel 9, »Zielvereinbarung und Beurteilung«) zulässig. Wie die Qualifikationsgruppen und die Qualifikationen können auch die einzelnen Ausprägungen einer Qualitätsskala durch einen Freiformtext beschrieben werden. Auch an dieser Stelle ist die Nutzung dieser Möglichkeit wärmstens zu empfehlen. Verfolgt man den dezentralen Ansatz, müssen sowohl Führungskräfte als auch einzelne Mitarbeiter in der Lage sein, die Ausprägungen nach einem unternehmensweiten Standard zu interpretieren. Soll z. B. die Qualifikation »Projektmanagement« bewertet werden, sagt die Ausprägung »gut« wenig aus und wird sicherlich sehr unterschiedlich verstanden. Zu einem gemeinsamen Verständnis führt aber eine zusätzliche Beschreibung wie: »Stellt sicher Zeit- und Ressourcenpläne für Projekte mit bis zu 100 Beteiligten auf. Ist dabei sicher in der Verfolgung der Meilensteine und dem optimalen Einsatz aller Ressourcen. Benötigt noch Unterstützung bei Konfliktsituationen auf Topmanagement-Ebene und im Projektmarketing.«

Die Beschreibung der Ausprägungen ist in der Skalendefinition selbst hinterlegt. Sie kann aber auf Ebene der Qualifikationsgruppen und auf Ebene der Qualifikationen übersteuert werden und wird dann nach unten weitervererbt. Dabei erbt eine Qualifikation immer die Ausprägungsbeschreibung der übergeordneten Gruppe – auch dann, wenn das direkt übergeordnete Objekt eine Qualifikation ist. Eine Gruppe erbt jedoch direkt die Beschreibung der ursprünglichen Skalendefinition – auch dann, wenn eine weitere Gruppe übergeordnet ist. Diese etwas ungewöhnliche Vererbung verdeutlicht Abbildung 8.2, die eine Hierarchie mit vier Ebenen zeigt (zwei Gruppen und zwei

Qualifikationen). Dort ist auch genau dargestellt, welche ererbten Werte überschreibbar sind (außer der Skala selbst; auf der Ebene der Qualifikationen ist alles überschreibbar).

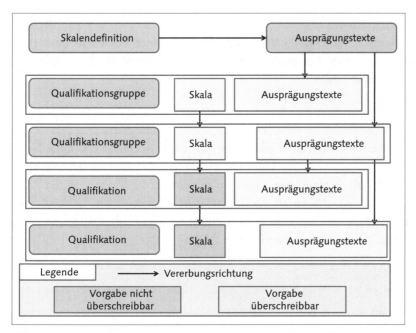

Abbildung 8.2 Vererbungslogik bei Skalen und Ausprägungsbeschreibungen

Ersatzqualifikationen

Bei Profilvergleichen oder bei der Suche nach einem für eine bestimmte Aufgabe geeigneten Mitarbeiter sind genau definierte Qualifikationen als Kriterium oft ungeeignet. In der Regel kommen auch Mitarbeiter in Frage, die ähnliche Qualifikationen wie die gesuchten besitzen. So können z.B. Kenntnisse in Wirtschaftsenglisch zumindest teilweise Kenntnisse in technischem Englisch ersetzen. Diesem Sachverhalt trägt SAP ERP HCM mit dem Konzept der Ersatzqualifikation Rechnung. Zu jeder Qualifikation können andere Qualifikationen hinterlegt werden, die diese zu einem definierten Prozentsatz ersetzen.

Gültigkeit und Halbwertszeit

Einmal erworbene Kenntnisse und Fähigkeiten verliert man in der Regel, wenn sie nicht regelmäßig aufgefrischt werden. Dieser Umstand lässt sich mit dem Konzept der *Halbwertszeit* abbilden. Zu jeder Qualifikation kann eine Zeitdauer hinterlegt werden, nach der sich die Ausprägung der Qualifikation halbieren soll. Dies geschieht jedoch nur bei Mitarbeitern, die diese Qualifikation gemäß dem Anforderungsprofil ihrer Planstelle nicht benötigen. Im Gegensatz zur Halbwertszeit gibt die Gültigkeitsdauer einer Qualifikation den Zeitraum an, nach der die Qualifikation definitiv verfällt. Diese ist anzuwenden, wenn eine Qualifikation aufgrund einer Vorschrift oder eines Gesetzes grundsätzlich periodisch aufgefrischt werden muss (z.B. Prüfung zu Gefahrguttransporten).

8.1.2 Profile

Profile entstehen durch die Zuordnung von Qualifikationen des Qualifikationskatalogs zu anderen Objekten. Dabei lassen sich insbesondere Anforderungsprofile, die Organisationsobjekten zugeordnet sind, von anderen Profilen unterscheiden, die Personen (im weiteren Sinne – nicht im Sinne des Objekttyps »Person«) zugeordnet sind. Anforderungsprofile entstehen durch die Zuordnung von Qualifikationen zu folgenden Objekten:

- Stellen
- Planstellen
- Arbeitsplätze
- Aufgaben
- Kapazitäten
- Anforderungsprofilen

Beim letztgenannten Punkt muss zwischen dem Objekttyp »Anforderungsprofil« und dem gleichlautenden betriebswirtschaftlichen Begriff unterschieden werden. Mithilfe des Objekttyps kann man Anforderungsprofile unabhängig von konkreten Organisationsobjekten pflegen. Damit ist es möglich, frei nach bestimmten, wiederkehrenden Kriterienkombinationen zu suchen. Die Profile von Personen setzen sich aus folgenden Teilprofilen zusammen:

- Qualifikationen
- Potenziale
- Interessen
- Abneigungen
- weitere Profile, die im Verlauf des Buchs beschrieben werden

Auch wenn das eigentliche Qualifikationsprofil das wesentliche Element im Rahmen des Skillmanagements darstellt, sind auch die übrigen drei Profile in diesem Zusammenhang wesentlich. Die Potenziale geben darüber Auskunft, welche noch nicht vorhandenen Qualifikationen eine Person in einem bestimmten Zeitraum erwerben kann. Ebenso ist es wichtig zu wissen, welche Qualifikationen ein Mitarbeiter anstrebt und welche er gerade nicht erwerben möchte.

Neben Qualifikationen sind auch weitere Objekte für diese Profile vorgesehen (z. B. Stellen oder Planstellen). Über das Customizing der Verknüpfungsarten (siehe Kapitel 2, »Organisationsmanagement«) ist es leicht möglich, weitere Objekte für die Profile zulässig zu machen (z. B. den Ort, um geografische Präferenzen zu dokumentieren). Die genannten Profile können für folgende Objekte gebildet werden:

- Personen (Mitarbeiter, die im Personalstamm geführt werden)
- Bewerber
- Firmen
- externe Personen
- Ansprechpartner
- Systembenutzer

Wir beschreiben im Folgenden meist die Anwendung für Personen – im Zusammenhang mit anderen Objekttypen ist der Ablauf ähnlich. Das Zusammenspiel von Qualifikationsprofil und Anforderungsprofil erlaubt dann einen Profilvergleich, der Lücken und Überqualifikationen erkennen lässt. Dieser Profilvergleich kann sichtbar (z. B. für einen Mitarbeiter mit einer von ihm angestrebten Planstelle) durchgeführt werden. Er erfolgt aber auch oft unsichtbar bei der Suche nach Mitarbeitern, die bestimmte Anforderungen erfüllen.

Hinsichtlich der Anforderungen ist eine Vererbungslogik aktiv, die in Abbildung 8.3 dargestellt ist. Dadurch muss die Zuordnung von Anforderungen insbesondere zu Planstellen nicht redundant gepflegt werden. Es genügt die Zuordnung zu Stellen, sodass alle für diese Stelle allgemein gültigen Anforderungen vererbt werden. Spezielle Anforderungen einer einzelnen Planstelle können dann noch hinzugefügt werden. Neben der hier grafisch dargestellten, dreistufigen Vererbungslogik gibt es auch noch eine zweistufige Kette: Anforderungen werden auch von Aufgaben an Arbeitsplätze vererbt. Dies ist insbesondere im Rahmen der Personaleinsatzplanung und des Workforce-Managements der Fall.

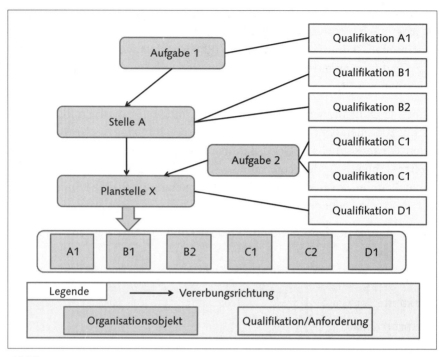

Abbildung 8.3 Vererbung von Anforderungen

Die Einbindung von Aufgaben erlaubt zum einen eine modular aufgeteilte Zuordnung der Anforderungen und verursacht somit weniger Pflegeaufwand. Zum anderen ermöglicht sie eine Verbindung zur Ablauforganisation bzw. zu den Geschäftsprozessen, wenn sich die Aufgaben in der Geschäftsprozessdokumentation wiederfinden lassen.

8.1.3 Auswertungen

Die Auswertungsmöglichkeiten auf der Basis des Qualifikationskatalogs und der Profile sind das eigentliche Nahziel des Skillmanagements. Die Auswahl an Auswertungsmöglichkeiten ist sehr gut und erlaubt im Wesentlichen die Beantwortung aller Fragen, die sich bezüglich der hinterlegten Skills und Anforderungen ergeben. Inhaltlich lassen sich diese Fragen in drei Kategorien aufteilen:

- Einseitige Betrachtungen, z.B.: »Welche Skills hat Frau Müller?« oder »Welche Anforderungen stellt die Planstelle ›Personalleitung‹?«

- Abgleiche, die stets eine zweiseitige Betrachtung erfordern, z. B.: »Welche Mitarbeiter entsprechen einem konkreten Profil?« oder »Wie gut passt Frau Müller auf die Planstelle ›Personalleitung‹?« (klassischer Profilvergleich)
- Administrative Berichte, z. B. eine Liste aller im System hinterlegten Ersatzqualifikationen

8.1.4 Integration

In den folgenden Abschnitten besprechen wir ausführlich die Anwendung der wesentlichen Auswertungen.

Organisationsmanagement

Die Integration des Skillmanagements in das Organisationsmanagement wurde in den vorangegangenen Abschnitten im Detail beschrieben. Der gesamte Bereich der Anforderungen steht und fällt mit den relevanten Organisationsobjekten. Außerdem basieren wesentliche Elemente der Selektion in Auswertungen auf dem Organisationsmanagement. Geht es allerdings rein um die Dokumentation und Auswertung der Istqualifikationen und der Potenziale von Mitarbeitern, so ist der Einsatz des Skillmanagements ohne das Organisationsmanagement durchaus denkbar. In den meisten Fällen dürften aber die Vorteile der Integration überwiegen.

Personaladministration

Fundamental ist auch die Integration in die Personaladministration. Dort werden die wesentlichen »Objekte« der Personalentwicklung mit ihren Stammdaten geführt: die Mitarbeiter. Aus der Bearbeitung oder Anzeige der Personalstammdaten kann man daher auch unmittelbar in die Profile eines Mitarbeiters verzweigen.

Wenn man sich auf rudimentäre Stammdaten beschränkt, kann man aber das Skillmanagement durchaus auch ohne die Administration einsetzen. Dann lassen sich die Mitarbeiter als Objekte des Objekttyps H (»externe Person«) erfassen. Dieser Objekttyp steht z. B. auch in den Komponenten *Organisationsmanagement* und *Veranstaltungsmanagement* zur Verfügung. In der Regel dürfte aber der Einsatz der Personaladministration die günstigere Lösung sein. Wenn die Prozesse der Entgeltabrechnung, Zeitwirtschaft und Personalstammverwaltung in einem anderen System abgebildet sind, reicht eine sehr einfache Ausprägung der Personaladministration aus.

8 | Skillmanagement

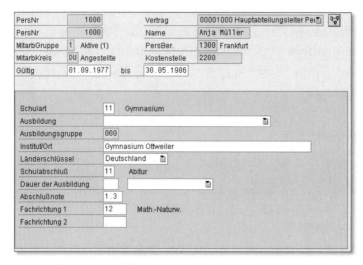

Abbildung 8.4 Infotyp 0022 (Ausbildung)

Zahlreiche Infotypen der Personaladministration (z.B. Anschrift, Behinderung etc.) sind auch aus Sicht der Personalentwicklung relevant. Spezielle Daten zur Aus- und Weiterbildung beinhalten die folgenden Infotypen:

- Ausbildung (0022)
- Andere/frühere Arbeitgeber (0023)
- Betriebliche Funktionen (0034)
- Belehrungen (0035)

Der Infotyp »Qualifikationen« führt bei aktiver Integration zu den Profilen der Personalentwicklung (auch zur Beurteilung). Bei inaktiver Integration bietet er die Möglichkeit zur Pflege von Qualifikationen aus einer ungegliederten Liste mit geringen Auswertungsmöglichkeiten. Der Infotyp 0022 (Ausbildung) ist am Beispiel einer Schulausbildung in Abbildung 8.4 dargestellt. Er ist der einzige der genannten Infotypen, für den das Customizing etwas aufwendiger sein kann. Neben der Schulausbildung können insbesondere Berufsausbildung, Hochschulbesuch und Kursteilnahmen dokumentiert werden.

Veranstaltungsmanagement

Zum Veranstaltungsmanagement gibt es folgende Berührungspunkte:

- Bestimmte Qualifikationen können als Voraussetzung für die Teilnahme an einer Veranstaltung definiert werden.

- Zu jeder Veranstaltung kann angegeben werden, welche Qualifikationen sie vermittelt.
- Nach der Teilnahme an einer Veranstaltung können diese vermittelten Qualifikationen automatisch vom System auf den Teilnehmer übertragen werden.
- Bei einem Profilabgleich, der bei einem Mitarbeiter Lücken aufzeigt, kann das System automatisch Vorschläge für Weiterbildungsveranstaltungen erzeugen. Dies erfolgt ebenfalls auf der Basis der zu vermittelnden Qualifikationen, wie sie im Veranstaltungsmanagement hinterlegt sind.

Die Nutzung dieser Aspekte ist in Kapitel 10, »Veranstaltungsmanagement und SAP Learning Solution«, genauer beschrieben.

Personaleinsatzplanung

In der Personaleinsatzplanung werden Mitarbeiter zu bestimmten Zeiten auf bestimmten Arbeitsplätzen eingeplant. Dabei kann man sich auf die Klassifikation der Mitarbeiter über den Stellenplan beschränken oder über einen Profilabgleich geeignete Mitarbeiter suchen. Dazu müssen Anforderungsprofile an den Arbeitsplätzen und Qualifikationsprofile an den Mitarbeitern gepflegt sein.

Logistik: Kapazitätsplanung

In den Logistikkomponenten von SAP ERP (z.B. *Produktionsplanung* oder *Instandhaltung*) werden Arbeitsplätze aus technischer Sicht beschrieben. Diese lassen sich auch mit dem Objekt »Arbeitsplatz« des HCM-Systems verknüpfen. Dadurch können Profile und Qualifikationen auch für die Planung von Mitarbeiterkapazitäten in der Logistik genutzt wird.

8.2 Umsetzung in SAP ERP HCM

Dieser Abschnitt beschreibt das Skillmanagement in SAP ERP HCM.

8.2.1 Grundsätzliche Systemeinstellungen

Bevor wir uns den *Skills* und *Profilen* zuwenden, sind zunächst einige grundsätzliche Einstellungen zu beachten. Diese sind in erster Linie über das Customizing vorzunehmen und steuern vor allem die Oberflächen bei der Arbeit im Skillmanagement.

Integration

Die Integrationsaspekte haben wir bereits im vorangegangenen Abschnitt ausführlich beschrieben. Zur Aktivierung der Integration zu Personaladministration und Personalbeschaffung müssen Sie lediglich einen Customizing-Schalter setzen, der sich unter dem IMG-Pfad PERSONALMANAGEMENT • PERSONALENTWICKLUNG • INTEGRATION • INTEGRATION ZUR PERSONALADMINISTRATION/-BESCHAFFUNG befindet. Zusätzlich stehen dort auch einige Werkzeuge zur Verfügung, um Stammdaten umzusetzen, die vor Aktivierung der Integration erfasst wurden.

Allgemeine Steuerungsparameter

Über den IMG-Pfad PERSONALMANAGEMENT • PERSONALENTWICKLUNG • FUNKTIONEN • STEUERUNGSPARAMETER nehmen Sie folgende Einstellungen vor:

- Zahl der Einträge in Ranglisten, wenn nach geeigneten Mitarbeitern für bestimmte Anforderungen gesucht wird
- Berücksichtigung von Überqualifikation (bei der Errechnung der Eignung kann eine Überqualifikation positiv, negativ oder neutral einfließen)
- Vorschlagswert für den Prozentsatz, der bei der Pflege von Ersatzqualifikationen (siehe Abbildung 8.10) vorgeschlagen wird
- Entscheidung, ob im Qualifikationskatalog die Kürzel angezeigt werden

Auswahl der Teilprofile

Die Profilsicht eines Mitarbeiters enthält im Allgemeinen mehrere Profile, die jeweils auf einer eigenen Registerkarte angezeigt oder gepflegt werden. Zu der in der Personalentwicklung verwendeten Profilsicht gelangt man aus vielen verschiedenen Oberflächen heraus. Ein möglicher Weg ist der Aufruf des Infotyps 0024 (Qualifikationen) in der Personaladministration. Abbildung 8.5 zeigt die Profilsicht PERSONALENTWICKLUNG für einen Mitarbeiter in ihrer üblichen Maximalausprägung. Die Sicht enthält Qualifikationen, Potenziale, Interessen, Abneigungen, erhaltene und erstellte Beurteilungen, die individuelle Entwicklung und die Entwicklungsplanhistorie.

Über den IMG-Pfad PERSONALMANAGEMENT • PERSONALENTWICKLUNG • FUNKTIONEN • PROFILSICHT DEFINIEREN können Sie den Aufbau der Profilsicht allerdings auch anpassen. Dort sind zunächst für jeden Objekttyp Kopfinformationen (*Header*) und die möglichen Teilprofile definiert. Diese Definitionen sollten Sie zunächst nicht anpassen, da jeweils festes Programm-Coding hinterlegt ist. In der Regel ist ein Eingriff hier nur sinnvoll, wenn die Funktionalität der Oberfläche grundsätzlich geändert werden soll. Dann können anstelle der Standardoberflächen Eigenentwicklungen hinterlegt werden.

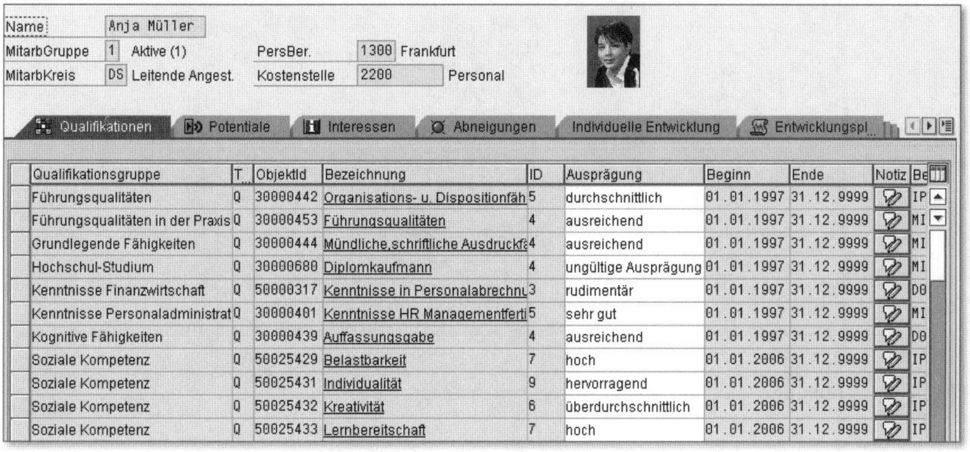

Qualifikationsgruppe	T	ObjektId	Bezeichnung	ID	Ausprägung	Beginn	Ende	Notiz	Be
Führungsqualitäten	Q	30000442	Organisations- u. Dispositionfäh	5	durchschnittlich	01.01.1997	31.12.9999		IP
Führungsqualitäten in der Praxis	Q	30000453	Führungsqualitäten	4	ausreichend	01.01.1997	31.12.9999		MI
Grundlegende Fähigkeiten	Q	30000444	Mündliche,schriftliche Ausdruckfä	4	ausreichend	01.01.1997	31.12.9999		MI
Hochschul-Studium	Q	30000680	Diplomkaufmann	4	ungültige Ausprägung	01.01.1997	31.12.9999		MI
Kenntnisse Finanzwirtschaft	Q	50000317	Kenntnisse in Personalabrechnu	3	rudimentär	01.01.1997	31.12.9999		DO
Kenntnisse Personaladministrat	Q	30000401	Kenntnisse HR Managementferti	5	sehr gut	01.01.1997	31.12.9999		MI
Kognitive Fähigkeiten	Q	30000439	Auffassungsgabe	4	ausreichend	01.01.1997	31.12.9999		DO
Soziale Kompetenz	Q	50025429	Belastbarkeit	7	hoch	01.01.2006	31.12.9999		IP
Soziale Kompetenz	Q	50025431	Individualität	9	hervorragend	01.01.2006	31.12.9999		IP
Soziale Kompetenz	Q	50025432	Kreativität	6	überdurchschnittlich	01.01.2006	31.12.9999		IP
Soziale Kompetenz	Q	50025433	Lernbereitschaft	7	hoch	01.01.2006	31.12.9999		IP

Abbildung 8.5 Profilsicht »Personalentwicklung« für einen Mitarbeiter

Was aber in den meisten Fällen sinnvoll angepasst werden muss, ist die Auswahl der relevanten Teilprofile. Um z.B. die Sicht PERSONALENTWICKLUNG für Mitarbeiter aufzubauen, wählen Sie zunächst in der Dialogstruktur auf der Ebene SICHTEN die Sicht PD (Personalentwicklung) aus. Auf der Ebene HEADERZUORDNUNG markieren Sie dann den Objekttyp P (»Person«) und gelangen über die Ebene TEILPROFILZUORDNUNG zu der in Abbildung 8.6 gezeigten Maske. Dort können Sie nicht benötigte Teilprofile deaktivieren oder auch andere Teilprofile hinzufügen (z.B. die Anzeige von Gehaltsdaten durch das Teilprofil Nr. 21). Sollen beispielsweise Abneigungen nicht gepflegt werden, so deaktivieren Sie das entsprechende Teilprofil, um die Oberfläche möglichst übersichtlich zu halten.

Selektionsmöglichkeiten

Für die Selektion von Personen liefert die SAP – ähnlich wie im Objektmanager der Personaladministration – eine Gruppe von Selektionskriterien aus. Genügen diese nicht Ihren Anforderungen, so können Sie ein Infoset mit den benötigten Selektionskriterien anlegen. Dieses ist dann über den IMG-Pfad PERSONALMANAGEMENT • PERSONALENTWICKLUNG • FUNKTIONEN • KRITERIEN FÜR DIE FEINSELEKTION zu hinterlegen.

8 | Skillmanagement

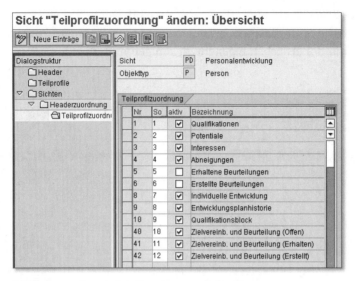

Abbildung 8.6 Zuordnung der relevanten Teilprofile

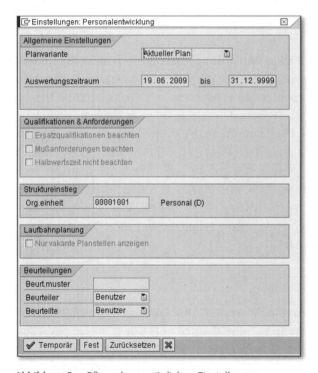

Abbildung 8.7 Pflege der persönlichen Einstellungen

Persönliche Einstellungen

Damit die Ergebnisse in Auswertungen und Vergleichen den Erwartungen entsprechen, muss jeder Benutzer unbedingt seine persönlichen Einstellungen zur Personalentwicklung pflegen (Menüpfad: PERSONAL • PERSONALMANAGEMENT • PERSONALENTWICKLUNG • EINSTELLUNGEN • BENUTZERSPEZIFISCH). Dort werden vor allem folgende Einstellungen festgelegt (siehe auch Abbildung 8.7):

- vorgeschlagener Zeitraum für Auswertungen
- Berücksichtigung von Ersatzqualifikationen
- Berücksichtigung von Mussanforderungen
- Berücksichtigung einer Halbwertzeit bei Auswertungen

Neben der festen Anpassung dieser Parameter ist auch eine temporäre Änderung für eine spezielle Abfrage möglich, die anschließend wieder zurückgesetzt werden kann.

8.2.2 Pflege des Qualifikationskatalogs

Der Qualifikationskatalog bildet die Grundlage des Skillmanagements und ist auch für weitere Prozesse wesentlich. Daher sollten Sie seiner Pflege und vor allem der Konzeption besondere Beachtung schenken. Zunächst ist die Struktur der Qualifikationsgruppen zu definieren. Als systemtechnisch bedingtes Gliederungskriterium dient insbesondere die Frage, welche Bewertungsskalen innerhalb der Gruppen verwendet werden sollen (siehe Abschnitt 8.1.1, »Qualifikationskatalog«). Im Zuge dieser Strukturdefinition sind daher auch die Skalen selbst zu definieren. Erst nach Festlegung der zu verwendenden Skalen und der Grobstruktur des Katalogs sollte man mit der Pflege im System beginnen. Dabei ist auch zu beachten, dass Qualifikationen, nachdem sie einmal verwendet wurden, nicht mehr in eine Gruppe mit anderer Skalenzuordnung verschoben werden können.

Der erste Schritt im System ist die Pflege der Skalen über den IMG-Pfad PERSONALMANAGEMENT • PERSONALENTWICKLUNG • STAMMDATEN • SKALEN BEARBEITEN. Zum Anlegen einer Skala sind drei Aktionen erforderlich:

1. Zunächst wird eine Skala mit einem numerischen Kürzel und einem Namen angelegt. Wählen Sie bei der entsprechenden Abfrage des Systems unbedingt die Qualitätsskala, da Quantitätsskalen im Skillmanagement nicht verwendet werden können.

2. Dann pflegen Sie auf der Stufe AUSPRÄGUNGEN die Skalenwerte einem mit Wert und einem kurzem Text (siehe Abbildung 8.8).

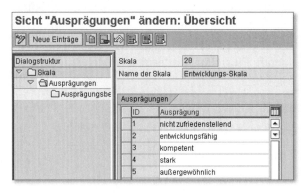

Abbildung 8.8 Ausprägungen einer Qualifikationsskala pflegen

3. Auf der Stufe AUSPRÄGUNGSBESCHREIBUNG wird dann jede einzelne Ausprägung ausführlich definiert. Diese Beschreibungen liefern zusammen mit den Texten im weiteren Verlauf die überschreibbaren Default-Werte für die Skala einer Qualifikationsgruppe.

Skalen sollten immer so aufgebaut sein, dass die weniger ausgeprägten Fähigkeiten den kleineren Zahlen entsprechen. Da eine nicht vorhandene Qualifikation mit »0« bewertet wird, ist keine sinnvolle Bildung von Differenzen und Mittelwerten möglich. Die klassische Schulnotenskala von 1 bis 6 ist demnach unbrauchbar.

Auch das Aufbauen des Katalogs selbst erfolgt im Customizing (IMG-Pfad: PERSONALMANAGEMENT • PERSONALENTWICKLUNG • STAMMDATEN • QUALIFIKATIONSKATALOG BEARBEITEN). Beim Anlegen einer Qualifikationsgruppe können Erläuterungen unmittelbar gepflegt werden. Gruppen auf oberster Ebene muss eine Skala zugeordnet werden, bei Gruppen ab der zweiten Ebene kann die ererbte Skala übernommen werden. Hinsichtlich der Verwendung abweichender Skalentexte ist insbesondere die Vererbungslogik aus Abbildung 8.9 zu berücksichtigen.

Haben Sie die Gruppenstruktur bzw. den aktuell relevanten Teil der Struktur gepflegt, so werden die einzelnen Qualifikationen eingeordnet. Diese werden unmittelbar in der Struktur angelegt, sodass keine nachträgliche Zuordnung zur Gruppe erforderlich ist. Wenn das Konzept der Ersatzqualifikationen intensiv genutzt wird, ist die im Prozessmodell dargestellte Reihenfolge sehr empfehlenswert. Sind die Qualifikationen – zumindest einer Hauptgruppe – alle angelegt, werden zunächst die Zuordnungen zu Ersatzqualifikationen gepflegt. Dabei ist zu beachten, dass die Verknüpfung von zwei Qualifikationen als möglicher Ersatz immer auf Gegenseitigkeit beruht, auch wenn technisch nur jeweils eine Verknüpfungsrichtung abgespeichert wird. Diese technische Besonderheit ist sowohl bei der Programmierung eigener Reports als auch bei der Erstellung von Auswertungswegen im Customizing zu berücksichtigen.

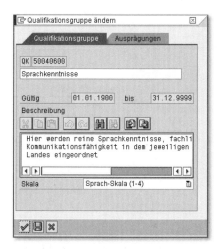

Abbildung 8.9 Pflege einer Qualifikationsgruppe

Die Texte für Qualifikationen und Qualifikationsgruppen sollten Sie so wählen, dass mit den ersten 15 Zeichen die wesentlichen Inhalte ausgedrückt sind. Beschränken Sie sich nach Möglichkeit auf 15 Zeichen; zwar stehen weit mehr Zeichen zur Verfügung, diese werden aber nicht in allen Masken angezeigt. Wenn beispielsweise alle Sprachkenntnisse mit »Sprachkenntnisse in...« beginnen, wird im Profilvergleich nur das Wort »Sprachkenntnisse« angezeigt. Der wesentliche Teil wird abgeschnitten. Bemerkt man dies erst nach vollständiger Pflege des Katalogs, wird eine mühsame Überarbeitung erforderlich.

Die weiteren Eigenschaften der einzelnen Qualifikationen sollten erst anschließend erfasst werden. Nur so wird gewährleistet, dass diese Attribute sich bei zwei sich gegenseitig ersetzenden Qualifikationen nicht widersprechen. Insbesondere die Skalen und die Beschreibungen sollten hier homogen gestaltet sein, da bei der Berücksichtigung von Ersatzqualifikationen nur der numerische Wert berücksichtigt wird. Steht z.B. bei der Qualifikation »MS Word« die Ausprägung 4 für »sehr gut«, darf bei der Ersatzqualifikation »Textverarbeitung« die 4 nicht für »gute Anwenderkenntnisse« stehen. Ähnliches gilt für Gültigkeit und Halbwertszeit, deren Pflege grundsätzlich sehr einfach ist (siehe Abbildung 8.10). Auf die Bedeutung aussagekräftiger Bezeichnungen und Erläuterungen zu den Skalenausprägungen – insbesondere bei dezentralem Einsatz – weisen wir an dieser Stelle noch einmal nachdrücklich hin.

Abbildung 8.10 Pflege einer Qualifikation

Ist die Qualifikation vollständig gepflegt, so liefert der Button ÜBERSICHT einen kleinen »Steckbrief« mit allen relevanten Eigenschaften. Vor dem letzten Schritt, sollte dann der gesamte Katalog noch einmal überprüft werden. Die Skalen, ihre Ausprägungen und die Erläuterungen müssen zu den jeweiligen Qualifikationen passen. Dazu zieht man am besten künftige Benutzer heran, die bisher nicht an der Pflege des Katalogs beteiligt waren. Ein Beispiel für den vollständigen Katalog sehen Sie in Abbildung 8.11.

Nachdem diese Qualitätssicherung erfolgt ist, wenden wir uns nun dem Thema »Übersetzung« zu. Erfolgt die Übersetzung der Daten zu früh, müssen alle Korrekturen in mehreren Sprachen nachvollzogen werden. Die Übersetzung läuft ähnlich ab wie in vielen anderen Bereichen des HCM-Systems (siehe Abbildung 8.12). Ihre Qualität ist aber in keinem Bereich so wichtig wie im Qualifikationskatalog: Hier ist sie ausschlaggebend für die Vergleichbarkeit von Profilen, die in unterschiedlichen Sprachen angelegt wurden.

Neben den bis hierhin beschriebenen Kernfunktionen bietet die Pflegeoberfläche des Qualifikationskatalogs weitere Hilfsmittel, wie sie auch aus ähnlichen Pflegeoberflächen bekannt sind. Ihre Anwendung über das Menü oder die rechte Maustaste (Kontextmenü) ist intuitiv und muss hier daher nicht detailliert beschrieben werden.

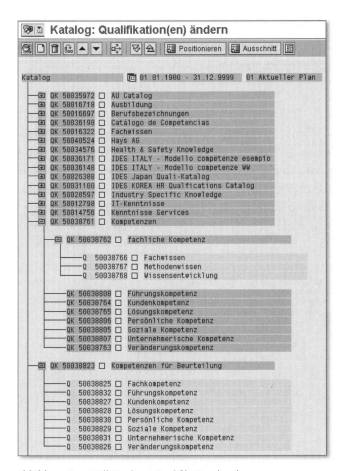

Abbildung 8.11 Vollständiger Qualifikationskatalog

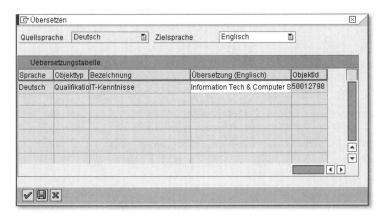

Abbildung 8.12 Übersetzung im Qualifikationskatalog

8.2.3 Arbeiten mit Profilen

Bei der Arbeit mit Qualifikations- und Anforderungsprofilen geht es in erster Linie um die Pflege von Profilen und um verschiedene Auswertungen.

Profile pflegen

Die Pflege von Profilen jeder Art ist über den Menüpfad PERSONAL • PERSONALMANAGEMENT • PERSONALENTWICKLUNG • PROFIL • ÄNDERN möglich. Dabei wählen Sie zunächst das Objekt aus, für das Sie ein Profil pflegen wollen. Wählen Sie dabei – wie in Abbildung 8.13 gezeigt – eine Stelle aus, so ist das gepflegte Profil automatisch ein Anforderungsprofil. In der Profilpflege werden auf der Basis des Katalogs alle relevanten Skills ausgewählt (siehe Abbildung 8.14).

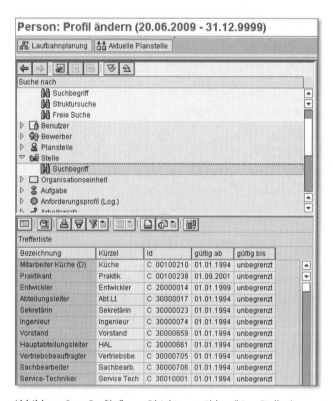

Abbildung 8.13 Profilpflege: Objekt auswählen (hier: Stellen)

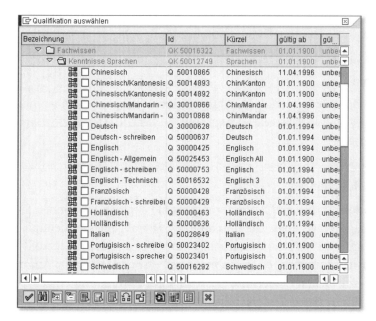

Abbildung 8.14 Qualifikationen aus dem Katalog auswählen

Anschließend erfolgt die Bewertung und Kennzeichnung von Mussqualifikationen (siehe Abbildung 8.15). Da die Anforderungen zeitgebunden erfasst sind, lassen sich auch Änderungen des Bedarfs im Zeitverlauf sehr gut abbilden. Ein Notizfeld erlaubt außerdem die Erfassung von Freitexten, z.B. zur Begründung der zugeordneten Anforderungen.

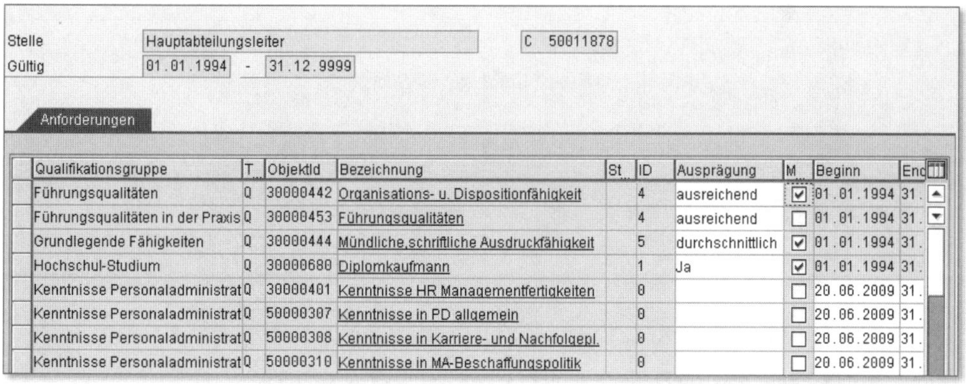

Abbildung 8.15 Sollprofil: Skill-Bedarfe bewerten

Istprofile können aus der gleichen Oberfläche gepflegt werden. Dabei wird für interne Personen das vollständige Angebot an Profilen gezeigt, wie es in

Abschnitt 8.1.2, »Profile«, vorgestellt wird. Darüber hinaus bietet auch das Prozessbeispiel in Abschnitt 8.3 einen Einblick in die Pflege von Istprofilen.

Profile anzeigen

Die Anzeige von Profilen erfolgt analog zu deren Pflege, z.B. über den Menüpfad PERSONAL • PERSONALMANAGEMENT • PERSONALENTWICKLUNG • PROFIL • ANZEIGEN.

Profilabgleich durchführen

Sind Qualifikationsprofile und Anforderungsprofile gepflegt, so können Sie über verschiedene Wege Abgleiche durchführen. Der allgemeine Menüpfad dazu lautet: PERSONAL • PERSONALMANAGEMENT • PERSONALENTWICKLUNG • BERICHTE • PROFILVERGLEICH. Sie können mehrere Personen mit einem Anforderungsprofil vergleichen – oder umgekehrt mehrere Profile mit einer Person (siehe Abbildung 8.16). Der eigentliche Vergleich enthält folgende Informationen:

- Grad der Erfüllung der einzelnen Anforderungen
- Mussanforderungen
- zusätzliche, nicht geforderte Qualifikationen
- Weiterbildungsempfehlungen (wenn diese Option für den Vergleich aktiviert wurde), über die man unmittelbar ein Training zu den festgestellten Defiziten buchen kann

Abbildung 8.16 Mehrere Personen für Profilvergleich auswählen

Zur besseren Übersicht lässt sich der Vergleich auch grafisch strukturiert darstellen (siehe Abbildung 8.17).

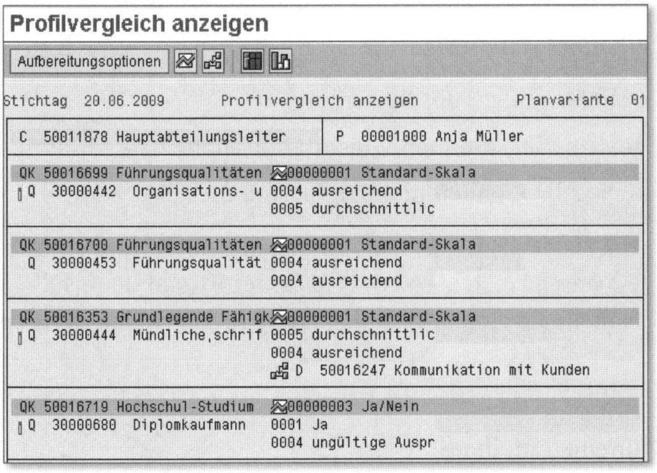

```
Profilvergleich anzeigen
Aufbereitungsoptionen

Stichtag 20.06.2009        Profilvergleich anzeigen        Planvariante 01

C  50011878 Hauptabteilungsleiter    | P  00001000 Anja Müller

QK 50016699 Führungsqualitäten  00000001 Standard-Skala
 Q 30000442  Organisations- u 0004 ausreichend
                              0005 durchschnittlic

QK 50016700 Führungsqualitäten  00000001 Standard-Skala
 Q 30000453  Führungsqualität 0004 ausreichend
                              0004 ausreichend

QK 50016353 Grundlegende Fähigk 00000001 Standard-Skala
 Q 30000444  Mündliche,schrif 0005 durchschnittlic
                              0004 ausreichend
                          D   50016247 Kommunikation mit Kunden

QK 50016719 Hochschul-Studium  00000003 Ja/Nein
 Q 30000680  Diplomkaufmann   0001 Ja
                              0004 ungültige Auspr
```

Abbildung 8.17 Profilvergleich mit Weiterbildungsempfehlungen

Mitarbeiter nach Profil oder einzelner Qualifikation suchen

Einen geeigneten Mitarbeiter für eine bestimmte Planstelle zu suchen, ist eine häufig auftretende Anforderung. Daher ist diese Funktionalität in verschiedene Oberflächen der Personalentwicklung integriert. Der allgemeine Menüpfad lautet: PERSONAL • PERSONALMANAGEMENT • PERSONALENTWICKLUNG • INFOSYSTEM • BERICHTE • SUCHE • ZU QUALIFIKATIONEN. In dieser Oberfläche können Sie nach Mitarbeitern sowohl über einzelne Qualifikationen als auch über Anforderungsprofile suchen. Außerdem ist eine Kombination dieser Suchkriterien möglich, indem man beispielsweise nach einem Mitarbeiter gemäß dem Anforderungsprofil der Planstelle »Personalleiter« sucht, der aber zusätzlich noch gute Kenntnisse in MS Excel hat. Im Beispiel aus Abbildung 8.18 mussten die Qualifikationen nicht einzeln ins Suchraster eingetragen werden; die Auswahl erfolgte über das Anforderungsprofil einer Planstelle.

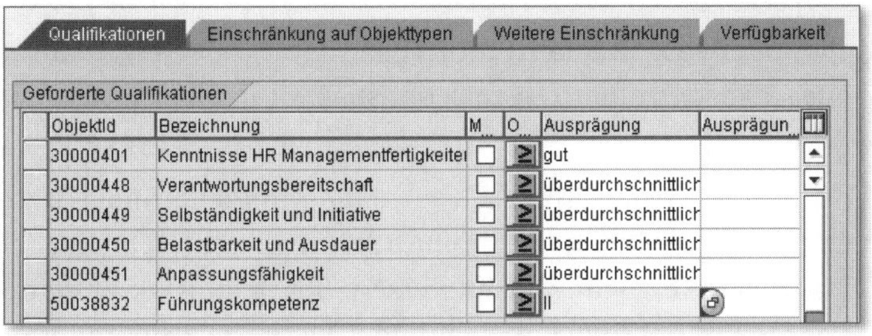

| Qualifikationen | Einschränkung auf Objekttypen | Weitere Einschränkung | Verfügbarkeit |

Geforderte Qualifikationen

ObjektId	Bezeichnung	M	O	Ausprägung	Ausprägun
30000401	Kenntnisse HR Managementfertigkeiten	☐	≥	gut	
30000448	Verantwortungsbereitschaft	☐	≥	überdurchschnittlic	
30000449	Selbständigkeit und Initiative	☐	≥	überdurchschnittlic	
30000450	Belastbarkeit und Ausdauer	☐	≥	überdurchschnittlic	
30000451	Anpassungsfähigkeit	☐	≥	überdurchschnittlic	
50038832	Führungskompetenz	☐	≥	II	

Abbildung 8.18 Suche nach Qualifikationen

Weitere Einschränkungen, die Sie über die zusätzlichen Registerkarten der Oberfläche erfassen können, sind z. B.:

- »nur interne Mitarbeiter« oder »nur Bewerber«
- nur Mitarbeiter aus einer bestimmten Organisationseinheit
- nur Mitarbeiter ohne Abwesenheit in einem bestimmten Zeitraum

Als Ergebnis liefert die Suche dann eine Liste von Personen, die die Anforderungen ganz oder teilweise erfüllen – sortiert nach der Anzahl der erfüllten Anforderungen. Personen, die eine Mussanforderung nicht erfüllen, werden nicht angezeigt.

Skillmanagement für eine Abteilung

Wesentliche Funktionalitäten, die Führungskräfte im Bereich des Skillmanagements benötigen, werden im Manager Self-Service (MSS) bereitgestellt. Sie werden im Prozessbeispiel des Abschnitts 8.3 beschrieben. Aber auch außerhalb des MSS werden Werkzeuge für das abteilungsbezogene Skillmanagement angeboten. Diese können nicht nur von Führungskräften, sondern insbesondere auch von Personalentwicklern oder -betreuern genutzt werden, die eine bestimmte Abteilung beraten.

Über den Menüpfad PERSONAL • PERSONALMANAGEMENT • PERSONALENTWICKLUNG • PLANUNG FÜR ORGANISATIONSEINHEIT sind die wesentlichen Aktivitäten gebündelt. Der hier verwendete Einstieg in die Organisationsstruktur wird in den benutzerspezifischen Einstellungen (siehe Abbildung 8.7) festgelegt. Die Oberfläche (siehe Abbildung 8.19) bietet im Wesentlichen folgende Funktionalitäten:

- Profilvergleiche für die Mitarbeiter, Planstellen und Stellen der Organisationseinheit (bei entsprechender Berechtigung ist auch über den Button VERGLEICH der Vergleich mit Planstellen und Stellen anderer Organisationseinheiten möglich)
- Darstellung aller oder ausgewählter Profiltypen für alle oder ausgewählte Mitarbeiter oder Planstellen der Organisationseinheit in einer Liste (Button AUSWERTUNG)
- Anzeige und Pflege beliebiger Profile für einzelne Mitarbeiter oder Planstellen der Organisationseinheit (also Anforderungsprofile, Qualifikationsprofile, Potenziale, Abneigungen, Interessen, Beurteilungen, Entwicklungsplan) über die Buttons PROFIL ÄNDERN oder PROFIL ANZEIGEN

- Laufbahnplanung
- Nachfolgeplanung
- Suche von Mitarbeitern nach bestimmten Qualifikationen

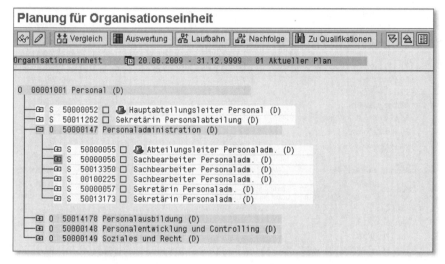

Abbildung 8.19 Personalentwicklung für eine Abteilung

Weitere Auswertungen zu bestimmten Organisationseinheiten sind über den Menüpfad PERSONAL • PERSONALMANAGEMENT • PERSONALENTWICKLUNG • INFOSYSTEM • BERICHTE • ORGANISATIONSEINHEIT verfügbar. An dieser Stelle sind folgende Aspekte wesentlich:

- Die Qualifikationsübersicht liefert eine Liste aller in der Abteilung vorhandenen Qualifikationen mit ihren Inhabern. Das standardmäßig vorgeschlagene Layout ist sehr unübersichtlich, lässt sich aber von jedem Benutzer über die normale Layoutgestaltung leicht ändern. Abbildung 8.20 zeigt die Übersicht sortiert nach Qualifikationsgruppen.

- Die Auswertung über abgelaufene Qualifikationen zeigt an, welche Qualifikationen in einem bestimmten Zeitraum ihre Gültigkeit verlieren. Außerdem können gleichzeitig Weiterbildungsvorschläge zur Auffrischung angezeigt und gebucht werden.

Qualifikationsübersicht

Organisationseinheit O 00001001 Personal (D)
Stichtag 20.06.2009

Id des verknüpf.	Name	Qualifikationsgruppe	Qualifikation	Aus	Ausprägung
00001023	Nicole Hörter	Fachwissen Allgemein	Kenntnisse generelle Bürotätigkeiten	5	durchschnittlic
00001025	Christine Rottenl			5	durchschnittlic
00001023	Nicole Hörter		Kenntnisse in allg. Geschäftspolitik	5	durchschnittlic
00001025	Christine Rottenl			5	durchschnittlic
00001000	Anja Müller	Führungsqualitäten	Organisations- u. Dispositionfähigkei	5	durchschnittlic
00001015	Alexander Rickes			4	ausreichend
00001025	Christine Rottenl			3	rudimentär
00001033	Michaela Bayerle			3	rudimentär
00001000	Anja Müller	Führungsqualitäten in der F	Führungsqualitäten	4	ausreichend
00001015	Alexander Rickes			3	rudimentär
00001023	Nicole Hörter			5	durchschnittlic
00001000	Anja Müller	Grundlegende Fähigkeiten	Mündliche,schriftliche Ausdruckfähigł	4	ausreichend
00001015	Alexander Rickes			3	rudimentär
00001025	Christine Rottenl			3	rudimentär
00001033	Michaela Bayerle	Hochschul-Studium	Diplombetriebswirt	3	ungültige Ausį
00001000	Anja Müller		Diplomkaufmann	4	ungültige Ausį
00001015	Alexander Rickes			3	ungültige Ausį
00001025	Christine Rottenl			4	ungültige Ausį
00001025	Christine Rottenl	Kenntnisse Finanzwirtscha	Kenntnisse im Fremdwährungsmana	2	gering

Abbildung 8.20 Qualifikationsübersicht für eine Abteilung

8.2.4 Zentrale Steuerung

Für die zentrale Personalentwicklung werden zusätzlich einige Werkzeuge und Auswertungen angeboten, die für die Wahrnehmung von Steuerungsaufgaben hilfreich sind:

- Zur Prüfung der Vollständigkeit der Datenpflege stehen unter dem Menüpfad PERSONAL • PERSONALMANAGEMENT • PERSONALENTWICKLUNG • INFOSYSTEM • BERICHTE • PROFIL zwei Auswertungen zur Verfügung. Beide sind insbesondere geeignet, um die Prozessqualität bei dezentralem Einsatz zu überwachen.

- Die Liste »Objekte ohne Qualifikationen oder Anforderungen« liefert z.B. Personen ohne Qualifikationsprofil oder Stellen ohne Anforderungsprofil und erlaubt eine unmittelbare Verzweigung in die Profilpflege.

- Die Liste »Objekte mit unbewerteten Qualifikationen oder Anforderungen« liefert ebenfalls zu einem ausgewählten Objekttyp alle Qualifikationen, zu denen noch die Ausprägung zu pflegen ist.

- Über den Menüpfad BERICHTE • SONSTIGE können Sie eine Liste aller Ersatzqualifikation aufrufen. Mit dieser Liste lässt sich dieser Teil des Qualifikationskataloges im Überblick prüfen.
- Auch die bereits beschriebene Auswertung über abgelaufene Qualifikationen (siehe Abschnitt 8.2.3, »Arbeiten mit Profilen« ist für die Überwachung durch die zentrale Personalentwicklung von Nutzen.
- Auch die Qualifikationsübersicht ist für die zentrale Steuerung wesentlich. Anstelle des oben dargestellten Layouts sollten Sie aber für die Betrachtung großer Bereiche ein Layout wählen, in dem das Feld QUALIFIKATION ERFÜLLT enthalten ist. Dieses Feld steht immer auf »1« und ist somit ideal geeignet, um Zwischensummen je Qualifikation im Layout einzubauen. So verschaffen Sie sich für beliebig große Bereiche schnell einen Überblick darüber, wie viele Mitarbeiter über eine bestimmte Qualifikation verfügen und wie die durchschnittliche Ausprägung ist.
- Über den Menüpfad PERSONAL • PERSONALMANAGEMENT • PERSONALENTWICKLUNG • EINSTELLUNGEN • LAUFENDE EINSTELLUNGEN • QUALIFIKATIONSPROFIL: MASSENDATENPFLEGE lassen sich einzelne oder mehrere Qualifikationen einer Menge von Mitarbeitern zuordnen. Abbildung 8.21 zeigt ein Beispiel, in dem vier Mitarbeitern die gleichen Qualifikationen zugeordnet werden.

Abbildung 8.21 Massendatenpflege bei Qualifikationen

- Eine weitere interessante Funktion ist nur über das Customizing über den IMG-Pfad Personalmanagement • Personalentwicklung • Werkzeuge • Anforderungsprofile auf Planstelleninhaber kopieren erreichbar. In der Regel ergibt es wenig Sinn, Qualifikationen und Anforderungen identisch zu pflegen. Dieses Werkzeug ist aber sehr hilfreich, wenn man mit der Pflege des Skillmanagements gerade beginnt und sowohl Qualifikationsprofile als auch Anforderungsprofile nutzen möchte. Um den Pflegeaufwand zu minimieren, ist daher folgendes Vorgehen sinnvoll:
  - Pflege der Anforderungsprofile der Stellen
  - Ergänzung der Anforderungsprofile der Planstellen
  - Übertragung der Anforderungen auf die Planstelleninhaber als Qualifikationen mit dem genannten Werkzeug
  - Anpassung der automatisch gepflegten Qualifikationsprofile an die Realität, z.B. durch die Mitarbeiter selbst über den ESS (Employee Self-Service)

8.3 Prozessbeispiel »Dezentrale Skill-Pflege«

Wie bereits im vorangegangenen Kapitel beschrieben, ist ein breites Skillmanagement fast nur mit dezentral organisierten Prozessen möglich. Dies wird in SAP ERP HCM durch verschiedene Dienste des *Employee Self-Service* (ESS) und *Manager Self-Service* (MSS) unterstützt.

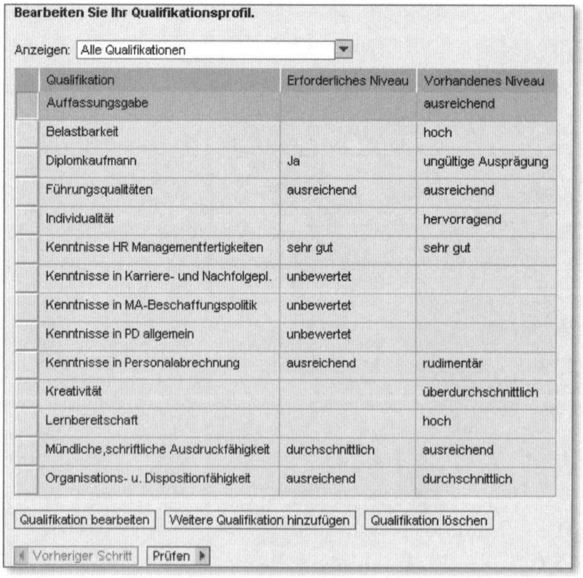
Bearbeiten Sie Ihr Qualifikationsprofil.
Anzeigen: Alle Qualifikationen

Qualifikation	Erforderliches Niveau	Vorhandenes Niveau
Auffassungsgabe		ausreichend
Belastbarkeit		hoch
Diplomkaufmann	Ja	ungültige Ausprägung
Führungsqualitäten	ausreichend	ausreichend
Individualität		hervorragend
Kenntnisse HR Managementfertigkeiten	sehr gut	sehr gut
Kenntnisse in Karriere- und Nachfolgepl.	unbewertet	
Kenntnisse in MA-Beschaffungspolitik	unbewertet	
Kenntnisse in PD allgemein	unbewertet	
Kenntnisse in Personalabrechnung	ausreichend	rudimentär
Kreativität		überdurchschnittlich
Lernbereitschaft		hoch
Mündliche,schriftliche Ausdruckfähigkeit	durchschnittlich	ausreichend
Organisations- u. Dispositionfähigkeit	ausreichend	durchschnittlich

Qualifikation bearbeiten
Weitere Qualifikation hinzufügen
Qualifikation löschen
Vorheriger Schritt
Prüfen

Abbildung 8.22 Eigenes Profil im ESS pflegen

Wie in Abbildung 8.22 zu sehen, erhält der Mitarbeiter sein Profil in einer Liste von Qualifikationen dargestellt, in der das erforderliche Niveau und das vorhandene Niveau des Mitarbeiters gegenübergestellt werden. Die Qualifikationen können bearbeitet oder ergänzt werden

Um das Profil komplett neu zu erfassen oder einzelne Skills hinzuzufügen, kann der Mitarbeiter die Qualifikationen aus dem Katalog auswählen (siehe Abbildung 8.23). Anschließend erfolgt die Bewertung der ausgewählten Qualifikationen oder auch eine Neubewertung der bereits im Profil enthaltenen Skills.

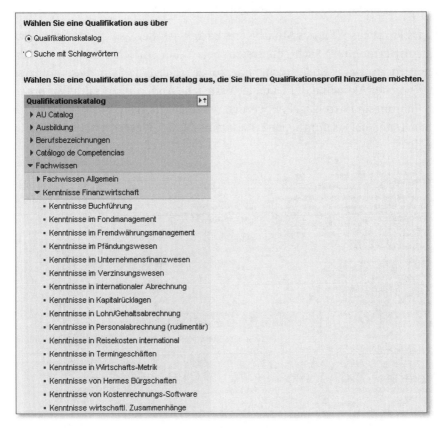

Abbildung 8.23 Auswahl von Qualifikationen im ESS

Im Laufe des Prozesses kann es vorkommen, dass der Mitarbeiter einen Skill in sein Profil eintragen will, den der Qualifikationskatalog nicht vorsieht. In diesem Fall muss er mit der Personalentwicklung in Kontakt treten. Für die Lösung dieses Problems gibt es mehrere Möglichkeiten:

- Die zentrale Personalentwicklung muss den Qualifikationskatalog ergänzen.
- Das Gespräch ergibt, dass eine bereits vorhandene Qualifikation zu nutzen ist, die der Mitarbeiter nicht gefunden hat. In diesem Fall sind gegebenenfalls die Struktur des Katalogs oder die Erläuterungen anzupassen.
- Der fragliche Skill ist aus Sicht des Unternehmens nicht relevant und wird daher nicht erfasst.
- Falls der vollständige Skill-Katalog nicht für den ESS freigegeben ist: Der fragliche Skill darf nicht über den ESS gepflegt werden und wird gegebenenfalls direkt von der Personalentwicklung erfasst.

Ist das Profil aus Sicht des Mitarbeiters korrekt gepflegt, steht es unmittelbar zur Auswertung und Suche im System bereit. Ein einfaches Freigabeverfahren wird an dieser Stelle nicht unterstützt. Allerdings lebt dieser Prozess auch von der Aktualität der Daten. Müsste jede Änderung unmittelbar durch die Führungskraft freigegeben werden, wäre die zeitnahe Verfügbarkeit der neuen Daten bei vernünftigem Zeitaufwand für den Vorgesetzten nicht mehr möglich.

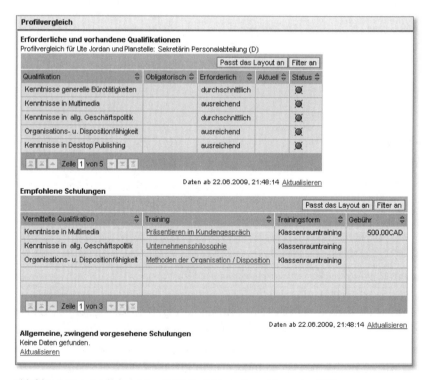

Abbildung 8.24 Profilabgleich mit Weiterbildungsvorschlägen im MSS

Die Führungskraft hat im MSS Zugriff auf die Daten der Personalentwicklung und kann z.B. einen Profilabgleich durchführen, der Weiterbildungsvorschläge mit empfohlenen Schulungen erzeugt (siehe Abbildung 8.24). Aus diesem Ergebnis heraus können direkt Trainings für den Mitarbeiter gebucht werden.

8.4 Kritische Erfolgsfaktoren

Der Projekterfolg im Skillmanagement ist weniger von technischen Aspekten abhängig als vielmehr von Aspekten der Prozessgestaltung. Die wichtigsten Erfolgsfaktoren sind im Folgenden aufgeführt:

- Die Ziele des Skillmanagements müssen zu Beginn geklärt werden.
- Aus den Zielen ist der zu betrachtende Bereich abzuleiten. Handelt es sich zum Beispiel nur um die Führungskräfteentwicklung, muss kein umfassender Skill-Katalog aufgebaut werden und es muss auch nur ein Ausschnitt der Mitarbeiter und der Planstellen einbezogen werden. Die Missachtung dieses Punktes dürfte die Hauptursache für die enorme Überschreitung von Zeit- und Budgetplänen sowie für das Scheitern von Projekten im Skillmanagement sein. Eine realistische Beschränkung des betrachteten Bereichs ist daher als erster Schritt sehr zu empfehlen.
- Für die Verfolgung der Ziele des Skillmanagements müssen auch entsprechende Kapazitäten für die Pflege und Beratung bereitgestellt werden. Diese lassen sich häufig dadurch kompensieren, dass unkoordinierte Aktivitäten in diesem Umfeld durch die integrierte Lösung ersetzt werden. Dazu müssen aber zwei Voraussetzungen erfüllt sein:
  - Die redundanten, unkoordinierten Aktivitäten müssen auch tatsächlich eingestellt werden. Häufig beharren Linienmanager auf einer eigenen, abgeschotteten Datenführung. Die Ursachen für diesen Widerstand sollten Sie herausfinden. Geht es nur um Formalien oder das Zurückhalten von Herrschaftswissen, müssen Sie hier mithilfe von Unternehmensleitung und Personalvertretung durchgreifen. Fehlt bei der zentralen Lösung tatsächlich eine sinnvolle Funktionalität, so müssen die dezentralen Einheiten stärker eingebunden werden.
  - Die frei werdenden Kapazitäten müssen bekannt sein und auch tatsächlich auf die »Haben-Seite« des Skillmanagement-Projekts gebucht werden. Dies ist häufig nicht der Fall, da die Kapazitäten an anderen Stellen frei werden als dort, wo sie künftig benötigt werden.

- Der Prozess sollte möglichst in der dezentralen Variante implementiert werden.
- Im Implementierungsprojekt ist die Definition des Qualifikationskatalogs besonders stark zu gewichten. Dezentrale Prozessbeteiligte sind ausreichend einzubinden. Das Wissen der Mitarbeiter und Führungskräfte über die Anforderungen des Tagesgeschäfts muss genutzt werden.
- Auch das andere Extrem ist zu vermeiden: Eine reine Fokussierung auf die Istsituation vernachlässigt strategische Anforderungen. Da diese aber ein wesentliches Element des Skillmanagements sind, muss die zentrale Personalentwicklung diese Anforderungen einbringen.
- Zur Abbildung des Qualifikationskatalogs sollten Sie bei der Definition der Struktur und der Skalen sowie bei der Benennung von Qualifikationen und Gruppen mit Liebe zum Detail vorgehen. Die Struktur und die alphabetische Sortierung in den Auswertungen können sonst immer wieder Probleme verursachen.
- Erläuterungen im System und Beratung durch die zentrale Personalentwicklung müssen die Vergleichbarkeit der gepflegten Daten gewährleisten. Bei international eingesetzten Systemen sollten Sie unbedingt auch bei der Übersetzung auf diese Vergleichbarkeit achten. Wird eine einheitliche Konzernsprache eingesetzt (z.B. Englisch), so ist es unter Umständen sinnvoll, den Katalog nur in der Konzernsprache zu pflegen, um Bedeutungsverschiebungen in der Übersetzung vorzubeugen.
- Bei Integration in Personaleinsatzplanung, Veranstaltungsmanagement und Personalbeschaffung ist der Qualifikationskatalog mit den entsprechenden Projektteams abzustimmen.
- Stellen Sie Mitarbeitern und Führungskräften leicht zu bedienende Tools zur Verfügung zu stellen, damit sie das Skillmanagement im Tagesgeschäft auch wirklich nutzen und ausbauen – ESS (Employee Self-Service) und MSS (Manager Self-Service) sind also optimal zu konfigurieren. Für inhaltliche Fragen muss Beratung durch die zentrale Personalentwicklung verfügbar sein.

Auch über das Performance Management (Zielvereinbarung und Beurteilung) können Qualifikationen für Mitarbeiter erzeugt werden, wie im folgenden Kapitel beschrieben wird.

Das Themenfeld »Zielvereinbarung und Beurteilung« ist in SAP ERP HCM sehr weit gefasst: Die verfügbaren Funktionalitäten eignen sich zur Unterstützung der verschiedensten Zielvereinbarungs- und Beurteilungsprozesse und sind flexibel erweiterbar.

9 Zielvereinbarung und Beurteilung

Zielvereinbarungen und Beurteilungen spielen eine wichtige Rolle im Talent Management. Die neue Komponente *Zielvereinbarung und Beurteilung* (Performance Management) in SAP ERP HCM bietet Unternehmen die Möglichkeit, die Leistung ihrer Mitarbeiter zu dokumentieren und zu fördern. In den folgenden Abschnitten geben wir Ihnen einen Überblick und zeigen die Einsatzmöglichkeiten der Komponente sowie die Integration mit anderen SAP-Komponenten. Von der Erstellung der Zielvereinbarungs- und Beurteilungsformulare über den Aufbau und die Gestaltung von Prozessen und Formularen bis hin zu Nachbereitung und Reporting werden Customizing-Einstellungen erläutert und somit die Möglichkeiten des individuellen Einsatzes der Komponente *Zielvereinbarung und Beurteilung* aufgezeigt.

9.1 Konzeption in SAP ERP HCM

Die SAP ERP HCM-Komponente *Zielvereinbarung und Beurteilung* versetzt das Personalmanagement in die Lage, Mitarbeiter gemäß ihren Fähigkeiten im Unternehmen einzusetzen, gezielt weiter zu entwickeln und leistungsgerecht zu vergüten. Mit ihrer Hilfe können Unternehmen den kompletten Zielvereinbarungs- und Beurteilungsprozess individuell abbilden, elektronisch dokumentieren, gestalten und verfolgen.

9.1.1 Leistungsumfang

Grundsätzlich lässt sich fast jede Form von Zielvereinbarung und Beurteilung im HCM-System abbilden. Mögliche Anwendungen sind z.B.:

- Leistungsbeurteilung einzelner Mitarbeiter
- Leistungsbeurteilung von Gruppen

9 | Zielvereinbarung und Beurteilung

- Potenzialbeurteilung
- Aufwärtsbeurteilung
- 360-Grad-Beurteilung
- Zielvereinbarung
- Arbeitszeugnis
- allgemeine Mitarbeiterbefragung
- Umfrage zur Zufriedenheit mit der Kantine
- Dokumentation von Testergebnissen
- Veranstaltungsbeurteilung
- Teilnehmerbeurteilung bei einer Veranstaltung

Das System unterstützt nicht nur die einfache Erfassung von Beurteilungen, sondern den gesamten Zielvereinbarungs- und Beurteilungsprozess von der Vorbereitung bis zur Genehmigung, sodass der Status des Beurteilungsverfahrens immer bekannt ist. Darüber hinaus stehen Werkzeuge zur Nachbereitung zur Verfügung, die die Integrationsaspekte sowie verschiedene Auswertungen abdecken. Wird der Prozess nicht vollständig im System abgebildet, lassen sich Beurteilungsformulare ausdrucken, deren Inhalt dann später wieder zentral erfasst werden kann.

9.1.2 Beurteilungs- und Zielvereinbarungsprozess

Das Ziel der Beurteilungs- und Zielvereinbarung ist es, den Mitarbeiter zu unterstützen und seine Leistung und Effektivität zu steigern, indem er darüber informiert wird, welche Leistungen und Aktivitäten von ihm erwartet werden. Der Beurteilungs- und Zielvereinbarungsprozess variiert in Abhängigkeit von Form (z.B. Zielvereinbarung, Beurteilung, 360-Grad-Beurteilung), Art (z.B. Einzel- oder Gruppenbeurteilung, anonyme Beurteilung) oder Anwendungsgebiet (z.B. Mitarbeiterbeurteilung, Referentenbeurteilung, Vorgesetztenbeurteilung). Im Folgenden beschreiben wir die wesentlichen Prozessphasen.

Vorbereitung

Die Vorbereitungsphase ist technischer Natur und schafft die Grundvoraussetzungen für das anstehende Zielvereinbarungs- und Beurteilungsgespräch (siehe Abbildung 9.1). Die hier anfallenden Arbeitsschritte können entweder vom verantwortlichen Personalsachbearbeiter oder von der Führungskraft des betrachteten Mitarbeiters ausgeführt werden.

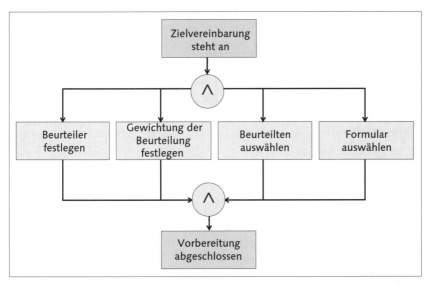

Abbildung 9.1 Vorbereitungsprozess

Die Rahmenbedingungen der Beurteilung oder Zielvereinbarung werden im Beurteilungsformular festgelegt. Hierbei kann es z. B. aufgrund von Inhalten (Beurteilung, Zielvereinbarung oder beides) oder der Tarifbindung (tarifliche und außertarifliche Angestellte) unterschiedliche Formulare geben.

Neben der Auswahl des Formulars werden in der Vorbereitung auch die am Prozess beteiligten Personen zugeordnet (Beurteiler, Beurteilter, Teilbeurteiler und weitere Beteiligte), und der betrachtete Beurteilungs- und Zielvereinbarungszeitraum wird festgelegt.

Liegen alle geforderten Informationen vor, so wird das Beurteilungs- und Zielvereinbarungsgespräch im System angelegt und steht ab diesem Zeitpunkt dem Mitarbeiter und der Führungskraft zur Verfügung.

Zielvereinbarung

Nachdem die Formulare in der Vorbereitungsphase angelegt wurden, vereinbaren Führungskraft und Mitarbeiter in der Zielvereinbarung ein Planungsgespräch (siehe Abbildung 9.2). Da im Zielvereinbarungsgespräch der vorausliegende Zeitraum betrachtet wird, führen Mitarbeiter und Führungskraft das Planungsgespräch in der Regel zu Beginn des angegebenen Beurteilungszeitraums. Dabei werden unter anderem die benötigten Qualifikationen und Kompetenzen des Mitarbeiters identifiziert sowie Ziele und Aufgaben vereinbart. Darüber hinaus kann der Schulungs- und Entwicklungsbedarf des Mitarbeiters besprochen und in die Zielvereinbarung mit aufgenommen werden.

Das Zielvereinbarungsgespräch kann direkt am System durchgeführt werden, sodass die Vereinbarungen schon während des Gesprächs im System erfasst werden können. Ist dies nicht gewünscht, kann die Zielvereinbarung ausgedruckt werden. Die getroffenen Vereinbarungen werden in diesem Fall auf Papier festgehalten und später vom Mitarbeiter oder von der Führungskraft ins System übertragen.

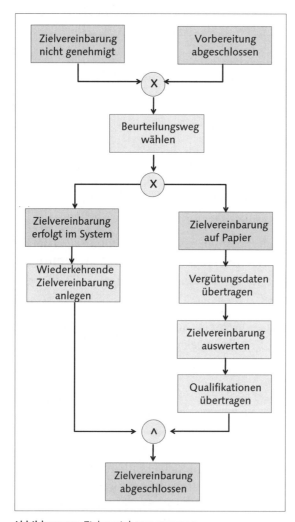

Abbildung 9.2 Zielvereinbarungsprozess

Review

Die zu Beginn des Beurteilungszeitraums getroffenen Vereinbarungen basieren unter anderem auf Annahmen über die geltenden Geschäftsbedingungen, -abhängigkeiten und -bedingungen für den betrachteten Zeitraum. Verändern sich diese Annahmen, so ist eine Überarbeitung der Vereinbarungen erforderlich.

Eine Review (Zwischengespräch) im Beurteilungszeitraum ermöglicht es Mitarbeiter und Führungskraft, die getroffenen Vereinbarungen zu überprüfen und gegebenenfalls an aktuelle Gegebenheiten anzupassen.

Die Review ermöglicht erste Vergleiche zwischen der bisherigen Zielsetzung und der gegenwärtigen Leistung. Führungskraft und Mitarbeiter besprechen, ob die in der Planungsphase festgelegten Vereinbarungen weiterhin relevant sind, fügen gegebenenfalls weitere Vereinbarungen hinzu oder entscheiden sich dafür, obsolete Vereinbarungen zu streichen. Darüber hinaus können im Review notwendige Maßnahmen vereinbart werden, die den Mitarbeiter bei der Zielerreichung unterstützen.

Wie in der Zielvereinbarung (siehe Abbildung 9.2) kann das Review-Gespräch sowohl direkt im System als auch auf Papier durchgeführt werden.

Zielerreichung/Beurteilung

Die Zielerreichung oder Beurteilung ermöglicht es der Führungskraft, die Leistungen, Qualifikationen und Entwicklungen des Mitarbeiters zu dokumentieren. Führungskraft und Mitarbeiter besprechen den Erreichungsgrad der getroffenen Vereinbarungen und betrachten den zurückliegenden Zeitraum. Dabei werden unter anderem die Entwicklung der Qualifikationen und Kompetenzen, die Gesamtleistung und die Umsetzung der konkreten Aufgaben und Ziele des Mitarbeiters überprüft und bewertet.

Darüber hinaus können Handlungsfelder für weiteren Schulungsbedarf oder eine Übererfüllung in unterschiedlichen Bereichen identifiziert werden.

Genehmigung

Bei einer zeitlichen Trennung der Vereinbarung der Daten in der Zielvereinbarungs-Review oder im Zielerreichungsgespräch von der Eingabe der Daten im System setzen einige Kunden einen zusätzlichen Genehmigungsschritt ein (siehe Abbildung 9.3). Erfasst z.B. der Mitarbeiter die vereinbarten Daten seiner Zielvereinbarung im Anschluss an das Zielvereinbarungsgespräch, so kann die Führungskraft die Daten über den Genehmigungsschritt verifizieren. Mit diesem Schritt wird bestätigt, dass die eingegebenen Daten den vereinbarten Daten entsprechen.

Entsprechen die eingegebenen Daten nicht den Vereinbarungen, kann der Mitarbeiter seine Eingabefehler beheben und die Zielvereinbarung erneut abschließen. Besteht ein inhaltlicher Dissens zwischen Führungskraft und Mitarbeiter, kann dieser mit einem erneuten Gespräch aus der Welt geschafft werden.

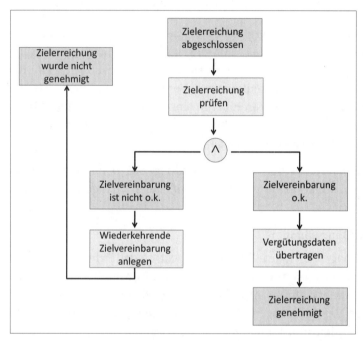

Abbildung 9.3 Genehmigungsprozess

Die Entscheidung für oder gegen einen Genehmigungsschritt in den Phasen Zielvereinbarung, Review und Zielerreichung hängt unter Anderem von Auswirkungen und Gewichtung der Zielvereinbarung sowie der Unternehmenskultur ab. Wirkt sich eine Zielvereinbarung zum Beispiel direkt auf das Gehalt des Mitarbeiters aus, wird häufig ein Genehmigungsschritt in allen Prozessphasen eingesetzt.

Allerdings ist die so erzielte Bestätigung der Zielvereinbarung rechtlich nicht mit einer digitalen Unterschrift vergleichbar. Aus diesem Grund halten einige Kunden an der handschriftlichen Unterschrift von Mitarbeiter und Führungskraft fest.

Nachbereitung

Die Nachbereitung beginnt unmittelbar nach Abschluss der Beurteilung und Zielvereinbarung (siehe Abbildung 9.4). Zu diesem Zeitpunkt sind die erfassten Daten abgestimmt, nicht mehr änderbar und können weiterverarbeitet werden. Die Qualifikationen des Mitarbeiters können in sein Istprofil übertragen werden. Vereinbarte Veranstaltungen werden über das Veranstaltungsmanagement gebucht. Bei wiederkehrenden Zielvereinbarungen und Beurteilungen wird ein neues Dokument angelegt, in dem die Zielvereinbarung erfasst werden kann. Sofern die Zielvereinbarungen und Beurteilungen monetäre Auswirkungen haben, können die entsprechenden Daten an das Vergütungsmanagement übergeben werden. Neben den automatischen Anschlussverarbeitungen bilden Auswertungen einen weiteren Schwerpunkt der Nachbereitung.

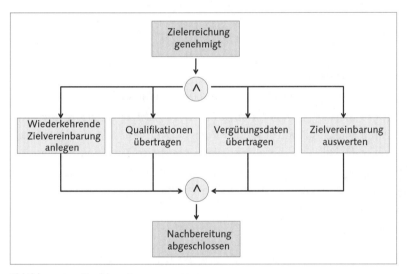

Abbildung 9.4 Nachbereitungsprozess

9.1.3 Integration

Die Komponente *Zielvereinbarung und Beurteilung* besitzt mehrere Integrationspunkte zu anderen Komponenten des HCM-Systems (siehe Abbildung 9.5). Einige dieser Komponenten bilden Voraussetzungen für einen erfolgreichen Einsatz von Zielvereinbarungen und Beurteilungen, andere sind nicht unbedingt erforderlich, werden aber häufig eingesetzt. In den folgenden Abschnitten gehen wir ausführlicher auf die verschiedenen Komponenten ein.

Abbildung 9.5 Integration der Komponente »Zielvereinbarung und Beurteilung« in SAP ERP HCM

Organisationsmanagement

Aktuelle Daten im Organisationsmanagement sind eine Grundvoraussetzung für einen reibungslosen Einsatz der Komponente *Zielvereinbarung und Beurteilung*. Daten wie die Ermittlung des Vorgesetzten eines Mitarbeiters spielen eine zentrale Rolle bei der Generierung und beim Zugriff auf Zielvereinbarungsformulare. Darüber hinaus basieren Auswertungen und weitere Standardprogramme auf der Organisationsstruktur.

Personaladministration

Die Personaladministration liefert die erforderlichen Mitarbeiterdaten (Personalnummer, Name des Mitarbeiters etc.) und ist somit unumgänglich.

Personalentwicklung

Die Integration der Personalentwicklung ermöglicht die Übernahme von Anforderungsprofilen aus (Plan-)Stellen bzw. Qualifikationen aus dem Qualifikationskatalog in die individuelle Zielvereinbarung der Mitarbeiter. Im Anschluss an die Zielvereinbarung und Beurteilung können die vereinbarten Qualifikationen und Maßnahmen automatisch in das Istprofil des Mitarbeiters übertragen werden.

Zielvereinbarungen und Beurteilungen können darüber hinaus bei internen Bewerbern im E-Recruiting oder bei der Nachfolgeplanung als Entscheidungshilfe herangezogen werden (siehe Kapitel 11, »SAP E-Recruiting«).

Vergütungsmanagement

Einige Unternehmen integrieren finanzielle Anreizsysteme in die Zielvereinbarungen und Beurteilungen. Diese »Pay for Performance«-Philosophie lässt sich über eine Verbindung mit dem Vergütungsmanagement realisieren.

Durch die Integration ins Vergütungsmanagement können automatisch Vorschläge für eine Vergütungsanpassung übernommen werden, sobald der Beurteilungs- und Zielvereinbarungszyklus abgeschlossen wurde. Diese Vorschläge können differenziert für die Gesamtbeurteilung, für Gruppierungen bestimmter Ziele oder für Einzelziele ermittelt werden.

Für die Auszahlung der erreichten Boni ist der Einsatz des Vergütungsmanagements nicht zwingend erforderlich. Die Übergabe in die Gehaltsabrechung lässt sich auch auf anderen Wegen realisieren. Hierfür kann z.B. das BAdI HRHAP00_FOLLOW_UP_ verwendet werden.

Veranstaltungsmanagement

Die Integration in das Veranstaltungsmanagement ergibt sich aus dem Umstand, dass dieses ebenfalls Beurteilungen nutzt, deren Muster im gleichen Katalog gepflegt werden und die die gleichen Skalen nutzen wie die Komponente *Zielvereinbarung und Beurteilung*.

SAP Learning Solution (LSO)

Über eine Integration der Learning Solution können Sie Bildungsmanagementprozesse in die Zielvereinbarung und Beurteilung integrieren. Mitarbeiter und Führungskraft können im Zielvereinbarungsgespräch über Weiterbildungsmaßnahmen des Mitarbeiters sprechen und diese buchen.

SAP NetWeaver Business Warehouse (BW)

SAP NetWeaver Business Warehouse (BW) stellt zusätzliche Auswertungen und Analysen zur Verfügung. Hierzu zählen unter anderem Statusverfolgungen, Durchschnittsberechnungen und zielvereinbarungsübergreifende Vergleiche.

SAP Strategic Enterprise Management (SEM)

Über die Integration mit SAP Strategic Enterprise Management (SEM) können aus übergeordneten Unternehmenszielen Abteilungsziele abgeleitet und in der Balanced Scorecard anzeigt werden. Diese relevanten strategischen Ziele können direkt in die Zielvereinbarungen für den Mitarbeiter übernommen werden.

9.2 Umsetzung in SAP ERP HCM

Der Schwerpunkt des folgenden Abschnitts liegt in der Erläuterung der Customizing-Aktivitäten inklusive der Pflege des Kataloges für Beurteilungsformulare.

9.2.1 Grundsätzliche Customizing-Einstellungen

Dieser Abschnitt beschreibt die für den Einsatz der Komponente *Zielvereinbarung und Beurteilung* notwendige Vorkonfiguration des Systems. Stellen Sie unbedingt sicher, dass die folgenden Schritte abgeschlossen sind, bevor Sie mit dem Customizing beginnen.

Altes durch neues Beurteilungssystem ersetzen

Ein wichtiger Schalter befindet sich in Tabelle T77S0 (siehe Abbildung 9.6). Der Schalter HAP00/REPLA steuert, ob das alte oder das neue Beurteilungssystem verwendet wird. Die Pflege des Schalters kann entweder über den IMG-Pfad PERSONALMANAGEMENT • PERSONALENTWICKLUNG • ZIELVEREINBARUNGEN UND BEURTEILUNGEN • GRUNDEINSTELLUNGEN BEARBEITEN oder direkt über die Transaktion OOHAP_SETTINGS_PA erfolgen.

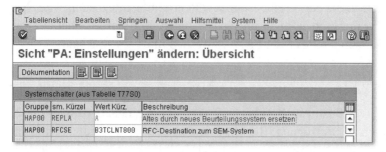

Abbildung 9.6 Aktivieren der neuen Komponente »Zielvereinbarung und Beurteilung«

Um die alte Komponente *Beurteilungssysteme* durch die neue Komponente *Zielvereinbarung und Beurteilung* zu ersetzen, muss der Schalter die Ausprägung A haben. Diese Ersetzung wirkt sich auf die Komponenten *Personalentwicklung* und *Trainingsmanagement* der SAP Learning Solution aus. Eine Ersetzung, die sich ausschließlich auf eine der beiden Komponenten auswirkt, ist grundsätzlich nicht möglich.

> **Paralleler Einsatz der »alten« und der »neuen« Komponente**
> Möchten Sie Mitarbeiter über die neue Komponente, Veranstaltungen aber weiterhin über das alte Beurteilungssystem bewerten, so ist dies nur über ein Workaround möglich.

Ein Einsatz der neuen Komponente bei gleichzeitigem Einsatz der alten Beurteilungssysteme für das Veranstaltungsmanagement (z.B. für Veranstaltungs- oder Teilnehmerbeurteilungen), lässt sich über zwei unterschiedliche Wege realisieren:

1. Beim Einsatz des alten Beurteilungssystems über die Schalterstellung »Blank« stehen die Transaktionen der neuen Komponente *Zielvereinbarung und Beurteilung* nicht im Easy-Access-Menü zur Verfügung. Diese können aber in die Favoriten der Benutzer aufgenommen oder über eine Rolle in das Benutzermenü eingebunden werden. Dafür müssen folgende Transaktionen aufgenommen werden:

    - PHAP_ADMIN_PA
    - PHAP_CHANGE_
    - PHAP_CREATE_
    - PHAP_PREPARE_PA
    - PHAP_SEARCH_PA
    - PHAP_CATALOG_PA

    Im Veranstaltungsmanagement kann dann wie gewohnt mit dem alten Beurteilungssystem weitergearbeitet werden.

2. Die Schalterstellung »A« aktiviert die neue Komponente *Zielvereinbarung und Beurteilung*. Um weiterhin das alte Beurteilungssystem für das Veranstaltungsmanagement zu verwenden, können die hierfür relevanten Transaktionen über das BAdI HRPDV00APPRAISAL0000 übersteuert werden. Das Business Add-In ermöglicht es, einzelne Transaktionen abzufragen und für diese zu steuern, ob das alte oder neue Beurteilungssystem verwendet wird.

Die zweite Lösung stellt sicher, dass alle Beurteilungsaktionen und Funktionen außerhalb des Veranstaltungsmanagements mit der neuen Komponente *Zielvereinbarung und Beurteilung* laufen. Beim Einsatz des alten Beurteilungssystems für das Veranstaltungsmanagement bei gleichzeitiger Verwendung der neuen Komponente empfehlen wir daher die zweite Lösung. Wird Lösung 1 verwendet, sind umfangreiche Tests notwendig, um sicherzustellen, dass wirklich die volle Funktionsfähigkeit des neuen Beurteilungssystems verfügbar ist.

9.2.2 Customizing im Katalog für Beurteilungsformulare

Im Katalog für Beurteilungsformulare findet der Großteil des Customizings für den Bereich *Zielvereinbarung und Beurteilung* statt. Dieser Katalog beinhaltet alle Beurteilungsformulare und kann über die Transaktion PHAP_CATALOG aufgerufen werden. Die hier angelegten Formulare dienen als Muster für die individuellen Zielvereinbarungen und Beurteilungen, die dem Endbenutzer zur Bearbeitung und zur Ansicht bereitgestellt werden.

Der Katalog für Beurteilungsformulare ist hierarchisch organisiert und enthält die Elemente *Kategoriengruppe*, *Kategorie*, *Formular*, *Kriteriengruppe*, *Kriterium* und *Qualifikation*.

Kategoriengruppe

Für den Bereich *Zielvereinbarung und Beurteilung* liefert die SAP die Kategoriengruppe *Personalbeurteilungen* aus, die beim ersten Aufruf des Katalogs für Beurteilungsformulare automatisch angelegt wird. Das Customizing innerhalb der Kategoriengruppe gliedert sich in die Bereiche *Objekttypen* und *Statuswechsel*.

Registerkarte »Objekttypen«

Die Registerkarte OBJEKTTYPEN legt fest, welche Personalentwicklungs-Objekttypen im Formular verfügbar sind. Diese können dann im Prozess als Teilnehmer oder Akteure auftreten. Abbildung 9.7 zeigt die Kategoriengruppe PERSONALBEURTEILUNGEN mit den verfügbaren Objekttypen P (Person) und US (Benutzer). Weitere für die Personalbeurteilung zweckmäßige Objekttypen lauten H (externe Person), KU (Kunde), KI (Interessent), EX (Experte) und BP (Geschäftspartner).

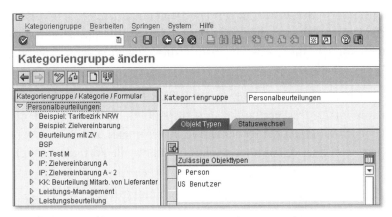

Abbildung 9.7 Definition der Objekttypen für die Kategoriengruppe

Registerkarte »Statuswechsel«

Auf der Registerkarte STATUSWECHSEL wird festgelegt, welche Status, Berechtigte und Workflow-Ereignisse im Prozess verfügbar sind. Diese drei Unterpunkte werden in den entsprechenden Registerkarten gecustomized (siehe Abbildung 9.8).

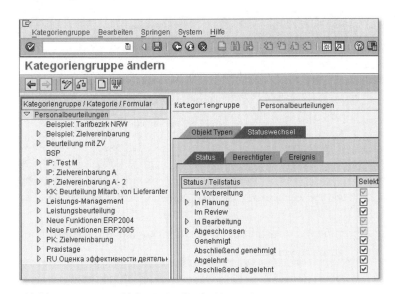

Abbildung 9.8 Auswahl der Status für die Kategoriengruppe

Auf der Registerkarte STATUS können Beurteilungsstatus und Substatus für das darunterliegende Customizing verfügbar gemacht werden. Die Status IN VORBEREITUNG, IN BEARBEITUNG und ABGESCHLOSSEN wurden von der SAP als Pflichtstatus festgelegt und können daher nicht gelöscht werden.

Auf der Registerkarte BERECHTIGTER werden die Benutzer angegeben, die im Prozessverlauf einen Statuswechsel vornehmen dürfen. Die hier ausgewählten Benutzer können im Formular-Customizing Zugriff auf statusverändernde Buttons erhalten.

Auf der Registerkarte EREIGNIS können Workflow Events ausgewählt werden, die dann im Prozess verfügbar sind. In Abbildung 9.9 wurden die Workflow Events BEURTEILER-AUFFORDERUNG ZUM ÄNDERN und BEURTEILTER – AUFFORDERUNG ZUR GENEHMIGUNG selektiert und für alle Formulare unterhalb der Kategoriengruppe verfügbar gemacht.

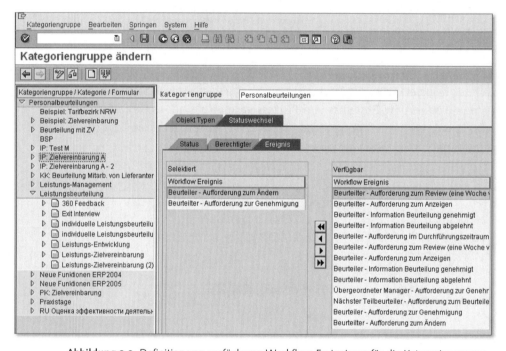

Abbildung 9.9 Definition von verfügbaren Workflow-Ereignissen für die Kategoriengruppe

Die hier vorgenommenen Einstellungen werden an die untergeordneten Kategorien und Formulare vererbt.

Kategorie

Eine Kategorie dient nicht nur zur Gruppierung von Elementen, sondern sie enthält – ebenso wie die Kategoriengruppe – grundlegende Einstellungen, die untergeordnete Elemente erben. Innerhalb einer Kategorie gibt es die folgenden Konfigurationsbereiche, die wie in der Kategoriengruppe in eigenen Registerkarten gecustomized werden: BETEILIGTE, SPALTEN, ROLLEN, WERTELISTEN, ERWEITERUNGEN, STATUSWECHSEL.

Registerkarte »Beteiligte«
Auf der Registerkarte BETEILIGTE werden die am Prozess beteiligten Akteure ausgewählt. Darüber hinaus kann zu jedem Akteur der zulässige Objekttyp und eine für die Kategorie spezifische Bezeichnung des Akteurs angegeben werden. Mehrere zulässige Objekttypen können über die Mehrfachauswahl zugeordnet werden. Die Konfiguration in Abbildung 9.10 zeigt die Auswahl der Akteure BEURTEILER und BEURTEILTER mit dem zulässigen Objekttyp P. Der Beurteiler wird dabei im Formular als Führungskraft ausgewiesen, der Beurteilte als Mitarbeiter.

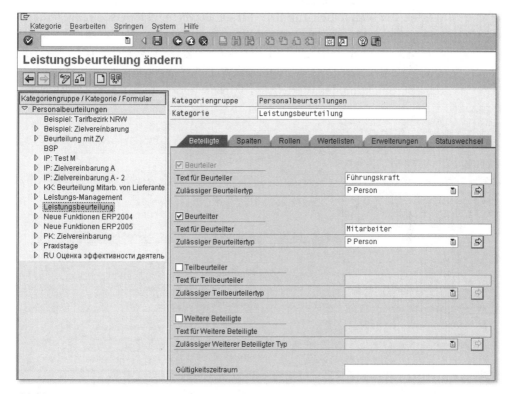

Abbildung 9.10 Festlegen der am Prozess beteiligten Akteure

Registerkarte »Spalten«
Auf der Registerkarte SPALTEN werden die für die Kategorie verfügbaren Spalten selektiert. Hierbei müssen sowohl standardmäßige als auch kundeneigene Spalten zugeordnet werden. Während die Standardspalten direkt zur

Auswahl stehen, können zusätzliche kundeneigene Spalten über das Kontextmenü unter GRUNDEINSTELLUNGEN • SPALTEN DEFINIEREN definiert werden.

Registerkarte »Rollen«
Auf der Registerkarte ROLLEN werden die unterhalb der Kategorie verfügbaren Rollen festgelegt. Mithilfe dieser Rollen lässt sich der Zugriff auf einzelne Elemente eines Formulars steuern. Das Rollenkonzept kommt besonders bei Teilbeurteilungen zum Einsatz. Ohne die Zuordnung der Rolle zu einem Element können alle Benutzer mit dieser Rolle nicht auf dieses Element zugreifen. Über dieses Konzept kann so z.B. der Zugriff der Teilbeurteiler auf die für sie relevanten Elemente eingeschränkt werden.

Registerkarte »Wertelisten«
Wertelisten bilden die Grundlage für die Bewertung der einzelnen Elemente im Formular. Hinter diesen Wertelisten liegen Skalen, die die Ausprägungen der Bewertungen festlegen. In der Registerkarte WERTELISTEN werden die unterhalb der Kategorie verfügbaren Wertelisten selektiert. Abbildung 9.11 zeigt die Selektion der Wertelisten JA/NEIN und 5-PUNKTE SKALA.

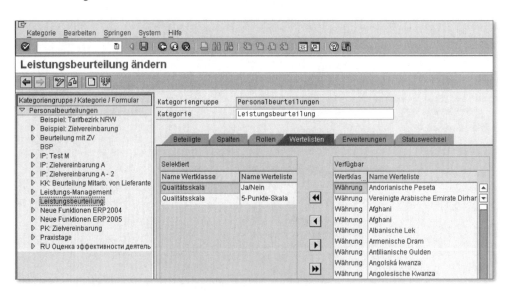

Abbildung 9.11 Auswahl der verfügbaren Wertelisten

Registerkarte »Erweiterungen«
Auf der Registerkarte ERWEITERUNGEN werden die unterhalb der Kategorie verfügbaren Erweiterungen selektiert. Eine Erweiterung entspricht im Performance Management einer BAdI-Implementierung.

Ähnlich wie User Exits geben BAdIs dem Benutzer die Möglichkeit, kundeneigenes Coding in das Standard-Coding zu integrieren, ohne das Standard-Coding zu modifizieren.

> **Verfügbare BAdIs**
>
> Eine Liste der für die Komponente *Zielvereinbarung und Beurteilung* ausgelieferten BAdIs finden Sie im Anhang.

Die Implementierungen der BAdIs werden abhängig vom zugehörigen BAdI an unterschiedlichen Stellen und Ebenen in die Zielvereinbarungs- und Beurteilungsformulare integriert.

Die einzelnen Stellen sowie die zugehörigen BAdIs beschreiben wir in den folgenden Abschnitten.

Registerkarte »Statuswechsel«

Nachdem auf der Ebene KATEGORIENGRUPPE die verfügbaren Status festgelegt wurden, können Sie auf der Registerkarte STATUSWECHSEL die Verwendung dieser Status für untergeordnete Formulare weiter einschränken. Innerhalb einer Kategorie können nur Status ausgewählt werden, die bereits auf der übergeordneten Kategoriengruppe selektiert wurden. Neben der Auswahl der verfügbaren Status wird hier festgelegt, welche Beteiligten einen Statuswechsel vornehmen und welche Workflow-Ereignisse im Statusfluss zugeordnet werden können.

Beurteilungsformular

Ein Beurteilungsformular ist in der hierarchischen Struktur des *Katalogs für Beurteilungsformulare* immer genau einer Kategorie zugeordnet. Unterhalb einer Kategorie können hingegen mehrere Formulare angelegt werden, die als Grundlage für unterschiedliche Beurteilungsdokumente dienen

Die Attribute der Formulare werden auf den Registerkarten BESCHREIBUNG, LAYOUT, SPALTEN, SPALTENZUGRIFF, WERTEBESCHREIBUNGEN, ROLLEN, VERARBEITUNGEN und STATUSFLUSS gepflegt. Auf diese Registerkarten gehen wir im Folgenden genauer ein.

Registerkarte »Beschreibung«

Auf der Registerkarte BESCHREIBUNG kann ein einleitender Text erfasst werden, der z.B. den Prozess oder den Aufbau des Formulars beschreibt. Über das Auswahlfeld BESCHREIBUNG (siehe Abbildung 9.12) können Sie den beschreibenden Text sowohl für das Standard- als auch für das Weblayout pflegen. Eine als Weblayout angegebene Beschreibung übersteuert im Webumfeld die Standardbeschreibung. Wird ausschließlich eine Standardbeschreibung angegeben, so wird diese auch im Webumfeld angezeigt. Darüber hinaus können Sie innerhalb einer Beschreibung im Weblayout mit HTML arbeiten.

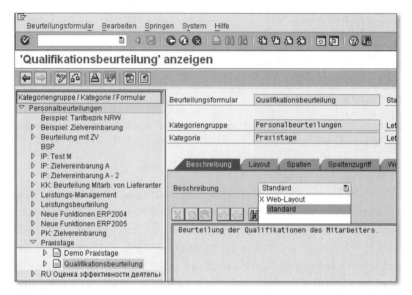

Abbildung 9.12 Beschreibende Texte im Standard- und im Weblayout

Registerkarte »Layout«

Die Registerkarte LAYOUT beinhaltet Einstellungsmöglichkeiten, die sich überwiegend auf das Erscheinungsbild des Formulars auswirken. Im oberen Bereich der Registerkarte können Einstellungen zur im Formular auftretenden Nummerierung der Elemente und zu den angezeigten Kopfdaten vorgenommen werden.

Die Nummerierung der Formularelemente beinhaltet alle im Formular vorhandenen Elemente, einzelne Elemente können nicht ausgeschlossen werden. Neben den Optionen STANDARDNUMMERIERUNG und KEINE NUMMERIERUNG können Sie eine FORMULARSPEZIFISCHE NUMMERIERUNG wählen, um individuelle Einstellungen für alle Nummerierungsebenen zu definieren. Mögliche Nummerierungen sind: arabische Ziffern, Buchstaben (groß und klein) und römische Ziffern (groß und klein).

Der Formularkopf beinhaltet Schlüsselinformationen des Beurteilungsdokuments wie die Namen des Beurteilers und des Beurteilten oder den Beurteilungszeitraum. Diese Daten können in der Gruppe KOPF ein- und ausgeblendet werden (siehe Abbildung 9.13).

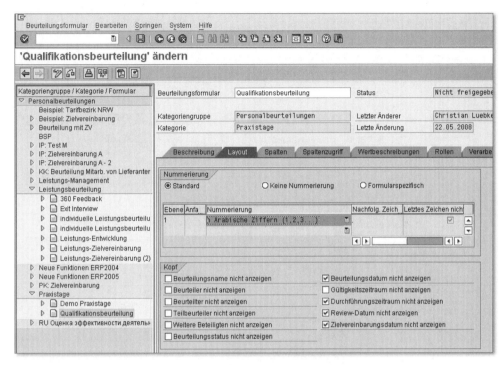

Abbildung 9.13 Layouteinstellungen im Formular

Der untere Bereich der Registerkarte LAYOUT (siehe Abbildung 9.14) ermöglicht es, BAdI-Implementierungen für unterschiedliche Bereiche einzubinden.

Über das Feld ZUSATZKOPFDATEN können Sie eine Implementierung des BAdI HRHAP00_ADD_HEADER in das Formular einbinden. Das BAdI ermöglicht es beispielsweise, Daten der organisatorischen Zuordnung von Beurteiler oder Beurteiltem im Kopf des Formulars anzuzeigen.

Die Implementierung des BAdI HRHAP00_TEXT_SUBST, die über das Feld TEXTERSETZUNG eingebunden wird, führt innerhalb des Beurteilungsdokuments eine dynamische Textersetzung bestimmter Platzhalter (&1, &2 etc.) durch. So ersetzt die von der SAP ausgelieferte Standardimplementierung z.B. die Platzhalter »&1« und »&2« durch den Namen des Beurteilers und des Beurteilten.

Über die Felder DRUCKLAYOUT, WEB-LAYOUT und OFFLINE-LAYOUT können Sie eine alternative Druckansicht (BAdI HRHAP00_SAMRTFORM) oder Webansicht (BAdI HRHAP00_BSP_TMPL) ins Formular einbinden sowie die Möglichkeit zur Offline-Bearbeitung der Dokumente (BAdI HRHAP_OFFLINE).

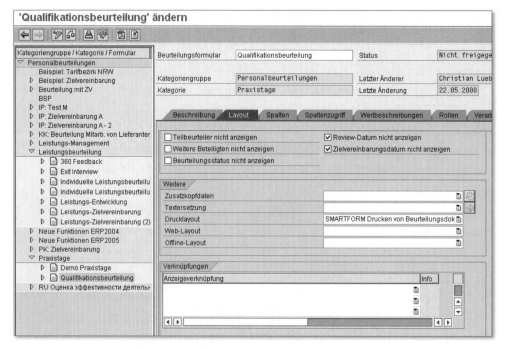

Abbildung 9.14 Anzeigeverknüpfungen im Formular

Der letzte Gruppenrahmen der Registerkarte LAYOUT ist VERKNÜPFUNGEN. Das Einbinden einer Verknüpfung (BAdI HRHAP00_LINK) erzeugt im Dokument einen Button, über den unterschiedliche Elemente aufgerufen werden können (z. B. eine BSP). SAP liefert als Standardimplementierung z. B. den Aufruf des Mitarbeiter-Qualifikationsprofils aus. Pro Formular können maximal drei Verknüpfungen zugeordnet werden.

Registerkarte »Spalten«

Die Einstellungen auf der Registerkarte SPALTEN ermöglichen die Auswahl von Spalten, die in den darunter liegenden Kriterien und Kriteriengruppen angezeigt und bewertet werden können. Nur Spalten, die auf Formularebene selektiert werden, sind in den darunter liegenden Ebenen verfügbar. Der Großteil der Spaltenkonfiguration erfolgt in den Kategorien und Kategoriengruppen und wurde in den entsprechenden Abschnitten beschrieben.

Die Gruppe WEB-EINSTELLUNGEN befasst sich mit der Darstellung des betrachteten Elements. Über das Feld TEXTLAYOUT kann festgelegt werden, ob nur der *Name*, nur die *Beschreibung* oder *Name und Beschreibung* des Formulars angezeigt werden.

Die dynamischen Einstellungen werden verstärkt auf Ebene der Kriteriengruppe genutzt und im entsprechenden Abschnitt »Registerkarte »Spalten««

Registerkarte »Spaltenzugriff«

Die Einstellungen auf der Registerkarte SPALTENZUGRIFF ermöglichen es, den Zugriff auf einzelne Spalten abhängig vom Spalteneigentümer und dem jeweiligen Beurteilungsstatus zu steuern. Zu jedem Status können unterschiedliche Einstellungen für den SPALTENEIGENTÜMER und ANDERE hinterlegt werden, wobei unter ANDERE alle Zugriffsberechtigten exklusive Spalteneigentümer zusammengefasst werden. Als Spalteneigentümer können entweder der Beurteilte (AE), der Beurteiler (AR), Beurteiler und Beurtelter (AA), Teilbeurteiler (PA) oder weitere Beteiligten festgelegt werden.

Zusätzlich kann für jeden Status das Zugriffsrecht ANZEIGEN, ÄNDERN (X), AUSBLENDEN (WERTFESTLEGUNG IM HINTERGRUND) (K), AUSBLENDEN (H) und ANZEIGEN NOTIZ HINZUFÜGEN (A) festgelegt werden (siehe Abbildung 9.15).

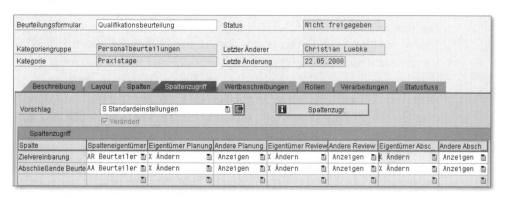

Abbildung 9.15 Steuerung des Spaltenzugriffs

Registerkarte »Wertbeschreibungen«

Wertbeschreibungen erläutern die Ausprägungen der Beurteilungswerte von Skalen oder Wertelisten. Sie können die Objektivität der Bewertung erhöhen, indem sie ein einheitliches Verständnis der einzelnen Ausprägungen schaffen. Einstellungen auf der Registerkarte WERTEBESCHREIBUNGEN können nur vorgenommen werden, wenn in einer Spalte des betrachteten Elements eine Werteliste hinterlegt wurde. Abbildung 9.16 zeigt die Wertebeschreibung der Ausprägung NICHT ZUFRIEDENSTELLEND. Diese kann für einzelne Elemente überschrieben werden, in dem der Haken im Feld VORSCHLAGSWERT entfernt wird.

9 | Zielvereinbarung und Beurteilung

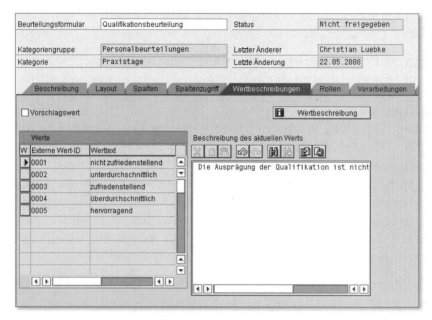

Abbildung 9.16 Überschreiben der Vorschlagswerte von Wertebeschreibungen

Registerkarte »Rollen«

Die Verwendung von Rollen ermöglicht es, bei Teilbeurteilungen Restriktionen für die Beurteilungen einzuführen. Mithilfe der Rollen steuern Sie, welcher Teilbeurteiler welche Beurteilungen durchführen darf. So können Sie festlegen, dass ein Teilbeurteiler mit der Rolle *Projektleiter* nur die Arbeit in dem jeweiligen Projekt beurteilt, während der direkte Vorgesetzte eine vollständige Beurteilung abgibt.

Rollen können explizit im SAP-System hinterlegt oder über ein BAdI aus der Organisationsstruktur des Unternehmens bestimmt werden.

Registerkarte »Verarbeitungen«

Die Registerkarte VERARBEITUNGEN wird in die Gruppen ALLGEMEINE EINSTELLUNGEN, EINSTELLUNGEN TEILBEURTEILUNG und NACHBEREITUNG unterteilt. Während in der Gruppe EINSTELLUNGEN TEILBEURTEILUNG ausschließlich die maximale Anzahl an Teilbeurteilern festgelegt wird, werden in der Gruppe ALLGEMEINE EINSTELLUNGEN folgende wichtige Attribute des Formulars festgelegt (siehe Abbildung 9.17):

- **Selbstbeurteilung nicht zulässig**
  Wird dieses Kennzeichen gesetzt, darf ein Benutzer nicht gleichzeitig Beurteiler und Beurteilter sein.

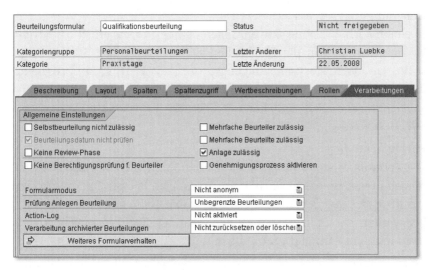

Abbildung 9.17 Allgemeine Einstellungen auf der Registerkarte »Verarbeitungen«

- **Beurteilungsdatum nicht prüfen**
  Ist dieses Kennzeichen gesetzt, prüft das System, ob das Beurteilungsdatum im Gültigkeitszeitraum der Beurteilung liegt.

- **Keine Review-Phase**
  Ohne Review-Phase ist der Status »Review« (Status 3) im Formular nicht auswählbar

- **Keine Berechtigungsprüfung f. Beurteiler**
  Wird dieses Kennzeichen gesetzt, führt das System keine Berechtigungsprüfung für den Beurteilten durch. Diese Option ist z.B. beim Einsatz der strukturellen Berechtigung wertvoll. Wird die strukturelle Berechtigung verwendet, um einer Führungskraft Zugriff auf die Zielvereinbarungen und Beurteilungen seiner Mitarbeiter zu geben, kann der Betreffende aufgrund dieser Berechtigungen nicht auf die eigenen Beurteilung zugreifen. Das Setzen des Kennzeichens löst dieses Problem.

- **Mehrfache Beurteiler zulässig**
  Wird dieses Kennzeichen gesetzt, können im Beurteilungsformular mehrere Beurteiler verwenden werden.

- **Mehrfache Beurteilte zulässig**
  Wird dieses Kennzeichen gesetzt, können im Beurteilungsformular mehrere Beurteilte verwenden werden.

- **Anlage zulässig**
  Das Kennzeichnen ermöglicht das Anhängen von Anlagen. Dies ist nur möglich ist, wenn in der Tabelle T77S0 der Schalter GENER/OBJSV aktiviert ist.

- **Genehmigungsprozess aktivieren**
  In einem Formular ohne aktiven Genehmigungsprozess erhält das Formular im Anschluss an die abschließende Beurteilung den Status »Abgeschlossen«. Wird der Genehmigungsprozess aktiviert, so sind zusätzlich die Status »Genehmigt«, »Abschließend genehmigt« und »Abschließend abgelehnt« verfügbar und können über die Registerkarte STATUSFLUSS selektiert werden.

- **Formularmodus**
  Der Formularmodus ermöglicht das Durchführen von anonymen Beurteilungen in vier unterschiedlichen Ausprägungen. Bei der Option ANONYM MIT REGISTRIERUNG legt der Administrator den Teilnehmerkreis fest. Hierbei werden die Teilnehmer in einer separaten Tabelle gespeichert, um nicht mit dem Formular verknüpft zu sein.

  Eine *anonyme* Beurteilung *ohne Registrierung* ist für jeden Benutzer zugänglich. Anonyme Beurteilungen kann der Benutzer nicht zwischenspeichern, sondern nur abschließen. Dabei anonymisiert das System das Formular, sodass der Benutzer nicht mehr darauf zugreifen kann.

  Bei Auswahl der Optionen mit ANONYMISIERUNG BEIM ABSCHLIESSEN kann der Benutzer die Beurteilung zwischenspeichern und zu einem späteren Zeitpunkt mit der Bearbeitung fortfahren. Erst wenn er das Beurteilungsdokument abgeschlossen hat, führt das System die Anonymisierung durch, sodass der Benutzer keinen Zugriff mehr auf das Formular hat. Die Option ANONYMISIERUNG BEIM ABSCHLIESSEN *kann* OHNE *und* MIT REGISTRIERUNG *durchgeführt werden.*

- **Prüfung Anlegen Beurteilung**
  Mit dieser Option legen Sie fest, ob für einen Beurteilten innerhalb eines Beurteilungszeitraums eine oder mehrere Beurteilungen auf Basis des Beurteilungsformulars angelegt werden können.

- **Action-Log**
  Über das Dropdown-Feld ACTION-LOG können Sie die Protokollierung der im Beurteilungsdokument durchgeführten Aktivitäten einschalten. Das Action-Log hat bis einschließlich Version ECC 5.0 drei Konfigurationsmöglichkeiten: SPEZIELLE AUSWERTUNG, ANZEIGBAR FÜR JEDE BEURTEILUNG und NICHT AKTIVIERT. Die Konfiguration *spezielle Auswertung* protokolliert Änderungen auf Formularebene, wie das Betrachten und Ändern des Beurteilungsdokuments oder Statusänderungen. Änderungen auf Kriteriengruppenebene wie das Löschen oder Hinzufügen von Elementen oder eine Veränderung der Beurteilung werden nicht protokolliert.

Das Action-Log kann entweder über die Transaktion SLG1 ausgelesen oder über die Option ANZEIGBAR FÜR JEDE BEURTEILUNG innerhalb der Beurteilung verfügbar gemacht werden.

Ab Version ECC 6.0 sind zusätzlich die Konfigurationsmöglichkeiten DETAILLIERT, SPEZIELLE AUSWERTUNG und DETAILLIERT, ANZEIGBAR FÜR JEDE BEURTEILUNG verfügbar. Beide liefern zusätzlich detaillierte Informationen zu Veränderungen von Werten und Beurteilungselementen.

- **Verarbeitung archivierter Beurteilungen**
  Im letzten Dropdown-Feld der Registerkarte VERARBEITUNGEN können Sie festlegen, ob abgeschlossene Beurteilungen zurückgesetzt (also in einen vorherigen Status gesetzt) oder gelöscht werden dürfen.

- **Weiteres Formularverhalten**
  Über den Button WEITERES FORMULARVERHALTEN (siehe Abbildung 9.18) können Erweiterungen unterschiedlicher BAdIs und Erweiterungsbereiche auf Formularebene eingebunden werden. Darunter fallen z.B. die BAdIs HRHAP00_DOC_BC (Betriebswirtschaftliche Prüfung), HRHAP00_BUT_ACCESS (Drucktastenzugriff) und HRHAP00_COL_ACCESS (Spaltenzugriff). Um die Erweiterungen an dieser Stelle auswählen zu können, müssen diese zuvor auf den übergeordneten Ebenen eingebunden werden.

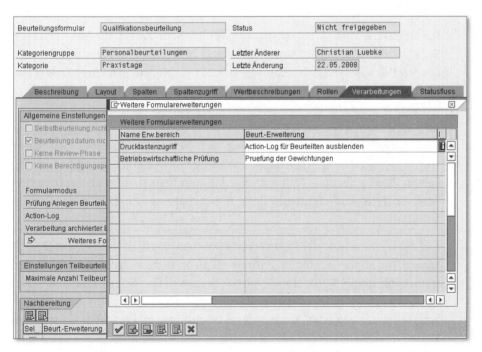

Abbildung 9.18 Einbinden von weiteren Formularerweiterungen

Die letzte Gruppe auf der Registerkarte VERARBEITUNGEN beinhaltet Einstellungen für die Nachbereitung. Die hier ausgewählten Erweiterungen (siehe Abbildung 9.19) der BAdIs HRHAP_FOLLOW_UP (Nachbereitung im Hintergrund) und HRHAP_FOLLOW_UP_D (Nachbereitung mit Dialog) werden durchlaufen, nachdem der Status »Abgeschlossen« gesetzt wurde. Eine oft genutzte Erweiterung ist z.B. das Übertragen der Qualifikationen in das Istprofil des Mitarbeiters.

Abbildung 9.19 Aktivieren von Nachbereitungsschritten im Formular

Registerkarte »Statusfluss«

Auf der Registerkarte STATUSFLUSS wird der Prozessablauf im System kontrolliert, sie bildet daher eine der wichtigsten Komponenten der Formularkonfiguration. Neben der Konfiguration der Status und Teilstatus werden auf dieser Registerkarte Einstellungen zum Drucktastenzugriff so wie zum Auslösen von Workflow-Ereignissen vorgenommen.

Die Registerkarte STATUSFLUSS ist in zwei Bereiche aufgeteilt. Auf der linken Seite werden alle verfügbaren Status und Teilstatus angezeigt und können ausgewählt werden (siehe Abbildung 9.20). Beim Anlegen eines Zielvereinbarungsformulars werden automatisch die Status »In Planung« (Zielvereinbarung), »In Bearbeitung« (Zielerreichung) und »Abgeschlossen« selektiert. Abhängig vom gewünschten Prozess kann diese Selektion erweitert oder auch eingeschränkt werden. So lässt sich beispielsweise über den Status »Im Review« eine unterjährige Betrachtung oder Überarbeitung der vereinbarten Ziele einbauen. Teilbeurteiler können über den im Standard ausgelieferten Teilstatus »Teilbeurteilung in Bearbeitung« Zugriff auf das Formular erhalten.

Auf der rechten Seite der Registerkarte können zu jedem (Teil-)Status Einstellungen für die verfügbaren Buttons (Drucktasten) vorgenommen werden (siehe Abbildung 9.20). Hier legen Sie fest, welcher Teilnehmer den Status des Gesprächs verändern darf und wann dies möglich ist. Um diese Einstellungen anzuzeigen oder zu verändern, ist ein Doppelklick auf den jeweiligen Status notwendig.

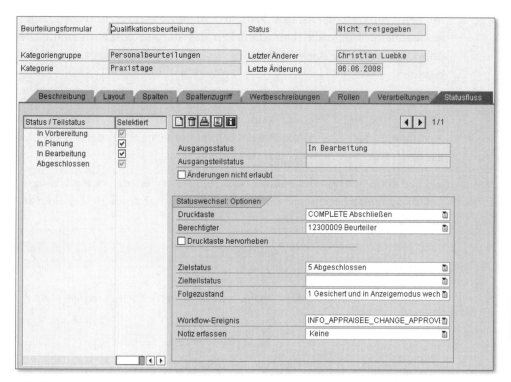

Abbildung 9.20 Konfiguration der Drucktastensteuerung im Formular

Neben den Funktionstasten zum Anlegen, Löschen und Sortieren der Buttons können zu jedem Button folgende Einstellungen vorgenommen werden:

Die Felder AUSGANGSSTATUS UND -SUBSTATUS zeigen den aktuell bearbeiteten (Sub-)Status.

Über das Auswahlfeld ÄNDERUNGEN NICHT ERLAUBT können Änderungen innerhalb eines (Sub-)Status unterbunden werden. Darüber hinaus besitzt jeder Button eine DRUCKTASTE, einen ZIELSTATUS UND -SUBSTATUS sowie einen FOLGEZUSTAND, der festlegt welchen Zustand die Beurteilung nach dem Statuswechsel hat. Der Folgezustand GESICHERT UND BEURTEILUNG VERLASSEN ändert den Beurteilungsstatus und verlässt direkt im Anschluss die Beurteilung. Beim Zustand GESICHERT UND IN DEN ANZEIGEMODUS WECHSELN wird die Beurteilung nach dem Statuswechsel in den Anzeigemodus gesetzt. Zugriffsberechtigungen für die Buttons werden im Feld BERECHTIGTER festgelegt. Nur Personen, die über dieses Feld zugeordnet sind, können den jeweiligen Button drücken.

Im Feld WORKFLOW-EREIGNIS kann jedem Button ein Workflow-Ereignis zugeordnet werden, das beim Drücken des Buttons ausgelöst wird. Dies ermöglicht z. B. eine Benachrichtigung des nächsten Bearbeiters beim Statuswechsel.

In Feld NOTIZ ERFASSEN legen Sie fest, ob der aktuelle Bearbeiter beim Statuswechsel eine Notiz erfassen kann oder muss. So können Sie können Sie bestimmen, dass eine Notiz beim Ablehnen im Genehmigungsprozess obligatorisch ist.

Bei der Konfiguration des Statusflusses sind besonders die systembedingten Restriktionen zu beachten. Tabelle 9.1 enthält eine Liste aller möglichen Status und deren Nachfolgestatus.

Ausgangsstatus	Zielstatus	Bemerkung
In Vorbereitung	In Vorbereitung	
	In Planung	nur wenn Zielvereinbarung festgelegt ist
	In Bearbeitung	nur wenn »Abschließende Beurteilung« oder »Teilbeurteilung« festgelegt ist
In Planung	In Vorbereitung	nur wenn »Zielvereinbarung« festgelegt ist
	In Planung	
	In Review	nur wenn Review-Phase festgelegt ist
	In Bearbeitung	nur wenn »Abschließende Beurteilung« oder »Teilbeurteilung« festgelegt ist
	Abgeschlossen	nur wenn keine »Teilbeurteilung/Abschließende Beurteilung« oder höherer Status festgelegt ist
Im Review	In Review	
	In Bearbeitung	
	Abgeschlossen	nur wenn keine »Teilbeurteilung/Abschließende Beurteilung« oder höherer Status festgelegt ist
In Bearbeitung	In Vorbereitung	nur wenn keine Zielvereinbarung festgelegt ist
	In Bearbeitung	

Tabelle 9.1 Restriktionen bei der Auswahl von Zielstatus

Ausgangsstatus	Zielstatus	Bemerkung
	Teilbeurteilung abgeschlossen	
Abgeschlossen	In Planung	nur wenn Zielvereinbarung (und keine »Abschließende Beurteilung« oder »Teilbeurteilung«) und keine Review-Phase festgelegt ist
	In Review	nur wenn Zielvereinbarung (und keine »Abschließende Beurteilung« oder »Teilbeurteilung«) und Review-Phase festgelegt ist
	In Bearbeitung	nur wenn »Abschließende Beurteilung« oder »Teilbeurteilung« festgelegt ist
	Genehmigt	
	Abschließend genehmigt	
	Abschließend abgelehnt	
Genehmigt	Abschließend genehmigt	
	Abgelehnt	
	Abschließend abgelehnt	
Abschließend genehmigt	Kein Statuswechsel zulässig	
Abgelehnt	In Planung	nur wenn Zielvereinbarung (und keine »Abschließende Beurteilung« oder »Teilbeurteilung«) und keine Review-Phase festgelegt ist
	In Review	nur wenn Zielvereinbarung (und keine »Abschließende Beurteilung« oder »Teilbeurteilung«) und Review-Phase festgelegt ist
	In Bearbeitung	nur wenn »Abschließende Beurteilung« oder »Teilbeurteilung« festgelegt ist
	Genehmigt	

Tabelle 9.1 Restriktionen bei der Auswahl von Zielstatus (Forts.)

Ausgangsstatus	Zielstatus	Bemerkung
	Abschließend genehmigt	
	Abschließend abgelehnt	
Abschließend abgelehnt	Kein Statuswechsel zulässig	

Tabelle 9.1 Restriktionen bei der Auswahl von Zielstatus (Forts.)

Kriteriengruppen und Kriterien

Nachdem die Einstellungen für das Formular vorgenommen wurden, können *Kriteriengruppen* und *Kriterien* angelegt und konfiguriert werden. Jede Kriteriengruppe und jedes Kriterium wird dabei im Formular als eine Zeile angezeigt.

Während Kriterien ausschließlich als Endknoten eingesetzt werden, können Kriteriengruppen darüber hinaus als Gliederungsknoten verwendet werden, unter denen z.B. thematisch verwandte Elemente zusammengefasst sind. Unterhalb der Kriteriengruppe *Kompetenzen* ließen sich z.B. die Kriterien *Fach-*, *Führungs-* und *Methodenkompetenz* zusammenfassen.

Die Konfiguration von Kriteriengruppen und Kriterien ist unterteilt in die Registerkarten BESCHREIBUNG, SPALTEN, WERTBESCHREIBUNGEN und ELEMENTZUGRIFF.

Registerkarte »Spalten«
In der Registerkarte SPALTEN werden im oberen Bereich folgende Einstellungen für die zuvor auf Formularebene selektierten Spalten vorgenommen (siehe Abbildung 9.21):

- **Verwenden**
  Wird das Kennzeichen VERWENDEN für eine Spalte gesetzt, so taucht diese Spalte für das jeweilige Element im Formular auf. Nicht selektierte Spalten werden in dieser Zeile nicht angezeigt.

- **Werteliste und Wertklasse**
  Über das Feld WERTELISTE wird einer Spalte des betrachteten Elements eine Werteliste zugeordnet. Wertelisten enthalten eine definierte Menge verfügbarer Werte. Bei der Auswahl der Werteliste wird automatisch die zugehörige Wertklasse verwendet, die ihre Eigenschaften näher bestimmt (z.B. Währung für die Werteliste EURO).

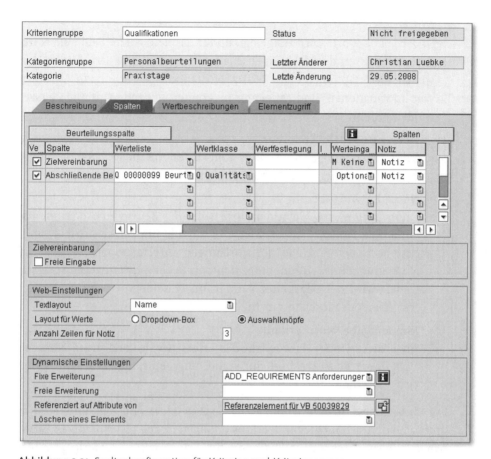

Abbildung 9.21 Spaltenkonfiguration für Kriterien und Kriteriengruppen

- **Wertfestlegung**
  Wertfestlegungen werden über Implementierungen des BAdI HRHAP00_VAL_DET (Wertfestlegung) realisiert. Sie ermöglichen die automatische Berechnung von Werten und eine Vorbelegung des Werts oder der zugehörigen Notiz (z.B. das Berechnen von Gewichtungen, Summen oder Durchschnittswerten).

- **Information**
  Wird für eine Spalte eine Wertfestlegung hinterlegt, so erscheint im Feld INFORMATION ein blaues Icon mit Informationen über die ausgewählte BAdI-Implementierung.

- **Werteingabe**
  Über das Feld WERTEINGABE wird festgelegt, ob die Eingabe in einer Zelle des Dokuments optional, obligatorisch oder nicht zulässig ist.

- **Notiz**
  In der Spalte Notiz wird festgelegt, ob für das betrachtete Feld eine Notiz vorhanden ist und welche Eigenschaften diese Notiz besitzt. Neben den sprechenden Optionen keine Notiz, Notiz anzeigen (z.B. zum Anzeigen von Informationen) und Musseingabe können folgende Optionen ausgewählt werden:

  - **Notiz nicht mehr änderbar**
    Diese Einstellung ermöglicht es Teilbeurteilern, die Notizen der anderen Teilbeurteiler zu lesen und eine eigene Notiz zu erfassen.

  - **Notiz, Entwurf erlaubt**
    Diese Option ermöglicht dem Bearbeiter des Beurteilungsdokuments, vorläufige Notizen zu erfassen, die nur für ihn selbst sichtbar sind. Erst nach der Freigabe der vorläufigen Informationen werden die Notizen für andere Teilnehmer sichtbar. Bevor ein Statuswechsel stattfindet, wird der Bearbeiter gefragt, ob er seine vorläufigen Notizen freigeben oder löschen möchte.

  - **Musseingabe, Notiz erlaubt**
    Auch diese Option ermöglicht das Erfassen von vorläufigen Notizen. Vor einem Statuswechsel muss allerdings eine obligatorische Notiz erfasst werden.

Die Einstellungen in den Gruppen Zielvereinbarung und Web-Einstellung unterscheiden sich nicht von den Einstellungen in den gleichnamigen Gruppen auf Formularebene und können für Kriterien und Kriteriengruppen übernommen werden.

Durch die Zuordnung einer BAdI-Implementierung in der Gruppe Dynamische Einstellungen können Elemente oder Werte dynamisch in das Formular gezogen werden.

Über das Feld Fixe Erweiterung werden die Elemente oder Werte direkt als Kriterien ins Formular eingefügt. Auf diesem Weg ist es z.B. möglich, stellenspezifische Qualifikationen in das Formular zu integrieren. Beim Einsatz einer fixen Erweiterung muss ein Referenzobjekt festgelegt werden, in dem die Einstellungen der einzufügenden Elemente vorgenommen werden. Das Referenzelement wird im Feld Referenziert auf Attribute von hinterlegt (siehe Abbildung 9.21). Fixe Erweiterungen können nur auf Kriteriengruppenebene festgelegt werden.

Das Feld Freie Erweiterung ermöglicht das Hinzufügen von Elementen während der Bearbeitung der Formulare. Der Beurteiler bekommt z.B. initial ein zu vereinbarendes Ziel angezeigt, kann aber bei Bedarf weitere Ziele hinzufügen. Auch freie Erweiterungen benötigen ein Referenzobjekt.

Neben dem Hinzufügen von Elementen ist auch das Löschen von Elementen möglich. Über das Feld LÖSCHEN eines Elements können Sie festlegen, dass eine Kriteriengruppe oder ein Kriterium im Beurteilungsprozess gelöscht werden kann.

Registerkarte »Elementzugriff«

Auf der Registerkarte ELEMENTZUGRIFF können Sie den Zugriff auf das betrachtete Element abhängig vom Teilnehmer und seiner Rolle einschränken. Diese Funktionalität steht seit SAP ERP 6.0 zur Verfügung und ermöglicht es, den Zugriff für jede Zeile im Formular individuell zu steuern. Die Struktur der Registerkarte ELEMENTZUGRIFF hängt davon ab, ob im Beurteilungsprozess Teilbeurteiler vorgesehen sind. Sind keine Teilbeurteiler vorgesehen, so steht ausschließlich der Gruppenrahmen ELEMENTZUGRIFF zur Verfügung (siehe Abbildung 9.22).

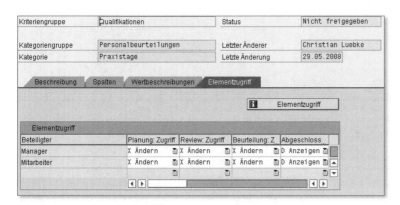

Abbildung 9.22 Definition des Elementzugriffs für Kriterien(-gruppen)

Hierbei unterstützt das System vier Ausprägungen der Zugriffsteuerung auf Elementebene:

- **Anzeigen**
  Der Bearbeiter kann das Element in der entsprechenden Phase anzeigen.
- **Ändern**
  Der Bearbeiter kann das Element in der entsprechenden Phase ändern.
- **Werte ausblenden**
  Der Beteiligte kann das Element sehen. Eingegebene Werte, z.B. Gewichtung oder Beurteilung, werden hingegen ausgeblendet und sind somit nicht sichtbar.

▶ **Ausblenden**
Der Beteiligte kann das Element nicht sehen. Die ganze Zeile wird ausgeblendet.

Wird im Beurteilungsformular festgelegt, dass Teilbeurteiler am Prozess teilnehmen, steht zusätzlich der Gruppenrahmen ELEMENTZUGRIFF FÜR TEILBEURTEILER zur Verfügung. Dieser steuert die Zugriffsrechte bei der Bearbeitung des Teilbeurteilerdokuments durch die Teilbeurteiler (siehe Abbildung 9.23).

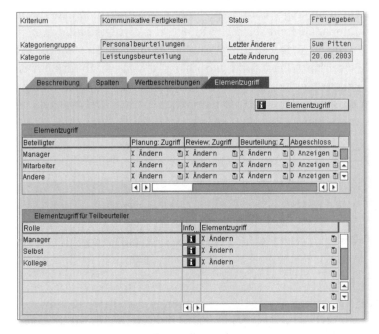

Abbildung 9.23 Elementzugriff für Teilbeurteiler

Die Registerkarten BESCHREIBUNG und WERTBESCHREIBUNGEN unterscheiden sich nicht von den gleichnamigen Registerkarten auf Formularebene und wurden in den entsprechenden Abschnitten beschrieben.

Qualifikationen

Ein weiteres wichtiges Element im Beurteilungskatalog sind die Qualifikationen. Qualifikationen können auf zwei Wegen in die Formulare integriert werden.

1. Wie Kriterien können auch die Qualifikationen direkt einem Formular zugeordnet werden Dabei werden die Qualifikationen direkt über den

Qualifikationskatalog ausgewählt. Qualifikationen unterscheiden sich im Customizing nicht von Kriterien. Die zuvor beschriebenen Customizing-Möglichkeiten gelten auch hier (siehe Unterabschnitt »Kriteriengruppen und Kriterien« in diesem Abschnitt).

2. Über eine Implementierung des BAdI HRHAP00_ENHANCE_FREE lassen sich Qualifikationen dynamischer in das Formular integrieren. So können z. B. stellenspezifische Qualifikationen des Mitarbeiters unterhalb einer Kategoriengruppe angezeigt werden.

9.2.3 Business Server Pages

Die Komponente *Zielvereinbarung und Beurteilung* basiert auf der Business-Server-Pages-Technologie (BSP). Die ausgelieferte BSP-Applikation HAP_DOCUMENT_PA bietet den am Prozess beteiligten Personen die im Folgenden beschriebenen Übersichten und Zugriffsmöglichkeiten auf ihre Zielvereinbarungen und Beurteilungen.

Ansichten für den Beurteiler

Einer der Hauptakteure im Prozess ist der Beurteiler. Für ihn werden im Standard zwei unterschiedliche Ansichten ausgeliefert, über die er auf Beurteilungen zugreifen kann, bei denen er als Beurteiler eingetragen ist.

Die erste BSP *documents_todo.htm* liefert dem Beurteiler eine To-do-Liste der nicht abgeschlossenen Beurteilungen und Zielvereinbarungen, bei denen er als Beurteilter auftritt; die Liste enthält also alle Beurteilungen mit den Status IN VORBEREITUNG, IN PLANUNG, IM REVIEW und IN BEARBEITUNG. Hierbei werden zu jeder Beurteilung die folgenden Informationen angezeigt: Beurteilertyp, Name Beurteilter, Beurteilungstyp, Beurteilungsstatus, Zeitraum von und bis.

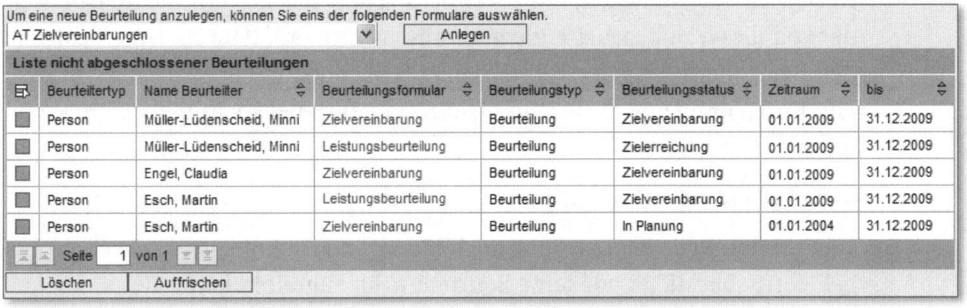

Abbildung 9.24 Liste nicht abgeschlossener Zielvereinbarungen und Beurteilungen des Beurteilers

Darüber hinaus hat der Beurteiler die Möglichkeit, Beurteilungen anzulegen und zu löschen. Um eine Beurteilung anzulegen, wählt der Beurteiler das gewünschte Formular über die Dropdown-Box (siehe Abbildung 9.24), die alle verfügbaren Templates enthält, und erzeugt das Formular über den ANLEGEN-Button. Das Löschen der Beurteilungen erfolgt über den LÖSCHEN-Button. In der Praxis entscheiden sich manche Kunden dafür, dem Beurteiler diese Funktionalitäten nicht zur Verfügung zu stellen. Insbesondere das Löschen von Formularen durch den Beurteiler ist häufig nicht erwünscht. Während sich das Löschen von Formularen über eine Anpassung in der BSP oder über das Standard-Berechtigungsobjekt P_HAP_DOC unterbinden lässt, ist für das Entfernen der ANLEGEN-Funktionalität eine Modifikation der BSP notwendig.

Die zweite BSP *documents_created.htm* liefert dem Beurteiler eine LISTE DER ABGESCHLOSSENEN BEURTEILUNGEN, bei denen er als Beurteiler eingetragen ist. Diese enthält alle Beurteilungen mit den Status ABGESCHLOSSEN, GENEHMIGT, ABSCHLIESSEND GENEHMIGT, ABGELEHNT und ABSCHLIESSEND ABGELEHNT und liefert zu jeder Beurteilung folgende Informationen: Beurteilertyp, Name Beurteilter, Beurteilungstyp, Beurteilungsstatus, Zeitraum von und bis (siehe Abbildung 9.25). Hierbei kann der Beurteiler die angezeigten Beurteilungen auf den Zeitraum der letzten X Jahre einschränken.

Beurteilertyp	Name Beurteilter	Beurteilungsformular	Beurteilungstyp	Beurteilungsstatus	Zeitraum	bis
Person	Minni Müller-Lüdenscheid	Zielvereinbarung	Beurteilung	Abgeschlossen	01.01.2004	31.12.2004
Person	Engel, Claudia	Zielvereinbarung	Beurteilung	Abgeschlossen	01.01.2004	31.12.2004
Person	Martin Esch	Zielvereinbarung	Beurteilung	Abgeschlossen	01.01.2004	31.12.2004
Person	Martin Esch	Leistungsbeurteilung	Beurteilung	Abgeschlossen	01.01.2004	31.12.2004

Abbildung 9.25 Liste abgeschlossener Zielvereinbarungen und Beurteilungen des Beurteilers

Auch Teilbeurteiler nutzen die BSP *documentss_todo.htm*, um eine Übersicht der von ihnen zu bearbeitende Beurteilungen zu erhalten. Im Unterschied zu den Beurteilern erhalten Teilbeurteiler jedoch keine Liste der abgeschlossenen Beurteilungen – diese sind für die Teilbeurteiler nicht mehr sichtbar.

Ansichten für den Beurteilten

Wie für den Beurteiler werden auch für den Beurteilten zwei Ansichten ausgeliefert, über die er auf seine Beurteilungen zugreifen kann.

Die BSP *documents_receivd_open2.htm* liefert eine LISTE DER NICHT ABGESCHLOSSENEN BEURTEILUNGEN. Diese Liste enthält alle Beurteilungen mit den Status IN VORBEREITUNG, IN PLANUNG, IM REVIEW und IN BEARBEITUNG. Zu jeder Beurteilung werden dabei folgende Informationen angezeigt: Beurteilertyp, Name Beurteiler, Beurteilungstyp, Beurteilungsstatus, Zeitraum von und bis (siehe Abbildung 9.26).

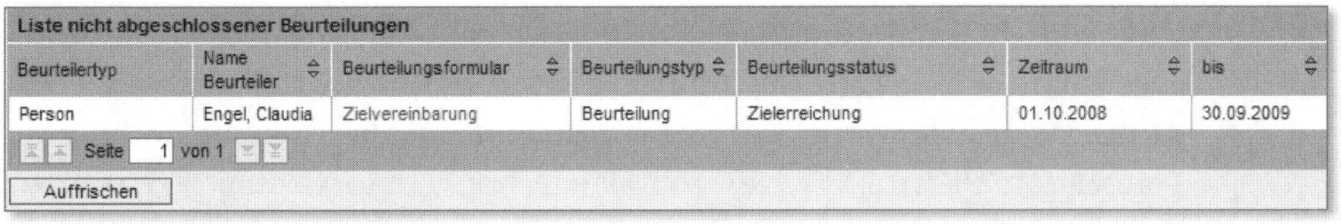

Abbildung 9.26 Liste nicht abgeschlossener Zielvereinbarungen und Beurteilungen des Beurteilten

Die zweite BSP *documents_received.htm* unterstützt den Beurteiler mit einer LISTE DER ABGESCHLOSSENEN BEURTEILUNGEN, bei denen er als Beurteiler eingetragen ist. Diese enthält alle Beurteilungen mit den Status ABGESCHLOSSEN, GENEHMIGT, ABSCHLIESSEND GENEHMIGT, ABGELEHNT und ABSCHLIESSEND ABGELEHNT und liefert zu jeder Beurteilung folgende Informationen: Beurteilertyp, Name Beurteiler, Beurteilungstyp, Beurteilungsstatus, Zeitraum von und bis (siehe Abbildung 9.27). Wie in der Liste des Beurteilers kann auch der Beurteilte die angezeigten Beurteilungen auf den Zeitraum der letzten X Jahre einschränken.

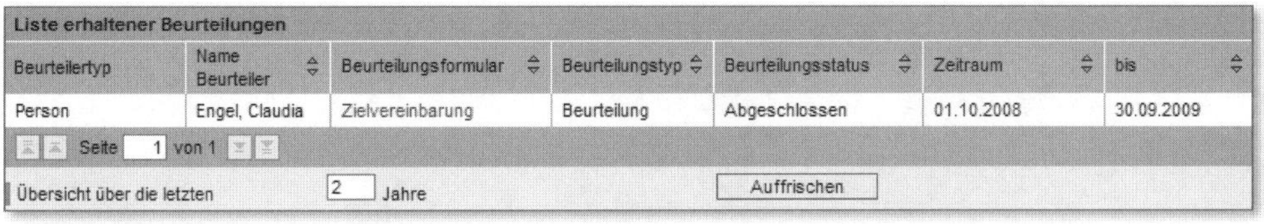

Abbildung 9.27 Liste der angeschlossenen Zielvereinbarungen und Beurteilungen des Beurteilten

Ansichten für weitere Beteiligte

Für den Fall, dass weitere Beteiligte in den Beurteilungs- und Zielvereinbarungsprozess eingreifen, können diese über die BSP *documents_where_participated.htm* eine Liste aller Beurteilungen aufrufen, bei denen sie als Beteiligte eingetragen sind. In dieser Liste werden im Unterschied zu den Ansichten der Beurteiler und Beurteilten sowohl offene als auch abgeschlossene Beurteilungen angezeigt. Um weiteren Beteiligten die Möglichkeit zu geben, Beurteilungen zu ändern, muss der BSP-Parameter Mode auf »X« gesetzt werden. Ist dies nicht der Fall, werden die Beurteilungen nur angezeigt.

9.2.4 Zielvereinbarung und Beurteilung anlegen

Damit die einzelnen Beurteilungsdokumente in den To-do-Listen der Beurteiler und Beurteilten auftauchen, müssen sie zunächst angelegt werden. Dies kann, wie vorigen Abschnitt beschrieben, der Beurteiler über die BSP *documents_todo.htm* tun. Darüber hinaus können die Dokumente über die Transaktion PHAP_PREPARE von den Administratoren angelegt werden. Grundlage für das Anlegen der Dokumente sind Implementierungen des BAdI HRHAP00_DOC_PREPARE, die über die Transaktion aufgerufen werden können (siehe Abbildung 9.28). Im Standard werden die folgenden drei Implementierungen ausgeliefert:

- Beurteilungen über Wizard vorbereiten
- Beurteilungen über Organisationseinheiten vorbereiten
- Beurteilungen vorbereiten mit eingeschränkten Formularen

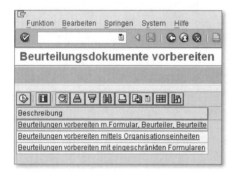

Abbildung 9.28 Ausführen von Implementierungen des BAdI HRHAP00_DOC_PREPARE über die Transaktion PHAP_PREPARE

Beurteilungen über Wizard vorbereiten

Das Ausführen der Option BEURTEILUNGEN ÜBER WIZARD VORBEREITEN startet einen Wizard, der den Benutzer Schritt für Schritt durch den ANLEGEN-Prozess führt und dabei unter anderem folgende Informationen erfragt: Beurteilungsformular, Zeitraum, Namen der Beurteilung, Beurteiler und Beurteilter (siehe Abbildung 9.29).

9.2 | Umsetzung in SAP ERP HCM

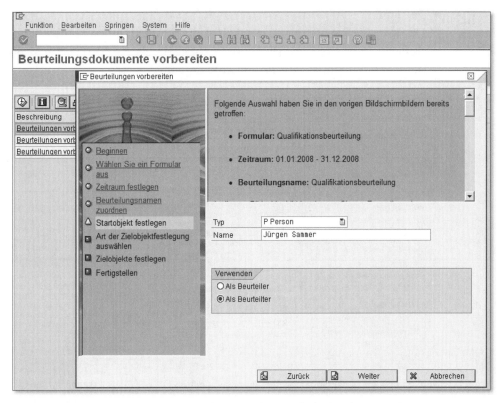

Abbildung 9.29 Vorbereiten von Zielvereinbarung und Beurteilung über den Wizard

Beurteilungen über Organisationseinheiten vorbereiten

Diese Option bereitet Beurteilungsdokumente für eine Organisationseinheit vor (siehe Abbildung 9.30). Nach Angabe der Daten zu Organisationseinheit, Beurteilungsformular sowie Beginn- und Enddatum werden die Beurteilungsformulare für alle Mitarbeiter unterhalb dieser Organisationseinheit angelegt. Hierbei können im Gruppenrahmen WEITERE OPTIONEN folgende zusätzliche Funktionen aktiviert werden:

- **Letzte Beurteilung Vorlage**
  Wird dieses Kennzeichen gesetzt, erstellt das Programm die Beurteilungen basierend auf den letzten im System vorhandenen Beurteilungen. Hierfür ist demnach keine Angabe des Beurteilungsformulars notwendig.

- **Vorbereitung überspringen**
  Bei gesetztem Kennzeichen VORBEREITUNG ÜBERSPRINGEN werden die angelegten Beurteilungsdokumente in den Status »In Planung« gesetzt. Der erste Status »In Vorbereitung« wird übersprungen.

▸ **Testlauf**
Das Kennzeichen TESTLAUF ermöglicht die Simulation der Vorbereitung. Anhand einer Ergebnisliste kann anschließend kontrolliert werden, ob der Vorbereitungslauf das gewünschte Ergebnis liefert.

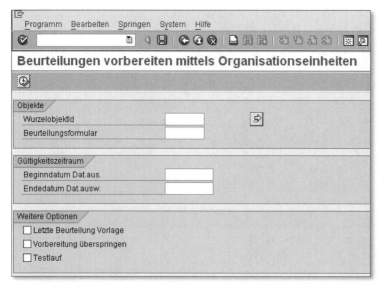

Abbildung 9.30 Zielvereinbarung und Beurteilung mittels Organisationseinheiten vorbereiten

Beurteilungen vorbereiten mit eingeschränkten Formularen

Die dritte Option der Vorbereitung arbeitet grundsätzlich wie die zweite, erlaubt allerdings Einschränkungen der Beurteilungsformulare in Abhängigkeit von bestimmten Mitarbeitergruppen sowie Einschränkungen der Mitarbeiter abhängig vom ausgewählten Beurteilungsformular.

Sind die Mitarbeiter bekannt, für die Beurteilungsdokumente vorbereitet werden sollen, so kann über ein Mitarbeiterattribut (z. B. die Stelle eines Mitarbeiters) die Anzahl der angebotenen Beurteilungsformulare eingeschränkt werden.

Wenn die Mitarbeiter nicht bekannt sind, für die Beurteilungsdokumente vorbereitet werden sollen, wird zunächst das Beurteilungsformular angeboten. Über die Wertehilfe wird die Selektion auf diejenigen Mitarbeiter eingeschränkt, die aufgrund ihrer Mitarbeiterattribute für das ausgewählte Beurteilungsformular in Betracht kommen.

9.2.5 Reporting

Im Bereich Reporting der Komponente *Zielvereinbarung und Beurteilung* bietet die SAP dem Benutzer mehrere Auswertungs-Tools an. Neben den für SAP NetWeaver Business Warehouse (BW) ausgelieferten Queries steht dem Benutzer ein Kalibrierungs-Tool zur Verfügung, das den beurteilungsübergreifenden Vergleich zwischen Mitarbeitern ermöglicht sowie Auswertungen über die Transaktion PHAP_SEARCH.

Auswertungen, die über die Transaktion PHAP_SEARCH aufgerufen werden (siehe Abbildung 9.31), basieren auf Implementierungen des BAdI HRHAP00_REPORTING. Im Standard liefert die SAP die Auswertungen Rangliste, Drucken, Export nach Excel und Analysieren aus.

Abbildung 9.31 Auswahl der Reporting-Optionen in der Transaktion PHAP_SEARCH

Rangliste

Der Standardreport RANGLISTE liefert für alle ausgewählten Zielvereinbarungen und Beurteilungen den Wert der finalen Beurteilung. Dieser entspricht der abschließenden Beurteilung der Spalte FAPP (siehe Abbildung 9.32). Auf diesem Weg können beurteilungsübergreifende Vergleiche erzeugt werden. Weitere Werte als die finale Beurteilung werden bei dieser Auswertung nicht berücksichtigt.

Abbildung 9.32 Rangliste der ausgewählten Zielvereinbarungen und Beurteilungen

Drucken

Die Auswahl DRUCKEN ermöglicht dem Administrator Ansicht und Druck der ausgewählten Zielvereinbarungen und Beurteilungen.

Nach Excel exportieren

Der unterstützte Export von Daten nach Excel ermöglicht es dem Administrator, für die ausgewählten Zielvereinbarungen und Beurteilungen folgende Daten nach Excel zu exportieren:

- **Kopfdaten**
  - Beurteilungsname
  - Status und Substatus
  - Beurteiler, Beurteilter, Teilbeurteiler und weitere Beteiligte
  - Gültigkeitszeitraum

▶ **Dokumentdaten**

▶ Element

▶ Beschreibung

▶ Wert

▶ Notiz

Für den Export nach Excel gelten zwei Restriktionen: Der Export ist nur für Formulare mit maximal zwanzig Elementen möglich und es können nur Formulare mit identischer Struktur verglichen werden. Somit können Beurteilungen und Zielvereinbarungen, in denen freie Erweiterungen (BAdI HRHAP00_ ENHANCE_FREE) zum Einsatz kommen, nicht exportiert werden.

Analysieren

Die Auswertung ANALYSIEREN ermöglicht ebenso wie SAP NetWeaver BW analytische Auswertungen. Allerdings beschränkt sich der Funktionsumfang auf erste analytische Kernauswertungen. Der Benutzer erhält die Möglichkeit, die Zeilen und Spalten der Zielvereinbarungen und Beurteilungen auszuwerten und übergreifende Vergleiche der einzelnen Werte und Beschreibungen durchzuführen (siehe Abbildung 9.33).

Auch bei der Analyse führt der Einsatz von freien Erweiterungen zu Problemen.

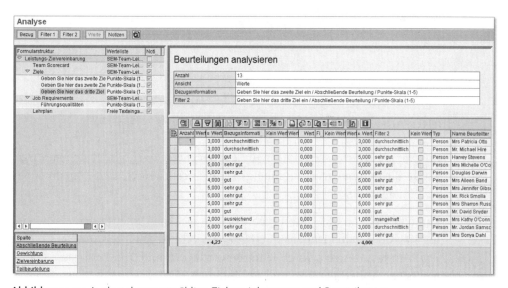

Abbildung 9.33 Analyse der ausgewählten Zielvereinbarungen und Beurteilungen

Über Implementierungen des BAdI HRHAP_REPORTING können weitere kundeneigene Auswertungen realisiert werden. Diese lassen sich anschließend auch über die Transaktion PHAP_SEARCH aufrufen.

Calibration

Seit Release SAP ERP 2004 (ECC 5.0) steht die BSP-Applikation HAP_CALIBRATION als weiteres Auswertungs-Tool zur Verfügung. Dieses Werkzeug ermöglicht einen übergreifenden Vergleich der einzelnen Ausprägungen von Zielvereinbarungen und Beurteilungen. Voraussetzung für diese beurteilungsübergreifende Betrachtung ist eine einheitliche Struktur des Beurteilungsformulars. Daher lassen sich nur Beurteilungen vergleichen, die aus einem Formular entstanden sind und keine fixen oder freien Erweiterungen beinhalten.

Im ersten von zwei Schritten werden die zu selektierenden Zielvereinbarungen und Beurteilungen anhand der folgenden Daten eingeschränkt: Formular, Gültigkeitszeitraum und Beurteilungsstatus. Darüber hinaus kann als Selektionskriterium ein Beurteiler, ein Beurteilter oder eine Organisationseinheit ausgewählt werden (siehe Abbildung 9.34).

Abbildung 9.34 Selektionsbereich der BSP-Applikation HAP_CALIBRATION

Im zweiten Schritt werden für die Ergebnisliste zwei Dimensionen ausgewählt, die dann beurteilungsübergreifend verglichen werden können (siehe Abbildung 9.35).

Zusätzlich können Sie due Ergebnisse der beiden Dimensionen wahlweise für eine oder beide Dimensionen grafisch veranschaulichen. Anhand dieser Grafiken lassen sich schnell Unterbewertungen und Top-Performer erkennen (siehe Abbildung 9.36 und Abbildung 9.37).

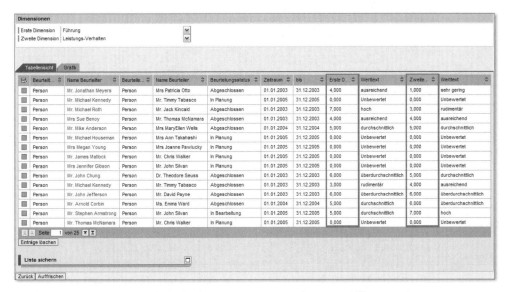

Abbildung 9.35 Auswertungsübersicht der Dimensionswerte der BSP-Applikation HAP_CALIBRATION

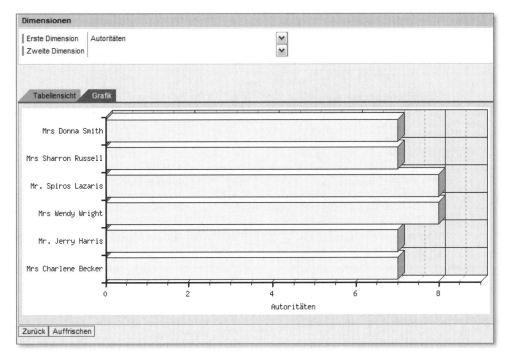

Abbildung 9.36 Grafische Darstellung einer Dimension im Calibration Tool

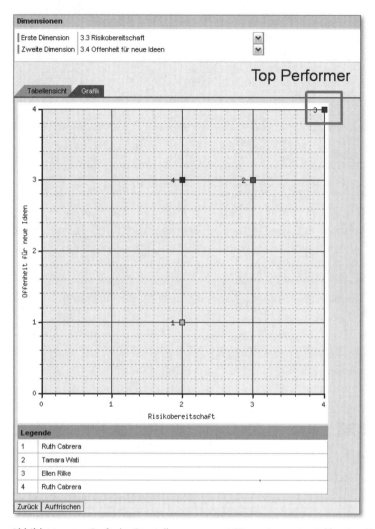

Abbildung 9.37 Grafische Darstellung von zwei Dimensionen im Calibration Tool

Wie schon bei den zuvor genannten Auswertungen funktioniert auch die Kalibrierung nur mit Formularen gleicher Struktur.

9.3 Neuerungen im Enhancement Package 4

Mit der Business Function CA_HAP_CI_1 im Enhancement Package 4 werden für die Komponente *Zielvereinbarung und Beurteilung* verbesserte Funktionen und umfangreiche Neuerungen zur Verfügung gestellt, um die Zielvereinbarungs- und Beurteilungsprozesse zu optimieren und effizienter zu gestalten.

9.3.1 Neue Benutzeroberfläche mit Web Dynpro ABAP

Ein zentrales Element der Business Function ist die neue Benutzeroberfläche für Manager, Mitarbeiter und Administratoren. Wie in anderen Komponenten (z. B. im *E-Recruiting* und in der *Learning Solution*) wird diese Oberfläche auch in der Komponente *Zielvereinbarung und Beurteilung* in der Technologie Web Dynpro ABAP (WDA) ausgeliefert. Die neuen Benutzeroberflächen werden mit einem vordefinierten Zielvereinbarungs- und Beurteilungsprozess zur Verfügung gestellt. Die hierbei bereits größtenteils im System vorhandenen Einstellungen ermöglichen einen einfachen und zeitsparenden Einstieg in die Konfiguration der Anwendung.

Mit der neuen Benutzeroberfläche kann der Benutzer über eine zentrale Einstiegsseite alle erforderlichen Funktionen der ihm zugeordneten Rolle aufrufen, um den Beurteilungsprozess durchzuführen und die dafür erforderlichen Beurteilungsdokumente zu bearbeiten. Auf der Einstiegsseite des Beurteilers und des Beurteilten kann z. B. der persönliche Aufgabenvorrat des Benutzers dargestellt werden (siehe Abbildung 9.38). Dieser enthält die im Zielvereinbarungs- und Beurteilungsprozess periodisch wiederkehrenden Aktivitäten des Benutzers. Darüber hinaus werden im Arbeitsvorrat alle Zielvereinbarungs- und Beurteilungsdokumente dargestellt, für die der Beurteiler oder Beurteilte verantwortlich ist. Der Benutzer hat die Möglichkeit, den Beurteilungsprozess und die damit verbundenen Aufgaben über die angezeigten Zielvereinbarungs- und Beurteilungsdokumente anzustoßen. Darüber hinaus kann der Beurteiler Beurteilungsdokumente für mehrere zu beurteilende Personen gleichzeitig anlegen.

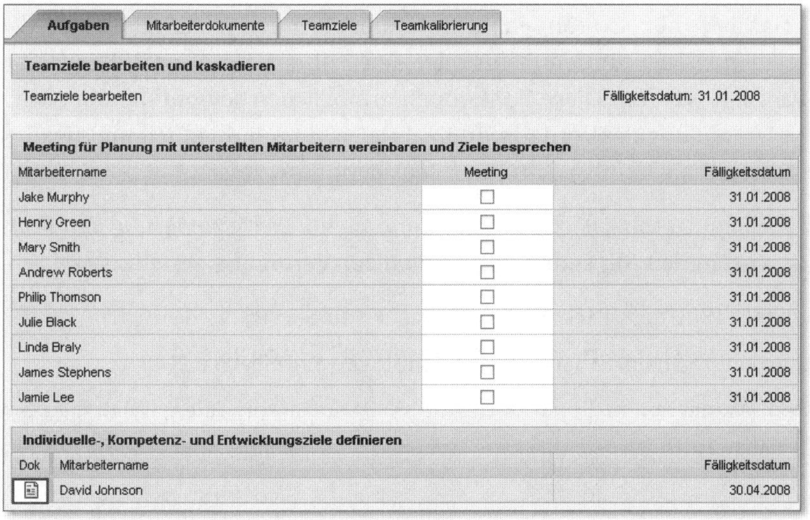

Aufgaben	Mitarbeiterdokumente	Teamziele	Teamkalibrierung	
Teamziele bearbeiten und kaskadieren				
Teamziele bearbeiten			Fälligkeitsdatum:	31.01.2008
Meeting für Planung mit unterstellten Mitarbeitern vereinbaren und Ziele besprechen				
Mitarbeitername		Meeting		Fälligkeitsdatum
Jake Murphy		☐		31.01.2008
Henry Green		☐		31.01.2008
Mary Smith		☐		31.01.2008
Andrew Roberts		☐		31.01.2008
Philip Thomson		☐		31.01.2008
Julie Black		☐		31.01.2008
Linda Braly		☐		31.01.2008
James Stephens		☐		31.01.2008
Jamie Lee		☐		31.01.2008
Individuelle-, Kompetenz- und Entwicklungsziele definieren				
Dok	Mitarbeitername			Fälligkeitsdatum
📄	David Johnson			30.04.2008

Abbildung 9.38 Aufgabenvorrat des Managers

Das Beurteilungsformular bildet außerdem die Basis für die Generierung von individuellen Beurteilungsdokumenten. Auch das Beurteilungsformular wird in der WDA-Technologie ausgeliefert (siehe Abbildung 9.39).

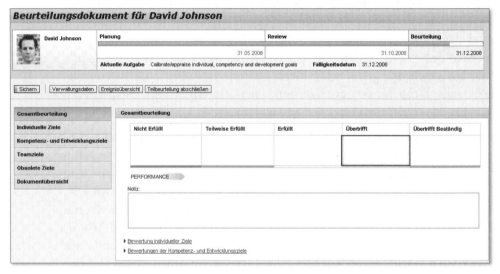

Abbildung 9.39 Zielvereinbarungs- und Beurteilungsdokument in Web Dynpro ABAP

Insbesondere die Funktionen zur flexibleren Darstellung der Zielvereinbarungs- und Beurteilungsdokumente erhöhen die Benutzerfreundlichkeit, z.B. der Einsatz von Registerkarten. Hierbei kann der Administrator Elemente des Zielvereinbarungs- und Beurteilungsformulars gruppieren, die anschließend beim Aufruf des Formulars in Registerkarten angezeigt werden. Darüber hinaus können sowohl der Prozessverlauf als auch der beschreibende Text für den Status oder den Teilstatus im Beurteilungsdokument anzeigt werden. Diese Funktionen ermöglichen sowohl die übersichtlichere Darstellung des vordefinierten als auch eines individuell und flexibel gestaltbaren Zielvereinbarungs- und Beurteilungsprozesses.

Die neue Benutzeroberfläche für die Komponente *Zielvereinbarung und Beurteilung* wird in den folgenden Portalrollen zur Verfügung gestellt:

- Manager (Business Package for Manager Self-Service 1.41)
- Mitarbeiter (Business Package for Employee Self-Service 1.41)
- Talent-Management-Experte (Business Package for Talent Management Specialist 1.40)

9.3.2 Ziele kaskadieren

Als Teil des jährlichen Zielvereinbarungs- und Beurteilungsprozesses definiert man in der Regel Unternehmens-, Abteilungs- und Teamziele, bevor man die individuellen Ziele der Mitarbeiter festlegt. Die neue Funktionalität ermöglicht es, diese personenübergreifenden Ziele zu definieren und bestimmten Personengruppen zuzuordnen. So hat z.B. der Administrator oder Talent-Management-Experte die Möglichkeit, Unternehmensziele zu definieren und diese den entsprechenden Organisationseinheiten zuzuordnen. Der Manager kann Teamziele definieren (siehe Abbildung 9.40) und den entsprechenden Mitarbeitern zuordnen (siehe Abbildung 9.41). Nachdem dem Ziele zugeordnet wurden, werden sie im Dokument des Mitarbeiters gespeichert.

Abbildung 9.40 Teamziele definieren

Abbildung 9.41 Teamziele kaskadieren

Darüber hinaus kann die Vererbung auch in umgekehrter Richtung ausgeführt werden. In diesem Fall wird es dem Mitarbeiter ermöglicht, ausgewählte individuelle Ziele einem Teamziel zuordnen.

9.3.3 Teamkalibrierung und Vergütung

Die Teamkalibrierung stellt die Mitarbeiter des gesamten Teams und ihre Gesamtbewertungen in einer eindimensionalen Matrix da. Dies ermöglicht es dem Manager, die Gesamtbewertungen aller Mitarbeiter seines Teams auf einen Blick zu vergleichen (siehe Abbildung 9.42). Bei Bedarf kann der Manager die Gesamtbewertung einzelner Teammitglieder durch einfaches Drag & Drop verändern. Daraufhin wird der Wert der Gesamtbewertung in den Zielvereinbarungs- und Beurteilungsdokumenten des entsprechenden Mitarbeiters automatisch angepasst.

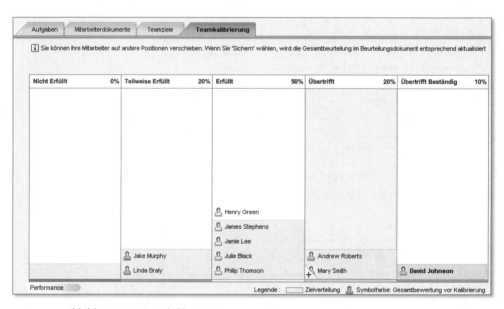

Abbildung 9.42 Teamkalibrierung

Darüber hinaus gibt es eine Integration zur Gehaltsplanung, die es dem Manager ermöglicht, über eine Vergütungsgrafik die aktuellen und geplanten Gehälter seiner Mitarbeiter zu vergleichen (siehe Abbildung 9.43).

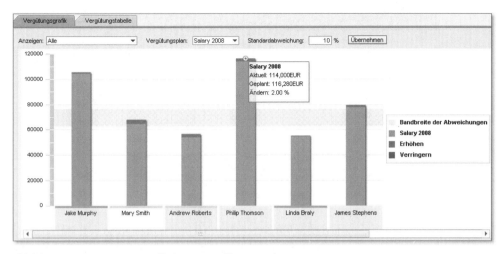

Abbildung 9.43 Vergütungsgrafik der unterstellten Mitarbeiter

9.3.4 Integration mit SAP Enterprise Learning

Die Erweiterung der bereits bestehenden Integration der Komponente *Zielvereinbarung und Beurteilung* zur Learning Solution unterstützt Manager und Mitarbeiter dabei, Entwicklungspotenziale zu erkennen und entsprechende Entwicklungsziele zu definieren. Das Erkennen von Entwicklungszielen wird z.B. durch einen Profilabgleich zwischen den Kompetenzen des Mitarbeiters und den Anforderungen an seine Stelle ermöglicht (siehe Abbildung 9.44).

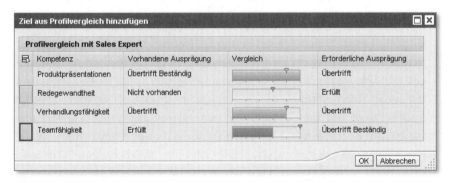

Abbildung 9.44 Individuelle Ziele aus dem Profilvergleich hinzufügen

Der Manager kann dem Mitarbeiter im Zielvereinbarungs- und Beurteilungsdokument mithilfe eines individuellen Ziels ein obligatorisches Training vorgeben, um die gewünschte Kompetenz zu erhalten. Hierfür kann er auf den Trainingskatalog der Learning Solution zugreifen und das gewünschte Training zuordnen (siehe Abbildung 9.45).

Abbildung 9.45 Suche im Trainingskatalog

Anschließend sieht der Mitarbeiter das Ziel sowie das ausgewählte Training in seinem Zielvereinbarungs- und Beurteilungsdokument. Er kann im Lernportal nach diesem Training suchen und seine Teilnahme am Training buchen.

9.4 Kritische Erfolgsfaktoren

Die Implementierung der Komponente *Zielvereinbarung und Beurteilung* wird neben den technischen Möglichkeiten und Restriktionen der Komponente vor allem durch die Definition der Zielvereinbarungs- und Beurteilungsprozesse beeinflusst. Folgende kritische Erfolgsfaktoren sind zu beachten:

- Bei einer Neueinführung der Komponente *Zielvereinbarung und Beurteilung* lohnt es sich, ausreichend Zeit in die Definition der Prozesse zu investieren. So kann früh erkannt werden, ob sich die fachlichen Anforderungen mit dem System abbilden lassen und welche zusätzlichen Möglichkeiten zur Prozessgestaltung durch das System unterstützt werden. Dies gilt insbesondere bei der Umstellung vom papierbezogenen Zielvereinbarungs- und Beurteilungsprozess, da ein nur systembezogener im Allgemeinen weniger Freiheiten zulässt als der aktuelle papierbezogene Prozess.

- In der Regel arbeiten bei der Realisierung eines Zielvereinbarungs- und Beurteilungsprozesses Personen mit unterschiedlichen Know-How-Schwerpunkten zusammen. Während z.B. der Mitarbeiter der Personalentwicklung sehr gut mit den fachlichen Anforderungen vertraut ist, stellt ein Mitarbeiter aus dem IT-Bereich das technische Know-How zur Komponente *Zielvereinbarung und Beurteilung*. Die Kommunikation der Personen kann durch einen Prototyp vereinfacht werden. Dieser liefert ein erstes

Look and Feel der Anwendung und dient als Diskussionsgrundlage für die Umsetzung.

- Die Zugriffsberechtigungen sind bei derart kritischen Daten, wie sie bei der Beurteilung und Zielvereinbarung anfallen, sehr wichtig. Das ohnehin schwierige Thema wird durch folgende Faktoren zusätzlich kompliziert (wobei die Probleme bei entsprechender Beachtung der Faktoren durchaus lösbar sind):
  - Viele Prozessbeteiligte arbeiten direkt am System.
  - Einsatz von Workflow
  - Gruppenbeurteilungen
- Bei dezentral zu pflegenden Beurteilungen (Aufwärtsbeurteilung, Mitarbeiterbefragung) ist die glaubwürdige Sicherstellung der Anonymität ein Basiskriterium für eine erfolgreiche Umsetzung. Hierbei möchte der Mitarbeiter dann in der Regel auch gegenüber der Personalabteilung anonym bleiben.
- In kaum einem anderen Bereich ist die Einbindung der Personalvertretung so wichtig wie bei Zielvereinbarungen und Beurteilungen. Insbesondere die möglichen Auswertungen und ihre Nutzung sind abzustimmen.
- Vor allem bei der Verwendung von Gruppenbeurteilungen ist der Prozess genau zu definieren und zu kommunizieren. Die Beurteilungsvorbereitung sollte dann von zentraler Stelle erfolgen.
- Während die Benutzeroberflächen vor Enhancement Package 4 als Business Server Pages ausgeliefert wurden, sind diese ab EhP4 in Web Dynpro ABAP programmiert. Aufgrund des Technologiewechsels ist bei der Realisierung von Zielvereinbarungs- und Beurteilungsprojekten mit EhP4 entsprechendes Know-How erforderlich.

Dieses Kapitel hat Ihnen gezeigt, wie Sie teamorientierte und individuelle Zielvereinbarungen in Einklang mit Unternehmenszielen und -strategien bringen. Verfahren zur Leistungsbeurteilung von Mitarbeitern können standardisiert und dokumentiert werden. Hierbei bildet die Komponente *Zielvereinbarung und Beurteilung* nur einen Teilprozess im Talent Management ab und die Integration in andere am Gesamtprozess beteiligte Komponenten nimmt zu. So wird mit EhP4 u.a. die Integration zur SAP Learning Solution erweitert. Welche Möglichkeiten Ihnen diese bietet, können Sie dem folgenden Kapitel entnehmen.

Aus Prozesssicht bildet das Veranstaltungsmanagement beziehungsweise die SAP Learning Solution den »Abschluss« der Personalentwicklung. Erkannte Potenziale der Mitarbeiter werden gezielt gefördert, und das Lernen am Arbeitsplatz wird als kostensparende Alternative oder als Ergänzung zu Präsenztrainings im Unternehmen etabliert.

10 Veranstaltungsmanagement und SAP Learning Solution

In diesem Kapitel betrachten wir zunächst die Grundlagen des Themas E-Learning. Wir führen Sie in die Thematik ein und vermitteln Ihnen ein Verständnis dafür, ob und wie Sie E-Learning in Ihrem Unternehmen einsetzen können. Danach wenden wir uns dem Veranstaltungsmanagement zu, wobei an einigen Stellen bereits auf die SAP Learning Solution (LSO) hingewiesen wird. Auf diese Weise können Sie sehen, inwieweit Sie bisher genutzte Teile des Veranstaltungsmanagements weiterhin für die neue LSO verwenden können. Abschließend lenken wir den Blick auf den aktuellen Stand der Learning Solution.

10.1 Betriebswirtschaftliche Grundlagen

Ist E-Learning eine neue Art des Lernens? In der Informationsgesellschaft des 21. Jahrhunderts ist der technische Fortschritt einem kontinuierlichen Wandel unterworfen. Um konkurrenzfähig zu bleiben, müssen Unternehmen die Kenntnisse und Fähigkeiten ihrer Mitarbeiter immer aktuell halten und ergänzen. Schlagworte wie *Lifelong Learning*, *Learning on Demand* und *E-Learning* sind längst in aller Munde. Sie verweisen auf einen Wandel der Ausbildungsformen sowie der Medien und Kommunikationsformen, mit deren Hilfe die Unternehmen den zukünftigen Anforderungen gerecht werden wollen. Der klassische Lebenslauf mit den Stationen Schule – Ausbildung – Studium – Beruf – Rente gehört der Vergangenheit an – wer auf dem heutigen Arbeitsmarkt bestehen will, muss sich kontinuierlich und zielgerichtet ein Leben lang fortbilden. Weiterbildung ist somit zu einem Grundbedürfnis des modernen Lebens geworden. Die erforderlichen Schulungen sind allerdings teuer, zeitintensiv, orts- und zeitgebunden und vermitteln oft nur allgemeine Einblicke. Klassische Bildungsangebote werden individuellen Bedürfnissen häufig nicht gerecht, da sie die Interessen aller Kursteilnehmer berücksichtigen müssen – genau an diesem Punkt setzt das E-Learning an.

Als *E-Learning* bezeichnet man alle spezifischen Formen des selbstgesteuerten Lernens mithilfe neuer Medien und technischer Mittel. Unter dem Begriff *Selbststeuerung* versteht man, dass der Lernende vorgegebene Lernziele als seine eigenen Lernziele und Lernaufgaben formuliert und diese entsprechend seiner individuellen Lernvoraussetzungen *erfolgreich* umsetzt.

Inzwischen ist der Hype um das reine E-Learning abgeklungen. Aktuelle Entwicklungen im E-Learning zielen vielmehr darauf ab, in der traditionellen Aus- und Weiterbildung Bewährtes mit innovativen technischen Möglichkeiten zu kombinieren. Präsenz- und Online-Phasen, individuelles, betreutes und gemeinsames Lernen müssen in Einklang gebracht werden. Das neue Stichwort lautet daher *Blended Learning*.

10.1.1 Formen des E-Learning

Orientiert man sich an der oben gegebenen Definition, so sind folgende Formen des E-Learnings möglich:

- **Computer Based Training (offline)**
  Bei dieser klassische Form des E-Learnings werden die Lerninhalte auf einer CD vorgehalten, wie es derzeit z.B. bei Sprachkursen, Mathematik-Lernprogrammen für Kinder und anderen Lernprogrammen zur Vermittlung von Fachkompetenzen der Fall ist.

- **Whiteboard**
  Ein Whiteboard funktioniert wie eine Tafel oder Flipchart: Die Nutzer können über ein Netzwerk gemeinsam Skizzen erstellen und betrachten. Dazu stehen sowohl Mal- als auch Textwerkzeuge zu Verfügung.

- **Business TV**
  Business TV ist ein exakt auf die Zielgruppe zugeschnittenes Fernsehprogramm und stellt eine sehr wirkungsvolle Methode dar, um eine Gruppe (Mitarbeiter, Lieferanten und Kunden) zum Lernen anzuregen.

- **Learning Community**
  Personengruppen mit gleichen Lernzielen und/oder fachlichen Interessen können sich über ein Informations- und Kommunikationssystem eine gemeinsame Wissensbasis aufbauen. Jedes Mitglied dieser Learning Com-

munity kann eigenes Wissen einbringen, und somit wird die Wissensbasis über gemeinsame Lernprozesse erweitert und angepasst.

- **Virtual Classroom (virtuelles Klassenzimmer)**
Beim Virtual Classroom dient das Internet als Kommunikationsmedium, um geographisch getrennte Schüler und Lehrer miteinander zu verbinden. Das virtuelle Klassenzimmer ermöglicht somit eine synchrone Form des Lernens.

- **Computer-Supported Cooperative Learning**
Computer-Supported Cooperative Learning (CSCL) beschreibt Lernansätze, bei denen das kooperative Lernen durch den Einsatz von computergestützten Informations- und Kommunikationssystemen unterstützt wird.

- **Mikrolernen**
Als Mikrolernen bezeichnet man ein Lernen in vielen kleinschrittigen Lerneinheiten, die häufig über das Web oder Handy vermittelt werden. Insbesondere wird der Begriff speziell für eine technische Realisierung im Bereich des E-Learnings verwendet, welche die Anwendung neuer Webtechniken (Web 2.0) für das E-Learning nutzt. Dabei werden kleine Informationseinheiten und Testfragen über PC oder Handy vom Server abgerufen. Die Software auf dem Server beobachtet den individuellen Lernfortschritt und passt die Fragestellungen und Fragewiederholungen an die bisher richtig oder falsch beantworteten Fragen an. Beispiele hierfür finden wir im Bereich Sprachen (Vokabeltrainer, Sprachprogramme oder das »Wort des Tages« als täglicher RSS-Feed oder E-Mail).

- **Web Based Training (online)**
Im Gegensatz zur Offline-Version des E-Learnings sind diese Inhalte dynamischer und der Interaktionsgrad ist höher als bei Computer Based Trainings. Es kommen mehr Medien und Kommunikationsmöglichkeiten wie z. B. Chats mit anderen Lernenden und Foren zu bestimmten Inhalten zum Einsatz. Beim Web Based Training ist es für den Content-Anbieter einfacher, neue Tests und Informationen bereitzustellen und somit das Wissen ständig zu erweitern und auf dem aktuellsten Stand zu halten.

- **Kombination von Web Based und Computer Based Training**
Insbesondere zu Beginn der Verbreitung des Internets wurden Trainingsmaterialien auf CD/DVD oft mit den Möglichkeiten des Online-Lernens kombiniert. Auch heute ist diese Form weit verbreitet. Besonders die Möglichkeiten der Interaktion der Teilnehmer untereinander sowie der Aktualisierung der Lerninhalte und Tests via Internet unterscheiden kombinierte Trainings von den klassischen Computer Based Trainings. Der Grund für den kombinierten Einsatz der Lernmedien besteht darin, dass

insbesondere sehr stark multimedial aufbereitete Themen am heimischen PC von der CD/DVD schneller laufen und damit lange Wartezeiten vermieden werden. Mit der Erhöhung der angebotenen Zugangsbandbreiten für einen schnelleren Zugriff auf das Internet hat dieser Vorteil allerdings mittlerweile an Bedeutung verloren.

- **Blended Learning**
E-Learning lässt sich auch vorteilhaft mit anderen Lernformen wie dem klassischen Präsenztraining kombinieren. Bei der Vorbereitung auf ein Präsenztraining bietet E-Learning den Vorteil, dass die Teilnehmer den gleichen Wissensstand mitbringen. Somit kann das Training reibungslos und ohne unnötige Nachfragen stattfinden. Diese Form setzt sich nach der anfänglichen Konjunktur des reinen E-Learnings immer mehr durch. Präsenzlernen und E-Learning gelten heute nicht mehr als konkurrierende Strategien, sondern komplementäre Teile eines sich ergänzenden Lernsystems.

10.1.2 Wann kann E-Learning sinnvoll eingesetzt werden?

Viele Unternehmen interessieren sich für das E-Learning und dessen Möglichkeiten und Vorteile. Messen und Konferenzen rund um das Thema Lernen, wie z.B. auf der »Learntec« oder der »E-Learning«, belegen ein weiterhin reges Interesse an diesem Thema.

Im Folgenden werden einige Voraussetzungen für den Einsatz von E-Learning genannt (siehe auch Abbildung 10.1). Nicht alle Voraussetzungen müssen für einen Einsatz erfüllt werden

- **Geeignete Rahmenbedingungen**
Neben organisatorischen und technischen Rahmenbedingungen sind die bestehenden Prozesse im Unternehmen zu berücksichtigen und das E-Learning dort zu integrieren (siehe auch Abschnitt 10.7.6).

  - **Organisatorische Bedingungen**
  Ohne den festen Willen der Unternehmensführung und der Bereitschaft, die Verantwortung für das Lernen verstärkt den Mitarbeitern zu übertragen, bringt die beste Technik keinen großen Nutzen. Die Unternehmensleitung hat die Aufgabe, eine klare (E-)Learning-Strategie bzw. -Vision zu entwickeln und diese unternehmensweit zu kommunizieren. Sie muss in allen Bereichen die Bereitschaft und die Neugierde der Mitarbeiter wecken.

  - **Technische Bedingungen**
  Eine Reihe von technischen Voraussetzungen müssen für den Einsatz von E-Learning im Unternehmen erfüllt sein. Der technische Aufwand

hängt von der geplanten Ausprägung des E-Learnings im Unternehmen ab. Er reicht von der Ausstattung der PCs am Arbeitsplatz über die erforderlichen Netzwerk-Bandbreiten für die unternehmensweite Verbreitung von Inhalten bis hin zum technischen Betreiberkonzept für eine komplette Lernplattform. Zudem muss entschieden werden, ob das Unternehmen Schulungsinhalte einkauft oder selbst erstellt.

Abbildung 10.1 Kriterien für einen sinnvollen Einsatz von E-Learning

- **Hoher Grad an standardisierten Schulungen**
  Ein Unternehmen, das im Extremfall spezielle Schulungen für jeden einzelnen Mitarbeiter benötigt und damit ein sehr heterogenes und breit gefächertes Schulungsangebot mit sehr vielen unternehmensspezifischen Inhalten anbietet, greift in der Regel nicht auf E-Learning-Lösungen zurück. Da der Markt keine unternehmensspezifischen Lerninhalte bereithält, müsste das Unternehmen diese selbst produzieren. Des Weiteren lohnt sich eine solche Produktion auf lange Sicht nur, wenn entsprechend viele Lernende dadurch qualifiziert werden können.

- **Die Vermittlung von Fach- und Methodenkompetenz steht im Vordergrund**
  Sicherlich ist es einfacher, über E-Learning feststehende Methoden und fachliches Wissen zu vermitteln als beispielsweise den Bereich der sogenannten *Soft Skills*. E-Learning lässt sich dennoch sinnvoll für die Vermittlung von Soft Skills einsetzen, wenn es dazu genutzt wird, die Teilnehmer eines Soft-Skill-Präsenzseminars auf einen gemeinsamen Wissensstand zu bringen. Trotz dieser Möglichkeit sollte der Schwerpunkt auf der Vermittlung von Fachwissen und Methodenkompetenzen liegen.

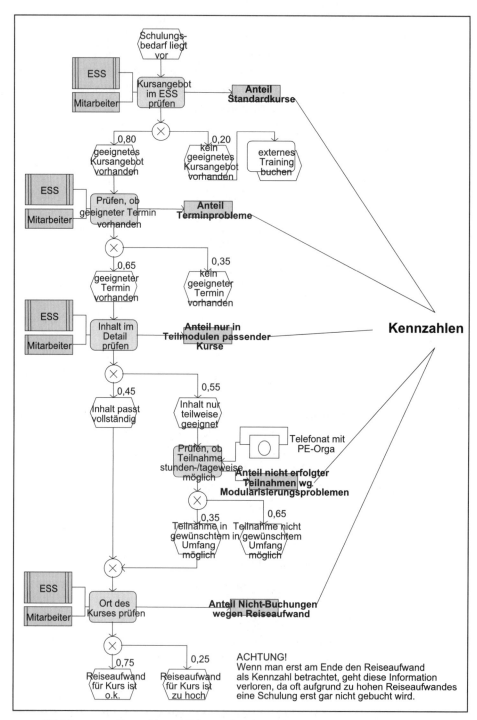

Abbildung 10.2 Kennzahlenermittlung anhand eines Istprozesses

- **Eindeutigkeit der festzulegenden Lerninhalte, Lernziele und Lernaufgaben**
  Lerninhalte einzukaufen oder selbst zu erstellen erfordert eine genaue Vorstellung davon, welche Seminare im Unternehmen gebraucht und vor allem genutzt werden.
- **Modulhafte Umsetzung der Lerninhalte ist möglich**
  Um den Lernenden ein selbstgesteuertes Lernen zu ermöglichen, sollten die Inhalte modulisierbar sein, damit sich der Lernende beispielsweise Teile der Schulung herausgreifen und andere Teile vernachlässigen kann. Zusätzlich erlaubt die Modularisierung eine Berücksichtigung unterschiedlicher Vorkenntnisse der Lernenden. Des Weiteren können die einzelnen Module als Lern- *und* Informationssystem genutzt werden.

Wie kann nun ein Unternehmen die für sich geeigneten Kennzahlen ermitteln, die für oder gegen den Einsatz von E-Learning sprechen und eine entsprechende Entscheidung untermauern könnten? Zuerst sollte das Unternehmen die eigenen Prozesse im Bereich der Personalentwicklung ermitteln und diese analysieren. Das in Abbildung 10.2 aufgeführte Prozessbeispiel zur Buchung eines Präsenztrainings zeigt, dass wichtige Kennzahlen für die Entscheidung über einen sinnvollen E-Learning-Einsatz aus den Istprozessen abgeleitet werden können. Voraussetzung dafür ist die Erstellung einer Kennzahlensystematik, die Aufschluss darüber gibt, welche Zahlen für die Entscheidungsfindung herangezogen werden sollen.

Der Prozess kann in Abbildung 10.2 nur auszugsweise dargestellt werden.

10.1.3 Vorteile des E-Learning

Sowohl für das Unternehmen als auch für jeden einzelnen Mitarbeiter ergeben sich Vorteile durch den Einsatz von E-Learning (siehe Tabelle 10.1).

Vorteile für das Unternehmen	Vorteile für die Mitarbeiter
▸ Kostenersparnis ▸ Zeitersparnis: geringere Ausfallzeiten am Arbeitsplatz; keine Reisezeiten ▸ Aktualität der Inhalte: schnelle und zentrale Anpassung	▸ selbstgesteuertes, individuelles Lernen möglich ▸ zeitliche und örtliche Flexibilität ▸ kontinuierliche individuelle Kompetenzentwicklung

Tabelle 10.1 Vorteile durch den Einsatz von E-Learning

Vorteile für das Unternehmen	Vorteile für die Mitarbeiter
▶ Schnelligkeit: gleichzeitige Erreichbarkeit großer Teilnehmerkreise ▶ Minimierung der redundanten Aufbereitung von Trainingsinhalten ▶ sofortige Qualifizierung der Mitarbeiter bei Bedarf ▶ zufriedenere Mitarbeiter und dadurch eine niedrigere Fluktuation ▶ Nutzung als Marketinginstrument: Kommunikation von Prozessen und Produktinformationen auch an Dritte (z.B. Kunden) ▶ Verkauf von Schulungen nach außen ▶ Vereinfachung zentraler Personalentwicklung: durch weltweite Vergleichbarkeit der Trainings und einheitliche Qualitätsstandards der Schulungen ▶ Entlastung der Personalentwicklung von administrativen Aufgaben ▶ Verbesserung des Wissensmanagements ▶ Reduzierung der Präsenztrainings	▶ Möglichkeit der Qualifizierung in Bereichen, die sonst bestimmten Hierarchieebenen vorbehalten waren ▶ kein Wissen auf Vorrat. Qualifizierung wenn notwendig ▶ unterschiedliches Lerntempo wird berücksichtigt ▶ individuellere Betreuung möglich ▶ größere Transparenz des Lernangebots ▶ keine Redundanzen durch individuelle Lernpfade entsprechend dem Wissensstand ▶ Reduzierung des Ballastwissens ▶ mehr Übungsmöglichkeiten für den Lernenden ▶ Austausch von Erfahrungswissen über neue Kommunikationsmöglichkeiten

Tabelle 10.1 Vorteile durch den Einsatz von E-Learning (Forts.)

Der Vorteil der Kostenersparnis ist genauer zu betrachten. Trotz der relativ hohen Anfangsinvestitionen, vor allem bei der Produktion eigener E-Learning-Inhalte, ist die langfristig erzielte Kostenersparnis enorm. Insbesondere der Anteil der Reisekosten an den Weiterbildungskosten ist in der Regel recht hoch, da der sogenannte Seminartourismus oft den Großteil der Budgets konsumiert. Je größer die internationale Ausrichtung des Unternehmens ist, desto höher ist auch der Anteil an Flugreisen und Hotelkosten. Neben den Reisekosten spart das Unternehmen unter anderem Ausfallkosten der Mitarbeiter. Diese Kosten werden oft vernachlässigt, obwohl sie erheblich sind. Insbesondere für Großunternehmen ist die Reduzierung der Kosten pro Teilnehmer interessant.

10.1.4 Strategische Bedeutung des E-Learning

Eine Studie der *Berlecon Research* (08/2001) sagte dem E-Learning und dessen Markt in Deutschland sehr gute Wachstumsperspektiven voraus. Bis zum

Jahr 2005 sollte die Branche ein Marktvolumen von bis zu zwei Milliarden Euro erreichen, prophezeiten die Autoren in ihrer Studie. Dies hätte einer jährlichen Wachstumsrate von 50 % entsprochen.

Die damals prognostizierten Wachstumsraten wurden zwar nicht erreicht, dennoch ist ein stetiges Wachstum bezüglich des Einsatzes von E-Learning zu verzeichnen. So zeigt z. B. die Studie »Corporate Learning 2006«, dass zum Zeitpunkt der Erhebung (Anfang 2006) jedes vierte Unternehmen E-Learning in der betrieblichen Weiterbildung einsetzt, wobei mehr als die Hälfte der Anwenderunternehmen (54%) das digitale Lernen in den Jahren zwischen 2001 und 2004 eingeführt haben. In kleinen und mittleren Betrieben mit weniger als 500 Mitarbeitern ist E-Learning bisher noch nicht sehr weit verbreitet (nur 20% setzen hier digitales Lernen ein), aber auch bei den Großunternehmen weist der Anteil der Betriebe, die E-Learning einsetzen, mit 41% noch ein erhebliches Ausbaupotenzial auf. Die Studie belegt, dass der Einsatz des digitalen Lernens in der betrieblichen Weiterbildung deutscher Unternehmen keine kurzlebige Modeerscheinung ist. Vielmehr wird das E-Learning von einer wachsenden Zahl von Unternehmen als neues oder ergänzendes Element für die betriebliche Weiterbildung wahrgenommen – immerhin 21% der Benutzer nutzen E-Learning erst seit 2005. Die Studie bestätigt damit einschlägige Marktbeobachtungen und belegt eine langsame, aber stetige Zunahme der Akzeptanz von E-Learning in deutschen Unternehmen.

Die meisten Unternehmen, die auf E-Learning setzen (darunter auch nicht wenige Großkonzerne) verzichten auf den Einsatz von Learning-Management-Systemen (LMS, siehe Abschnitt 10.2). Während 17% derzeit solche Systeme nutzen und weitere 7% eine Nutzung planen, geben mehr als zwei Drittel an, auch zukünftig auf die Verwendung eines LMS verzichten zu wollen. Eine wichtige Schlussfolgerung für E-Learning-Anbieter lautet somit: Digitales Lernen ist nicht allein eine Frage von Technologien, sondern in zunehmendem Maße ein Beratungsthema.

Auch für die künftigen Wachstumsraten des Anwendermarktes gilt, was bereits für die gegenwärtige Verbreitung zutrifft: Nüchterne Befunde korrigieren euphorische Prognosen. Immerhin 6% der Unternehmen, die derzeit noch kein E-Learning nutzen, planen die Nutzung konkret für die nächste Zeit, und weitere 31% erwägen den Einsatz. Ein interessantes Ergebnis am Rande: Lediglich 3% aller befragten Unternehmen haben früher einmal E-Learning eingesetzt und sich später wieder davon abgewandt.

Was die Lernthemen angeht, rangiert die Vermittlung von »harten« Kompetenzen, vor allem IT-Fachwissen (63%) beim betrieblichen E-Learning nach wie vor an erster Stelle, gefolgt von kaufmännischem Fachwissen und Produktschulungen (52% bzw. 39%). Soft Skills wie Kommunikationskompetenz (25%) oder Teamkompetenz (20%) werden deutlich seltener über computergestützte Lernformen trainiert (MMB-Studie »Corporate Learning 2006«).

Ferner zeichne sich bei den Anbietern von Schulungs- und Weiterbildungskursen über das Internet ein Trend zu Fullservice-Dienstleistern ab, die neben standardisierten Angeboten auch maßgeschneiderte Firmenlösungen im Programm haben.

Zwar hält dieses Buch keine Übersicht über den gegenwärtigen E-Learning-Markt bereit, doch mögen die herausgearbeiteten Vorteile und Möglichkeiten von E-Learning für das eine oder andere Unternehmen eine Entscheidungshilfe sein. Wie auch die oben zitierte, aktuelle Studie belegt, sind es bisher eher die großen Unternehmen mit mehreren Tausend Mitarbeitern und entsprechendem Verhandlungsspielraum, die zu den Nachfragern von ausgereiften Lösungen zählen. Doch nach und nach werden auch Teilbereiche oder Töchter großer und mittlerer Unternehmen E-Learning-Angebote nachfragen.

10.2 Learning-Management-Systeme

Wie bereits erwähnt, gibt es neben den reinen Content-Lieferanten Unternehmen, die sogenannte *Fullservice-Dienstleistungen* anbieten. Diese Unternehmen bieten neben dem Content auch eine Plattform an, ein sogenanntes *Learning-Management-System*. Das Learning-Management-System (LMS) präsentiert die Inhalte und erfüllt darüber hinaus folgende Funktionen:

- Verfolgung von Lernzielen, Kursverläufen und Kosten.
- Unterstützung bei der Auswahl des richtigen Contents, z.B. durch die Bereitstellung von Zusatzinformationen, Demoversionen, Einstufungstests, Seminarbeurteilungen und Top-10-Liste (Liste der am häufigsten gebuchten Trainings).
- Ausrichtung des Systems an der jeweiligen Rolle des Mitarbeiters durch Bereitstellung von Content, der genau zu der oder den Rolle(n) eines Mitarbeiters im Unternehmen passt
- Möglichkeit, auch Präsenztrainings über das Portal zu buchen

- Unterstützung internationaler Standards zur einfachen Einbindung zugekaufter Inhalte (z. B. SCORM (Shareable Content Object Reference Model))
- Unterstützung von Genehmigungsverfahren, z. B. Workflow-Anbindung zur automatischen Unterstützung bei Buchungsverfahren
- Bereitstellung von Tests und Zertifikaten, in der Regel sowohl Einstufungstests als auch Tests innerhalb der jeweiligen Lernsoftware
- Einbindung in ein Unternehmensportal: Die meisten bisher angebotenen Learning-Management-Systeme lassen sich aufgrund ihrer technischen Struktur in bestehende Unternehmensportale einbinden.
- Schnittstellen zu SAP ERP-Systemen: die Übertragung der Lerndaten wie z. B. vermittelte Qualifikationen und Ausbildungshistorie in die Mitarbeiterstammdaten
- Werkzeuge zur Strukturierung der Kurse für die schnelle Bereitstellung von Online-Inhalten
- flexible und dynamische Verwaltung der Lernangebote (z. B. durch Versionierungen)
- Möglichkeit der Einbindung aller Lernmethoden (Blended Learning)
- Möglichkeit der Erstellung von Curricula, z. B. der Aufbau von Lern- und Ausbildungsplänen, Sicherheitstrainings, Risk Management
- Auswertungsmöglichkeiten für den Tutor, z. B. Verweildauer innerhalb einer Lerneinheit, Lernfortschritte etc.
- Auswertungsmöglichkeiten für den Lernenden, wie z. B. Übersicht über die eigene Ausbildungshistorie, To-do-Listen, Übersicht über Pflichtkurse (Mussqualifikationen), Profilabgleiche, Defizite, Übersicht über eigene Qualifikationen und ihre Ausprägung
- Interaktions- und Kommunikationsmöglichkeiten: Experten-Chats, Videokonferenzen, Virtual Classroom etc.
- Auswahlmöglichkeit aus mehreren Lernstrategien: Überblick zu einem Thema verschaffen; beispielorientiertes Lernen, lernzielorientiertes Lernen etc.

10.3 Konzeption des Veranstaltungsmanagements in SAP ERP HCM

Zunächst ein paar einleitende Worte zur Klarstellung der Begrifflichkeiten, die in den nachfolgenden Abschnitten Verwendung finden. SAP bietet schon seit Jahren das *Veranstaltungsmanagement* zur Abbildung von Klassenraumtrainings an. Vor ein paar Jahren wurde im Zuge der »Revolution des Lernens« durch E-Learning eine neue Lösung aufgebaut, die sogenannte *Learning Solution*. Die SAP Learning Solution wiederum beinhaltet das *Trainingsmanagement* als Nachfolger des klassischen Veranstaltungsmanagements zur Abbildung von Klassenraumtrainings. Die klare Empfehlung der SAP bei Neueinführung einer Lösung für Klassenraumtrainings ist daher das Trainingsmanagement innerhalb der Learning Solution.

> **Verlagerung von SAP ERP-Prozessen (HCM) zu neuen Lösungen**
> Bitte beachten Sie zu dieser Thematik den SAP-Hinweis 953832.

Dieser Abschnitt dient als Grundlage für das Verständnis des Aufbaus und des Zusammenspiels der einzelnen Komponenten des Veranstaltungsmanagements. Grundlegende Begriffe werden geklärt, auf denen in den nachfolgenden Abschnitten aufgebaut wird. Begriffe wie *Objekte* und *Infotypen* werden als bekannt vorausgesetzt. Zum Verständnis der Konzeption ist es daher hilfreich, wenn Sie bereits Kapitel 2, »Organisationsmanagement«, gelesen haben. Wie Sie in Abschnitt 10.7, »SAP Learning Solution«, sehen werden, ist das im zweiten Kapitel vermittelte Wissen über das Veranstaltungsmanagement weitgehend auf die Learning Solution übertragbar.

Im Wesentlichen unterstützt das Veranstaltungsmanagement folgende Geschäftsprozesse:

- **Veranstaltungsvorbereitung**
    - Ermittlung des Veranstaltungsbedarfs
    - Erstellung des Veranstaltungsangebots
    - Planung der Veranstaltungstermine
    - Planung der Ressourcen
    - Erfassung der Veranstaltungskosten
    - Budgetierung von Bildungsausgaben
    - Durchführung von Veranstaltungs-Marketing
- **Veranstaltungsdurchführung**
    - Buchung, Umbuchung, Stornierung von Teilnehmern
    - Ausdruck der notwendigen Korrespondenz
    - Faktura nach außen
    - Interne Leistungsverrechnung
    - Umbuchung der Kosten

- **Veranstaltungsnachbereitung**
  - Veranstaltungs-/Referenten-/Teilnehmerbeurteilung
  - Automatische Übertragung von Qualifikationen
  - Auswertungen zu Veranstaltungen, Teilnahmen, Ressourcen

Abbildung 10.3 zeigt die wesentlichen Geschäftsprozesse und ihre Reihenfolge anhand eines Veranstaltungszyklus auf.

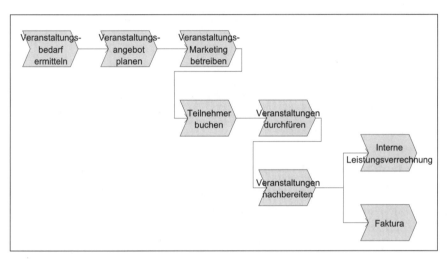

Abbildung 10.3 Geschäftsprozesse des Veranstaltungszyklus'

10.3.1 Struktur des Veranstaltungsmanagements

Das Veranstaltungsmanagement setzt sich, ähnlich wie das Organisationsmanagement, aus einzelnen Objekttypen und deren Infotypen zusammen. Diese Objekttypen werden innerhalb einer Struktur, dem *Trainingskatalog*, über Verknüpfungen in Beziehung zueinander gesetzt.

Im Einzelnen werden nachfolgend die Objekttypen und ihre Verknüpfungen sowie Zusatzinformationen in Form der Infotypen aufgezeigt. Ähnlich wie im Organisationsmanagement gibt es auch im Veranstaltungsmanagement Planvarianten und Nummernkreise. Auch bezüglich der Flexibilität des Veranstaltungsmanagements hinsichtlich der Erstellung neuer eigener Objekttypen, Verknüpfungen und Infotypen ist es mit dem Organisationsmanagement vergleichbar. Zu den genannten Themen verweisen wir daher auf unsere Ausführungen zum Organisationsmanagement (siehe Kapitel 2 »Organisationsmanagement«).

Nachfolgend werden die einzelnen Objekttypen des Veranstaltungsmanagements und auch der Learning Solution erläutert. Dabei unterscheiden sich teilweise die Bezeichnungen der Objekttypen je nachdem, ob Sie das Veranstaltungsmanagement oder das Trainingsmanagement (Learning Solution) einsetzen. Der einfacheren Darstellung wegen haben wir in der folgenden Auflistung die Begriffe jeweils nur einmal in Klammern der jeweiligen Komponente zugeordnet. Im weiteren Text wird dann immer die Bezeichnung des Trainingsmanagements verwendet. In Abbildung 10.4 sehen Sie, wie sich die beschriebenen Objekttypen im System darstellen.

Abbildung 10.4 Trainingshierarchie

Trainingsgruppen (LSO)/Veranstaltungsgruppen (VM)

Oberstes Gliederungskriterium für einen Veranstaltungskatalog sind die Trainingsgruppen (Objekttyp L). Sie dienen der Strukturierung des Veranstaltungskatalogs durch die Zusammenfassung der *Trainingstypen* mit gleichen Eigenschaften zu sachlich zusammengehörenden Gruppen (z.B. Sprachkurse, IT-Schulungen, kaufmännische Kurse). Trainingsgruppen dienen auch im Rahmen der Suchfunktionen in der Anwendungsumgebung der LSO als Themenbereiche für die Suche nach Trainings.

Trainingstypen (LSO)/Veranstaltungstypen (VM)

Hierarchisch unterhalb der Trainingsgruppen befinden sich die *Trainingstypen* (Objekttyp D). Diese sind konkrete Beschreibungen eines Trainings, allerdings ohne Termin- und Ortsangaben. An Trainingstypen werden die Eigenschaften abgelegt, die für alle daraus entstehenden Trainings gelten sollen. Dadurch entsteht, ähnlich wie bei den Stellen im Organisationsmanagement, eine Arbeitserleichterung, da die Daten der Trainingstypen als Vorschlagswerte für die daraus entstehenden Trainings dienen. Diese Vorschlagswerte können dann auf Wunsch an den Trainings übersteuert werden. Im Einzelnen können diese Werte Preise, verbale Beschreibungen der Trainingsinhalte, die Anzahl an Seminarplätzen oder Informationen über den Ressourcenbedarf sein. Des Weiteren dienen die Trainingstypen der übersichtlichen Gestaltung des Veranstaltungsangebots und bilden zusammen mit den Trainingsgruppen und den konkreten Trainings die Veranstaltungshierarchie.

Trainings (LSO)/Veranstaltungen (VM)

Trainings bzw. Trainingstermine (Objekttyp E) sind Konkretisierungen eines Trainingstyps, die zu einem bestimmten Termin und an einem bestimmten Ort stattfinden. Diese Aussage gilt nicht für die sogenannten E-Trainings, die weder orts- noch zeitgebunden sind (siehe folgenden Abschnitt). Teilnehmer können nur auf Trainings gebucht werden, nicht auf Trainingstypen. Auf Trainingstypen werden lediglich Vormerkungen von möglichen Teilnehmern gebucht. Mehr dazu erfahren Sie in Abschnitt 10.4.3, »Tagesgeschäft«.

E-Trainings (gibt es nur in der LSO)

E-Trainings (Objekttyp ET) sind weder zeit- noch ortsgebunden. Sie werden direkt mit konkreten Inhalten verknüpft, die dann der Lernende ausführen kann.

Curriculum (gibt es nur in der LSO)

Ein Curriculum (Objekttyp EC) ist ein Training, das andere Trainings als Elemente enthält. Die Elemente können unterschiedliche Trainingsformen besitzen, die sich gegenseitig ergänzen oder aufeinander aufbauen. Ein Curriculum ist ein von einem Trainingsanbieter strukturiertes Ausbildungsprogramm.

Curriculumstyp (gibt es nur in der LSO)

Ein Curriculumstyp (Objekttyp DC) ist ein strukturiertes Ausbildungsprogramm, das auf die Vermittlung einer Gruppe von aufeinander abgestimmten Kenntnissen und Fähigkeiten ausgerichtet ist. Technisch gesehen ist ein Curriculumstyp ein spezieller Trainingstyp, der andere Trainingstypen als Elemente enthält. In einer Hierarchie mit Trainingsgruppen werden Curriculumstypen wie Trainingstypen verwendet. Die Daten, die Sie zum Curriculumstyp erfassen, werden beim Planen oder Anlegen von Curricula als Vorschlagswerte verwendet, die überschrieben werden können.

Ressourcen(typen)

Zunächst ist der Begriff *Ressourcentyp* (Objekttyp R) zu erläutern. Das Veranstaltungsmanagement in SAP ERP HCM kennt vier Ressourcentypen: *Raum*, *Referent*, *Material* (aus dem Materialstamm) und *sonstige Ressourcen*. Ressourcentypen beschreiben die Art sowie bestimmte Eigenschaften von Ressourcen (Objekttyp G) und dienen der übersichtlicheren Verwaltung. Sie können Veranstaltungstypen zugeordnet werden und bestimmen dann die benötigten Hilfsmittel. Den aus den Veranstaltungstypen entstehenden Veranstaltungen werden dann die operativ benötigten Hilfsmittel, die Ressourcen, zugeordnet. Im Customizing können auf Wunsch weitere Ressourcentypen angelegt werden.

Trainingskatalog (LSO)/Veranstaltungskatalog (VM)

Der Trainingskatalog umfasst sowohl Trainingsgruppen und -typen als auch Trainings. Er dient als zentrales Pflege-Tool für Veranstaltungen. Des Weiteren kann der Trainingskatalog Benutzern der Learning Solution zur Verfügung gestellt werden. Er ist Grundlage für die Buchung, Stornierung und Umbuchung von Teilnehmern.

10.3.2 Dynamische Menüs

Das Trainingsmanagement verfügt über insgesamt sieben dynamische Menüs. Das Dynamische dieser Menüs besteht darin, dass Änderungen in einem der Menüs sich unmittelbar auf alle anderen Menüs niederschlagen. Wird z.B. im Trainingsmenü ein neuer Trainingstermin eingerichtet, so erscheint dieser direkt im Teilnahmemenü. Wenn Sie die LSO verwenden, nutzen Sie andere Pfade in SAP ERP HCM. So ist z.B. das Teilnahmemenü unter PERSONAL • SAP LEARNING SOLUTION • TEILNAHMEN • TEILNAHMEMENÜ zu erreichen. Bei Einsatz des Veranstaltungsmanagement hingegen lautet der Pfad zum Teilnahmemenü PERSONAL • SAP LEARNING SOLUTION • TEILNAHMEN • TEILNAHMEMENÜ. Im Folgenden beschreiben wir immer die Pfade zum Trainingsmanagement der Learning Solution.

Die dynamischen Menüs sind auf spezielle zu verrichtende Tätigkeiten der Sachbearbeiter spezialisiert. Für jeden wichtigen Funktionsbereich gibt es ein eigenes Menü. Damit decken die dynamischen Menüs die in Abbildung 10.3 aufgeführten Prozesse ab. Für jedes dieser Menüs lassen sich benutzerspezifische Einstellungen im System hinterlegen, die die Performance beim Aufruf der Menüs verbessern können und der besseren Übersicht dienen.

Über das SAP-Menü PERSONAL • SAP LEARNING SOLUTION • EINSTELLUNGEN • BENUTZERSPEZIFISCHE EINSTELLUNGEN werden alle Einstellungen zu den dynamischen Menüs vorgenommen. Außerdem können die Einstellungen aus jedem dynamischen Menü heraus über das Menü EINSTELLUNGEN erreicht werden. An dieser Stelle gehen wir nur auf die Steuerungsmöglichkeiten der dynamischen Menüs ein. Zunächst kann hier die gewünschte Planvariante ausgewählt werden (zum Thema Planvariante siehe Kapitel 2, »Organisationsmanagement«). Auf der Registerkarte DYNAMISCHE MENÜS befinden sich für jedes der Menüs eine weitere Registerkarte und zwei allgemeine Registerkarten mit den Bezeichnungen FILTER und SORTIERUNG.

Über die Registerkarte FILTER (siehe Abbildung 10.5) wird die Anzeige der Trainingsgruppen, Trainingstypen und Trainings anhand bestimmter Kriterien eingeschränkt (z.B. Trainingssprache, Trainingsort und Status des Trainings). Je nachdem, wie stark die Arbeitsteilung in einem Unternehmen ist, kann es sinnvoll sein, für einen Mitarbeiter den Filter so einzustellen, dass er nur die Trainings in seinem dynamischen Menü sehen kann, für die er bestimmte Tätigkeiten ausführen muss, z.B. nur die internen Trainings.

> **Übergreifende Auswirkung der Filtereinstellungen**
>
> Die Einstellungen des Filters wirken auf *alle* dynamischen Menüs des Mitarbeiters. Grund hierfür ist die Tatsache, dass zwischen einigen Menüs hin- und hergewechselt werden kann, sodass die Filter stets identisch sein müssen.

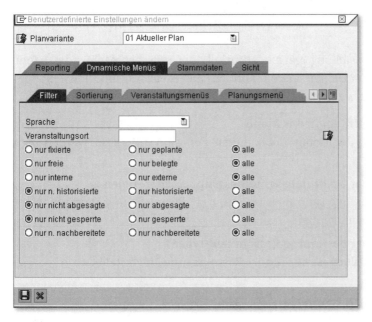

Abbildung 10.5 Benutzerspezifische Einstellungen ändern, Registerkarte »Filter«

Falls die Sortierung, wie sie standardmäßig in den Menüs vorgenommen wird, nicht den Anforderungen der Bearbeiter genügt, kann auch die Sortierung über die benutzerspezifischen Einstellungen vorgegeben werden (siehe

Abbildung 10.6). Dabei können sowohl für die Sortierung der Trainingsgruppen und -typen als auch für die Teilnehmer Kriterien ausgewählt und in eine Reihenfolge gebracht werden.

Abbildung 10.6 Benutzerspezifische Einstellungen ändern, Registerkarte »Sortierung«

Auch diese Einstellung gilt global für alle dynamischen Menüs des Benutzers. Für die einzelnen Menüs können außerdem folgende Einstellungen vorgenommen werden:

- **Einstiegszeitraum in das Menü**
  Alle Objekte des Menüs, die in diesem Zeitraum gültig sind, werden angezeigt.

- **Einstieg über bestimmte Trainingsgruppen oder -typen**
  Diese Einstellung kann für das Trainings-, Planungs- und Werkzeugmenü vorgenommen werden.

- **Einstieg über bestimmte Ressourcen(-typen)**
  Diese Einstellung ist nur für das Ressourcenmenü einstellbar.

Trainingsmenü (LSO)/Veranstaltungsmenü (VM)

Im dynamischen Trainingsmenü werden Veranstaltungen angelegt und geändert sowie Ressourcen verwaltet. Es können Trainingstermine angelegt, fixiert, abgesagt, gesperrt, entsperrt und nachbereitet werden. Des Weiteren können von hier aus alle notwendigen Tätigkeiten zur Ab- und Verrechnung von Trainingsgebühren und -kosten ausgeführt werden. Vom Trainingsmenü kann direkt in das Teilnahme- und ins Auskunftsmenü verzweigt werden, da die dort zu verrichtenden Tätigkeiten eng mit denen des Trainingsmenüs zusammenhängen. Zu Informationszwecken werden die bereits gebuchten Teilnehmer einer Veranstaltung angezeigt. Genaueres zu den einzelnen Möglichkeiten, die das Trainingsmenü bietet, können Sie Abschnitt 10.4.1, »Aufbau des Schulungskatalogs«, entnehmen.

Teilnahmemenü

Im Teilnahmemenü wird auf die zuvor angelegten Veranstaltungen aus dem Trainingsmenü zugegriffen. Hier können Teilnehmer auf die Veranstaltungen gebucht, auf Wartelisten aufgenommen, auf Trainingstypen vorgemerkt, storniert oder umgebucht werden. Auch die manuelle Ausgabe der Korrespondenz und die Anzeige der Korrespondenzhistorie (z.B. der Übersicht über die bisher für eine Veranstaltung versendeten Briefe) ist aus dem Teilnahmemenü heraus möglich. Die Beurteilung der Teilnehmer eines Seminars kann ebenfalls aus dem Teilnahmemenü heraus gestartet werden.

Auskunftsmenü

Das Auskunftsmenü ist gewissermaßen das Berichtswesen des Veranstaltungsmanagements und auch der SAP Learning Solution. Bei Verwendung der LSO werden teilweise weitere Reports angeboten. Auch das Selektionsbild der Reports für die LSO unterscheidet sich leicht von dem des Veranstaltungsmanagement, wo z.B. der Trainingstyp ein Selektionskriterium darstellt. Ausgehend von den gewünschten Objekten (z.B. Trainings oder Teilnehmer) können spezifische Auswertungen gestartet werden. Es können im Einzelnen Teilnahmen, Ressourcen und Trainings ausgewertet werden (Auszug):

- **Teilnahmen**
  - Teilnehmerliste
  - Anwesenheitsliste
  - Buchungen pro Teilnehmer
  - Ausbildungshistorie eines Mitarbeiters
  - Teilnehmer-Ergebnisübersicht (speziell für die LSO)
- **Ressourcen**
  - Ressourcenbelegung
  - Ressourcenausstattung

▸ **Trainings**
  ▸ Trainingsbeurteilungen
  ▸ Teilnahmestatistik
  ▸ Materialbedarf pro Training
  ▸ Trainingsergebnis-Übersicht (speziell für die LSO)

Planungsmenü

Das Planungsmenü erlaubt im Gegensatz zum Trainingsmenü das Anlegen von mehreren Trainings eines Trainingstyps mit unterstützenden Informationen des Systems. Dabei können unterschiedlichste Kriterien zur Bestimmung der Menge und der Termine der zu planenden Veranstaltungen herangezogen werden:

▸ Ermittlung des Bedarfs aus Vormerkungen
▸ Ermittlung des Bedarfs aus Vorjahresbuchungen
▸ Übernahme des Bedarfs aus der Vorjahresplanung

Weitere Informationen zum Planungsmenü finden Sie in Abschnitt 10.4.2, »Planung im Veranstaltungsmanagement«.

Werkzeugmenü

Aus dem Werkzeugmenü können viele Infotypen der Objekte des Veranstaltungsmanagements und der LSO angezeigt und geändert werden, z.B. Trainingsgruppe, Trainingstyp und Trainings (siehe Abbildung 10.7). Neue Objekte können nicht aus dem Werkzeugmenü angelegt werden, sondern nur über den Stammdatenkatalog. Eine Besonderheit des Werkzeugmenüs ist die Markierfunktion, die es erlaubt, mehrere Objekte zu markieren und gleichzeitig deren Daten zu bearbeiten. Auf diese Weise können Sie wichtige Sachverhalte wie z.B. eine Preiserhöhung, von der mehrere Trainingstypen betroffen sind, schnellstmöglich eingeben. Das Werkzeugmenü ist zugleich das einzige Menü, aus dem sprachabhängige Objekte des Veranstaltungsmanagements übersetzt werden können. Somit kann ein Trainingskatalog z.B. für mehrere Landesgesellschaften eingesetzt und in der jeweiligen Sprache angezeigt werden.

Ressourcenmenü/Raumbelegungsmanagement

Da Räume einen Ressourcentyp darstellen, wird das Raumbelegungsmanagement zusammen mit dem Ressourcenmenü angesprochen (siehe Abbildung 10.8). Wenn für das Raumbelegungsmanagement die gleiche Planvariante

Konzeption des Veranstaltungsmanagements in SAP ERP HCM | 10.3

genutzt wird wie für das Veranstaltungsmanagement, können die angelegten Ressourcen des Ressourcentyps »Raum« gleichzeitig in beiden Bereichen genutzt werden. Im Ressourcenmenü sind zunächst die Ressourcentypen und darunter die zugehörigen Ressourcen strukturiert. Aus dem Ressourcenmenü können neue Ressourcen angelegt und bestehende geändert oder gesperrt werden. Des Weiteren kann sich der Bearbeiter einen Überblick über die Belegung oder Verfügbarkeit einer Ressource verschaffen. Nähere Informationen zum Ressourcenmenü finden Sie in Abschnitt 10.4.2, »Planung im Veranstaltungsmanagement«.

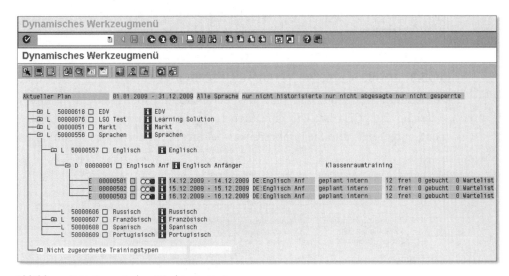

Abbildung 10.7 Dynamisches Werkzeugmenü

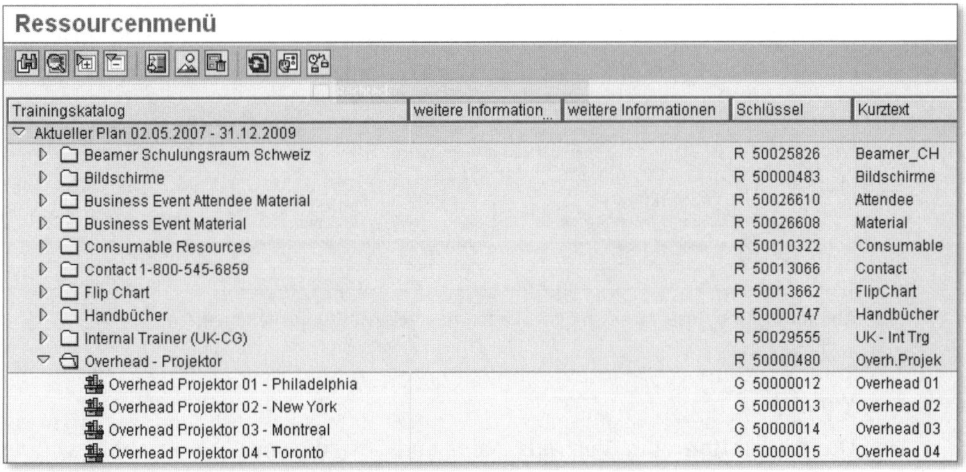

Abbildung 10.8 Ressourcenmenü

Stammdatenkatalog

Die Struktur der Trainingsgruppen und -typen eines Unternehmens wird im Stammdatenkatalog angelegt. Nur dort können Trainingsgruppen und -typen sowie die Verknüpfungen zwischen diesen beiden Objekten angelegt werden. Identisch mit der Erstellung der Organisationsstruktur im Organisationsmanagement wird im Stammdatenkatalog die Struktur so angelegt, dass ausgehend von einem Wurzelobjekt alle weiteren Objekte angelegt werden. Das System schlägt die möglichen Objekte vor und legt die Verknüpfungen zwischen den Objekten automatisch an. Nähere Informationen zum Aufbau des Stammdatenkatalogs entnehmen Sie Abschnitt 10.4.1, »Aufbau des Schulungskatalogs«.

10.3.3 Integration des Veranstaltungsmanagements

Abbildung 10.9 zeigt, wie stark das Veranstaltungsmanagement in andere Bereiche integriert ist. Die einzelnen Integrationsaspekte werden nachfolgend aufgezeigt, und Sie erfahren, was bei ihrer Einrichtung zu beachten ist.

Abbildung 10.9 Integrationsmöglichkeiten des Veranstaltungsmanagements

Vertrieb

Die Integration zum Vertrieb (Sales and Distribution, SD) erlaubt es, über einen Report aus den Teilnahmegebühren für Teilnehmer einer Veranstaltung Rechnungen zu erzeugen. Voraussetzung ist neben dem Integrations-Customizing die Kennzeichnung der Buchungen, die fakturiert werden sollen. Dabei wird über die Funktion BUCHEN/ZAHLUNGSINFO (siehe Abbildung 10.51 im Abschnitt 10.4.3, »Tagesgeschäft«) die Buchung für einen Teilnehmer vorgenommen. Dieser Teilnehmer muss als externe Person im System angelegt und mit einer Adresse versehen werden. Des Weiteren muss in der Vertriebskomponente ein entsprechender Kundenstammsatz vorhanden sein. Über eine Fakturierungsschnittstelle werden nach Aufruf eines Reports aus dem Veranstaltungsmanagement in SD Fakturen erzeugt und vorhandene Fakturen in die Finanzbuchhaltung übergeleitet.

Das Customizing zur Integration des Vertriebs befindet sich unter VERANSTALTUNGSMANAGEMENT • INTEGRATION • AB- UND VERRECHNUNG • FAKTURIERUNG • WIZARD. Der Wizard führt den Benutzer dabei Schritt für Schritt durch die notwendigen Einstellungen.

Knowledge Warehouse

Über den Infotyp 1062 (Knowledge Link) kann eine Verbindung von Trainingstypen und Veranstaltungen zu InfoObjects im Knowledge Warehouse angelegt werden. Darüber können beispielsweise die Schulungsunterlagen eines Trainingstyps hinterlegt und zur Vorbereitung auf den tatsächlichen Kurs verfügbar gemacht werden. Aus dem dynamischen Trainingsmenü kann dann ausgehend von einer Veranstaltung oder einem Trainingstyp über das Kontextmenü ZUSÄTZE • KNOWLEDGE LINK das entsprechende InfoObject aufgerufen werden. Voraussetzung hierfür ist die Nutzung des SAP Knowledge Warehouse. Diese Verlinkung ist nicht zu verwechseln mit der Verlinkung von Trainingsinhalten (z.B. E-Learning Trainings) zu Trainings, die im Abschnitt 10.7.2, »Leistungsmerkmale«, beschrieben ist.

Personaladministration

Bei Buchungen von internen Teilnehmern wird zwischen der Veranstaltung als Objekttyp des Veranstaltungsmanagements und dem externen Objekt der Person eine Verknüpfung erstellt. Abhängig von den Berechtigungen ist es dem Bearbeiter des Veranstaltungsmanagements möglich, aus den dynamischen Menüs auf die Stammdaten des Mitarbeiters zuzugreifen. Des Weiteren können interne Personen, die in der Personaladministration geführt werden, als Ressource »Referent« mit einer Veranstaltung verknüpft werden.

Organisationsmanagement

Neben Personen können auch Organisationseinheiten sowohl als Teilnehmer als auch als Referenten im Veranstaltungsmanagement angegeben werden. Bei Buchung einer ganzen Organisationseinheit auf eine Veranstaltung werden über die Vererbung die Personen, die dieser Organisationseinheit zugeordnet sind, indirekt auf die Veranstaltung gebucht.

Zeitwirtschaft

Bei der Buchung eines internen Teilnehmers wird – bei aktiver Integration in die Zeitwirtschaft – unter anderem geprüft, ob ein Mitarbeiter für den Zeitraum der Schulung verfügbar ist. Dafür muss im Customizing über VERANSTALTUNGSMANAGEMENT • INTEGRATION • ZEITWIRTSCHAFT • INTEGRATION JA ODER NEIN? zunächst die Integration aktiviert werden. Hierzu ist der Schalter PLOGI (GRUPPE) TIME (SM. KÜRZEL) auf »X« zu setzen (siehe Abbildung 10.10).

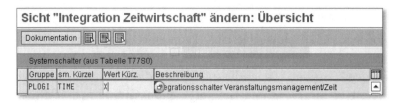

Abbildung 10.10 Integration in die Zeitwirtschaft aktivieren

Anschließend definieren Sie über die nächste Customizing-Aktivität unverträgliche An- und Abwesenheitsarten. »Unverträglich« bedeutet in diesem Zusammenhang, dass beim Vorliegen dieser An- und Abwesenheiten keine Buchung eines Teilnehmers für diesen Zeitraum möglich ist. Dabei ist je Veranstaltungsanwesenheitsart (A = Referententätigkeit; B = Veranstaltungsbesuch) festzulegen, welche der An- und Abwesenheiten aus der Komponente *Zeitwirtschaft* nicht mit Buchungen aus dem Veranstaltungsmanagement verträglich sind (siehe Abbildung 10.11). Der Standardeintrag $$$$ steht für arbeitsfreie Tage laut Arbeitsplan eines Mitarbeiters. Hat also ein Mitarbeiter aufgrund seines Arbeitsplans eigentlich einen freien Tag (z.B. Samstag), so ist dies ebenfalls eine unverträgliche Abwesenheit, die dazu führt, dass ein Mitarbeiter für eine Veranstaltung, die an diesem Tag stattfindet, nicht verfügbar ist. Voraussetzung ist die komplette Pflege der Zeitwirtschaftseinstellungen zu den Stammdaten.

Diese Einstellung kann ebenfalls pro Trainingstyp übersteuert werden. Über den Infotyp 1029 (Info Trainingstyp) (siehe Abschnitt 10.4.1, »Aufbau des

Schulungskatalogs«) ist es also möglich, die Prüfung auf arbeitsfreie Tage auszuschalten und somit zu erlauben, dass ein Mitarbeiter auf eine Veranstaltung am Wochenende gebucht werden kann.

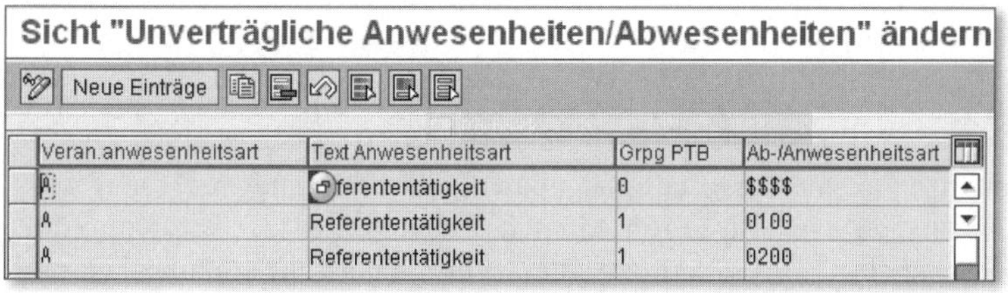
Sicht "Unverträgliche Anwesenheiten/Abwesenheiten" ändern

Neue Einträge

Veran.anwesenheitsart	Text Anwesenheitsart	Grpg PTB	Ab-/Anwesenheitsart
A	Referententätigkeit	0	$$$$
A	Referententätigkeit	1	0100
A	Referententätigkeit	1	0200

Abbildung 10.11 Unverträgliche An- und Abwesenheiten definieren

Neben der Prüfung auf kollidierende An- und Abwesenheiten können Sie durch die Buchung automatisch einen Eintrag in den Zeitwirtschaftsstammdaten für den internen Referenten oder internen Teilnehmer im System generieren. Da beispielsweise Schulungsteilnahmen oder Dienstreisen in der SAP ERP HCM-Zeitwirtschaft immer als Anwesenheiten (Infotyp 2002) gepflegt werden, kann das System auch bei einer Buchung eine Anwesenheit anlegen.

Über den Customizing-Pfad Veranstaltungsmanagement • SAP Learning Solution • Trainingsmanagement • Integration • Zeitwirtschaft • Anwesenheitsarten festlegen werden die entsprechenden Einstellungen vorgenommen. Es kann in der Tabelle jeweils eine Anwesenheitsart aus der Zeitwirtschaft für Referenten und eine für Teilnehmer einer Veranstaltung angegeben werden (Gruppe SEMIN, sm. Kürzel AINST bzw. APART (siehe Abbildung 10.12). Aus der Sicht der Zeitwirtschaftsstammdaten ist zu bemerken, dass für jeden Trainingstag jeweils ein Anwesenheitssatz angelegt wird und nicht nur ein Satz für den gesamten Zeitraum. Dies ist notwendig, um die automatische Stornierung durchzuführen, falls der Mitarbeiter im Zeitraum der Veranstaltung etwa aufgrund von Krankheit ausfällt.

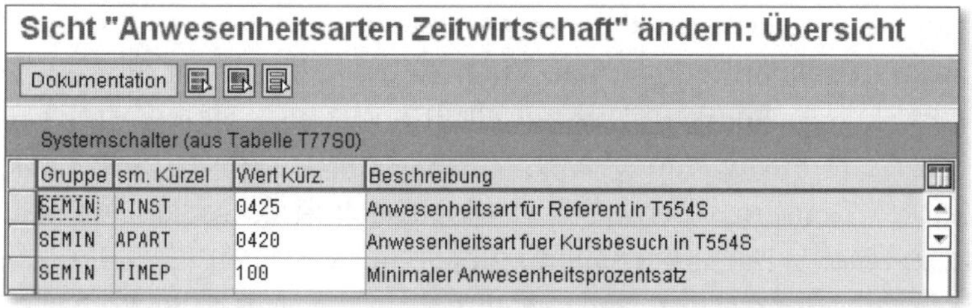
Sicht "Anwesenheitsarten Zeitwirtschaft" ändern: Übersicht

Dokumentation

Systemschalter (aus Tabelle T77S0)

Gruppe	sm. Kürzel	Wert Kürz.	Beschreibung
SEMIN	AINST	0425	Anwesenheitsart für Referent in T554S
SEMIN	APART	0420	Anwesenheitsart fuer Kursbesuch in T554S
SEMIN	TIMEP	100	Minimaler Anwesenheitsprozentsatz

Abbildung 10.12 Generierung von Anwesenheiten aktivieren

Sollte ein Mitarbeiter nach einer erfolgten Buchung und der automatischen Generierung der Anwesenheiten für diesen Zeitraum erkranken, also eine Abwesenheit erfasst werden, so können Sie über einen Prozentsatz für das semantische Kürzel TIMEP angeben, ob und wann die Teilnahme automatisch storniert werden soll.

> **Beispiel: Integration mit der Zeitwirtschaft**
> Ein Mitarbeiter ist auf eine Veranstaltung gebucht, die von Montag bis Freitag dauert. Vom System wurden also automatisch fünf Datensätze des Infotyps 2002 (Anwesenheit) angelegt. Der Mitarbeiter nimmt für den ersten Schulungstag, den Montag, Urlaub. Dadurch wird ein Anwesenheitssatz gelöscht. Liegt der Wert für den minimalen Anwesenheitsprozentsatz z.B. bei 80 %, dann wird die Teilnahme des Mitarbeiters nicht storniert, da er ja noch 80 % der Veranstaltung besuchen wird. Nimmt der Mitarbeiter hingegen auch noch den Dienstag als Urlaubstag, erfolgt eine automatische Stornierung der Teilnahme im Veranstaltungsmanagement.

> **Grenzen der Integration mit der Zeitwirtschaft**
> Die Stornierung wird durch das erneute Anlegen der zuvor gelöschten Anwesenheit nicht wieder aufgehoben.

Sollte diese Automatisierung im Unternehmen eingesetzt werden, muss die Abteilung, die für die Erfassung der An- und Abwesenheiten zuständig ist, darauf hingewiesen werden, dass durch die Eingabe einer Abwesenheit und durch das Löschen einer Anwesenheit eine Stornierung im Veranstaltungsmanagement hervorgerufen werden kann. Zusätzlich sollten Hinweise und Kontrollmechanismen in der Stammdatenpflege genutzt werden, um sicherzustellen, dass nicht aus Versehen eine Stornierung angestoßen wird.

Materialwirtschaft

Über die Integration in die Materialwirtschaft kann im Veranstaltungsmanagement auf Materialien aus dem Materialstamm der SAP-Komponente *Materialwirtschaft* zugegriffen werden. Voraussetzung hierfür ist die Durchführung eines dialoggesteuerten Hilfsmittels, des Wizards. Diesen erreichen Sie über den Customizing-Pfad VERANSTALTUNGSMANAGEMENT • SAP LEARNING SOLUTION • TRAININGSMANAGEMENT • INTEGRATION • MATERIALVERWALTUNG • WIZARD. Der Wizard führt Sie durch alle notwendigen Einstellungen zur Integration des Veranstaltungsmanagements in die Materialwirtschaft.

Personalentwicklung

Wie bereits in Kapitel 8, »Skillmanagement«, erläutert, können bestimmte Qualifikationen als Voraussetzung für die Teilnahme an einer Veranstaltung definiert werden. Des Weiteren kann zu jeder Veranstaltung angegeben werden, welche Qualifikationen sie vermittelt.

Der erste der genannten Integrationsaspekte zwischen dem Veranstaltungsmanagement und der Personalentwicklung in SAP ERP HCM, nämlich die Möglichkeit, geforderte Qualifikationen an einem Trainingstyp zu hinterlegen, erfolgt über die Verknüpfung A 029 (»setzt voraus«; siehe Abbildung 10.13). Über diese Verknüpfung werden mit dem Trainingstyp alle Qualifikationen in der geforderten Ausprägung verknüpft, die ein potenzieller Teilnehmer erfüllen muss, um die Schulung besuchen zu dürfen. Dies kann entweder direkt beim Anlegen eines Trainingstyps über den Stammdatenkatalog oder nachträglich über das Werkzeugmenü erfasst werden.

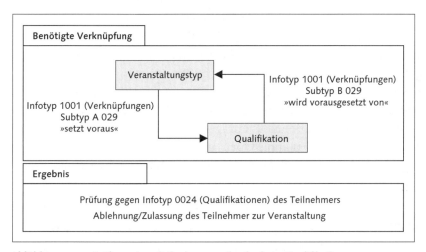

Abbildung 10.13 Prüfung eines Teilnehmers auf geforderte Qualifikationen

Nachdem ein Training durchgeführt wurde, können Sie innerhalb der sogenannten *Nachbereitung* die am Training hinterlegten Qualifikationen mit den entsprechenden Ausprägungen auf die Teilnehmer übertragen. Dies muss zuvor im Customizing unter VERANSTALTUNGSMANAGEMENT • SAP LEARNING SOLUTION • TRAININGSMANAGEMENT • WIEDERKEHRENDE ARBEITEN • NACHBEREITUNG eingestellt werden (siehe Abbildung 10.14). Hier wird festgelegt, welche Aktionen beim Nachbereiten einer Veranstaltung durchgeführt werden. Die Einstellungen werden abhängig vom Teilnehmertyp (Organisationseinheit, Person, externe Person etc.) vorgenommen.

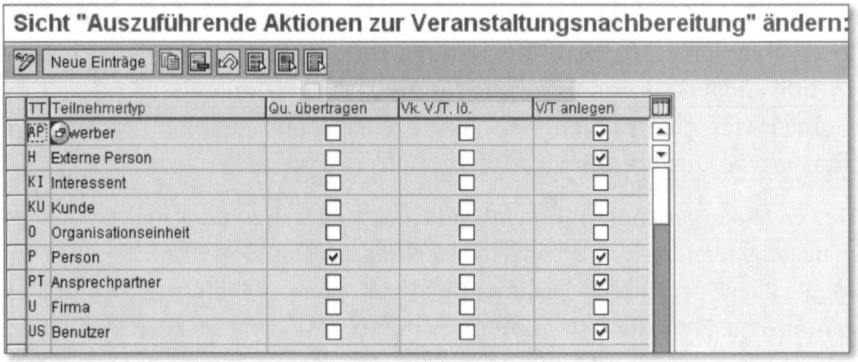

TT	Teilnehmertyp	Qu. übertragen	Vk. V./T. lö.	V/T anlegen
AP	Bewerber	☐	☐	☑
H	Externe Person	☐	☐	☑
KI	Interessent	☐	☐	☐
KU	Kunde	☐	☐	☐
O	Organisationseinheit	☐	☐	☐
P	Person	☑	☐	☑
PT	Ansprechpartner	☐	☐	☑
U	Firma	☐	☐	☐
US	Benutzer	☐	☐	☑

Abbildung 10.14 Aktionen der Nachbereitung

Die entscheidende Spalte für die Übertragung der Qualifikationen ist im Standard nur für den Teilnehmertyp »Person« aktiv. Übertragungen für weitere Teilnehmertypen nehmen Sie entsprechend in dieser Tabelle vor. Die Übertragung der Qualifikationen erfolgt über das Anlegen von Verknüpfungen zwischen der Person und den Qualifikationen. Der Infotyp 0024 (Qualifikationen) dient dabei lediglich zur Anzeige und zur Pflege dieser Verknüpfungen; diese Daten sind folglich nicht im Infotyp 0024 gespeichert. Voraussetzung für die Nutzung der Übertragung der Qualifikationen ist die Aktivierung des integrierten Infotyps 0024 (T77S0-Schalter PLOGI QUALI). Es werden alle Qualifikationen übertragen, die über die Verknüpfung A 028 (Vermittelt) zwischen Trainingstypen und Qualifikationen angelegt sind (siehe Abbildung 10.15) und deren Ausprägungen der Nachbereitung mitgegeben werden.

Bei einem Profilabgleich in der Komponente *Skillmanagement* (siehe Kapitel 8, »Skillmanagement«), der bei einem Mitarbeiter Lücken zwischen den geforderten Qualifikationen (z.B. einer Planstelle) und seinen vorhandenen Qualifikationen aufzeigt, kann das System automatisch Vorschläge für Weiterbildungsveranstaltungen erzeugen. Dies erfolgt ebenfalls auf der Basis der zu vermittelnden Qualifikationen, wie sie im Veranstaltungsmanagement hinterlegt werden (siehe benötigte Verknüpfung in Abbildung 10.15). Für die Learning Solution gibt es die Möglichkeit, Trainingstypen mit einer Stelle oder Planstelle mit der Verknüpfung »benötigt« zu verbinden. In der Learning Solution werden diese dann als »zu besuchen« angezeigt.

Konzeption des Veranstaltungsmanagements in SAP ERP HCM | 10.3

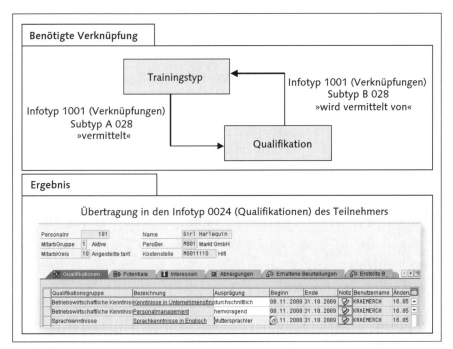

Abbildung 10.15 Qualifikationsübertragung eines besuchten Trainings auf Teilnehmer

Kostenrechnung

Die Integration zwischen der Kostenrechnung (CO) und dem Veranstaltungsmanagement ermöglicht es, Trainingskosten und Kosten von Referententätigkeiten über das Veranstaltungsmanagement intern zu verrechnen. Die Teilnahmegebühren werden also auf die Kostenstellen der Teilnehmer gebucht, und die Kostenstelle des Kostenträgers wird damit entlastet. Bei der Leistungsverrechnung der Referententätigkeit hingegen wird die Kostenstelle des Kostenträgers belastet und die Kostenstelle des internen Referenten entlastet.

Über die Customizing-Aktivität VERANSTALTUNGSMANAGEMENT SAP LEARNING SOLUTION • TRAININGSMANAGEMENT • INTEGRATION • AB- UND VERRECHNUNG • LEISTUNGSVERRECHNUNG • WIZARD wird der Benutzer durch alle relevanten Einstellungen zur Aktivierung der Integration zur Kostenrechnung geführt:

▶ **Nutzung der Leistungsverrechnung**
Hier ist lediglich JA oder NEIN anzukreuzen.

- **Definieren des Nummernkreises**
  Für die Interne Leistungsverrechnung muss ein Nummernkreisintervall im Veranstaltungsmanagement für die Referenzbelege angelegt werden.

  Über die Referenzbelegnummer kann im Controlling der Originalbeleg zu diesem Vorgang gefunden werden. Der Nummernkreis für die HCMTEM-Referenzbelege (Human Capital Management Training & Event Management) gilt nicht nur für die interne Leistungsverrechnung, sondern auch für die Fakturierung, die Kostenumbuchung und für die Materialbestellung im Veranstaltungsmanagement.

- **Auswahl des Kostenrechnungskreises**
  Die interne Leistungsverrechnung muss innerhalb eines Kostenrechnungskreises durchgeführt werden, da alle innerbetrieblichen Verrechnungen sich nur auf Kontierungsobjekte desselben Kostenrechnungskreises beziehen.

- **Auswahl der Kostenstelle**
  Über einen bestimmten Auswertungsweg kann die Kostenstelle des Kostenträgers bestimmt werden, die sowohl bei der internen Leistungsverrechnung als auch bei der Kostenumbuchung verwendet wird. Standardmäßig wird die Kostenstelle des Veranstalters selektiert. Dies kann z.B. eine Organisationseinheit sein. Wird mittels des Auswertungswegs keine Kostenstelle gefunden, so wird die hier hinterlegte Kostenstelle verwendet.

- **Definieren der Kostenart**
  Kostenarten dokumentieren, welche Kosten in welcher Höhe innerhalb einer Abrechnungsperiode angefallen sind. Zur Erfassung der Kosten bei der Leistungsverrechnung muss bei der Leistungsart eine sekundäre Kostenart hinterlegt sein. Es ist zu prüfen, ob eine geeignete Kostenart vorhanden ist. Der Kostenart muss ein entsprechender Kostenartentyp zugewiesen werden. Als Voraussetzung für die interne Leistungsverrechnung muss immer der Kostenartentyp 43 gepflegt sein (siehe Abbildung 10.16).

- **Definieren der Leistungsart**
  Die interne Leistungsverrechnung verwendet zur Verrechnung Leistungsarten. Über den anzugebenden Auswertungsweg kann die Leistungsart für Teilnehmer und Referenten bestimmt werden. Wird mittels des Auswertungswegs keine Leistungsart gefunden, werden die hier hinterlegten Leistungsarten verwendet. Im Veranstaltungsmanagement genügt die Planung des Tarifs der Sender-Kostenstelle mit der Leistungsart. Die Leistungsart legt die Leistungseinheit fest, in der die erbrachten Mengen erfasst werden, und den Tarif, mit dem die Leistungsmengen bewertet werden.

Konzeption des Veranstaltungsmanagements in SAP ERP HCM | 10.3

KoRech	Kostenart	Bezeichnung	Langtext
1000	6200		
1000	611000	DILV Fert.Vorbereit.	Dir.Leistungsver. Fertig
1000	612000	DILV Verwaltung	DILV Verwaltung
1000	613000	DILV Ruesten	Direkte. Leistungsverr.
1000	614000	DILV Interne Transp.	Dir.Leistungsverr. inter
1000	614500	Interne Fahrdienste	Interne Fahrdienste
1000	615000	DILV Reparaturen	Direkte Leistungsverr. I
1000	615500	DILV Qualität	DILV Qualität

Abbildung 10.16 Kostenarten zur Leistungsverrechnung

> **Leistungsartentyp**
>
> Der Leistungsartentyp für Leistungsarten des Veranstaltungsmanagements muss immer auf »1« gesetzt sein.

Beachten Sie, dass der hier angegebene Auswertungsweg auch für die Fakturierung verwendet wird, da die fakturarelevanten Daten ebenfalls im Infotyp 1037 (Info Faktura/Verrechnung) hinterlegt sind (siehe Abschnitt 10.4.1, »Aufbau des Schulungskatalogs«). Je nachdem, ob Sie das Veranstaltungsmanagement oder die LSO verwenden, müssen Sie hier unterschiedliche Auswertungswege zur Definition der Leistungsart verwenden (siehe Abbildung 10.17). Das Veranstaltungsmanagement verwendet im Standard den Auswertungsweg FLWAY, der die Verknüpfung zwischen E (Training) und O (Organisationseinheit) aufzeigt. Die LSO verwendet den Auswertungsweg LSOFLWAY, der zusätzlich den Objekttyp ET (E-Training) verwendet.

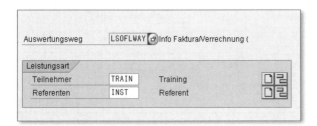

Abbildung 10.17 Definition der Leistungsartenermittlung

Neben der internen Leistungsverrechnung sind auch Kostenumbuchungen möglich. Mit der Kostenumbuchung können Sie die Kosten einer Veranstaltung ermitteln und an die Kostenrechnung übertragen. Die ermittelten Kosten basieren auf den Kostenbestandteilen, die dem Trainingstyp bzw. dem

Training und den Ressourcentypen bzw. den Ressourcen zugeordnet sind. Bei der Kostenumbuchung werden die Kostenstellen der Ressourcen entlastet, und die Kostenstelle des Veranstalters (Kostenträger des Trainings) wird belastet.

Manche Einstellungen zur Kostenumbuchung überschneiden sich mit denen der internen Leistungsverrechnung. Im Folgenden werden wir daher nur noch auf die Besonderheiten der Kostenumbuchung eingehen.

Die Einstellungen zur Umbuchung werden ebenfalls über einen Wizard eingestellt, der sich unter VERANSTALTUNGSMANAGEMENT • SAP LEARNING SOLUTION • TRAININGSMANAGEMENT • INTEGRATION • AB- UND VERRECHNUNG • KOSTENUMBUCHUNG • WIZARD befindet. Das Anlegen der Kostenbestandteile wird wie folgt vorgenommen (siehe Abbildung 10.18).

Die Trainingskosten werden über Kostenbestandteile ermittelt und anhand der Kostenart, die in den Kostenbestandteilen hinterlegt ist, an die Kostenrechnung übertragen. Als Voraussetzung für die Kostenübertragung müssen die Kostenbestandteile als umbuchungsrelevant definiert sein und einer primären Kostenart zugeordnet werden.

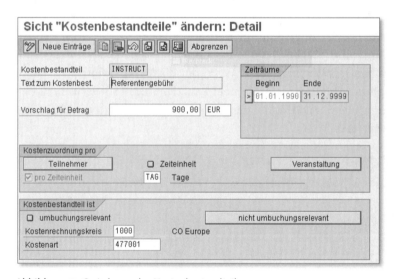

Abbildung 10.18 Anlegen der Kostenbestandteile

Workflow

Insbesondere in der SAP Learning Solution ist es sinnvoll, über den Einsatz von Workflows nachzudenken. Bereits die Abbildung eines Genehmigungsprozesses innerhalb des Systems kann zu einer Entlastung der Fachabteilung führen, da der Genehmigungsprozess so lange zwischen den betroffenen Abteilungen im Unternehmen durchlaufen wird, bis er zu einem Ergebnis führt. Aber auch die Kommunikation zwischen den Teilnehmern und der Bildungsabteilung, z.B. bei Stornierungen oder Umbuchungen, kann durch den Einsatz von Workflow erheblich verbessert werden. Die technischen Voraussetzungen, um einen Workflow für das SAP ERP HCM-Trainingsmanagement starten zu können, sind dem Kapitel 5, »SAP Business Workflow«, zu entnehmen. Im Einzelnen werden im Standard folgende Workflows angeboten:

Workflow »Fehlerbehandlung Korrespondenz«

Mit dem Workflow *Fehlerbehandlung Korrespondenz* (ERROR PD-SCM) können Sachbearbeiter davon in Kenntnis gesetzt werden, dass die automatische Ausgabe von Korrespondenz nicht fehlerfrei verlaufen ist. Der zuständige Sachbearbeiter erhält die entsprechende Meldung in seinem Workflow-Eingang und kann anschließend die nicht ausgegebenen Mitteilungen manuell ausgeben. In der Tabelle T77S0 muss der Schalter WORKF ACTIV aktiviert sein (Wert »X«).

Der Workflow wird gestartet, wenn eines der folgenden Probleme auftritt:

- fehlende Berechtigung
- fehlende Parameter (Planvariante, Mitteilungskürzel etc.)
- fehlendes Formular
- Formular nicht erlaubt für Benutzer (Benutzergruppe)
- fehlerhafter Empfänger
- fehlende Adresse/Name des Ausgabemediums
- fehlende Daten obligatorischer Textvariablen

Workflow »Genehmigung Teilnahme eines Mitarbeiters«

Mit dem Workflow *Genehmigung Teilnahme eines Mitarbeiters* kann eine Teilnahme, die ein Mitarbeiter nicht selbst buchen darf, genehmigt und gebucht werden. Für die LSO wird hierbei der Workflow 12000003 (LSO_APPROVE1) als Muster ausgeliefert. Die technischen Voraussetzungen, um einen Workflow starten zu können, entnehmen Sie bitte dem Kapitel 5, »SAP Business Workflow«.

Ausgelöst wird dieser Workflow, abhängig von der Systemeinstellung, immer dann, wenn ein Mitarbeiter, der keine Berechtigung zum Buchen hat, über die LSO versucht, seine Teilnahme zu buchen. Sie können aber auch definieren, dass jede Buchung den Workflow auslöst. Die dann folgenden, standardmäßigen Workflow-Schritte zeigen wir nachfolgend auf.

Beim Buchen wird anhand der Einstellungen im Customizing ermittelt, ob ein Workflow ausgelöst werden soll (siehe weiter unten in diesem Abschnitt). Wenn ein Workflow ausgelöst wird, dann wird zuerst die gewünschte Teilnahme für terminabhängige Trainings gebucht. Anschließend erhält der Vorgesetzte des Teilnehmers im SAP Business Workplace ein Workitem in die Inbox. Dieses Workitem enthält alle für die Entscheidung durch den Vorgesetzten benötigten Daten, wie beispielsweise den Preis, den Termin und den Trainingsort.

Wenn der Vorgesetzte das Workitem bearbeitet, entscheidet er über die Trainingsteilnahme. Er hat die Möglichkeit, die Teilnahme zu genehmigen oder abzulehnen. Wird die Teilnahme genehmigt, bleibt der Trainingsteilnehmer gebucht. Wird die Teilnahme abgelehnt, so wird die existierende Teilnahme storniert. Als Stornogrund wird der im Schalter HRLSO WFSTO (Tabelle T77SO) angegebene Wert verwendet. Bei terminunabhängigen Trainings wie dem webbasierten Training (WBT) wird erst nach der Genehmigung durch den Vorgesetzten gebucht. Eine Buchung vor der Genehmigung ist nicht sinnvoll.

Als Buchungspriorität verwendet das System den im Schalter SEMIN INPRI (Tabelle T77SO) angegebenen Wert. Sie können Buchungen auf ein Curriculum erst dann durchführen, wenn das Buchen auf allen Trainings im Curriculum möglich ist. Buchungen auf eine Warteliste sind für ein Curriculum nicht zugelassen. Alle Elemente eines Curriculums werden wie terminabhängige Trainings bereits beim Start des Workflows gebucht; die Genehmigung erfolgt anschließend.

Die Einstellungen zum Genehmigungs-Workflow für das Buchen und das Stornieren nehmen Sie in der Tabelle LSOWF_CUSTOMIZE vor (oder im Customizing unter VERANSTALTUNGSMANAGEMENT • SAP LEARNING SOLUTION • TRAININGSMANAGEMENT • TAGESGESCHÄFT • GENEHMIGUNGSWORKFLOW • TRAININGSFORMABHÄNGIGE WORKFLOWEINSTELLUNGEN FESTLEGEN). Dort können Sie eintragen, für welche Trainingsform und welchen Lernertyp (z.B. Bewerber, Person, Externe Person) der Workflow durchlaufen werden soll. Im Einzelnen nehmen Sie folgende Einstellungen für den Workflow vor (siehe Abbildung 10.19):

- **Trainingsform**
  Das Kennzeichen gibt die Trainingsform an, für die eine Workflow-Einstellung definiert werden soll.

- **Vorgangsart**
  Das Kennzeichen legt fest, ob sich die Einstellung auf die Buchung oder auf die Stornierung von Teilnahmen beziehen soll.

- **Lernertyp**
  Das Kennzeichen gibt den Lernertyp an, für den eine Workflow-Einstellung definiert werden soll. Wenn die Einstellung für alle Lernertypen gelten soll, dann geben Sie »*« an.

- **Aufgabe**
  Sie tragen den verwendeten Workflow mit seiner Objekt-ID ein. SAP Learning Solution benötigt dieses Kennzeichen, um zur Laufzeit bereits laufende Workflows zu ermitteln.

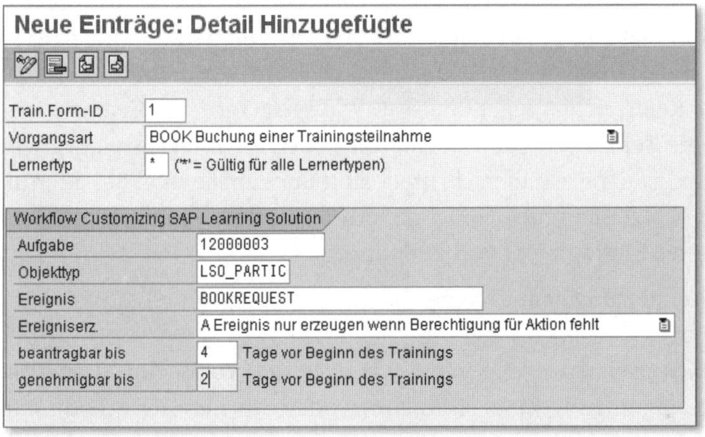

Abbildung 10.19 Einstellungen zum Genehmigungs-Workflow

- **Objekttyp**
  Sie wählen den Objekttyp (das Business Object) aus, zu dem beim Beantragen einer Teilnahmebuchung bzw. -stornierung ein Ereignis erzeugt werden soll. Wenn Sie ein anderes Business Object als das Standardobjekt LSO_PARTIC angeben möchten, dann stellen Sie sicher, dass dieses Objekt die gleichen Schlüsselfelder wie das Standardobjekt hat.

- **Ereignis**
  Sie geben in Abhängigkeit vom Business Object an, welches Ereignis erzeugt werden soll, um Workflows zu starten. Wenn Sie andere Ereignisse als die Standardereignisse BOOKREQUEST und CANCELREQUEST angeben möchten, dann stellen Sie sicher, dass diese Ereignisse genau die gleichen Parameter wie die Standardereignisse haben.

- **Art der Ereigniserzeugung**
  Mit diesem Kennzeichen legen Sie fest, wie SAP Learning Solution reagieren soll, wenn ein Lerner im Lernportal eine Teilnahme bucht oder storniert. Folgende Einträge sind hier möglich:
  - **D** – Bewirkt eine direkte Buchung oder Stornierung, ohne dass ein Ereignis erzeugt wird. Das hat zur Folge, dass lediglich das Feld AKTION IST BEANTRAGBAR BIS N TAGE VOR BEGINN DES TRAININGS (REQUEST_PERIOD) zur Laufzeit ausgewertet wird.
  - **E** – Bewirkt, dass prinzipiell das angegebene Ereignis erzeugt wird.
  - **A** – Bei diesem Eintrag wird zunächst eine direkte Buchung oder Stornierung versucht. Fehlt dem Lerner die Berechtigung zum Ausführen, so wird ein Ereignis erzeugt.

- **Buchung/Stornierung beantragbar bis N Tage vor Beginn (REQUEST_PERIOD)**
  Über dieses Kennzeichen legen Sie fest, wie viele Tage vor Beginn eines Trainings eine Teilnahme oder Stornierung noch beantragt bzw. gebucht werden kann. Ist die Frist überschritten, sind Buchungen oder Stornierungen im Lernportal nicht mehr möglich. Für terminlose Trainings (z.B. ein WBT) ist dieser Eintrag nicht von Bedeutung.

- **Buchung/Stornierung genehmigbar bis N Tage vor Beginn (APPROVAL_PERIOD)**
  Über diese Kennzeichen legen Sie fest, wie viele Tage vor Beginn eines Trainings die Genehmigung einer Teilnahme oder Stornierung erfolgt sein muss. Wird diese Frist in den Standard-Workflows überschritten, so gilt die Teilnahme oder Stornierung automatisch als genehmigt. Für terminunabhängige Trainings (z.B. WBT) ist dieser Eintrag nicht von Bedeutung. Wenn Sie Standard-Workflows verwenden, so empfehlen wir, das Kennzeichen REQUEST_PERIOD größer als das Kennzeichen APPROVAL_PERIOD zu wählen; andernfalls kann es vorkommen, dass beantragte Teilnahmen oder Stornierungen automatisch als genehmigt gelten und die Genehmigung unwirksam wird. Für den Vorgesetzten des Mitarbeiters wird durch diesen Workflow ein sogenanntes *Workitem* erzeugt, über das die Teilnahme an der Veranstaltung genehmigt werden kann. Der Vorgesetzte hat die Möglichkeit, die Teilnahme zu genehmigen oder abzulehnen:
  - *Grundeinstellungen*
    Genehmigt der Vorgesetzte die Teilnahme, wird diese automatisch gebucht. Anschließend prüft das System, ob die Buchung erfolgreich war. War sie erfolgreich, wird der Mitarbeiter automatisch per E-Mail darüber informiert, dass die Teilnahme gebucht wurde. Ist hingegen

bei der Buchung ein Fehler aufgetreten, wird für den zuständigen Sachbearbeiter ein Workitem generiert, von dem aus er die Teilnahme manuell buchen kann.

- *Aktivitäten des Genehmigers*
  Lehnt der Vorgesetzte die Teilnahme ab, wird der Mitarbeiter per E-Mail darüber informiert, dass die Teilnahme nicht genehmigt wurde.

- *Aktivität »Stornieren«*
  Die Stornierung einer Buchung im Workflow »Teilnahmestornierung Mitarbeiter« läuft analog zur Genehmigung einer Buchung ab. Des Weiteren kann der Genehmigungs-Workflow für die Buchung durch das Anstoßen des Genehmigungs-Workflows für die Stornierung gestoppt werden.

Workflow »Teilnahmestornierung Mitarbeiter«
Ausgelöst wird dieser Workflow, indem ein Lerner über das Lernportal seine Trainingsteilnahme stornieren möchte. Folgende Workflow-Schritte sind im Standard-Workflow der SAP Learning Solution vorgesehen:

Beim Stornieren wird anhand der Einstellungen im Customizing ermittelt, ob die Stornierung genehmigungspflichtig ist und ob ein Workflow ausgelöst werden soll. Wenn ein Workflow ausgelöst wird, dann erhält der Vorgesetzte des Lerners im SAP Business Workplace ein Workitem in die Inbox. Der Inhalt der Inbox ist im Managerbereich des Lernportals der Learning Solution verfügbar (sehen Sie hier die Ausführungen ab Abschnitt 10.7.2, »Leistungsmerkmale«) oder kann an ein Standard-Mailsystem versendet werden (z.B. MS Outlook oder Lotus Notes). Dieses Workitem enthält alle für die Entscheidung durch den Vorgesetzten benötigten Daten, z.B. die Stornogebühr, den Termin und den Trainingsort. Wenn der Vorgesetzte das Workitem bearbeitet, entscheidet er über die Stornierung. Er hat die Möglichkeit, die Stornierung zu genehmigen oder abzulehnen. Genehmigt der Vorgesetzte die Stornierung, so wird die Teilnahme storniert. Der Stornogrund hierfür wird dabei vorgeschlagen. Er kann folgendermaßen erzeugt werden: Sie können einen kundenspezifischen Stornogrund mit dem BAdI LSO_CANCELREASONS_C vorgegeben. Wählen Sie dafür im Customizing den Pfad VERANSTALTUNGSMANAGEMENT • SAP LEARNING SOLUTION • TRAININGSMANAGEMENT • TAGESGESCHÄFT • GENEHMIGUNGSWORKFLOW • STORNOGRUND FÜR ABGELEHNTE TEILNAHME FESTLEGEN. Wenn der gesuchte Stornogrund nicht vorhanden ist, verwendet das System den im Schalter HRLSO WFSTO (Tabelle T77SO) angegebenen Wert. Wenn auch dieser Stornogrund nicht vorhanden ist, dann verwendet das System den im Schalter SEMIN CCDEL (Tabelle T77S0) angegebenen Wert. Wird die Stornierung abgelehnt, so bleibt die Teilnahme gebucht.

Terminkalender

Der letzte Integrationsaspekt ist die Integration des Veranstaltungsmanagements mit dem Terminkalender, der sich im SAP-Menü unter BÜRO • TERMINKALENDER • EIGENER befindet. Über den Customizing-Pfad VERANSTALTUNGSMANAGEMENT • INTEGRATION • TERMINKALENDER • INTEGRATION JA ODER NEIN? wird die Integration aktiviert. Durch das Eingeben einer »1« in das Feld WERT KÜRZ. für die Gruppe PLOGI und das semantische Kürzel APPNT wird die Integration angeschaltet. Damit entsprechende Termine angelegt werden können, müssen die Terminarten für Referententätigkeiten und Teilnahmen zunächst über die Customizing-Aktivität SAP NETWEAVER • APPLICATION SERVER • BASIS-SERVICES • GENERIC BUSINESS TOOLS • TERMINKALENDER • TERMINARTEN PFLEGEN angelegt werden.

Abbildung 10.20 Terminart »Schulungsteilnahme« definieren

Bei der Definition der Terminarten ist der Kundennamensraum Y* oder Z* zu beachten. Es kann festgelegt werden, dass beim Anlegen eines Termins ein Titel anzugeben ist. Des Weiteren können sowohl für den Gebrauch des Terminkalenders innerhalb als auch außerhalb des Systems, das heißt im Portal,

Konzeption des Veranstaltungsmanagements in SAP ERP HCM | 10.3

Aktionen festgelegt werden, die der Benutzer nicht ausführen darf (siehe Abbildung 10.20).

Anschließend ordnen Sie über VERANSTALTUNGSMANAGEMENT • INTEGRATION • TERMINKALENDER • TERMINARTEN FESTLEGEN den Teilnahmen und Referententätigkeiten die entsprechenden Terminarten zu (siehe Abbildung 10.21).

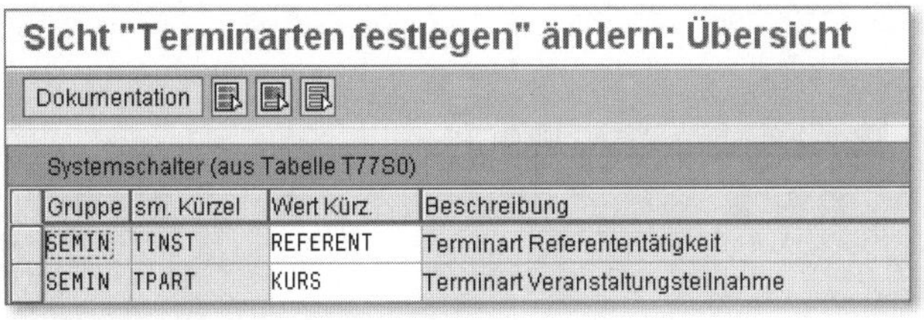

Sicht "Terminarten festlegen" ändern: Übersicht

Gruppe	sm. Kürzel	Wert Kürz.	Beschreibung
SEMIN	TINST	REFERENT	Terminart Referententätigkeit
SEMIN	TPART	KURS	Terminart Veranstaltungsteilnahme

Abbildung 10.21 Zuordnung der Terminarten

Damit das System dem gebuchten Teilnehmer (meist eine Person aus den Personalstammdaten) auch den SAP- oder ESS-Benutzer zuordnen kann, um seinen Terminkalender zu ergänzen, ist es notwendig, zwischen den Personalstammdaten und dem Benutzer eine Verbindung herzustellen. Dies geschieht über den Infotyp 0105 (Kommunikation) in den Stammdaten (siehe Abbildung 10.22).

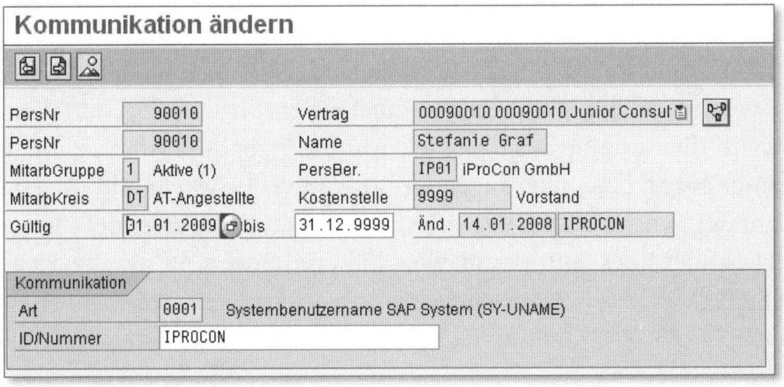

Kommunikation ändern

PersNr	90010	Vertrag	00009010 00009010 Junior Consul
PersNr	90010	Name	Stefanie Graf
MitarbGruppe	1 Aktive (1)	PersBer.	IP01 iProCon GmbH
MitarbKreis	DT AT-Angestellte	Kostenstelle	9999 Vorstand
Gültig	01.01.2009 bis 31.12.9999	Änd.	14.01.2008 IPROCON

Kommunikation

Art	0001	Systembenutzername SAP System (SY-UNAME)
ID/Nummer	IPROCON	

Abbildung 10.22 Infotyp 0105 (Kommunikation)

Sind alle Voraussetzungen erfüllt, kann das System bei der Buchung eines Teilnehmers oder Referenten den entsprechenden Termin in dessen persönlichen Terminkalender eintragen (siehe Abbildung 10.23). Wird die Schulung storniert, verschwindet der zuvor automatisch eingetragene Termin wieder aus dem Terminkalender.

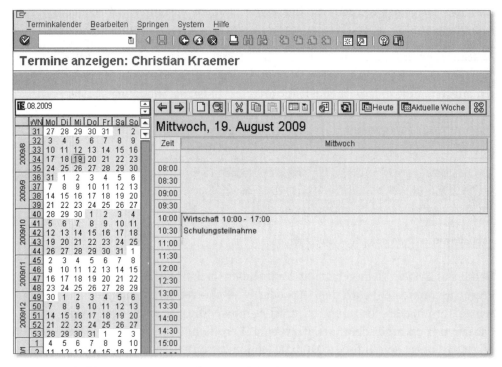

Abbildung 10.23 Automatischer Terminkalendereintrag

Da die Praxis jedoch gezeigt hat, dass die Unternehmen in der Regel das SAP-Mailingsystem und damit den SAP-Terminkalender *nicht* als Standard-Mailsystem verwenden, ist der Einsatz der automatischen Terminpflege nur dann sinnvoll, wenn die Termine aus SAP gleich in die eigentlich genutzte Mail-Software eingetragen bzw. übertragen werden. Im SAP-System gibt es zwar die Möglichkeit, Synchronisationen z.B. zum MS Outlook-Kalender zu implementieren, allerdings mit einem weit höheren Aufwand als die reine Lösung in SAP.

10.4 Umsetzung in SAP ERP HCM

Nachfolgend erläutern wir Ihnen das Veranstaltungsmanagement zunächst aus Benutzersicht und dann in einzelnen Abschnitten das dahinter liegende Customizing.

10.4.1 Aufbau des Schulungskatalogs

Bevor der Schulungskatalog im System aufgebaut werden kann, müssen Sie die Struktur der Schulungen im Unternehmen planen. Die gegebenen Objekte, die zur Strukturierung des Schulungskatalogs herangezogen werden können (Trainingsgruppen und -typen), sollten in der Regel ausreichend sein, zumal mehrere Trainingsgruppen auch untereinander nochmals gruppiert werden können.

Der Schulungskatalog wird über den Stammdatenkatalog des SAP-Veranstaltungsmanagements gepflegt. Dieser befindet sich im SAP-Menü unter PERSONAL • SAP LEARNING SOLUTION • EINSTELLUNGEN • LAUFENDE EINSTELLUNGEN • STAMMDATENKATALOG (ABBILDUNG 10.24). Um den Aufbau des Schulungskataloges zu verstehen, müssen Sie die Begriffe *Objekttypen*, *Verknüpfungen* und *Infotypen* kennen – Kapitel 2, »Organisationsmanagement«, gibt hierzu ausführliche Informationen.

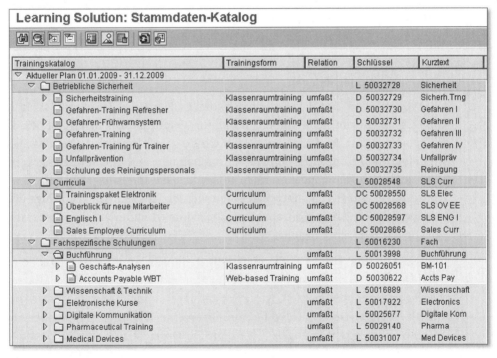

Abbildung 10.24 Stammdatenkatalog

Falls im Schulungskatalog eine große Anzahl an Trainingsgruppen und -typen angelegt werden muss, kann es zu einer schlechten Performance beim Aufruf der dynamischen Menüs kommen, da diese immer direkt die oberste

Ebene anzeigen. Um die Performance an dieser Stelle zu verbessern, können Sie alle Trainingsgruppen auf der obersten Ebene mit einer virtuellen Trainingsgruppe verknüpfen.

Über die Customizing-Aktivität VERANSTALTUNGSMANAGEMENT • SAP LEARNING SOLUTION • TRAININGSMANAGEMENT • GRUNDEINSTELLUNGEN • DIALOGSTEUERUNG • TECHNISCHE EINSTELLUNGEN • DYNAMISCHE MENÜS gelangen Sie in die Tabelle T77S0, in der über einen Schalter die ID der eigens dafür anzulegenden virtuellen Trainingsgruppe angegeben wird. Diese Trainingsgruppe wird in der Veranstaltungshierarchie der dynamischen Menüs nicht angezeigt.

Anschließend sind alle Trainingsgruppen und -typen der obersten Ebene über die Verknüpfung B003 »gehört zu« mit besagter Trainingsgruppe zu verknüpfen. Wird diese Verknüpfung nicht angelegt, sind die unverknüpften Trainingsgruppen und -typen in der Hierarchie nicht sichtbar. Wird die virtuelle Trainingsgruppe verwendet, so wird deren ID immer als Vorschlagswert beim Anlegen neuer Trainingsgruppen und -typen für die Verknüpfung »gehört zu« automatisch herangezogen.

Trainingsgruppen anlegen

Ausgehend von der Planvariante »Aktueller Plan« werden zunächst Trainingsgruppen angelegt. Immer wenn im Veranstaltungsmanagement aus einem dynamischen Menü heraus ein Objekt angelegt wird, startet das System im Hintergrund eine *Maßnahme*. Maßnahmen sind Zusammenfassungen von logisch zusammengehörenden Infotypen, die in einer genau festgelegten Abfolge zur Bearbeitung angeboten werden. Als Beispiel dient hier das Anlegen einer Trainingsgruppe. Standardmäßig ist hinterlegt, dass dabei die Maßnahme »L« durchgeführt wird.

Die in Abbildung 10.25 aufgezeigten Einstellungen sorgen dafür, dass beim Anlegen einer Trainingsgruppe aus dem Stammdatenkatalog Infotypen zum Anlegen angeboten werden. Diese Einstellungen können angepasst werden, falls z. B. ein weiterer Infotyp beim Anlegen einer Trainingsgruppe oder bei einem anderen Objekt angelegt werden soll. Dabei ist zu beachten, dass der Infotyp 1000 (Objekt) in einer Maßnahme immer als Erstes vorhanden sein muss.

Beim Anlegen von Objekten aus dem Stammdatenkatalog ist es wichtig zu wissen, dass ihr Beginndatum automatisch auf das für die Planvariante gewählte Beginndatum gesetzt wird. Als Enddatum wird immer der

31.12.9999 vorbelegt. Standardmäßig ist neben dem Infotyp 1000 (Objekt) auch die verbale Beschreibung (Infotyp 1002) vorgesehen, die auch in der LSO zur Trainingsgruppe abgerufen werden kann. Dort sollte eine kurze Beschreibung der unter der Trainingsgruppe enthaltenen Trainingstypen gegeben werden, die dem Teilnehmer später das Suchen nach einer Veranstaltung erleichtert. Der Infotyp 1001 (Verknüpfungen) wird in der Regel automatisch vom System gefüllt. Sobald also unterhalb einer Trainingsgruppe z. B. ein Trainingstyp angelegt wird, legt das System die Verknüpfung B 0003 (Umfasst) an.

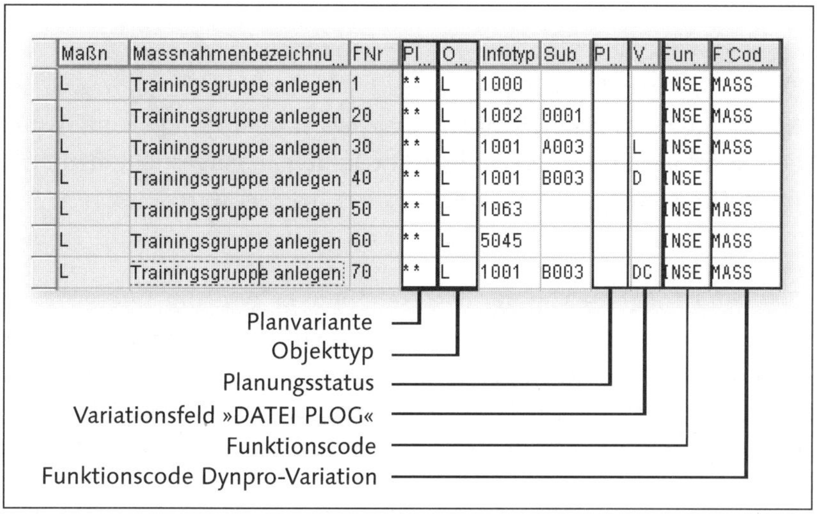

Maßn	Massnahmenbezeichnu	FNr	Pl	O	Infotyp	Sub	Pl	V	Fun	F.Cod
L	Trainingsgruppe anlegen	1	**	L	1000				INSE	MASS
L	Trainingsgruppe anlegen	20	**	L	1002	0001			INSE	MASS
L	Trainingsgruppe anlegen	30	**	L	1001	A003	L		INSE	MASS
L	Trainingsgruppe anlegen	40	**	L	1001	B003		D	INSE	
L	Trainingsgruppe anlegen	50	**	L	1063				INSE	MASS
L	Trainingsgruppe anlegen	60	**	L	5045				INSE	MASS
L	Trainingsgruppe anlegen	70	**	L	1001	B003		DC	INSE	MASS

Planvariante
Objekttyp
Planungsstatus
Variationsfeld »DATEI PLOG«
Funktionscode
Funktionscode Dynpro-Variation

Abbildung 10.25 Maßnahme »Trainingsgruppe anlegen«

Wie bereits erwähnt, können Sie den Schulungskatalog und damit auch das gesamte Trainingsangebot Benutzern über die LSO zur Verfügung stellen. Falls dies für eine Trainingsgruppe gewünscht ist, muss das Kennzeichen THEMENBEREICH im Infotyp 1063 (Info Trainingsgruppe) angekreuzt sein. Zur weiteren Detaillierung der Trainingsgruppen müssen Trainingstypen angelegt werden, denn nur unterhalb von Trainingstypen können später konkrete Trainings angelegt werden.

Trainingstypen anlegen

Zum Anlegen von Trainingstypen klicken Sie über das Kontextmenü ausgehend von einer Trainingsgruppe den Eintrag ANLEGEN STUFE TIEFER an. Wählen Sie dann aus, ob Sie eine Trainingsgruppe oder einen Trainingstyp anlegen möchten. Auf diese Weise kann das gesamte Angebot an Schulungen hinterlegt werden. Die Standardmaßnahme für das Anlegen eines Trainingstyps sieht die im Folgenden aufgezeigten Infotypen vor (falls nicht bereits erläutert, werden die Infotypen und ihre Besonderheiten im Folgenden vorgestellt). Wenn nicht die Möglichkeit genutzt wurde, einen bereits vorhandenen Trainingstyp als Vorlage zu verwenden, werden die Infotypen zunächst alle leer sein. Beachten Sie, dass alle Informationen, die bereits am Trainingstyp angegeben wurden, beim Anlegen einer Veranstaltung als Vorschlagswerte übernommen werden, was das Anlegen von Veranstaltungen erleichtert. Die nachfolgenden Beschreibungen der Infotypen beziehen sich also auch auf das Anlegen von Veranstaltungen im dynamischen Trainingsmenü.

Ausgewählte Infotypen

Die Daten, die zum Trainingskatalog angelegt werden, sind in Infotypen abgelegt. Nachfolgend werden ausgewählte Infotypen vorgestellt, die in der Regel beim Definieren eines Trainingskatalogs angelegt werden.

Infotyp 1000 (Objekt)
Die Kurz- und Langbezeichnung des Trainingstyps wird im Infotyp 1000 (Objekt) hinterlegt. Sollte die Kurzbezeichnung nicht eindeutig sein, gibt das System eine entsprechende Meldung aus, die aber übergangen werden kann. Trotzdem sollten Sie die Kurzbezeichnung möglichst nicht zweimal vergeben, da diese Bezeichnungen in verschiedenen Listen und in der LSO angezeigt werden.

Infotyp 1002 (Verbale Beschreibung)
Die Pflege der verbalen Beschreibung ist besonders im Zusammenhang mit der Nutzung der LSO relevant, da die hier abgelegten Daten dem späteren LSO-Nutzer als Hilfe bei seiner Suche nach dem richtigen Training dienen können.

Infotyp 1042 (Dispositiver Ablauf)
Das beim Anlegen eines Trainingstypen zu hinterlegende Haupt-Ablaufmuster ist ein Subtyp des Infotyps 1042. Das Ablaufmuster beschreibt den zeitlichen Ablauf einer Veranstaltung, gibt also die Dauer in Tagen, das Beginndatum und die Uhrzeiten der täglichen Sitzungen an. Sie haben drei Möglichkeiten, den Ablauf zu hinterlegen.

1. **Ablauf mit Muster**
   Über das Customizing VERANSTALTUNGSMANAGEMENT • SAP LEARNING SOLUTION • TRAININGSMANAGEMENT • VERANSTALTUNGSVORBEREITUNG •

ZEITLICHEN ABLAUF DEFINIEREN müssen Sie zunächst einen Musterablauf erstellen. Dieser Musterablauf wird dann dem Trainingstypen zugeordnet und bestimmt damit seinen dispositiven Ablauf (siehe Abbildung 10.26). Zusätzlich können Sie noch ein Beginndatum auswählen. Ist das Feld MEHRERE TERMINE angekreuzt, kann bestimmt werden, in welchen Abständen der Kurs stattfindet. Dies kann z. B. genutzt werden, um Sprachkurse abzubilden, die über einen langen Zeitraum von z. B. einem Jahr in einem festen Abstand, beispielsweise einmal wöchentlich, stattfinden.

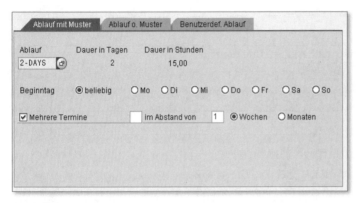

Abbildung 10.26 Ablauf mit Muster (Trainingstyp)

Nachfolgend erklären wir, wie sich ein solches Ablaufmuster zusammensetzt. Zunächst besteht ein Ablaufmuster aus einzelnen Tagesabläufen (siehe Abbildung 10.27). Die Anzahl der Tagesabläufe bestimmt die Anzahl der Tage innerhalb eines Ablaufs. Für jeden einzelnen Tagesablauf wiederum werden *Tagesabschnitte* definiert, innerhalb derer die täglichen Beginn- und Endzeiten festgelegt werden. Am besten wird dies an einem einfachen Beispiel klar: Über die Tagesnummer wird festgelegt, wie viele Tage der Ablauf umfasst (in Abbildung 10.27 sind es also zwei Tage). Hinter den zugeordneten Tagesabschnitten verbergen sich wiederum detaillierte Informationen zum zeitlichen Ablauf des Tages. Für den Ablauf »2-DAYS« wurde für den ersten Tag der Tagesabschnitt SPAET und für den zweiten Tag NORMAL definiert.

Betrachtet man die Tagesabschnitte SPAET und NORMAL im Detail (siehe Abbildung 10.28), so erkennt man, dass der erste Tag (SPAET) um 10:00 Uhr beginnt und um 17:00 Uhr endet. Der zweite Tag (NORMAL) beginnt um 09:00 Uhr und endet ebenfalls um 17:00. Es gibt die Möglichkeit, innerhalb eines Tagesabschnitts drei Beginn- und drei Enduhrzeiten anzugeben. Damit können im Voraus feste Pausenzeiten eingeplant werden.

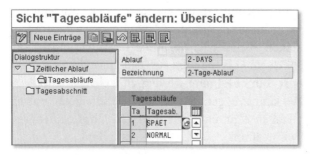

Abbildung 10.27 Tagesablauf »2-Days«

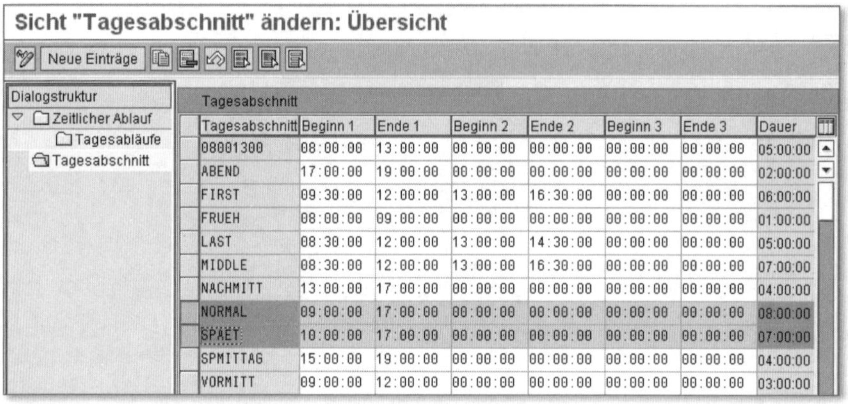

![Sicht "Tagesabschnitt" ändern: Übersicht]

Abbildung 10.28 Tagesabschnitte NORMAL und SPAET

2. **Ablauf ohne Muster**
   Hier werden lediglich die Dauer in Tagen und Stunden sowie der Beginn als Wochentag angegeben. Dieses Verfahren ist nicht für Veranstaltungen geeignet, die aus mehreren Terminen bestehen.

3. **Benutzerdefinierter Ablauf**
   Ähnlich wie bei der Erstellung eines Ablaufmusters können hier Tagestypen und Tagesabschnitte angegeben werden. Dies ist dann notwendig, wenn ein ungewöhnlicher Ablauf benötigt wird, für den es sich nicht lohnt, im Customizing ein Muster anzulegen.

Infotyp 1024 (Kapazität)
Anhand der Kapazität einer Veranstaltung legen Sie fest, wie viele Teilnehmer aufgenommen werden können. Um später ermitteln zu können, ob ein Kurs gegebenenfalls aufgrund mangelnder Teilnehmerzahl abgesagt werden soll, können Sie die minimale Kapazität eines Kurses angeben. Des Weiteren gibt es ein Feld für die optimale und die maximale Kapazität. Das Maximum an

Kapazität wird dazu genutzt, um zu erkennen, wann ein Kurs voll belegt ist. Das System schlägt dann eine Buchung auf die Warteliste einer Veranstaltung vor.

Abbildung 10.29 Benutzerdefinierter Ablauf

Infotyp 1021 (Preise)
Bei den Preisen kann sowohl ein interner als auch ein externer Preis angegeben werden. Dabei wird der interne Preis für die interne Leistungsverrechnung und der externe Preis für die Fakturierung genutzt. Über den Button VORSCHLAG kann ein Preis aufgrund folgender Informationen vorgeschlagen werden:

- Infotyp 1036 (Kosten)
  - Interne Währung
  - Kosten (Kostenbestandteile)
- Infotyp 1024 (Kapazität) (Wert im Feld OPTIMAL)
- Infotyp 1042 (Dispositiver Ablauf) (Anzahl Tag/Stunden)

Aufgrund der Kostenangabe schlägt das System dann einen entsprechenden Preis vor (siehe Abbildung 10.33). Voraussetzung dafür ist die Pflege der genannten Informationen.

Infotyp 1029 (Info Trainingstyp)
Über die Auswahl der Felder im Infotyp 1029 (Info Trainingstyp) wird unter anderem die weitere Behandlung des Trainingstyps in Bezug auf Marketing-Aktivitäten festgelegt, wie z.B. die Aufnahme des Trainingstyps in eine Broschüre. Des Weiteren können über diesen Infotyp Customizing-Einstellungen zur Integration der Zeitwirtschaft übersteuert werden. Im Einzelnen stehen folgende Felder zur Verfügung (siehe Abbildung 10.30):

- In Veranstaltungsbroschüre aufnehmen
  Ist dieses Feld angekreuzt, wird der Trainingstyp bei der Erstellung einer Broschüre zu den angebotenen Trainingstypen mit berücksichtigt.

- Keine Anzeige im Intranet
  Sollen der Trainingstyp und darunter angelegte Veranstaltungen den Mitarbeitern nicht in der LSO zur Buchung angeboten werden, so ist dieses Feld anzukreuzen.

- Kongress
  Handelt es sich bei einem Trainingstyp um eine Zusammensetzung von mehreren parallel stattfindenden Einzelveranstaltungen, so ist das Kennzeichen Kongress anzukreuzen. Weitere Informationen zur Abwicklung von Kongressen und mehrteiligen Veranstaltungen erhalten Sie weiter unten in diesem Abschnitt.

Abbildung 10.30 Infotyp »Info Trainingstyp«

Infotyp 1001 (Verknüpfungen)
Sowohl im Organisationsmanagement als auch im Veranstaltungsmanagement spielt der Infotyp 1001 (Verknüpfungen) eine wichtige Rolle bei der Erstellung von Strukturen, aber auch bei der Verknüpfung von Zusatzdaten mit einem Objekt bzw. bei der Verknüpfung von Objekten miteinander. Für Entwickler ist sicherlich die Information von Bedeutung, dass Zusatzinformationen zu Verknüpfungen in HRPADXX-Tabellen hinterlegt werden (XX steht hierbei für die Nummer der Verknüpfung). Die Zusatzinformationen zur Buchung eines Teilnehmers (z.B. die Priorität der Buchung) werden beispielsweise in der Tabelle HRPAD25 hinterlegt.

Einige ausgewählte Verknüpfungen und ihre Bedeutung für die Nutzung weiterer Funktionalitäten des Veranstaltungsmanagements werden nachfolgend erläutert. Wenn das Veranstaltungsmanagement zusammen mit der Verwaltung von Ressourcen genutzt werden soll, muss die Verknüpfung »Benötigt« zwischen dem Trainingstyp und einem oder mehreren Ressourcentypen angelegt werden. Dabei wird auch die Anzahl der benötigten Ressourcentypen angegeben. Über diese Verknüpfung lässt sich z. B. festlegen, dass ein Trainingstyp zwei Referenten benötigt. Der Bedarf lässt sich so weit verfeinern, dass angegeben werden kann, für welchen Tag wie viele Referenten benötigt werden. In Abbildung 10.31 ist z. B. definiert, dass für den ersten Tag zwei Referenten benötigt werden und für den zweiten Tag ein Referent.

Suchbegriff	Bezeichnung	D	Stück	pro	Veranst	Teilneh	PR	Tagesnum	Tagesabsc	
50000482	Referenten	☐	2,00	1	●	○		001	SPAET	
50000482	Referenten	☐	1,00	1	●	○		002	NORMAL	
		☐	0,00	0	●	○		000		
		☐	0,00	0	●	○		000		

Abbildung 10.31 Bedarf an Ressourcentyp »Referent« festlegen

Zusätzlich müssen die benötigten Ressourcentypen durch Angabe der zugehörigen Ressourcen weiter verfeinert werden. Nutzen Sie hierfür die Verknüpfungen »Verwendet (f. Teilnehmer)« und »Verwendet (f. Veranstalter)« im Zusammenhang mit dem Ressourcentyp »Material« und die Verknüpfung »Wird gehalten von« im Zusammenhang mit dem Ressourcentyp »Referent«. Abbildung 10.32 zeigt bei einem Trainingstyp die Verknüpfung zum jeweiligen Referenten.

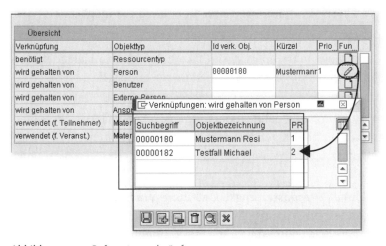

Abbildung 10.32 Referentenverknüpfung

Um einen oder mehrere Referenten fest zu einem Trainingstypen zuzuordnen, wird die Verknüpfung »Wird gehalten von« zwischen dem Objekt »Trainingstyp« und einer Person, einem Benutzer, einer externen Person oder einem Ansprechpartner angelegt. Es ist möglich, mehrere Objekte des Typs »Person« als Referenten mit einem Trainingstyp zu verknüpfen. Beim Anlegen von Veranstaltungen können dann eine oder mehrere Personen aus der Referentenliste ausgewählt werden. Die Priorität legt dabei fest, in welcher Reihenfolge die Referenten angeboten werden. Weitere Informationen zum Thema Ressourcen finden Sie in Abschnitt 10.4.2, »Planung im Veranstaltungsmanagement«.

Abbildung 10.33 Infotyp »Kosten«

Folgende zusätzliche Verknüpfungen sind unter anderem möglich:

- **»Setzt voraus«**
  Eine Verknüpfung zu Trainingstypen (bei aufeinander aufbauenden Kursen (Ausbildungspläne)) oder zu Qualifikationen ist möglich.

- **»Vermittelt«**
  Diese Verknüpfung zu Qualifikationen, die gegebenenfalls in die Mitarbeiterstammdaten übertragen werden, dient der Integration in die Personalentwicklung (siehe Abschnitt 10.3.3, »Integration des Veranstaltungsmanagements«)

- **»Hat Teilnehmer-/Veranstaltungsbeurteilungsmuster«**
  Hierüber können die Voreinstellungen aus dem Customizing zu den zu verwendenden Beurteilungsmustern für Teilnehmer- bzw. Veranstaltungsbeurteilungen übersteuert werden. Lesen Sie zum Thema Beurteilungen den Abschnitt 10.4.4, »Nachbereitung von Trainings«. An dieser

Stelle weisen wir nur darauf hin, dass an einem Beurteilungsmuster festgelegt wird, welche Kriterien zur Beurteilung von Veranstaltungen oder Teilnehmern herangezogen werden sollen. Wichtig ist der Hinweis, dass in der Learning Solution nicht mehr mit dem alten Beurteilungssystem gearbeitet wird. Stattdessen nutzt die LSO das Beurteilungssystem des Performance Managements. Wir verweisen daher an dieser Stelle auf das Kapitel 9, »Zielvereinbarung und Beurteilung«.

- **»Ist vorgesehen für Stelle«**
  Diese Verknüpfung dient der Angabe einer Zielgruppe (abgebildet über den Objekttyp »Stelle«) für einen Trainingstyp. Die Information, für welche Zielgruppe eine Veranstaltung geeignet ist, kann in der Veranstaltungsbroschüre ausgegeben werden. Diese Verknüpfung wird auch in der Learning Solution eingesetzt, um den Schulungskatalog stellenbezogen anbieten zu können.

Infotyp 1025 (Halbwertzeit/Gültigkeit)
Wenn Trainingstypen aufeinander aufbauen, können Sie die Gültigkeit/Halbwertzeit nutzen, um die Dauer der Gültigkeit des Wissens festzulegen, das durch den Grundkurs vermittelt wurde. Damit legen Sie zugleich fest, wie lange die Teilnahme an diesem Grundkurs Mitarbeiter dazu berechtigt, einen Aufbaukurs zu besuchen. Nach Ablauf der Gültigkeit wird der Teilnehmer so behandelt, als hätte er den Grundkurs nicht besucht.

Infotyp 1060 (Veranstaltungsbedarf)
Dieser Infotyp dient der Hinterlegung des Bedarfs an Veranstaltungen pro Quartal, Sprache und Veranstaltungsort. Jedoch empfiehlt sich zur Planung von Veranstaltungsbedarfen die Verwendung des dynamischen Planungsmenüs.

Infotyp 1030 (Verfahren)
Bei der Buchung eines Teilnehmers auf eine Veranstaltung können bestimmte Prüfungen wie etwa die Prüfung, ob ein Mitarbeiter bereits auf eine Veranstaltung des gleichen Trainingstyps gebucht ist, vom System durchgeführt werden. Die Aktivierung dieser Prüfungen kann über das Customizing VERANSTALTUNGSMANAGEMENT • TAGESGESCHÄFT • BUCHEN • TEILNEHMERPRÜFUNGEN abhängig vom jeweiligen Teilnehmertyp (Person, externe Person, Bewerber etc.) vorgenommen werden. Der Infotyp »Verfahren« dient der Übersteuerung dieser Voreinstellungen.

Des Weiteren können Sie über diesen Infotyp die im Customizing VERANSTALTUNGSMANAGEMENT • WIEDERKEHRENDE ARBEITEN • NACHBEREITUNG festgelegten Arbeiten übersteuern, die nach einer Veranstaltung durchgeführt werden sollen. Näheres zu den Einstellungen der Nachbereitung finden Sie in Abschnitt 10.4.4, »Nachbereitung von Trainings«.

Infotyp 1036 (Kosten)
Der Infotyp 1036 (Kosten) (siehe Abbildung 10.33) kann dazu genutzt werden, eine Preisermittlung für einen Trainingstyp automatisch berechnen zu lassen (siehe Infotyp 1021 (Preise)). Des Weiteren dienen die Kostenbestandteile der Verteilung der Veranstaltungskosten auf die entsprechenden Kostenstellen.

Infotyp 1037 (Info Faktura/Verrechnung)
Für die in Abschnitt 10.3.3 beschriebene, interne Leistungsverrechnung und Fakturierung können Sie über den Infotyp »Verfahren« dem Trainingstyp einen Vertriebsbereich zuordnen, der benötigt wird, um Veranstaltungen zu fakturieren. Des Weiteren können Sie den Kostenrechnungskreis und die Leistungsarten für die interne Leistungsverrechnung von Teilnahmen und Referententätigkeiten hier eintragen.

Alle Informationen, die zu den Trainingstypen angelegt werden, sind optional. Bis auf die Kurz- und die Langbezeichnung muss keiner der Infotypen gefüllt sein. Es ist jedoch insbesondere bei gleichförmigen Veranstaltungen mit hoher Häufigkeit durchaus sinnvoll, möglichst viele Informationen bereits an den Trainingstypen abzulegen, um das Anlegen von Veranstaltungen zu beschleunigen.

Besonderheiten bei Einzelveranstaltungen

Wie bereits im Abschnitt 10.4.1, »Aufbau des Schulungskatalogs«, angedeutet, bietet das Konzept mit den Trainingstypen als Vorlage für Veranstaltungen eine Erleichterung, solange es sich um die Planung und Organisation von Bildungsmaßnahmen handelt, die sich häufig wiederholen. Grundsätzlich ist jedoch die Handhabung bei geringer Häufigkeit (z.B. bei Teilnahmen einzelner Mitarbeiter an speziellen Veranstaltungen verschiedenster externer Bildungsanbieter, die verhältnismäßig selten vorkommen) etwas umständlich, denn bei externen, ungleichförmigen Veranstaltungen müsste für jede einzelne Veranstaltung immer ein eigener Trainingstyp angelegt werden.

Für solche Fälle, die in der Praxis öfters vorkommen, gibt es eine Möglichkeit, sich der Struktur des Veranstaltungsmanagements in abgewandelter

Form zu bedienen. Dazu ist eine Trainingsgruppe, z. B. mit der Bezeichnung »Externe Veranstaltungen«, anzulegen. Anschließend werden Trainingstypen als »Gruppen« für externe Veranstaltungen genutzt, z. B. »Externe IT-Schulungen« und »Externe Sprachkurse«. An diesen Trainingstypen werden lediglich die Bezeichnung und ein Dummy-Ablauf gepflegt. Die Bezeichnung, der Ablauf und die weiteren Daten werden dann immer an der Veranstaltung angelegt. Damit ist es nicht mehr notwendig, für jede externe Veranstaltung jeweils einen Trainingstypen anzulegen.

Trainings anlegen

Über das Trainingsmenü wird – aufbauend auf der zuvor im Stammdatenkatalog angelegten Struktur – das Trainingsangebot erstellt. Zur Planung von Trainings sei auf das in Abschnitt 10.4.2 beschriebene Planungsmenü zum Anlegen der zukünftig benötigten Trainingstermine verwiesen.

Falls die Planungskomponente nicht zum Einsatz kommt, etwa weil es noch keine vernünftige Planungsgrundlage gibt, werden die Trainings im Trainingsmenü (erreichbar über das SAP-Menü PERSONAL • SAP LEARNING SOLUTION • TRAININGS • TRAININGSMENÜ) immer ausgehend von einem Trainingstyp angelegt. Beim Anlegen eines Trainings entscheidet man sich, ob man ein Training mit oder ohne Ressourcen anlegen möchte. Mit Ressourcen kann ein Training nur dann angelegt werden, wenn beim zugehörigen Trainingstyp zuvor die Verknüpfung »benötigt Ressourcentyp« hinterlegt wurde (siehe die Ausführungen zu Abbildung 10.31). Sollten Sie die SAP Learning Solution nutzen, müssen Sie für jedes Training angeben, welcher Trainingsform es entspricht. Trainingsformen können z. B. Klassenraumtraining, Web Based Training, virtuelles Klassenraumtraining sein. Beim Anlegen von Trainingsterminen muss des Weiteren zwischen internen und externen Trainings unterschieden werden. Ein externes Training kann insofern nicht geplant werden, als keine Ressourcenbelegungen vorgenommen werden könne. Externe Trainings können somit nur ohne Ressourcen angelegt werden. Beim Planen von Trainingsterminen werden auch automatisch interne Trainingstermine erzeugt. Veranstaltung können im Status »fixiert«, also »aktiv«, oder im Status »geplant« angelegt werden. Falls ein Training im Status »geplant« angelegt wurde, können beim Buchen von Teilnehmern vorläufige Teilnahmebestätigungen ausgeben und beim Fixieren des Trainings die endgültigen Teilnahmebestätigungen verschickt werden. Dieses Verfahren bietet sich an, wenn Trainings weit vor ihrem Termin angelegt werden. Diese Termine können dann abgesagt werden, bevor die endgültigen Teilnahmezusagen herausgegeben werden. Des Weiteren können Trainings als »gesperrt« gekennzeichnet werden. In gesperrtem Zustand können keine Teilnehmer auf dieses Training gebucht werden. Beim Anlegen eines Trainings mit Ressourcen kann direkt in die Verfügbarkeitsprüfung der geforderten Ressourcen verzweigt werden (siehe Button RESSOURCENAUSWAHL in Abbildung 10.34). Außerdem könne Sie von hier aus weitere Ressourcenbedarfe temporär, also für das anzulegende Training, festlegen und decken.

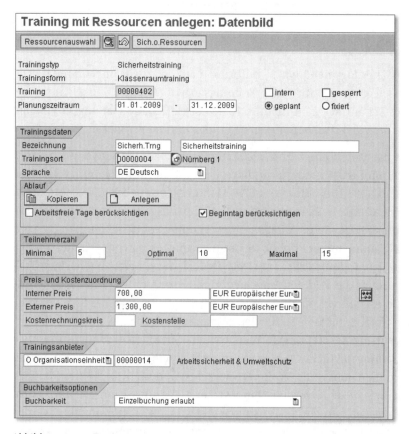

Abbildung 10.34 Training mit Ressourcen anlegen

In Abbildung 10.35 wurde zum einen der Ressourcentyp »Referent« aus der Definition des Trainingstyps mit aufgenommen und zusätzlich der temporäre Ressourcentyp-Bedarf »Raum«. In der Spalte VERFÜGBARKEIT ist angezeigt, zu welchem Prozentsatz die geforderte Ressource verfügbar ist. Die Spalte RESTBEDARF wiederum zeigt bei nicht 100%iger Verfügbarkeit eines Ressourcentyps den ungedeckten Bedarf an.

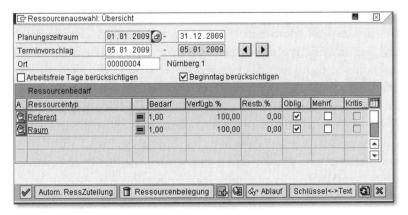

Abbildung 10.35 Ressourcenbedarf

Über die Auswahl des Buttons DETAILAUSWAHL zum Ressourcentyp können Sie zu den verfügbaren Ressourcen verzweigen (siehe Abbildung 10.36). Dort können dann eine oder mehrere Ressourcen ausgewählt und für die Veranstaltung reserviert werden. Bei der Ressourcenauswahl gibt es die Möglichkeit, eine weitere Ressource temporär hinzuzufügen. Das ist z.B. dann sinnvoll, wenn für den Ressourcentyp »Referent« neben den zugeordneten Referenten aus dem Trainingstyp noch weitere Referenten für das Training in Frage kämen.

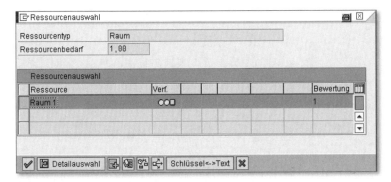

Abbildung 10.36 Ressourcenauswahl »Raum«

Mehrteilige Trainings/Kongresse

Neben den »normalen« Veranstaltungen können, unabhängig davon, ob es sich um Veranstaltungen mit oder ohne Ressourcenbelegung handelt, auch mehrteilige Veranstaltungen bzw. Kongresse im SAP ERP HCM-Veranstaltungsmanagement abgebildet werden. Per Definition handelt es sich bei mehrteiligen Veranstaltungen um parallel stattfindende Teilveranstaltungen. Voraussetzung zur Abbildung eines Kongresses ist die Markierung des Felds KONGRESS am Trainingstyp (siehe die Ausführungen zu Abbildung 10.30). Kongresse können nicht über das Planungsmenü geplant und auch im Trainingsmenü nicht im Status »geplant« angelegt werden. Sie müssen individuell anhand des zugehörigen Trainingstyps definiert werden. Jeder Teilveranstaltung wird dabei ein eigener zeitlicher Ablauf zugeordnet. Anders als bei einteiligen Veranstaltungen, bei denen der Ablauf des zugehörigen Trainingstyps übernommen werden kann, müssen bei mehrteiligen Veranstaltungen die Tagesabläufe der einzelnen Teilveranstaltungen jeweils einzeln über Uhrzeitintervalle definiert werden.

Wie bereits verschiedentlich erwähnt, unterstützt das Veranstaltungsmanagement den Benutzer bei der Planung von Trainings, mit Ausnahme der Fälle, in denen diese Unterstützung prinzipiell ausgeschlossen ist (z.B. bei Kongressen oder externen Trainings).

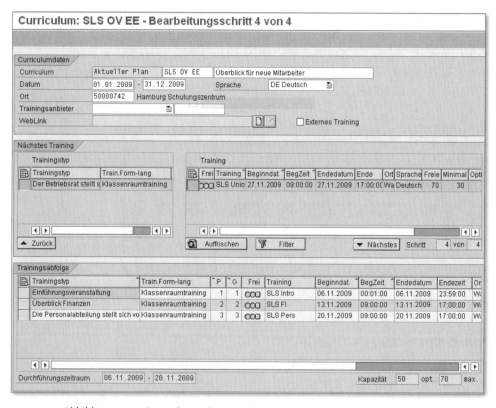

Abbildung 10.37 Curriculum anlegen

Curricula

Curricula sind eine Kombination von Trainings. Ein Curriculum kann aus Web Based Trainings (WBT) und Klassenraumtrainings bestehen und bietet somit die optimale Möglichkeit zur Abbildung eines Blended Learnings (siehe Abbildung 10.37).

10.4.2 Planung im Veranstaltungsmanagement

Die Unterstützung des Veranstaltungsmanagements hinsichtlich der Planung beschränkt sich nicht nur auf die quantitative Planung der Trainings, sondern liefert auch Hilfsmittel zur Planung und Kontrolle von Bildungsbudgets sowie zur Planung von Ressourcen und Material.

Budgetierung

Durch das Anlegen von Aus- und Weiterbildungsbudgets für Organisationseinheiten und durch den Abgleich dieser Budgets mit den Teilnahmegebühren der gebuchten Veranstaltungen können Weiterbildungsbudgets überwacht werden. Da die Budgets Organisationseinheiten zugeordnet werden, muss die Organisationsstruktur gepflegt sein, und das Organisationsmanagement muss in derselben Planvariante wie das Veranstaltungsmanagement betrieben werden.

Die Integration zur Budgetverwaltung wird über den Customizing-Pfad VERANSTALTUNGSMANAGEMENT • SAP LEARNING SOLUTION • TRAININGSMANAGEMENT • INTEGRATION • BUDGETVERWALTUNG festgelegt. Nachdem die Budgetwährung definiert ist, muss ein Budgettyp eingerichtet werden. Der Budgettyp muss hierbei als beanspruchbar gekennzeichnet werden (Kennzeichen BEANSPR.), falls daraus Mittel abfließen sollen (siehe Abbildung 10.38). Die Verfügbarkeit eines Budgets ist über seine Budgetperiode zu definieren. Die notwendigen Einstellungen hierzu werden unter VERANSTALTUNGSMANAGEMENT • INTEGRATION • BUDGETVERWALTUNG • BUDGETPERIODE DEFINIEREN vorgenommen.

Abbildung 10.38 Budgettyp »Training«

Anschließend kann mit dem Aufbau der Budgetstruktur begonnen werden. Die Budgetierung wird über das SAP-Menü PERSONAL • SAP LEARNING SOLUTION • TRAININGS • BUDGET • BUDGETIERUNG erreicht. Die Struktur setzt sich aus einzelnen Budgets zusammen, die wiederum miteinander verknüpft sind. Falls die Budgetstruktur weitgehend der Organisationsstruktur entspricht, können Sie die Budgetstruktur aus der Organisationsstruktur generieren. Über den SAP-Menüpfad PERSONAL • SAP LEARNINGSOLUTION • TRAININGS • BUDGET • BUDGETIERUNG verzweigt man auf das Einstiegsbild der Budgetierung, von dem aus die Generierung aufgerufen werden kann. Anschließend wird ein Selektionsbildschirm angezeigt (siehe Abbildung 10.39).

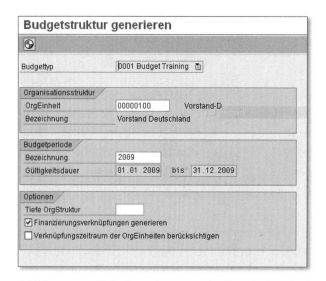

Abbildung 10.39 Budgetgenerierung aus der Organisationsstruktur

Durch die Angabe der Wurzelorganisationseinheit, aus der die Budgetstruktur generiert werden soll, und der Tiefe der Organisationsstruktur (»blank« bedeutet alle Ebenen) wird der Umfang der Generierung festgelegt. Ist das Feld FINANZIERUNGSVERKNÜPFUNG GENERIEREN markiert, werden zwischen den Organisationseinheiten und den daraus abgeleiteten Budgets gleich Verknüpfungen erstellt (siehe Abbildung 10.40). Die so entstandene Budgetstruktur kann beliebig verändert und ergänzt werden und muss zudem mit Geldmitteln gefüllt werden. Dabei können die Mittel sowohl von oben nach unten (Top-down) oder von unten nach oben verteilt werden (Bottom-up).

Je nachdem, welche Methode ausgewählt wird, zeigt das System das noch fehlende bzw. das noch verteilbare Budget an (siehe Abbildung 10.40). Wenn alle Mittel verteilt sind, kann die Budgetstruktur freigegeben werden.

Eine Bearbeitung der Struktur ist im freigegebenen Status nicht mehr möglich. Muss die Struktur trotzdem nach der Freigabe bearbeitet werden, setzen Sie sie wieder auf den Status »geplant«.

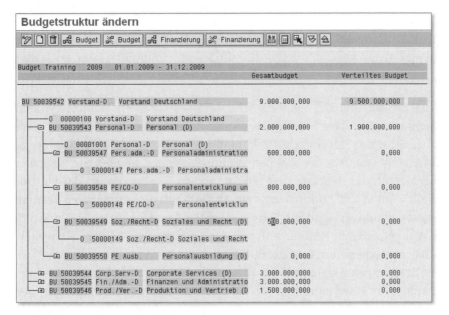

Abbildung 10.40 Generierte Budgetstruktur

Bei der internen Leistungsverrechnung der Teilnahme- und Stornogebühren werden die Budgets dann entsprechend reduziert. Zu einem gewünschten Stichtag kann die bisherige Abtragung des Budgets durch das Starten eines Budgetabgleichs eingesehen werden. Dieser Budgetabgleich stellt die Istwerte den ursprünglichen Budgets gegenüber (siehe Abbildung 10.41).

Budgetabgleich

Auswahlzeitraum 01.01.2009 - 13.08.2009

ObjektId	Gültig ab	Gültig bis	Objektbezeichnung	Budgetwert	Istwert	Währung
1001	01.01.2009	13.08.2009	Personal-D	64.000,00	4.000,00	EUR
50000100	01.01.2009	13.08.2009	Vg-mgt.upl.	64.000,00	0,00	EUR
50000100	01.01.2009	13.08.2009	.Pers.adm.-D	64.000,00	6.000,00	EUR
50000100	01.01.2009	13.08.2009	..ADMIN A	46.000,00	0,00	EUR
50000100	01.01.2009	13.08.2009	..ADMIN B	64.000,00	0,00	EUR
50000100	01.01.2009	13.08.2009	..ADMIN C	46.000,00	0,00	EUR
50000100	01.01.2009	13.08.2009	..Team PD	64.000,00	0,00	EUR
50000100	01.01.2009	13.08.2009	.PE/CO-D	46.000,00	4.000,00	EUR
50000100	01.01.2009	13.08.2009	.Soz./Recht-D	64.000,00	6.000,00	EUR
50000100	01.01.2009	13.08.2009	.PE Ausb.	46.000,00	0,00	EUR

Abbildung 10.41 Budgetabgleich

Bedarfsplanung

Zur Planung des Trainingsbedarfs gibt es das Planungsmenü, das über den SAP-Pfad PERSONAL • SAP LEARNING SOLUTION • TRAININGS • TERMINE • PLANUNGSMENÜ erreicht wird. Wie bereits in Abschnitt 10.3.2, »Dynamische Menüs«, angesprochen, können Sie mit dem dynamischen Planungsmenü mehrere Trainings eines Trainingstyps gleichzeitig anlegen und die Anzahl der Trainings aufgrund unterstützender Informationen aus dem System ermitteln.

Zunächst aber müssen Sie ausgehend vom gewünschten Trainingstyp eine Planung anlegen. Nach der Auswahl des Planungszeitraums über Quartale geben Sie Daten wie Sprache und Trainingsort, aber auch den Ablauf der zu planenden Trainings an. Bei den Planungsoptionen können Sie zusätzlich angeben, ob die Deckung aller obligatorischen Ressourcen bei der Planung erfüllt werden soll. Dadurch wird ein Abgleich mit den verfügbaren Ressourcen vorgenommen, und die Termine werden daran ausgerichtet. Zusätzlich zu den geforderten Ressourcentypen des Trainingstyps können Sie weitere Ressourcentypen und Ressourcen über den Button AUSWAHL RESSOURCENTYPEN/RESSOURCEN ergänzen. Dies ist allerdings auch nach dem Anlegen der Trainings für jeden einzelnen Termin möglich. Eine weitere Planungsoption ist die Vorgabe der Verteilung der Termine. Dabei steht Ihnen eine Gleichverteilung der ermittelten Anzahl der Trainings über den Planungszeitraum zur Verfügung oder alternativ die Verteilung aufgrund vorgegebener zeitlicher Abstände in Tagen oder Wochen (siehe Abbildung 10.42)

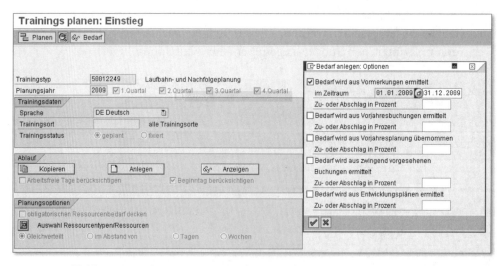

Abbildung 10.42 Planung von Veranstaltungen anlegen

Durch das Starten der Planung werden die Optionen zur Auswahl der Ermittlungsgrundlage der Anzahl der Trainings eingeblendet. Dabei kann der Bedarf auf Grundlage folgender Daten ermittelt werden:

- **Ermittlung des Bedarfs aus Vormerkungen**
  Aufgrund der Vormerkungen (siehe hierzu Abschnitt 10.4.3, »Tagesgeschäft«), also der Interessensbekundungen an einem Trainingstyp und der Aufnahmekapazität eines Trainings, kann die Anzahl der benötigten Trainings ermittelt werden.

- **Ermittlung des Bedarfs aus Vorjahresbuchungen**
  Es wird davon ausgegangen, dass im Planungsjahr die Anzahl der Buchungen und damit der benötigten Trainings mit der des Vorjahres übereinstimmen wird.

- **Übernahme des Bedarfs aus der Vorjahresplanung**
  Falls im Jahr vor dem Planungsjahr bereits eine Planung stattgefunden hat, kann dieses Ergebnis für ein weiteres Jahr übernommen werden.

- **Bedarf wird aus zwingend vorgesehenen Buchungen ermittelt**
  Mit dieser Methode der Bedarfsermittlung legen Sie fest, dass der Bedarf (also die benötigte Anzahl) an Trainings aufgrund bestehender, zwingend vorgesehener Trainings ermittelt wird. Die Anzahl der zwingend vorgesehenen Trainings wird wie folgt berechnet: Die Anzahl der Teilnehmer wird durch die optimale Teilnahmekapazität des Trainingstyps geteilt. Wenn der Rest die minimale Kapazität des Trainingstyps unterschreitet, wird die Anzahl, die sich aus der Division ergeben hat, nicht verändert. Wenn die minimale Kapazität erreicht oder überschritten wird, erhöht sich dagegen die Anzahl, die sich durch die Division ergebenen hat, um 1. Besteht die Gültigkeit einer Teilnahme über mehrere Perioden, so wird der Trainingsbedarf anteilig auf die Perioden verteilt.

- **Bedarf wird aus Entwicklungsplänen ermittelt**
  Mit dieser Methode der Bedarfsermittlung legen Sie fest, dass der Bedarf an Trainings aufgrund bestehender Entwicklungspläne ermittelt wird. Die Anzahl benötigten Trainings wird wie bei der Bedarfsermittlung aus den zwingend erforderlichen Buchungen berechnet.

Falls der Bedarf direkt am Trainingstyp abgelegt wurde, kann auch dieser im Planungsmenü angezeigt werden. Bei allen drei genannten Möglichkeiten kann ein prozentualer Aufschlag zum ermittelten Bedarf angegeben werden. Falls keine der genannten Möglichkeiten zur Bedarfsermittlung genutzt werden soll oder kann, können Sie den Bedarf auch selbst vorgeben. In diesem Fall darf keine der Ermittlungsmöglichkeiten ausgewählt sein.

Der vom System ermittelte Bedarf (siehe Abbildung 10.43) kann auf Wunsch angepasst oder direkt übernommen werden. Sollten keine Daten zur Ermittlung des Trainingsbedarfs vorhanden sein, müssen die Termine manuell erfasst werden.

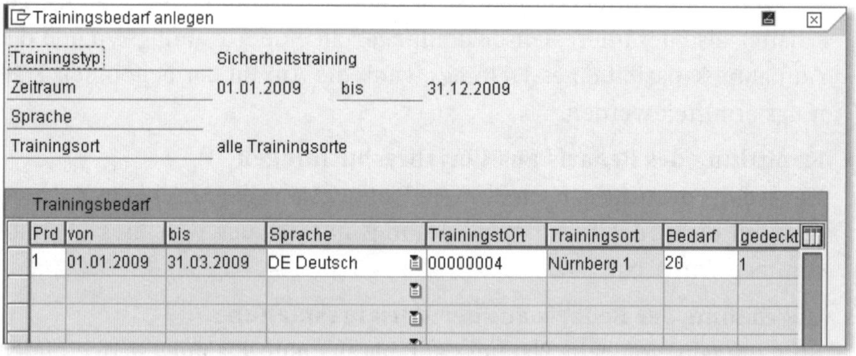

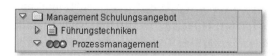

Abbildung 10.43 Anlegen des Trainingsbedarfs

Ist der Trainingsbedarf durch die generierten Termine gedeckt, wird dies am Trainingstyp entsprechend über ein Ampelsymbol angezeigt (siehe Abbildung 10.44).

Abbildung 10.44 Anzeige des gedeckten Trainingsbedarfs

Ressourcenplanung

Eng verbunden mit der Planung der Trainings ist die Planung und Verwaltung der dazu benötigten Ressourcen. Bei der Durchführung von internen Trainings werden in der Regel auch interne Ressourcen benötigt. Zu den internen Ressourcen zählen sowohl Referenten als auch Räume, Schulungsordner und Beamer. Zur Verwaltung der vorhandenen Ressourcen und zur Sicherstellung der Bedarfsdeckung der Trainings mit den notwendigen Ressourcen kann die Ressourcenplanung des Veranstaltungsmanagements eingesetzt werden.

Auf der obersten Ebene des Ressourcenmenüs (siehe Abbildung 10.45) befinden sich die sogenannten *Ressourcentypen*, die jeweils einer der Ressourcenarten im Veranstaltungsmanagement zugeordnet sind. Es werden vier Arten von Ressourcentypen unterschieden:

- Referent (Person, externer Referent etc.)
- Raum
- Material aus der Materialwirtschaft
- Sonstige Ressource (Flipchart, Handbücher)

Ressourcenmenü				
Trainingskatalog	weitere Information	weitere Informationen	Schlüssel	Kurztext
▽ Aktueller Plan 02.05.2007 - 31.12.2009				
▷ ☐ Beamer Schulungsraum Schweiz			R 50025826	Beamer_CH
▷ ☐ Bildschirme			R 50000483	Bildschirme
▷ ☐ Business Event Attendee Material			R 50026610	Attendee
▷ ☐ Business Event Material			R 50026608	Material
▷ ☐ Consumable Resources			R 50010322	Consumable
▷ ☐ Contact 1-800-545-6859			R 50013066	Contact
▷ ☐ Flip Chart			R 50013662	FlipChart
▷ ☐ Handbücher			R 50000747	Handbücher
▷ ☐ Internal Trainer (UK-CG)			R 50029555	UK - Int Trg
▽ ☐ Overhead - Projektor			R 50000480	Overh.Projek
Overhead Projektor 01 - Philadelphia			G 50000012	Overhead 01
Overhead Projektor 02 - New York			G 50000013	Overhead 02
Overhead Projektor 03 - Montreal			G 50000014	Overhead 03
Overhead Projektor 04 - Toronto			G 50000015	Overhead 04

Abbildung 10.45 Ressourcenmenü

Zu jeder Art von Ressource gibt es im System als Standardeintrag jeweils einen Ressourcentyp gleichen Namens. Abbildung 10.46 zeigt die Zusammenhänge zwischen Ressourcenart, Ressourcentyp sowie Ressourcen und ihre Verwendung im Zusammenhang mit Trainingstypen und Veranstaltungen.

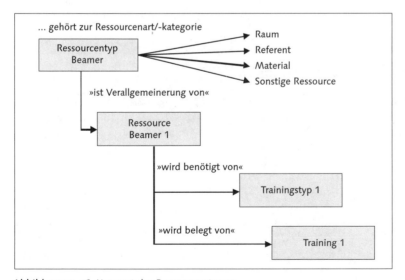

Abbildung 10.46 Konzept der Ressourcentypen

Sollten die standardmäßig vorhandenen Ressourcentypen nicht ausreichen, können neue Typen (z.B. Beamer oder Schulungsordner) über das Customizing VERANSTALTUNGSMANAGEMENT • SAP LEARNING SOLUTION • TRAININGSMANAGEMENT • TRAININGSVORBEREITUNG • RESSOURCENVERWALTUNG • RESSOURCENTYP ANLEGEN definiert werden, um die Ressourcentypstruktur zu verfeinern.

Mit der Zuordnung von *Ressourcentypen* wird festgelegt, welche Art von Ressource ein Training braucht (z.B. einen Trainer, einen Beamer). Über die Zuordnung von *Ressourcen* wird dann konkret bestimmt, z.B. welcher Trainer und welcher Beamer für das Training reserviert wird. Ressourcen können im Customizing des Trainingsmanagements oder über das Ressourcenmenü angelegt werden.

Beim Anlegen von Ressourcen ist die Verknüpfung zum Ressourcentyp anzugeben, dessen Daten (z.B. die Kostenstellenzuordnung) für die Ressource übernommen oder dort übersteuert werden können (siehe Abbildung 10.47). Wird ein Raum angelegt, ist sowohl seine Kapazität als auch die Adresse des Gebäudes anzugeben, in dem sich diese sogenannte *ortsabhängige Ressource* befindet.

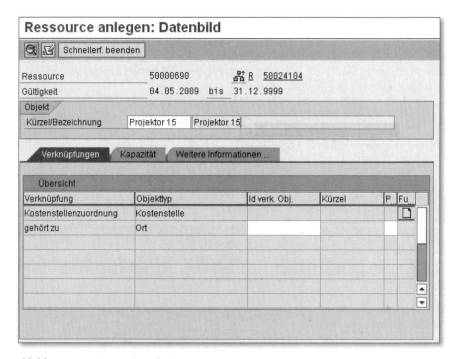

Abbildung 10.47 Ressource anlegen

Beim Anlegen von Schulungsräumen ist zu beachten, dass teilbare Räume nicht gut im System abzubilden sind. Ein Raum, der z. B. über eine Kapazität von 100 Teilnehmern verfügt, sich aber auch in zwei Räume mit einer jeweiligen Kapazität von 50 Teilnehmern aufteilen lässt, müsste über drei Räume abgebildet werden: ein Raum mit einer Kapazität von 100 und zwei Räume mit einer Kapazität von jeweils 50 Teilnehmern. Somit wäre es möglich, sowohl den ganzen Raum als auch die zwei daraus entstehenden Räume zu buchen. In diesem Fall müssten Sie jedoch dafür sorgen, dass die beiden Teilräume gesperrt sind, sobald ein Training den Raum komplett, also alle 100 Plätze, beansprucht und umgekehrt. Dies können Sie manuell vornehmen, indem Sie die jeweilige Ressource von Hand sperren, oder durch einen aufwendigen Workflow, der die Sperrung automatisch vornimmt. Eine Kundenlösung über geringe Modifikationen und ohne Workflow ist hier auch denkbar und wurde auch schon realisiert.

Ressourcen können Sie aus dem Ressourcenmenü heraus sperren; von hier aus können Sie auch Veranstaltungen mit noch fehlenden Ressourcen verknüpfen.

Materialplanung

Um auch Material aus dem Materialstamm im Ressourcenmenü verfügbar machen zu können, müssen Sie einen oder mehrere entsprechende Ressourcentypen anlegen. Dabei ist zu beachten, dass die Materialien nicht im Ressourcenmenü als Ressourcen angezeigt werden, da die Verwaltung des Materials im SAP-Materialmanagement stattfindet. Die Zuordnung des Ressourcentyps »Material« zu einem Trainingstyp wird ganz normal wie bei anderen Ressourcentypen auch über die Verknüpfung »Benötigt« vorgenommen (siehe die Ausführungen zu Abbildung 10.46). Zusätzlich kann die Verknüpfung »Verwendet (f. Teilnehmer)«, mit der konkrete Materialien zugeordnet werden, bereits am Trainingstyp oder erst am Training angelegt werden. Aus dem Trainingsmenü muss anschließend über das Menü TRAINING • MATERIALBESCHAFFUNG ein Report aufgerufen werden, der den Materialbedarf pro Training anzeigt. Durch Auswahl eines Trainings können Sie direkt aus der Liste eine Materialanforderung an das Materialmanagement senden (Button MATERIAL RESERVIEREN in Abbildung 10.48). Ist das Material pro Teilnehmer zu reservieren, muss vor der endgültigen Reservierung entschieden werden, ob die Reservierung des Materials aufgrund der gebuchten Teilnahmen oder aufgrund der optimalen Kapazität eines Trainings vorzunehmen ist.

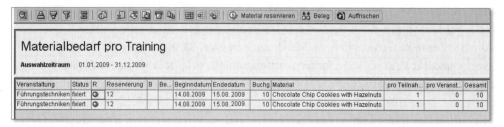

Abbildung 10.48 Materialbedarf pro Training

War die Materialreservierung erfolgreich, wird dies über ein Ampel-Icon und die Reservierungsnummer angezeigt. Sollte das Material im Lager nicht vorhanden sein, wird automatisch eine Bestellanforderung erstellt und im Report über die Anzeige der Bestell-ID angezeigt. Durch Doppelklick auf die Reservierungs- oder Bestell-ID können Sie direkt in das Originaldokument der Materialwirtschaft (Reservierung) bzw. des Einkaufs (Bestellanforderung) verzweigen.

Kalkulation

Wie bereits in den Ausführungen zu Abbildung 10.33 kurz beschrieben, kann der Infotyp 1036 (Kosten) dazu genutzt werden, automatisch einen Preis für einen Trainingstyp zu berechnen (siehe Abbildung 10.49). Dieser kann dann in den Infotyp 1021 (Preise) eingetragen und für die interne Leistungsverrechnung oder Faktura genutzt werden. Voraussetzung für die Pflege des Infotyps »Kosten« ist die Definition von Kostenbestandteilen (Customizing: VERANSTALTUNGSMANAGEMENT • SAP LEARNING SOLUTION • TRAININGSMANAGEMENT • TRAININGSVORBEREITUNG • KOSTENBESTANDTEILE DEFINIEREN). Aus dem Trainingsmenü kann über das Menü TRAINING • PREISVORSCHLAG eine entsprechende Kalkulation aufgerufen werden. Das Ergebnis ist ein kostendeckender Preis für eine Einzelteilnahme. Dieser Preis kann für die Trainings übernommen werden (Infotyp 1021 (Preise)).

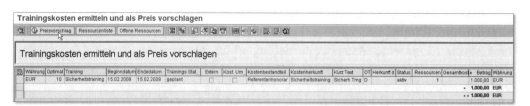

Abbildung 10.49 Preiskalkulation

10.4.3 Tagesgeschäft

Das Tagesgeschäft beinhaltet den Großteil der Tätigkeiten, die im Veranstaltungsmanagement durchgeführt werden müssen: das Bearbeiten der Buchungswünsche, Stornierungen, Umbuchungen aufgrund von Terminengpässen etc. Insbesondere die Massenarbeiten können auf die Teilnehmer verlagert werden. Durch den Einsatz der SAP Learning Solution mit Workflow-Unterstützung z.B. bei der Genehmigung von Buchungen und Stornierungen kann die Fachabteilung von diesem Tagesgeschäft entlastet werden und sich somit auf andere Aufgaben konzentrieren. Im Folgenden gehen wir auf die Aktivitäten und Möglichkeiten einer zentralen Bearbeitung des Tagesgeschäfts ein.

Buchen/Umbuchen/Stornieren

In Abschnitt 10.4.1, »Aufbau des Schulungskatalogs« wurde bereits darauf hingewiesen, dass beim Buchen eines Teilnehmers, abhängig vom jeweiligen Teilnehmertyp (Person, externe Person etc.) bestimmte Prüfungen durchgeführt werden können. Diese Prüfungen werden im Customizing unter VERANSTALTUNGSMANAGEMENT • SAP LEARNING SOLUTION • TRAININGSMANAGEMENT • TAGESGESCHÄFT • BUCHEN • TEILNEHMERPRÜFUNGEN vorgenommen und berücksichtigen die nachfolgend aufgezeigten Fälle. Die Prüfungen können bei positivem Ausgang mit unterschiedlichen Meldungstypen belegt werden. Dabei steht ein Leerzeichen für keine Prüfung, ein »I« für eine Informationsmeldung, ein »W« für eine Warnung (Datensatz kann jeweils trotzdem gespeichert werden) und ein »E« für eine Fehlermeldung, die es dem Benutzer dann nicht erlaubt, die Aktion (z.B. Buchen oder Vormerken) zu speichern.

- Prüfung auf Buchung auf den gleichen Trainingstyp
- Prüfung auf Vormerkung auf den gleichen Trainingstyp
- Prüfung auf Voraussetzungsveranstaltung
- Prüfung auf Qualifikation des Teilnehmers

Eine weitere Steuerungsmöglichkeit von Systemmeldungen kann für sogenannte *Konfliktfälle* eingestellt werden. Es sind zwei Konfliktfälle im System über VERANSTALTUNGSMANAGEMENT • TAGESGESCHÄFT • BUCHEN • KONFLIKTVERHALTEN steuerbar (die gleichen Meldungsarten wie zuvor beschrieben sind möglich):

- Prüfung, ob ein Teilnehmer bereits zeitgleich Referent ist
- Prüfung, ob ein Teilnehmer bereits zeitgleich Teilnehmer ist

Um beim Buchen von Trainings die Konsistenz der Daten sicherzustellen, sollten Sie von diesen Möglichkeiten der Prüfungen Gebrauch machen. Verfahren Sie aber nicht in allen Fällen so restriktiv, eine Fehlermeldung zu produzieren, da sonst ein Speichern der Eingaben nicht mehr möglich ist.

Im Normalfall werden Buchungen aus dem Teilnahmemenü heraus vorgenommen. Ausgehend von einem Training wird dabei eine Buchungsart über das Kontextmenü ausgewählt. Sie können sowohl einzelne Personen und Sammelteilnehmer (z.B. Firmen und Organisationseinheiten) als auch ganze Listen buchen. Vor der Buchung können Sie anhand der Ampel-Warnungen im Teilnahmemenü die Kapazität eines Trainings ermitteln (siehe Abbildung 10.50).

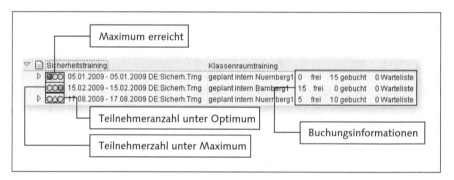

Abbildung 10.50 Ampel-Warnungen zu Veranstaltungen

Bei Einzelbuchungen muss zunächst der gewünschte Teilnehmertyp ausgewählt werden. Dies kann z.B. eine Person, ein Kunde, eine externe Person oder auch eine Organisationseinheit sein. Ist die optimale Kapazität eines Trainings noch nicht erreicht, werden sogenannte *Normalbuchungen* durchgeführt. Das sind Buchungen bis zur optimalen Kapazität. Buchungen darüber hinaus werden als Mussbuchungen bezeichnet.

Sobald jedoch das Optimum erreicht ist, werden alle nachfolgenden Buchungen nur noch als Mussbuchung oder als Buchungen in die Warteliste akzeptiert. Dadurch wird z.B. bei Buchung kompletter Mitarbeiterlisten vermieden, dass ein Training ohne Nachfrage sofort bis zum Maximum bebucht wird. Es kann jedoch auch von vornherein eine Mussbuchung durch Auswahl der Buchungspriorität (siehe Abbildung 10.51) ausgeführt werden, denn für Mussbuchungen ist die Trainingsteilnahme in jedem Fall gesichert.

Eine solche Buchung kann im Gegensatz zu einer Normalbuchung beim Fixieren eines Trainings nicht von der Teilnehmerliste verdrängt werden. Bei der Buchung von Organisationseinheiten kann die Anzahl der Teilnehmer vorgegeben werden. Es wird dann eine sogenannte *N.N.-Buchung* (Buchung, ohne die Teilnehmer namentlich zu spezifizieren) durchgeführt. Diese Option wird in der Praxis beispielsweise benutzt, wenn eine bestimmte Anzahl an Mitarbeitern einer Abteilung an einer Schulung teilnehmen soll, aber noch nicht feststeht, wer genau gebucht werden soll.

Abbildung 10.51 Einzelbuchung erfassen

Beim Buchen gibt es die Möglichkeit, die am Teilnehmertyp hinterlegte Zahlungsinformation (siehe Abbildung 10.53) zu übernehmen oder zu übersteuern. Zum Übersteuern bzw. Anzeigen der Zahlungsinformation betätigen Sie den Button BUCHEN/ZAHLUNGSINFO (siehe Abbildung 10.51). Die dann angezeigten Informationen (z. B. die Art der Abrechnung einer Teilnahme und die Kostenverteilungsinformationen bei interner Leistungsverrechnung) können bei Bedarf übersteuert werden (siehe Abbildung 10.52).

Die Steuerung der Teilnehmertypen für das Trainingsmanagement und damit auch die Festlegung, ob ein Teilnehmertyp für den Besuch einer Veranstaltung bezahlen muss oder ob die Kostenstelle des Mitarbeiters mit den Teilnahmegebühren belastet wird, ist im Customizing VERANSTALTUNGSMANAGEMENT • SAP LEARNING SOLUTION • TRAININGSMANAGEMENT • TAGESGESCHÄFT • BUCHEN • TEILNEHMERTYPSTEUERUNG FESTLEGEN einzustellen. Abbildung 10.53 zeigt die entsprechende Customizing-Einstellung.

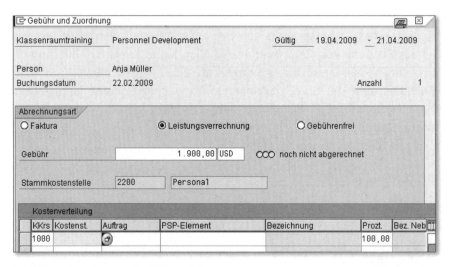

Abbildung 10.52 Anzeige der Zahlungsinformation

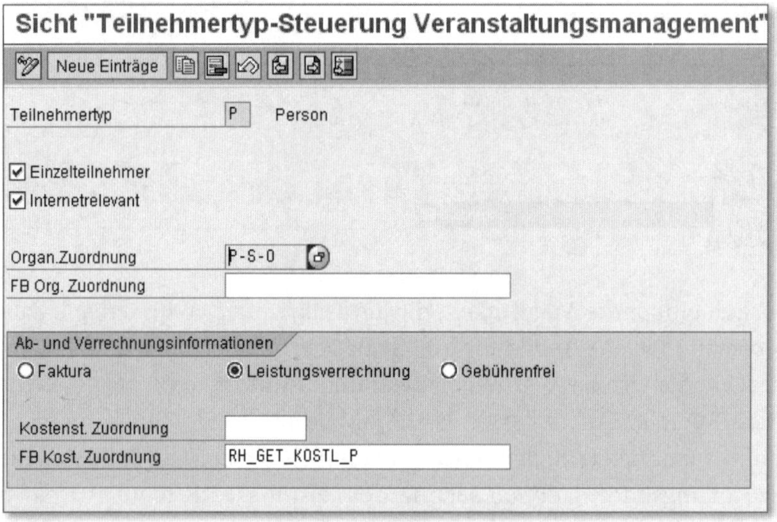

Abbildung 10.53 Teilnehmertyp-Steuerung

Um eine große Zahl von Mitarbeitern gleichzeitig auf ein Training zu buchen, gibt es die Möglichkeit, eine Liste zu buchen. Dazu kann zwischen der Teilnehmerliste eines anderen Trainings und einer Mitarbeiterliste aus einer oder mehreren Organisationseinheiten zugegriffen werden. Bei aufeinander aufbauenden Trainings kann auf die Teilnehmerliste des vorherigen Trainings zurückgegriffen werden. Falls ein Mitarbeiter gleichzeitig auf eine ganze Reihe von Trainings gebucht werden soll, ist dies über das SAP-Menü

Personal • SAP Learning Solution • Teilnahmen • Buchen: Teilnehmer auf Trainingsliste möglich.

In der Learning Solution gibt es für solche Fälle das Curriculum, eine Verkettung mehrerer Einzeltrainings (Klassenraumtrainings oder E-Trainings), die zusammen gebucht werden (siehe Abschnitt 10.3.1).

Wenn ein Mitarbeiter von einem Training auf ein anderes umgebucht werden soll, werden die relevanten Alternativtermine in einer Liste angeboten. Bei Sammelteilnehmern (Organisationseinheiten, Firmen) kann entschieden werden, ob alle oder nur einzelne Teilnehmer umgebucht werden sollen.

Die Erhebung von Stornogebühren wird im Trainingsmanagement an Stornierungsgründen festgemacht. Hier kann festgelegt werden, ob und wie viel Teilnahmegebühr ein Teilnehmer bei Stornierungen zahlen muss bzw. welcher Betrag für die interne Leistungsverrechnung herangezogen wird.

Über das Customizing Veranstaltungsmanagement • SAP Learning Solution • Trainingsmanagement • Tagesgeschäft • Stornieren • Gründe für die Stornierung werden die Gründe und weitere Zusatzdaten gepflegt (siehe Abbildung 10.54). Die Standardeinträge können mit Prozentsätzen gefüllt und durch neue Gründe ergänzt werden.

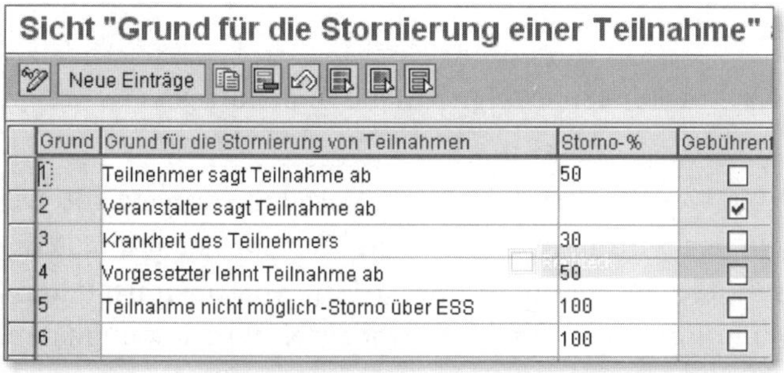

Grund	Grund für die Stornierung von Teilnahmen	Storno-%	Gebühren
1	Teilnehmer sagt Teilnahme ab	50	☐
2	Veranstalter sagt Teilnahme ab		☑
3	Krankheit des Teilnehmers	30	☐
4	Vorgesetzter lehnt Teilnahme ab	50	☐
5	Teilnahme nicht möglich -Storno über ESS	100	☐
6		100	☐

Abbildung 10.54 Definition der Stornierungsgründe

Wurde beim Stornieren einer Teilnahme kein Stornierungsgrund ausgewählt oder einer, bei dem keine Prozentangabe für die Stornierungsgebühr oder kein Gebührenfrei-Kennzeichen gepflegt wurde, greift das System auf den Wert des semantischen Kürzels CCDEL (Vorschlagswert für Stornogebühren) zurück. Dort kann über die Customizing-Einstellung Veranstaltungsmanagement • SAP Learning Solution • Trainingsmanagement • Tagesgeschäft • Steuerung die Stornogebühr in Prozent hinterlegt werden. Stornogebühren werden genauso wie Teilnahmegebühren behandelt (Faktura, interne Leistungsverrechnung).

Warteliste und Vormerkliste

Ein weiteres Steuerungselement in der genannten Customizing-Aktivität, das indirekt mit der Stornierung von Teilnehmern zusammenhängt, ist der Modus für das Nachrücken der Teilnehmer von der Warteliste. Der Unterschied zwischen der *Warteliste* und der *Vormerkliste* liegt darin, dass Wartelisten an Trainings gepflegt werden und die Wartelistenkandidaten beim Freiwerden von Teilnehmerplätzen nachrücken können, also gebucht werden. Vormerklisten hingegen werden an Trainingstypen hinterlegt und drücken die Interessensbekundungen der Vormerklistenkandidaten aus. Sie beziehen sich also nicht auf einen konkreten Trainingstermin, sondern auf den Inhalt des Trainings. Vormerklisten können als Grundlage zur Planung zukünftiger Trainingstermine herangezogen werden (siehe hierzu Abschnitt 10.4.2, »Planung im Veranstaltungsmanagement«)

Über die Customizing-Einstellung VERANSTALTUNGSMANAGEMENT • SAP LEARNING SOLUTION • TRAININGSMANAGEMENT • TAGESGESCHÄFT • VORMERKEN steuern Sie für Vormerkungen das Lesen des Trainingsangebots und das Einblenden einer Meldung, die den Benutzer darauf hinweist, dass zum gewählten Trainingstyp Termine vorhanden sind. Der bereits zuvor genannte Modus für das Nachrücken von potenziellen Teilnehmern von der Warteliste kann folgendermaßen eingestellt werden:

- **I = »interaktiv«**
  Die Auswahl der Nachrückenden erfolgt durch den Benutzer.

- **D = »direkt«**
  Nachrück-Kandidaten werden nach folgendem Verfahren ausgewählt: Die Warteliste des Trainings wird nach Priorität und Buchungsdatum aufsteigend sortiert. Das System bestimmt aus dieser Liste von oben beginnend die ersten Teilnehmer bis zur erlaubten Anzahl als Nachrück-Kandidaten. Falls unter den ersten Buchungen in dieser Liste »N.N.-Buchungen« von Firmen oder Organisationseinheiten auftauchen, deren gebuchte Anzahl die erlaubte Anzahl überschreitet, ignoriert das System diese Buchungen.

- **N = »nicht«**
  Es findet keine Nachrückung statt.

Ein Nachrücken von der Warteliste ist nur dann möglich, wenn die optimale Teilnehmerzahl noch nicht überschritten ist. Buchungen auf Trainings, bei denen das Optimum bereits erreicht wurde, sind nur noch durch Mussbuchungen möglich (siehe hierzu die Ausführungen zu Abbildung 10.51). Zur Bewältigung aller Anfragen der Teilnehmer zu Buchungen, Umbuchungen,

Stornierungen etc. können Sie das Auskunftsmenü heranziehen, mit dem Sie ausgehend von der Trainingsstruktur unterschiedlichste Auswertungen starten können.

Auskunftserteilung

Das Auskunftsmenü wird über das SAP-Menü PERSONAL • SAP LEARNING SOLUTION • INFOSYSTEM • AUSKUNFTSMENÜ aufgerufen. Es erlaubt Auswertungen aus allen Ebenen der angezeigten Struktur, die Teilnahmen, Trainings und Ressourcen betreffen. Der Umfang der Auswertung hängt immer davon ab, von welchem Objekt aus die Auswertung gestartet wurde.

Wurde beispielsweise die aufbereitete Anwesenheitsliste eines Trainings ausgehend von einem ausgewählten Training aufgerufen, werden auch nur die Teilnehmer dieses Trainings gedruckt. Wurde die Auswertung hingegen von einem Trainingstyp ausgehend gestartet, so wird für jedes der darunter angelegten Trainings eine Anwesenheitsliste gedruckt. Für den Fall, dass kein Objekt aus der Trainingsstruktur ausgewählt wurde, wird die Auswertung mit einem leeren Selektionsbild aufgerufen, das zu füllen ist.

Die Auswertungen des Veranstaltungsmanagements können auch über das SAP-Menü PERSONAL • SAP LEARNING SOLUTION • INFOSYSTEM • BERICHTE aufgerufen werden. Sollten die Standardauswertungen des Auskunftsmenüs nicht ausreichen, können Sie kundeneigene Auswertungen in die Pflegeoberfläche des dynamischen Auskunftsmenüs integrieren. Über die Customizing-Aktivität VERANSTALTUNGSMANAGEMENT • SAP LEARNING SOLUTION • TRAININGSMANAGEMENT • INFOSYSTEM • KUNDENSPEZIFISCHE AUSWERTUNGEN EINBINDEN wird ein Auswertungsbaum eingeblendet, der durch eigene Auswertungen ergänzt werden kann.

Teilnahmen

Um Ihnen einen kurzen Einblick in die Auswertungen zu vermitteln, beschreiben wir nachfolgend Beispielreports aus dem Bereich »Teilnahmen«:

- **Ausbildungshistorie**
  Dieser Report (siehe Abbildung 10.55) liefert alle Trainings, die ein Mitarbeiter bereits besucht hat, sowie alle, auf die er gebucht ist. Zusätzlich zu den künftigen Kursen werden also auch die historisierten Buchungen angezeigt. In der Ausgabe werden neben den Trainingsdaten wie Bezeichnung und Termin auch Informationen zur Anzahl der Stunden und zu den Trainingsgebühren angezeigt. So kann schnell festgestellt werden, wie viel bisher in die Ausbildung eines Mitarbeiters investiert wurde. Die Summe

der Gebühren wird, sofern sie in unterschiedlichen Währungen erfasst wurde, in beiden Währungen ausgegeben. Die Auswertung kann für alle Teilnehmertypen gestartet werden.

Zur Auswertung der Ausbildungshistorie einer Organisationseinheit ist dieser Report nicht geeignet, da er bei Auswahl einer Organisationseinheit lediglich die N.N.-Buchungen anzeigt und nicht die Buchungen der einzelnen Teilnehmer dieser Organisationseinheit. Zur Lösung dieses Problems können die Teilnehmer aufgrund ihrer organisatorischen Zuordnung selektiert werden. Leider kann man sich in der Ausgabe der Liste die organisatorische Zuordnung nicht anzeigen lassen; die Ausbildungshistorie gibt es in der Learning Solution nicht mehr als separaten Report. Aufgrund inhaltlicher Überschneidungen gibt es in der LSO nur die Auswertung »Buchungen pro Teilnehmer«.

- **Teilnahmevoraussetzungen**

  Diese Auswertung (siehe Abbildung 10.56) liefert zu den ausgewählten Trainingstypen oder -gruppen die vorausgesetzten Trainings und/oder Qualifikationen. Für den Fall, dass für eine benötigte Qualifikation Ersatzqualifikationen gepflegt sind (siehe Kapitel 8, »Skillmanagement«), können diese innerhalb der Auswertung mit eingeblendet werden. Je nachdem, ob die Spalte TRAIN.TYP oder QUALIF. angekreuzt ist, handelt es sich um einen vorausgesetzten Trainingstyp oder um eine vorausgesetzte Qualifikation. Eng mit den Teilnahmevoraussetzungen ist der Report zum Abgleich der Voraussetzungen verbunden.

- **Voraussetzungsabgleich**

  Es müssen beide Objekte für den Abgleich angegeben werden: ein Teilnehmertyp und ein Trainingstyp oder eine Trainingsgruppe (siehe Abbildung 10.57). Diese Objekte werden gegenübergestellt und abgeglichen.

  An der Trainingsgruppe oder am Trainingstyp werden die geforderten Qualifikationen und vorausgesetzten Trainingstypen/-gruppen gelesen, an den Teilnehmertypen die vorhandenen Qualifikationen im Infotyp 0024 sowie die bisher besuchten Trainings. Als Ergebnis wird angezeigt, welcher Trainingstyp bzw. welche Qualifikation gefordert ist und ob der Mitarbeiter die Voraussetzung erfüllt (Anzeige über Ampel-Warnung).

Weitere Auswertungen zu Veranstaltungen, Teilnahmen und Ressourcen sind in Abbildung 10.58 aufgelistet.

Umsetzung in SAP ERP HCM | **10.4**

Ausbildungshistorie

Auswahlzeitraum 01.01.1900 - 31.12.9999

Kürzel	Teilnehmername	Veranst.	Veran.T...	Veranstaltung	Beginndatum	Endedatum	∑ Tage	∑ Stunden	∑ Gebühr	Währ.	∑ Anz
Bayerle	Michaela Bayerle	✓	☐	Prozessmange	01.06.2009	02.06.2009	2	15,00	2.000,00	EUR	1
Beck	Martin Beck	✓	☐	Prozessmange	01.06.2009	02.06.2009	2	15,00	2.000,00	EUR	1
Browning	Dr. Johanna Browning	✓	☐	Führungstech	01.01.2009	02.01.2009	2	15,00	1.800,00	EUR	1
Browning	Dr. Johanna Browning	✓	☐	Fuehrung	12.01.1996	13.01.1996	2	15,00	550,00	USD	1
Elsner	Hannelore Elsner	✓	☐	Personal 010	14.12.1998	18.12.1998	5	34,00	1.000,00	DEM	1
Hintze	Matthias Hintze	✓	☐	Personal 010	14.12.1998	18.12.1998	5	34,00	1.000,00	DEM	1
Hörter	Nicole Hörter	✓	☐	Prozessmange	01.06.2009	02.06.2009	2	15,00	2.000,00	EUR	1
Jordan	Ute Jordan	✓	☐	Prozessmange	01.06.2009	02.06.2009	2	15,00	2.000,00	EUR	1
Kaufman	Mike Kaufman	✓	☐	Prozessmange	01.06.2009	02.06.2009	2	15,00	2.000,00	EUR	1
Maier	Michael Maier	✓	☐	Personal 100	12.01.1998	14.01.1998	3	18,00	1.500,00	DEM	1
Maier	Michael Maier	✓	☐	Personal 070	02.06.1997	06.06.1997	5	34,00	1.000,00	DEM	1
Mannheim	Manfred Mannheim	✓	☐	Personal 010	14.12.1998	18.12.1998	5	34,00	1.000,00	DEM	1
Müller	Anja Müller	✓	☐	Prozessmange	01.06.2009	02.06.2009	2	15,00	2.000,00	EUR	1
Rauenb...	Maria Rauenberger	✓	☐	Prozessmange	01.06.2009	02.06.2009	2	15,00	2.000,00	EUR	1
Rickes	Alexander Rickes	✓	☐	Prozessmange	01.06.2009	02.06.2009	2	15,00	2.000,00	EUR	1
Rottenb...	Christine Rottenbaum	✓	☐	Prozessmange	01.06.2009	02.06.2009	2	15,00	2.000,00	EUR	1
Smith	Johann Smith	✓	☐	Prozessmange	01.06.2009	02.06.2009	2	15,00	2.000,00	EUR	1
							▪ 47 ▪	334,00 ▪	21.800,00	EUR ▪	17
									550,00	USD	
									5.500,00	DEM	

Abbildung 10.55 Ausbildungshistorie

Teilnahmevoraussetzungen

Auswahlzeitraum 01.01.1900 - 31.12.9999

Trainingstypbezeichnung	Train.Typ	Train.Form-lang	Qualif.	Voraussetzung	Qual.-Beg.	Ende-Datum
Führungstechniken	✓	Klassenraumtraining	☐	Wirtschaft	01.01.2009	31.12.9999
Personal - Stamm & Zeitdaten Funktionen	✓	Klassenraumtraining	☐	Personal Überblick	01.01.2009	31.12.9999
Personal - Stamm & Zeitdaten Konfig.	☐	Klassenraumtraining	✓	HR Funktionalität Personnel Admin.	01.01.2009	31.12.9999
Personal - Stamm & Zeitdaten Konfig.	✓	Klassenraumtraining	☐	Personal - Stamm & Zeitdaten Funktionen	01.01.2009	31.12.9999
Englisch - Wirtschaft	✓	Klassenraumtraining	☐	Englisch - Allgemein	01.01.2009	31.12.9999
Englisch - Wirtschaft	☐	Klassenraumtraining	✓	Sprachkenntnisse in Englisch	01.01.2009	31.12.9999
Englisch - Bank	✓	Klassenraumtraining	☐	Englisch - Allgemein	01.01.2009	31.12.9999
Englisch - Bank	☐	Klassenraumtraining	✓	Sprachkenntnisse in Englisch	01.01.2009	31.12.9999
Französisch - Wirtschaft	✓	Klassenraumtraining	☐	Französisch - Allgemein	01.01.2009	31.12.9999
Französisch - Wirtschaft	☐	Klassenraumtraining	✓	Sprachkenntnisse in Französisch	01.01.2009	31.12.9999
Französisch - Bank	✓	Klassenraumtraining	☐	Französisch - Allgemein	01.01.2009	31.12.9999
Französisch - Bank	☐	Klassenraumtraining	✓	Sprachkenntnisse in Französisch	01.01.2009	31.12.9999
Deutsch - Wirtschaft	✓	Klassenraumtraining	☐	Deutsch - Allgemein	01.01.2009	31.12.9999
Deutsch - Wirtschaft	☐	Klassenraumtraining	✓	Sprachkenntnisse in Deutsch	01.01.2009	31.12.9999
Deutsch - Bank	✓	Klassenraumtraining	☐	Deutsch - Allgemein	01.01.2009	31.12.9999
Deutsch - Bank	☐	Klassenraumtraining	✓	Sprachkenntnisse in Deutsch	01.01.2009	31.12.9999
Engineering 123	☐	Klassenraumtraining	✓	Betriebswirt FH	01.01.2009	31.12.9999
Engineering 125	☐	Klassenraumtraining	✓	Betriebswirt FH	01.01.2009	31.12.9999
Kommunikationskurs	✓	Klassenraumtraining	☐	Wirtschaft	01.01.2009	31.12.9999
Statical Process Control II	✓	Klassenraumtraining	☐	Statical Process Control I	01.01.2009	31.12.9999
Organisation / Disposition	✓	Klassenraumtraining	☐	Wirtschaft	01.01.2009	31.12.9999

Abbildung 10.56 Teilnahmevoraussetzungen

Abbildung 10.57 Voraussetzungsabgleich

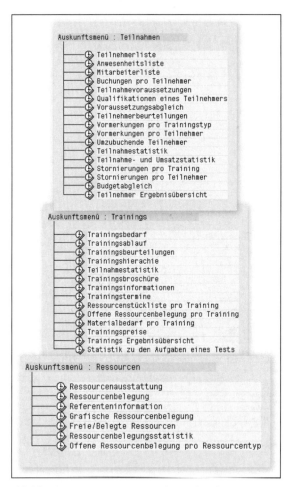

Abbildung 10.58 Auswertungen des Auskunftsmenüs

Korrespondenz im Veranstaltungsmanagement

Die Korrespondenz im Veranstaltungsmanagement basierte auf SAPscript-Formularen. Innerhalb des Trainingsmanagements der Learning Solution können Sie alternativ die sogenannte *Druckworkbench* für die Korrespondenz einsetzen. Nähere Informationen hierzu entnehmen Sie bitte dem nächsten Abschnitt.

Zu jedem Vorgang im Trainingsmanagement wie z.B. Stornieren, Buchen oder Umbuchen werden sogenannte *Mitteilungskürzel* ausgeliefert. Hinter jedem Mitteilungskürzel steckt jeweils ein SAPscript-Formular. Im Customizing sind unter VERANSTALTUNGSMANAGEMENT • SAP LEARNING SOLUTION • TRAININGSMANAGEMENT • TAGESGESCHÄFT • KORRESPONDENZ • WIZARDS Hilfs-Tools aufgelistet, die den Nutzer beim Einrichten der Korrespondenz unterstützen. Folgende Wizards werden angeboten:

- **Einrichten Korrespondenz**
  Hier werden unter anderem die benötigten Mitteilungskürzel ausgewählt und die SAPscript-Formulare in den Kundennamensraum kopiert. Beispiele für Mitteilungskürzel sind: BUCH = Anmeldung vorläufige Zusage; STOR = Stornierung; TEIL = Teilnahmebestätigung

- **Formular**
  Über den Wizard können bestehende Formulare angepasst werden. Der Wizard führt den Nutzer jedoch lediglich in die SAPscript-Formularpflege ein, deren Handhabung auf jeden Fall Kenntnisse in SAPscript erfordert.

- **Textvariablen**
  Falls die vorhandenen Textvariablen, die dynamische Informationen aus den Stammdaten des Veranstaltungsmanagements liefern, nicht ausreichen sollten, müssen neue Textvariablen erstellt und beliefert werden. Zur Erstellung des Beschaffungsprogramms zum Füllen der Textvariablen sind auf jeden Fall Programmierkenntnisse in ABAP/4 erforderlich.

- **Mitteilungskürzel**
  Sollte zu einem Vorgang im Veranstaltungsmanagement kein Mitteilungskürzel vorhanden sein, kann mithilfe dieses Wizards ein kundeneigenes Kürzel erstellt werden. Dabei ist man allerdings auf vorhandene Funktionscodes und Datenbilder angewiesen, die eine bestimmte Aktion im System widerspiegeln. Wurden z.B. neue Funktionen im Veranstaltungsmanagement implementiert, sind hier auf jeden Fall tiefer gehende Anpassungen im System vorzunehmen.

Bei der Ausgabe der Korrespondenz ist man jedoch nicht auf die SAPscript-Formulare beschränkt, sondern kann die erstellten Briefe z.B. in MS Word als Serienbrief exportieren. Dies ist allerdings nur bei der manuellen Ausgabe der Korrespondenz möglich. Eine automatische Ausgabe der Korrespondenz kann über die Customizing-Aktivität VERANSTALTUNGSMANAGEMENT • SAP LEARNING SOLUTION • TRAININGSMANAGEMENT • TAGESGESCHÄFT • KORRESPONDENZ • AUSGABESTEUERUNG festgelegt werden. Dadurch können Briefe sofort nach Durchführung einer Aktion, z.B. Buchen eines Teilnehmers auf ein geplantes Training, automatisch auf einem Drucker ausgegeben werden. Die Korrespondenz lässt sich über die Ausgabesteuerung sowohl benutzer- als auch teilnehmertypbezogen unterschiedlich gestalten.

Falls die Korrespondenz nicht automatisiert bei einem Vorgang im System ausgegeben wird, kann sie manuell vom dynamischen Teilnahmemenü aus angestoßen werden. Der Umfang der erstellten Briefe ist dabei abhängig davon, von welchem Objekt aus (Teilnehmer, Training, Trainingstyp) die Korrespondenz gestartet wird.

Korrespondenz in der SAP Learning Solution

Über den Schalter KORRESPONDENZ EINSTELLEN im Customizing der LSO (IMG: VERANSTALTUNGSMANAGEMENT • SAP LEARNING SOLUTION • TRAININGSMANAGEMENT • TAGESGESCHÄFT • KORRESPONDENZ) wird festgelegt, welche Korrespondenz im Rahmen der SAP Learning Solution verwenden werden soll. Wahlweise haben Sie hier die Möglichkeit einer auftragsbasierten oder einer SAPscript-basierten Korrespondenz:

- **SAPscript-basierte Korrespondenz**
  Hat der Customizing-Schalter KORRESPONDENZ EINSTELLEN den Wert »leer« (»blank«), so wird die SAPscript-basierte Korrespondenz verwendet, die aus dem Veranstaltungsmanagement übernommen und für die SAP Learning Solution angepasst wurde. Die Korrespondenz kann auch hier erzeugt und ausgegeben werden. Diese Einstellung entspricht dem Verhalten in der SAP-Standardauslieferung.

- **auftragsbasierte Korrespondenz**
  Hat der Schalter den Wert »X«, so wird die auftrags- und rollenbasierte Korrespondenz in der SAP Learning Solution verwendet. Korrespondenzaufträge können erzeugt, geändert (z.B. Ausgabemedium oder Empfänger) und ausgegeben werden.

Die auftragsbasierte Korrespondenz der SAP Learning Solution ist eine neue Funktion, die auf einem anderen Datenmodell und auf einer anderen Datenablage beruht als die SAPscript-basierte Korrespondenz aus dem Veranstaltungsmanagement. Eine Datenübernahme zwischen den beiden Möglichkeiten zur Korrespondenz wird von SAP nicht unterstützt. Weder können dann die Altdaten in die auftragsbasierte Korrespondenz der SAP Learning Solution übernommen werden noch die Daten der auftragbasierten Korrespondenz der SAP Learning Solution in den Transaktionen oder Prozessen der SAPscript-basierten Korrespondenz verwendet werden.

Wenn die auftragsbasierte Korrespondenz eingeschaltet wurde, ist eine Rückkehr zur SAPscript-basierten Korrespondenz mit dem Verlust sämtlicher Daten verbunden, die mit der auftragsbasierten Korrespondenz bereits erstellt wurden.

Die auftragsbasierte Korrespondenz und die SAPscript-basierte Korrespondenz sind voneinander unabhängige Anwendungen der SAP Learning Solution. Das bedeutet, dass sie über kein gemeinsames Customizing verfügen und keine gemeinsamen Formulare verwenden. Des Weiteren gibt es keine gemeinsame Protokollierung ausgegebener, auszugebender oder fehlerhafter Korrespondenz (Korrespondenzhistorie in der SAPscript-basierten Korrespondenz – Ausgabeprotokoll und Arbeitsvorrat in der auftragsbasierten Korrespondenz).

10.4.4 Nachbereitung von Trainings

Wenn Trainings stattgefunden haben, ist eine Reihe von Nachbearbeitungen durchzuführen. Voraussetzung für die Nachbereitung von Trainings ist, dass das Training sich im Status »fixiert« befindet. Der Status »fixiert« sagt aus, dass ein Training stattfindet und nicht z.B. aufgrund mangelnder Teilnehmerzahl abgesagt wurde. Die Funktionen, die dabei auszuführen sind, können alle aus dem Trainingsmenü heraus aufgerufen und gestartet werden.

Im Customizing können die durchzuführenden Aktionen teilweise automatisiert werden. Über die Customizing-Aktivität VERANSTALTUNGSMANAGEMENT • SAP LEARNING SOLUTION • TRAININGSMANAGEMENT • WIEDERKEHRENDE ARBEITEN • NACHBEREITEN können folgende Aktionen pro Teilnehmertyp aktiviert werden:

- **Ziele auf Qualifikationen des Teilnehmers übertragen**
  Die an einem Trainingstyp hinterlegten Qualifikationen, die durch ein

Training vermittelt werden, können automatisch in die Mitarbeiterstammdaten in den Infotyp 0024 (Qualifikationen) übertragen werden.

- **Verknüpfung Training/Teilnehmer nach Ende löschen**
Zur Reduzierung des Datenvolumens können Sie die Verknüpfung zwischen dem Teilnehmer und der von ihm besuchten Trainings nach der Teilnahme wieder löschen. Zu diesem Zweck erstellen Sie eine Verknüpfung zwischen dem Teilnehmer und dem Trainingstyp, die es weiterhin ermöglicht, die Teilnahmehistorie abzubilden und Prüfungen durchzuführen.

- **Verknüpfung Trainingstyp/Teilnehmer nach Ende anlegen**
Mit dieser Einstellung nutzen Sie die Prüfung auf vorausgesetzte Trainingstypen.

Über den Infotyp 1030 (Verfahren) können Sie diese Einstellungen am Trainingstypen übersteuern. Soll zusätzlich zu den Voreinstellungen auch der Schriftverkehr, also die Ausgabe der Teilnahmebestätigungen, automatisiert werden, so legen Sie im Customizing unter VERANSTALTUNGSMANAGEMENT • SAP LEARNING SOLUTION • TRAININGSMANAGEMENT • TAGESGESCHÄFT • KORRESPONDENZ • AUSGABESTEUERUNG • BENUTZERSPEZIFISCHE AUSGABESTEUERUNG für das Mitteilungskürzel TEIL die automatische Ausgabe fest, und definieren Sie ein entsprechendes Ausgabemedium (siehe Abbildung 10.59).

Abbildung 10.59 Ausgabesteuerung für die Korrespondenz einstellen

Aus dem Trainingsmenü werden ausgehend von einem Trainings oder einem Trainingstyp über das Menü VERANSTALTUNG • NACHBEREITUNG die zuvor definierten Aktionen angestartet. In dem erscheinenden Bildschirm kann unter ZUSATZDATEN festgelegt werden, ob ein Training historisiert werden soll. Durch die Historisierung verschwindet das Training aus dem Trainingskatalog.

Bevor z.B. die Qualifikationen in die Personalstammdaten übertragen oder die voreingestellten Verknüpfungen gelöscht bzw. angelegt werden, listet eine Übersicht alle Aktionen auf. Bevor diese Aktionen endgültig durchgeführt werden, können Sie hier noch verschiedene Anpassungen vornehmen (siehe Abbildung 10.60). Auf eine der möglichen Aktionen der Aktionsübersicht, die Beurteilung, gehen wir nachfolgend näher ein.

> **Eine Historisierung ist unwiderruflich**
>
> Wenn ein Training historisiert wurde, sind keine weiteren Änderungen an den Trainingsdaten mehr möglich.

Abbildung 10.60 Übersicht über Aktivitäten der Nachbereitung

Beurteilungen

In Kapitel 9, »Zielvereinbarung und Beurteilung«, wurde bereits auf die Trainings- und die Teilnehmerbeurteilung kurz eingegangen. Da diese Arten von Beurteilungen speziell für das Trainingsmanagement vorgesehen sind, die grundsätzliche Systematik von Beurteilungen und der Aufbau des Customizings jedoch mit dem anderer Beurteilungsarten identisch ist, werden die Beurteilungen hier nur aus Sicht der spezifischen Anwendung kurz dargestellt. Auch Testergebnisse können als Teilnehmerbeurteilung im Trainingsmanagement abgelegt werden, wenn der Test zu einer dort gepflegten Veranstaltung gehört oder als eigenes Training (z.B. AC, Assessment-Center) angelegt ist. Ausführlichere Informationen zum Thema Beurteilungen und zur Erstellung von Beurteilungsmustern finden Sie in Kapitel 9, »Zielvereinbarung und Beurteilung«.

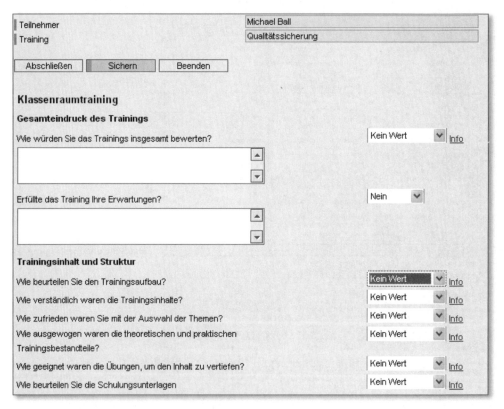

Abbildung 10.61 Trainingsbeurteilung

Trainingsbeurteilungen werden aus dem Trainingsmenü ausgehend von einem Training, Teilnehmerbeurteilungen ausgehend von einem Teilnehmer über das Menü TRAINING • BEURTEILUNG • ANLEGEN aufgerufen. Nach Auswahl des gewünschten Beurteilungsmusters, einer Vorlage für die Beurteilung mit den Beurteilungskriterien und -ausprägungen, wird ein sogenannter *Arbeitsvorrat* generiert.

Zur Generierung des Arbeitsvorrats wählen Sie die einzelnen Teilnehmer aus, die eine Trainingsbeurteilung abgegeben haben. Aus diesen Informationen werden die einzelnen Beurteilungsbögen generiert und können anschließend im System ausgefüllt werden (siehe Online-Formular in Abbildung 10.61). Des Weiteren ist anzugeben, ob die Beurteilung anonym stattfindet oder nicht. Dies wird durch das Feld ANONYMER BEURTEILER festgelegt. Um zu verhindern, dass Mitarbeiter zwei Beurteilungen abgeben, wird die Verknüpfung zwischen der Person und der Beurteilung trotz Anonymisierung auf der Datenbank gespeichert, jedoch nicht in der Anwendung angezeigt. Durch einfache Auswahl der Ausprägungen, die am Beurteilungsmuster zuvor definiert wurden, kann eine Beurteilung nach den vorgegebenen Kriterien abgegeben werden.

Abrechnung/Verrechnung von Trainingskosten

Zur Abrechnung von Trainingskosten, sei es für die Faktura oder die interne Leistungsverrechnung, müssen folgende Voraussetzungen gegeben sein:

- **Verrechnung von Teilnahmen**
    - Die Teilnahme darf nicht gebührenfrei sein.
    - Der Teilnehmer steht nicht auf der Warteliste.
- **Verrechnung von Referenten**
    - Am Ressourcentyp »Referent« sind die Kostenbestandteile gepflegt.
- **Verrechnung von Teilnahmen und Referententätigkeiten**
    - Die Kostenstellenzuordnung muss gepflegt sein.
    - Die Empfängerkostenstelle ist gepflegt.
    - Die Senderkostenstelle ist gepflegt.
    - Sender- und Empfängerkostenstelle müssen im selben Kostenrechnungskreis liegen.
    - Beim Buchen und Stornieren eines Teilnehmers müssen über die Anzeige der Zahlungsinformation die entsprechenden Daten gefüllt und die interne Leistungsverrechnung oder Faktura als Abrechnungsart ausgewählt sein (siehe Abbildung 10.52). Dies kann in der vom

Teilnehmertyp abhängigen Abrechnungsart, aber auch bereits im Customizing voreingestellt werden (siehe Abbildung 10.53).

▶ Aus dem Trainingsmenü wird über das Menü TRAINING • LEISTUNGSVERRECHNUNG • TEILNAHMEN ODER REFERENTEN oder über FAKTURIERUNG die Abrechnung bzw. Verrechnung aufgerufen. Als Ergebnis wird eine Übersicht über die ermittelten Daten gegeben (siehe Abbildung 10.62), bevor die Verrechnung oder Abrechnung angelegt wird.

Abbildung 10.62 Interne Leistungsverrechnung

10.4.5 ESS im Veranstaltungsmanagement

Da die ESS (Employee Self-Services) des Veranstaltungsmanagements nicht mehr weiterentwickelt werden und nur noch unter bestimmten Voraussetzungen überhaupt eingesetzt werden können/dürfen, empfiehlt es sich, bei einer Neuimplementierung auf die LSO zu setzen, deren Funktionalitäten vollständig online als Webanwendungen verfügbar sind. Bitte beachten Sie hierzu die SAP-Hinweise 953832 und 953254. Zu den Services innerhalb der Learning Solution sei auf den Abschnitt 10.7.4, »Neuerungen im Enhancement Package 4«, verwiesen.

10.5 Prozessbeispiel: Papierloses Veranstaltungsmanagement

Nachfolgend wird anhand eines Beispielprozesses gezeigt, wie mithilfe des Trainingsmanagements der Prozess der Korrespondenz mit den Trainingsteilnehmern durch Teile der zuvor gezeigten Customizing-Einstellungen vollständig papierlos gestaltet werden kann. Um den Prozess »Papierloses Veranstaltungsmanagement« im Veranstaltungsmanagement in die Praxis umzusetzen (siehe Abbildung 10.63 und Abbildung 10.64), wurden einige der bereits erläuterten Customizing-Einstellungen verwendet. Die Automatisierung des Schriftverkehrs mit der Ausgabe in eine E-Mail wurde über VERANSTALTUNGSMANAGEMENT • TAGESGESCHÄFT • KORRESPONDENZ • AUSGABESTEUERUNG • BENUTZERSPEZIFISCHE AUSGABESTEUERUNG FESTLEGEN eingerichtet. Dort wurde z.B. für das Mitteilungskürzel BUCH das Medium »I« (Internetmail) hinterlegt, damit bei Buchung eines Mitarbeiters auf einer nicht fixierten Veranstaltung eine Bestätigungsmail an den Mitarbeiter gesendet werden kann.

Des Weiteren wurden die Standard-Workflows »Genehmigung Teilnahme eines Mitarbeiters« und »Teilnahmestornierung Mitarbeiter« leicht angepasst, da bei beiden die Genehmigung an den Manager geht. Dies war im vorliegenden Fall nicht vorgesehen, stattdessen sollte die Personalentwicklungsabteilung die Genehmigungen erteilen. Außerdem wurden einige E-Mails, die innerhalb des Workflows versendet werden, deaktiviert, da bei bestimmten Aktionen zwei E-Mails beim Empfänger ankamen: eine vom Workflow und eine aus der Ausgabesteuerung des Veranstaltungsmanagements.

Um die E-Mail-Adressen der Mitarbeiter dem System bekannt zu machen, wurde im Infotyp 0105 (Kommunikation) der Subtyp »E-Mail-Adresse« gepflegt. Zur Sicherstellung der Aktualität der E-Mail-Adressen (z.B. bei Namensänderung, Neueinstellung) kann – vorausgesetzt, SAP ist das führende System für die Definition von E-Mail-Adressen – eine sogenannte *dynamische E-Mail* bei Stammdatenänderungen des Infotyp 0105 (Kommunikation) den Outlook-Administrator informieren.

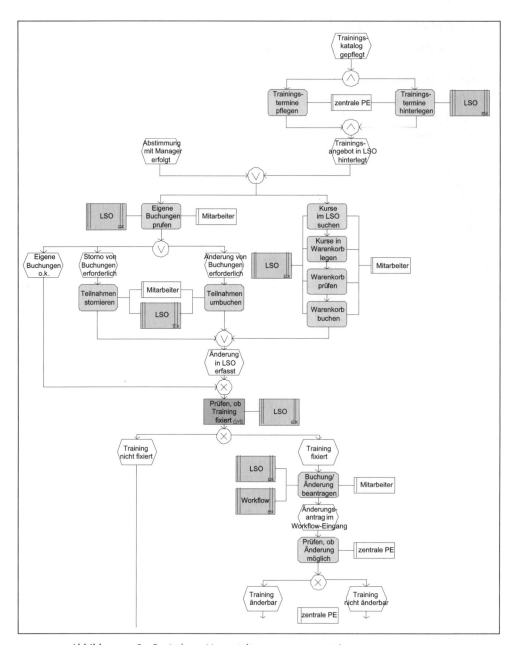

Abbildung 10.63 Papierloses Veranstaltungsmanagement 1

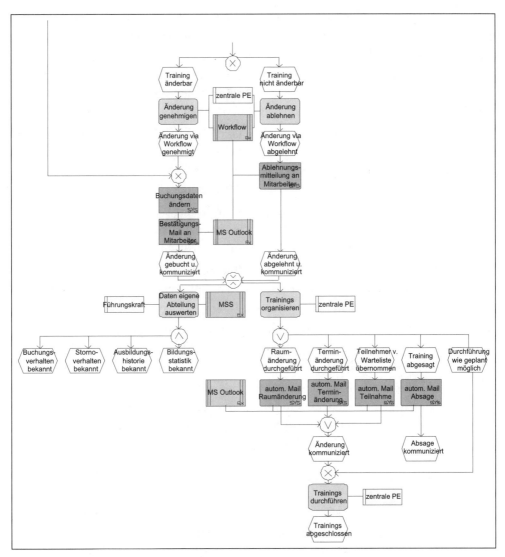

Abbildung 10.64 Papierloses Veranstaltungsmanagement 2

10.6 Kritische Erfolgsfaktoren

Die nachfolgend aufgelisteten Erfolgsfaktoren sollten Sie bei der Einführung des Veranstaltungsmanagements beachten:

- Die Prozesse, insbesondere die Genehmigung von Buchungen, Stornierungen, sowie die Strukturen des Schulungsangebots sind zu klären.

- Aufgrund der vielen Integrationsmöglichkeiten des Veranstaltungsmanagements sind die Ziele vorab zu klären und festzulegen, welche Integrationsaspekte aktiviert werden sollen.
- Die Beteiligten sind über die Auswirkungen ihrer Tätigkeiten bezüglich der Integration zu informieren (z.B. Löschen von Anwesenheiten bei aktiver Integration in die Zeitwirtschaft).
- Aufgrund der vielen Möglichkeiten, Daten z.B. an Trainingstypen zu hinterlegen, besteht die Gefahr, mehr Daten zu erfassen, als man eigentlich benötigt. Prüfen Sie daher stets, ob die erfassten Daten auch betriebswirtschaftlich sinnvoll eingesetzt werden können.
- Die Prozesse der Datenpflege sind frühzeitig zu klären. Die Prozesse sind durch Mitarbeiter oder Berater, die über ein hohes Maß an Erfahrung in SAP ERP HCM-Veranstaltungsmanagement verfügen, unterstützt zu definieren.
- Die Standardisierung des Schriftverkehrs sollte angestrebt werden, da Anpassungen und insbesondere Erweiterungen (neue Textvariablen) der Formulare relativ zeitaufwendig sind.
- Viele Prozesse des Veranstaltungsmanagements eignen sich gut zur dezentralen Nutzung – machen Sie von dieser Möglichkeit Gebrauch (z.B. Self-Services der LSO).
- Sollte die Integration in die Personalentwicklung, insbesondere ins Skillmanagement (Qualifikationen), aktiviert werden, müssen die dortigen Teams entsprechend frühzeitig mit eingebunden werden.

10.7 SAP Learning Solution

In diesem Abschnitt gehen wir auf die Besonderheiten der SAP Learning Solution ein, deren Grundlagen wir im Rahmen des Veranstaltungsmanagement in diesem Kapitel bereits erläutert haben.

10.7.1 Das SAP-Forschungsprojekt im Bereich Lernen

Die SAP Learning Solution ist unter anderem entstanden aus der Konsortialführerschaft von SAP im Projekt *L3 Lebenslanges Lernen* des Bundesministeriums für Bildung und Forschung (BMBF). Dieses Projekt ist eines von fünf Leitprojekten für E-Learning in Deutschland und wurde von einem Konsortium aus 20 Unternehmen durchgeführt. In diesem Konsortium sind sowohl Anbieter von Inhalten vertreten als auch Lernzentren und Technologiepartner. Ziel des Projekts ist die Errichtung einer organisatorischen und technischen Infrastruktur, die allen Bürgern die Möglichkeit gibt, sich beruflich ständig weiterzubilden. Alle direkt und indirekt am Bildungsprozess Beteiligten (z.B. Lehrende, Lernende und Kursautoren) sollen in ein ganzheitliches, multimediales Servicekonzept für Bildung integriert werden, das verschiedene Techniken (z.B. didaktische Methoden, neue Medien, Medienarchive, Kommunikationsnetze) implementiert. Dabei setzt L3 auf ein Miteinander etablierter Lernformen – beispielsweise des herkömmlichen Gruppenunterrichts im Klassenzimmer – und neuer Lerntechniken, die sich aus den Möglichkeiten der modernen Informations- und Kommunikationstechnologie ergeben (virtuelle Lerngruppen, Remote Tutoring, Tele Learning, individuell angepasste Kursgestaltung etc.).

10.7.2 Leistungsmerkmale

Die Ergebnisse des L3-Projekts sind in die *SAP Learning Solution* eingeflossen. SAP verwendet für die Learning Solution den Ansatz der Ganzheitlichkeit des Learning-Management-Systems, somit werden alle Funktionalitäten in einer Gesamtlösung angeboten (siehe Abbildung 10.65). Die Learning Solution unterstützt die unterschiedlichsten Rollen im Zusammenhang mit E-Learning. Dabei stehen den einzelnen Rollen derzeit die im Folgenden vorgestellten Funktionalitäten zur Verfügung.

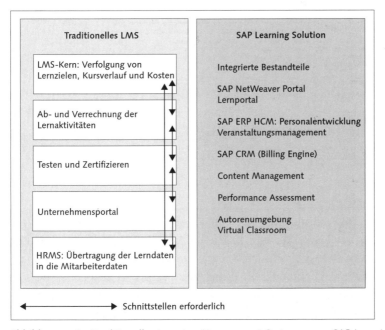

Abbildung 10.65 Traditionelles Learning-Management-System versus SAP Learning Solution

Lernender

Über eine individuelle, personalisierte Lernumgebung und die Integration in SAP ERP HCM (Stellen, Entwicklungspläne) kann der Lernende E-Learning-Inhalte aufrufen. Er bekommt einen Überblick über bereits besuchte Seminare, über Pflichtseminare und über seine Qualifikationen und Defizite (siehe Abbildung 10.66).

Der lernende Mitarbeiter kann einen Vergleich zwischen dem Anforderungsprofil seiner Rolle und seinem persönlichen Qualifikationsprofil erstellen. Die ausgewiesenen Defizite kann er durch Teilnahme an den entsprechenden Kurse ausgleichen (siehe Abbildung 10.67).

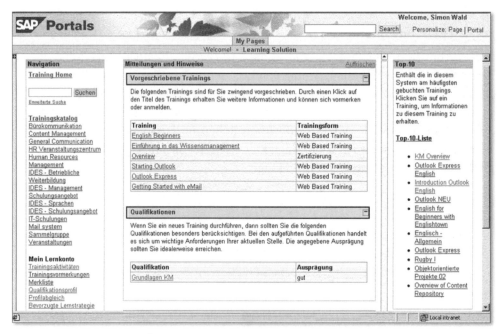

Abbildung 10.66 Übersicht über Trainingsaktivitäten

Autoren

Im *Authoring Environment* (der Autorenumgebung) werden Werkzeuge zur Strukturierung der Kurse für die schnelle Bereitstellung von Online-Inhalten (SCORM-Standard) angeboten. Die Inhalte werden in eine logische Reihenfolge gebracht und zueinander in Beziehung gesetzt. Hierüber lassen sich beispielsweise aufeinander aufbauende Kurse anordnen. Sogenannte *Lernobjekte* werden innerhalb eines Kurses in eine bestimmte Reihenfolge gebracht. Die Kurse sind dabei in einzelne Blöcke eingeteilt.

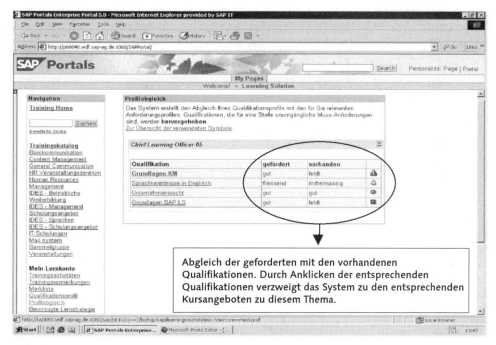

Abbildung 10.67 Ergebnis des Profilvergleichs

In Abbildung 10.68 ist diese Einteilung anhand eines Online-Trainings zum Thema Outlook Express dargestellt. Zunächst befinden sich auf übergeordneter Ebene die Hauptblöcke des Online-Trainings, sogenannte *Lernobjekt-Referenzen*. Hinter jedem Referenzobjekt stehen ein oder mehrere Lernobjekte. Diese sind über verschiedene Verbindungstypen miteinander verknüpft. Im Beispiel ist das Lernobjekt »E-Mails schreiben« mit dem Lernobjekt »Attachments hinzufügen« über eine »rangiert vor«-Verknüpfung verbunden. Sie erreichen dieses Dialogfenster über den Pfad LERNOBJEKT-REFERENZ • LERNOBJEKT • AUSBILDUNGSELEMENT.

Unter den Lernobjekten liegen die eigentlichen Inhalte, die sogenannten *Ausbildungselemente*. Diese enthalten den Content in unterschiedlichsten Formen, z.B. als HTML-Dateien oder Dateien im SCORM-Format. Die Ausbildungselemente lassen sich in verschiedene Arten der Wissensvermittlung unterteilen, z.B. »Erläuterungen«, »Beispiele«, »Übung«, »Überblick«, »Szenario«, »Zusammenfassung«, »Fakten«, »Historie« oder »Orientierung« (siehe Abbildung 10.69). Anhand dieser Einteilung kann das System, abhängig von der ausgewählten Lernstrategie des Lernenden (z.B. beispielorientiert oder überblicksorientiert), die passenden Elemente des Kurses bereitstellen.

10 | Veranstaltungsmanagement und SAP Learning Solution

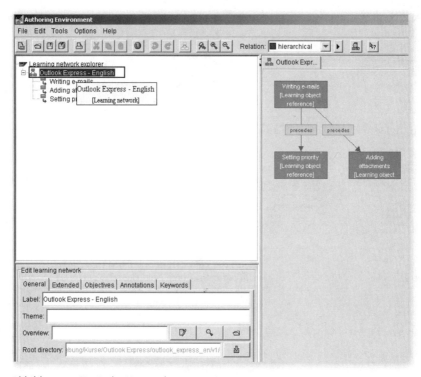

Abbildung 10.68 Grobe Kursstruktur

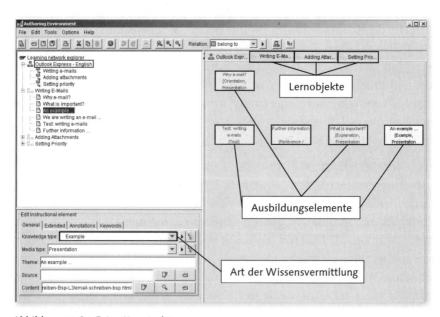

Abbildung 10.69 Feine Kursstruktur

Die Autorenumgebung dient aber nicht nur der Strukturierung der Lerninhalte, sondern auch der Erstellung von Inhalten und der Integration bestehender Online-Trainings. Ein Beispiel verdeutlicht, wie einfach sich z.B. eigene Lerninhalte in eine solche Struktur integrieren lassen. Zunächst erstellen wir ein neues Lernobjekt ohne Vorlage (siehe ❶ in Abbildung 10.70). Danach wird ein erstes Ausbildungselement angelegt ❷, das anschließend mit dem tatsächlichen Inhalt verbunden wird (siehe Abbildung 10.71).

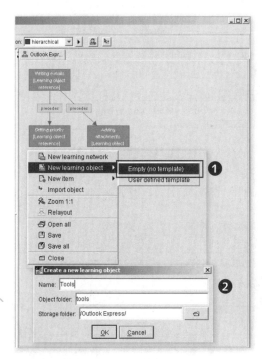

Abbildung 10.70 Neues Lernobjekt erstellen

Für das neue Ausbildungselement ist die Art der Wissensvermittlung festzulegen, die für die automatische Zuordnung der Ausbildungselemente zu einer gewählten Lernstrategie erforderlich ist. Im aufgezeigten Beispiel wurde »Überblick« als Art der Wissensvermittlung eingestellt.

Zum Einfügen des zum Ausbildungselement gehörenden Inhalts kann man auf bestehende Quelldateien zurückgreifen oder direkt aus dem Authoring Environment eine neue Datei erstellen. Im gezeigten Beispiel wurde eine PowerPoint-Datei neu erstellt und anschließend im HTML-Format abgespeichert. Die Quelldatei liegt also im *.ppt*-Format vor und der Inhalt, der eingebunden wird, als *.htm*-Datei (siehe Abbildung 10.72).

10 | Veranstaltungsmanagement und SAP Learning Solution

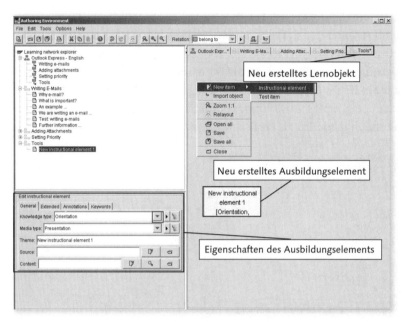

Abbildung 10.71 Neues Ausbildungselement anlegen

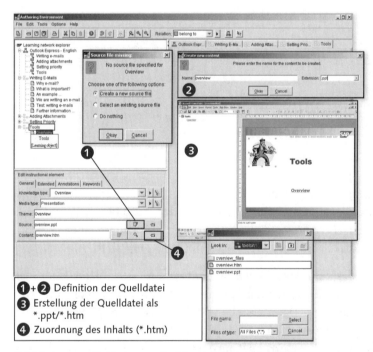

❶+❷ Definition der Quelldatei
❸ Erstellung der Quelldatei als *.ppt/*.htm
❹ Zuordnung des Inhalts (*.htm)

Abbildung 10.72 Einbinden von Trainingsinhalten in das LMS

Bevor die vorgenommenen Veränderungen an einem Online-Seminar verfügbar sind, müssen die hinzugefügten Lernobjekte und Ausbildungselemente in die bestehende Seminarstruktur eingebunden werden. Dies geschieht über die angebotenen Verknüpfungsmethoden. In unserem Beispiel wird das Lernobjekt »Tools« in die bestehende Outlook-Express-Seminarstruktur eingebaut. Bei der Verknüpfung der Lernobjekte muss die Art der Verknüpfung ausgewählt werden. Im vorliegenden Beispiel wurde eine »rangiert vor«-Verknüpfung erstellt (siehe Abbildung 10.73). Hier einige Beispiele für weitere mögliche Verknüpfungsarten:

- »besteht aus«
- »verallgemeinert«
- »bezieht sich auf«
- »bestimmt«
- »gehört zu«
- »ist Voraussetzung für«

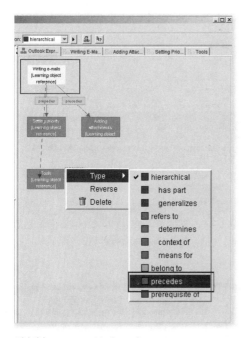

Abbildung 10.73 Verknüpfungsarten

Die vorgenommenen Veränderungen lassen sich direkt aus dem Authoring Environment heraus testen. Vor dem Testlauf muss jedoch die Lernstrategie festgelegt werden. Hier wird auch eingestellt, ob der Lernende beim Start des Online-Seminars den Lernpfad selbst auswählen kann. Im Beispiel ist die Mikrostrategie »Orientierung zuerst« ausgewählt, somit werden die Ausbildungselemente, die der Strategie »Orientierung zuerst« zugeordnet wurden, als Erstes angezeigt.

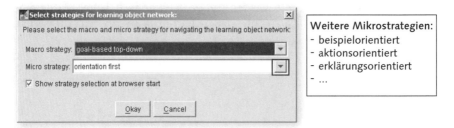

Abbildung 10.74 Lernstrategie festlegen

Um das Ergebnis der vorgenommenen Einstellungen nachvollziehen zu können, zeigt Abbildung 10.75, wie das neu aufgenommene Lernobjekt »Tools« in den Lernpfad eingefügt wurde. Auch das Ausbildungselement, die zuvor erstellte HTML-Seite, wird angezeigt.

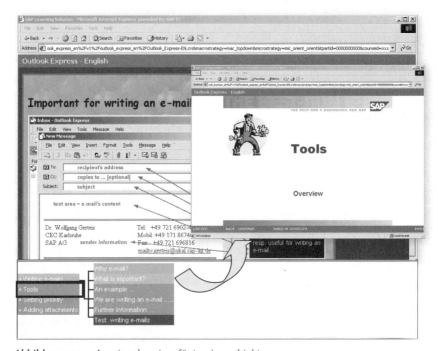

Abbildung 10.75 Anzeige des eingefügten Lernobjekts

Trainingsadministratoren

Auch den Trainingsadministratoren bietet die Learning Solution Werkzeuge zur Durchführung und Unterstützung der täglichen Arbeit:

- **Einfache Katalogadministration**
  Es werden alle Funktionalitäten des Veranstaltungsmanagements (siehe Abschnitt 10.3, »Konzeption des Veranstaltungsmanagements in SAP ERP HCM«) für die Learning Solution genutzt. Für erfahrene Nutzer des Veranstaltungsmanagements besteht somit keine erneuter Schulungsbedarf.

- **Web Reporting**
  Die Trainingsadministratoren können die Lernkonten der Teilnehmer auswerten und bei Unstimmigkeiten entsprechende Maßnahmen einleiten.

Manager

Manager können durch folgende Funktionen der LSO in den Trainingsprozess eingebunden werden:

- **SAP Business Workflow-Integration**
  SAP Business Workflow kommt etwa bei Genehmigungsverfahren von Buchungen, Umbuchungen und Stornierungen eines Mitarbeiters zum Einsatz.

- **Bereitstellung von Auswertungen**
  Mögliche Auswertungen sind z.B. Lernzielerreichung und Qualifikationen.

Administratoren

Die Bildschirmbereiche der Learning Solution lassen sich an die Unternehmensbedürfnisse anpassen. So kann beispielsweise die in Abbildung 10.66 gezeigte Top-10-Liste der meistgebuchten Trainings am rechten Bildschirmrand durch eine andere Information ersetzt werden. Die Aufteilung der Bildschirmsegmente und das firmenindividuelle Corporate Design sind ebenfalls kundenspezifisch einstellbar.

10.7.3 Integration der Learning Solution in SAP ERP HCM

Die Learning Solution baut auf dem klassischen Veranstaltungsmanagement in SAP ERP HCM auf und nutzt die dort vorhandene Technik. Der Trainingskatalog, der innerhalb der Learning Solution präsentiert wird, ist in dieser Form auch tatsächlich im HCM-System angelegt. Die erforderlichen neuen

Objekte und Customizing-Einstellungen werden seit SAP R/3 4.7 ausgeliefert. Das Anlegen einer solchen Online-Veranstaltung wird ähnlich durchgeführt wie bei einer »herkömmlichen« Veranstaltung. Die bereits in diesem Kapitel vorgestellte Struktur des Veranstaltungsmanagements mit den Veranstaltungsgruppen, Veranstaltungstypen und Veranstaltungen wird also weiterhin genutzt. Hinzu kommt ein neues Objekt für E-Trainings, also für Veranstaltungen ohne Orts- und Zeitangaben.

Abbildung 10.76 Zuordnung des Veranstaltungstyps zur Trainingsform

Über den IMG-Pfad VERANSTALTUNGSMANAGEMENT • SAP LEARNING SOLUTION • TRAININGSMANAGEMENT • TRAININGSVORBEREITUNG • STAMMDATEN ÜBER KATALOG PFLEGEN gelangen Sie in den Stammdatenkatalog des Trainingsmanagements. Dort legen Sie eine Trainingsgruppe an. Soll eine Trainingsgruppe als Themenbereich selektierbar sein, muss dies hier gekennzeichnet werden. Damit ist zunächst festgelegt, dass die Trainingsgruppe auch in der Learning Solution verfügbar ist. Als Nächstes muss ein neuer Trainingstyp angelegt und einer Trainingsmethode zugeordnet werden (siehe Abbildung 10.76). Wenn es sich um ein Online-Seminar handelt, verknüpfen Sie hier den Trainingstyp mit der Trainingsmethode WBT (Web Based Training).

Anschließend wird dem *Trainingstyp* der sogenannte *Trainingsinhaltstyp* zugeordnet (siehe Abbildung 10.77), um festzulegen, welches WBT sich hinter dem Veranstaltungstyp verbirgt.

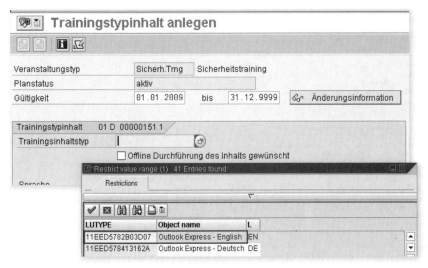

Abbildung 10.77 Zuordnung des Trainingstyps zum Trainingsinhaltstyp

Eine weitere Eigenschaft für Trainingstypen findet sich unter der Bezeichnung DURCHFÜHRUNGSDAUER (siehe Abbildung 10.78). Hier können Sie die Höchst- und Mindestdauer eines Online-Trainings festlegen. Diese Daten dienen zum einen der Entscheidungsfindung bei der Auswahl eines Seminars durch die Lernenden, die somit einen Richtwert über die durchschnittliche Dauer des jeweiligen Kurses erhalten. Zum anderen kann mithilfe dieser Angaben ausgewertet werden, wie viele Teilnehmer ober- oder unterhalb der optimalen Durchführungsdauer für das Seminar liegen. Die maximale Verfügbarkeit des Online-Seminars je Teilnehmer definiert, wie viel Zeit dem Mitarbeiter für die Durchführung des Kurses zur Verfügung steht. Das Ende der allgemeinen Verfügbarkeit des Seminars kann über ein Datum definiert werden. Damit wird das Seminar automatisch aus dem Online-Angebot entfernt, was insbesondere bei Seminaren sinnvoll ist, die turnusmäßig aktualisiert werden müssen.

Über eine Zuordnung der Veranstaltungstypen zu einzelnen Rollen innerhalb des Unternehmens und die Definition von sogenannten *Mussveranstaltungen* werden die in Abbildung 10.66 aufgezeigten »Vorgeschriebenen Trainings« einer Rolle definiert. Diese Zuordnung erfolgt über die Verknüpfungsart »zwingend vorgesehen für« (A 611). Damit werden die Trainingstypen mit

Stellen oder Personen verknüpft. Der Veranstaltungstyp ist jetzt gewissermaßen als Mussveranstaltung für den (Plan-)Stelleninhaber definiert (siehe Abbildung 10.79).

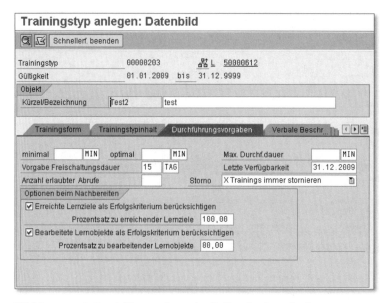

Abbildung 10.78 Durchführungsdauer des Online-Seminars festlegen

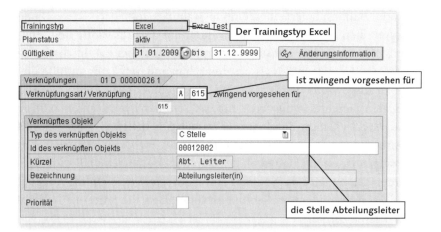

Abbildung 10.79 Verknüpfung des Trainingstyps mit einer Stelle

Die einmal über die Learning Solution getätigten Buchungen und die Abarbeitung eines Online-Seminars werden in die Ausbildungshistorie und in das Qualifikationsprofil in SAP ERP HCM übertragen und von dort wieder über die Learning Solution abgerufen. Dies gilt sowohl für Online- als auch für Präsenzveranstaltungen. Es findet keine redundante Datenhaltung statt. Auch die genannten Anforderungsprofile für den Profilvergleich (siehe Abbildung 10.67) kommen aus der Personalentwicklungskomponente innerhalb von SAP ERP HCM und werden dort an den sogenannten *Planstellen* abgelegt.

10.7.4 Neuerungen im Enhancement Package 4

Nachfolgend stellen wir die neuesten Entwicklungen für die SAP Learning Solution vor, die mit Enhancement Package 4 (EhP4) ausgeliefert werden, das seit Mai 2009 verfügbar ist. Die Screenshots sind zur Drucklegung leider nur in englischer Sprache verfügbar, werden aber entsprechend ausführlich erläutert.

Die Learning Solution mit den Neuerungen von EhP4 und der neu integrierte Virtual Learning Room von Adobe Connect werden unter dem Begriff des *SAP Enterprise Learning Environments* subsummiert. Abbildung 10.80 zeigt, welche wesentlichen Neuerungen mit dem SAP Enterprise Learning verfügbar sind.

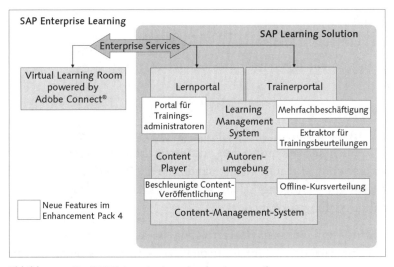

Abbildung 10.80 SAP Enterprise Learning (environment)

Integrated Virtual Learning Room (Adobe Connect)

Bisher konnte der Virtual Learning Room von Adobe Connect als Add-On für die Learning Solution genutzt werden. Durch das SAP Enterprise Learning wurde der virtuelle Lernraum nun integriert.

Der Lerner kann in seinem Lernportal den virtuellen Raum betreten, um ein von ihm gebuchtes Training durchzuführen. Dabei wird er von einem Referenten betreut und kann von einem Tutor unterstützt werden.

Der Referent kann in seinem Referentenportal virtuelle Räume anlegen und verwalten bzw. dem Training einen virtuellen Raum zuordnen. Im Standard hat jeder Referent mindestens einen virtuellen Raum. Er moderiert und führt das Training in einem virtuellen Raum durch. Im Referentenportal steht jedem Referenten sein persönlicher Arbeitsvorrat zur Verfügung. Der Arbeitsvorrat enthält alle dem Referenten zugeordneten Trainings, die aktuelle Teilnehmerliste sowie die virtuellen Räume.

Portalrolle für Trainingsadministratoren

Die Portalrolle »Trainingsadministrator« stellt eine einfache Oberfläche zur Durchführung der folgenden regelmäßigen administrativen Tätigkeiten bereit (siehe Abbildung 10.81):

- Einplanen neuer Trainingstermine und Teilnahmeverwaltung
- Überwachung von Ressourcen und Kapazitäten
- Korrespondenz
- Nachbereitung von Trainings
- Verwaltung von Pflichtveranstaltungen durch Manager

Offline-Kursverteilung

Durch die Verteilung von Offline-Trainings kann man Kurse auf die lokalen Clients der Teilnehmer laden und dort ausführen. Dies ist insbesondere für Teilnehmer geeignet, die nur kleine Bandbreiten für den Internet- oder Intranet-Zugriff zur Verfügung haben und somit kein umfangreiches Kursmaterial online ausführen können.

Die Fortschritts- und Performanceverfolgung ist auch für Offline-Inhalte möglich. Hierfür wird der Offline-Content Player von SAP benutzt, der die Fortschritts- und Performanceergebnisse lokal auf dem Rechner des Lerners vorhält und bei Bedarf an die LSO übermittelt.

Abbildung 10.82 zeigt die möglichen Szenarien einer Offline-Kursverteilung.

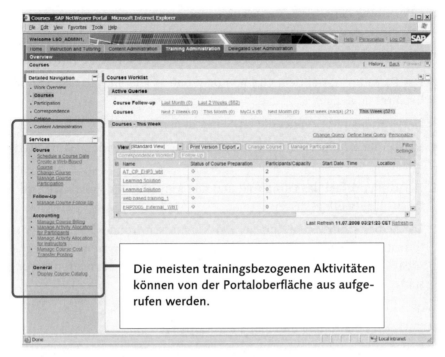

Abbildung 10.81 Portalrolle »Trainingsadministrator«

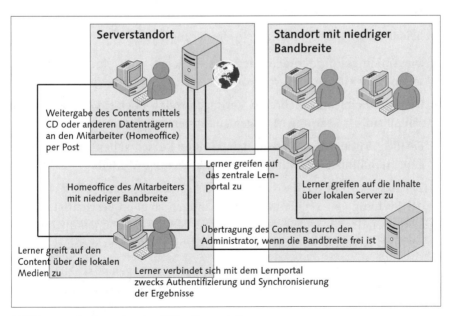

Abbildung 10.82 Szenarien der Offline-Kursverteilung

Die Verteilung der Offline-Kurse läuft dabei folgendermaßen ab:

1. Der Administrator erzeugt im SAP ERP Backend System Offline-Course-Distribution-Files (OCD) und sichert diese auf einem lokalen Laufwerk.
2. Der Kursautor erstellt ein Offline Kurs-Content File über den Repository Explorer (LNP File).
3. Der Administrator sendet die LNP Files zu den Lernern.
4. Der Lerner konfiguriert den Content Player zur Verwendung von Offline Inhalten.
5. Der Lerner öffnet das Lernportal und den Kurs. Der Kursinhalt wird vom lokalen Laufwerk gestartet.
6. Der Lerner schließt den Kurs ab. Der Kursfortschritt und die Leistungsinformationen werden an das Learning-Management-System übertragen, sobald der Benutzer wieder online ist oder explizit die Synchronisierung startet.

Mehrfachbeschäftigung und globale Mitarbeiter

Mehrfachbeschäftigte sind Mitarbeiter, die innerhalb einer Firma mehrere Verträge haben. Ein *globaler Mitarbeiter* leistet seine vertraglichen Verpflichtungen in mehreren Ländern.

In beiden Fällen gelten besondere Anforderungen:

- Die Trainingsanforderungen der verschiedenen Jobs eines Mitarbeiters sollen einheitlich administrierbar sein.
- Die Mitarbeiter mit mehreren Verträgen sollen über ein Benutzerkonto zentral auf das Learning-Management-System zugreifen.
- Bei der Prüfung der Voraussetzung eines Kurses sollen alle Beschäftigungsverhältnisse des Mitarbeiters berücksichtigt werden.
- Den Administratoren des Learning-Management-Systems sollen während der Buchung von Teilnahmen Informationen zu allen Beschäftigungsverhältnissen des Mitarbeiters angezeigt werden. Damit können die Buchungen dem passenden Beschäftigungsverhältnis zugeordnet werden.

In der Übersicht seiner Buchungen kann der Lerner genau sehen, zu welchem Vertragsverhältnis eine Buchung oder Teilnahme gehört (siehe Abbildung 10.83).

Abbildung 10.83 Übersicht der Trainingsaktivitäten bei Mehrfachbeschäftigung

Beschleunigte Content-Verteilung

Damit Administratoren Inhalte schnell und einfach publizieren können, liefert die SAP eine neue Anwendung aus, mit der man einzelne Inhalte publizieren kann und nicht auf die Auslieferung eines kompletten Content Packages warten muss.

Mit dieser einfachen Anwendung lassen sich Kurse mit wenigen Klicks publizieren (siehe Abbildung 10.84). Dabei können auch einzelne Dokumente als Lerninhalt veröffentlicht werden (z.B. MS Word, Adobe Flash, MS Power Point); die Autorenumgebung wird hierfür nicht benötigt.

Extraktor für Trainingsbeurteilungen

Um das Feedback der Trainingsteilnehmer aus den Beurteilungsformularen besser analysieren zu können, gibt es mit EhP4 einen neuen Datenextraktor zum Auslesen der Beurteilungsformulare. Damit soll erreicht werden, dass die Trainingsadministratoren das Feedback besser auswerten können, um entsprechende Maßnahmen zur Verbesserung der Trainings einleiten zu können.

Mithilfe des neuen Datenextraktors für SAP NetWeaver BW können die notwendigen Reports erstellt werden.

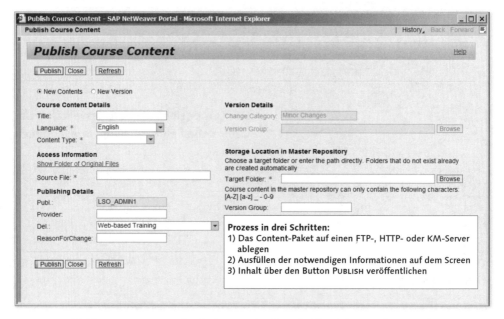

Abbildung 10.84 Neue Oberfläche zur schnellen Veröffentlichung von Lerninhalten

Neue Lernservices für Manager

Die neuen Services für Manager ermöglichen eine verbesserte Auswertung und Steuerung der Lernaktivitäten innerhalb eines Teams. Somit kann der Manager genauer steuern, welche Inhalte seine Mitarbeiter lernen sollen, um die zukünftigen Anforderungen innerhalb seiner Abteilung erfüllen zu können.

Abbildung 10.85 gibt zunächst noch einmal eine Übersicht über die schon bisher verfügbaren Services für Manager.

Neu hinzugekommen ist ein Service, der es dem Manager ermöglicht, die Besuche der Pflichtveranstaltungen seiner Mitarbeiter zu überwachen und neue Trainings den Mitarbeitern zuzuordnen (siehe Abbildung 10.86)

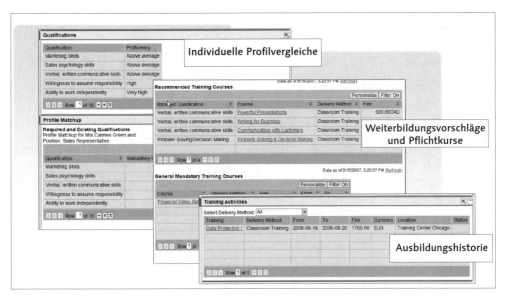

Abbildung 10.85 Bislang schon verfügbare Services für Manager

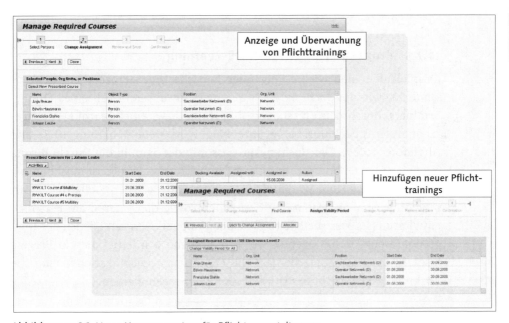

Abbildung 10.86 Neue Managerservices für Pflichtveranstaltungen

Des Weiteren kann sich der Manager nun einen kompletten Überblick über die Trainingshistorie eines Mitarbeiters verschaffen und den Mitarbeiter auf neue Trainings vormerken oder auch direkt buchen (siehe Abbildung 10.87).

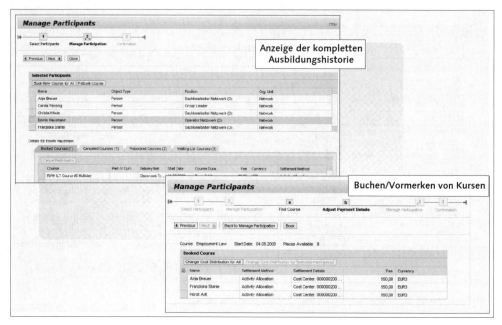

Abbildung 10.87 Neue Managerservices für Trainingshistorie und -buchung

10.7.5 Prozessbeispiele für das E-Learning

Beispielhaft stellen wir im Folgenden zunächst einen Prozess dar, der verdeutlicht, wie die Buchung eines Seminars (in unserem Fall eines Online-Seminars) durch den Einsatz von E-Learning bzw. eines Learning-Management-Systems beeinflusst bzw. unterstützt wird (siehe Abbildung 10.88 und Abbildung 10.89). Der Buchungsprozess mündet dann in die Durchführung des gebuchten Online-Trainings. Der Durchführungsprozess ist in Abbildung 10.99 dargestellt und verdeutlicht nochmals, an welchen Stellen ein Learning-Management-System den Lernenden sowie die anderen am Personalentwicklungsprozess beteiligten Personen unterstützen kann. Auch der Integrationsaspekt in bestehende SAP ERP-Systeme wurde bei diesem Prozess insofern berücksichtigt, als dass die erworbenen Qualifikationen und die Ausbildungshistorie in das HCM-System übertragen werden.

Buchung eines Online-Seminars

Aus dem Beispielprozess zur Buchung eines Online-Seminars in Abbildung 10.88 und Abbildung 10.89 ist zu ersehen, dass sich ein Prozess durch die Einführung von E-Learning im Unternehmen verändern kann: Viele Aufgaben werden von der Personalentwicklungsabteilung auf den Mitarbeiter übertragen. Die Personalentwickler treten mehr als Berater, Tutoren und interne Dienstleister auf und werden nicht mehr mit administrativen Tätigkeiten belastet. Aufgrund der technischen Unterstützung (z.B. Tests zur Prüfung der erforderlichen Vorkenntnisse) kann sich der Mitarbeiter die erforderlichen Kurse zusammenstellen. Aufgrund der Workflow-Integration wird der Entscheider bei Buchungen, Umbuchungen und Stornierungen informiert und kann den entsprechenden Antrag online bearbeiten.

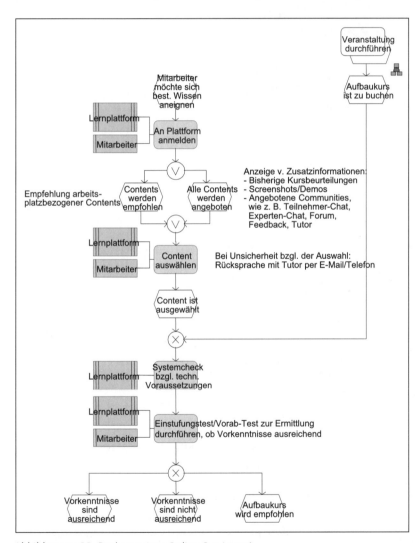

Abbildung 10.88 Buchung eines Online-Seminars 1

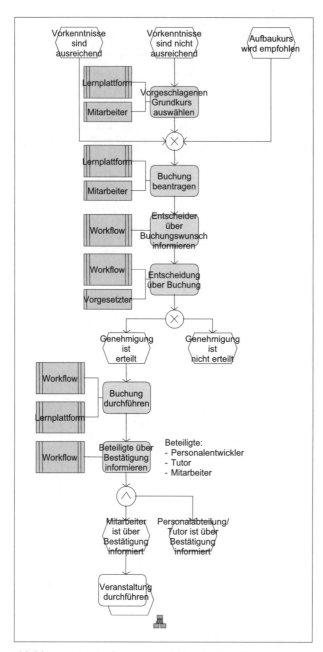

Abbildung 10.89 Buchung eines Online-Seminars 2

Nachfolgend wird eine mögliche Initialzündung für die Buchung eines Online-Seminars durch den Mitarbeiter aufgezeigt und wie der Prozess der Buchung eines Online-Seminars in der LSO aussieht.

Eine mögliche Initiierung einer Trainingsteilnahme könnten vorgeschriebene Trainings sein, die für die Ausübung einer bestimmten Tätigkeit im Unternehmen notwendig sind. Bei der Anmeldung an der LSO werden passend zur Planstelle des Mitarbeiters vorgeschriebene Trainings ermittelt. Diese werden in der LSO im Bereich VORGESCHRIEBENE TRAININGS angezeigt (siehe Abbildung 10.90).

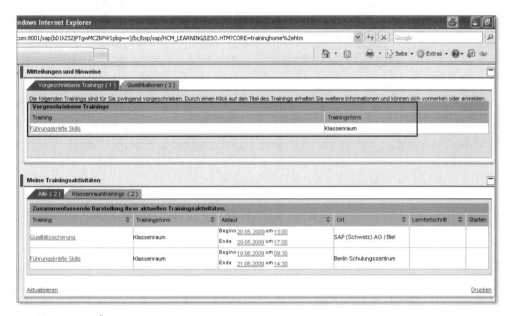

Abbildung 10.90 Übersicht über vorgeschriebene Trainings

Der Vorschlag der vorgeschriebenen Trainings kommt im Standard aus einer Verknüpfung (»zwingend vorgeschrieben für«) zwischen einem Trainingstypen und einer Planstelle/Stelle eines Mitarbeiters (siehe Abbildung 10.79). Über das BAdI LSO_LEARNER, Methode GET_ALERTS können kundeneigene Vorschläge programmiert werden, die aus anderen Kriterien ermittelt werden.

Ein weiterer Anlass für die Buchung eines Seminars kann sich aus einem Profilabgleich ergeben. Die LSO erlaubt es dem Mitarbeiter, sein Qualifikationsprofil einzusehen und einen Abgleich seines Profils mit dem Anforderungsprofil seiner Planstelle durchzuführen.

Im Bereich MEINE QUALIFIKATIONEN kann sich der Mitarbeiter sein Profil ansehen und den Profilabgleich starten (siehe Abbildung 10.91). Aus dem Profilabgleich können in der LSO Trainingsvorschläge generiert werden.

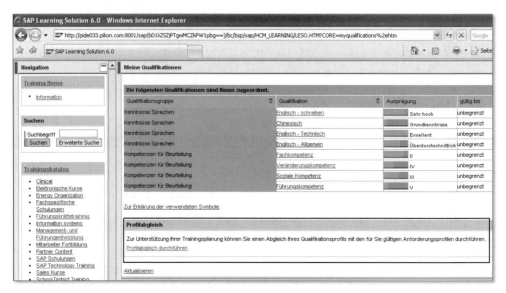

Abbildung 10.91 Ansicht »Meine Qualifikationen«

Die Informationen zu den Qualifikationen des Mitarbeiters kommen dabei aus dem Infotyp 0024 (Qualifikationen) (siehe Abbildung 10.92).

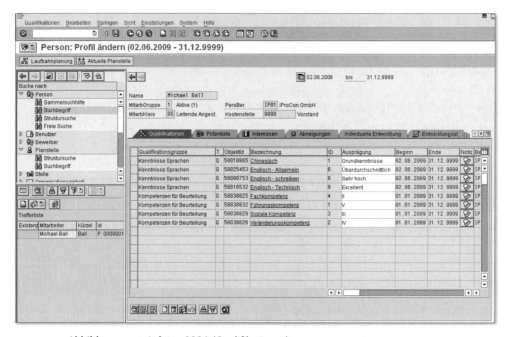

Abbildung 10.92 Infotyp 0024 (Qualifikationen)

Das Pendant zum Profilabgleich, das Anforderungsprofil, können Sie im System an einer Stelle oder Planstelle hinterlegen (siehe Abbildung 10.93).

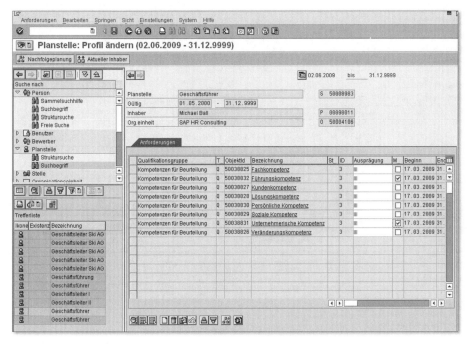

Abbildung 10.93 Anforderungsprofil einer Planstelle

Das Ergebnis des Profilvergleichs zeigt mögliche Defizite des Mitarbeiters auf (siehe Abbildung 10.94) und schlägt mögliche Trainings zur Kompensation dieser Defizite vor (siehe Abbildung 10.95).

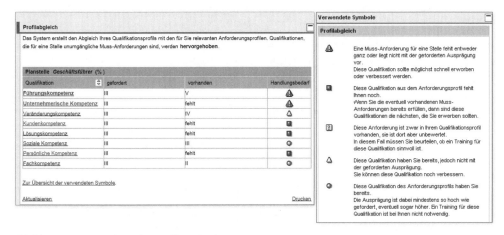

Abbildung 10.94 Ergebnis des Profilvergleichs

10 | Veranstaltungsmanagement und SAP Learning Solution

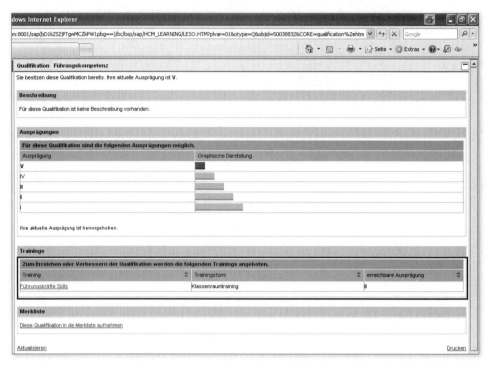

Abbildung 10.95 Trainingsvorschlag aus dem Profilvergleich

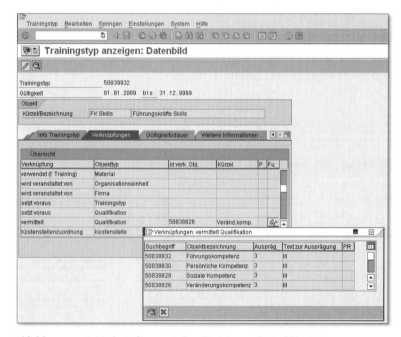

Abbildung 10.96 Verknüpfung zwischen Training und Qualifikationen

Dieser Trainingsvorschlag kommt aus einer Verknüpfung (»vermittelt«) zwischen Trainings und Qualifikationen. Dabei wird genau angegeben, welche Ausprägung der zugeordneten Qualifikation durch das Training vermittelt wird bzw. vom Teilnehmer erreicht werden kann (siehe Abbildung 10.96).

Der Trainingsvorschlag kann direkt vom Mitarbeiter gebucht/beantragt werden oder in eine Merkliste aufgenommen werden, aus der später eine Buchung oder erneute Suche nach Terminen möglich ist (siehe Abbildung 10.97).

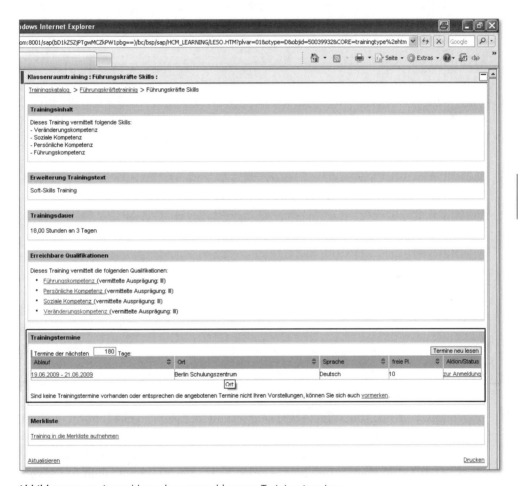

Abbildung 10.97 Auswahl aus den vorgeschlagenen Trainingsterminen

Zuvor hat der Mitarbeiter die Möglichkeit, sich ausführlich über das Training zu informieren und schließlich die Teilnahme zu beantragen (siehe Abbildung 10.98).

10 | Veranstaltungsmanagement und SAP Learning Solution

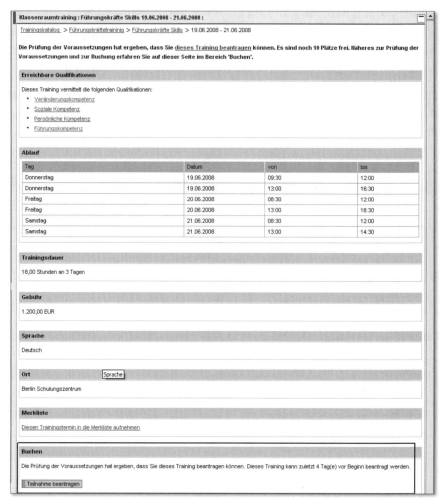

Abbildung 10.98 Anzeige der Trainingsdetails

Durchführung eines Online-Seminars

Aus dem in Abbildung 10.99 dargestellten Prozess geht hervor, wie ein Online-Seminar durchgeführt wird, und wie der Lerner durch die technische Hilfe (etwa z.B. durch den Vorschlag oder die Auswahlmöglichkeit eines Lernpfades) unterstützt werden kann. Des Weiteren ist eine Lernkontrolle durch Prüfung der Lernzielerreichung enthalten; Aufbaukurse können direkt im Anschluss an die erfolgreiche Absolvierung eines Kurses angeboten werden. Die automatische Übertragung der Qualifikationen, die durch eine Veranstaltung vermittelt werden, können in die Stammdaten des Mitarbeiters im HCM-Trainingsmanagement durch eine Standardfunktionalität übernommen werden (siehe hierzu auch Abschnitt 10.4.4, »Nachbereitung von Trainings«).

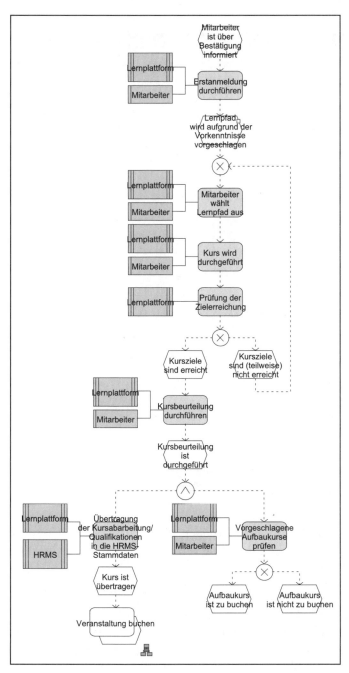

Abbildung 10.99 Durchführung eines Online-Seminars

Nachfolgend zeigen wir kurz, wie sich der Aufruf und die Durchführung der Beurteilung eines Trainings nach dem Seminarbesuch darstellen (siehe Abbildung 10.100).

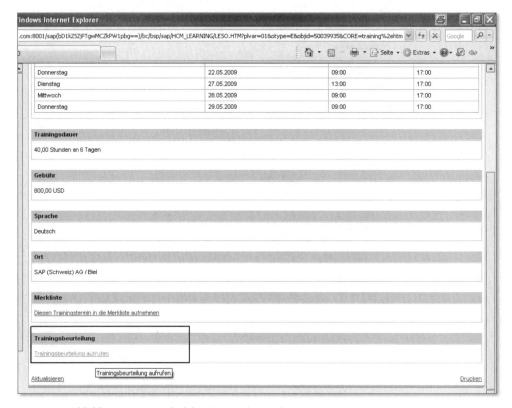

Abbildung 10.100 Aufruf der Trainingsbeurteilung

Die Learning Solution verwendet das neue Beurteilungssystem und stellt Online-Fragebögen für die Seminarbeurteilung zur Verfügung (siehe Abbildung 10.101).

Neben den genannten Prozessveränderungen gibt es noch weitere Beispiele dafür, wie sich Prozesse durch E-Learning verändern und wie neue Prozesse hinzukommen:

- **Content-Beschaffungsprozesse**
  Durch einen integrierten Medien- und Methodenmix kommen die Phasen »Produktion von Content«, »Content-Pflege«, »Sicherstellung der Einhaltung der Konventionen« und »Produktionsüberwachung« hinzu.

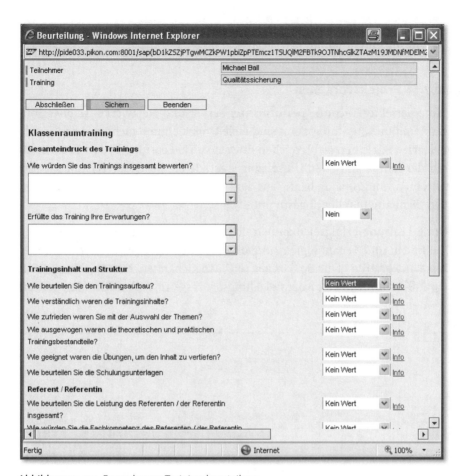

Abbildung 10.101 Formular zur Trainingsbeurteilung

- **Serviceprozesse**
  Die Servicefunktionen der Personalentwicklungsabteilung und anderer Abteilungen beinhalten unter anderem die Bereitstellung von Newslettern, Management News, Literaturdiensten und Knowledge-Datendiensten.

- **Tutoring-Prozesse**
  Veränderungen in diesem Bereich betreffen insbesondere die Betreuung der virtuellen Seminarräume, den technischen Support sowie die Initiierung und Moderation der Kommunikation zwischen den Teilnehmern.

Wie Sie sehen, sind sehr viele Prozesse und damit auch sehr viele Beteiligte innerhalb Ihres Unternehmens von der Einführung einer E-Learning-Lösung betroffen. Daher ist es äußerst wichtig, dass Sie die Beteiligten möglichst von Anfang an in die Projektkommunikation einbeziehen. Was sonst noch bei einem E-Learning-Projekt zu beachten ist, können Sie den nachfolgenden Ausführungen entnehmen.

10.7.6 Projektvorgehen

Trotz perfekter Technik, performanter Server und Netzwerke, stabiler Software und Intranet-Integration sind viele Unternehmen nicht wirklich »ready to learn«. Für einen erfolgreichen Einsatz von E-Learning bedarf es mehr als nur der rein technischen Umsetzung – gerade bei perfekter Technik geraten Akzeptanz und Abläufe häufig aus dem Blick oder Prozesse und Technik werden nicht aufeinander abgestimmt.

Um E-Learning erfolgreich zu betreiben, muss das Unternehmen die neuen Methoden und Technologien sinnvoll in die bestehenden Systeme und Prozesse integrieren. Nur so können die Möglichkeiten des E-Learnings zur Optimierung der Personalentwicklungsprozesse in vollem Umfang genutzt werden.

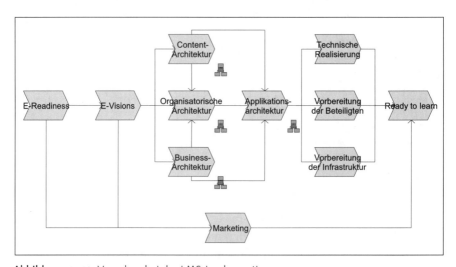

Abbildung 10.102 Vorgehen bei der LMS-Implementierung

Die Komplexität und damit die Notwendigkeit von Prozessdefinitionen bei einer E-Learning-Einführung verdeutlicht Abbildung 10.102, die alle grundsätzlichen Bereiche darstellt, die bei einer E-Learning-Implementierung zu beachten sind. Hinter jedem dieser Punkte verbergen sich Prozesse, die unternehmensabhängig völlig unterschiedlich ausgestaltet sein können und die wir im Folgenden kurz erläutern werden:

- **E-Readiness**
  Zunächst sollte ermittelt werden, ob E-Learning prinzipiell für das Unternehmen geeignet ist. Dies geschieht durch die Evaluierung der individuellen Nutzenpotenziale über die Sichtung der unternehmensspezifischen Personalentwicklungsprozesse.

- **E-Visions**
  Das Unternehmen muss sich eine Vision erarbeiten (Was wollen wir mit E-Learning erreichen?), die von der obersten Ebene des Unternehmens aus seine Unterstützer findet.

- **Content-Architektur**
  Es sind Fragen der Content-Arten zu fachlichen, medialen und didaktischen Kriterien bzw. Ausgestaltungen zu klären. Auch die Festlegung einer Content-Struktur (z.B. Content-Kataloge, Curricula) sollte möglichst in einem frühen Stadium der Implementierung erfolgen, ebenso wie die Auswahl eines oder mehrerer Content-Lieferanten.

- **Organisatorische Architektur**
  Diese Architektur bildet z.B. die Zugangs- und Nutzungsprozesse des E-Learnings bzw. einer Lernplattform ab. Dort werden unter anderem Fragen geklärt: Wer hat Zugang zum System? Welche Pull-/Push-Inhalte gibt es? Welche Rollen/Aufgaben gibt es? Wie ist das E-Learning in die Arbeitsprozesse integriert?

- **Business-Architektur**
  Fragen wie die Ausgestaltung des Betreibermodells aus technischer und fachlicher Sicht, aber auch der Rollout-Strategie sind hier zu beantworten.

- **Applikationsarchitektur**
  Die Ergebnisse der Content-, der organisatorischen und der Business-Architektur fließen in die Applikationsarchitektur ein, die dann die fertigen Fachkonzepte, IT-Konzepte, Integrationskonzepte und Change-Management-Konzepte zur Berücksichtigung technischer und organisatorischer Veränderungen vereint.

- **Technische Realisierung**
  Umsetzung der technischen Konzepte, die aufgrund des Business-Konzeptes und der Business-Architektur entstanden sind.

- **Vorbereitung der Beteiligten**
  Da auf alle Beteiligten neue Aufgaben wie z.B. Content-Beschaffungsprozesse, Service- oder Tutoring-Prozesse zukommen, ist eine gründliche Vorbereitung der Mitarbeiter unumgänglich.

- **Vorbereitung der Infrastruktur**
  Die technische und organisatorische Infrastruktur muss im Hinblick auf den künftigen E-Learning-Einsatz vorbereitet werden. Nichts demotiviert einen Lernenden mehr als ein nicht funktionierendes Online-Seminar.

- **Marketing**
  Das beste Learning-Management-System nützt nichts, wenn die Nutzer ausbleiben. Daher sollte das Interesse frühzeitig geweckt und möglichst eine Pilotgruppe von Anfang an integriert werden. Die ausgearbeitete E-Vision muss publik gemacht werden, und auch das Anbieten von bestimmten Anreizsystemen wie z.B. Prämienpunkte bei der Nutzung eines Online-Seminars kann anfänglich sinnvoll sein.

Neben der notwendigen Vorbereitungen auf ein E-Learning-Projekt sollten Sie insbesondere auch während des Projekts folgende kritischen Erfolgsfaktoren beachten.

10.7.7 Kritische Erfolgsfaktoren

Bei einer E-Learning-Einführung und bei der Einführung eines kompletten Learning-Management-Systems sind es neben den technischen vor allem die organisatorischen und prozessorientierten Erfolgsfaktoren, die eine Implementierung oder einen erfolgreichen Einsatz von E-Learning und LMS bestimmen (siehe Abbildung 10.103).

- Als erster Erfolgsfaktor ist die Einbeziehung der Prozessorganisation unmittelbar bei Beginn des Projekts zu nennen. Da sehr viele verschiedene Bereiche eines Unternehmens von einem solchen Projekt betroffen sind (Personalentwicklungsabteilung, Vorgesetzte, Mentoren, Tutoren, Mitarbeiter, IT etc.), ist es unbedingt erforderlich, die Auswirkungen der Implementierung auf die Prozesse zu berücksichtigen. Wenn bestimmte technische und organisatorische Strukturen aufgebaut wurden, ohne auf die Prozesse und die Prozessintegration zu achten, kann dies auf einen ungleich höheren Aufwand gegen Ende des Projekts hinauslaufen. Die Einbindung des Projekts in das organisatorische bzw. prozessorientierte Gesamtkonzept ist daher von Anfang an anzustreben. Durch die Einbeziehung aller relevanten Prozesse werden die Zielgruppen der Einführung automatisch von Anfang an mit einbezogen.

- Es ist generell sinnvoll, zunächst eine bestimmte Zielgruppe für das E-Learning herauszugreifen und diese Gruppe bereits sehr früh in die Projektarbeit einzubeziehen. Es gibt kein besseres Marketing als solche erfolgreichen Pilotgruppen, die auch die übrigen Zielgruppen neugierig machen. Durch Anreizsysteme können Sie die Bereitschaft der Zielgruppe, E-Learning einzusetzen, zusätzlich fördern. Es gibt Beispiele, bei denen die Zielgruppe auf spielerische Weise erste Kontakte mit der Lernplattform aufnimmt (Online-Spiele). Außerdem kann das Unternehmen über die Einführung eines Prämienpunktesystems Anreize zur Nutzung von E-Learning schaffen. Der Mitarbeiter erhält bei erfolgreicher Durchführung eines Online-Seminars Punkte, die er sammelt und ab einer bestimmten Punktzahl gegen eine Prämie eintauschen kann. Um die Erfahrungen der Pilotgruppe mit E-Learning zu nutzen, ist ein strukturiertes Vorgehen bei der Sammlung und Bewertung ihrer Rückmeldungen erforderlich.

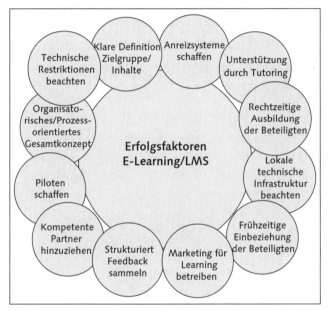

Abbildung 10.103 Erfolgsfaktoren für die Implementierung und den Einsatz von E-Learning/LMS

- Das Betreiben von Marketing innerhalb des Unternehmens ist eine Aufgabe, die in nahezu jeder Phase des Projekts eingesetzt werden sollte. Es weckt nicht nur das Interesse der Mitarbeiter, sondern fördert zudem ihre Bereitschaft, die Lernplattform zu nutzen.

- Neben der Berücksichtigung des organisatorisch-prozessorientierten Gesamtkonzepts muss auch die technische Seite mit einbezogen werden. So muss z.B. die technische Ausstattung an den Arbeitsplätzen, an denen gelernt werden soll, auch wirklich vorhanden sein – nichts demotiviert mehr als ein nicht funktionierendes LMS! Die Motivation in Bezug auf E-Learning ist im Allgemeinen bei den Mitarbeitern hoch – sie reagiert aber äußerst empfindlich auf technische Störungen und nimmt in diesem Fall schnell ab. Daraus ergibt sich die Notwendigkeit, möglichst früh Informationen über die lokale technische Infrastruktur zu vermitteln, was sich gerade bei einem international agierenden Konzernverband als sehr aufwendig erweisen kann. Der Aspekt der lokalen technischen Infrastruktur prägt die technische Restriktion bei der Erstellung von Inhalten und ist daher frühzeitig zu beachten.

- Aus didaktischer Sicht ist die Unterstützung der Lernenden durch Tutoring unumgänglich, denn viele Mitarbeiter werden sich erst an die neue Art des Lernens gewöhnen müssen. Sie sollten daher unbedingt einen kompetenten Ansprechpartner im Unternehmen vorfinden. Die Tutoren sind ihrerseits rechtzeitig auf ihre neuen Aufgaben vorzubereiten.

Im nächsten Kapitel gehen wir auf das neue SAP E-Recruiting ein, das die klassische Personalbeschaffung abgelöst hat.

Die E-Recruiting-Lösung in SAP ERP HCM ist vollständig neu und hat nur wenige Gemeinsamkeiten mit der Personalbeschaffung im klassischen Sinn. Das neue Design setzt auch auf einer neuen technologischen Basis auf. Es berücksichtigt den veränderten Stellenmarkt, indem es einen vorausschauenden Ansatz wählt, um die besten Ergebnisse zu erzielen. Schwerpunkt dieses Kapitels ist neben dem Beschaffungsprozess insbesondere die Nachfolgeplanung.

11 SAP E-Recruiting

Dieses Kapitel befasst sich mit dem Prozess der *Personalbeschaffung* und mit dem der *Nachfolgeplanung*. Die Nachfolgeplanung wird dabei als wichtiger Teil der Personalentwicklung aufgefasst. Da sich die Nachfolgeplanung in SAP ERP HCM vieler E-Recruiting-Komponenten bedient, gehen wir in diesem Kapitel immer zuerst auf den Personalbeschaffungsprozess und danach auf den Prozess der Nachfolgeplanung ein.

11.1 Betriebswirtschaftliche Grundsätze

Die betriebswirtschaftlichen Grundlagen bilden die Basis für die technische Umsetzung der Anforderungen in einem Personalmanagementsystem. Neben den rechtlichen Grundlagen, insbesondere aus Datenschutzsicht, sind hier die verschiedenen Beschaffungswege gerade dann von großer Bedeutung, wenn es darum geht, Fach- und Führungskräfte zu rekrutieren, die auf dem Arbeitsmarkt besonders rar sind. Aber auch die Beschaffung von Nachwuchskräften und Auszubildenden ist ein zentrales Thema bei der Bewerberauswahl. Ähnlich verhält es sich bei der Nachfolgeplanung, die unter Umständen in eine »Neubeschaffung« von Personal münden kann. Das Aufzeigen von Karrierepfaden für bereits beschäftigte Mitarbeiter, ihre Befähigung für die geplante Laufbahn durch entsprechende Trainings und ihre gezielte Ermittlung aus dem internen Bewerberpool sind wesentliche Aufgaben der Personalentwicklung.

11.1.1 Ziele des Personalbeschaffungsprozesses

Bei der Personalbeschaffung sollen durch Suche und Bereitstellung Personalressourcen verfügbar gemacht werden, damit der Personalbedarf in quantitativer und qualitativer Hinsicht gedeckt werden kann (siehe Berthel 2007). Jeder Personalbeschaffungsprozess sollte also neben dem Bereitstellen qualifizierten Personals auch folgende Ziele anstreben:

- **Mengenziel**
  Personal soll in ausreichender Zahl (Anzahl der Stellen) und für eine ausreichende Dauer (Arbeitszeit der Stellen) eingestellt werden.

- **Zeitziel**
  Personal ist rechtzeitig zum Zeitpunkt der geplanten (Neu-)Besetzung der Stelle und für die angestrebte Dauer der Besetzung (befristet/unbefristet) einzustellen.

11.1.2 Ziele der Nachfolgeplanung

Die Nachfolgeplanung ist eine zentrale strategische Aufgabe des Human Resources Managements. Bedingt etwa durch die demografische Entwicklung und anstehende Pensionierungen von Führungskräften in Schlüsselpositionen müssen potenzielle Nachfolger gefunden und vorbereitet werden. Bleiben die Führungskräftepositionen für längere Zeit unbesetzt, so kann dies das Unternehmen gefährden, da durch die zunehmende Spezialisierung von Führungskräften diese zu Schlüsselpositionen im Unternehmen geworden sind.

Ein wichtiges Ziel der Nachfolgeplanung ist neben der Beschaffung von Nachfolgern auch das Aufzeigen von Karrierepfaden für die Mitarbeiter. Gerade die besten Leute verlassen ein Unternehmen oft, wenn sie dort für sich keine Karriereperspektiven sehen. Durch das Internet und sonstige Kontaktmöglichkeiten können die guten Führungskräfte schnell durch Direktkontakte von Headhuntern abgeworben werden. Die Auswahl und Vorbereitung der richtigen Führungskräfte ist daher mit großer Sorgfalt durchzuführen, da Fehlbesetzungen bei der Nachfolge sehr teuer werden können (Prozesskosten, Opportunitätskosten, Einarbeitungskosten). Letztendlich besteht in einer fehlenden Nachfolgeplanung das personalwirtschaftliche Hauptrisiko für ein Unternehmen. Das äußert sich z.B. auch im Rahmen von Basel II; hier führt eine fehlende Nachfolgeplanung zu einer schlechteren Bewertung des Unternehmens im Rating. Nachfolgeplanung dient also zum einen der Risikominimierung für das Unternehmen und zum anderen erfüllt sie eine Anreizfunktion für potenzielle Nachfolgekandidaten. Sie bietet einen wichtigen Bindungsanreiz für den Nachwuchs und zieht gleichzeitig externe High Potentials an. Eine fehlende Nachfolgeplanung ist einer der Hauptgründe für die Fluktuation von High Potentials (siehe Kienbaum-Studie »High Potentials 2007«).

11.1.3 Beschaffungsmedien

Vor der Auswahl der Beschaffungsmedien müssen bestimmte Entscheidungen getroffen werden. Zunächst ist zu entscheiden, ob Personal intern oder extern beschafft werden soll. Laut § 93 des Betriebsverfassungsgesetzes kann der Betriebsrat verlangen, »dass Arbeitsplätze, die besetzt werden sollen, allgemein oder für bestimmte Arten von Tätigkeiten vor ihrer Besetzung innerhalb des Bentriebs ausgeschrieben werden«. Daher haben Unternehmen oft gar nicht die Wahl, eine Stelle intern auszuschreiben oder nicht.

Auch wenn das Betriebsverfassungsgesetz eine interne Ausschreibung vor eine externe Ausschreibung stellt, werden in der Praxis oft zeitgleich zur internen Ausschreibung externe Stellenanzeigen geschaltet, es sei denn, eine Betriebsvereinbarung verbietet dies ausdrücklich. Im Folgenden behandeln wir kurz die interne und externe Ausschreibung und ihre Ausprägungen.

Medien der internen Ausschreibung

Im Wesentlichen bieten sich drei Möglichkeiten für die interne Ausschreibung: schwarzes Brett, direkte Auswahl und Ansprache und das Intranet.

- **Schwarzes Brett**
  In der Praxis werden für interne Stellenausschreibungen häufig standardisierte Formulare genutzt, die Auskunft über die Stellenbeschreibung, wichtige Anforderungen, den Besetzungszeitpunkt und die tarifliche Eingruppierung der zu besetzenden Stelle geben. Neben dem klassischen »Schwarzen Brett«, das sich meist im Kantinenbereich befindet, werden im Zuge des verstärkten Einsatzes von Intranetstrukturen interne Ausschreibungen immer häufiger im Intranet ausgeschrieben oder per Umlauf-E-Mail bekannt gegeben.

- **Direkte Auswahl und Ansprache**
  Parallel zur Ausschreibung am Schwarzen Brett erfolgt in der Praxis bei bestimmten zu besetzenden Stellen meist eine direkte Ansprache oder gezielte Auswahl eines Kandidaten. Voraussetzung für ein solches Vor-

gehen ist allerdings eine funktionierende Nachfolge- und Personalentwicklungsplanung.

- **Ausschreibung im Intranet**
Immer mehr Unternehmen schreiben bestimmte Stellen zusätzlich zum Schwarzen Brett im Intranet aus. Angesprochen werden sollen dadurch hauptsächlich Personen im kaufmännischen Bereich. Gelegentlich senden Unternehmen auch Mailings an alle Mitarbeiter mit dem Hinweis, dass auch Bewerbungen aus dem Bekanntenkreis der Mitarbeiter erwünscht sind. Mit den neuen Möglichkeiten von SAP E-Recruiting kann ein Unternehmen auch aktiv geeignete interne Mitarbeiter suchen (z.B. durch Profilvergleiche) und ansprechen (z.B. durch die Zuordnung von Suchaufträgen zu Mitarbeitern).

Medien der externen Ausschreibung

Für eine externe Ausschreibung bieten sich deutlich mehr Medien an:

- **Stellenanzeigen**
Klassische Stellenanzeigen gelten nach wie vor als ein wichtiges Instrument der externen Personalbeschaffung. In welcher Zeitung Sie inserieren sollten, hängt davon ab, wen Sie durch die Anzeige ansprechen wollen. Akademiker werden in der Regel in überregionalen Tageszeitungen mit speziellen Stellenmärkten für Akademiker gesucht (Beispiel: FAZ). Fachkräfte wie z.B. Köche oder Personalsachbearbeiter können auch in Fachzeitschriften gesucht werden. Problematisch bei der Suche über Fachzeitschriften ist allerdings, dass diese Zeitschriften im Allgemeinen nur monatlich erscheinen und oft in Unternehmen in einen Umlauf integriert sind, sodass mögliche Bewerber die Stellenangebote zum Teil erst relativ spät wahrnehmen. Firmen mit einem stark regionalen Bezug sollten regionale Zeitungen auswählen.

Beim Aufbau der Stellenanzeige sollte das bewährte AIDA-Prinzip Berücksichtigung finden (Attention – Interest – Desire – Action). Dabei wird der Bewerber zunächst auf die Anzeige aufmerksam gemacht (Attention). Dies kann bei Firmen mit einem entsprechenden Image bereits über das Firmenlogo geschehen. Auch eine direkte Ansprache des Lesers kann die geforderte Aufmerksamkeit erzeugen. Das Interesse an der ausgeschriebenen Stelle (Interest) kann darüber erzeugt werden, dass einige Aufgabengebiete hervorgehoben oder die Besonderheiten der Unternehmenskultur dargestellt werden. Der Wunsch (Desire), sich auf die Ausschreibung zu bewerben (Action), kann geweckt werden, indem besondere soziale Leistungen des Unternehmens oder die Karrierechancen der ausgeschriebenen Stelle hervorgehoben werden.

- **Arbeitsverwaltung (Bundesagentur für Arbeit)**
Die klassische Personalsuche über die Bundesagentur für Arbeit ist eine kostengünstige Alternative, wenn es um die Beschaffung von bestimmten Arbeitskräften geht. Problematisch bei der ausschließlichen Suche über die Bundesagentur ist, dass bestimmte Fach- und Führungskräfte nicht verfügbar sind, weil sie gar nicht als arbeitsuchend gemeldet sind.

- **Private Arbeitsvermittlung**
Die private Arbeitsvermittlung ist seit Anfang 1994 zulässig. Im Sinne des § 35 Absatz 1 Satz 2 des Sozialgesetzbuchs, drittes Buch (SGB III)) wird darunter »eine Tätigkeit« verstanden, »die darauf gerichtet ist, Arbeitsuchende mit Arbeitgebern zur Begründung von Arbeitsverhältnissen ... zusammenzuführen«. Zuvor hatte die Arbeitsvermittlung durch die Bundesagentur für Arbeit eine Monopolstellung. Bei der Auswahl der Arbeitsvermittler sollte auf deren Qualifizierung geachtet werden. Jede natürliche oder juristische Person oder Personengesellschaft kann als Vermittler am Markt tätig werden. Voraussetzung ist lediglich die Anzeige beim Gewerbeamt. Eine geregelte Ausbildung zum Arbeitsvermittler gibt es allerdings nicht.

- **Direktansprache (Headhunting)**
Sogenannte *Researcher* oder *Headhunter* machen Zielgruppen oder einzelne Zielpersonen ausfindig, die in entsprechenden Positionen tätig sind, und stellen deren Wechselwilligkeit fest. Aufgrund der hohen Kosten setzt man Headhunters in der Regel nur zur Rekrutierung von Führungskräften und Spezialisten ein, die auf dem Arbeitsmarkt besonders rar sind. Vorteil dieser Beschaffungsmethode ist, dass auch Bewerber angesprochen werden, die nicht auf Arbeitssuche sind. Des Weiteren kann dadurch möglicherweise die Konkurrenz geschwächt und die eigene Personalabteilung entlastet werden.

- **Personal-Leasing (Arbeitnehmerüberlassung)**
Diese Methode der Personalbeschaffung wird eingesetzt, um kurzfristige Bedarfe zu decken. Laut § 1 Abs. 2 des Arbeitnehmerüberlassungsgesetzes (AÜG) darf die Verleihdauer eines Arbeitnehmers an denselben Auftraggeber nicht mehr als zwölf aufeinander folgende Monate betragen.

- **Internet**
Wie bereits zu Anfang des Kapitels erwähnt, ist die Ausschreibung von Stellen im Internet und die Abwicklung des Beschaffungsprozesses über

dieses Medium heutzutage üblich. Dies geht teilweise so weit, dass bestimmte Firmen nur noch Online-Bewerbungen annehmen und Papierbewerbungen von vornherein ablehnen. Längst werden nicht mehr nur Stellen für Informatiker im Internet ausgeschrieben. Aufgrund der rasanten Verbreitung des Internets in den letzten Jahren sind mittlerweile Stellenausschreibungen für fast alle Berufsgruppen im Internet zu finden. Angesichts der vielfältigen Möglichkeiten der Personalbeschaffung über das Internet und der sich bietenden neuen Möglichkeiten gehen wir auf das Thema »Recruiting über das Internet« im gleichnamigen Abschnitt 11.1.7 ausführlicher ein.

▶ **Sonstige (Hochschulkontakte, Vergabe von Diplomarbeiten, Workshops etc.)**
Diese Wege schlägt man in der Regel ein, um Nachwuchskräfte direkt von der Universität oder Fachhochschule anzuwerben.

Entscheidungskriterien der externen Personalbeschaffungsmedien

Ist die Entscheidung für eine externe Personalbeschaffung gefallen, muss entschieden werden, welches externe Personalbeschaffungsmedium eingesetzt werden soll bzw. wer die Personalbeschaffung durchführt. Mehrere Kriterien sollten bei der Entscheidungsfindung berücksichtigt werden (siehe Abbildung 11.1).

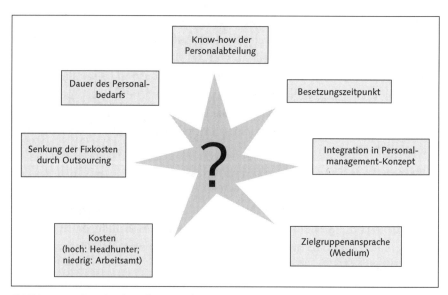

Abbildung 11.1 Entscheidungskriterien der externen Personalbeschaffung

11.1.4 Administration des Bewerbungsprozesses

Unter der Administration des Bewerbungsprozesses sind alle Tätigkeiten zu verstehen, die vom Eingang der Bewerbung bis zur Erstellung und Aushändigung des Arbeitsvertrags an den neuen Mitarbeiter anfallen.

Aufgrund der heutigen Arbeitsmarktlage, gerade im Bereich der Fach- und Führungskräfte und hier insbesondere im Bereich Informationsverarbeitung, ist es für ein Unternehmen immer wichtiger, als attraktiver Arbeitgeber aufzutreten. Dies kann im Vorfeld durch die Gestaltung und den Inhalt der Beschaffungsmedien erfolgen, sollte dort aber nicht enden. Immer wieder machen – nach außen hin attraktive – Unternehmen bei der Administration des Bewerbungsprozesses schwerwiegende Fehler.

Aber auch die Administration anderer Bewerber, wie z. B. Nachwuchskräfte und Auszubildende, stellt besondere Ansprüche an den Bearbeiter und somit auch an die eingesetzte Software. Aufgrund der teilweise in Unternehmen vorherrschenden Vielzahl an Bewerbungseingängen auf bestimmte Ausbildungs- und Traineeplätze ist es für die Personalabteilung immer wieder eine Herausforderung, der Menge an Bewerbungen Herr zu werden. Eine erste Vorauswahl findet bei der Durchsicht der Bewerbungsunterlagen und durch das Aussortieren von Bewerbungen statt, die offensichtliche Mängel aufweisen.

Anforderungen an den Bewerbungsprozess aus Bewerbersicht

Aus der Sicht eines Bewerbers ergeben sich folgende Ansprüche, die zugleich auch Anforderungen an den Bewerbungsprozess sind. Um herausfinden, was bei der Administration des Bewerberprozesses wichtig ist, sollte man sich daher einfach einmal in die Lage eines Bewerbers versetzen:

- **Schnelles Feedback nach Eingang der Bewerbung**
  Wenn es ein Unternehmen geschafft hat, Bewerber auf sich zu ziehen, ist es enorm wichtig, bei interessanten Bewerbern möglichst schnell zu reagieren. Das beginnt damit, dass der Bewerber möglichst zeitnah nach dem Eingang seiner Bewerbung erfährt, dass seine Bewerbung angekommen ist und sich bereits in Bearbeitung befindet. Viele Unternehmen haben sich im Zuge einer Qualitätssicherung bestimmte Antwortzeiten gesetzt, die in diesem Bereich bei einer, maximal zwei Wochen liegen sollten. Zur Unterstützung eines solchen Ziels ist es wichtig, das richtige Instrument einzusetzen. Mit diesem Instrument sollten sich Bewerberdaten möglichst effizient und unkompliziert erfassen und auswerten lassen, um auch eine schnelle Korrespondenz zu ermöglichen.

- **Schnelle Verfügbarkeit des Status der Bewerbung**
  Bei Anfragen eines Bewerbers sollte es sofort möglich sein, eine Aussage über den Stand seiner Bewerbung zu geben (z.B. derzeitiger Bearbeiter, Abteilungsdurchlauf, Korrespondenz). Aber auch intern hat dieser Punkt eine große Bedeutung, da hierüber jeder Zugriffsberechtigte ständig Informationen über den Verbleib von Bewerbungsunterlagen und den Stand der Bewerbung hat.

Anforderungen an den Bewerbungsprozess aus Fachabteilungssicht

Nicht nur der Bewerber, sondern auch die Fachabteilung stellt spezifische Anforderungen an den Bewerbungsprozess:

- **Einfache Erfassung der Bewerberdaten**
  Die Erfassung der Bewerberdaten – insbesondere bei großen Mengen – muss unkompliziert und einfach zu handhaben sein.

- **Identifizierung von Doppelbewerbungen**
  Doppelbewerbungen müssen möglichst automatisiert ermittelbar sein. Dabei sind sowohl Mehrfachbewerber als auch frühere Mitarbeiter zu identifizieren. Auf die Problematik des Datenschutzes in diesem Zusammenhang gehen wir im folgenden Abschnitt, »Anforderungen an den Bewerbungsprozess aus Datenschutzsicht«, ein.

- **Sicherstellung der Vergleichbarkeit**
  Die Datenbasis für den Auswahlprozess sollte möglichst homogen sein. Es sollten also zu allen Bewerbern vergleichbare Informationen erfasst werden. Des Weiteren ist es in der Regel notwendig, weitere Daten eines Bewerbers in einem späteren Schritt nachzuerfassen. Beispielsweise muss die Bankverbindung erfasst werden, wenn es zu einem Vorstellungsgespräch oder Assessment-Center kommt, um die Reisekosten des Bewerbers abzurechnen.

- **Pflege und Überwachung des Status der Bewerbung**
  Um den Auswahlprozess verwalten zu können, müssen alle geplanten und erledigten Aktivitäten für einen Bewerber (z.B. Versand der Eingangsbestätigung, Übergabe der Bewerberakte, Bewerbungsgespräch) im Rahmen eines Auswahlprozesses erfasst werden. Darüber hinaus muss der Status einer Bewerbung schnell und abteilungsübergreifend zur Verfügung stehen, damit jederzeit eine Auskunft darüber erteilt werden kann. Dieser Informationsbedarf besteht sowohl intern aus Fachabteilungssicht als auch extern aus Bewerbersicht.

Anforderungen an den Bewerbungsprozess aus Datenschutzsicht

Durch die große Anzahl an eingehenden Bewerbungen und im Sinne einer rationellen Abwicklung der Vorauswahl gehen immer mehr Unternehmen dazu über, bereits die Bewerberdaten intern in elektronischer Form zu erfassen und abzuspeichern. Grundsätzlich gilt dies für die Grunddaten zur Person (Name, Anschrift), soweit Briefe mit Textverarbeitung erstellt werden, und für die Spesenabrechnung im Rahmen der Anreise zum Bewerbergespräch (Fahrt- und Übernachtungskosten). Häufig wird auch die Verwaltung der Bewerberdaten (Terminanberaumung, Aktenverfolgung, Einladung/Absage, Bewerberarchiv und -statistik) mithilfe von Personalmanagementsystemen erleichtert. Diese Praxis ist auch für die Dauer des Auswahlverfahrens durch das Bundesdatenschutzgesetz (BDSG) nicht zu beanstanden. Die Legitimation zur Datenspeicherung muss »im Rahmen der Zweckbestimmung eines bestehenden oder angebahnten Vertragsverhältnisses« nach § 28 Abs. 1 Ziff. 1 BDSG gesucht werden, es muss also ein aktueller und unmittelbarer Zusammenhang zwischen der Speicherung und dem Vollzug vertraglicher Pflichten bestehen (siehe Bellgardt 1992, Seite 32–36). Dies ist z.B. im Auswahlstadium zwischen Bewerber und potenziellem Arbeitgeber gegeben. Die Quantität, Qualität und Dauer der Datenspeicherung hängt von der konkreten Auslegung der beiderseitigen Vertragspflichten ab, die sich aus dem angebahnten Vertragsverhältnis ergeben.

Gerade bei der Vorauswahl der Bewerber ist die Ermittlung von Doppelbewerbungen ein sinnvolles Mittel, um bereits abgelehnte Bewerber effizient herauszufiltern. Diese Möglichkeit setzt allerdings voraus, dass die Daten der Bewerber länger als nur für die Dauer des angebahnten Arbeitsverhältnisses gespeichert werden dürfen. Die Erlaubnis zur Speicherung auch außerhalb eines Arbeitsverhältnisses kann sich ein Unternehmen zusichern, indem es die Einwilligung des Betroffenen einholt. Diese Erlaubnis bedarf nach § 4 Abs. 2 BDSG der Schriftform und muss mit dem Hinweis auf den Zweck der Speicherung versehen werden. In der Praxis werden diese Willenserklärungen der Bewerber zur Speicherung ihrer Daten häufig separat oder als eigener Posten auf dem Bewerberbogen eingeholt.

11.1.5 Bewerberauswahl

In diesem Abschnitt wird zunächst der Prozess der Vorauswahl der Bewerber skizziert. Anschließend gehen wir auf den eigentlichen Auswahlprozess und die unterschiedlichen Auswahlverfahren ein.

Vorauswahl

In der Vorauswahl der Bewerber werden die eingehenden Bewerbungen in drei Kategorien eingeteilt:

- **A-Bewerber**
Diese Bewerber erscheinen aufgrund der vorliegenden Unterlagen geeignet. Eine genauere Betrachtung des Bewerbers ist in einem persönlichen Gespräch gewünscht. Die A-Kriterien können abgeleitet werden aus:
  - Personalanforderung der Fachabteilung
  - Soll-Anforderungsprofil
  - Stellenbeschreibung
  - Unternehmensgrundsätze (z.B. nur Akademiker einzustellen)
  - Bewerbungsgrundsätze

  A-Kriterien sind typischerweise:
  - Vollständigkeit der Bewerbungsunterlagen
  - Alter
  - Branchenerfahrung
  - Länge der Berufserfahrung
  - Ausbildungsabschluss

- **B-Bewerber**
Interessante Bewerber, die aufgrund kleinerer Unregelmäßigkeiten im Lebenslauf oder Ähnlichem nicht der Gruppe A zugeordnet wurden. Diese Bewerber stellen sozusagen eine Reserve dar, falls sich nicht alle Bewerber aus der A-Gruppe als geeignet herausgestellt haben oder falls diese sofort absagen.

- **C-Bewerber**
Bewerber, die aufgrund ihrer Qualifikation nicht auf die ausgeschriebene Stelle passen oder deren Bewerbungsunterlagen erhebliche Mängel aufweisen. Diesen Bewerbern wird in der Regel sofort abgesagt.

Auswahlverfahren

Die Auswahl der Bewerber kann auf unterschiedliche Weise vorgenommen werden und ist von mehreren Faktoren abhängig:

- **Bewerbergruppe**
Handelt es sich z.B. um Auszubildende, werden des Öfteren Leistungstests, gruppendynamische Übungen und anschließende oder vor-

gezogene Vorstellungsgespräche durchgeführt. Die Auswahl von Fachkräften hingegen wird im Allgemeinen zunächst über ein erstes und gegebenenfalls ein zweites Vorstellungsgespräch getroffen.

- **Art der zu besetzenden Stelle**
  Wenn es darum geht, Fach- und Führungskräfte auszuwählen, werden meist sogenannte *Assessment-Center (AC)* durchgeführt, bei denen die Bewerber für die Dauer von mindestens einem Tag verschiedene Testszenarien durchlaufen müssen.

11.1.6 Beschaffungscontrolling

Die Beschaffung von Personal verursacht Kosten für die Medien der externen/internen Personalbeschaffung und bindet vor allem auch Personalressourcen. Aufgabe des Beschaffungscontrollings ist es zu ermitteln, welcher Erfolg den gebundenen Ressourcen gegenübersteht. Die Effizenz der Beschaffungsmaßnahmen soll ermittelt werden, um Entscheidungen für oder gegen bestimmte Maßnahmen treffen zu können. Das Beschaffungscontrolling dient der Steuerung personalwirtschaftlicher Arbeit und ist als operatives Controlling anzusehen.

Voraussetzung für ein effektives Beschaffungscontrolling ist eine hohe Transparenz bei den Kosten personalwirtschaftlicher Vorgänge. Um diese Kosten zu ermitteln, müssen folgende Fragen beantwortet werden (Beispiel: Beschaffung neuer Mitarbeiter):

- **Welche Teile im Unternehmen können beteiligt sein?**
  - Personalmarketing: Infos im Internet veröffentlichen, Bewerbertage, Teilnahme an Bewerberforen etc.
  - psychologischer Dienst: Erstellung eines Auswahlverfahrens und dessen ständige Überarbeitung (z.B. Assessment Center, Tests, Gesprächsleitfaden)
  - Personalbeschaffung: Durchführung des Auswahlverfahrens, Vertragsabschluss etc.
- **Wie können die Kosten erfasst werden?**
  - einen Kostenträger »Beschaffung Fachkraft« definieren
  - Kostenträgereinzelkosten (Personalkosten, Kosten für Medien etc.) direkt auf den Kostenträger buchen
  - Kostenträgergemeinkosten auf den Kostenträger buchen (erste Möglichkeit: Umlage der Istkosten; von Kosten des psychologischen

Diensts werden X % dem Erstellen eines AC für Fachkräfte zugerechnet; zweite Möglichkeit: Arbeiten mit einem Planverrechnungssatz)

Um ein Beschaffungscontrolling betreiben zu können, brauchen Sie außerdem eine Aussage über den Nutzen der Beschaffungsmaßnahmen und -instrumente. Dieser Nutzen kann quantitativ ermittelt werden, indem man die eingehenden Bewerbungen einem Beschaffungsmedium zuordnet. Aus dieser Zuordnung lässt sich dann im Laufe des Beschaffungsverlaufs auswerten, wie viele Bewerbungen sich auf ein Medium bezogen haben. Der qualitative Erfolg lässt sich auf der Grundlage der Anzahl der Bewerbungen ermitteln, die sich auf ein Medium beziehen und zu einem Vertragsabschluss geführt haben.

Problematisch ist in diesem Zusammenhang allerdings die monetäre Bewertung dieses Erfolgs. Ist es bei Vertriebsmitarbeitern vielleicht noch einfach, den Erfolg ihrer Tätigkeit monetär zu bewerten (Anzahl und Volumen der Vertragsabschlüsse), gestaltet es sich beim Personalsachbearbeiter schon schwieriger. Das Dilemma liegt darin, dass die Kosten quantitativ erfassbar sind, der Erfolg jedoch nur qualitativ. Dieses Problem lässt sich auf verschiedenen Wegen lösen oder umgehen. Ein Weg besteht darin, dass man den gewünschten Nutzen vorgibt, z.B. in Bezug auf Führungskräfte die geringe Fluktuation in der eigenen Abteilung. Dieser Nutzen lässt sich dann monetär bewerten, wenn man die durch geringe Fluktuation gesparten Kosten der Wiederbeschaffung neuer Mitarbeiter heranzieht.

11.1.7 Recruiting über das Internet

Für Unternehmen gibt es mehrere Möglichkeiten, Personal im Internet zu rekrutieren:

- **Rekrutierung über die eigene Website**
  Die Möglichkeit, Online-Bewerbungen direkt auf Stellenausschreibungen des Unternehmens hin zu erstellen und die Daten in ein bestehendes SAP ERP-System zu übernehmen, entlastet die Personalabteilung von administrativen Tätigkeiten wie dem Erfassen der Bewerberstammdaten. Die neuesten Entwicklungen in diesem Bereich, wie das in diesem Kapitel vorgestellte SAP E-Recruiting, unterstützen dabei nicht nur die administrativen Prozesse, sondern ermöglichen ein umfangreiches Talentmanagement. Um Bewerber auf die eigene Website zu »locken«, gibt es sogenannte *Traffic-Generatoren*, z.B. das Eintragen der Website in Suchmaschinen (MSN,

Google) und Verzeichnisse wie Web.de oder Yahoo. Möglich sind auch Einträge in sogenannte *Meta-Stellenbörsen*, die nur karriererelevante Websites aufführen (z. B. *Jobworld.de, jobs.zeit.de*). Das Talentmanagement geht dabei noch weiter und unterstützt die Unternehmen dabei, langfristige Beziehungen zu Bewerbern aufzubauen (Talent Relationship Management). Ist also zu einem bestimmten Zeitpunkt keine geeignete Stelle für einen Bewerber im Unternehmen vorhanden, so kann dieser Bewerber dennoch zu einem späteren Zeitpunkt für das Unternehmen interessant sein.

- **Nutzung kommerzieller Stellenbörsen**
  Hier gibt es mittlerweile ein großes Angebot, angefangen bei der Stellenbörse, die die gesamte Bandbreite an Stellen anbietet, über spezielle Stellenbörsen für Fach- und Führungskräfte bis hin zu regionalen Stellenbörsen. Das Leistungsspektrum dieser Börsen umfasst in der Regel:
  - Hinterlegung des Firmenprofils
  - Hinterlegung der Stellenangebote
  - Online-Bewerbungen
  - Stellengesuchdatenbank
  - Verlinkung zur eigenen Website
  - Verlinkung zum firmeneigenen E-Recruiting-System

- **Stellengesuchdatenbanken**
  Die aktive Suche von Unternehmen nach neuen Mitarbeitern steht hier im Vordergrund. Bei den Stellengesuchdatenbanken ist auf sogenannte »Karteileichen« zu achten; die Aktualität der Daten ist entscheidend.

Durch Anbindungen von Online-Bewerbungen an HCM-Systeme können viele Schritte des Ausschreibungs- und Bewerbungsprozesses weitgehend automatisiert werden:

- Bewerbungen automatisch dem richtigen Ansprechpartner zustellen
- Bewerber per Mausklick oder automatisch über den Eingang der Bewerbung informieren
- Informationen über den Stand der Bewerbung im Beschaffungsprozess online verfügbar machen (Status der Bewerbung)
- Bewerberkorrespondenz per E-Mail

11.2 Besonderheiten des E-Recruitings

Der größte Teil der dargestellten betriebswirtschaftlichen Grundlagen trifft auch auf das E-Recruiting-System der SAP AG zu, wenngleich hier im Wesentlichen von einem anderen Ansatz die Rede ist, dem sogenannten *Talentmanagement*. Hierbei erlaubt die neue Technologie einige bedeutende Änderungen der Geschäftsprozesse, die nachfolgend diskutiert werden.

11.2.1 »War for Talent«

Wie man in mehreren europäischen Ländern sehen kann, fällt es Firmen sogar in Ländern mit hoher Arbeitslosigkeit immer schwerer, fachkundige oder High-Potential-Kandidaten zu werben. Die Mehrheit der Unternehmen erwartet, dass dieses Problem angesichts der in vielen Teilen der industrialisierten Welt alternden Gesellschaft und des permanent wachsenden Bedarfs an hochtechnischen und leitenden Stellen wächst.

Auf der anderen Seite sehen die meisten Unternehmen ein starkes Wachstum der Einsatzmöglichkeiten von Kandidaten mit nur durchschnittlichen oder geringen Qualifikationen. Die Herausforderung der Personalwirtschaftsabteilungen wird es sein, diesen Arbeitsbedarf effektiv zu steuern, während sie weiterhin versuchen, die besten Kandidaten zu finden, um die Wettbewerbsfähigkeit ihrer Firmen zu sichern.

11.2.2 Beschaffung und Personalbindung

Da die Hochqualifizierten im heutigen Arbeitsmarkt in der Regel als selbstbewusste Geschäftspartner auftreten, ist die traditionelle Personalbeschaffung nicht ausreichend. Benötigt wird ein umfassendes Talentmanagement, das eine langfristig angelegte Beziehungspflege mit den potenziellen Bewerbern vorsieht, vergleichbar mit einem Geschäftspartner, mit dem man in der Zukunft einen guten Geschäftsabschluss tätigen könnte.

Untersuchungen zeigen, dass die Mehrheit der Arbeitnehmer weder vollkommen loyal gegenüber ihren Arbeitgebern ist noch aktiv nach einer neuen Stelle sucht. Über 50 % sind generell an einer günstigen Gelegenheit interessiert, aber lesen nicht einmal die Stellenanzeigen in der Zeitung. Ein Unternehmen, das um Talente wirbt und Beziehungen mit qualifizierten Personen aufnimmt, bevor diese dringend eine neue Stelle suchen, ist somit klar im Vorteil. Diese Idee verbirgt sich hinter dem Konzept des Talent Pools. Arbeitnehmer, die den Arbeitsmarkt ohne den konkreten Wunsch nach einem

Arbeitgeberwechsel beobachten, sind eingeladen, sich unverbindlich zu registrieren. Sie können sich umschauen und lernen das Unternehmen kennen. Wird eine interessante Stelle frei, sind sie ohne große Werbung verfügbar. Zusätzlich ermöglicht der Talent Pool eine sinnvolle Auswahl an Kandidaten, sodass sich die Unternehmen auf ihre Zielgruppe konzentrieren können.

Sie könnten demnach bewährte Prinzipien des Customer Relationship Managements mit Ihrem Personalbeschaffungsprozess verbinden. Es ist effizienter und effektiver, langfristige Beziehungen aufzubauen und zu pflegen, als bei Bedarf kurzfristige Kontakte zu suchen und diese anschließend wieder zu verlieren.

Was auf externe Bewerber zutrifft, gilt ebenfalls für interne Bewerber: Auch Ihre besten Mitarbeiter sind potenzielle Kandidaten für die Konkurrenz, und es wäre naiv anzunehmen, dass sie den Arbeitsmarkt nicht beobachten. Da Ihre Mitarbeiter den Arbeitsmarkt ohnehin beobachten, stellen Sie sicher, dass der interne Stellenmarkt Ihres Unternehmens ganz oben auf deren Liste steht. Erlauben Sie Ihren Mitarbeitern, was Sie auch externen Bewerbern erlauben. Wenn sich ein guter Mitarbeiter verändern will, ist es besser, wenn er eine neue Stelle in Ihrem Unternehmen besetzt als wenn er zur Konkurrenz abwandert.

11.2.3 Kontrolle des Personalbeschaffungsprozesses

Zunehmend an Bedeutung gewinnt auch die Performanzmessung der Personalbeschaffung. Hier gelten einige bekannte Schlüsselgrößen:

- **Kosten pro Einstellung**
  Zu diesen Kosten zählen alle internen (z. B. investierte Zeit der Personalbeschaffer) und externen (z. B. Kosten der Stellenausschreibung) Kosten, die bei einer Stellenbesetzung angefallen sind.

- **Übergangszeit**
  Bezeichnet die Zeitspanne von der Öffnung einer Stelle bis zu ihrer Besetzung mit einem neuen Mitarbeiter.

- **Personalwechselkosten**
  Umfasst alle Kosten, die durch das Ausscheiden des Mitarbeiters entstehen (inklusive Einstellungs- und Ausbildungskosten sowie Kosten, die durch die freie Stelle anfallen).

Beim E-Recruiting ist es häufig schwer, Kosten einer bestimmten Anstellung zuzuordnen, da die Kosten des Talent Pools auf alle Anstellungen verteilt werden müssen. Zudem sind oftmals detaillierte Informationen erforderlich. Im Folgenden beschreiben wir eine Möglichkeit, die Zeit für die Besetzung einer offenen Stelle in drei Phasen aufzuteilen:

- die Zeitspanne zwischen dem Bekanntwerden der offenen Stelle und der Stellenausschreibung (online oder gedruckt)
- die Zeitspanne zwischen der Veröffentlichung der Ausschreibung und der Einladung zu ersten Bewerbungsgesprächen
- die Zeitspanne zwischen den Bewerbungsgesprächen und der Anstellungsentscheidung

Mit einem spezialisierten E-Recruiting-System sind die Erwartungen in diesem Bereich besonders hoch, da dort der Beschaffungsprozess fast ausschließlich systemunterstützt durchgeführt und somit erwartungsgemäß effizient sein sollte.

11.2.4 Prozess und Organisation

Der neue Prozess der Personalbeschaffung kann eine Herausforderung für die HR-Abteilung sein, denn er unterscheidet sich in mehrfacher Hinsicht vom traditionellen Prozess:

- Kandidaten können das Unternehmen auf unterschiedlichen Wegen kontaktieren und entscheiden selbst, wann und wie sie den Kontakt herstellen.
- Die Arbeit mit einem Talent Pool erfordert völlig neue Prozesse, da nach der initialen Registrierung die Initiative häufig vom Arbeitgeber kommen muss.
- Zusätzlich zu prozessbegleitenden Bewerbungen und Stellenangeboten muss etwas für die Erhaltung des Talent Pools getan werden.
- Führungskräfte erwarten, dass sie stärker in den Auswahlprozess eingebunden werden und schneller Resultate erhalten, sodass sie auf veränderliche Marktanforderungen reagieren können.
- »Kosten pro Einstellung« sind eine wichtige Schlüsselgröße, und die Budgets für die Personalwirtschaft sind oftmals begrenzt.
- Personalbeschaffung, Mitarbeiterbindung, Erfolgsplanung und Karriereentwicklung interagieren stark.

All dies erfordert signifikante Veränderungen der alten Organisationen und Prozesse.

11.2.5 Service Providing in der Personalbeschaffung

In den letzten Jahren haben immer mehr Unternehmen Teile ihres Personalbeschaffungsprozesses ausgegliedert (Outsourcing) oder gemeinschaftliche Servicecenter gegründet, um als Service Provider aufzutreten. Der Druck, Kosten zu senken, und eine steigende Komplexität der Prozesse sind sicherlich wichtige Gründe dafür.

Aufgrund wachsender Koordinationsanforderungen vereinfacht das Outsourcing die Prozesse jedoch häufig gar nicht. Daher ist es umso wichtiger, wohldefinierte und stabile Prozesse sowie eine eindeutige Organisation mit entsprechendem IT-Support auszubilden.

11.2.6 Technologie

Die meisten Unternehmen, die ernsthaft mit dem E-Recruiting arbeiten, müssen mit technologischen Herausforderungen rechnen:

- Kandidaten senden Informationen in unterschiedlichster Form. Somit müssen nicht nur papierbasierte Bewerbungen bearbeitet werden, sondern auch elektronische Dokumente in einer Vielzahl unterschiedlicher Formate, wie Microsoft Word, PDF, TIF und JPG. Eine Lösung besteht darin, alle Bewerber ein Online-Formular mit den wichtigsten Informationen ausfüllen zu lassen.
- Datensicherheit ist immer ein Thema und hat zwei Seiten:
  - Bewerber, die sich registrieren und vertrauenswürdige Informationen eingeben, möchten sicher sein, dass kein unautorisierter Zugriff auf diese Daten möglich ist.
  - Es ist sinnvoll, dass das Personalbeschaffungssystem mit dem operativen HCM-System interagiert. Da diese Interaktion eine Verbindung zwischen HCM-System und der Außenwelt via Internet herstellt, muss die Technologie garantieren, dass von außerhalb des Unternehmens kein Zugriff auf die Daten des operativen HCM-Systems möglich ist.
- Internationale Personalbeschaffung ist oftmals ein Grund, vom traditionellen Personalbeschaffungsprozess zum E-Recruiting zu wechseln. Das System muss dann aber folgende Kriterien erfüllen:

- Es muss die Gesetzgebungen unterschiedlicher Länder bezüglich der Datensicherheit, Verfügbarkeit etc. beachten.
- Es muss multilingual sein.
- Es muss unterschiedliche Adress-, Namensformate etc. verarbeiten können.
- Es muss die unterschiedlichen Ausbildungs- und Notensysteme der verschiedenen Länder berücksichtigen.

11.3 Konzeption der Personalbeschaffung in SAP ERP HCM

Die nachfolgenden Ausführungen beleuchten die Gesichtspunkte der Personaladministration des Bewerbungsprozesses im E-Recruiting-System. Die Nachfolgeplanung baut auf den meisten der nachfolgend aufgezeigten Lösungen auf, hat aber natürlich eine andere Intention. Es empfiehlt sich daher, zunächst die Ausführungen zur Personalbeschaffung durchzuarbeiten und anschließend den Abschnitt 11.4, »Konzeption der Nachfolgeplanung in SAP ERP HCM«, zu lesen.

Mit dem Enhancement Package 4 für das SAP E-Recruiting wird unter dem Motto »Building a better user interface« die gesamte Anwendungsoberfläche als Web Dynpro ABAP (WDA) ausgeliefert. Mit der Aktivierung der Business Function HCM, SAP E-Recruiting 2 wird die Oberfläche von der BSP-Technologie auf die WDA-Technologie umgestellt. Die BSP-Technologie ist nach der Aktivierung nicht mehr Bestandteil von SAP E-Recruiting.

> **Neue Benutzeroberflächen mit EhP4**
>
> Wo bereits Screenshots dieser neuen Oberflächen beim Verfassen des vorliegenden Kapitels vorlagen, wurden diese im Buch verwendet. Die Abbildungen sind dann jeweils mit dem Zusatz »EhP4« versehen.

11.3.1 Überblick

Abbildung 11.2 zeigt einen funktionalen Überblick über das SAP E-Recruiting. Im Mittelpunkt der Prozesse steht der Talent Pool, in dem die Bewerber ihre Daten pflegen können. Innerhalb der vom Arbeitgeber im Customizing gesetzten Beschränkungen können sie entscheiden, wie viele Daten sie eingeben.

Die Registrierung ist der erste Schritt. Es ist nicht erforderlich, dass der Bewerber bereits an diesem Punkt alle Daten eingibt. Stattdessen ist zu erwarten, dass viele Bewerber im Laufe der Zeit mehr und mehr Daten eingeben werden und den vollständigen Datensatz nur anbieten, wenn sie ein attraktives Stellenangebot finden.

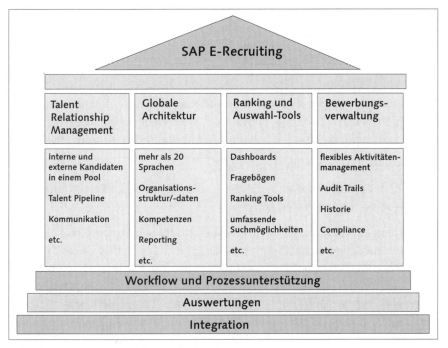

Abbildung 11.2 Funktionaler Überblick über das SAP E-Recruiting

Die im Talent Pool gepflegten Daten beinhalten üblicherweise:

- persönliche Daten
- Kommunikationsdaten (Adresse, E-Mail, Telefon etc.)
- Arbeitspräferenzen (wie Funktionsbereich und Gehaltswunsch)
- Arbeitserfahrung
- Ausbildung
- Qualifikationsprofil
- eine Auswahl an Anhängen (z.B. Zertifikate und Referenzbriefe)
- Anschreiben

Obwohl es in dieser Phase bereits möglich ist, aktive Bewerbungen für bestimmte offene Stellen zu sehen, besteht das Hauptziel des Arbeitgebers darin, eine langfristige Beziehung herzustellen.

Wie viel Aufwand in diese Beziehung investiert wird und ob ein Kandidat Einladungen erhält, sich auf bestimmte Stellen zu bewerben, kann im *Talent-Segmentierungsprozess* entschieden werden. Dieser ermöglicht es dem Arbeitgeber, Bewerber Talentgruppen zuzuordnen (siehe Abschnitt 11.3.6, »Weitere wichtige Begriffe«) und mit einem detaillierten Formular (Fragebogen) zu bewerten, das vollständig angepasst werden kann (siehe Abschnitt 11.3.5, »Fragebögen«).

Um Kandidaten im Pool zu behalten, können ihnen verschiedene Services angeboten werden (siehe Abbildung 11.2). Welchen Mehrwert diese Services auch haben mögen, die wichtigsten Punkte für die Kandidaten sind:

- die Suche nach interessanten Stellen
- auf dem Kandidatenprofil basierende Jobangebote oder Bewerbungseinladungen vom Personalbeschaffer

Aus Arbeitgebersicht bilden die bisher beschriebenen Funktionsbereiche die Basis für das eigentliche Ziel des Systems: die Beschaffung von Talenten. Über einen umfassenden Pool an Talenten und aussagekräftige Informationen über Kandidaten können viele freie Stellen besetzt werden. Der Pool ist daher die erste Anlaufstelle bei der Suche nach neuen Mitarbeitern, bevor andere kostspielige und zeitintensive Maßnahmen, wie Stellenausschreibungen oder der Einsatz von Headhuntern, notwendig werden.

Um diesem Ziel gerecht zu werden, ist das *Bedarfsmanagement* ein wichtiges Feature dieser Lösung. Personalbeschaffer definieren die Anforderungen und zugehörigen Stellen, die von den Mitarbeiter suchenden Führungskräften nachgefragt werden. Die sogenannten Suchaufträge (siehe Abschnitt 11.3.3, »Suchaufträge«) enthalten Daten über die Anforderungen der Stelle, die mit den Qualifikationen der Kandidaten abgeglichen werden.

Das E-Recruiting-System funktioniert für interne Kandidaten genauso gut wie für externe. Ab Version 6.0 des E-Recruitings ist die Nachfolgeplanung als externe Komponente, repräsentiert durch eine eigene Funktionalität, dem sogenannten *Succession Planner*, im E-Recruiting enthalten. Dies verdeutlicht eine wichtige Entwicklung innerhalb von SAP ERP HCM: Personalbeschaffung und -entwicklung werden immer stärker in die Talent-Management-Lösung (bestehend aus E-Recruiting, Learning Solution, Performance Management) integriert. Mit dieser Entwicklung ist die Softwarelösung der SAP AG dem Arbeitsalltag in vielen Personalwirtschaftsabteilungen voraus, wo diese Funktionen noch immer stark voneinander getrennt werden. Tatsächlich sind Personalbeschaffung und Personalentwicklung oftmals Alternativ- oder sogar Hybridlösungen des gleichen Problems. Daher sollten sie auch, wie von SAP ERP HCM unterstützt, zusammen bearbeitet werden.

11.3.2 Prozess und Rollen der Personalbeschaffung

Die Anwendung basiert auf mehreren Rollen, die im Detail in Abschnitt 11.4, »Konzeption der Nachfolgeplanung in SAP ERP HCM«, beschrieben werden. Eine Rolle ist mehr als eine Reihe von Berechtigungen: Im Kontext des E-Recruitings repräsentiert die Rolle eine Anzahl von Funktionen, zusammen mit der zugehörigen Benutzerschnittstelle, die auf die Anforderungen der Rolle zugeschnitten ist.

Die wichtigsten Rollen und ihre Interaktionen sind in Abbildung 11.3 dargestellt. Die Abbildung zeigt den Hauptprozess, beginnend mit dem Interesse des Kandidaten am Unternehmen und dem Erstellen einer freien Stelle bis zur Bewerberauswahl. Natürlich ist dieser Prozess in der gezeigten Form vereinfacht, da er die verschiedenen möglichen Resultate der einzelnen Schritte nicht berücksichtigt. Er konzentriert sich lediglich auf die »interessantesten« Ergebnisse, die den Prozess vorantreiben.

Der erste Teil des Prozesses zeigt zwei unabhängige Bereiche:

- Der Kandidat registriert sich im Talent Pool und pflegt einige Daten.
- Eine Führungskraft benötigt einen neuen Angestellten und erfragt den Bedarf, der vom Personalbeschaffer mit einem oder mehreren Ausschreibungen erstellt wird.

Der zweite Teil des Prozesses zeigt, wie Kandidat und Anforderung – oder eher die Stellenausschreibung, die Anforderungen enthält – zusammenfinden. Dies kann auf zwei Wegen passieren:

- Der Kandidat sucht und findet eine interessante Stellenausschreibung.
- Der Personalbeschaffer sucht und findet einen Kandidaten, der zu seinen Anforderungen passen. Er lädt den Kandidaten ein, sich auf die Stelle zu bewerben und alle erforderlichen Daten zur Verfügung zu stellen.

In beiden Fällen wird der Kandidat seine Daten vervollständigen. Im Allgemeinen wird sie oder er ein Anschreiben und weitere Anhänge hochladen und gegebenenfalls einen oder mehrere Fragebögen ausfüllen müssen. Anschließend kann die Bewerbung übertragen werden.

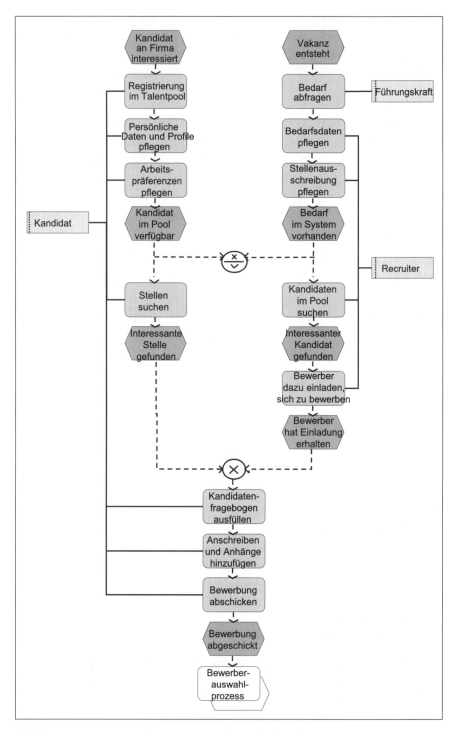

Abbildung 11.3 Prozessüberblick: Kandidat, Führungskraft und Recruiter

Natürlich endet der Prozess nicht hier, sondern geht den üblichen Weg eines Auswahlprozesses mit Schriftverkehr, Interviews etc. Der Prozessfluss wird im SAP E-Recruiting von sogenannten Prozessvorlagen (siehe Abschnitt 11.3.4, »Prozessvorlagen«) und dem SAP Business Workflow kontrolliert.

In den folgenden Abschnitten werden wir die wichtigsten Konzepte der Lösung diskutieren und anschließend die unterschiedlichen Rollen betrachten.

11.3.3 Suchaufträge

Neben den Kandidaten bilden die Suchaufträge die zentralen Objekte des E-Recruitings. Suchaufträge dienen der Bereitstellung von Vakanzen für die Bearbeiter im E-Recruiting und alle anderen am Beschaffungsprozess Beteiligten.

Jeder Suchauftrag kann aus mehreren Ausschreibungen bestehen, die zusammen abgearbeitet werden und ähnliche Anforderungen haben. Jede Ausschreibung kann durch eine oder mehrere Veröffentlichungen potenziellen Bewerbern zugänglich gemacht werden.

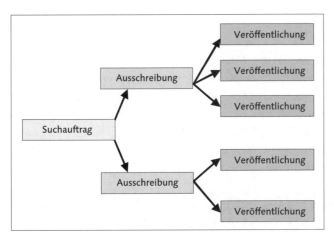

Abbildung 11.4 Struktur eines Suchauftrags

Ein Suchauftrag wird – je nach Systemeinstellung – durch die Abarbeitung von bis zu neun Schritten angelegt:

1. Pflege allgemeiner Stelleninformationen, die sich aus administrativen Daten für den Suchauftrag und aus Basisdaten zur Stelle (Stellenbeschreibung, Beschäftigungsbedingungen, Entgeltinformationen etc.) zusammensetzen (siehe Abbildung 11.5). Je detaillierter hier Daten erfasst werden, desto gezielter können Sie später die Suche nach Stellen gestalten.

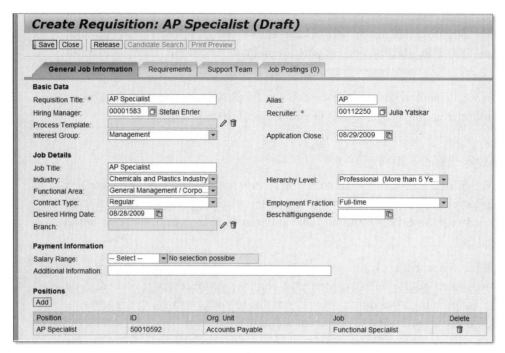

Abbildung 11.5 Erstellung eines Suchauftrags (EhP4)

2. Pflege organisatorischer Daten. Mit EhP4 wurde die Pflege der organisatorischen Daten in die Registerkarte ALLGEMEINE STELLENINFORMATIONEN (GENERAL JOB INFORMATION) aufgenommen. Hier können Daten aus dem HCM-System in das E-Recruiting-System überspielt werden, z. B. die Organisationsstruktur mit Organisationseinheiten, Planstellen und Stelleninformationen. Bei den organisatorischen Daten kann des Weiteren erfasst werden, wie viele Positionen über den Suchauftrag gesucht werden.

> **Im Standard keine FTE-Erfassung**
> Hier ist im Standard keine Erfassung von FTE (Full Time Equivalents) möglich.

3. Festlegung des Bearbeiterteams (siehe Abbildung 11.6). Dieses Team bearbeitet den Suchauftrag. Abhängig von der Prozessgestaltung im Unternehmen werden hier verschiedene Bearbeiter den unterschiedlichsten Rollen zugeordnet. In der Regel erfolgt zumindest eine Zuordnung eines Personalbeschaffers und eines Beauftragenden. Weitere Rollen sind Entscheider, Administratoren oder Datenerfasser.

4. Pflege der Anforderungen an den zukünftigen Stelleninhaber (Stellenanforderungen)

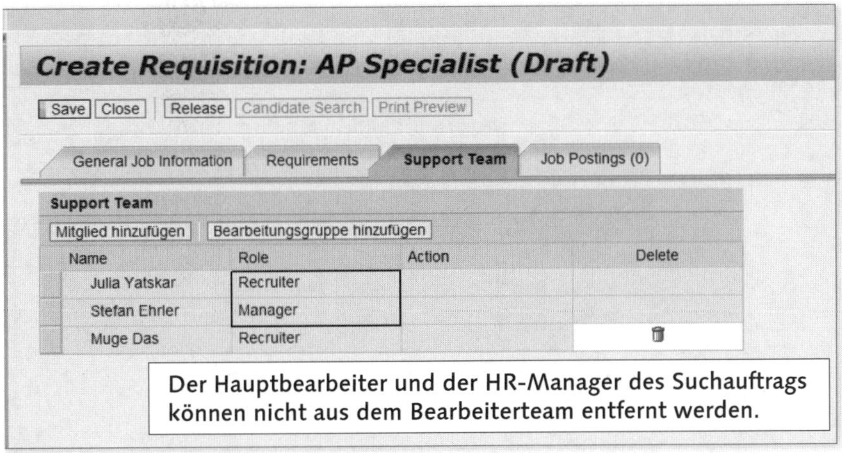

Konzeption der Personalbeschaffung in SAP ERP HCM | 11.3

Abbildung 11.6 Festlegung des Bearbeiterteams und Zuordnung der Rollen (EhP4)

5. Pflege der Ausbildungsanforderungen

6. Zuordnung von Anhängen (z. B. detaillierte Stellenbeschreibung als PDF-Dokument)

7. Pflege des Suchauftragsstatus. Nur für freigegebene Suchaufträge können anschließend Ausschreibungen und Veröffentlichungen angelegt werden.

8. In der nun aufrufbaren Datenübersicht kann sich der Personalbeschaffer einen Überblick über die von ihm erfassten Daten verschaffen. So kann er leicht feststellen, wo noch Daten fehlen.

9. Im letzten Schritt werden Ausschreibungen zum Suchauftrag angelegt.

Abbildung 11.5 zeigt einen typischen Schritt-für-Schritt-Prozess des E-Recruitings. In den meisten Fällen endet ein solcher Prozess mit der Datenübersicht. Nach dem neunten Schritt folgt ein weiterer Prozess, in dem Ausschreibungen angelegt werden (siehe Abbildung 11.7). Während der Suchauftrag keine direkte Außenwirkung hat, sondern internen Zwecken dient, wird die Ausschreibung nach außen getragen (lediglich die Informationen zu den Anforderungen und der Bezahlung, die am Suchauftrag hinterlegt sind, werden nach außen sichtbar. Der Zweck der Aufteilung in Suchauftrag und Ausschreibung wird insbesondere dann klar, wenn man die Möglichkeiten der mehrsprachigen Hinterlegung von Beschreibungstexten in der Ausschreibung betrachtet (siehe hierzu die separaten Registerkarten je Sprache in Abbildung 11.7). Letztendlich sucht der potenzielle Kandidat im E-Recruiting nach Ausschreibungsveröffentlichungen, nicht nach Suchaufträgen.

433

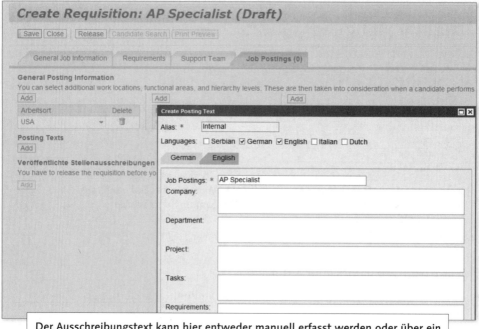

Abbildung 11.7 Anlegen einer Ausschreibung (EhP4)

Die meisten Daten, die man für eine Ausschreibung benötigt, werden bereits im Suchauftrag gepflegt. Daher besteht der Prozess zur Erstellung einer Ausschreibung nur aus fünf Schritten:

1. allgemeine Beschreibung
2. administrative Daten
3. Status der Ausschreibung, der hier die gleiche Bedeutung hat wie der Status eines Suchauftrags
4. Datenübersicht (Beschreibung siehe oben)
5. Veröffentlichung der Ausschreibung (siehe Abbildung 11.8).

Wenn Sie mit der klassischen Personalbeschaffung in SAP ERP HCM vertraut sind, werden Sie mit Freude feststellen, dass es im E-Recruiting nicht notwendig ist, für jede Veröffentlichung eine neue Ausschreibung anzulegen. Stattdessen können Sie mehrere Veröffentlichungen einer Ausschreibung zuordnen. Diesbezüglich bildet die Struktur der E-Recruiting-Lösung der SAP die Anforderungen in der Praxis weit besser als die alte Personalbeschaffung ab. Die meisten Daten, die von der Veröffentlichung verwendet werden, sind bereits im Suchauftrag und der Ausschreibung angelegt, sodass die wesentlichen Informationen, die an der Veröffentlichung hinterlegt werden, der Veröffentlichungskanal und die Dauer der Veröffentlichung sind. Wie der Suchauftrag und die Ausschreibung wird auch die Veröffentlichung am Ende mit einem Status versehen. In Abbildung 11.8 hat die Veröffentlichung den Status »Entwurf«, ist also für den Kandidaten noch nicht sichtbar. Veröffentlichungen können nur dann freigegeben werden, wenn auch der entsprechende Suchauftrag und die zugeordnete Ausschreibung freigegeben sind.

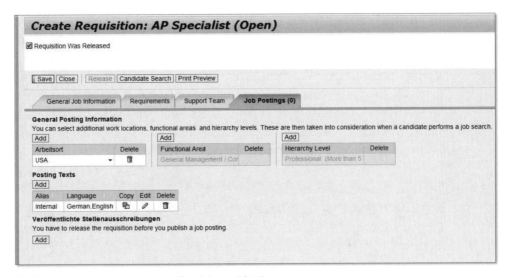

Abbildung 11.8 Anlegen einer Veröffentlichung (EhP4)

11.3.4 Prozessvorlagen

Der Prozessablauf einer Bewerbung auf eine Ausschreibung wird über eine sogenannte Prozessvorlage definiert. Diese besteht aus einer Anordnung von Prozessschritten und Aktivitäten und wird einem Suchauftrag zugeordnet (siehe Abbildung 11.9). Mithilfe der Vorlage wird der Personalbeschaffer durch den Prozess geführt, ist aber nicht gezwungen, immer jeden Schritt der Prozessvorlage durchzuführen bzw. sich an die vorgegebene Reihenfolge zu halten.

Das Konzept der Prozessvorlagen besteht aus vier Ebenen:

1. Die erste Ebene ist die Prozessvorlage selbst (z. B. »Vorauswahl mit zwei Fragebögen«).

2. Eine Sammlung von Prozessschritten oder Unterprozessen (z. B. »Bewerbungserfassung« oder »Vorauswahl«) wird der Vorlage zugeordnet.

3. Jedem Prozess werden Aktivitäten zugeordnet (z. B. Fragebogen 1, Fragebogen 2). Bitte beachten Sie, dass sowohl die verfügbaren Aktivitäten als auch Prozesse im Customizing eingerichtet werden. Lediglich die Zuordnung kann durch den Recruiter erfolgen.

4. Den Aktivitäten können spezielle Inhalte zugeordnet werden, z. B. Briefe oder Fragebögen.

Der Recruiter kann, ausgehend von seiner persönlichen Seite, neue Prozessvorlagen über den Pfad PROZESSVORLAGE • PROZESSVORLAGE ERSTELLEN zusammenstellen. Als Erstes muss er dabei Kopfdaten für die Vorlage erfassen (siehe Abbildung 11.9). Ebenso wie bei den zuvor beschriebenen Objekten ist auch bei der Prozessvorlage der Status die wichtigste Information. Eine Vorlage kann nur dann einem Suchauftrag zugeordnet werden, wenn sie den Status »freigegeben« hat. Vorlagen sollten nur dann freigegeben werden, wenn sie komplett fertiggestellt sind, da Änderungen später zu Problemen führen können, insbesondere dann, wenn die Prozessvorlage bereits einem Suchauftrag zugeordnet wurde.

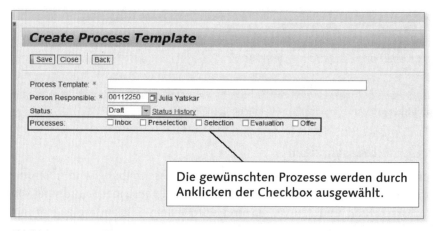

Abbildung 11.9 Kopfdaten einer Prozessvorlage (EhP4)

Abbildung 11.10 zeigt eine Prozessvorlage, die aus den Prozessen »Bewerbungserfassung«, »Vorauswahl«, »Auswahl«, »Angebotsphase« und »Ablehnung« besteht. Diese werden über die fünf gezeigten Bereiche repräsentiert. Dem Prozess »Bewerbungserfassung« sind zwei Aktivitäten zugeordnet, denen jeweils ein anderer Fragebogen zugewiesen wurde.

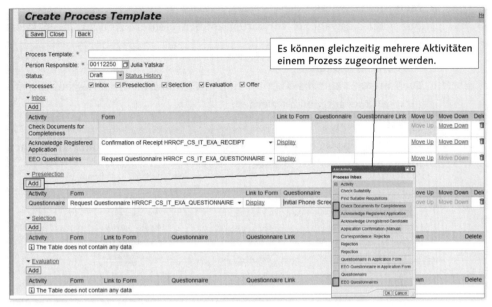

Abbildung 11.10 Prozessvorlage mit fünf Prozessen (EhP4)

11.3.5 Fragebögen

Fragebögen sind ein sehr flexibles Tool, mit dem Sie nahezu alle benötigten Informationen zu einem Kandidaten erfassen und in eine Struktur bringen können. Jeder Fragebogen wird aus einer Menge von Fragen zusammengestellt, die sich in einem Fragenpool befinden. Jede Frage kann mehreren Fragebögen zugeordnet werden. Dabei können sowohl die Fragen als auch die Fragebögen von den Endbenutzern bearbeitet und erstellt werden (in der Regel vom Recruiter oder vom Administrator).

Vergleichbar mit den Prozessvorlagen haben auch die Fragebögen und Fragen einen Status. Beide Objekte können nur im freigegebenen Status benutzt werden. Solange also der Fragebogen noch nicht vollständig ist, sollte er nicht freigegeben werden. Durch Änderungen an bereits freigegebenen und verwendeten Fragebögen wären die Ergebnisse der Fragebögen nicht mehr vergleichbar.

Es werden fünf Arten von Fragen unterschieden:

- **Einfachauswahl**
  Aus einer Auswahl an Antworten kann eine Antwort selektiert werden.

- **Eingabefeld**
  In das Feld lässt sich ein kurzer Freitext eintragen.

▶ **Mehrfachauswahl**
Aus einer Auswahl an Antworten können mehrere Antworten selektiert werden.

▶ **Vordefinierte Skala**
Die Antwort kann aus einer im System-Customizing hinterlegten, vordefinierten Skala ausgewählt werden.

▶ **Eingabebereich**
Der Eingabebereich funktioniert wie das Eingabefeld, kann aber einen umfangreicheren Text erfassen.

Abbildung 11.11 Fünf verschiedene Fragetypen mit Beispielen

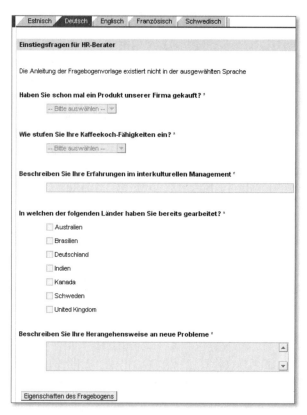

Abbildung 11.12 Die fünf Fragetypen in der Vorschau

Abbildung 11.11 zeigt jeweils ein Beispiel für jeden Fragetyp. In Abbildung 11.12 sind die Fragen innerhalb eines Fragebogens im Vorschaumodus dargestellt. Dies ist die Darstellung, wie sie auch ein Kandidat zu Gesicht bekommt, der den Fragebogen online ausfüllt.

Die Bearbeitung von Fragen erfolgt über die persönliche Seite des Recruiters über die Aktivität FRAGENPFLEGE im Bereich ADMINISTRATION. Von dem in Abbildung 11.13 dargestellten Überblick aus lassen sich Fragen anzeigen, ändern und neue Fragen anlegen. Die Fragen sind dabei in vier Kategorien eingeteilt:

1. weitere Fragen
2. entscheidungsträgerrelevante Fragen
3. kandidatenrelevante Fragen
4. stellenrelevante Fragen

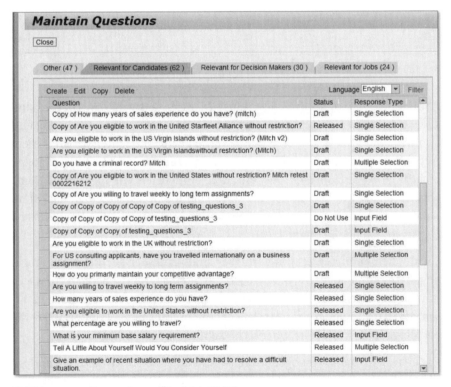

Abbildung 11.13 Fragenpflege – Überblick (EhP4)

In Abbildung 11.14 sehen Sie, wie Sie eine Eingabefeld-Frage erstellen. Dazu pflegen Sie lediglich den Text der Frage ein, wie er auf dem Fragebogen erscheinen soll, und wählen den Antworttyp EINGABEFELD aus. Sobald die Frage für einen Einsatz in einem Fragebogen bereit ist, muss der Status auf »freigegeben« gesetzt werden. Da es im vorliegenden Beispiel keine vordefinierten Antworten gibt, bleibt der untere Teil des Screens mit den Antworten leer.

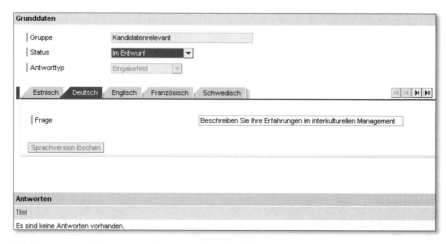

Abbildung 11.14 Anlegen einer Frage mit Eingabefeld

Abbildung 11.15 stellt die Pflege einer Mehrfachauswahl dar. Hierbei sind alle verfügbaren Antworten zuzuordnen. Diese werden aus dem Katalog entnommen, der vom Recruiter gepflegt werden kann. Sie sollten darauf achten, Antworten möglichst in vielen Fragen wiederzuverwenden, um den Katalog nicht unnötig aufzublähen. Insbesondere Antworten wie »Ja« oder »Nein« werden relativ häufig benötigt und wären dann unter Umständen sehr oft im Katalog vorhanden, wenn Sie nicht vorher prüfen, ob die Antwort sich bereits im Katalog befindet.

Sobald die benötigten Fragen verfügbar sind, kann der Recruiter den Fragebogen zusammenbauen (Aktivität FRAGEBOGENPFLEGE im Bereich ADMINISTRATION). Da sich Fragen auch aus der Fragebogenpflege heraus anlegen lassen, ist es insbesondere für das Anlegen mehrerer Fragen komfortabler, die nachfolgend beschriebene Oberfläche zu nutzen.

Die erste Seite der Fragebogenpflege ist mit der ersten Seite der Fragenpflege identisch (siehe Abbildung 11.13) und erfüllt auch denselben Zweck (nur eben für die Fragebögen).

Konzeption der Personalbeschaffung in SAP ERP HCM | 11.3

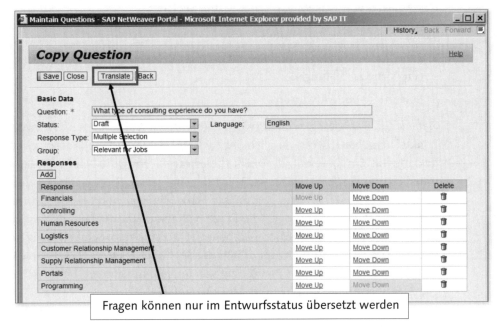

Abbildung 11.15 Anlegen einer Frage mit Mehrfachauswahl (EhP4)

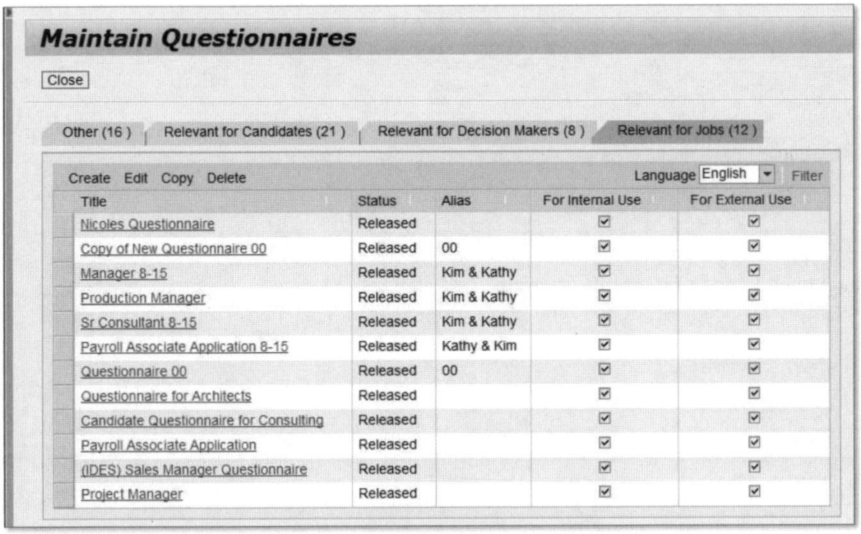

Abbildung 11.16 Fragebogenpflege – Überblick (EhP4)

Das Anlegen von Fragebögen umfasst drei Schritte:

1. Pflege eines Fragebogentitels
2. Zuordnung von Fragen und Definition ihrer Reihenfolge auf dem Fragebogen (siehe Abbildung 11.17)
3. Bewertung der Antworten

Neben der Bewertung von Antworten (hierbei werden für jede Antwort Punkte vergeben) ist es möglich, Antworten als »erwartete Antwort« zu deklarieren. Ein Kandidat, der nicht die erwartete Antwort liefert, ist dann unter Umständen nicht geeignet. Wird für eine spezielle Stelle etwa gefordert, dass der Bewerber schon einmal in Schweden gearbeitet hat, so würde der entsprechende Fragebogen die Frage enthalten: »In welchem der aufgelisteten Länder haben Sie schon gearbeitet?«. Die Antwort »Schweden« wäre dabei als erwartete Antwort innerhalb der Mehrfachauswahl zu kennzeichnen. Beachten Sie, dass die Bewertung von Fragen im Rahmen der Fragebogenpflege stattfindet und nicht in der Fragenpflege.

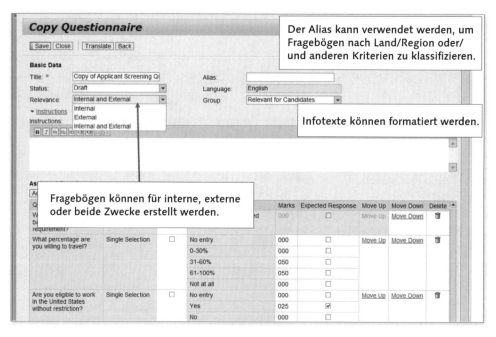

Abbildung 11.17 Zuordnung von Fragen zum Fragebogen (EhP4)

Während der Erstellung und Bearbeitung eines Fragebogens können Sie sich jederzeit eine Vorschau auf den Fragebogen ansehen, in der Sie sowohl die

Bewertung für jede Frage als auch ein Kennzeichen (Flagge) neben den erwarteten Antworten sehen (siehe Abbildung 11.18).

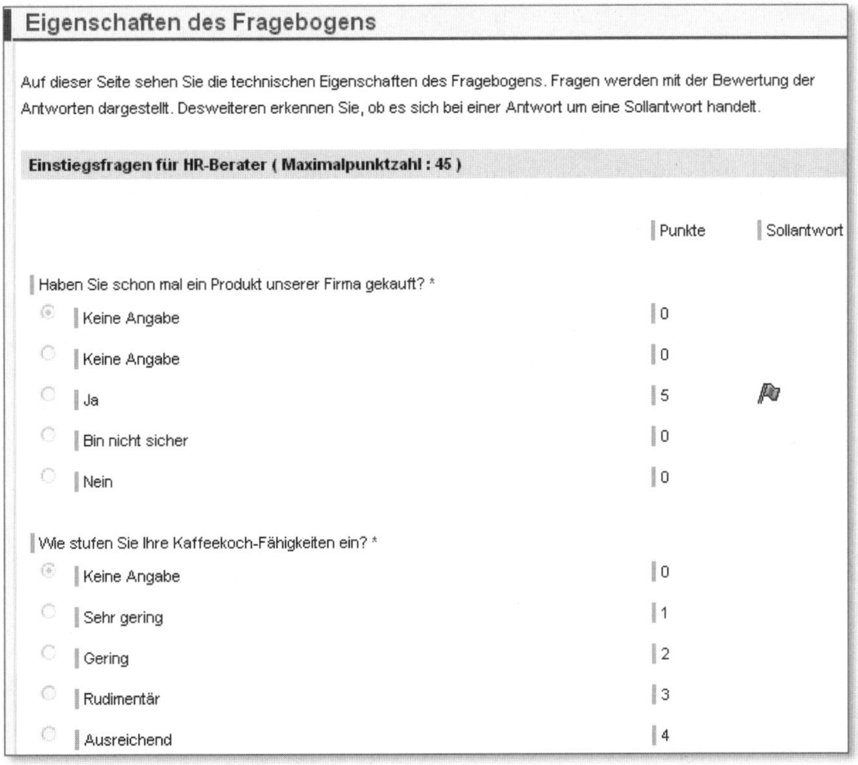

Eigenschaften des Fragebogens

Auf dieser Seite sehen Sie die technischen Eigenschaften des Fragebogens. Fragen werden mit der Bewertung der Antworten dargestellt. Desweiteren erkennen Sie, ob es sich bei einer Antwort um eine Sollantwort handelt.

Einstiegsfragen für HR-Berater (Maximalpunktzahl : 45)

		Punkte	Sollantwort
Haben Sie schon mal ein Produkt unserer Firma gekauft? *			
●	Keine Angabe	0	
○	Keine Angabe	0	
○	Ja	5	🏴
○	Bin nicht sicher	0	
○	Nein	0	
Wie stufen Sie Ihre Kaffeekoch-Fähigkeiten ein? *			
●	Keine Angabe	0	
○	Sehr gering	1	
○	Gering	2	
○	Rudimentär	3	
○	Ausreichend	4	

Abbildung 11.18 Vorschau auf den Fragebogen mit Attributen

Wenn der Fragebogen fertiggestellt ist, kann er über eine Prozessvorlage in den Beschaffungsprozess integriert werden. Ein Bewerber kann dann als Teil des Bewerbungsprozesses im Bewerbungsassistenten aufgefordert werden, den Fragebogen auszufüllen. Eine andere Möglichkeit besteht darin, dem Bewerber via E-Mail einen Link auf einen Fragebogen zu senden. Dieser Link führt dann auf die E-Recruiting-Plattform und erfordert eine Anmeldung durch den Bewerber mit seiner Kennung.

11.3.6 Weitere wichtige Begriffe

Nachfolgend werden einige Begriffe erläutert, die Sie im Zusammenhang mit dem E-Recruiting kennen sollten.

Talent Pool

Der Talent Pool enthält alle registrierten Kandidaten inklusive der internen Kandidaten.

Talentgruppen

Zur Einteilung von Bewerbern nach ihren Fähigkeiten kann der Recruiter einzelne Kandidaten in sogenannten Talentgruppen zusammenfassen.

Objekttypen

In SAP E-Recruiting werden im Wesentlichen die folgenden fünf Objekttypen genutzt (in Klammern stehen die technischen Schlüssel für die Objekttypen):

- Kandidaten (NA)
- Suchauftrag (NB)
- Ausschreibung (NC)
- Bewerbung (ND)
- Kandidatur (NE)

> **Kandidatur versus Bewerbung**
> Eine Kandidatur entsteht nur dann, wenn ein Kandidat durch den Recruiter einer Ausschreibung zugeordnet wird; bewirbt sich ein Kandidat auf eine Ausschreibung, entsteht eine Bewerbung.

Technisch werden die genannten Objekte genauso im System verwendet wie z.B. die Objekttypen des Organisationsmanagements. Die Daten zu den Objekttypen sind in den Infotypen 5100 bis 5199 abgelegt. Der Endbenutzer bekommt von dieser Struktur allerdings nicht direkt etwas mit. Für das Customizing, z.B. für die Zuordnung von Aktivitäten und möglichen Programmierungen (z.B. Auswertungen), ist es jedoch wichtig, die Objekttypen zu kennen.

Status und Statusgründe

Im E-Recruiting sind pro Objekttyp (z.B. Bewerbung oder Ausschreibung) unterschiedliche Status möglich. Die Status für einen Bewerber oder Kandidaten sind:

- »Entwurf«
- »in Bearbeitung«
- »zurückgezogen«
- »abgelehnt«
- »einzustellen«

Die Status für eine Ausschreibung sind:

- »Entwurf«
- »freigegeben«
- »geschlossen« – bedeutet, dass die Ausschreibung nicht mehr verwendet werden soll.
- »zu löschen« (eine Ausschreibung kann jedoch nur gelöscht werden, wenn sie nicht mehr Teil eines aktiven Prozesses ist)

Dieselben Status können Suchaufträgen zugeordnet werden. Zusätzlich gibt es für Suchaufträge aber noch den Status »zurückgestellt«.

Ein Kandidat kann nur zwei Status annehmen:

- »gesperrt« – bedeutet, dass dieser Benutzer nicht für Vakanzen zur Verfügung steht
- »freigegeben« – bedeutet, dass der Kandidat die Plattform benutzen und von den Recruitern für offene Stellen gefunden werden kann

Dieses Vorgehen ist ein wichtiger Unterschied zur klassischen Personalbeschaffung: Der Status des Kandidaten korrespondiert nicht mit dem Status seiner Bewerbung. Dieser Unterschied resultiert aus dem völlig neuen Konzept von E-Recruiting. Der Kandidat ist nicht nur aufgrund seiner laufenden Bewerbungen interessant, sondern es wird angestrebt, eine langfristige Beziehung zum Kandidaten zu pflegen. Diese Beziehung kann bereits beginnen, lange bevor er sich bewirbt, und kann über den Bewerbungsprozess hinaus weiter bestehen.

Statusgründe können im Customizing definiert und zugeordnet werden, wenn sich der Status eines Objekts aufgrund einer Aktivität geändert hat.

11.4 Konzeption der Nachfolgeplanung in SAP ERP HCM

Nachfolgend zeigen wir die Besonderheiten der Nachfolgeplanung mit SAP E-Recruiting auf. Die obigen Ausführungen zu Suchaufträgen und Kandidatenzuordnungen gelten weitestgehend auch für die Nachfolgeplanung, daher erläutern wir im Folgenden nur die Unterschiede zur Beschaffungsfunktionalität des E-Recruitings.

11.4.1 Überblick

Abbildung 11.19 zeigt die Hauptfunktionsbereiche der Nachfolgeplanung. Es ist zu erkennen, das sowohl der Mitarbeiter über die Pflege seines Profils als auch der Manager über die Identifizierung seiner Schlüsselpositionen und Nachfolgebedarfe und das Personalmanagement als Begleiter des Prozesses involviert werden müssen.

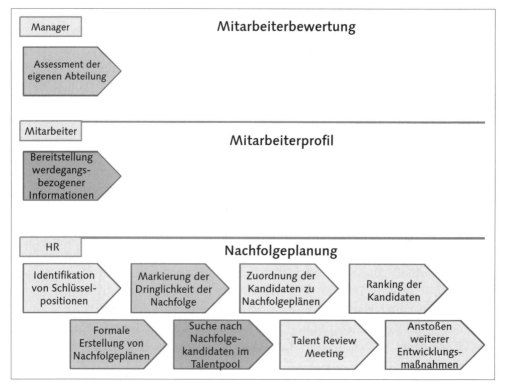

Abbildung 11.19 Hauptbestandteile des Nachfolgeplanungsprozesses

Nachfolgend werden die einzelnen Schritte und Beteiligten (Rollen) dieses Prozesses durchleuchtet. Für jeden Prozessschritt erläutern wir dabei die systemtechnische Unterstützung.

11.4.2 Prozess und Rollen der Nachfolgeplanung

Die Anwendung der Nachfolgeplanung basiert auf den bereits weiter oben erläuterten Objekten des E-Recruitings (z.B. Suchaufträgen). Aber auch Teile der anderen Talent-Management-Komponenten, wie z.B. das Performance Management (siehe Kapitel 9, »Zielvereinbarung und Beurteilung«) oder die Qualifikationsprofile liefern Informationen für den Nachfolgeprozess.

Im Folgenden betrachten wir die Prozessschritte und deren Akteure näher und zeigen die Möglichkeiten auf, mit der Nachfolgeplanung in SAP ERP HCM diesen Prozess und seine Beteiligten zu unterstützen.

Assessment der eigenen Abteilung (Manager)

Der Manager hat die Möglichkeit, für seine Mitarbeiter im Rahmen des Performance Managements und des Skillmanagements (siehe hierzu Kapitel 8) Daten wie Potenziale, Performance, zukünftige Entwicklungsschritte, Bereitschaft zur Entwicklung und Dringlichkeit der Entwicklung zu erfassen. Hierzu können in SAP ERP HCM z.B. die Fragebögen des E-Recruitings oder der Nachfolgeplanung, aber auch Management-by-Objectives-(MbO)-Formulare des Performance Managements genutzt werden.

Bereitstellen werdegangsbezogener Informationen (Mitarbeiter/Kandidaten)

Der Mitarbeiter/Kandidat kann im Rahmen seiner Profilpflege im E-Recruiting (siehe Abschnitt 11.5.1, »Der externe Kandidat«, und Abschnitt 11.5.2, »Der interne Kandidat«) Informationen zur Mobilität, Sprachen, Fortbildungen sowie Interessen in der Freizeit und Beschäftigungswunsch erfassen. Diese Informationen finden dann bei der Suche nach Nachfolgekandidaten im Talent Pool Verwendung.

Identifikation von Schlüsselplanstellen (HR)

Hierbei geht es um die Suche nach unternehmenskritischen Schlüssel(plan)stellen anhand von Kriterien wie Vertragsstufe, Hierarchiestufe etc. (siehe Abbildung 11.20) Der Standard sieht hierbei nicht vor, dass Planstelle oder Stellen explizit im Backend System als Schlüsselplanstellen markiert werden. Lediglich die Zuordnung einer Planstelle zu einem Nachfolgeplan (siehe unten) macht diese zu einer Schlüsselposition. Innerhalb einer Kundenlösung ist es aber durchaus denkbar und sinnvoll, eine solche Lösung als Eigenentwicklung (z. B. über einen kundeneigenen Infotyp) zu realisieren.

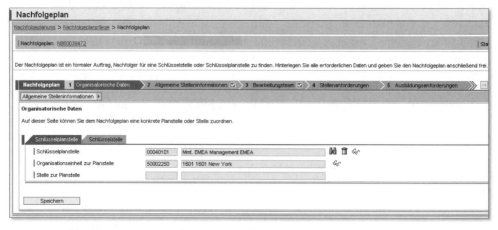

Abbildung 11.20 Kennzeichnung von Schlüssel(plan)stellen

Formale Erstellung von Nachfolgeplänen (HR)

Die Pflege der Nachfolgpläne sollte wenigstens folgende Informationen umfassen:

- allgemeine Stelleninformationen
- Prozessbeteiligte (Bearbeitungsteam)
- Anforderungen an die Stelle

Nachfolgepläne sind aus technischer Sicht Suchaufträge des E-Recruitings (siehe Abschnitt 11.3.3, »Suchaufträge«). Sie wurden jedoch um folgende Informationen ergänzt:

- **Organisatorische Daten**
  Hier ist nur die Eingabe der relevanten Schlüsselplanstelle oder Schlüsselstelle möglich.
- **Allgemeine Stelleninformationen**
  Hier wurden für die Nachfolgeplanung die zwei Felder ANZAHL UNTERSTELLTER MITARBEITER ❶ und REISETÄTIGKEIT (%) ❷ ergänzt (siehe Abbildung 11.21).

Konzeption der Nachfolgeplanung in SAP ERP HCM | **11.4**

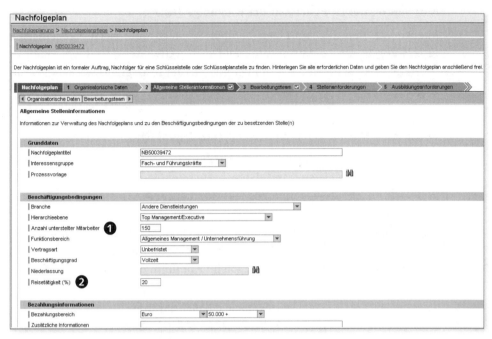

Abbildung 11.21 Pflege der allgemeinen Stelleninformationen eines Nachfolgeplans

▶ **Bearbeitungsteam**
Hier sind nur Mitarbeiter mit bestimmten Rollen zuordenbar: Nachfolgeplaner, Führungskraft, Assistent der Führungskraft, eingeschränkter Nachfolgeplaner (siehe Abbildung 11.22).

Abbildung 11.22 Pflege des Bearbeiterteams eines Nachfolgeplans

449

11 | SAP E-Recruiting

Markierung der Dringlichkeit der Nachfolge (HR)

Ebenso wie den Suchaufträgen können Sie auch dem Nachfolgeplan eine Prozessvorlage und daraus resultierend auch Aktivitäten zuordnen. Eine dieser Aktivitäten kann einen Termin enthalten, der festlegt, bis wann ein Nachfolger gefunden werden muss.

Suche nach Nachfolgekandidaten im Talent Pool (HR)

Die Suche, die (über ein verstecktes Attribut auf der Suchseite gesteuert) ausschließlich die internen Kandidaten berücksichtigt, erlaubt es, den Talent Pool z.B. nach High Potentials zu durchsuchen (Talentgruppen), nach bestimmten Qualifikationen (in bestimmten Ausprägungen) oder nach Ergebnissen aus dem Performance Management und aus Fragebögen der Nachfolgeplanung. Die Suchmaske kann dabei initial aus den Anforderungen des Nachfolgeplans gefüllt werden (siehe Abbildung 11.23).

Abbildung 11.23 Suchmaske für Nachfolgekandidaten (EhP4)

Zuordnung der Kandidaten zu Nachfolgeplänen (HR)

Aus der Ergebnisliste der Suche nach Nachfolgekandidaten können diese dem Nachfolgeplan zugeordnet werden (siehe Abbildung 11.24). Dabei ist es möglich, einen Mitarbeiter mit mehreren Nachfolgeplänen zu verknüpfen. Die Zuordnung kann auch direkt aus dem Kandidatenprofil heraus durchgeführt werden. Die Vorgehensweise ist vergleichbar mit der Zuordnung von Kandidaten zu Suchaufträgen (siehe hierzu Abschnitt 11.5.4, »Der Personalbeschaffer«).

Talent Review Meeting (HR)/Ranking der Kandidaten (HR)

Dieses Meeting zwischen Verantwortlichen im Unternehmen und den Nachfolgeplanern hat zum Ziel, ein Ranking der Mitarbeiter auf einem Nachfolgeplan durchzuführen. Anschließend ist die Nominierung mit dem Mitarbeiter zu besprechen und zu ermitteln, wann wer bereit ist, die Nachfolge anzutreten. Für das Meeting können die Smart-Form-Datenübersichten der Nachfolgeplanung herangezogen werden. Diese sind vergleichbar mit denen eines »normalen« Kandidaten (siehe hierzu Abbildung 11.35). Die Ergebnisse des Rankings können anschließend über Aktivitäten im Qualifikationsprofil des Kandidaten hinterlegt werden.

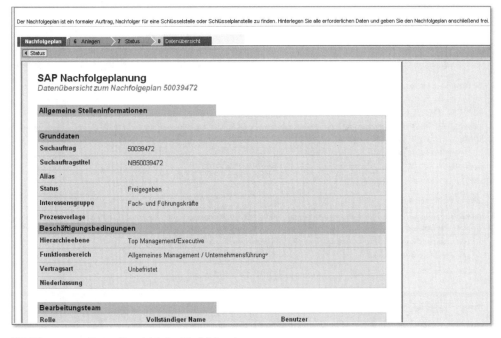

Abbildung 11.24 Datenübersicht des Nachfolgeplans

Anstoßen weiterer Entwicklungsmaßnahmen (HR)

Sind die Nachfolgekandidaten bestimmt, können die notwendigen Entwicklungsmaßnahmen im Einzelfall identifiziert werden (z.B. über Profilabgleiche), um den Nachfolger auf die zukünftige Position vorzubereiten. Je nachdem, welche weiteren Komponenten des Talent Managements Sie einsetzen, könnten z. B. Veranstaltungsbesuche im Veranstaltungsmanagement gebucht oder E-Trainings/Klassenraumtrainings in der Learning Solution dem Mitarbeiter zugeordnet werden.

11.5 Rollen in SAP E-Recruiting

Wie bereits erwähnt, ist die E-Recruiting-Lösung der SAP komplett rollenbasiert. Jede Rolle wird über eine Auswahl an Funktionen repräsentiert. Die Funktionen der Rolle werden auf der persönlichen Startseite in verschiedenen funktionsbezogenen Boxen dargestellt (siehe Abbildung 11.27).

Auf allen Startseiten gibt es einen Bereich PERSÖNLICHE EINSTELLUNGEN (siehe Abbildung 11.25). Diese Einstellungen beeinflussen nicht den Prozessablauf, sondern dienen der Anpassung der Oberfläche an die Bedürfnisse des Benutzers.

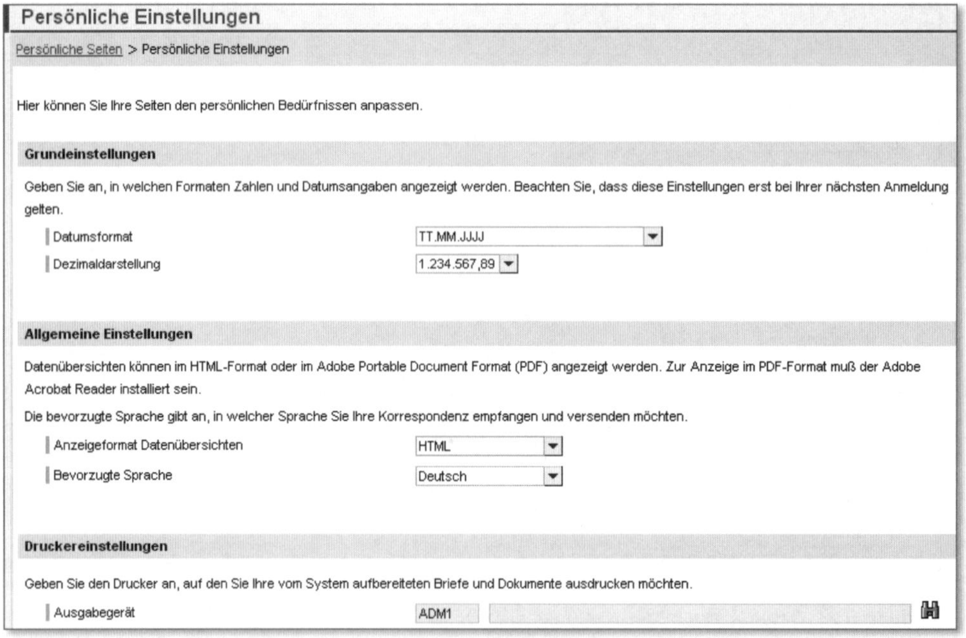

Abbildung 11.25 Persönliche Einstellungen (rollenunabhängig)

11.5.1 Der externe Kandidat

Die wahrscheinlich wichtigste Rolle ist die des externen Kandidaten. Diesen möchte das Unternehmen gewinnen, und dieser zieht sich sehr schnell wieder zurück, wenn der Bewerbungsprozess nicht gut gestaltet ist. Da die visuelle Darstellung für diese Rolle wichtiger ist als für die anderen Rollen, zeigen wir in diesem Teil des Buchs möglichst viele Screenshots, damit Sie als Leser einen Eindruck von der Lösung aus Sicht des externen Kandidaten bekommen. Bitte beachten Sie, dass die meisten gezeigten Felder und Auswahllisten kundenindividuell eingestellt werden können und das grafische Layout normalerweise ebenfalls an die Kundenbedürfnisse angepasst wird. Dies gilt nicht nur für die Rolle des Kandidaten, sondern für alle Rollen.

Der erste Schritt für einen externen Kandidaten ist die Registrierung (siehe Abbildung 11.26). Der Registrierungsprozess ist vergleichbar mit anderen Registrierungsprozessen im Web (z.B. bei einem Onlineshop-Portal oder einer Kommunikationsplattform). Ein wichtiger Aspekt ist hierbei die Datenschutzerklärung. Laut den Gesetzgebungen der meisten Länder ist eine solche Erklärung unerlässlich.

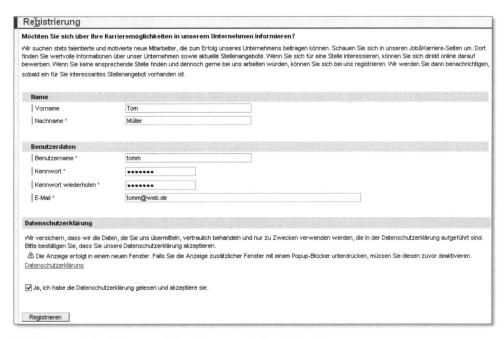

Abbildung 11.26 Registrierung mit Einwilligung zur Datenschutzerklärung

Nach der Registrierung und nach jedem weiteren Login kommt der Kandidat auf seine persönliche Seite (siehe Abbildung 11.27). Neben der Möglichkeit, die persönlichen Daten und die Kommunikationsdaten sowie die persönlichen Einstellungen zu pflegen (rechte Seite der Abbildung), gibt es folgende Hauptfunktionsbereiche der Rolle:

- Pflege des Kandidatenprofils
- Stellenangebote, innerhalb deren der Kandidat nach geeigneten Stellen suchen und sich bewerben kann

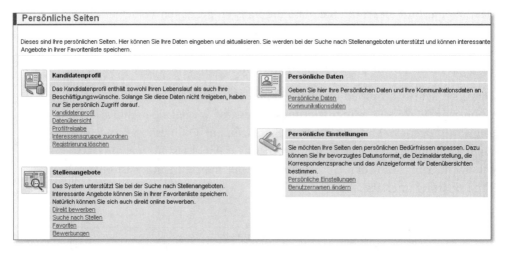

Abbildung 11.27 Persönliche Seite des externen Kandidaten

Eine der großen Stärken des E-Recruitings ist seine globale Verfügbarkeit. Eine mehrsprachige Benutzerschnittstelle kann dabei sehr wichtig sein. Abbildung 11.28 zeigt die persönliche Seite eines spanischen Kandidaten – mit Rücksicht auf die Leser dieses Buchs werden wir dennoch auf Deutsch weitermachen.

Nach der Registrierung muss der Kandidat zunächst keine weiteren Daten einpflegen. Es ist seine Entscheidung, ob und welche Daten er eingibt. Der Arbeitgeber kann hier jedoch auch Pflichtfelder definieren. Es gibt vier Aktivitäten, über die der Kandidat seine Daten pflegen kann:

- Im ersten Schritt werden normalerweise einige persönliche Daten gepflegt, z.B. Geschlecht und Geburtsdatum (Bereich PERSÖNLICHE DATEN, siehe Abbildung 11.28).
- Im gleichen Bereich können über KOMMUNIKATIONSDATEN die Kontaktdaten gepflegt werden, z.B. E-Mail-Adresse, Telefonnummer und Postanschrift.
- Der Bereich Kandidatenprofil erlaubt über die Aktivität INTERESSENSGRUPPE ZUORDNEN die Zuordnung des Kandidaten zu einer Gruppe von

Interessenten. In diesen Gruppen können z.B. Führungskräfte, mittleres Management, technische Berufe oder Praktika zusammengefasst werden. Ob und welche Gruppen zur Verfügung gestellt werden, hängt vom Arbeitgeber ab. Wenn ein Kandidat noch kein Profil gepflegt hat, bietet die Interessensgruppe eine gute Möglichkeit zur ersten Segmentierung der Kandidaten im Talent Pool.

▶ Die wichtigste Aktivität ist die Pflege des KANDIDATENPROFILS, das sich im gleichnamigen Bereich befindet. Mit der Pflege des Kandidatenprofils befassen wir uns im Folgenden detaillierter.

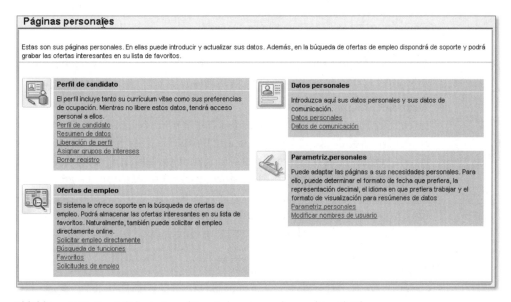

Abbildung 11.28 Persönliche Seite auf Spanisch – eine mehrsprachige Plattform

Die Pflege des Kandidatenprofils erfolgt über acht Schritte, durch die der Benutzer mithilfe der Navigationsleiste geführt wird (siehe Abbildung 11.29). Dabei ist es nicht notwendig, einen Schritt zu beenden, um zum nächsten zu gelangen. Es liegt in der Entscheidung des Kandidaten, welche Daten er zur Verfügung stellt (abgesehen von Musseingaben). Auch wenn Sie für die tatsächliche Auswahl eines Kandidaten vielfältige Daten benötigen, sollten Sie es den Kandidaten erlauben, sich zunächst auf essenzielle Angaben zu beschränken. Mit der fortschreitenden Verbreitung von E-Recruiting-Portalen, die nach dem gleichen Verfahren arbeiten, kann es sinnvoll sein, nicht sofort zu viele Daten von den Kandidaten zu verlangen, da er diese vielleicht schon in mehreren Portalen hinterlegt hat. Die meisten Daten sind schließlich ohnehin bereits in den angehängten Lebensläufen und Anschreiben enthalten, möglicherweise erscheint es dem Kandidaten redundant, diese Daten noch einmal separat zu erfassen. Es gilt also, einen vernünftigen Mittelweg zu finden, der dem Bedarf des Arbeitgebers nach möglichst vielen Daten gerecht wird, um den Auswahlprozess und auch Auswertungen möglichst effizient zu gestalten, ohne die Kandidaten durch zu viele Eingabemasken abzuschrecken.

Abbildung 11.29 Acht Schritte zum Kandidatenprofil

Nachfolgend stellen wir die acht Schritte der Profilpflege dar (siehe hierzu Abbildung 11.29):

1. **Berufserfahrung**
Im Schritt BERUFSERFAHRUNG werden Daten von vorherigen Arbeitgebern abgefragt. Abbildung 11.30 zeigt ein Beispiel, in dem der Kandidat die Daten seines ersten Arbeitgebers eingetragen hat. Angegeben wurden lediglich der Arbeitgeber und die dort ausgefüllte Position. Es gibt neben Freitextfeldern auch Felder mit vordefinierten Auswahllisten in sogenannten Dropdown-Boxen. Diese Optionen werden in diesem und den weiteren Schritten über direktes Customizing eingestellt.

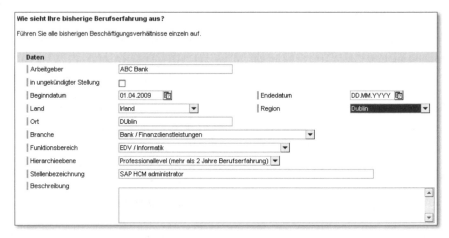

Abbildung 11.30 Berufserfahrung: Pflege eines Vorarbeitgebers im Detail

Da es unter Umständen mehr als einen Vorarbeitgeber gibt, besteht die Sicht BERUFSERFAHRUNG aus einer Liste mit allen erfassten vorherigen

Positionen des Kandidaten (siehe Abbildung 11.31). Jede einzelne Berufserfahrung wird dabei über die Detailsicht gepflegt. Diese Kombination aus Einzelpflege und Listübersicht wird auch in den folgenden Schritten verwendet.

Abbildung 11.31 Überblick über die erfassten Berufserfahrungen

2. **Ausbildung**
   Die Sicht AUSBILDUNG ist wie die vorherige Sicht aufgebaut. Eine Liste der Bildungsinstitute, die der Kandidat besucht hat, wird in einem Detailbild erfasst. Dabei macht der Kandidat Angaben zum Institut (z. B. Universität) sowie zu Typ, Inhalt und Abschluss der Ausbildung (z. B. Dr. in Informatik).

3. **Qualifikationen**
   Im Bereich QUALIFIKATIONEN beschreibt der Kandidat sein Qualifikationsprofil. Die Qualifikationen, an denen der Arbeitgeber interessiert ist, werden über verschiedene Qualifikationsgruppen bereitgestellt. Der Kandidat kann dann über eine Selbsteinschätzung angeben, in welcher Ausprägung er die ausgewählte Qualifikation beherrscht (siehe Abbildung 11.32). Der Katalog hinter diesen Qualifikationen basiert auf dem gleichen technischen Framework wie der Qualifikationskatalog der Personalentwicklungskomponenten in SAP ERP HCM. Für weitere Informationen zur Pflege dieses Qualifikationskatalogs verweisen wir an dieser Stelle auf Kapitel 8, »Skillmanagement«.

   Für das E-Recruiting wird in der Regel lediglich ein Ausschnitt des Qualifikationskatalogs der Personalentwicklung oder ein separater Qualifikationskatalog genutzt. Dies hat folgende Gründe:

   - Der interne Qualifikationskatalog ist oft viel zu umfangreich, um ihn dem potenziellen Bewerber anzubieten.
   - Der interne Qualifikationskatalog beinhaltet unter Umständen Begriffe, mit denen eine externe Person nichts anfangen kann.
   - Nicht alle Qualifikationen, die aus Sicht der Personalentwicklung interessant sind, sind zwangsläufig auch aus Sicht des Personalbeschaffers interessant und umgekehrt.

▶ Ein Unternehmen hat ein Interesse daran, dass der interne Qualifikationskatalog nicht an die Öffentlichkeit getragen wird. Dies würde z.B. der Konkurrenz Einblicke in die HR-Prozesse und die Geschäftsstrategie erlauben (vorausgesetzt, die Personalentwicklung orientiert sich eng an der allgemeinen Strategie des Unternehmens).

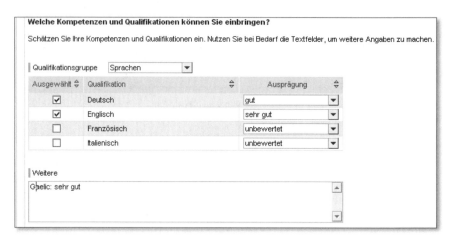

Abbildung 11.32 Qualifikationen nach Qualifikationsgruppen

4. **Anlagen**
Anhänge können viele Formate haben, z.B. Microsoft Word, PDF oder TIF. Daher sollten Sie die erlaubten Dateianhänge möglichst an der vorhandenen IT-Infrastruktur des Unternehmens ausrichten. Wir empfehlen, PDF-Dokumente zuzulassen, da es sich dabei um ein sehr weit verbreitetes Format handelt. Da die meisten Kandidaten Zugang zu MS Office-Produkten zum Erzeugen von Word-Dateien haben, aber nicht unbedingt über einen PDF-Konverter verfügen, wäre es nicht sinnvoll, dieses Format zu verbieten.

Abbildung 11.33 zeigt, wie ein Anhang hochgeladen und in ein Profil integriert wird. Über die Anlageart wird der Inhalt der Anlage verdeutlicht. Die erlaubten Anlagearten werden im Customizing definiert und können z.B. Referenzschreiben, Lebensläufe oder Zertifikate umfassen.

5. **Stellenwunsch**
Für den Personalbeschaffer ist es nicht nur wichtig, Daten über den Kandidaten, zu seiner Qualifikation und Berufserfahrung zu erhalten, sondern auch zu erfahren, welche Erwartungen der Kandidat an seinen zukünftigen Job hat. Abbildung 11.34 zeigt, wie sich der Kandidat zur gewünschten Branche, zum Funktionsbereich und zur Hierarchieebene äußern

kann, aber auch zu den Beschäftigungsbedingungen wie Gehaltserwartungen und zum Anteil an Reisetätigkeiten.

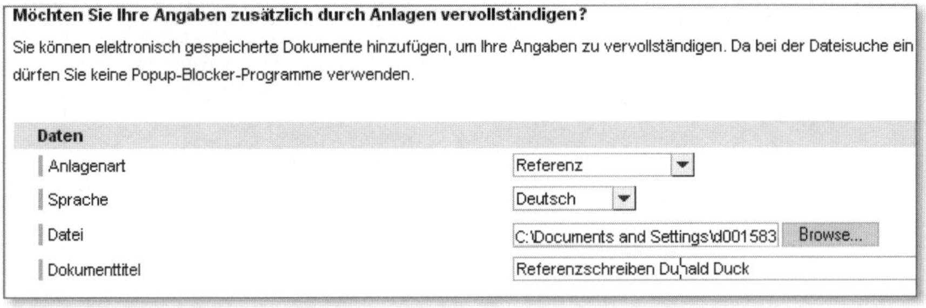

Abbildung 11.33 Upload von Anhängen

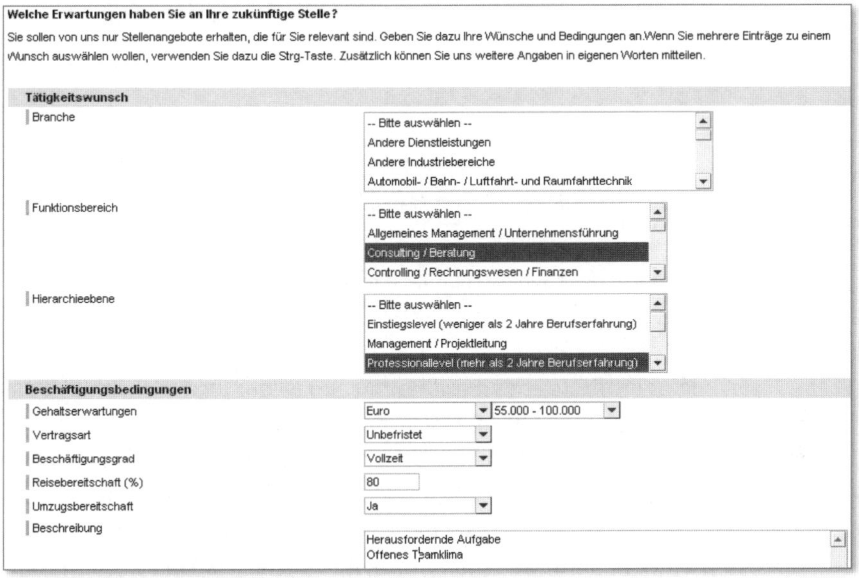

Abbildung 11.34 Erwartungen an den gewünschten Job

6. **Arbeitsortwunsch**
Die Pflege des gewünschten Standorts ähnelt der zuvor beschriebenen Eingabe. Diese Möglichkeit ist nur für Unternehmen mit unterschiedlichen Standorten wichtig.

7. **Datenübersicht**
In diesem Schritt erhält der Kandidat eine Übersicht über seine erfassten Daten. Damit hat er die Möglichkeit, fehlende Daten vor der Freigabe seines Profils zu ergänzen oder falsche Daten zu korrigieren.

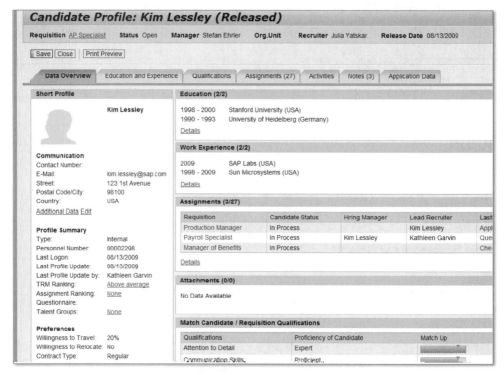

Abbildung 11.35 Übersicht des Kandidatenprofils (EhP4)

8. **Profilfreigabe**

Die Freigabe des Profils (siehe Abbildung 11.36) ist der letzte Schritt. Mit diesem Schritt wird das Profil für die Personalbeschaffer sichtbar und kann für die Kandidatenauswahl berücksichtigt werden. Wenn der Kandidat keine Jobangebote erhalten möchte, kann er sein Profil auf den Status PROFIL SPERREN setzen. Bitte beachten Sie, dass der Kandidat in diesem Schritt erneut an seine Datenschutzerklärung erinnert wird, die er zuvor bei der Registrierung akzeptiert hatte. Die Einwilligung kann an dieser Stelle nicht zurückgenommen werden, da der Kandidat sonst den Talent Pool verlassen müsste.

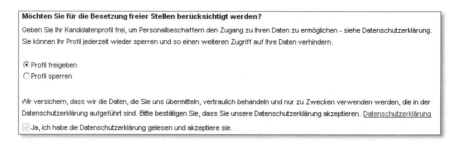

Abbildung 11.36 Freigabe des Kandidatenprofils

Sobald das Profil freigegeben ist, kann der Kandidat auf die Kontaktaufnahme durch das Unternehmen warten. Er kann aber natürlich auch weiter aktiv nach Stellen suchen und sich bewerben. Um nach Stellen zu suchen, kann der Kandidat die Aktivität SUCHE NACH STELLEN im Bereich STELLENANGEBOTE nutzen. Wie Abbildung 11.37 zeigt, gibt es zwei Optionen zur Suche nach Stellen, die auch kombiniert genutzt werden können:

- Volltextsuche
- Suche nach vorgegebenen Suchkriterien, wie sie in den Suchaufträgen definiert sind

Jede Suche kann gespeichert und später wiederverwendet werden.

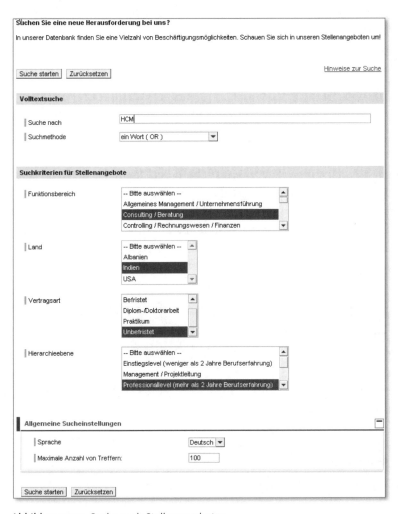

Abbildung 11.37 Suche nach Stellenangeboten

Der Kandidat erhält anschließend eine Ergebnisliste mit Stellen, die auf seine Suche am besten passen (siehe Abbildung 11.38), und hat dann folgende Möglichkeiten für jede gefundene Stelle:

- Aufruf der Datenübersicht (siehe Abbildung 11.40)
- Hinzufügen der Stelle zur Favoritenliste
- Bewerben

Wenn die Stellen sich bereits auf der Favoritenliste befinden oder bereits eine Bewerbung darauf besteht, gibt es weitere Optionen, die wir nachfolgend beschreiben.

Abbildung 11.38 Ergebnis der Stellensuche

Auf Stellen, die sich auf der Favoritenliste befinden, kann der Benutzer über die Aktivität FAVORITEN im Bereich STELLENANGEBOTE zugreifen. Abgesehen vom Aufruf der Datenübersicht (siehe Abbildung 11.40) und der direkten Bewerbung auf eine der favorisierten Stellen kann die Stellenausschreibung auch aus der Favoritenliste gelöscht werden; existierende Bewerbungen lassen sich anzeigen (siehe Abbildung 11.39).

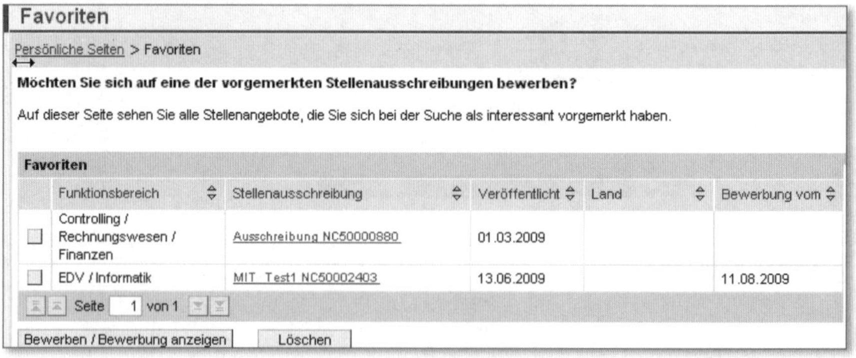

Abbildung 11.39 Favorisierte Stellenangebote mit Bewerbungen

Die Datenübersicht für eine Stellenausschreibung (siehe Abbildung 11.40) kann sowohl im PDF- als auch im HTML-Format angezeigt werden, abhängig von den persönlichen Einstellungen (siehe Abbildung 11.25). Im gezeigten Beispiel wurde das PDF-Format ausgewählt. In diesem Zusammenhang dient die Datenübersicht nicht zur Überprüfung der Daten auf Vollständigkeit oder Korrektheit, sondern zur Information über eine Ausschreibung. Die Datenübersichten für andere Zwecke (z.B. Suchauftrag oder Kandidatenprofil) sehen ähnlich aus.

Abbildung 11.40 Übersicht über eine Stellenausschreibung als PDF-Dokument

Für den Kandidaten gibt es drei Wege, sich auf eine Stelle zu bewerben:

- Bewerbung auf eine Stelle aus der Ergebnisliste der Stellensuche
- Bewerbung auf eine Stelle aus der Favoritenliste
- direkte Bewerbung auf eine Stelle über die Aktivität DIREKT BEWERBEN im Bereich STELLENANGEBOTE; direkte Bewerbungen sind nur auf Stellen möglich, deren Referenzcode dem Kandidaten bekannt ist (z.B. aus einer Stellenanzeige in der Zeitung)

In jedem der drei genannten Fälle wird der Bewerbungsassistent gestartet. Wie in Abbildung 11.41 und Abbildung 11.42 zu sehen ist, begleitet dieser Assistent den Bewerber durch zehn Schritte. Die Schritte eins bis sieben beinhalten Aktivitäten, die der Bewerber gegebenenfalls schon bei der Pflege seines Kandidatenprofils durchgeführt hat. Wenn der Bewerber sein Profil also für vollständig befindet, kann er mit der Datenübersicht (Schritt acht) anfangen, um die Daten nochmals zu überprüfen. Anschließend kann er die letzten beiden Schritte durchführen. Abhängig vom jeweiligen Customizing des Systems können weitere Schritte (z.B. Ausfüllen von Fragebögen) vorhanden sein.

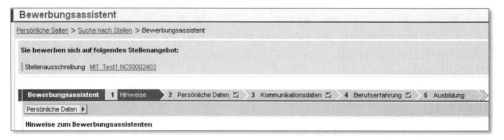

Abbildung 11.41 Bewerbungsassistent: Bewerbung und Vervollständigung der Daten

Die letzten zwei Schritte (siehe Abbildung 11.42) umfassen:

- Upload eines Anschreibens (vergleichbar mit dem Upload anderer Anhänge)
- Verschicken der Bewerbung

Abbildung 11.42 Bewerbungsassistent: Absenden einer Bewerbung mit Anschreiben

Der Kandidat kann auf alle seine Bewerbungen über die Aktivität BEWERBUNGEN im Bereich STELLENANGEBOTE zugreifen.

Mit dem Abschicken der Bewerbung ist der Prozess jedoch noch nicht abgeschlossen – ist der Bewerber für die Stelle geeignet, so folgen viele weitere Schritte (z.B. Korrespondenz, Fragebögen, Vorstellungsgespräche etc.), in die andere Rollen des E-Recruiting-Systems eingebunden sind (insbesondere der Personalbeschaffer). Diese Schritte hängen im Wesentlichen von der jeweiligen Systemkonfiguration und von der Prozessvorlage ab, die dem Suchauftrag zugeordnet wurde. Wie dies gestaltet werden kann, wurde bereits in Abschnitt 11.3, »Konzeption der Personalbeschaffung in SAP ERP HCM«, erläutert.

11.5.2 Der interne Kandidat

Die Rolle des internen Kandidaten ist vergleichbar mit der des externen Kandidaten, wie man an seiner persönlichen Seite in Abbildung 11.43 erkennen kann.

Der wichtigste Unterschied liegt darin, dass der Mitarbeiter sich bereits im HCM-System befindet, seine Stammdaten schon bereitstehen und er daher über ein paar zusätzliche Aktivitäten verfügt.

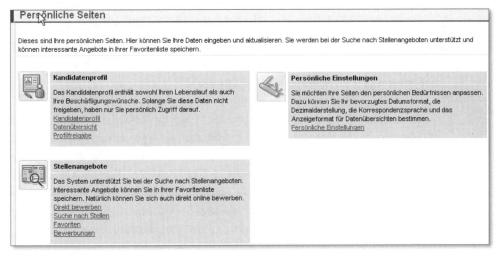

Abbildung 11.43 Persönliche Seite für interne Kandidaten

Theoretisch könnte sich ein Mitarbeiter auch als externer Kandidat registrieren und bewerben – dies ist jedoch nicht sinnvoll, da er spätestens bei der Bewerbung seine Identität preisgeben müsste.

11.5.3 Der Manager

Der Manager, der einen Personalbedarf anfragt, spielt im gesamten Beschaffungsprozess eine zentrale Rolle. Neben dem Kandidaten ist er eine Person, die den Prozess initiiert (siehe Abbildung 11.3).

Wie auf der persönlichen Seite des Managers in Abbildung 11.44 zu erkennen ist, kann der Manager in den Beschaffungsprozess über die Definition eines Suchauftrags eingebunden werden. Am effizientesten ist es, wenn jeder Manager diese Aktivität selbst im System ausführt. Dies gilt insbesondere für die Auswahlaktivitäten. Häufig möchte ein Manager jedoch papierbasiert arbeiten und nimmt die administrative Unterstützung des Personalbeschaffers z.B. für die Datenerfassung in Anspruch. Es ist eine der Hauptaufgaben in einem E-Recruiting-Einführungsprojekt, die Manager von dem Mehrwert zu überzeugen, den das System für sie bringt, wenn sie direkt damit arbeiten und seine Interaktivität nutzen.

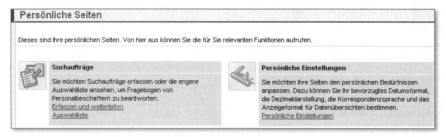

Abbildung 11.44 Persönliche Seite für Manager

Wenn sich ein Manager dazu nicht in der Lage fühlt oder behauptet, für die Pflege der Suchauftragsdaten (siehe Abbildung 11.45) keine Zeit zu haben, können Sie ihm entgegenkommen, indem diese Daten durch den Personalbeschaffer erfasst werden. Dies bedeutet zwar eine Menge an Datenpflege für den Personalbeschaffer, da diese Aufgabe jedoch nicht so oft anfällt, lässt sich der Prozess auf diese Weise dennoch effizienter gestalten. Das Ziel besteht aber darin, den Manager aktiv in den Auswahlprozess einzubinden.

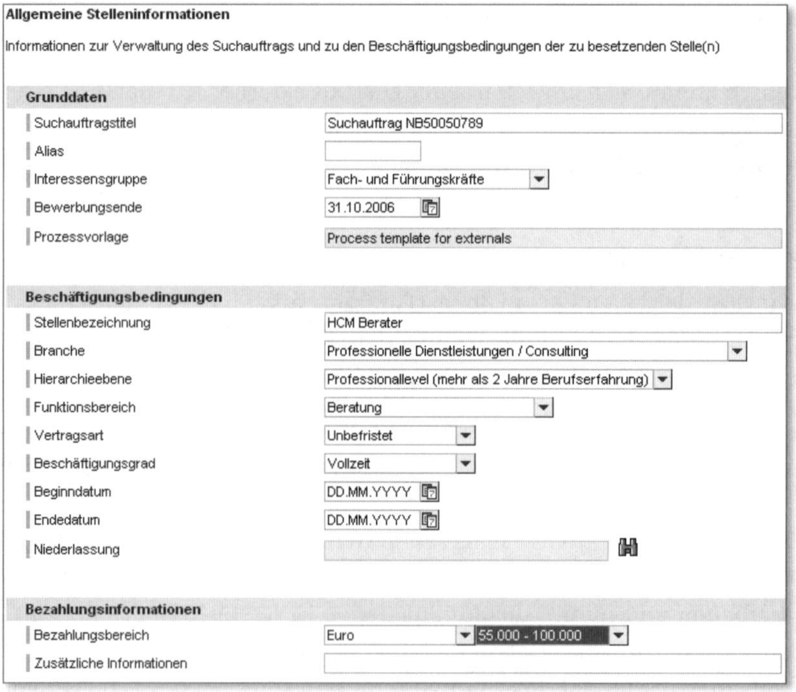

Abbildung 11.45 Erstellung eines Suchauftrags

11.5.4 Der Personalbeschaffer

Wie Sie auf der persönlichen Seite in Abbildung 11.46 sehen, hat die Rolle des Personalbeschaffers die umfangreichsten Funktionen. Wir haben uns bereits in den Abschnitten 11.3.4 und 11.3.5 mit dem Inhalt des Bereichs ADMINISTRATION und in Abschnitt 11.4 mit den persönlichen Einstellungen zu Beginn beschäftigt. Daher geben wir hier nur ein paar Erläuterungen zum Reporting. Das Reporting kann basierend auf drei Standard-Infosets frei über SAP Query definiert (siehe Kapitel 6, »Queries in SAP ERP HCM«) oder über SAP NetWeaver Business Warehouse (siehe Kapitel 16, »Analyse der Personalplanung und -entwicklung mit SAP NetWeaver BW«) abgewickelt werden.

> **Literaturempfehlung**
>
> Weitere Informationen zum Reporting in SAP ERP HCM finden Sie im SAP PRESS-Buch »HR-Reporting mit SAP«. Vollständige bibliographische Angaben und weitere Literaturempfehlungen finden Sie im Anhang.

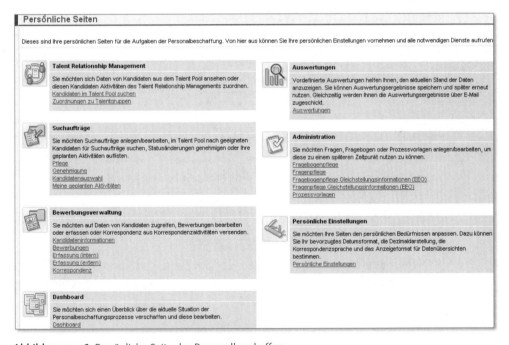

Abbildung 11.46 Persönliche Seite des Personalbeschaffers

Auf der persönlichen Seite des Personalbeschaffers sind noch die vier Bereiche auf der linken Seite zu betrachten. Die ZUORDNUNG ZU TALENTGRUPPEN ist die einfachere Aktivität im Bereich TALENT RELATIONSHIP MANAGEMENT.

Sie bietet eine unkomplizierte Möglichkeit der Talent Segmentation, bei der jeder Kandidat einer Gruppe aus einer vordefinierten Liste zugeordnet werden kann.

Die etwas ungewöhnlichere Aktivität ist KANDIDATEN IM TALENT POOL SUCHEN. Die Suchfunktion (siehe Abbildung 11.47) ist vergleichbar mit der Suche nach Jobs für die Rolle des externen Kandidaten – alles, was wir in diesem Zusammenhang bereits erklärt haben, lässt sich auf diese Suche übertragen (siehe Ausführungen zur Abbildung 11.37).

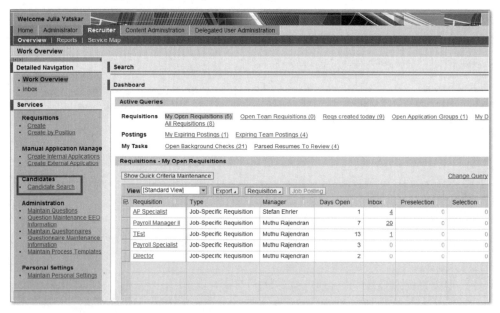

Abbildung 11.47 Der Personalbeschaffer sucht im Talent Pool nach Kandidaten.

Es gibt jedoch zwei wesentliche Unterschiede:

▸ Die Suchkriterien können gewichtet werden.

▸ Neben den normalen Elementen der Suchvorlagen können Qualifikationen und Fragebögen für die Suche verwendet werden. Die Suchvorlagen werden im Customizing definiert.

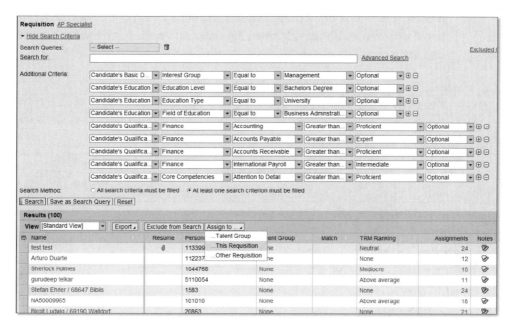

Abbildung 11.48 Suchkriterien einer Suchvorlage (EhP4)

Abbildung 11.49 zeigt die präzisen Suchkriterien und -gruppen, die in Abbildung 11.48 selektiert wurden.

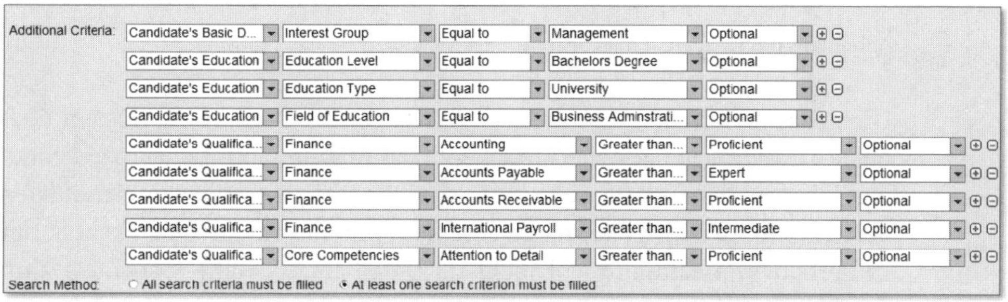

Abbildung 11.49 Ausfüllen der Suchkriterien (EhP4)

Die Pflege und Freigabe eines Suchauftrags haben wir bereits besprochen (siehe Abschnitt 11.3.3). Die verbleibende Aktivität im Bereich der SUCHAUFTRÄGE ist die KANDIDATENAUSWAHL. Der Personalbeschaffer kann Kandidaten einer Liste für eine Ausschreibung zuordnen und basierend auf dieser Liste das Management der Suchaufträge und Kandidaten organisieren. Abbildung 11.50 zeigt eine Selektion von zugeordneten Kandidaten, gruppiert nach Prozessen (die Prozesse werden über Registerkarten dargestellt). Dort erkennen Sie auch, dass die Kandidaten nach Kriterien angeordnet werden können. Für jeden Kandidaten können Sie sich sein Profil, seine Datenübersicht und die ihm zugeordneten Aktivitäten anzeigen lassen.

Abbildung 11.50 Arbeiten mit zugeordneten Kandidaten

Die meisten Aktivitäten im Bereich BEWERBUNGSVERWALTUNG werden über die Prozessvorlagen gesteuert, die bereits in Abschnitt 11.3.4, »Prozessvorlagen«, besprochen wurden. Da wir den Prozess des externen Kandidaten bereits sehr detailliert betrachtet haben, gehen wir auf den Prozess der Bewerbungsverwaltung nicht mehr im Detail ein. Es sollte jedoch erwähnt werden, dass der Personalbeschaffer die Möglichkeit hat, über die Aktivitäten ERFASSUNG (INTERN) und ERFASSUNG (EXTERN) manuell eine interne oder externe Bewerbung mit allen notwendigen Daten einzugeben. Dies kann dann erforderlich sein, wenn eine Papierbewerbung eingeht. Abbildung 11.51 zeigt eine solche Datenerfassung.

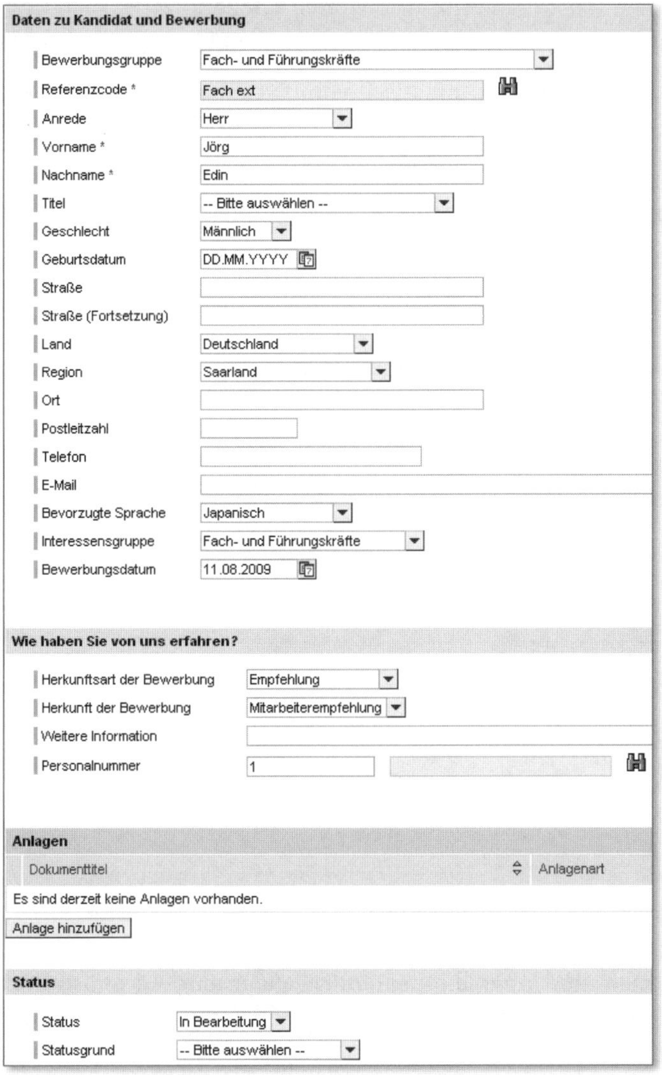

Abbildung 11.51 Manuelle Erfassung von Bewerbungsdaten

11.5.5 Der Administrator

Der Administrator ist in erster Linie dafür verantwortlich, die technischen Voraussetzungen für die Verwaltung der Kandidaten und Suchaufträge zu schaffen. Es handelt sich bei ihm in der Regel um einen Key-User oder Mitarbeiter, der auch für das Customizing zuständig ist. Seine Rolle innerhalb des Beschaffungsprozesses ist daher sehr eingeschränkt. Die Aufgaben des Administrators umfassen:

- Pflege der internen User
- Löschen der Registrierung und des Profils externer Kandidaten. Da die User für externe Kandidaten automatisch vom System generiert werden, ist keine Benutzeradministration notwendig. Dennoch kann es notwendig sein, inaktive Benutzer zu deaktivieren.
- Pflege weiterer laufender Einstellungen wie Branchen, Talentgruppen oder Niederlassungen

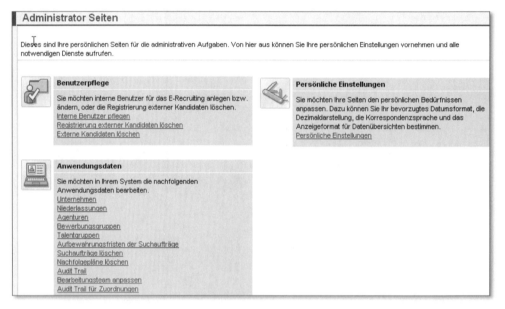

Abbildung 11.52 Persönliche Seite des Administrators

Alle diese Funktionen sind über die persönliche Seite des Administrators erreichbar (siehe Abbildung 11.52).

11.5.6 Der Nachfolgeplaner

Der Nachfolgeplaner ist eine neue Rolle ab SAP ERP E-Recruiting 6.0. Ausführungen zur Nachfolgeplanung entnehmen Sie dem Abschnitt 11.4, »Konzeption der Nachfolgeplanung in SAP ERP HCM«. Im Einstiegsbild der Nachfolgeplanung (siehe Abbildung 11.53) sehen Sie, dass diese Rolle über ähnliche Funktionen wie die Rolle des Personalbeschaffers verfügt, wobei einige Funktionen dieser Rolle fehlen. So fehlt das Bewerbungsmanagement, da die Nachfolgeplanung weder mit Bewerbungen noch mit externen Kandidaten arbeitet.

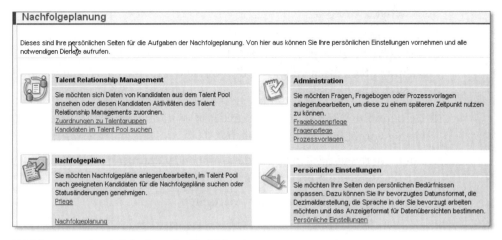

Abbildung 11.53 Persönliche Seite des Nachfolgeplaners

11.6 Customizing und Technologie

Das Customizing für das E-Recruiting befindet sich im IMG unter SAP E-RECRUITING und ist in fünf große Bereiche unterteilt:

- technische Einstellungen
- Grundeinstellungen
- Personalbeschaffung
- Nachfolgeplanung
- Werkzeuge

Es ist im Rahmen dieses Buchs weder möglich noch notwendig, alle Customizing-Aktivitäten Schritt für Schritt zu beschreiben. Diese ausführliche Beschreibung können Sie der SAP-Dokumentation entnehmen. Wir werden uns auf die wesentlichen Bereiche beschränken und beispielhaft in einige Details verzweigen.

11.6.1 Technische Einstellungen

Neben einer Reihe von technischen Grundeinstellungen (siehe Abschnitt 11.6.2, »Grundeinstellungen«), die Sie nicht vernachlässigen sollten, und der Konfiguration des Reportings befassen wir uns im Folgenden mit den Einstellungen zu *Startseiten* und mit der *Feldkonfiguration*.

Startseiten

Über den IMG-Pfad TECHNISCHE EINSTELLUNGEN • OBERFLÄCHEN • EINSTELLUNGEN FÜR BENUTZEROBERFLÄCHEN MIT BSP/WEBDYNPRO FÜR ABAP • STARTSEITEN können Sie entscheiden, wie die Startseiten (persönliche Seiten) aussehen sollen. Die Einstellung dieser Seiten erfolgt in drei Schritten:

1. Definition der Links, die die Aktivitäten repräsentieren. SAP liefert circa vierzig vordefinierte Funktionen aus.
2. Kombinieren dieser Links, um die Gruppen zu definieren, die den Bereich auf der Startseite repräsentieren (Startseitengruppen)
3. Zuordnung der Gruppen zu den Startseiten

Feldkonfiguration

Über den IMG-Pfad TECHNISCHE EINSTELLUNGEN • OBERFLÄCHEN • EINSTELLUNGEN FÜR BENUTZEROBERFLÄCHEN MIT BSP/WEBDYNPRO FÜR ABAP • FLEXIBILISIERUNG • FELDER • FELDER AUF OBERFLÄCHEN ANPASSEN können Sie entscheiden, ob ein Feld angezeigt oder ausgeblendet wird und ob es als eingabebereit oder als reines Ausgabefeld definiert werden soll, als optional oder als Mussfeld.

Unter dem IMG-Pfad TECHNISCHE EINSTELLUNGEN • OBERFLÄCHEN • EINSTELLUNGEN FÜR BENUTZEROBERFLÄCHEN MIT BSP/WEBDYNPRO FÜR ABAP • FLEXIBILISIERUNG • FELDER • ZUSÄTZLICHE FELDER DEFINIEREN verbirgt sich eine Beschreibung, wie neue Felder über BAdIs angelegt werden können. Dies ist nicht für jeden einzelnen Screen möglich, aber für die meisten, für die es sinnvoll ist.

11.6.2 Grundeinstellungen

Neben den verfügbaren Sprachen lassen sich die beiden folgenden Aspekte sehr einfach einstellen:

- **Unternehmensstruktur**
  Firmen werden in einer einfachen Tabelle definiert, und ihnen werden Unternehmenszweige zugeordnet.

- **Anlagearten**
  Die Anlagearten werden in einer einfachen Tabelle definiert. Um spezifische Prüfungen auf die Anhänge durchzuführen, können Sie das BAdI HRRCF00_DOC_UPLOAD nutzen, wie z.B.:

- Dateityp
- Dateigröße
- Anzahl der Dateien
- Virenprüfung

Sie können über das BAdI sogar eine Konvertierung zwischen den Formaten durchführen; hierfür müssen Sie allerdings Fremdsoftware einsetzen.

11.6.3 Talent Warehouse

Das Customizing für das Talent Warehouse ist ziemlich einfach, wenn man erst einmal weiß, was man braucht. Der größte Teil des Customizings beschäftigt sich hier mit den Optionen für Felder mit Auswahllisten, z.B.:

- Branchen (für Berufserfahrungen und die gewünschte Form der Beschäftigung)
- Ausbildungstypen
- Interessensgruppen

Ein Beispiel ist in Abbildung 11.54 die Pflege der Gehaltsbänder, die über den IMG-Pfad PERSONALBESCHAFFUNG • TALENT WAREHOUSE • KANDIDAT • BERUFSERFAHRUNG/BESCHÄFTIGUNGSWUNSCH • GEHALTSBÄNDER • GEHALTSBÄNDER DEFINIEREN vorgenommen wird. Beachten Sie, dass diese Tabelle nicht nur für die Kandidatenprofile, sondern auch für die Suchaufträge genutzt wird.

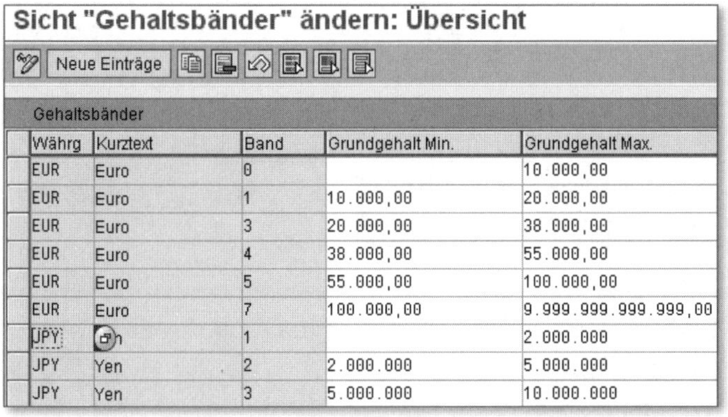

Währg	Kurztext	Band	Grundgehalt Min.	Grundgehalt Max.
EUR	Euro	0		10.000,00
EUR	Euro	1	10.000,00	20.000,00
EUR	Euro	3	20.000,00	38.000,00
EUR	Euro	4	38.000,00	55.000,00
EUR	Euro	5	55.000,00	100.000,00
EUR	Euro	7	100.000,00	9.999.999.999.999,00
JPY	Yen	1		2.000.000
JPY	Yen	2	2.000.000	5.000.000
JPY	Yen	3	5.000.000	10.000.000

Abbildung 11.54 Pflege der Gehaltsbänder

Ein anderer sehr wichtiger Punkt ist das Customizing der Suchfunktionen. Die Definition der Suchprofile und Suchvorlagen ist ziemlich aufwendig, gerade wenn man sie zum ersten Mal durchführt. Es ist jedoch den Aufwand wert, da die Suche eine sehr wichtige Funktion für die Kandidaten und die Personalbeschaffer ist, und es ist sinnvoll, sie optimal an die Anforderungen anzupassen. Jeder notwendige Schritt der Pflege der Suchprofile und -vorlagen ist im IMG ausführlich dokumentiert, daher gehen wir hier nicht im Detail darauf ein.

11.6.4 Applicant Tracking

Das Applicant Tracking ist die Aktivität im Customizing, in die Sie in der Regel am meisten Arbeit investieren müssen, da hier das Grundgerüst für die Prozessvorlagen definiert wird.

Wir werden uns die Definition von Skalen für ein Ranking und für das Reporting näher ansehen. Diese Skalen sind sogenannte Qualitätsskalen, was bedeutet, dass sie klar definierte, messbare Ausprägungen sind. Über den IMG-Pfad PERSONALBESCHAFFUNG • APPLICANT TRACKING • SKALEN FÜR BEWERTUNGEN UND AUSWERTUNGEN DEFINIEREN gelangen Sie zu der Tabelle, die in Abbildung 11.55 zu sehen ist. Dort werden die Skalen über einen Namen definiert. Anschließend ordnen Sie die Ausprägungen zu (siehe Abbildung 11.56).

Abbildung 11.55 Skalen anlegen

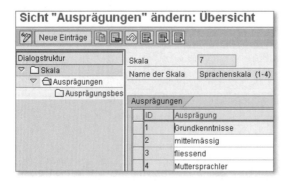

Abbildung 11.56 Definition von Ausprägungen zu Skalen

Jede Skala kann einer oder mehreren Skalenarten zugeordnet werden (IMG-Pfad Personalbeschaffung • Applicant Tracking • Skalen den Skalenarten zuordnen). Über die Zuordnung wird bestimmt, wo die Skala genutzt werden kann. Insgesamt sind vier Skalenarten verfügbar:

- Klassifizierung von Kandidaten
- Bewertung Zuordnung (zu Suchaufträgen)
- Gewichtung für Search & Match
- Bereitschaft als Nachfolger

11.6.5 Aktivitäten

Obwohl das Customizing der Aktivitäten nur die Basis für die Prozessvorlagen (außerhalb des Customizings) beinhaltet, aber nicht direkt den Prozessfluss kontrolliert, sollten Sie wissen, wie der Prozess aussehen soll, bevor Sie dieses Customizing durchführen.

Als Erstes definieren Sie den Prozess über den IMG-Pfad Personalbeschaffung • Applicant Tracking • Aktivitäten • Prozesse definieren. Hierbei muss die Gruppe immer die Personalbeschaffung sein, da wir uns nicht mit der Nachfolgeplanung beschäftigen.

Der zweite Schritt erfordert etwas mehr Aufwand. Hier definieren Sie Aktivitätsarten und ordnen diese einer der folgenden sieben Kategorien zu.

- **Einfache Aktivitäten**
  Diese Aktivitäten fungieren als Aufgabenliste für den Personalbeschaffer, haben aber keine große Eigendynamik (z.B. rufe anfragenden Manager nach dem Interview an). Aktivitätsarten dieser Kategorie enthalten die Standardfelder Status, Fälligkeitsdatum und verantwortlicher Mitarbeiter.
- **Eignungsprüfung**
  Diese Aktivitäten beziehen sich auf ein Ereignis, sodass zusätzliche Daten wie Zeit und Adresse gepflegt werden müssen (z.B. Erstgespräch).
- **Einfache Korrespondenz**
  Hier wird ein Briefformular zugeordnet (z.B. Zwischenbescheid).
- **Einladung**
  Aktivitäten dieser Kategorie ist ein Briefformular zugeordnet; sie beziehen sich darüber hinaus immer auf eine Eignungsprüfung, zu der eingeladen werden kann (z.B. Einladung zu einem Assessment-Center).

- **Statusänderung**
  Über diese Aktivität ändern Sie den Status des am Prozess beteiligten Objekts – also des Kandidaten – z. B. auf »abgelehnt«.
- **Fragebogen**
  Aktivitäten dieser Art können zusätzlich Fragebögen zugeordnet werden.
- **Datenübertragung für neue Mitarbeiter**
  Wenn ein Bewerber eingestellt wird, können seine Daten mithilfe einer Aktivität dieser Art in die Personaladministration übernommen werden. Hierfür müssen Sie eine Verbindung zwischen dem ECC-System, in dem sich die Mitarbeiterdaten befinden, und dem E-Recruiting-System einrichten.

Wenn die Aktivitätsarten definiert sind, werden sie den Prozessen, in denen sie vorkommen, und den Objekten, für die sie genutzt werden können, zugeordnet. Abbildung 11.57 zeigt einige Aktivitäten, die für Kandidaten genutzt werden können, und einige, die sich für Bewerbungen einsetzen lassen.

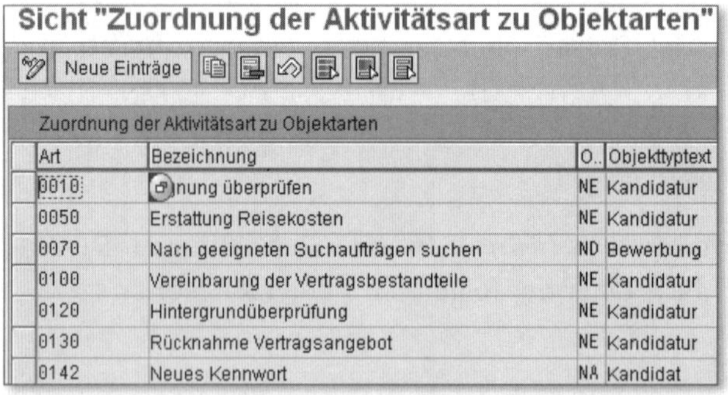

Art	Bezeichnung	O.	Objekttyptext
0010	Ordnung überprüfen	NE	Kandidatur
0050	Erstattung Reisekosten	NE	Kandidatur
0070	Nach geeigneten Suchaufträgen suchen	ND	Bewerbung
0100	Vereinbarung der Vertragsbestandteile	NE	Kandidatur
0120	Hintergrundüberprüfung	NE	Kandidatur
0130	Rücknahme Vertragsangebot	NE	Kandidatur
0142	Neues Kennwort	NA	Kandidat

Abbildung 11.57 Zuordnung von Aktivitätsarten zu Objekttypen

Die weiteren Aktivitäten in diesem Teil des IMG beschäftigen sich mit den Einstellungen für Aktivitätsarten spezieller Kategorien und mit den Workflows, die gestartet werden können, wenn eine Aktivität angelegt wurde.

Aktivitäten mit Korrespondenz müssen über den IMG-Pfad PERSONALBESCHAFFUNG • APPLICANT TRACKING • AKTIVITÄTEN • KORRESPONDENZ • BRIEFVORLAGEN ERSTELLEN • INDIVIDUALISIERUNG ÜBER BRIEFBEREICHE • DEN AKTIVITÄTSARTEN FORMULARE ZUORDNEN einer Briefvorlage zugeordnet werden. Diese Formulare müssen zuvor als Smart Form definiert worden sein (siehe Abbildung 11.58). Dies erfolgt etwa über den IMG-Pfad PERSONALBESCHAFFUNG • APPLICANT TRACKING • AKTIVITÄTEN • KORRESPONDENZ • BRIEFVORLAGEN ERSTELLEN • INDIVIDUALISIERUNG ÜBER BRIEFBEREICHE • FORMULARE UND ÄNDERBARE BRIEFBEREICHE ANLEGEN oder über die Transaktion SMARTFORMS.

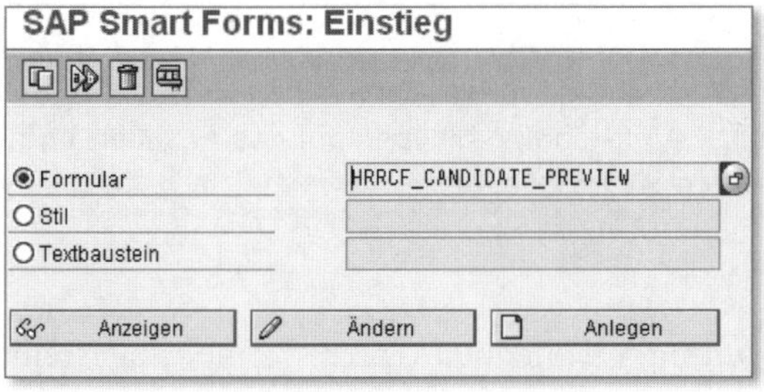

Abbildung 11.58 Pflege von Briefvorlagen mit SAP Smart Forms

> **Literaturempfehlung**
> Informationen zum Thema Smart Forms finden Sie im SAP PRESS-Buch »SAP Smart Forms«. Vollständige bibliographische Angaben und weitere Literaturempfehlungen finden Sie im Anhang.

11.6.6 Fragebögen

Fragebögen werden vom Personalbeschaffer in der Anwendung definiert (siehe Abschnitt 11.3.5, »Fragebögen«). Für die Fragebögen ist nicht viel Customizing durchzuführen, abgesehen von den Skalen, die dieselben sind wie in Abbildung 11.55.

11.6.7 Suchauftragsmanagement

Neben dem Genehmigungs-Workflow für Suchaufträge und Ausschreibungen ist das Customizing für das Suchauftragsmanagement mit dem des Talent Warehouse vergleichbar:

- Die Optionen für die Auswahllisten für verschiedene Felder der Suchauftragsdaten und der Ausschreibungen sind zu pflegen (z.B. Vertragsarten).
- Suchprofile und Such-Templates können erstellt werden.

11.6.8 Weitere technische Aspekte

Nachfolgend erhalten Sie zusätzliche Informationen zur technischen Basis des E-Recruitings:

- **BSP-Technologie (Business Server Pages)**
  Das webbasierte Benutzer-Interface ist über Business Server Pages realisiert (BSPs).

> **Literaturempfehlung**
> Wenn Sie mehr über BSPs erfahren möchten, verweisen wir Sie auf SAP PRESS-Buch »Advanced BSP Programming«. Vollständige bibliographische Angaben und weitere Literaturempfehlungen finden Sie im Anhang.

- **Web Dynpro ABAP (WDA)**
  Mit EhP4 wurde das E-Recruiting auf die WDA-Technologie umgestellt, auf die SAP in Zukunft in allen Bereichen setzen wird. Diese Technologie erleichtert vor allem die Gestaltung der Oberflächen, was in BSPs noch etwas aufwendiger ist. Die Ausführungen dieses Kapitels haben hierzu zahlreiche Beispiele aufgezeigt.

- **Smart Forms**
  Die Korrespondenz wird mithilfe der Smart-Forms-Technologie realisiert. Eine Schnittstelle zu MS Word ist nicht verfügbar, kann aber durch eine Kundenentwicklung erstellt werden.

- **Integration zum HCM-System**
  Viele Herausforderungen tauchen auf, wenn man die Anbindung an ein ECC-System benötigt, auf dem HCM läuft (z.B. für das Organisationsmanagement oder den Transfer der Kandidatenstammdaten in die Mitarbeiterstammdaten). Wird das E-Recruiting im Release 300 oder höher und das SAP ECC 5.0, HCM Extension (EA-HR 500) oder höher eingesetzt, so können das E-Recruiting und das ECC auf einem System laufen. Aus Sicherheitsgründen vermeidet man dies jedoch in der Regel (insbesondere, wenn das E-Recruiting für externe Kandidaten verwendet werden soll). Um beide Systeme zu verbinden, ist eine ALE-Schnittstelle einzurichten, wie es unter dem IMG-Pfad TECHNISCHE EINSTELLUNGEN • SAP ERP CENTRAL COMPONENT (ECC) INTEGRATION • SOFTWARE LÄUFT AUF UNTERSCHIEDLICHEN INSTANZEN beschrieben wird.

- **Search and Classification Engine**
  Die Suchfunktion des E-Recruitings wird über die *Search and Classification Engine* (ehemals *Text Retrieval and Information Extraction* (TREX)) bereitgestellt. Diese Suchmaschine ist in ihrer Arbeitsweise vergleichbar mit einer Suchmaschine im Web und wird auch im Portal genutzt. Eine Installation ist für den Betrieb des E-Recruitings unumgänglich. Die Installation ist dabei in der Konfiguration für eine Nicht-Portal-Umgebung durchzuführen; eine Installationsanleitung finden Sie auf dem SAP Service Marketplace (*service.sap.com*).

11.7 Weitere Neuerungen im Enhancement Package 4

Wie bereits am Anfang des Kapitels erwähnt, wurde als größte Änderung mit dem Enhancement Package 4 (EhP4) die Oberfläche von SAP E-Recruiting von der BSP-Technologie (Business Server Page) auf die WDA-Technologie (Web Dynpro ABAP) umgestellt. Des Weiteren wurden einige Funktionalitäten mithilfe der neuen technischen Möglichkeiten verbessert. Die wesentlichen Änderungen in Bezug auf die vorherigen Ausführungen sind dort bereits beschrieben. Auf etwas Grundsätzliches ist jedoch noch einmal hinzuweisen:

Standardzugriffe auf die Funktionalitäten der neuen Rollen »Administrator« und »Recruiter« werden nur bei Nutzung von SAP NetWeaver Portal unterstützt. Um die neuen Rollen in SAP ERP 6.0 implementieren zu können sind folgende Schritte notwendig:

1. Installation von EhP4
2. Aktivierung der Business Function HCM, SAP E-Recruiting 2 im Switch Framework Customizing (Transaktion SFW5)
3. Installation der Business Packages Recruiter, Version 1.40, und Recruiting Administrator, Version 1.40

Bezüglich der Nachfolgeplanung gibt es von SAP mittlerweile eine Lösung, die in Zusammenarbeit mit der Firma NAKISA entwickelt wurde. NAKISA bietet dabei neben einer ansprechenden Oberfläche auch einige neue Funktionalitäten.

11.8 Kritische Erfolgsfaktoren

- Wenn Sie von einer klassischen Beschaffungslösung auf das E-Recruiting umsteigen, so impliziert dieser Umstieg weit mehr als einen einfachen Wechsel der technischen Basis, bei dem die Prozesse nicht verändert werden, außer dass verstärkt E-Mail als Kommunikationsinstrument genutzt wird. Wie bereits in Abschnitt 11.3, »Konzeption der Personalbeschaffung in SAP ERP HCM«, diskutiert wurde, unterscheidet sich das neue Konzept grundlegend von der alten Lösung: Es erlaubt *und erfordert* die Implementierung vollkommen neuer Prozesse.
- Es ist sicherzustellen, dass die notwendigen Qualifikationen im Projekt verfügbar sind:

- Sie benötigen eine Person (gegebenenfalls einen Berater), die sich sehr gut mit SAP ERP HCM auskennt. Insbesondere sollte dieser Mitarbeiter mit der Datenstruktur der Personalplanung und -entwicklung vertraut sein. Er sollte außerdem das Customizing und die Prozesse der SAP E-Recruiting-Lösung kennen (Kenntnisse der klassischen SAP-Personalbeschaffung können bis zu einem gewissen Grad auch hilfreich sein) und die Beschaffungsprozesse im Allgemeinen kennen.
- Je nachdem, welche Technologie Sie einsetzen, benötigen Sie einen Experten für das Design und für die Programmierung von Business Server Pages oder Web Dynpro ABAP (WDA), denn abhängig von den Anforderungen müssen die BSPs bzw. WDAs unter Umständen angepasst werden.
- Design und Programmierung von Smart Forms
- Workflow-Kenntnisse, abhängig von den Anforderungen und dem Umfang, in dem der Workflow genutzt werden soll
- Web Application Server/NetWeaver – für die Integration des ECC-Systems und der *Search and Classification*-Suchmaschine sind Kenntnisse in diesem Bereich erforderlich.
- Architektur und Sicherheit von webbasierten Anwendungen
- SAP Query
- gegebenenfalls SAP NetWeaver Business Warehouse
- gegebenenfalls ABAP Objects

▶ Stellen Sie sicher, dass die Manager online in den gesamten Prozess involviert werden, insbesondere in die Auswahl und Identifizierung von Schlüsselpositionen. Da manche Manager hoch in der Hierarchie angesiedelt sind, ist es für den Projektverantwortlichen unter Umständen schwierig, wenn er keinen mächtigen Projektsponsor im Topmanagement hat. Die strategische Bedeutung der Nachfolgeplanung für das Gesamtunternehmen sollte hier ein überzeugendes Argument liefern.

▶ Wenn Sie bisher die klassische Personalbeschaffung im Einsatz hatten, sollten Sie sicherstellen, dass Ihre Lösung für den Schriftverkehr (Smart Forms und/oder Adobe PDF) auch Ihre Anforderungen abdeckt, da die neue Lösung ein paar Lücken in der Flexibilität gegenüber der alten Lösung mit MS Word aufweist.

Dieses Kapitel hat Ihnen gezeigt, wie Sie mithilfe von SAP E-Recruiting neue Mitarbeiter gewinnen und diesen durch eine Nachfolgeplanung Karrierepfade aufzeigen können, um sie langfristig an ihr Unternehmen zu binden.

Neben der Nachfolgeplanung kann aber auch ein ausgefeiltes Unternehmensvergütungsmanagement zur Bindung von Mitarbeitern beitragen. Wie ein solches Vergütungsmanagment aussehen kann, können Sie dem folgenden Kapitel entnehmen.

*Mit der Komponente »Unternehmensvergütungsmanagement«
planen und kontrollieren Sie die Vergütungspolitik, um Mitarbeiter
zu motivieren und an das Unternehmen zu binden. Das Kapitel gibt
einen Überblick über die Möglichkeiten dieser Komponente.*

12 Unternehmensvergütungsmanagement

Die Komponente *Unternehmensvergütungsmanagement* dient zur Planung und Kontrolle der Vergütungspolitik des Unternehmens. Mit dieser Komponente sollen Talente motiviert und an das Unternehmen gebunden werden. Zur richtigen Einschätzung einer marktgerechten Bezahlung können monetäre Stellenbewertungen durchgeführt werden.

Das Unternehmensvergütungsmanagement löst die alte Komponente *Vergütungsmanagement* ab; für eine Migration gibt es keine Standardwerkzeuge.

12.1 Überblick

In diesem Abschnitt erhalten Sie einen Überblick über die Möglichkeiten des Unternehmensvergütungsmanagements, außerdem wird die Integration in andere Komponenten von SAP ERP HCM dargestellt.

12.1.1 Möglichkeiten des Unternehmensvergütungsmanagements

Die Möglichkeiten, die das Unternehmensvergütungsmanagement bietet, lassen sich in vier Bereiche unterteilen:

- **Vergütungsverwaltung**
  Die *Vergütungsverwaltung* unterstützt Gehaltsrunden für feste oder variable Bezüge und Long-Term Incentives.

- **Long-Term Incentives (LTI)**
  Der Bereich *Long-Term Incentives* ermöglicht die Definition von Vergütungsplänen und unterstützt die Zuteilung von Anteilen an Mitarbeiter. Über eine Schnittstelle können diese an Bank oder Makler weitergeleitet

werden. Die steuerlich relevanten Daten werden an die Personalabrechnung übertragen.

- **Budgetierung**
Im Bereich *Budgetierung* können Budgetstrukturen angelegt und Budgets zugeordnet werden. Außerdem können Daten aus der Personalkostenplanung als Budget importiert werden.

- **Monetäre Stellenbewertung**
Der Bereich *Monetäre Stellenbewertung* ermöglicht den Export von Daten für Gehaltsumfragen von externen Anbietern. Interne Stellen können mit Werten aus Gehaltsumfragen verglichen werden. Außerdem können die internen Gehaltsstrukturen angepasst werden.

12.1.2 Integration

Das Unternehmensvergütungsmanagement benötigt die Personaladministration und Personalabrechnung als Grundlage, um die entgeltrelevanten Daten eines Mitarbeiters lesen und aktualisieren zu können. Außerdem müssen aus dem Organisationsmanagement die Linienvorgesetzten ermittelt werden und die Struktur für die Budgetierung abgeleitet werden.

Als zusätzliche Komponenten sollten Sie den Manager Self-Service (MSS) und den Employee Self-Service (ESS) einsetzen. Im Manager Self-Service findet der Vorgesetzte Funktionen, die ihn durch den Vergütungsprozess führen; Mitarbeiter können im Employee Self-Service ihre Gesamtvergütungsübersicht ansehen. Das Vergütungsbudget kann aus der Personalkostenplanung heraus erzeugt werden, und die Beurteilungen des Performance Managements können zur Messung der Mitarbeiterperformance und zur Ermittlung von Entgeltbestandteile genutzt werden.

12.2 Vergütungsverwaltung

Mit der Vergütungsverwaltung können Vergütungspläne für Mitarbeiter definiert werden, die von den Vorgesetzten im Manager Self-Service verwendet werden können. Eine Statusverwaltung ermöglicht die Abbildung eines Genehmigungsprozesses.

Der Vergütungsbereich ist der Schlüssel, der Mitarbeiter zusammenfasst, die identischen Vergütungsprozessen angehören. Ein Mitarbeiter kann mehreren Vergütungsgruppen angehören. Mit dem Infotyp 0758 (Vergütungsprogramm) (siehe Abbildung 12.1) wird der Mitarbeiter dem Vergütungsbereich zugeordnet; außerdem werden die erste und zweite Vergütungsprogrammgruppierung zugeordnet. Diese Gruppierungen können zur Differenzierung von Mitarbeitern zu Vergütungszwecken verwendet werden (z. B. Führungskraft/keine Führungskraft oder Vollzeit/Teilzeit).

Abbildung 12.1 Infotyp 0758 (Vergütungsprogramm)

Der Infotyp 0759 (siehe Abbildung 12.2) dient zur Überwachung aller Kategorien von Vergütungsprozessen, auch von LTI-Prozessen. Wird die Vergütung im MSS erfasst, so wird der Infotyp automatisch aktualisiert. Alternativ kann der Report RHECM_CREATE_COMP_PROCESS vom Vergütungsspezialist oder Personalsachbearbeiter verwendet werden, um den Infotyp anzulegen. Außerdem wird dieser Report verwendet, um die Vergütungsrichtlinie zu aktivieren und dadurch die Entgeltdaten in den Basisbezügen oder anderen Infotypen anzupassen. Die Zulässigkeit eines Mitarbeiters für einen Vergütungsplan kann durch den Infotyp 0760 (Übersteuerung Vergütungszulässigkeit) für unzulässig oder erst ab einem festgelegten Datum für zulässig erklärt werden.

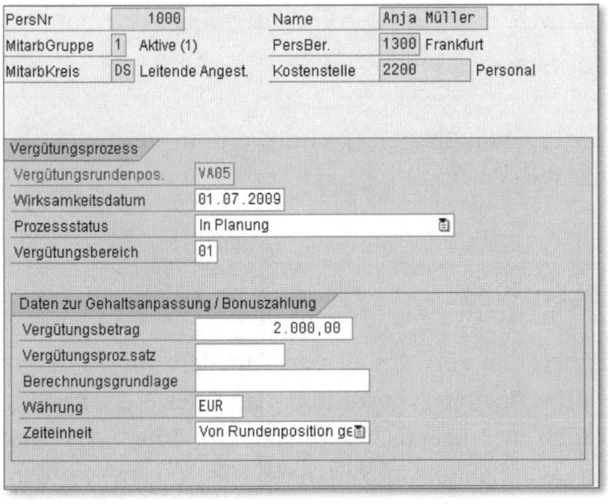

Abbildung 12.2 Infotyp 0759 (Vergütungsprozess)

12 | Unternehmensvergütungsmanagement

Die Vergütungsrunde legt fest, in welchem Zeitraum Vergütungspläne verarbeitet werden sollen. Eine Runde kann Gehaltsanpassungen, einen Bonus und Long-Term Incentives (LTI) umfassen. Diese Bestandteile, die man als *Vergütungsrundenpositionen* bezeichnet, werden als Subtypen von Infotyp 0759 (Vergütungsprozess) definiert. Das Customizing einer Vergütungsrundenposition sehen Sie in Abbildung 12.3.

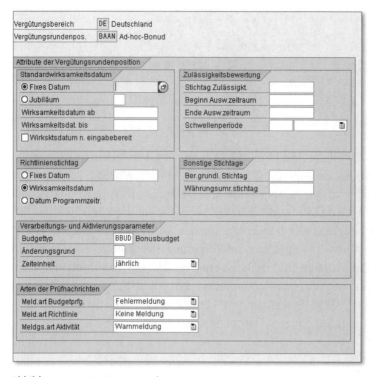

Abbildung 12.3 Vergütungsrundenposition

Der Mitarbeiter kann das Ergebnis in der Gesamtvergütungsübersicht im Employee Self-Service ansehen.

12.3 Long-Term Incentives

Long-Term Incentives dienen der Verwaltung von Anteilen (insbesondere Aktienanteilen), die steuerbegünstigt sein können, und der Verarbeitung von Verfügbarkeitszeitplänen und Lebensereignissen. Die Zuteilungs- und Teilnehmerdaten können an Makler oder Banken übertragen werden. Zusätzlich zum bereits besprochenen Infotyp 0759 (Vergütungsprozess), der auch die Verwaltung der LTI steuert, gibt es die Infotypen 0762 (LTI-Ausübung), 0761 (LTI-Zuteilung) und 0763 (Teilnehmerdaten). Die Verwaltung von Long-Term Incentives ist eine Erweiterung der Vergütungsverwaltung mit dem Zusatz, dass die Vergütung nicht in Form von Zahlungen, sondern der Zuteilung von Unternehmensanteilen erfolgt. Dies hat dann lediglich Auswirkungen auf die Personalabrechnung und stößt die Berechnungen zur Versteuerung an.

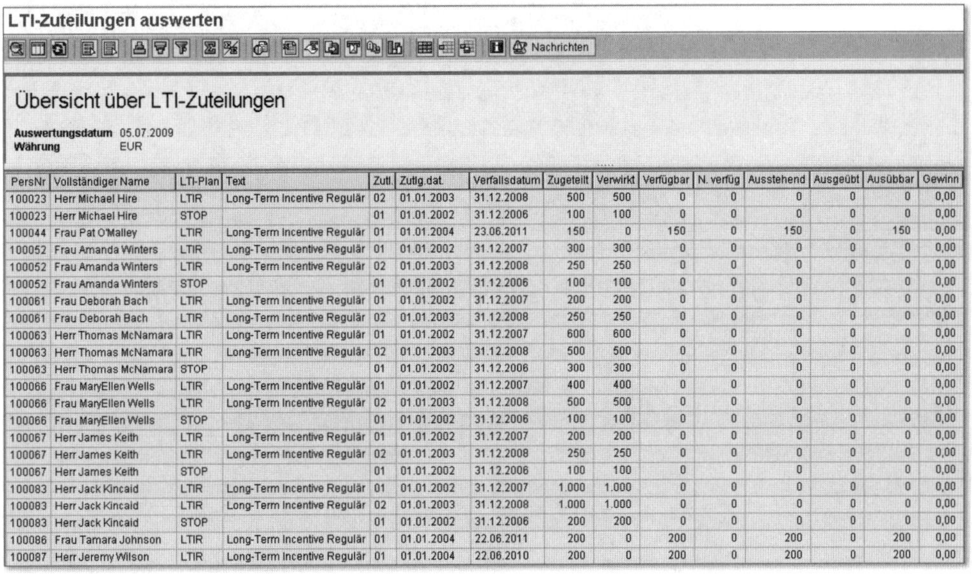
LTI-Zuteilungen auswerten

Nachrichten

Übersicht über LTI-Zuteilungen

Auswertungsdatum 05.07.2009
Währung EUR

PersNr	Vollständiger Name	LTI-Plan	Text	Zutl.	Zutlg.dat.	Verfallsdatum	Zugeteilt	Verwirkt	Verfügbar	N. verfüg	Ausstehend	Ausgeübt	Ausübbar	Gewinn
100023	Herr Michael Hire	LTIR	Long-Term Incentive Regulär	02	01.01.2003	31.12.2008	500	500	0	0	0	0	0	0,00
100023	Herr Michael Hire	STOP		01	01.01.2002	31.12.2006	100	100	0	0	0	0	0	0,00
100044	Frau Pat O'Malley	LTIR	Long-Term Incentive Regulär	01	01.01.2004	23.06.2011	150	0	150	0	150	0	150	0,00
100052	Frau Amanda Winters	LTIR	Long-Term Incentive Regulär	01	01.01.2002	31.12.2007	300	300	0	0	0	0	0	0,00
100052	Frau Amanda Winters	LTIR	Long-Term Incentive Regulär	02	01.01.2003	31.12.2008	250	250	0	0	0	0	0	0,00
100052	Frau Amanda Winters	STOP		01	01.01.2002	31.12.2006	100	100	0	0	0	0	0	0,00
100061	Frau Deborah Bach	LTIR	Long-Term Incentive Regulär	01	01.01.2002	31.12.2007	200	200	0	0	0	0	0	0,00
100061	Frau Deborah Bach	LTIR	Long-Term Incentive Regulär	02	01.01.2003	31.12.2008	250	250	0	0	0	0	0	0,00
100063	Herr Thomas McNamara	LTIR	Long-Term Incentive Regulär	01	01.01.2002	31.12.2007	600	600	0	0	0	0	0	0,00
100063	Herr Thomas McNamara	LTIR	Long-Term Incentive Regulär	02	01.01.2003	31.12.2008	500	500	0	0	0	0	0	0,00
100063	Herr Thomas McNamara	STOP		01	01.01.2002	31.12.2006	300	300	0	0	0	0	0	0,00
100066	Frau MaryEllen Wells	LTIR	Long-Term Incentive Regulär	01	01.01.2002	31.12.2007	400	400	0	0	0	0	0	0,00
100066	Frau MaryEllen Wells	LTIR	Long-Term Incentive Regulär	02	01.01.2003	31.12.2008	500	500	0	0	0	0	0	0,00
100066	Frau MaryEllen Wells	STOP		01	01.01.2002	31.12.2006	100	100	0	0	0	0	0	0,00
100067	Herr James Keith	LTIR	Long-Term Incentive Regulär	01	01.01.2002	31.12.2007	200	200	0	0	0	0	0	0,00
100067	Herr James Keith	LTIR	Long-Term Incentive Regulär	02	01.01.2003	31.12.2008	250	250	0	0	0	0	0	0,00
100067	Herr James Keith	STOP		01	01.01.2002	31.12.2006	100	100	0	0	0	0	0	0,00
100083	Herr Jack Kincaid	LTIR	Long-Term Incentive Regulär	01	01.01.2002	31.12.2007	1.000	1.000	0	0	0	0	0	0,00
100083	Herr Jack Kincaid	LTIR	Long-Term Incentive Regulär	02	01.01.2003	31.12.2008	1.000	1.000	0	0	0	0	0	0,00
100083	Herr Jack Kincaid	STOP		01	01.01.2002	31.12.2006	200	200	0	0	0	0	0	0,00
100086	Frau Tamara Johnson	LTIR	Long-Term Incentive Regulär	01	01.01.2004	22.06.2011	200	0	200	0	200	0	200	0,00
100087	Herr Jeremy Wilson	LTIR	Long-Term Incentive Regulär	01	01.01.2004	22.06.2010	200	0	200	0	200	0	200	0,00

Abbildung 12.4 LTI-Zuteilung auswerten

In Abbildung 12.4 sehen Sie eine Auswertung der Inanspruchnahme zugeteilter LTI-Anteile.

Der LTI-Prozess besteht aus folgenden Schritten:

1. Einrichten eines LTI-Plans für die Mitarbeiter
2. Budgetieren der Anteile pro Mitarbeitergruppe
3. Der Vorgesetzte teilt seinen Mitarbeitern die Anteile im MSS zu.
4. Übermitteln der Zuteilungsdaten an die Bank oder an den Makler, der ein Depot für den Mitarbeiter einrichtet
5. Rücksendung der Bestätigung durch die Bank und Aktualisierung des Infotyps 0762 (LTI-Ausübung)
6. Übertragung der Ausübungsinformationen in die Personalabrechnung zur Ermittlung des geldwerten Vorteils

12.4 Budgetierung

Bei der Budgetpflege wird eine Budgetstruktur angelegt, die vom Aufbau an die Organisationsstruktur angelehnt ist und in der die Budgeteinheiten der Budgetstruktur (siehe Abbildung 12.6) mit den Organisationseinheiten verknüpft werden. Die Budgetwerte können aus Kostenbestandteilen der Personalkostenplanung entnommen werden.

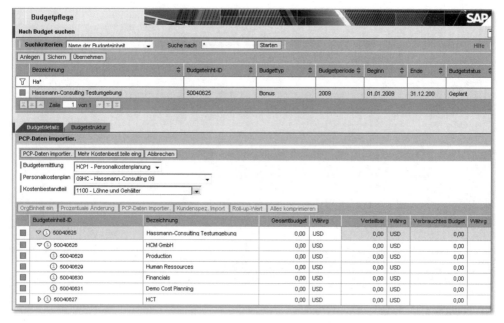

Abbildung 12.5 Budget aus Personalkostenplanung importieren

Abbildung 12.5 zeigt die Übernahme der Budgetwerte aus der Personalkostenplanung. Diese Vorgehensweise bietet eine optimale Integration der Abläufe und ist daher der manuellen Pflege vorzuziehen.

Das Kopieren des Budgets aus der Vorperiode mit prozentualer Anpassung wäre eine weitere Pflegealternative, bei der das Budget nicht vollständig manuell aufgebaut werden muss.

Die Pflege des Budgets ist vollständig im Portal realisiert, was bedeutet, dass auch hierfür der Einsatz von SAP NetWeaver Portal zwingend erforderlich ist.

Budgetdetails | Budgetstruktur

OrgEinheit ein | Prozentuale Änderung | PCP-Daten importier. | Kundenspez. Import | Roll-up-Wert | Alles komprimieren

Budgeteinheit-ID	Bezeichnung	Gesamtbudget	Währg	Verteilbar	Währg
50040625	Hassmann-Consulting Testumgebung	58.411,55	USD	0,00	USD
50040626	HCM GmbH	47.052,96	EUR	34.411,61	USD
50040628	Production	0,00	USD	0,00	USD
50040629	Human Ressources	0,00	USD	0,00	USD
50040630	Financials	0,00	USD	0,00	USD
50040631	Demo Cost Planning	19.332,96	EUR	23.999,94	USD
50040627	HCT	0,00	USD	0,00	USD
50040632	HQ Fürth	0,00	USD	0,00	USD
50040633	ZS MÜNCHEN	0,00	USD	0,00	USD

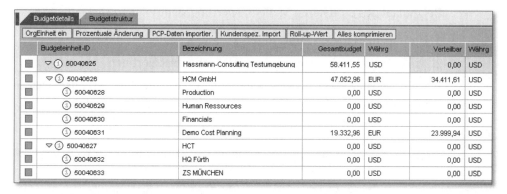

Abbildung 12.6 Budgetstruktur

Abbildung 12.7 zeigt die Ausgabe des Standardreports RHECM_BUDGET_RPT (Überwachung des Vergütungsbudgets) zur Kontrolle des verbrauchten Budgets.

Überwachung der Vergütungsbudgets

Budgettyp Bonus
Budgetzeitraum 01.01.2009 bis 31.12.2009
Währung USD

Budgeteinheit	ObjektId	Gesamtbudget	Summe verbr...	Gesamtrest	Verteilbares ...	Betrag verbr. ...	Eigenes Res...
Hassmann-Consulting Testumgebu	50040625	58.411,55	0,00	58.411,55	0,00	0,00	0,00
HCM GmbH	50040626	58.411,55	0,00	58.411,55	34.411,61	0,00	34.411,61
Production	50040628	0,00	0,00	0,00	0,00	0,00	0,00
Human Ressources	50040629	0,00	0,00	0,00	0,00	0,00	0,00
Financials	50040630	0,00	0,00	0,00	0,00	0,00	0,00
Demo Cost Planning	50040631	23.999,94	0,00	23.999,94	23.999,94	0,00	23.999,94

Abbildung 12.7 Überwachung der Vergütungsbudgets

12.5 Monetäre Stellenbewertung

Die monetäre Stellenbewertung ist die Basis zur Entwicklung einer Vergütungsstrategie zur Bindung der Mitarbeiter ans Unternehmen. Daneben ist die Marktanalyse für die Sicherung der Position gegenüber anderen Unternehmen wichtig, die ein Interesse am Abwerben von Mitarbeitern haben. Auch die interne Analyse ist für eine ausgewogene Bezahlung der Mitarbeiter in den Abteilungen des Unternehmens notwendig.

Der Ablauf der monetären Stellenbewertung sieht folgende Schritte vor:

1. Umfragemarktdaten importieren
2. Umfragestellen den Stellen des Unternehmens zuordnen
3. Umfragedaten zeitlich anpassen, um Trends auf dem Arbeitsmarkt zu erkennen
4. Gehaltsstruktur des Unternehmens an den Markt anpassen

Auch die monetäre Stellenbewertung ist vollständig im Portal realisiert.

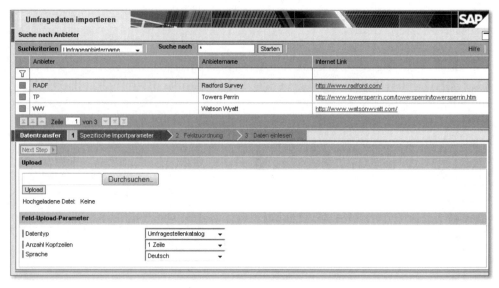

Abbildung 12.8 Umfragemarktdaten eines Anbieters importieren

Abbildung 12.8 zeigt den Import der Anbieterdaten. Es werden ein Kürzel sowie der Anbietername und dessen Internetlink angelegt. Nach dem Import der Daten werden die Stellen aus dem Stellenkatalog zugeordnet (siehe Abbildung 12.9). Die Daten des Anbieters umfassen definierte Umfragestellen mit den Gehaltsdaten des Marktes und einer Stellenbeschreibung (siehe Abbildung 12.10).

In den zeitlich angepassten Marktdaten können Gehaltsentwicklungen nachvollzogen werden.

Monetäre Stellenbewertung | 12.5

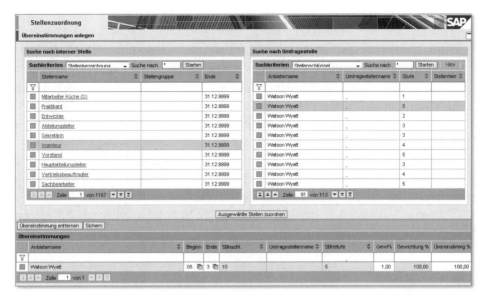

Abbildung 12.9 Stellen des Unternehmens zuordnen

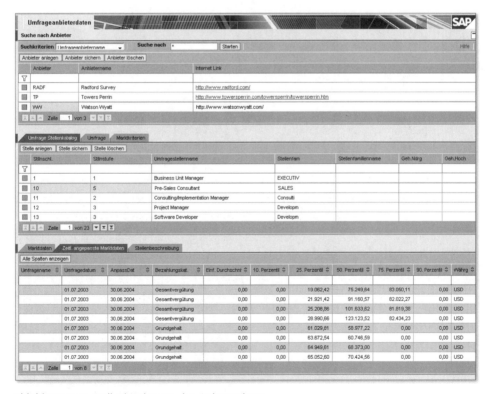

Abbildung 12.10 Stellenkatalog aus den Anbieterdaten

12.6 Fazit

Das Unternehmensvergütungsmanagement ist ein wichtiger Bestandteil des Talent Managements; die neu entwickelte SAP-Komponente mit Integration ins Portal bietet hierzu ein leistungsfähiges Werkzeug. In der Praxis beschränkt sich der Einsatz der Komponente meist auf die AT-Mitarbeiter, da durch eine Tarifbindung die große Zahl der Mitarbeiter gemäß Tarif bezahlt wird und wenig Spielraum für eine flexible Bezahlung vorhanden ist. Zur Umsetzung eines Vergütungsmanagements muss ein Unternehmen daher entsprechend groß sein und viele AT-Mitarbeiter haben, damit sich der Einsatz eines systemgestützten Vergütungsmanagements lohnt. Die Komponente wird in der Praxis häufig für LTI-Maßnahmen als Anreiz zur Mitarbeiterbindung eingesetzt.

TEIL III
Personalplanung und -analyse

Die Personalplanung erstreckt sich über alle Bereiche der Personalarbeit. Die lang- und mittelfristige Planung von Kapazitäten und Personalkosten bildet dabei den Kernprozess. Bei der Kapazitätsplanung ist neben dem quantitativen auch der qualitative Aspekt entscheidend. Die Analyse, z.B. mit SAP NetWeaver BW, muss die Planung unterstützen und überprüfen.

Die Personalplanung erstreckt sich über alle Bereiche der Personalarbeit. Die lang- und mittelfristige Planung von Kapazitäten und Personalkosten bildet dabei den Kernprozess. Bei der Kapazitätsplanung ist neben dem quantitativen auch der qualitative Aspekt unabdingbar.

13 Personalplanungsprozess

Geplant wird in allen Feldern der Personalarbeit. Inwieweit diese Planung aber systematisch erfolgt, zwischen den einzelnen Feldern abgestimmt ist und in einer geeigneten Form dokumentiert wird, variiert von Unternehmen zu Unternehmen stark. Die Planung in den einzelnen Teilprozessen erfolgt oft in Form einer Insellösung. Die Unterstützung durch EDV-Systeme beschränkt sich in vielen Fällen auf die sehr einfache Dokumentation der Planungsergebnisse in MS Office. Auch die Einbindung dezentraler Prozessbeteiligter, also in erster Linie der Führungskräfte, ist sehr unterschiedlich ausgeprägt.

Dieses Kapitel stellt einen integrierten Ansatz für die Planung vor. Dabei fokussieren wir insbesondere die Aufgabenteilung zwischen zentralen und dezentralen Prozessteilen. In Abschnitt 13.1, »Ansatz zur integrierten Personalplanung«, werden zunächst die Grundlagen für die Personalplanung vorgestellt, die auch von einem integrierten Informationssystem bereitgestellt werden müssen. Dabei werden wir uns dann auf die Kernprozesse der Personalplanung konzentrieren, also auf die Planung von Kapazitätsbedarf und -angebot sowie die Planung der Personalkosten. Bei dieser Fokussierung wird sich bereits zeigen, dass die Trennung von *Personalplanung* und *Personalentwicklung* recht schwierig ist: Zum einen sind beide eng in die Unternehmensstrategie und damit die Balanced Scorecard eingebunden, zum anderen führt der qualitative Aspekt der Personalplanung immer wieder in die Personalentwicklung. Diese Bereiche, in denen Planung und Entwicklung sich überlappen, wurden im Wesentlichen bereits in Teil 2 dieses Buchs besprochen. Abschnitt 13.2, »Personalplanungsprozess im Überblick«, zeigt anschließend als Ergebnis den Planungsprozess im Überblick. Abschließend zieht Abschnitt 13.3 dann ein kurzes Fazit: Die wesentlichen Anforderungen an die IT-Unterstützung in der Personalplanung werden zusammengefasst und den Möglichkeiten von SAP ERP HCM gegenübergestellt.

13.1 Ansatz zur integrierten Personalplanung

In diesem Abschnitt erläutern wir einige wesentliche Grundlagen für die Personalplanung.

13.1.1 Elemente der Personalplanung

Die wesentlichen Elemente der Personalplanung sind die Kapazitätsplanung, die Vergütungsplanung und die Personalkostenplanung. Diese drei Elemente werden wir nun näher betrachten.

Kapazitätsplanung

Unter *Kapazitätsplanung* verstehen wir im weiteren Verlauf die mittel- und langfristige Planung von Personalkapazität (Planungshorizont von mindestens einem Jahr). Es geht also nicht um die kurzfristige Planung einzelner Mitarbeiter und ihre genaue Zuordnung zu Einzeltätigkeiten und Zeiten. Diese Detailplanung bezeichnen wir als *Schichtplanung* oder alternativ mit dem SAP-Begriff der *Personaleinsatzplanung*.

Ziel der Kapazitätsplanung ist es, für die künftigen Gesamtaufgaben des Unternehmens und seiner Abteilungen den Bedarf an Mitarbeitern zu planen und geeignete Maßnahmen zu definieren, um diesen Bedarf möglichst genau abzudecken. Auch wenn die zugrunde liegenden Daten teilweise von der Mitarbeiterebene stammen, abstrahiert die Planung selbst ganz von den einzelnen Mitarbeitern. Sie setzt sich dabei aus drei Aspekten zusammen:

- Feststellung des Bedarfs an Personalkapazität über den gesamten Planungszeitraum hinweg
- Abschätzung des Kapazitätsangebots unter Berücksichtigung der bereits bekannten und zu erwartenden Veränderungen
- Ableitung des Handlungsbedarfs, also insbesondere Neu-Rekrutierung und Freisetzung (sowohl extern als auch intern)

Über die gesamte Planung hinweg ist die Kapazität auch unter qualitativen Gesichtspunkten zu betrachten. Jedoch wird dabei nicht so stark detailliert wie im Skillmanagement. In der Regel werden die Mitarbeiter qualitativ klassifiziert – z.B. auf einem Niveau, das dem SAP-Begriff der *Stelle* entspricht. Eine mögliche Basis hierfür stellen weit verbreitete Klassifikationen wie die »Internationale Standardklassifikation der Berufe« (Statistisches Bundesamt, 1971) dar, die allerdings aufgrund der raschen Änderung von Berufsbildern an aktuelle Gegebenheiten und an das Unternehmen anzupassen sind.

Die Bedarfsbestimmung erfolgt meist aufgrund der Einschätzung der Führungskraft auf der Basis des Istzustands der Aufgabenmengen und vorhandenen Kapazität. Dabei können aber auch verschiedene Methoden oder Modelle angewendet werden – hier einige Beispiele:

- einfache Kennziffernverfahren wie Produktivitätskennzahlen, die konstante Verhältnisse zwischen Arbeitsvolumen und Mitarbeiterzahl annehmen und so aus der neuen Absatzplanung die benötigte Mitarbeiterzahl ableiten
- Rosenkranzformel
- Leitungsspannenmodelle
- Bedarfsdreieck von Kossbiel (1987)

Für die Abschätzung des zukünftigen Kapazitätsangebots stehen z.B. folgende Methoden zur Verfügung:

- Markoff-Analyse (Verwendung von Übergangswahrscheinlichkeiten zwischen Gruppen von Mitarbeitern und der »Außenwelt«)
- System-Dynamics-Modelle

Vergütungsplanung

Ziel der Vergütungsplanung ist es, die Gesamtvergütung (*Total Compensation*) und deren Aufteilung auf die einzelnen Mitarbeiter innerhalb eines gegebenen Gesamtrahmens festzulegen. Dabei werden folgende Kriterien berücksichtigt:

- marktgerechte Vergütung (Benchmarking)
- Vergleichbarkeit innerhalb des Unternehmens (Stellenbewertung)
- Ausrichtung an einer Vergütungspolitik, die die Vergütung auch von bestimmten Parametern (Beurteilungsergebnis, Firmenzugehörigkeit etc.) abhängig machen kann
- Einhaltung von Budgets
- für den Mitarbeiter bei gegebenem Gesamtaufwand optimale Vergütungspakete

Die Vergütungsplanung erfolgt also in erster Linie aus Sicht des Mitarbeiters. Sie liefert den vielleicht wichtigsten Input für die Personalkostenplanung, die aus Unternehmenssicht erfolgt.

Personalkostenplanung

Die Personalkostenplanung ist die Betrachtung der kostenmäßigen Auswirkungen aller personellen Maßnahmen – sowohl zum aktuellen Zeitpunkt als auch zukunftsorientiert. Ihr Ziel ist es, die gesamten Personalkosten für einen definierten Zeitraum abzuschätzen. Zudem macht sie Aussagen darüber, wie sich die Veränderung bestimmter Rahmenbedingungen auf die Personalkosten auswirkt. Es wird also versucht, eine Vorschau auf die zukünftigen Personalkosten zu erstellen. Dabei reicht es in der Regel nicht aus, die aktuellen Personalkosten der Mitarbeiter zu nehmen und diese mit zwölf zu multiplizieren, um einen Planwert für das nächste Jahr zu erhalten. Vielmehr müssen im Vorfeld die bestimmenden Faktoren identifiziert und bewertet werden, die im Folgenden näher vorgestellt werden sollen.

Einflussfaktoren auf die Personalkostenplanung aus Gehaltsänderungen
Folgende Faktoren, die die Personalkostenplanung beeinflussen, sind auf Gehaltsänderungen zurück zu führen:

- **Gesetzliche Änderung**
  Es gibt zahlreiche gesetzliche Änderungen, die die Personalkosten eines Mitarbeiters beeinflussen (z.B. Änderung der SV-Beitragssätze, Änderung der Beitragsbemessungsgrenzen, Änderung der vom Arbeitgeber zu tragenden Pauschalsteuer etc.).

- **AT-Gehaltsanpassung**
  Hier handelt es sich um eine frei verhandelte Änderung des Entgelts.

- **Stufensteigerung**
  Bei der Stufensteigerung erhält der Mitarbeiter automatisch mehr Geld, wenn eine bestimmte Zeitdauer verstrichen ist oder er ein bestimmtes Alter erreicht hat. Diese Form der Gehaltsanpassung ist besonders häufig im öffentlichen Dienst anzutreffen.

- **Tarifabschluss**
  Tarifgebundene Arbeitgeber müssen jedes Jahr die sich aus dem mit den Gewerkschaften ausgehandelten Tarifabschluss ergebenden Gehaltsanpassungen an die Mitarbeiter weitergeben.

- **Umgruppierung**
  Mitarbeiter lernen dazu und werden weiterqualifiziert. Führen sie auf-

grund einer Beförderung höherwertige Tätigkeiten aus, wird auch das Gehalt entsprechend angepasst, indem eine Umgruppierung innerhalb der Tarifgruppen und -stufen stattfindet. Ist der Mitarbeiter kein Tarifmitarbeiter, werden seine individuellen Bezüge angepasst.

Einflussfaktoren aus organisatorischen Änderungen
Folgende Faktoren, die die Personalkostenplanung beeinflussen, resultieren aus organisatorischen Änderungen:

- **Fluktuation**
  Mitarbeiter gehen in Rente, verlassen das Unternehmen, neue Mitarbeiter werden eingestellt. Alle diese Maßnahmen haben einen gewissen Zeithorizont und können somit in einer Planung berücksichtigt werden. Der Renteneintritt hängt vom Alter und Gesundheitszustand des Mitarbeiters ab. Mitarbeiter, die das Unternehmen verlassen wollen, haben eine Kündigungsfrist, an die sie gebunden sind. Neue Mitarbeiter werden eingestellt, wenn der Personalbeschaffungsprozess durchlaufen wurde.

- **Reorganisation/Umstrukturierung**
  Erfolgreiche Business Units überprüfen ständig, ob ihre Prozesse von der vorhandenen Organisationsstruktur noch optimal unterstützt werden. Ist dies nicht der Fall, wird umstrukturiert, um dauerhaft erfolgreich zu sein. In großen Unternehmen wird zusätzlich die Profitabilität der Unternehmensbereiche geprüft. Als Ergebnis dieser Prüfung werden dann gegebenenfalls ganze Unternehmensbereiche verkauft und andere hinzugekauft.

Weitere Einflussfaktoren
Es gibt neben dem Entgelt noch weitere Kosten, die im Rahmen der Personalkostenplanung betrachtet werden können. In vielen Unternehmen werden diese Kosten im Bereich der Sachkosten außerhalb der Personalplanung geplant. Dabei darf man aber nicht aus den Augen verlieren, dass diese Kosten durch die Einstellung oder Freisetzung von Mitarbeitern direkt beeinflusst werden.

- Arbeitsplatzkosten
- Aus- und Weiterbildungskosten
- Rekrutierungskosten
- Freisetzungskosten
- Reisekosten

Weitere Elemente der Personalplanung

Neben diesen Kernelementen, die in der Regel alle anderen Elemente der Personalplanung wesentlich beeinflussen, kann man prinzipiell für jeden Teilprozess der Personalarbeit einen *Planungsprozess* definieren. Im Wesentlichen sind dies folgende Prozesse:

- Schichtplanung (Personaleinsatzplanung)
- Personalentwicklungsplanung (diese wird ausführlich im zweiten Teil des Buchs behandelt)
- Personalbeschaffungsplanung (leitet sich unmittelbar aus der Kapazitätsplanung ab)
- Reiseplanung (zum größten Teil Planung auf sehr niedriger Ebene)

13.1.2 Aufgabenteilung zwischen zentraler und dezentraler Planung

Ähnlich wie bei der Personalentwicklung teilt sich auch die Personalplanung in dezentrale und zentrale Aufgaben auf. Die Manager der einzelnen Organisationseinheiten liefern im Wesentlichen Informationen und Forecasts aus dem laufenden Geschäft (also »von der Front«) und setzen beschlossene Planvorgaben um. Die zentrale Planungsinstanz steuert Informationen zur Unternehmensstrategie bei. Außerdem ist sie zuständig für die Konsolidierung der Planung und die Ableitung von Vorgaben.

Abbildung 13.1 zeigt in einer schematischen Darstellung des Planungsprozesses die grobe Aufgabenverteilung zwischen dezentralen und zentralen Beteiligten. In diesem Beispiel liegt die zentrale Verantwortung bei der Abteilung Personalcontrolling. In der Praxis liegen die Planungsaufgaben oft bewusst bei anderen Abteilungen, da das Personalcontrolling ausschließlich die Einhaltung der Vorgaben überwacht und Maßnahmen bei Fehlentwicklungen ableitet. Grundsätzlich ist die Planungskoordination im Personalcontrolling aber gut aufgehoben, da dort im Allgemeinen die Steuerungsinstrumente gebündelt sein sollen.

Als dezentrale Prozessbeteiligte werden im Beispielprozess die Bereichsleitungen genannt. In der Regel erfolgt die direkte Abstimmung mit dem Personalcontrolling auch tatsächlich auf einer hohen Hierarchieebene. Dennoch sind natürlich auch niedrigere Ebenen in den Prozess eingebunden. Hier übernimmt dann aber der jeweilige Vorgesetzte die Koordination und liefert ein konsolidiertes Ergebnis für seinen Bereich. Dieser Prozess, in dem Vorgaben auf unterstellte Organisationseinheiten heruntergebrochen und die

Teilplanungen dann wieder aggregiert werden, stellt bereits eine wesentliche Anforderung an die IT-Unterstützung dar.

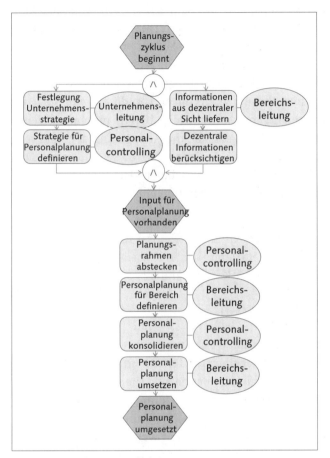

Abbildung 13.1 Personalplanungsprozess

Der Prozess ist in der Praxis bei weitem nicht so geradlinig wie in Abbildung 13.1 dargestellt. Oft sind mehrere Planungsrunden erforderlich, in denen die Bereichsleiter Planungen einreichen und das Personalcontrolling vor oder nach der Konsolidierung Vorgaben für eine Planungsanpassung zurückgibt. Hinzu kommen häufig auch Änderungen der strategischen Vorgaben im Verlauf des Planungsprozesses. Zudem erfolgt die dezentrale Planung meist nicht ohne Unterstützung durch zentrale Instanzen. Das Personalcontrolling oder andere Stabsabteilungen außerhalb der Personalabteilung unterstützen immer wieder bei Fragen, z.B. auf Abteilungsebene. Die Planung auf Mitarbeiterebene wird oft durch Personalbetreuer unterstützt, die die Vergütungsregelungen im Detail kennen.

13.1.3 Integration zentraler und dezentraler Planungsschritte

Werden nicht-integrierte Planungsmedien genutzt (z.B. Papier oder einzelne MS Excel-Dateien), fällt die Konsolidierung sehr schwer: Die Ableitung konsolidierter Zahlen ist arbeitsaufwendig und erfordert bei jeder Änderung dezentraler Planungsteile manuelle Eingriffe. Außerdem ist die Gefahr von Übertragungsfehlern sehr hoch. Daher ist es für einen effizienten Prozess erforderlich, dass alle Beteiligten in einer integrierten Datenbasis arbeiten. Dabei muss es möglich sein, Planungsänderungen von dezentraler Stelle für die Ausgabe konsolidierter Ergebnisse wahlweise bereits miteinzubeziehen (oder auch nicht). Auf diese Weise lässt sich die Auswirkung der Änderung vorab einschätzen. Erst eine zentrale Freigabe darf diese Änderung dann grundsätzlich in die Planungsgrundlage aufnehmen. Für die Abbildung in einem Informationssystem stellt diese Integration eine sehr wichtige, wenngleich schwierig zu erfüllende Anforderung dar.

Im Folgenden werden nun die dezentral bzw. zentral zu erfüllenden Aufgaben unterschieden. Dabei konzentrieren wir uns wieder auf die Kernprozesse der Kapazitätsplanung und der Kostenplanung.

13.1.4 Dezentrale Aufgaben

Angesprochen sind hier in erster Linie Führungskräfte mit Planungsverantwortung oder ihre Assistenzmitarbeiter, die für die Erfassung der Planung im System zuständig sind. Ebenfalls zu nennen sind die einzelnen Mitarbeiter, die sich über einen Self-Service informieren können oder Informationen (z.B. zur eigenen Verfügbarkeit) bereitstellen. Die Einbindung der Mitarbeiter in den IT-gestützten Prozess ist hier aber weit weniger wichtig als in der Personalentwicklung. Außerhalb der IT-Unterstützung ist natürlich die Rolle des einzelnen Mitarbeiters durchaus wichtig, da in den Mitarbeitergesprächen die Vergütungsplanung auf individueller Ebene erfolgt. Darüber hinaus dient die Information durch Abstimmung mit dem Mitarbeiter auch als Input für verschiedene Teilplanungen.

Folgende Aufgaben fallen an dezentraler Stelle an:

- Durchführen von Mitarbeitergesprächen zur Planung auf individueller Ebene – diese Gespräche können etwa folgende Aspekte thematisieren:
    - Vergütungshöhe
    - Zusammensetzung der Vergütung
    - Arbeitszeit und damit Kapazitätsangebot

- Versetzung
- Ruhestandsregelung, z. B. Altersteilzeit
- Auszeit (Erziehungsurlaub, Sabbatical etc.)
- Ermittlung des Kapazitätsbedarfs
- Forecast des Kapazitätsangebots
- Herunterbrechen von Vorgaben/Budgets auf untergeordnete Ebenen
- Vereinbarung von Zielen auf Abteilungsebene
- Konsolidierung von Teilplanungen untergeordneter Ebenen.
- Überwachung von Vorgaben, Abstimmung und Beratung für untergeordnete Ebenen
- Pflege der relevanten Informationen im Informationssystem
- Abstimmung von Vorgaben mit übergeordneten Ebenen
- Neueinstellungen bzw. Übernahme von Mitarbeitern anderer Abteilungen
- Freisetzung bzw. Abgabe von Mitarbeitern an andere Abteilungen
- andere Formen der Kapazitätsanpassung
- Abstimmung der Budgets für Personalkosten mit Sachkostenbudgets, gegebenenfalls budgetübergreifender Ausgleich

13.1.5 Zentrale Aufgaben

Folgende Aufgaben werden vom zentralen Personalcontrolling – teilweise in Zusammenarbeit mit anderen (Stabs-)Abteilungen – wahrgenommen:

- Ableiten einer Personalstrategie
- Bereitstellung von Planungs- und Auswertungswerkzeugen für dezentrale Stellen
- Berücksichtigung von Trends in der Unternehmensstrategie und in der Umwelt, die Auswirkungen auf Strategie und Prozess der Personalplanung haben
- Definition des organisatorischen und inhaltlichen Rahmens des dezentralen Planungsprozesses
- Festsetzung der Budgets auf den oberen Ebenen
- Festlegung der Vergütungspolitik
- Bereitstellen von Methoden für die dezentralen Prozessbeteiligten

- Schulung/Coaching der dezentralen Prozessbeteiligten
- Qualitätssicherung des Prozesses, Sicherstellen der Vergleichbarkeit von Ergebnissen
- Controlling zur Prüfung des Erreichens von Vorgaben

13.2 Personalplanungsprozess im Überblick

In diesem Abschnitt stellen wir die Grundlagen der Personalplanung dar.

13.2.1 Grundlagen der Personalplanung

Die wichtigsten Daten, die dem hier betrachteten Planungsprozess zugrunde liegen (siehe Abbildung 13.2), sind:

- Organisationsplan
- Stellenplan
- Vergütungsdaten
- weitere Kostendaten
- Personalstammdaten allgemein

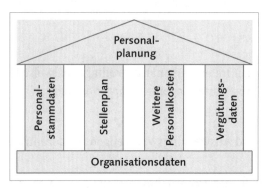

Abbildung 13.2 Grundlagen der Personalplanung

13.2.2 Rahmenprozess der Personalplanung

Den Input für den Planungsprozess liefern das Personalcontrolling und die Unternehmensleitung. Hierzu zählen folgende Bereiche:

- die Unternehmensstrategie
- die Planung der Geschäftsentwicklung

- der aktuelle Stellen- und Stellenbesetzungsplan
- Eine Hochrechnung der Personalkosten, die vom aktuellen Istzustand ausgeht. Diese Hochrechnung kann relativ komplex ausfallen, denn es genügt nicht, die Kosten für den Monat Oktober einfach mit zwölf zu multiplizieren, um den Wert für das nächste Jahr zu errechnen. Vielmehr müssen Sie Vereinbarungen zu Einmalzahlungen sowie bereits beschlossene Veränderungen einkalkulieren.

Dieser Input kann durchaus in mehreren Varianten erfolgen, wenn unterschiedliche Entwicklungsszenarien für das Unternehmen durchgeplant werden sollen. Das ändert allerdings nichts Grundsätzliches am Prozess, sodass wir im Folgenden von einem einzigen Szenario ausgehen. Aufbauend auf den Zielen der einzelnen Bereiche (oder Abteilungen, Referate etc.) werden dann die Budgets definiert, zum Beispiel:

- Budgets für die Veränderung der fixen Bezüge
- Budgets für Boni oder sonstige Einmalzahlungen
- Budgets für die Anpassung der Mitarbeiterkapazität (gemessen in sogenannten Vollzeitäquivalenten, das heißt zwei Mitarbeiter, die zu 50 % arbeiten, werden als eine Kapazität gezählt).

Sowohl Ziele als auch Budgets werden dann entlang der Hierarchie heruntergebrochen. Dieser Teil des Prozesses obliegt den Bereichsleitern und den jeweils untergeordneten Abteilungsleitern. Im Allgemeinen werden dann noch Verschiebungen zwischen verschiedenen Budgets erfolgen (z.B. mehr Einmalzahlungen statt Erhöhung von Festbezügen). Außerdem sind aufgrund der Mittel, die nun endgültig verfügbar sind, die Ziele noch einmal in Bezug auf ihre Erreichbarkeit zu überprüfen. Die erste dezentrale Planungsphase bezieht sich auf die Kapazität:

- Werden neue Planstellen geschaffen oder bestehende abgebaut?
- Welche vakanten Planstellen werden zu welchem Zeitpunkt wiederbesetzt?

Das Ergebnis dieser Planungsphase ist der angestrebte *Kapazitätsplan* mit Vakanzen für den Planungszeitraum. Darauf aufbauend können dann die Vergütungsänderungen, tarifliche Umstufungen oder Umgruppierungen, Bonuszahlungen etc. geplant werden. Diese Planung erfolgt im Rahmen gegebener Richtlinien aus der Vergütungspolitik, z.B. der Ableitung des Bonus aus der Beurteilung.

Die Planung, die zuerst auf unterster Ebene abgeschlossen wird, durchläuft dann einen Genehmigungsprozess von unten nach oben. Dabei wird die veränderte Vergütung in einer neuen Hochrechnung der Kosten berücksichtigt. Diese Hochrechnung ist dann auch die endgültige Planung, sofern die Genehmigung nicht auf einer höheren Ebene verweigert wird und ein neuer Planungszyklus mit neuen Vorgaben erfolgt. Neben verschiedenen bereits angesprochenen Teilplanungen steht nun insbesondere die Planung bestimmter Risikoszenarien an, wie sie im nächsten Abschnitt besprochen wird.

Die abgeschlossene Planung wird dann während des gesamten Planungszeitraums hinsichtlich veränderter Rahmenbedingungen überprüft und gegebenenfalls angepasst. Auch die Abweichungsanalyse wird nicht erst zum Ende des Planungszeitraums, sondern laufend durchgeführt. So können Abweichungen schon früh erkannt und gegebenenfalls Gegenmaßnahmen eingeleitet werden.

13.2.3 Risikomanagement

Ein wesentlicher Output der Personalplanung sind auch Elemente des Risikomanagements. Sowohl das Gesetz zur Kontrolle und Transparenz im Unternehmensbereich (KonTraG) als auch das Rating nach Basel II können Aspekte des hier besprochenen Prozesses umfassen. Folgende relevante Risiken können in den hier betrachteten Planungsprozessen erkannt werden:

- **Kostenrisiko**
  Auch durch eine recht einfache Kostenplanung können die Personalkosten so weit prognostiziert werden, dass kaum existenzbedrohende Überraschungen zu erwarten sind. Ein spezieller Aspekt ist hierbei die betriebliche Altersversorgung. Fehler in der Rückstellungsberechnung oder Gesamtversorgungszusagen, die anfällig gegen Änderungen der gesetzlichen Rente sind, können hier durchaus existenzbedrohende Folgen haben.

- **Kapazitätsrisiko**
  Überkapazitäten in bestimmten Bereichen haben schnell ein Kostenrisiko zur Folge. Unterkapazitäten können zu empfindlichen Verlusten von Marktanteilen führen.

- **Vergütungsrisiko**
  Nicht marktgerechte Vergütung kann zu einer Demotivation und damit zu einem breiten Leistungseinbruch bei den Mitarbeitern führen. Ähnlich

sind die Folgen, wenn die Vergütung bei vielen Mitarbeitern subjektiv als ungerecht empfunden wird. Somit kann das Vergütungsrisiko unmittelbar zu einem Motivationsrisiko werden.

13.3 Fazit

Die Anforderungen an die IT-Unterstützung lassen sich im Wesentlichen in zwei Bereiche gliedern:

- inhaltliche Anforderungen: Welche Funktionen stellt das System bereit?
- Anforderungen bezüglich des rollenspezifischen Zugriffs: Wie nutzen die verschiedenen Benutzergruppen das System?

Letzteres ist gerade im Planungsprozess ein ausschlaggebendes Kriterium, das in vollem Umfang noch von keinem integrierten HR-System standardmäßig erfüllt wird.

13.3.1 Rollenspezifischer Zugriff

Im Wesentlichen sind drei Gruppen von Benutzern zu unterscheiden:

- die *Führungskräfte*, die nicht nur Auswertungen über ihren Bereich durchführen, sondern auch die Planung im System erfassen; möglicherweise ist die Phase der Personalplanung der einzige Zeitraum im ganzen Jahr, in dem diese Zielgruppe Daten in nennenswertem Umfang im HCM-System pflegt
- die *Mitarbeiter*, die von zentraler Stelle in den Planungsprozess eingebunden sind – in erster Linie das Personalcontrolling und die Personalbetreuer
- einzelne *Mitarbeiter*, die auf ihre eigenen Daten zugreifen wollen (z. B. zur Anzeige von Beurteilungen, Total Compensation, Übersichten etc.)

Der Zugriff für den einzelnen Mitarbeiter ist in diesem Prozess durchaus verzichtbar und keineswegs so bedeutend wie in der Personalentwicklung.

Die SAP-Produkte erfüllen diese Anforderungen grundsätzlich mit ihrem Rollenkonzept und den Portalen ESS (Employee Self-Service) und MSS (Manager Self-Service).

13.3.2 Inhaltliche Anforderungen

Im Prinzip muss ein EDV-System die folgenden Aufgabenblöcke unterstützen:

- Integration in die strategische Unternehmensplanung
- Kapazitätsplanung
- Kosten- und Vergütungsplanung
- Unterstützung der dezentralen Prozesse

Im Folgenden werden wir nun eine kurze Vorabbewertung der Möglichkeiten von SAP ERP HCM vornehmen.

Integration in die strategische Unternehmensplanung

Die Personalplanung sollte in die strategische Planung des Gesamtunternehmens integriert sein. Die technische Abbildung dieser Integration ist allerdings in den seltensten Fällen eine besonders hoch zu gewichtende Anforderung. Im Allgemeinen kann die Integration auf dieser hohen Ebene sehr gut organisatorisch sichergestellt werden. Durch den Einsatz von SAP Strategic Enterprise Management (SEM) wird die Integration realisiert.

Funktionalitäten der Kapazitätsplanung

Die Ergebnisse der Kapazitätsplanung lassen sich auf verschiedenen Wegen gut integriert im System erfassen. Besonders ausgereift ist die Integration in E-Recruiting, Personalentwicklung, Entgeltabrechnung, Zeitwirtschaft und Kostenplanung. Auch die Auswertungen in diesem Bereich erfüllen die wesentlichen Anforderungen. Nicht unterstützt werden langfristige Bedarfsplanungsmethoden. Eine Ableitung von Bedarfen ist aber aus der kurzfristigen Kapazitätsplanung, also der Komponente *Personaleinsatzplanung*, möglich. Außerdem stehen neue Werkzeuge zur Verfügung, die im Bereich *Workforce Deployment* zusammengefasst werden.

Funktionen der Kosten- und Vergütungsplanung

Die Kostenplanung bietet vielfältige Berechnungsszenarien. Aufgrund spezieller Anforderungen der meisten Unternehmen an diesen Bereich ist dennoch häufig eine Erweiterung erforderlich. Da dafür zahlreiche User Exits zur Verfügung stehen, ist die Anpassung aber leicht möglich. Insgesamt entspricht die Funktionalität der zentralen Kostenplanung den wesentlichen Anforderungen.

Die Vergütungsplanung deckt vor allem die Bereiche der Vergütungspolitik (einschließlich Benchmarking und monetärer Stellenbewertung) ab sowie die Budgetierung und den Freigabeprozess. Die Planung auf Mitarbeiterebene ist ebenfalls möglich.

Unterstützung der dezentralen Prozesse

Die Oberflächen für Manager stehen im Manager Self-Service zur Verfügung. Die Informationsbedarfe der Mitarbeiter lassen sich über Employee Self-Services abdecken.

Die Einzelfunktionalitäten, die SAP ERP HCM anbietet, decken die Anforderungen im Wesentlichen ab. Es gibt nur wenige Lücken, die allerdings nicht entscheidend sind.

Im nächsten Kapitel gehen wir nun auf die Positions- und Kontingentplanung ein.

Das Organisationsmanagement stellt eine gute Basis für die Planung von Personalkapazitäten dar. In diesem Kapitel erhalten Sie einen Überblick über die verschiedenen Möglichkeiten der Planung in SAP ERP HCM.

14 Positions- und Kontingentplanung

Mit dem Organisationsmanagement können Sie den Sollbedarf an Mitarbeitern planen und mit dem aktuellen Istbestand abgleichen. Die unterschiedlichen Ansätze, die SAP ERP HCM hierzu bietet, lernen Sie in diesem Kapitel kennen.

14.1 Konzeption in SAP ERP HCM

SAP bietet zwei Möglichkeiten zur Planung von Planstellen: die Planung auf Planstellenebene und die Kontingentplanung. Während jeder aktive Mitarbeiter einer eigenen Planstelle zuzuordnen ist, gibt es für geplante und nicht besetzte Planstellen alternative Ansätze. Die Planstelle für potentielle Mitarbeiter kann bereits angelegt und mit Eigenschaften versehen werden. Die zu besetzenden Planstellen sind werden als »vakant« markiert und in der Personalkostenplanung entsprechend berücksichtigt.

Bei dem Einsatz der Kontingentplanung muss nicht jede Planstelle angelegt werden, sondern es wird über ein Kontingent eine bestimmte Anzahl von Stellen pro Organisationseinheit festgelegt. Die Anzahl der Stellen wird mit den tatsächlich vorhandenen Stellen verglichen, die mit den existierenden Planstellen der Organisationseinheit verknüpft sind. Der Planungsprozess bildet die Basis für weitere Komponenten von SAP ERP HCM (z.B. für die Personalkostenplanung) und sollte daher im Gesamtzusammenhang betrachtet werden.

Beide Möglichkeiten möchten wir Ihnen im Folgenden vorstellen.

14.1.1 Planung auf Planstellenebene

Der Begriff der *Planstelle* ist ein zentrales Element des Organisationsmanagements. Bei korrekter Pflege erfolgt durch die Planstellen eine Aussage über den Kapazitätsbedarf: Ihre Besetzung liefert die Istkapazität. Durch die Integration der Planstellen in die Organisationsstruktur sind entsprechende Auswertungen auf den verschiedensten Ebenen möglich.

Folgende Attribute einer Planstelle dienen als Planungsgrundlage:

- **Arbeitszeit**
  Die Arbeitszeit gibt an, wie groß die Kapazität, die an einem bestimmten Arbeitsplatz benötigt wird, tatsächlich ist.

- **Gültigkeitszeitraum**
  Der Gültigkeitszeitraum zeigt an, ab oder bis wann die Kapazität benötigt wird.

- **Vakanzstatus**
  Der Vakanzstatus zeigt an, ob eine Planstelle zu besetzen ist.

- **Kennzeichen »obsolet«**
  Dieses Kennzeichen gibt an, dass eine Planstelle eigentlich nicht mehr benötigt wird. Sie wird dann nur noch weitergeführt, weil der Planstelleninhaber noch an der Position verbleibt. Da dieses Kennzeichen teilweise auch als »Schleudersitzkennzeichen« angesehen wird, wird es im Allgemeinen sehr zurückhaltend benutzt. Für eine klare Planungsgrundlage ist es aber erforderlich, wenn nicht mit der Kontingentplanung (siehe Abschnitt 14.1.2, »Kontingentplanung«) gearbeitet wird.

Darüber hinaus werden spezielle Daten zu Planstellen oder den sie beschreibenden Stellen genutzt, um die Besetzung optimal zu planen. Hierzu zählen unter anderem:

- Einschränkungen, die den Kreis möglicher Planstelleninhaber auf bestimmte Personen beschränken (z.B. bezüglich Körpergröße, Alter oder Behinderung)
- Kompetenzen (z.B. Prokura), die die Planstelle mit sich bringt und für die der Inhaber somit auch qualifiziert sein muss
- weitere Informationen, die auch mit geringem Aufwand in kundeneigenen Infotypen angelegt werden können

Des Weiteren werden Daten aus der Personalentwicklung, insbesondere Anforderungsprofile, herangezogen.

Ist das Organisationsmanagement entsprechend gepflegt, so lässt sich gut feststellen, wo noch Kapazitätsbedarf besteht oder Überkapazität vorhanden ist. Wesentliche Voraussetzung einer solchen Ermittlung ist, dass die an den Planstellen hinterlegte Arbeitszeit auch dem tatsächlichen Bedarf entspricht. Sie sollte weder pauschal auf der tariflichen Arbeitszeit belassen noch immer der vertraglichen Arbeitszeit des Inhabers angepasst werden. Wird z.B. für eine bestimmte Tätigkeit eine Vollzeitkraft benötigt, und es findet sich aber zunächst nur eine Teilzeitkraft zu 50 % der vollen Arbeitszeit, so muss der verbleibende Kapazitätsbedarf auch in Auswertungen erkennbar sein. Eine solche Planstelle kann dann durchaus von zwei Inhabern ausgefüllt werden (*Jobsharing*, siehe Abbildung 14.1).

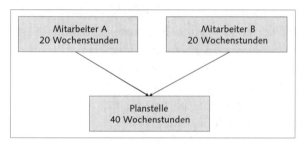

Abbildung 14.1 Jobsharing – keine Über- oder Unterbesetzung

Andererseits kann auch ein Vollzeitmitarbeiter zwei Teilzeitstellen besetzen. Häufig kommt auch die Situation vor, dass ein Vollzeitmitarbeiter zwei Vollzeitstellen jeweils nur teilweise besetzt. Insbesondere auf der Führungsebene entstehen solche Situationen, wenn ein Manager eine zweite Abteilung kommissarisch über einen längeren Zeitraum führt, bis ein Nachfolger gefunden ist. Die Abbildungen 14.1, 14.2 und 14.3 verdeutlichen diese Zusammenhänge zwischen Arbeitszeit der Planstelle und Arbeitszeit des Mitarbeiters. Auch die übrigen genannten Daten im Organisationsmanagement unterstützen die Planung und lassen sich entsprechend auswerten.

Abbildung 14.2 Teilzeit mit leichter Unterbesetzung

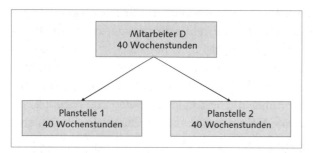

Abbildung 14.3 Zwei Planstellen pro Mitarbeiter mit 50% Unterbesetzung

14.1.2 Kontingentplanung

Die Kontingentplanung abstrahiert von der einzelnen Planstelle – die Planung erfolgt stattdessen auf der Ebene von Stellen (siehe Abbildung 14.4). Wenn z.B. die Anzahl der Monteure in einer Abteilung von acht auf elf erhöht werden soll, werden hier nicht drei neue Planstellen zur Stelle »Monteur« angelegt. Stattdessen hinterlegt man lediglich die Zielgröße »11« zur entsprechenden Stelle. Auf wie viele Mitarbeiter und Planstellen sich die Kapazität letztlich verteilt, spielt dabei keine Rolle.

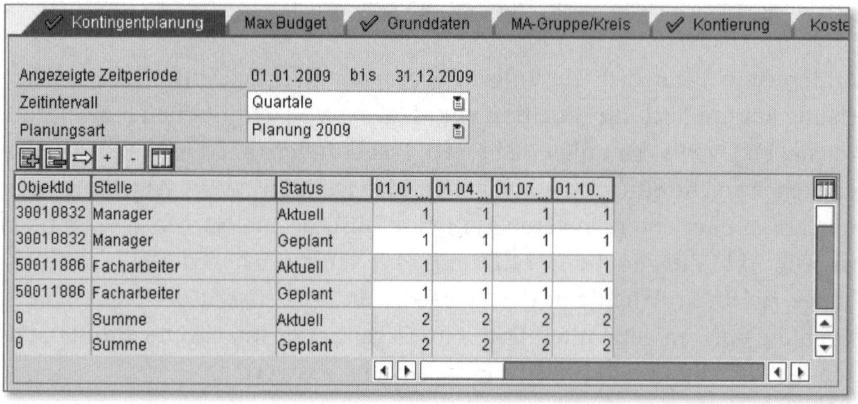

Abbildung 14.4 Kontingentplanung

Die Angaben erfolgen in sogenannten *Vollzeitäquivalenten* oder *Full Time Equivalents* (FTE). Dies ist für die Pflege deutlich einfacher und schneller. Vor allem bei Reduzierungen ist dieses Vorgehen meist auch praxistauglicher. Wenn von elf Planstellen drei abzubauen sind, muss man nicht drei konkrete Planstellen auswählen und diese auf »obsolet« setzen. Es genügt, einfach die Zielgröße auf »8« zu setzen. Auch in der Realität ist in solchen Fällen oft noch nicht bekannt, welche Planstellen letztlich geschlossen werden.

Die Kontingentplanung erfolgt in der Regel durch die Führungskräfte der einzelnen Abteilungen direkt im Manager Self-Service (siehe Abbildung 14.5). Die Genehmigung der Planung kann dann durch die nächsthöhere Hierarchieebene oder durch eine Zentralinstanz (z.B. Personalcontrolling) erfolgen. Die Zeiträume, für die die Planung erstellt wird, sind im Customizing zu bestimmen. In der Regel sind Quartale ein guter Kompromiss zwischen Übersichtlichkeit und Genauigkeit (siehe Abbildung 14.4).

Ein sehr wichtiger Aspekt der Kontingentplanung ist die Integration in die Personalkostenplanung. Auf Basis der Kostenplanungsinformation an den entsprechenden Stellen können die Kontingente dort in die Berechnung einfließen.

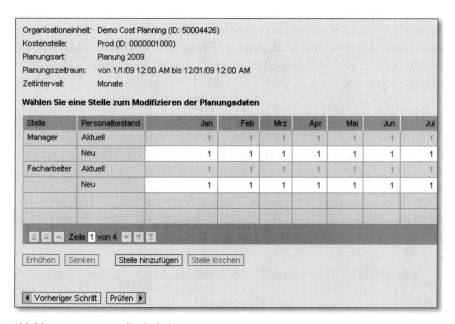

Abbildung 14.5 Personalbedarfsplanung im MSS

14.1.3 Offenheit für Erweiterungen und neue Strukturen

Das Organisationsmanagement ist bezüglich seiner Objekttypen, Verknüpfungsarten und Infotypen frei erweiterbar (siehe Kapitel 2, »Organisationsmanagement«). Daher lassen sich auch spezielle Planungsgrundlagen integrieren, die im Standard nicht vorhanden sind:

- Durch neu definierte Infotypen können ergänzende Informationen gespeichert werden, die die Planung benötigt.

14 | Positions- und Kontingentplanung

▸ Durch neue Objekttypen und/oder Verknüpfungsarten lassen sich zusätzliche Strukturen abbilden, z.B. die weitere Strukturierung des Stellenkatalogs (siehe Abschnitt 14.3.2, »Strukturierung des Stellenplans«).

14.2 Umsetzung in SAP ERP HCM

In diesem Abschnitt erläutern wir die Umsetzung der Positions- und Kontingentplanung in SAP ERP HCM genauer.

14.2.1 Relevante Infotypen

Einige ausgewählte Infotypen, die wichtige Informationen für die Planung beinhalten, sind im Folgenden dargestellt. Das spezifische Customizing zu diesen Infotypen erfolgt in erster Linie über den IMG-Pfad PERSONALMANAGEMENT • ORGANISATIONSMANAGEMENT • BETRIEBSWIRTSCHAFTLICHE INFOTYPEINSTELLUNGEN.

Vakanz- und Obsolet-Kennzeichen

Die Kennzeichnung einer Planstelle als »vakant« oder »obsolet« ist wesentlich für die Planung und insbesondere auch für die Integration zur Personalbeschaffung:

▸ Infotyp 1007 (Vakanz) (siehe Kapitel 2, »Organisationsmanagement«)

▸ Infotyp 1014 (Obsolet) (siehe Abbildung 14.6)

Abbildung 14.6 Kennzeichen »Obsolet« in den Details einer Planstelle

Einschränkungen

Der Infotyp 1006 (Einschränkungen) ist standardmäßig nur für Arbeitsplätze zugelassen. Über den IMG-Pfad PERSONALMANAGEMENT • ORGANISATIONSMANAGEMENT • ERWEITERUNG DATENMODELLIERUNG • INFOTYPPFLEGE • INFOTYPEN PFLEGEN kann man den Infotyp z.B. für Stellen oder Planstellen zulässig machen. Erfasst wird hier, ob bestimmte Personengruppen z.B. aus gesundheitlichen Gründen nicht für die Besetzung einer bestimmten Position geeignet sind. Die möglichen Einschränkungen werden im Customizing über BETRIEBSWIRTSCHAFTLICHE INFOTYPEINSTELLUNGEN hinterlegt (siehe Abbildung 14.7). Analog lassen sich auch mögliche Begründungen hinterlegen.

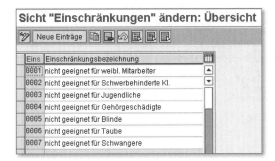

Abbildung 14.7 Einschränkungen anlegen

Aus der so verfügbaren Auswahl kann man dann bei der Pflege des Infotyps auswählen (siehe Abbildung 14.8).

Abbildung 14.8 Infotyp 1006 (Einschränkungen)

Kompetenzen und Hilfsmittel

Der Infotyp 1010 (Kompetenzen und Hilfsmittel) wird in zweierlei Hinsicht genutzt:

1. Man hinterlegt, über welche Kompetenzen oder Vollmachten der Planstelleninhaber verfügt (siehe Abbildung 14.9). Dies ist nur dann sinnvoll, wenn die betreffende Vollmacht tatsächlich mit der Planstelle verknüpft

ist und nicht mit dem Mitarbeiter. Nimmt der Mitarbeiter die Vollmacht automatisch mit, wenn er die Planstelle verlässt, pflegt man sie besser im Infotyp 0030 in der Personaladministration. Für die Planung ist diese Verwendung des Infotyps 1010 jedenfalls relevant. Schließlich muss ein Mitarbeiter, der diese Planstelle besetzen soll, auch zur Wahrnehmung der damit verbundenen Kompetenzen geeignet sein.

2. Man hinterlegt Hilfsmittel, die für die Arbeit auf der Planstelle benötigt werden (z. B. Mobiltelefon). Dies ist für die Kapazitätsplanung nicht relevant.

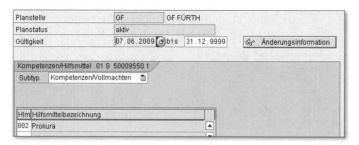

Abbildung 14.9 Prokura als Voraussetzung für die Planstellenbesetzung

Lehrdeputate

Der in Abbildung 14.10 gezeigte Infotyp 1507 (Lehrdeputate) ist ein sehr spezielles Beispiel: Er wird an Hochschulen oder anderen Bildungseinrichtungen verwendet, um die Kapazität an Vorlesungs-/Unterrichtszeit zu planen. Wenngleich er auch für Unternehmen mit einer Corporate University geeignet sein kann, zeigen wir ihn hier in erster Linie als Beispiel und Anregung dafür, wie man mit wenig Aufwand auch spezielle Planungsgrundlagen im System hinterlegen kann.

Abbildung 14.10 Festes Lehrdeputat

14.2.2 Auswertungen auf Planstellenbasis

Über den Menüpfad PERSONAL • ORGANISATIONSMANAGEMENT • INFOSYSTEM • PLANSTELLE stehen einige Auswertungen zur Verfügung, die für die Planung der Personalkapazitäten, des Recruitings und nicht zuletzt auch des Personalabbaus gute Dienste leisten. Die hilfreichsten Berichte werden im Folgenden beschrieben.

Besetzungsplan

Der Besetzungsplan ist der Favorit unter diesen Berichten. Er erlaubt die Darstellung der Planstellen und ihrer Besetzung, insbesondere auch mit Arbeitszeiten und Besetzungsprozentsätzen. Die Darstellung erlaubt das Ein- oder Ausblenden zahlreicher nützlicher Spalten sowie die Bildung von Summen. Über- oder Unterbesetzungen erkennt man über diesen Report sofort durch den Vergleich von Soll und Ist. Außerdem werden auch Vakanzen mit Datum angezeigt. Im Dialog ist diese Auswertung bereits ein sehr nützliches Werkzeug. Abbildung 14.11 zeigt eine einfache Form der Ausgabe, in der Soll- und Istarbeitszeiten gegenübergestellt werden.

OrgEinheit	Planstellen	Mitarbeiter	Leiter	Besetzungsstatus	Ist Arbeitszeit	Soll Arbeitszeit	Soll Arbeitszeit zur Summierung	BesProzent	Mitarbeitergruppe	Mitarbeiterkreis
HC	Geschäftsführung	Josef Haberecker	Leiter		166,78	173,28	173,28	100,00	Aktive (1)	Angestellte
HC_P	Leiter Production	Meier Albert			166,78	173,28	173,28	100,00	Aktive (1)	Angestellte
HC_H	Leiter Human ressources	Robert Heribert	Leiter		166,78	173,28	173,28	100,00	Aktive (1)	Angestellte
HC_HD	Leiter Human Ressources Development			vakant seit 01.01.2006	0,00	173,28	173,28	0,00		
HC_HA	Leiter Human Ressource Administration	Daniela Hohenstein			155,95	173,28	173,28	100,00	Aktive (1)	Angestellte
HC_HA	Sachbearbeiter Personal	Kurt Hartmann			155,95	173,28	173,28	100,00	Aktive (1)	Angestellte
HC_HA	Sachbearbeiter Personal	Sibylle Enders			155,95	173,28	173,28	100,00	Aktive (1)	Angestellte
HC_HA	Human Ressources Controlling			vakant seit 27.12.2006	0,00	173,28	173,28	0,00		

Abbildung 14.11 Besetzungsplan: Arbeitszeitanteile

Zeiträume unbesetzter Planstellen

Mit diesem Bericht (siehe Abbildung 14.12) erhält man sehr schnell einen Überblick darüber, welche Planstellen in einem bestimmten Zeitraum wie lange unbesetzt sind bzw. waren. Damit kann dieser Bericht nicht nur als Werkzeug für die Planung selbst dienen, sondern auch zur Überprüfung der Qualität von Planung und Personalbeschaffung. Wenn Planstellen sehr lange unbesetzt sind, ist dies ein Indiz für langwierige Personalbeschaffungsprozesse und/oder schlechte Planung.

Zeiträume unbesetzter Planstellen pro Organisationseinheit							
Selektionszeitraum: 01.01.2009 - 31.12.2009							
Organisationseinheit	Planstelle	Unbes. von	Unbes. bis	Neuer Inhaber	Unbes. Tage	Durchschnitt unbes. Tage pro Orgeinheit	
Human Ressources Development	Leiter Human Resources Development	01.01.2009	31.12.2009		365	365	
Human Ressources Administration	Human Ressources Controlling	01.01.2009	31.12.2009		365	365	
Financials	Leiter Financials	01.01.2009	06.06.2009		157	157	
Controlling	Sachbearbeiter Controlling	01.01.2009	31.12.2009		365		
		01.01.2009	06.06.2009		157	261	

Abbildung 14.12 Zeiträume unbesetzter Planstellen

Kompetenzen und Hilfsmittel

Dieser Bericht listet alle ausgewählte Planstellen auf und gibt – falls vorhanden – die zugeordneten Kompetenzen oder Hilfsmittel aus. Für eine schnelle erste Auswertung ist er geeignet; da jedoch immer alle Planstellen ausgegeben werden und die Ausgabe in Listenform erfolgt, ist es im Allgemeinen sinnvoller, für Auswertungen eine Query zu erstellen.

Vakante Planstellen

Die Auswertung vakanter Planstellen (siehe Abbildung 14.13) ist eine wesentliche Grundlage für die Planung der Personalbeschaffung. Dieser Bericht wertet im Gegensatz zu der Auswertung »Zeiträume unbesetzter Planstellen« den Infotyp 1007 aus. Während eine Planstelle durchaus einmal absichtlich unbesetzt bleiben kann, wird eine Vakanz genau dann angelegt, wenn eine Wiederbesetzung gewünscht ist.

Vakante Planstellen			
Stichtag 07.06.2009			
Organisationseinheit	Planstelle	vakant von/bis	Besetzungsstatus
Human Ressources Development	Leiter Human Resources Development	01.01.2006-31.12.9999	unbesetzt seit 01.01.2006
Human Ressources Administration	Human Ressources Controlling	27.12.2006-31.12.9999	unbesetzt seit 27.12.2006
Controlling	Sachbearbeiter Controlling	06.10.2008-31.12.9999	unbesetzt seit 01.01.2008
Demo Cost Planning	Worker	01.01.2008-31.12.9999	unbesetzt seit 01.01.2008
	Lehrbeauftragter Human Ressources	07.06.2009-31.12.9999	unbesetzt seit 07.06.2009

Abbildung 14.13 Auswertung von Vakanzen

Obsolete Planstellen

Anhand des Berichts »Obsolete Planstellen« erkennen Sie, wo noch Überkapazitäten vorhanden sind. Der Report gibt insbesondere auch an, bis wann die obsoleten Planstellen noch besetzt sind. So wird unmittelbar ersichtlich, zu welchem spätesten Zeitpunkt, die Planstelle abgeschlossen werden kann.

14.2.3 Kontingentplanung

Die Kontingentplanung wird im Infotyp 1019 gepflegt. Dieser tritt aber im Allgemeinen nie »direkt« in Erscheinung. In der Regel erfolgt der Aufruf der Kontingentplanung über den Manager Self-Service in der Personalbedarfsplanung oder in den Details einer Organisationseinheit in der Transaktion PPOME (Organisation und Besetzung).

Durchführen einer Kontingentplanung

Im Manager Self-Service in der Personalbedarfsplanung stehen dem Manager die Planungsobjekte und -daten seines Zuständigkeitsbereichs zur Verfügung. Die Planungsoberfläche liefert zunächst die aktuellen Vollzeitäquivalente je Stelle. Die geplanten Werte können dann jeweils in der folgenden Zeile gepflegt werden (siehe Abbildung 14.5). Außerdem lassen sich neue Zeilen einfügen, um auch Kontingente zu anderen Stellen planen zu können. Die Planungsintervalle können im Customizing definiert werden.

Auch der Ablauf ist über das Customizing zu steuern. Oft gibt es mehrere Planungsrunden, wobei die erste den »Wunsch« der Führungskräfte darstellt, der dann nach Prüfung durch die Unternehmensleitung in einer zweiten Planungsrunde angepasst wird.

Customizing

Die Planungsarten (z.B. erste Runde, abschließende Runde, Zwischenplanung) sind zunächst als Subtypen des Infotyps 1019 anzulegen (siehe Kapitel 2, »Organisationsmanagement«). Erst danach können auf dieser Grundlage über den IMG-Pfad PERSONALMANAGEMENT • MANAGERS DESKTOP • KONTINGENTPLANUNG • PLANUNGSART UND -ZEITRÄUME FESTLEGEN die Grundeigenschaften der Planungsarten gepflegt werden (siehe Abbildung 14.14). Diese Grundeigenschaften sind Planungsintervall und Gültigkeitszeitraum. In der gleichen Customizing-Sicht wird auch festgelegt, welche Planungsart (oder Planungsrunde) zurzeit aktuell ist. Nur die jeweils aktuelle Runde steht den Führungskräften im Manager Self-Service zur Pflege zur Verfügung.

14 | Positions- und Kontingentplanung

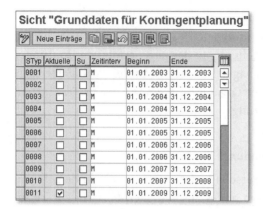

Abbildung 14.14 Grunddaten und Aktualitätskennzeichen

Damit die Kontingente auch tatsächlich in Vollzeitäquivalenten und nicht in Planstellen angezeigt werden, ist dies über den IMG-Pfad PERSONALMANAGEMENT • MANAGER'S DESKTOP • KONTINGENTPLANUNG • BERECHNUNG IN VOLLZEITÄQUIVALENTEN FESTLEGEN zu aktivieren. Dies ist in jedem Fall zu empfehlen. Die Art der FTE-Berechnung kann über den gleichen IMG-Pfad eingestellt werden.

14.3 Prozessbeispiele

In diesem Abschnitt erhalten Sie zwei Prozessbeispiele zur Verwendung der Planungsfunktionen des Organisationsmanagements: Risikomanagement und Strukturierung des Stellenplans.

14.3.1 Risikomanagement

Setzt man die Kontingentplanung mit einem Vorschauzeitraum von mehr als einem Jahr ein, lassen sich vor allem zwei kritische Entwicklungen erkennen, die wir im Folgenden an Beispielen verdeutlichen:

Die Führungskräfte planen in weiten Bereichen einen großen Abbau von Mitarbeitern ein. Diese Planung beruht im Allgemeinen auf einer Einschätzung der Marktlage und der zukünftigen Aufgabenveränderungen. Geht man davon aus, dass die Einschätzung der Führungskräfte richtig ist, muss man unmittelbar konkrete Maßnahmen zur Reduktion der Mitarbeiterzahl in den betroffenen Bereichen vorbereiten. Andernfalls erfolgt der Abbau zu spät, und die durch Überkapazitäten verursachten Kosten gefährden die Wettbewerbsfähigkeit des Unternehmens.

Auch der umgekehrte Fall kann kritisch werden: Wenn mehrere Abteilungen zur Erfüllung ihrer künftigen Aufgaben eine starke Kapazitätsaufstockung einplanen, ist zu prüfen, ob diese Aufstockungen überhaupt möglich sind. Dazu muss auch der Arbeitsmarkt betrachtet werden. Wird z.B. für anstehende Marktausweitungen eine deutlich höhere Kapazität an Ingenieuren geplant, diese jedoch auf dem Arbeitsmarkt rar gesät sind, sind frühzeitig Gegenmaßnahmen zu treffen. Ein erst spät erkannter Mangel gefährdet die Umsetzung der Unternehmensstrategie. Dieses Vorgehen ist eine vereinfachte Form des Risikomanagements im Skillmanagement.

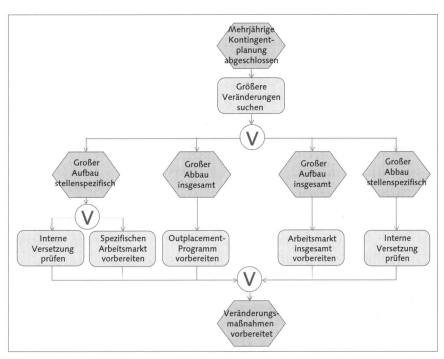

Abbildung 14.15 Risikomanagement auf Basis der Kontingentplanung

Abbildung 14.15 zeigt die Szenarien im Überblick. Dabei wird unterschieden, ob der Bedarf oder Überschuss allgemeiner Art ist oder nur ganz bestimmte Stellen betrifft (z.B. Ingenieure und HTML-Spezialisten).

14.3.2 Strukturierung des Stellenplans

Wie in Abschnitt 14.1.3, »Offenheit für Erweiterungen und neue Strukturen«, bereits erwähnt, bietet das Organisationsmanagement sehr viele Möglichkeiten zur kundenspezifischen Erweiterung. Eine häufig genutzte Variante ist die stärkere Strukturierung des Stellenplans. Legt man über die im System vorhandenen Stellen weitere Hierarchieebenen an, ergeben sich dadurch zusätzliche Selektionsmöglichkeiten. Es lassen sich dann nicht nur die Stellen nach neuen Kriterien selektieren, sondern auch alles, was mit den Stellen direkt oder indirekt verknüpft ist, also insbesondere die Planstellen und die Mitarbeiter. Mögliche zusätzliche Gliederungskriterien sind:

- Gehaltsklasse
- fachliche Ausrichtung
- Führerschein: Ja-/Nein-Kriterium

Für die Anlage von Gliederungskriterien als neues Objekt im Organisationsmanagement sind folgende Customizing-Aktivitäten erforderlich (die Beschreibung erfolgt hier nur grob, da das Customizing im zweiten Kapitel, »Organisationsmanagement«, bereits detailliert beschrieben wurde):

- Anlegen der Gliederungskriterien als Objekttyp (z.B. »Jobfamilie«)
- Zuordnen der entsprechenden Verknüpfungsarten
- Anlegen von Auswertungswegen

Abbildung 14.16 zeigt eine dreistufige Gliederung. Die Stellen werden zunächst zu Positionsfamilien zusammengefasst und diese dann wiederum zu Jobfamilien. Beide gliedern die Stellen nach thematischen Kriterien.

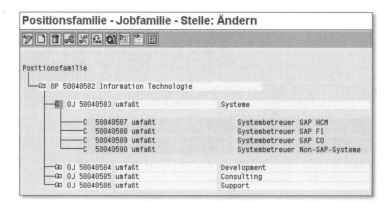

Abbildung 14.16 Dreistufig gegliederter Stellenplan

14.4 Kritische Erfolgsfaktoren

Da das Organisationsmanagement als Grundlage für viele Prozesse in SAP ERP HCM dient, wird die einfache Positions- und Kontingentplanung in der Konzeption oft vernachlässigt. Die folgenden Aspekte sollten aber in jedem Fall berücksichtigt werden:

- Die Möglichkeiten, die der Standard hier bietet, werden meist kaum genutzt. Bevor aufwendige Prozesse auf der Basis von MS Office-Produkten in Gang gesetzt werden, sollten Sie in jedem Fall die Standardmöglichkeiten prüfen.
- Die Pflege der Planstellen ist in den meisten Unternehmen ein wunder Punkt. Stellen Sie sicher, dass Planstellen rechtzeitig angelegt und vor allem wieder abgegrenzt werden; auch der Vakanzstatus muss korrekt sein.
- Die Strukturierung des Stellenkataloges ist vor allem für die Kontingentplanung eine wichtige Voraussetzung. Das Problem in der Praxis ist häufig ein historisch gewachsener Stellenkatalog. Wichtig ist hier eine zentrale Stelle, die über den Stellenkatalog wacht. Vor allem in internationalen Systemen ist dies unerlässlich.
- Die Arbeitszeiten der Planstellen müssen stimmen.
- Die Prozessintegration zur Personalbeschaffung oder zum E-Recruiting einerseits und zur Personaladministration andererseits ist sicherzustellen.
- Die neuen Objekttypen und Auswertungswege bieten Ihnen neue Möglichkeiten, die sich mit geringem Aufwand umsetzen lassen. Diese Möglichkeiten sollten Sie nutzen!
- Aufgrund der einfachen Pflege sollten Sie die Kontingentplanung für die Führungskräfte bevorzugt einsetzen.
- Nutzen Sie Vollzeitäquivalente für die Kontingentplanung.
- Bei der Kontingentplanung ist die Definition eines einfachen und klaren Prozesses wichtig – insbesondere auch bezüglich der Termine, zu denen Planungsrunden abzuschließen sind.

Im nächsten Kapitel wenden wir uns nun der Personalkostenplanung und -simulation zu.

Die Personalkostenplanung und -simulation bietet die Möglichkeit, Löhne und Gehälter plus Personalnebenkosten wie Arbeitgeberanteile zur Sozialversicherung und Weiterbildungskosten zu planen. Das Kapitel stellt die flexiblen Funktionen dieser Komponente vor.

15 Personalkostenplanung und -simulation

Mit der Komponente *Personalkostenplanung und -simulation* bietet SAP ERP HCM ein flexibles Werkzeug zur Planung und Hochrechnung von Personalkosten und Personalnebenkosten (Arbeitgeberbeiträge für die Sozialversicherung, Weiterbildungskosten etc.). Neben den Kosten können auch statistische Kennzahlen, wie z.B. der Headcount geplant werden. Außerdem können verschiedene Szenarien geplant und miteinander verglichen werden. Die Szenarien werden mit verschiedenen Annahmen definiert, die noch nicht feststehen, sich aber auf die Personalkosten auswirken können, wie z.B. eine Tariferhöhung, die zum Zeitpunkt der Planung noch nicht bekannt ist.

Die Planung basiert auf Kostenbestandteilen, die per Report oder manuell Kostenobjekten zugeordnet werden. Kostenobjekte können Personen aus der Personaladministration oder Objekte aus dem Organisationsmanagement sein, z.B. Organisationseinheiten oder Planstellen. Mit vordefinierten oder firmenspezifisch entwickelten Methoden werden Kostenbestandteile in der sogenannten *Datensammlung* angelegt. Die gesammelten Kostenbestandteile können auch manuell nachbearbeitet und ergänzt werden.

Im Planungslauf werden aus diesen Kostenbestandteilen, auch Basis-Kostenbestandeile genannt, nach definierten Regeln zusätzliche Kostenbestandteile generiert, z.B. der Arbeitgeberanteil zur Sozialversicherung oder eine Entgelterhöhung. In verschiedenen Szenarien können unterschiedliche Parameter zur Ableitung der Kostenbestandteile hinterlegt werden.

Für die Integration der Kostenverantwortlichen, die in der dezentralen Planung in den Prozess eingebunden werden, wird eine Planungsoberfläche in Business Server Page Technologie (BSP) zur Darstellung im Browser zur Verfügung gestellt, über die Vorgesetzte die Planung einsehen und ergänzen können. So kann der Kostenverantwortliche die Personalkosten für seinen Zuständigkeitsbereich verwalten.

Die Daten können in das Controlling übergeleitet werden, um so in eine Gesamtunternehmensplanung einzufließen. Für Auswertungen stehen Möglichkeiten im Standard-Content des SAP BI zur Verfügung.

Die Personalkostenplanung und -simulation löst ab Release 4.7 die bisherige Komponente *Personalkostenplanung* ab. Während die bisherige Personalkostenplanung noch existiert und auch verwendet werden kann, empfiehlt sich der Umstieg auf die in den Funktionen wesentlich verbesserte Komponente *Personalkostenplanung und -simulation*.

> **Aktivierung der HCM-Extensions**
> Die Personalkostenplanung und -simulation ist Bestandteil der SAP ERP HCM-Extensions. Diese müssen im Customizing unter dem IMG-Punkt SAP ECC EXTENSIONS AKTIVIEREN aktiviert worden sein, bevor die Komponente genutzt werden kann.

15.1 Integration mit anderen Komponenten

Die Personalkostenplanung und -simulation besitzt Integrationspunkte zu mehreren Komponenten des SAP ERP HCM und zum Rechnungswesen.

Die Personaladministration stellt Informationen zu den Bezügen des Mitarbeiters, wie z.B. in den Infotypen 0008 (Basisbezüge), 0015 (Ergänzende Zahlungen) oder 0014 (Wiederkehrende Bezüge und Abzüge) bereit, die von der Personalkostenplanung ausgewertet und in Kostenbestandteile einfließen können. Die in der Datensammlung aus den Mitarbeiterdaten erzeugten Kostenbestandteile werden in der Personaladministration im Infotyp 0666 (Planung Personalkosten) abgelegt.

Auch aus den Ergebnissen der Personalabrechnung können bezahlungsrelevante Daten für die Kostenplanung gelesen werden. So können Sie in der Datensammlung das in der Vergangenheit gezahlte Entgelt als Basis für die Berechnung von Kostenbestandteilen verwenden oder in der Simulation von zukünftigen Monaten Kostenbestandteile aus Lohnarten erzeugen und berechnen. Häufig wird diese Möglichkeit genutzt, um die durchschnittlichen variablen Entgeltbestandteile aus der Vergangenheit zu berechnen und in die Planung einfließen zu lassen.

Sollen die Weiterbildungskosten geplant werden, so können diese aus den Kostendaten der durchgeführten Veranstaltungen aus dem Veranstaltungsmanagement oder der SAP Learning Solution (LSO) in die Datensammlung einfließen. Der erstellte Kostenplan kann als Budget in das Veranstaltungsmanagement oder in die LSO für die Planung zukünftiger Veranstaltungen übergeleitet werden.

Sollbezahlung und Vergütungspläne können in die Kostenplanung einbezogen werden. Der erstellte Kostenplan kann als Budget im Vergütungsmanagement Verwendung finden.

Für Reporting und Analyse der Kostenpläne können die Daten in das SAP NetWeaver Business Warehouse (BW) übergeleitet werden.

Der fertige Kostenplan kann in eine Planversion in CO übergeleitet werden. Die Überleitung funktioniert ähnlich wie die Überleitung der Personalabrechnungsergebnisse. Diese verwendet sogenannte *symbolische Konten*, die Sachkonten in CO zugeordnet sind.

Im Organisationsmanagement können Kostenbestandteile Stellen, Planstellen und Organisationseinheiten zugeordnet werden. Bei der Planung der Kosten von unbesetzten Planstellen spielt das Organisationsmanagement eine wichtige Rolle. Da in diesem Fall keine Mitarbeiterdaten zur Planung von Kosten vorhanden sind, werden an zu besetzenden Planstellen Kostendaten gelesen.

> **Organisationsmanagement zwingend erforderlich**
>
> Um die Personalkostenplanung und -simulation verwenden zu können, muss das Organisationsmanagement installiert sein. Die Erstellung eines Kostenplans wird auf Basis des Besetzungsplans durchgeführt, nicht integrierte Mitarbeiter werden nicht geplant.

15.2 Prozess der Personalkostenplanung

Der Prozess der Personalkostenplanung besteht aus folgenden Schritten (siehe Abbildung 15.1):

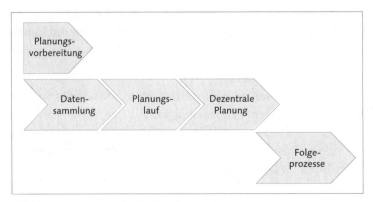

Abbildung 15.1 Prozess der Personalkostenplanung

1. **Planungsvorbereitung**

   In der Planungsvorbereitung werden die Regeln der Planung festgelegt. Diese werden in einem oder mehreren Planungskontexten definiert. In diesen Kontexten legen Sie fest, ob alle Unternehmensbereiche nach den gleichen Regeln planen, die in einem Kontext definiert werden können, oder ob gegebenenfalls mehrere Planungskontexte benötigt werden. Innerhalb des Planungskontextes ist die Definition mehrerer Szenarien möglich, in denen z. B. unterschiedlich hohe Tariferhöhungen simuliert werden können.

   In der Planungsvorbereitung sind die Anforderungen der Abteilungen zu klären, für die die Planung durchgeführt wird. Dies kann die Personalabteilung oder das Controlling sein, die häufig unterschiedliche Anforderungen an eine Kostenplanung stellen. Außerdem sollten Sie den Planungsprozess definieren, insbesondere die Rolle von Kostenstellenverantwortlichen.

2. **Datensammlung**

   Es werden Basiskostenbestandteile angelegt, von denen im Planungslauf weitere Kostenbestandteile abgeleitet werden können. Die Datensammlung für Personen, Organisationseinheiten, Planstellen und Stellen kann per Report mit definierten Methoden erfolgen und bei Bedarf manuell ergänzt und angepasst werden. Die Datensammlung liefert die Grunddaten, die im nächsten Schritt zu einem Kostenplan verarbeitet werden.

3. **Planungslauf**

   Der Planungslauf leitet auf Basis der Kostenbestandteile weitere Kostenbestandteile ab (z. B. SV-Arbeitgeberanteile) und kann zusätzliche Kostenbestandteile generieren. Abhängig von den Definitionen (z. B. festgelegte

Prozentsätze) im sogenannten *Szenario* werden zusätzliche und abgeleitete Kostenbestandteile gebildet. Die Daten des Planungslaufs können in der Detailplanung manuell nachbearbeitet werden.

4. **Dezentrale Planung**
Bei der dezentralen Planung haben die Kostenverantwortlichen die Möglichkeit, das Ergebnis des Planungslaufs zu kontrollieren und um Daten zu ergänzen, die im Planungslauf noch nicht berücksichtigt wurden. Die dezentrale Planung ist ein optionaler Bestandteil, der entfallen kann, wenn keine dezentrale Kontrolle und Ergänzung der geplanten Kosten notwendig ist, was grundsätzlich von den Anforderungen an die Planung und von der Unternehmensgröße abhängt.

5. **Folgeprozesse**
Ist der Planungslauf fertiggestellt, kann dieser ins Controlling übergeleitet und für das Reporting verwendet werden. Das Ergebnis kann im Reporting in SAP NetWeaver BW analysiert werden. Außerdem können die Daten als Budget in das Veranstaltungsmanagement, in die Learning Solution und ins Vergütungsmanagement übergeleitet werden.

15.3 Planungsvorbereitung

Die Planungsvorbereitung findet zum größten Teil außerhalb des SAP-Systems statt. Bevor Sie mit dem Einrichten des Systems beginnen, sollten Sie die Regularien für die Planung und den Prozess klären und festlegen.

Ein Empfänger der Planungsdaten ist das Controlling, das eine Kostenplanung für das Unternehmen durchführt und dabei die Personalkosten als einen Bestandteil der Gesamtplanung benötigt. In produzierenden Betrieben unterscheidet man hier meist nach indirekten Personalkosten und Personalkosten, die direkt einem Produkt zuordenbar sind. Direkt zuordenbares Personal wird meist nach anderen Regeln geplant, die von der zu produzierenden Stückzahl abhängig ist. Die Planung im Bereich der direkten Mitarbeiter ist meist sehr flexibel. Es bietet sich an, diese über die Kontingentplanung abzubilden, da hier einfach die Anzahl der für einen Bereich benötigten Personen beeinflusst werden kann. Die Anzahl der indirekten Mitarbeiter ist meist statischer und daher einfacher zu planen.

Die Anforderungen des Personalwesens müssen mit denen des Controllings abgestimmt werden. In manchen Fällen unterscheiden sich die Anforderungen so stark, dass das Personalwesen in einem eigenen Planungskontext Planungsszenarien erstellt, die lediglich für das Reporting innerhalb der Personalabteilung verwendet, jedoch nicht in das Controlling übergeleitet werden.

Das Personalwesen muss auch den Prozess der Planung von unbesetzten oder zu schaffenden Planstellen klären. Die Abbildung der Planung von zukünftigen Änderungen (z.B. obsolete Planstellen, Mitarbeiter, die in Elternzeit oder zum Wehr- oder Ersatzdienst gehen) erfordert eine Pflege dieser zukünftigen Informationen, damit diese entsprechend in der Planung berücksichtigt werden können.

Planungszyklen müssen abgestimmt werden: Je häufiger eine Planung benötigt wird, desto stärker sollte die Planung automatisiert und desto geringer der damit verbundene Aufwand gehalten werden. Außerdem muss der Detaillierungsgrad der Planung geklärt werden. Gerade die variablen Entgeltbestandteile können auf unterschiedlich aufwendige Art berechnet werden.

Die Art der Beteiligung von dezentralen Kostenverantwortlichen an der Planung spielt im Prozess der Planung eine wichtige Rolle: Werden diese nur informiert oder nehmen sie aktiv an der Planung teil? Je nach Unternehmensgröße trifft man hier in der Praxis auf unterschiedliche Anforderungen.

15.3.1 Planungskontext definieren

Der Planungskontext bildet den Rahmen für die grundsätzlichen Regeln der Planung. Normalerweise genügt aus, einen Planungskontext zu definieren – es sei denn, Sie müssen Planungen für eigenständige Unternehmensbereiche mit völlig unterschiedlichen Regelungen erstellen. Die wichtigsten Punkte zur Entscheidung sind die Ableitung und Generierung von zusätzlichen Kostenbestandteilen, die abhängig vom Planungskontext definiert werden, und die verwendeten Szenarien, welche einem Planungskontext zugeordnet werden müssen.

15.3.2 Planungsszenario definieren

Es muss mindestens ein Planungsszenario angelegt werden, in dem die Regelungen zur Bewertung von unbewerteten und zur Generierung von zusätzlichen Kostenbestandteilen (z.B. eine zu erwartende Tariferhöhung) festgelegt werden. Hier müssen Sie eine grundsätzliche Entscheidung bezüglich der gewünschten Planungsszenarien treffen.

Planungskontext und Planungsszenarien werden im Customizing im IMG-Baum im Bereich PERSONALMANAGEMENT • PERSONALKOSTENPLANUNG UND -SIMULATION • PLANUNGSVORBEREITUNG festgelegt. Für beides sind hier lediglich Tabelleneinträge zu definieren, denen in späteren Schritten weitere Eigenschaften zugeordnet werden.

15.3.3 Kostenbestandteile definieren

Auch wenn die Definition von Kostenbestandteilen im Customizing bereits zur Datensammlung gehört, sollte man sich doch im Vorfeld Gedanken über die Bildung von Kostenbestandteilen machen und festlegen, welche Kostenbestandteile geplant werden sollen. Diese Planung hat zum einen technische Vorteile, ist aber auch für das Reporting und die Nachvollziehbarkeit der Planung wichtig, denn das Reporting basiert auf Kostenbestandteilen. Eine Auswertung der Kostenpläne ist möglich auf Basis der Kostenbestandteile, die Kostenobjekten zugeordnet sind. Es muss festgelegt werden, welche Inhalte wie detailliert geplant werden sollen.

Kostenbestandteile werden in der Personalkostenplanung in zwei Schritten gebildet. Im ersten Schritt werden in der Datensammlung Kostenbestandteile zu Personen und Objekten des Organisationsmanagements gesammelt. Diese Kostenbestandteile werden per Report ermittelt. Im zweiten Schritt werden diese Kostenbestandteile im Planungslauf zusammengefasst und weitere Kostenbestandteile daraus abgeleitet.

15.4 Datensammlung

Mit der Datensammlung werden Kostenbestandteile erzeugt, die als Grundlage für die Kostenplanung dienen. Dazu werden Infotypen oder Abrechnungsergebnisse gelesen und nach Lohnarten durchsucht, die im Customizing der Kostenplanung über ein symbolisches Konto mit einem Kostenbestandteil verbunden sind.

15.4.1 Technisches Zusammenspiel von Lohnart, symbolischem Konto und Kostenbestandteil

Der Zusammenhang von Lohnart, symbolischem Konto und Kostenbestandteil ist für das Verständnis der Funktionsweise von Datensammlungsmethoden zentral. Die Datensammlungsmethode liest Daten wie den Infotyp 0008 (Basisbezüge) und sucht nach Lohnarten, die mit einem symbolischen Konto verknüpft sind, das wiederum einem Kostenbestandteil zugeordnet ist. So wird der Kostenbestandteil ermittelt und in Infotypen gespeichert. Kostenbestandteile zu Personen werden in der Personaladministration im Infotyp 0666 (Planung Personalkosten) gespeichert (siehe Abbildung 15.4), Kostenbestandteile zu Objekten des Organisationsmanagements werden im Infotyp 5010 gespeichert.

Abbildung 15.2 zeigt das Zusammenspiel von Kostenbestandteil und symbolischem Konto und Lohnart. Die Personalkostenplanung verwendet symbolische Konten, die auch in der Personalabrechnung Verwendung finden.

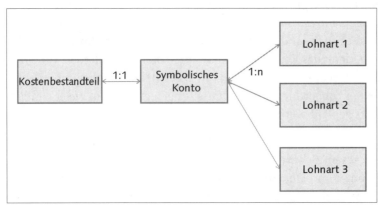

Abbildung 15.2 Zusammenhang zwischen Lohnart und Kostenbestandteil

Jeder Kostenbestandteil wird 1:1 einem symbolischen Konto zugeordnet. Dieses symbolische Konto kann ein bereits existierendes aus der Personalabrechnung sein oder wird speziell für die Kostenplanung angelegt. Im Customizing im IMG-Pfad PERSONALMANAGEMENT • PERSONALKOSTENPLANUNG UND -SIMULATION • DATENSAMMLUNG wird zuerst ein symbolisches Konto angelegt und danach der Kostenbestandteil definiert, der auf dem symbolischen Konto basiert. Im Anschluss erfolgt die Zuordnung der Lohnarten. Abbildung 15.3 zeigt die Lohnartenzuordnung, die seit SAP R/3 4.7 für die Personalabrechnung und die Personalkostenplanung verwendet wird. Die Spalte VERARBEITUNGSART regelt, ob die Zuordnung Lohnart zu einem symbolischen Konto für die Personalabrechnung (NUR ISTBUCHUNG), die Personalkostenplanung (NUR KOSTENPLANUNG) oder für beides (NORMALE VERARBEITUNG) gilt. Die Verarbeitungsart MONTH END ACCRUALS ist relevant, wenn die Abrechnungsperiode nicht mit der Buchungsperiode übereinstimmt, z.B. bei wöchentlicher Abrechnung. Hier können speziell Rückstellungsbuchungen nur am Ende eines Monats gebildet werden. Die Zuordnung einer Verarbeitungsart ist nur für Kostenkonten, nicht aber für Finanzkonten relevant.

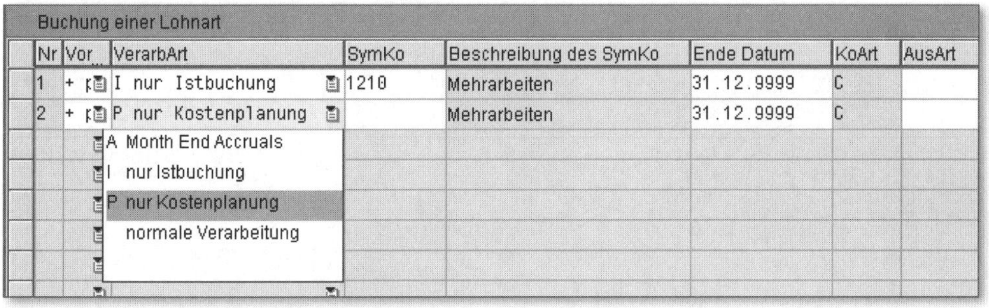

Abbildung 15.3 Zuordnung von einer Lohnart zu einem symbolischen Konto

Hier stellt sich die grundsätzliche Frage, ob man mit den vorhandenen symbolischen Konten aus der Personalabrechnung auch in der Kostenplanung arbeiten kann. Die Entscheidung, ob man neue symbolische Konten für die Planung anlegt, sollte vor dem Start des Customizings getroffen werden. Meist ist dies notwendig, da die Planung detaillierter erfolgen soll, als die Buchung der tatsächlich gezahlten Entgelte aus der Personalabrechnung.

> **Symbolische Konten für die Personalkostenplanung**
>
> In der Praxis ist die Ermittlung der Personalkosten in Kostenbestandteilen deutlich detaillierter, was zusätzliche symbolische Konten erfordert. Dies führt schnell zu einem unübersichtlichen Nebeneinander von symbolischen Konten für die Planung, die teilweise neu angelegt wurden und teilweise aus der Personalabrechnung stammen. Werden viele neue symbolische Konten benötigt, empfiehlt sich daher meist der Aufbau eines komplett neuen Bereiches unabhängig vom Bereich der Personalabrechnung. Dazu können diese neuen symbolischen Konten z.B. mit einem »P« beginnen.

15.4.2 Datensammlung für Mitarbeiter

Die Datensammlung für Mitarbeiter wird im Infotyp 0666 (Planung Personalkosten) abgelegt. Pro Kostenbestandteil wird ein Satz angelegt, der die Datensammlungsmethode enthält, mit der dieser Kostenbestandteil erzeugt wurde (siehe Abbildung 15.4). Außerdem sind der Betrag mit zugehöriger Währung sowie die Zeiteinheit enthalten, auf die der Betrag anzuwenden ist.

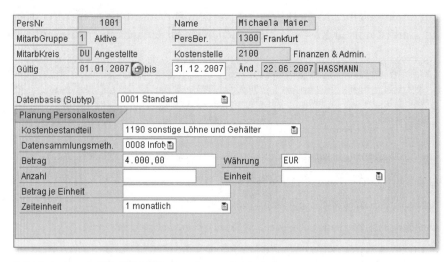

Abbildung 15.4 Infotyp 0666 (Planung Personalkosten)

Der Datensammlungslauf erfolgt mit dem Report RHHCP_DC_EMPLOYEE, der über den Pfad PERSONAL • PERSONALMANAGEMENT • PERSONALKOSTENPLANUNG • DATENSAMMLUNG • MITARBEITER über das SAP Easy-Access-Menü aufgerufen wird. Die Datensammlungsmethoden sind auszuwählen (siehe Abbildung 15.5). Für manche Datensammlungsmethoden stehen zusätzliche Parameter zur Steuerung der Datensammlung bereit. Außerdem ist der Subtyp des Infotyps 0666 zu wählen, in dem die Kostenbestandteile gesammelt werden sollen.

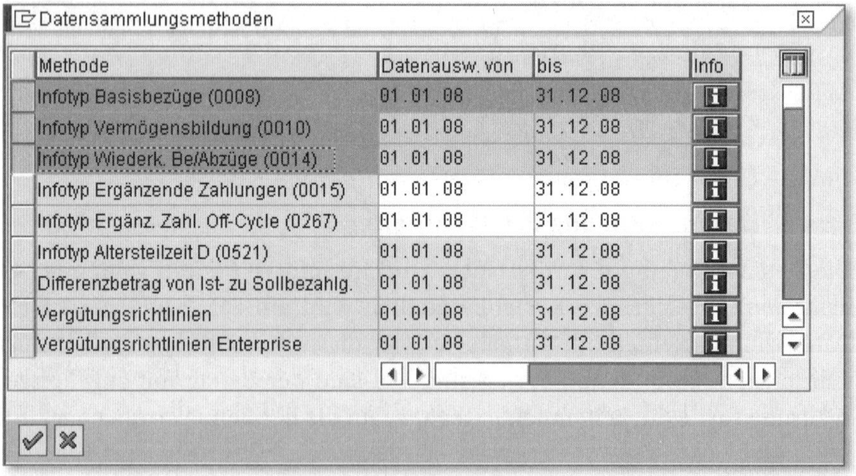

Abbildung 15.5 Datensammlungsmethoden wählen

> **Verwendung der Datenbasis**
>
> Für den Infotyp 0666 sowie für den Infotyp 5010 für Objekte des Organisationsmanagements können unterschiedliche Subtypen für verschiedene Datenbasen angelegt werden. Alle Infotypen desselben Subtyps ergeben die Datenbasis. Im Kostenplan muss ein Subtyp angegeben werden, der als Datenbasis verwendet wird. In den meisten Fällen reicht die Datenbasis 0001 (Standard) für die Kostenplanung aus.

Die Datensammlungsmethoden im SAP-Standard für Mitarbeiterdaten sind:

- Infotyp 0008 (Basisbezüge)
- Infotyp 0010 (Vermögensbildung)
- Infotyp 0014 (Wiederk. Be-/Abzüge)
- Infotyp 0015 (Ergänzende Zahlungen)
- Infotyp 0267 (Ergänzende Zahlung Off-Cycle)
- Infotyp 0521 (Altersteilzeit)
- Differenzbetrag von Ist- zu Sollbezahlung
- Vergütungsrichtlinien
- Vergütungsrichtlinien Enterprise
- Daten aus Personalabrechnung
- Simulierte Umstufung
- Daten aus Veranstaltungen

Die Möglichkeit, eigene Datensammlungsmethoden zu definieren, macht das System sehr flexibel. Allerdings erfordert dies die Programmierung von BAdIs.

15.4.3 Definition eigener Datensammlungsmethoden

Im Folgenden lernen Sie die Erstellung einer Datensammlungsmethode anhand eines einfachen Beispiels kennen. Das Anlegen der Datensammlungsmethode erfolgt im Customizing in den IMG-Punkten im Bereich PERSONALMANAGEMENT • PERSONALKOSTENPLANUNG UND SIMULATION • DATENSAMMLUNG • DATENSAMMLUNGSMETHODEN UND -PARAMETER. Im ersten Schritt legen Sie die Datensammlungsmethode und bei Bedarf die notwendigen Parameter an (siehe Abbildung 15.6). Parameter können im Coding verarbeitet werden und ermöglichen so die Beeinflussung des Ablaufs im Selektionsbild der Datensammlung. Im nächsten Punkt (ATTRIBUTE DER DATENSAMM-

LUNGSMETHODEN UND -PARAMTER FESTLEGEN) können Sie Einstellungen zu den Datensammlungsmethoden vornehmen. So können Sie etwa Datensammlungsmethoden ausblenden, die nicht verwendet werden sollen. Die ausgeblendeten Methoden stehen dann im Datensammlungsreport nicht mehr zur Verfügung. Auch kann die Protokollierung eingeschaltet werden, die eine Fehlermeldung ausgibt, wenn für die markierte Datensammlungsmethode keine Daten gefunden werden.

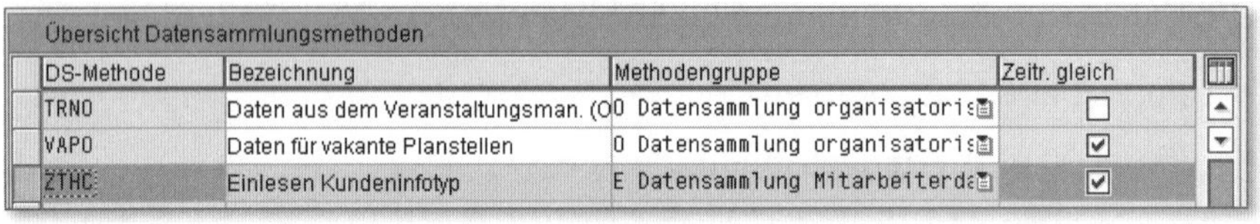

Abbildung 15.6 Definition einer neuen Datensammlungsmethode

Anschließend wird das BAdI mit dem Coding angelegt, das beim Ausführen der Datensammlungsmethode ausgeführt werden soll. Beim Anlegen einer Implementierung des BAdI wird eine Methode zugeordnet, bei deren Ausführung die Implementierung ausgeführt wird (siehe Abbildung 15.7).

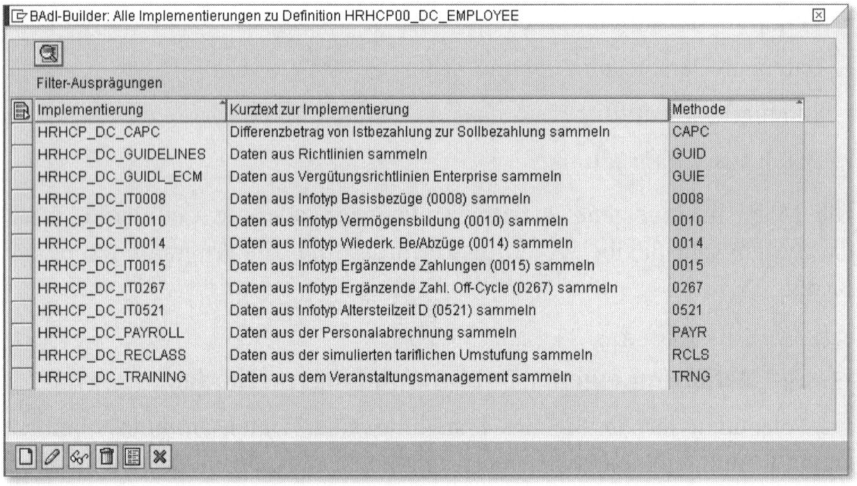

Abbildung 15.7 Implementierung des BAdI für die Methode anlegen

Die relevanten Personalnummern werden in der Tabelle IM_PERNRTAB übergeben; anschließend wird im BAdI die Tabelle EX_CITEMS mit den erzeugten Kostenbestandteilen gefüllt (siehe Abbildung 15.8). Bei Bedarf können in der Tabelle EX_DIFFCA abweichende Kostenzuordnungen erzeugt werden.

Class Builder: Klasse CL_IM_HRFPM_PCP_DC_0014 anzeigen

Art	Parameter	Typisierung	Beschreibung
⇥	IM_PERNRTAB	TYPE HRHCP00_PERNR	Tabelle der Personalnummern
⇥	IM_BEGDA_DCPERIOD	TYPE BEGDA	Gültigkeitsbeginn Datensammelzeitraum
⇥	IM_ENDDA_DCPERIOD	TYPE ENDDA	Gültigkeitsende Datensammelzeitraum
⇥	IM_BEGDA_DSPERIOD	TYPE BEGDA	Gültigkeitsbeginn Datenauswahlzeitraum
⇥	IM_ENDDA_DSPERIOD	TYPE ENDDA	Gültigkeitsende Datenauswahlzeitraum
⇥	IM_PARAMTAB	TYPE HRHCP00_IFPARAM	Parameterwerte für die Datensammlungsmethode
⇥	IM_LOGREF	TYPE REF TO CL_HCP_MESSAGE_HANDLER	Referenz zur Protokollinstanz
⇥	VALUE(FLT_VAL)	TYPE HCP_INTERFACE_FOR_BADI_E	Datensammlungsmethode Personalkostenplanung
⇤	EX_CITEMS	TYPE HRHCP00_DC_CITEMS	Kostenbestandteile aus der Datensammlung
⇤	EX_DIFFCA	TYPE HRHCP00_DIFFCA_EMPLOYEE	Abweichende Kostenzuordnung Mitarbeiterdaten
⚠	MESSAGE_LOG_ERROR		Fehler beim Schreiben ins Protokoll
⚠	SERIOUS_ERROR		schwerer Ausnahmefehler -> Report abbrechen!

Abbildung 15.8 Eingabe- und Ausgabeparameter

> **Keine Zuordnung von Kostenbestandteilen zu Datensammlungsmethoden**
>
> Im Customizing gibt es keine Zuordnung von Lohnarten oder Kostenbestandteilen zu Datensammlungsmethoden. Jede Datensammlungsmethode sucht nach Lohnarten, die Kostenbestandteilen zugeordnet sind, und sammelt diese im Infotyp 0666. Bei den meisten Datensammlungsmethoden kann aufgrund der gelesenen Daten (z.B. Infotyp 0008 oder Infotyp 0010) ausgeschlossen werden, dass Kostenbestandteile mit unterschiedlichen Methoden gebildet und somit doppelt gesammelt werden. Wenn jedoch Daten aus der Personalabrechnung gesammelt werden, sind hier alle Lohnarten zu finden, z.B. die Basisbezüge. Werden nun zusätzlich Daten aus Infotyp 0008 (Basisbezüge) gelesen, entsteht der Kostenbestandteil doppelt. Um also eine Kombination aus Lesen von Abrechnungsergebnissen und Infotypen zu verwenden, müssen Sie hier die Datensammlungsmethode anpassen oder eine eigene Methode entwickeln, die aus den Abrechnungsergebnissen nur die Lohnarten liest, die nicht bereits mit anderen Datensammlungsmethoden erzeugt werden.

15.4.4 Beispiel einer Datensammlung

Mit dem Report »Datensammlung für Mitarbeiter« werden Informationen aus verschiedenen Quellen mit verschiedenen Datensammlungsmethoden gesammelt und im Infotyp 0666 (Planung Personalkosten) gespeichert. Pro Datensammlungsmethode und Kostenbestandteil wird ein eigener Satz des Infotyps angelegt. Mit der Datensammlungsmethode *Infotyp Basisbezüge* werden die Lohnarten *Grundgehalt* und *Freiwillige Zulage* gelesen, und es wird ein Kostenbestandteil daraus gebildet (siehe Abbildung 15.9). Der Arbeitgeberanteil *Vermögensbildung* wird mit einer eigenen Datensammlungsmethode gelesen. Aus den ergänzenden Zahlungen wird der Bonus gelesen, der jährlich im November gezahlt wird. Dieser kann als Kostenbestandteil ebenfalls im November geplant oder alternativ in zwölf Teilen auf das Jahr verteilt werden, je nachdem, wie dies in der Planung gewünscht wird. Auch Kosten aus dem Veranstaltungsmanagement oder der SAP Learning Solution können zur Bildung von Kostenbestandteilen verwendet werden.

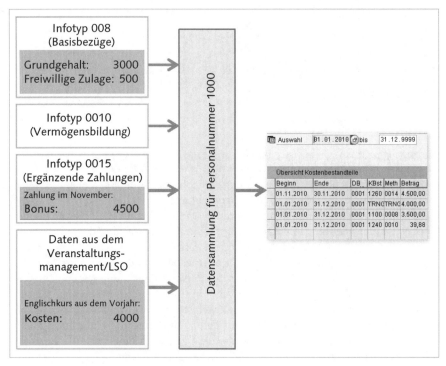

Abbildung 15.9 Beispiel einer Datensammlung

15.4.5 Datensammlung für organisatorische Objekte

Neben der Datensammlung zum Mitarbeiter können mit einem eigenen Report RHHCP_DC_ORGOBJECT Kostenbestandteile zu Objekten des Organisationsmanagements gesammelt werden. Der Report befindet sich im SAP Easy-Access-Menü unter PERSONAL • PERSONALMANAGEMENT • PERSONALKOSTENPLANUNG • DATENSAMMLUNG ORGANISATORISCHE OBJEKTE.

Wie bei der Datensammlung zum Mitarbeiter existieren hier auch verschiedene Datensammlungsmethoden – im SAP-Standard sind dies die folgenden Methoden:

- Infotyp 1005 (Sollbezahlung)
- Kontingentplanung

- Daten aus verknüpften Kostenobjekten
- Daten aus dem Veranstaltungsmanagement
- Daten für vakante Planstellen

Die Datensammlungsmethode *Daten für vakante Planstellen* erzeugt Kostenbestandteile für unbesetzte Planstellen. Dabei werden die Kosten eines zukünftigen oder früheren Inhabers verwendet, oder es wird mit dem Parameter REFERENZPERSONALNUMMER eine Personalnummer übergeben, deren Kostenbestandteile verwendet werden.

Mit der Datensammlungsmethode *Daten aus verknüpften Kostenobjekten* können Daten aus den Infotypen 0666 oder 5010 in andere Objekte übertragen werden. Die Werte können dabei kumuliert werden, oder es wird ein Durchschnitt berechnet.

Die Objekte des Organisationsmanagement spielen in der Kostenplanung eine besondere Rolle bei der Planung von unbesetzten Planstellen. Die Pflege der Daten für die Zukunft erfordert einen beträchtlichen Aufwand, vor allem, wenn es noch keinen Prozess zur Beantragung von Planstellen gibt, auf dessen Daten aufgebaut werden kann, und wenn die vorhandenen Objekte lediglich mit Kostenbestandteilen zu versehen sind. Alternativ zum Anlegen einzelner Kostenbestandteile kann auch die Kontingentplanung Daten liefern, die in den Planungslauf einfließen (siehe Kapitel 14, »Positions- und Kontingentplanung«).

15.4.6 Nachbearbeitung der gesammelten Daten

Neben dem automatischen Füllen der Datenbasis ist auch eine manuelle Nachbearbeitung möglich (siehe Abbildung 15.10). PERSONAL • PERSONALMANAGEMENT • PERSONALKOSTENPLANUNG • DATENSAMMLUNG • DATEN BEARBEITEN

Das Ergebnis der maschinell durchgeführten Datensammlung kann manuell ergänzt und verändert werden. In der Pflegetransaktion werden auch abgeleitete Kostenbestandteile dargestellt, die aus den Regeln des Szenarios ermittelt werden. So können Sie sofort die weiteren Kostenbestandteile sehen, die im Planungslauf für das aktuell bearbeitete Objekt oder die Person entstehen. Diese abgeleiteten Kostenbestandteile werden nicht gespeichert, sondern nur in der Transaktion ermittelt.

15 | Personalkostenplanung und -simulation

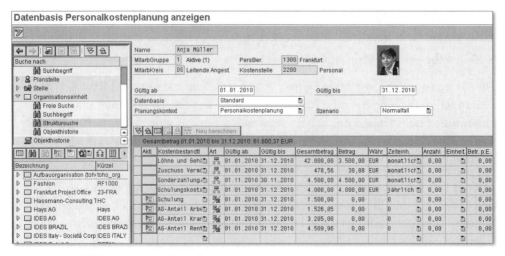

Abbildung 15.10 Datenbasis bearbeiten

> **Daten während des Planungszeitraums aktuell halten**
>
> Der Prozess der Planung erstreckt sich häufig über einige Wochen und kann auch eine erneute Datensammlung erfordern. Deshalb sollte die manuelle Pflege nur in Ausnahmesituationen erfolgen, und die Kostenbestandteile sollten komplett in den Datensammlungsmethoden erzeugt werden.

15.5 Personalkostenpläne erstellen und verwalten

Nach erfolgter Datensammlung kann ein Personalkostenplan erstellt werden, der die bereitgestellten Daten verwendet und zu einem Kostenplan verarbeitet.

15.5.1 Planungslauf durchführen

Die Erstellung erfolgt in der Transaktion PHCPADMIN (Kostenpläne verwalten), die Sie im SAP Easy-Access-Menü unter PERSONAL • PERSONALMANAGEMENT • PERSONALKOSTENPLANUNG • KOSTENPLÄNE • VERWALTEN finden.

Um einen Personalkostenplan zu erstellen, müssen Sie zuerst die Parameter in der Funktion PLAN ANLEGEN definieren (siehe Abbildung 15.11). Diese Funktion erreicht man in der Transaktion zum Verwalten der Kostenpläne über das Menü PLANDATEN • PERSONALKOSTENPLAN • PLAN ANLEGEN.

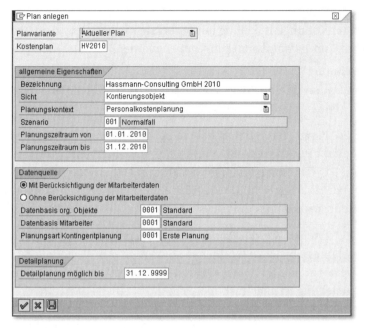

Abbildung 15.11 Kostenplan anlegen

Folgende Parameter sind festzulegen:

- **Planvariante**
  Planvariante des Organisationsmanagements, auf welcher der Plan basiert
- **Sicht**
  Der Plan kann auf Basis von Organisationseinheit oder Kostenstellen dargestellt werden.
- **Planungskontext**
  Der Planungskontext muss ausgewählt werden.
- **Szenario**
  Jeder Kostenplan basiert auf einem Szenario. Sollen mehrere Szenarien geplant werden, so wird mit jedem Szenario ein eigener Plan erstellt, der im Reporting verglichen wird.
- **Planungszeitraum**
  Beginn und Endedatum der Planungsperiode
- **Datenbasis**
  Der Subtyp, in dem die Kostenbestandteile der Datenbasis enthalten sind, muss ausgewählt werden.

15 | Personalkostenplanung und -simulation

- **Planungsart Kontingentplanung**
  Sollen Daten der Kontingentplanung mit berücksichtigt werden, kann hier der Subtyp der Kontingentplanung angegeben werden.

- **Ende Detailplanung**
  Bis zu diesem Datum ist eine Pflege von Daten in der Detailplanung möglich – danach können die Daten nur angezeigt werden.

Nachdem Sie diese Parameter definiert haben, können Sie den Planungslauf über den Menüpunkt PLANDATEN • PLANUNGSLAUF AUSFÜHREN durchführen. Der Planungslauf basiert immer auf einer Struktur im Organisationsmanagement, weshalb nur Mitarbeiter in die Planung einbezogen werden können, die im Organisationsmanagement integriert sind.

In Abbildung 15.12 sehen Sie die Plandaten in einem ALV-Grid, das verschiedene Darstellungsmöglichkeiten bietet. So werden die Werte im Standard beispielsweise immer erst pro Quartal kumuliert dargestellt. Eine monatsweise Darstellung ist aber auch möglich.

Kostenträger	Text	Kostenobjekt	Text Kostenbestandteile	Währg	Betr. 01 / 2010	Betr. 02 / 2010	Betr. 03 / 2010	Betr. 04 / 2010	Betr. 05 / 2010	Betr. 06 / 2010	Betr. 07 / 2010
Production		Demo Manager	Zuschuss Vermögensbildung	EUR	27,00	27,00	27,00	27,00	27,00	27,00	27,00
			Sonderzahlung/Bonus	EUR			4.000,00				
			Schulung	EUR	125,00	125,00	125,00	125,00	125,00	125,00	125,00
			AG-Anteil Arbeitslosenversicherung	EUR	0,88	0,88	130,88	0,88	0,88	0,88	0,88
			AG-Anteil Krankenversicherung	EUR	1,97	1,97	293,97	1,97	1,97	1,97	1,97
			AG-Anteil Rentenversicherung	EUR	2,59	2,59	386,59	2,59	2,59	2,59	2,59
ObjektId Kostenobjekt 91000000					**157,44**	**157,44**	**4.963,44**	**157,44**	**157,44**	**157,44**	**157,44**
Production		Worker	Bonus payments	EUR			2.416,63				
			Schulung	EUR	125,00	125,00	125,00	125,00	125,00	125,00	125,00
			ER Unemployment tax	EUR			171,58				
			ER Federal social security/Medicare tax	EUR			184,87				

Abbildung 15.12 Plandaten aus dem Planungslauf

15.5.2 Customizing des Planungslaufes

Das Customizing (siehe Abbildung 15.13) besteht aus der Definition der Ableitung von abhängigen und zusätzlichen Kostenbestandteilen. Abhängig vom Planungskontext werden Kostenbestandteile definiert, die aus den Basiskostenbestandteilen der Datensammlung abgeleitet werden, z.B. eine Tariferhöhung oder Arbeitgeberanteile zur Sozialversicherung. Daneben können zusätzliche Kostenbestandteile generiert werden. Diese Kostenbestandteile müssen nicht bei jedem Mitarbeiter generiert werden. Sie können vielmehr mit dem Merkmal HCP01 (Gruppierung von Mitarbeitern für Kostenbestandteile) genau festlegen, für welche Mitarbeiterkreise welche Kostenbestandteile abgeleitet werden sollen. Mit dem Merkmal HCP02 definieren Sie dasselbe für organisatorische Objekte.

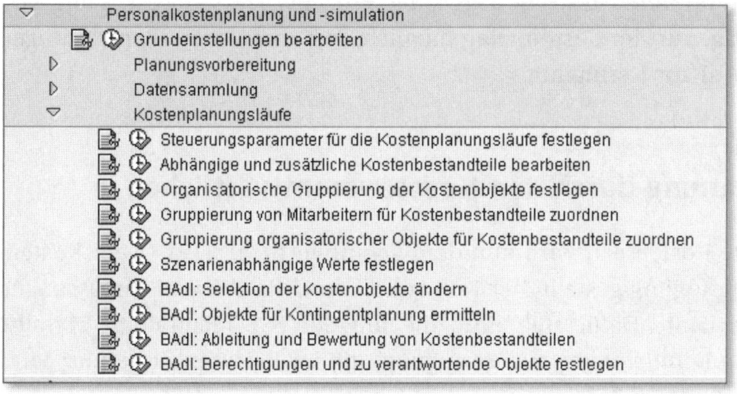

15.5 | Personalkostenpläne erstellen und verwalten

```
▽ Personalkostenplanung und -simulation
    📝 ⊕ Grundeinstellungen bearbeiten
  ▷      Planungsvorbereitung
  ▷      Datensammlung
  ▽      Kostenplanungsläufe
      📝 ⊕ Steuerungsparameter für die Kostenplanungsläufe festlegen
      📝 ⊕ Abhängige und zusätzliche Kostenbestandteile bearbeiten
      📝 ⊕ Organisatorische Gruppierung der Kostenobjekte festlegen
      📝 ⊕ Gruppierung von Mitarbeitern für Kostenbestandteile zuordnen
      📝 ⊕ Gruppierung organisatorischer Objekte für Kostenbestandteile zuordnen
      📝 ⊕ Szenarienabhängige Werte festlegen
      📝 ⊕ BAdI: Selektion der Kostenobjekte ändern
      📝 ⊕ BAdI: Objekte für Kontingentplanung ermitteln
      📝 ⊕ BAdI: Ableitung und Bewertung von Kostenbestandteilen
      📝 ⊕ BAdI: Berechtigungen und zu verantwortende Objekte festlegen
```

Abbildung 15.13 Customizing des Planungslaufs

Während der Planungskontext grundsätzlich festlegt, welche Kostenbestandteile abgeleitet und generiert werden sollen, wird im Szenario festgelegt, mit welchen Werten gerechnet werden soll. So wird im Kontext definiert, aus welchen Kostenbestandteilen eine Tariferhöhung erzeugt wird, während im Szenario der Prozentsatz der Tariferhöhung festgelegt wird. Auf diese Weise können Sie verschiedene Szenarien mit verschiedenen Prozentsätzen planen.

In Abbildung 15.14 sehen Sie die Definition der Bewertung von abgeleiteten Kostenbestandteilen.

```
Planungskontext     CP  Personalkostenplanung        Zeiträume
Szenario            001 Normalfall                   Beginn      Ende
                                                   > 01.01.1900  31.12.9999

Kostenbestandtl     AG-Anteil Arbeitslosenversicherung
Org. Gruppierg      Sozialversicherung (DE)

Bewertung unbewerteter Kostenbestandteile
  absolute Betragsangabe (zusätzliche Kostenbestandteile)
    Betrag
    Betrag pro Einheit
    Währung

  relative Betragsangabe (abhängige Kostenbestandteile)
    Prozentsatz                    3,25
```

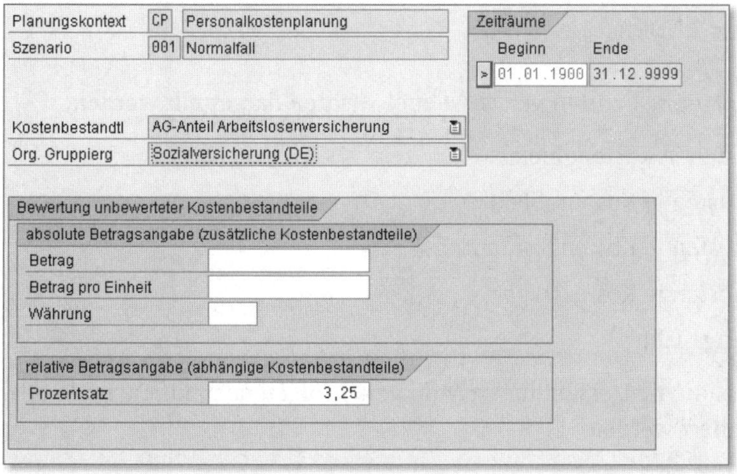

Abbildung 15.14 Bewertung von abgeleiteten Kostenbestandteilen

Die Bewertung durch feste Beträge oder Prozentsätze mit Festlegung von Höchstbeträgen ist im Customizing möglich. Für komplexere Berechnungen steht ein BAdI zur Verfügung.

15.6 Planung durch den Kostenverantwortlichen

Der erstellte Kostenplan wird nun dem verantwortlichen Leiter der Kostenstelle zur Verfügung gestellt, der Kontrollen durchführen und Anpassungen vornehmen kann. Dafür steht ihm die mit der BSP-Technologie erstellte Anwendung *Detailplanung* zur Verfügung, die im Browser ausgeführt wird (siehe Abbildung 15.15).

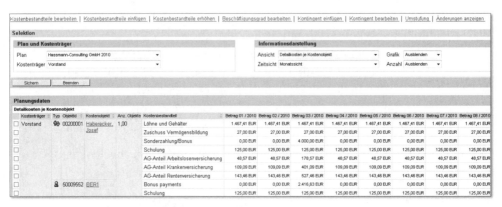

Abbildung 15.15 Detailplanung

Die Kostenplanung kann in verschiedenen Sichten dargestellt werden:

- Detailkosten je Kostenobjekt
- Gesamtkosten je Kostenobjekt
- Gesamtkosten je Kostenbestandteil
- Gesamtkosten je Kostenträger
- Kontierungssicht

Außerdem kann die Darstellung in Monaten erfolgen oder auf Quartale oder Jahre kumuliert werden.

Es stehen folgende Funktionen zur Bearbeitung des Kostenplans zur Verfügung:

- Kostenbestandteile bearbeiten
- Kostenbestandteile einfügen

- Kostenbestandteile erhöhen
- Beschäftigungsgrad bearbeiten
- Kontingent an Stellen einfügen oder bearbeiten
- Tarifliche Umstufung vornehmen
- Änderungen verfolgen

Änderungen in der Detailplanung werden in eigenen Tabellen protokolliert, sodass diese mit dem Report »Planänderungen« ausgewertet werden können, der unter INFOSYSTEM • BERICHTE • KOSTENPLÄNE • PLANÄNDERUNGEN zu finden ist.

15.7 Planung durch den Kostenplaner

Auch der Kostenplaner hat die Möglichkeit, Änderungen am Kostenplan durchzuführen. Ihm stehen die gleichen Funktionen wie dem Vorgesetzten zur Verfügung, die in Abschnitt 15.6, »Planung durch den Kostenverantwortlichen«, beschrieben wurden. Für den Kostenplaner bestehen hier allerdings keine Einschränkungen auf die Organisationseinheiten des Zuständigkeitsbereichs, sondern es kann der komplette Plan bearbeitet werden.

15.8 Überleitung des Kostenplans in das Controlling

Für die Überleitung eines Kostenplans in das Controlling (CO) muss die Zuordnung des Kostenplans zu einer Planvariante erfolgen. Das Customizing erfolgt in CO unter dem IMG-Punkt CONTROLLING • KOSTENSTELLENRECHNUNG • PLANUNG • PLANDATENTRANSFER • TRANSFER VON HR-DATEN. Führt das Controlling eine Planung in mehreren Zyklen durch, die in eigene Planvarianten des CO abgelegt werden, so müssen auch im HCM-System mehrere Planungsläufe durchgeführt werden, die mit der jeweiligen Planvariante in CO verknüpft werden. Arbeitet das CO mit einer Planvariante, so können durch eine erneute Planung die vorhandenen Daten überschrieben werden. In SAP ERP HCM werden dann mehrere Planungsläufe durchgeführt, die alle auf der gleichen Planvariante des CO laufen.

Wie gesagt sind die Kostenbestandteile mit symbolischen Konten verbunden, die für die Verbuchung in der Kontenfindung des Rechnungswesens wiederum mit Sachkonten verbunden sind (siehe Abschnitt 15.4.1, »Technisches Zusammenspiel von Lohnart, symbolischem Konto und Kostenbestandteil«).

Wie in der Personalabrechnung können auch in der Kostenplanung Gruppierungen von Mitarbeitern gebildet werden, die auf unterschiedliche Konten gebucht werden. Dafür steht das Merkmal HCP03 zur Verfügung.

Es können Personalkosten und statistische Kennzahlen übergeben werden. Die Zuordnung der statistischen Kennzahlen des CO erfolgt in der Definition des Kostenbestandteils.

Die Buchung wird in der Transaktion zur Verwaltung der Planungsläufe durchgeführt. Zuerst muss der Plan freigegeben werden. Dabei erfolgt die Verprobung in CO. Danach wird der Plan gebucht. Für eine Verbuchung müssen sich SAP ERP HCM und CO nicht im gleichen System befinden. Die Verbuchung ist auch über die ALE-Schnittstelle in andere SAP-Systeme möglich.

15.9 Reporting

Die Personalkostenplanung war die erste Komponente, bei deren Entwicklung der Schwerpunkt des Reportings auf SAP NetWeaver BW verlegt wurde. Daher sind nur wenige Möglichkeiten in SAP ERP verfügbar – die meisten Auswertungs- und Analysemöglichkeiten befinden sich in SAP NetWeaver BW.

15.9.1 Reporting in SAP ERP HCM

In SAP ERP HCM können Sie für das Reporting Standardreports und die Ad-hoc Query verwenden. Für die Auswertung der Datenbasis, die in Infotypen abgelegt ist, nutzen Sie die Ad-hoc Query und definieren ein passendes Infoset. Die Auswertungen zur Datenbasis, die im SAP Easy-Access-Menü im Bereich PERSONALMANAGEMENT • PERSONALKOSTENPLANUNG, INFOSYSTEM • BERICHTE • DATENSAMMLUNG zur Verfügung stehen, sind von SAP vordefinierte Queries auf Basis der Infosets:

- /SAPQUERY/HR_XX_CP_C
  HR Personalkostenplanung: Stellen

- /SAPQUERY/HR_XX_CP_O
  HR Personalkostenplanung: Organisationseinheiten

- /SAPQUERY/HR_XX_CP_P
  HR Personalkostenplanung: Mitarbeiterdaten

- /SAPQUERY/HR_XX_CP_S
  HR Personalkostenplanung: Planstellen

Daneben sind folgende Standardreports vorhanden:

- **Plandaten**
  Zeigt die Daten eines Kostenplans an.

- **Vergleich von Kostenplänen**
  Ermöglicht die Vergleichsdarstellung von zwei Kostenplänen mit Differenzen.

- **Auswertung der in der Detailplanung durchgeführten Änderungen**
  Stellt die Änderungen in der Detailplanung dar.

- **Anzeige des gebuchten Kostenplans**
  Zeigt einen gebuchten Kostenplan mit Kontierungsinformationen an.

In der Praxis wird häufig nach einem Kontrollreport verlangt, der die Kosten pro Kostenobjekt mit zusätzlichen Informationen wie Tarifgruppe oder Mitarbeiterkreis kombiniert darstellt, und der zur Kontrolle des Kostenplans verwendet werden kann. In SAP NetWeaver BW ist dies möglich; wenn Sie NetWeaver BW nicht verwenden, müssen Sie hierfür einen eigenen Report entwickeln.

15.9.2 Reporting in SAP NetWeaver BW

SAP NetWeaver BW enthält verschiedene InfoCubes zur Auswertung der Kostenpläne (siehe Abbildung 15.16):

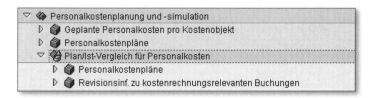

Abbildung 15.16 Business Content zur Personalkostenplanung

- **Personalkostenpläne**
  Dieser InfoCube stellt die geplanten Personalkosten in Beziehung zu den Kostenträgern Organisationseinheit oder Kostenstelle beziehungsweise Kontierungsobjekt.

- **Geplante Kosten pro Kostenobjekt**
  Dieser InfoCube beinhaltet die Kostendaten zu den Kostenobjekten Mitarbeiter, Planstelle, Stelle und Organisation.

15 | Personalkostenplanung und -simulation

▶ **Soll-/Ist-Vergleich**
Dieser InfoCube bringt als MultiCube die Daten aus den InfoCubes *Personalkostenpläne* und *Revisionsinfo* zu kostenrechnungsrelevanten Buchungen zum Vergleich von Plankosten und tatsächlichen Kosten zusammen. Die Vergleichsbasis liefert im Standard das symbolische Konto. Ein solcher Vergleich ist aber nur möglich, wenn die Kostenplanung und die Personalabrechnung identische symbolische Konten verwenden. In den meisten Fällen muss hier der InfoCube des Standard-Contents angepasst und das tatsächliche Konto zum Vergleich herangezogen werden.

Abbildung 15.17 zeigt die Analyse eines Kostenplans, die die Personalkosten pro Kostenstelle auf Quartale verdichtet darstellt.

Analyse Personalkostenplan (Kontierungssicht)

KalJahr/Quartal	20071	20072	20073	20074	Gesamtergebnis
Kostenstelle	Betrag	Betrag	Betrag	Betrag	Betrag
Vorstand	4.534,29 EUR	4.534,29 EUR	4.534,29 EUR	4.534,29 EUR	18.137,16 EUR
Finanzen & Admin.	10.876,80 EUR	10.876,80 EUR	10.876,80 EUR	10.876,80 EUR	43.507,20 EUR
Personal	78.189,99 EUR	78.189,99 EUR	78.189,99 EUR	78.189,99 EUR	312.759,96 EUR
Produktion Motorrad	6.082,56 EUR	6.082,56 EUR	6.082,56 EUR	6.082,56 EUR	24.330,24 EUR
Gesamtergebnis	99.683,64 EUR	99.683,64 EUR	99.683,64 EUR	99.683,64 EUR	398.734,56 EUR

Abbildung 15.17 Analyse eines Personalkostenplans

Abbildung 15.18 zeigt die Darstellung eines Soll-/Ist-Vergleichs.

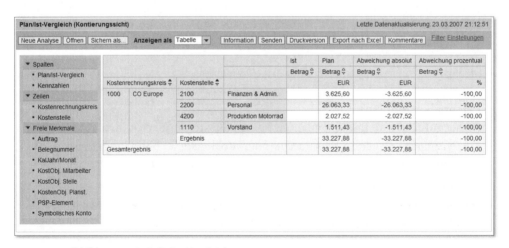

Abbildung 15.18 Soll-/Ist-Vergleich

15.10 Verfügbare Standardrollen für die Kostenplanung

Folgende Rollen für die Personalkostenplanung werden von der SAP ausgeliefert:

- SAP_HR_CPS_OS-ADMINISTRATOR – Spezialist Personalkostenplanung
  Diese Rolle enthält alle Funktionen der Personalkostenplanung mit Ausnahme der Werkzeuge.
- SAP_HR_CPS_HR-MANAGER – HR-Manager
  Der HR-Manager verwaltet die Kostenpläne.
- SAP_HR_CPS_MANAGER – Linienvorgesetzter
  Der Linienvorgesetzte kann die Detailplanung ausführen.
- SAP_HR_CPS_CO-MANAGER – CO-Manager
  Der CO-Manager ist verantwortlich für die Buchung der Kostenpläne im Rechnungswesen.
- SAP_HR_CPS_SPECIALIST – Systemadministrator
  Dieser hat die Berechtigung zur Verwendung der Werkzeuge der Personalkostenplanung.

15.11 BAdIs in der Kostenplanung

Zahlreiche BAdIs ermöglichen die Anpassung der Personalkostenplanung an individuelle Bedürfnisse.

15.11.1 BAdIs in der Datensammlung

Folgende BAdIs existieren für die Datensammlung.

- **Daten zu Mitarbeitern sammeln**
  Dieses BAdI ermöglicht die Definition eigener Datensammlungsmethoden für Mitarbeiterdaten. Es kann sowohl für die Sammlung von Mengen als auch für die Sammlung von Kostendaten definiert werden.
- **Daten zu organisatorischen Objekten sammeln**
  Mit diesem BAdI können Sie zusätzliche Datensammlungsmethoden für organisatorische Objekte definieren.
- **Kostenbestandteilssätze ändern**
  Dieses BAdI ermöglicht die Anpassung der gesammelten Daten vor dem Speichern, etwa für Berechnungen wie Rundung oder Währungsumrechnung.

15.11.2 BAdIs im Kostenplanungslauf

Die folgenden BAdIs können verwendet werden, um den Planungslauf zu beeinflussen:

- **Selektion der Kostenobjekte ändern**
  Mit diesem BAdI können Sie die Selektion abweichend vom Selektionsbild des Planungslaufs beeinflussen.

- **Objekte für Kontingentplanung ermitteln**
  Sollen in der Kontingentplanung weitere oder andere Information gelesen werden, die der Standard nicht bietet, so kann dieses BAdI verwendet werden.

- **Ableitung und Bewertung von Kostenbestandteilen**
  Mit diesem BAdI können Sie die Ableitung der unbewerteten Kostenbestandteile beeinflussen.

- **Berechtigung der zu verantwortenden Objekte festlegen**
  Dieses BAdI ermöglicht die Anpassung der Berechtigungsprüfung in der Detailplanung.

15.11.3 BAdI in der Detailplanung

In der Detailplanung gibt es das folgende BAdI:

- **Zusätzliche Informationen in der Detailplanung**
  Dieses BAdI ermöglicht den Aufruf einer eignen Business Server Page (BSP) mit zusätzlichen Informationen. Dies kann dazu genutzt werden, eine eigene BSP einzusetzen.

15.11.4 BAdI bei der Buchung ins Rechnungswesen

Die Buchung ins Rechnungswesen können Sie mit folgendem BAdI beeinflussen:

- **Perioden für Buchung ins CO übersteuern**
  Mit diesem BAdI kann das Beginn- und Enddatum der Buchungsperiode gelesen und kundenspezifisch beeinflusst werden, z.B. um die Umrechnung der Beträge der Kostenbestandteile auf die Buchungsperioden zu beeinflussen.

15.12 Kritische Erfolgsfaktoren

In der Praxis werden verschiedenste Anforderungen an die Personalkostenplanung gestellt. Diese sind unter anderem davon abhängig, welcher Zeitraum geplant werden soll. Je weiter in die Zukunft geplant wird, desto ungenauer wird die Planung ausfallen, da hier verschiedenste Annahmen getroffen werden müssen. Wird hingegen kurzfristig geplant und eine Hochrechnung der Personalkosten etwa für das aktuelle Jahr durchgeführt, so wird meist eine sehr detaillierte Planung erwartet, und es müssen sehr genaue Berechnungen durchgeführt werden.

Je nach Unternehmensgröße und -struktur ist eine dezentrale Planung erforderlich. Der Prozess und die Integration der Kostenverantwortlichen müssen hier vor der Implementierung genau festgelegt werden.

Für eine erfolgreiche Planung sollten deshalb die folgenden Fragen detailliert beantwortet werden, bevor mit der Einführung der Personalkostenplanung begonnen wird:

- Welche Anforderungen stellt das Controlling?
- Welche Anforderungen hat die Personalabteilung?
- Welche Zeiträume werden geplant?
- In welchem zeitlichen Abstand erfolgen Planungen?
- Wie läuft der Prozess der Planung, und wer ist daran beteiligt?
- Über welchen Zeitraum erstreckt sich eine Planung, von dem ersten Erstellen bis zur Buchung in der Kostenrechnung?
- Welche Korrekturen an der Planung sind in diesem Zeitraum notwendig?

Zu definieren ist auch die genaue Planungsweise nicht besetzter oder noch nicht vorhandener Planstellen. Hier ist das Anlegen von Planstellen oder der Einsatz der Kontingentplanung denkbar.

Mit einer Weiterentwicklung der Kostenplanung in Enhancement Package 5 ist zu rechnen – zum Zeitpunkt der Drucklegung dieses Buchs waren jedoch noch keine Details hierzu bekannt.

Im nächsten Kapitel wenden wir uns nun der Analyse der Personalplanung und -entwicklung mit SAP NetWeaver BW zu.

SAP NetWeaver Business Warehouse (BW) ist ein leistungsstarkes Werkzeug für analytisches Reporting. In diesem Kapitel erhalten Sie einen Überblick über Technik und Aufbau von BW. Außerdem erhalten Sie Anregungen zur Durchführung der Analyse mit Beispielen aus dem Standard-Content von SAP NetWeaver BW.

16   Analyse der Personalplanung und -entwicklung mit SAP NetWeaver BW

SAP NetWeaver Business Warehouse (BW) hält Einzug in den Bereich des HR-Reportings. Die Integration von Daten aus unterschiedlichen Systemen und die flexiblen Auswertungs- und Analysemöglichkeiten bieten neuen Einblick in die Unternehmensdaten. Ein umfangreicher Business Content mit vordefinierten Auswertungsmöglichkeiten für alle HCM-Komponenten bietet eine Basis, die die Einführungszeit des Systems stark reduziert. In diesem Kapitel erhalten Sie eine Einführung in die Möglichkeiten und Funktionsweise von BW.

Nach der Einführung gehen wir auf den praktischen Einsatz im Bereich der Personalplanung und -entwicklung ein. Die unternehmensspezifischen Anforderungen sind sehr vielfältig, weshalb die aufgeführten Auswertungen nur Beispiele für Fälle sind, die häufig in der Praxis anzutreffen sind.

16.1   Einführung in SAP NetWeaver BW

Die Architektur von BW besteht aus drei Ebenen: der Extraktionsebene, der Modellierungsebene und der Reporting- und Analyseebene. Einen vereinfachten Überblick über die BW-Architektur gibt Abbildung 16.1.

Die Daten, die in BW für Auswertungen bereitgestellt werden, können aus verschiedenen Quellen stammen. Die Anbindung von SAP ERP erfolgt über Extraktoren, die in vordefinierten Strukturen Daten aus dem Quellsystem bereitstellen. Für den Standard-Content werden vorgefertigte Extraktoren zur Verfügung gestellt.

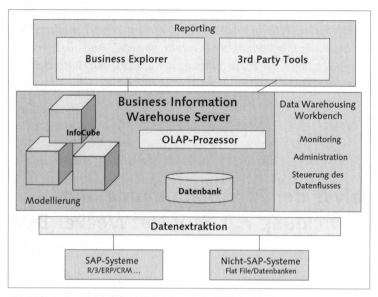

Abbildung 16.1 Vereinfachte Darstellung der BW-Architektur

Darüber hinaus können externe Datenbanken angebunden oder Excel-Dateien eingelesen werden, was das Einbeziehen von Daten aus Unternehmensbereichen ermöglicht, die kein SAP einsetzen.

Das zentrale Tool der Modellierungsebene ist die Administrator Workbench. Mit diesem Werkzeug können Sie unter anderem

- die Modellierung der InfoProvider und InfoObjects durchführen,
- den Standard-Content aktivieren sowie
- die Datenübertragung einrichten und administrieren.

Zu den Objekten der Modellierung gehören InfoProvider und InfoObjects. *InfoProvider* bilden die Basis für Auswertungen im BW-System. Jede Query basiert genau auf einem InfoProvider. Diese InfoProvider können physisch vorhanden und mit Daten gefüllt sein (wie der InfoCube) oder eine logische Sicht darstellen, die Daten aus anderen physischen Objekten bezieht (wie der MultiCube). Der MultiCube ist lediglich eine logische Vereinigung von physisch existierenden InfoProvidern. Abbildung 16.2 zeigt den MultiCube PLAN/IST-VERGLEICH FÜR PERSONALKOSTEN. Dieser basiert auf zwei InfoCubes: dem InfoCube PERSONALKOSTENPLÄNE mit den Daten der Personalkostenplanung und dem InfoCube REVISIONSINFO ZU KOSTENRELEVANTEN BUCHUNGEN, der die CO-relevanten Daten des Buchungsbelegs der Personalabrechnungsergebnisse enthält.

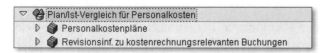

Abbildung 16.2 MultiCube-Plan-/Ist-Vergleich für Personalkosten

Der *InfoCube* beschreibt einen in sich geschlossenen Datenbestand, der die Basis für das Reporting im BW-System bildet. Der InfoCube ist eine Menge von Tabellen, die in einem Sternschema (siehe Abbildung 16.3) zusammengestellt sind. Eine Faktentabelle in der Mitte wird von mehreren Dimensionen umgeben. In der Faktentabelle sind die Kennzahlen des InfoCubes enthalten (z.B. Anzahl Mitarbeiter). Kennzahlen im Sinne von BW sind beliebige Werte oder Mengen. Die Dimensionstabellen enthalten ein oder mehrere Merkmale, z.B. die Merkmale *Personalbereich* und *Personalteilbereich*, die zu einer Dimension *Personalbereich* zusammengefasst sind.

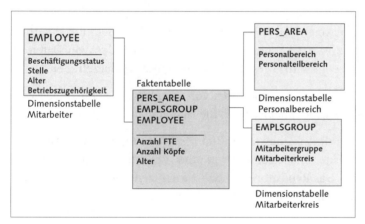

Abbildung 16.3 Sternschema

Der InfoCube besteht aus einer Menge von InfoObjects, die genau einem Datenfeld entsprechen. Der Begriff steht übergreifend sowohl für Merkmale als auch für Kennzahlen. InfoObjects beinhalten die allgemeinen Eigenschaften, wie Feldtyp und Feldgröße, sowie eine Reihe von Zusatzinformationen, wie Reporting-Parameter und Verwendung von Stammdaten. Bei Kennzahlen wird die Art der Aggregation im InfoObject festgelegt. Alle InfoProvider bedienen sich der InfoObjects, welche die kleinste Einheit von BW sind. Es gibt vier Typen von InfoObjects:

- **Merkmale**

  In Merkmalen können Stammdaten, Texte und Hierarchien abgelegt sein. Sie enthalten Ordnungsbegriffe wie den *Personalbereich* oder den *Mitarbeiterkreis*. Im Text kann eine mehrsprachige Bezeichnung hinterlegt sein.

- **Kennzahlen**

  Kennzahlen liefern Werte wie Mengen und Beträge, die in Queries ausgewertet werden können (z.B. Beispiel Anzahl Mitarbeiter oder Anzahl FTE). Außerdem enthalten sie Eigenschaften, die für das Laden der Daten und zur Steuerung von Auswertungen relevant sind. So werden Beträge mit Währungen versehen und können in andere Währungen umgerechnet werden.

- **Zeitmerkmale**

  Zeitmerkmale enthalten Daten wie Abrechnungsperiode, Jahr oder Monat.

- **Technische Merkmale**

  Technische Merkmale haben nur organisatorische Bedeutung innerhalb von BW, wie z.B. die Request-Nummer, die beim Laden von Daten im Datenpaket erzeugt wird. Diese hilft, den Request wiederzufinden.

Einheiten beschreiben die Eigenschaften von Kennzahlen: Bei Beträgen wird die Währung mitgegeben, bei Mengen die Maßeinheit.

Die Eigenschaften dieser Objekte sind im *MetaData Repository* verzeichnet, das die BW-Objekte mit Eigenschaften und Verknüpfungen zu anderen Objekten enthält. Das Repository ermöglicht den zentralen Zugriff auf aktivierte Objekte und die SAP-Auslieferungsobjekte im Business Content.

16.2 Auswertungen erstellen mit dem BEx Query Designer

Der Query Designer ist eine Windows-Anwendung des SAP Business Explorers (BEx) zur Erstellung von Queries. Er bildet die Grundlage für das Reporting mit SAP NetWeaver BW. Die mit dem Designer erstellten Queries können im Analyzer, im Web Analyzer und im formatierten Reporting verwendet werden.

Der Query Designer ist ein Teil des Business Explorers und kann über das Windows-Startmenü gestartet werden. Das Fenster des Query Designers gliedert sich in mehrere Bereiche (siehe Abbildung 16.4):

Auswertungen erstellen mit dem BEx Query Designer | **16.2**

Abbildung 16.4 BEx Query Designer

- **InfoProvider**
  Im InfoProvider werden Merkmale und Kennzahlen des InfoCubes angezeigt, außerdem werden die verfügbaren Strukturen zur Auswahl angeboten.

- **Query-Modellierung**
  Die Query-Modellierung umfasst die Bereiche Filter, Freie Merkmale, Zeilen, Spalten und Vorschau.

- **Meldungen**
  In diesem Bereich werden Fehlermeldungen dargestellt, die bei der Erstellung der Query auftreten.

- **Eigenschaften**
  In diesem Bereich werden die Eigenschaften des jeweils aktiven Objekts dargestellt.

Der Aufbau der Query erfolgt per Drag & Drop: Merkmalswerte, Merkmalsvariablen, Kennzahlen und Strukturen werden aus dem linken Bereich mit der Maus in den jeweiligen Bereich der Modellierung gezogen werden.

561

16 | Analyse der Personalplanung und -entwicklung mit SAP NetWeaver BW

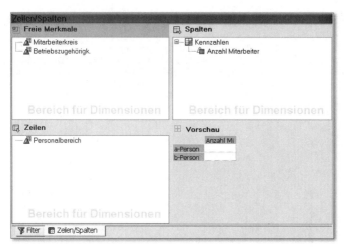

Abbildung 16.5 Zeilen und Spalten

Merkmale können auf jeden Merkmalswert eingeschränkt werden (siehe Abbildung 16.6). Sie können Merkmale auch fest vorbelegen, sodass eine Änderung in der Query nicht mehr möglich ist. Hier bietet es sich z.B. an, beim Status der Beschäftigung ausgetretene Mitarbeiter auszuschließen.

Abbildung 16.6 Merkmalswerte einschränken

16.2 Auswertungen erstellen mit dem BEx Query Designer

In den Merkmalseigenschaften können Sie Beschreibung, Darstellung als Wert oder/und Text, Präsentationshierarchie, Ergebnisdarstellung und Sortierung anpassen. Es gibt folgende Variablentypen:

- Merkmalswertvariablen
- Hierarchievariablen
- Textvariablen
- Formelvariablen

Merkmalswertvariable und Hierarchievariable werden bei dem Start einer Query zur Einschränkung der selektierten Daten angeboten (siehe Abbildung 16.7) und machen die Query dadurch flexibler. Diese Variablen durchlaufen auch die Berechtigungsprüfung.

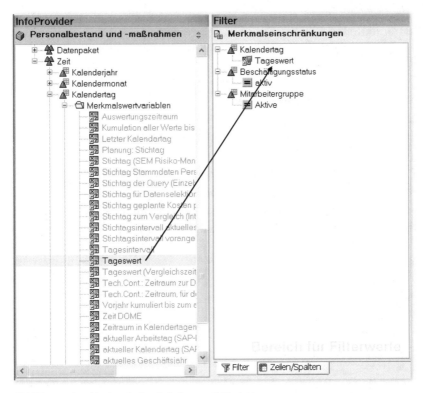

Abbildung 16.7 Merkmalseinschränkung mit Variablen

Kennzahlen können auf einen oder mehrere Merkmalswerte eingeschränkt werden. Außerdem können Kennzahlen als Basis für Formeln verwendet werden.

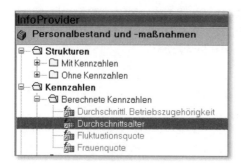

Abbildung 16.8 Berechnete Kennzahlen

Berechnete Kennzahlen (siehe Abbildung 16.8) können auf InfoProvider-Ebene oder auf Query-Ebene angelegt werden. Funktionen gibt es in den folgenden Kategorien:

- Grundfunktionen
- Prozentfunktionen
- Datenfunktionen
- mathematische Funktionen
- trigonometrische Funktionen
- Boolesche Operationen

Mit Strukturen können Sie Zeilen und Spalten einer Auswertung festlegen. Strukturen bilden das Grundgerüst für eine Achse der Tabelle und legen die Reihenfolge der angezeigten Daten fest. Dies können Kennzahlen oder Merkmale (z.B. Personalbereiche) sein, wie in Abbildung 16.9 zu sehen ist.

Abbildung 16.9 Struktur mit festgelegten Personalbereichen

Die Strukturen können Sie zur Wiederverwendung in anderen Queries sichern. Vor dem Ändern von Strukturen sollten Sie deshalb deren Verwendung prüfen.

In SAP ERP HCM gibt es eine Vielzahl von Hierarchien, die auch im BW-System abgebildet werden (z.B. Organisationsstruktur, Veranstaltungshierarchie) und die zur Navigation in der Query verwendet werden können. Auch über Hierarchien können Kennzahlen dargestellt werden, z.B. über die Altersstruktur oder den Beschäftigungsgrad, was das schrittweise Aufreißen von Kennzahlenbereichen ermöglicht.

Mithilfe sogenannter Exceptions können Sie Schwellenwerte definieren, bei deren Überschreitung die Daten durch Farbe oder Symbole hervorgehoben dargestellt werden, sodass Sie Abweichungen auf einen Blick erkennen.

Organisationseinheit	Durchschnittliches Alter
• Gesamtergebnis	44,3064
▼ Aufbauorganisation	44,9232
▶ 50003175	40,0306
▶ 20000001	45,8462
▼ IDES AG	46,8989
▼ Vorstand-D	47,3529
• Vorstand-D	55,3750
▶ Personal-D	35,5625
▶ Corp.Serv-D	48,3846
▶ Fin./Adm.-D	46,4419
▶ Prod./Ver.-D	47,6865
▶ Vorstand-US	48,1218
▶ Vorstand-CAN	46,0000
▶ IDES Japan	41,4000
▶ BApp Develop	42,3494
▶ Nicht zug. Organisationseinheit(n/e)	42,3946

Abbildung 16.10 Exceptions

Mit der Definition von Bedingungen können Sie Daten von der Darstellung ausfiltern. Wenn Sie mehrere Bedingungen definieren, werden die Daten nur angezeigt, wenn alle Bedingungen zutreffen. Die Bedingungen werden unabhängig voneinander ausgewertet und nur die Schnittmenge wird angezeigt.

16.3 Reporting mit dem BEx Analyzer

Wenn Sie den BEx Analyzer starten, öffnet sich automatisch Microsoft Excel (sofern Sie es installiert haben). Somit stehen Ihnen zusätzliche Symbolleisten zur Verfügung, mit denen Sie Queries und Arbeitsmappen ausführen und gestalten können.

Über die Symbolleisten der Analysis Toolbox stehen Ihnen folgende Funktionen zur Verfügung:

- **Öffnen**
  von Queries und Arbeitsmappen

- **Speichern**
  von Queries und Arbeitsmappen

- **Aktualisieren**
  der Daten aus SAP NetWeaver BW

- **Variablenwerte ändern**
  Die Variablenwerte können neu eingeben werden. Danach wird die Query mit den eingegebenen Werten aktualisiert.

- **Extras**
  Hinter dem Punkt EXTRAS verbergen sich folgende Funktionen: AUSFÜHREN DER QUERY IM BROWSER, REPORT DESIGNER STARTEN und QUERY DESIGNER AUFRUFEN

- **Globale Einstellungen**
  Arbeitsmappenvorlage festlegen, Verhalten des BEx Analyzer festlegen, z.B. Starten mit Excel.

- **Systeminformationen**
  Anzeige von Informationen zum BW-Server

- **Hilfe zur Anwendung**
  Aufruf der Hilfe zum Business Explorer

Die speziell für die Anpassung des Layouts vorgesehene Design Toolbox enthält folgende Funktionen:

- **Designmodus**
  Ermöglicht das Umschalten zwischen Analyse- und Designmodus.
  Der BEx Analyzer wechselt je nach gewählter Funktion automatisch zwischen diesen beiden Modi hin und her; der Button ermöglicht das manuelle Umschalten.

- **Analysetabelle einfügen**
 Die Analysetabelle ist das am meisten verwendete Design Item. Sie zeigt das Ergebnis der Query an und ermöglicht das Navigieren mit OLAP-Funktionen.

- **Navigationsbereich einfügen**
 Der Navigationsbereich liefert Zugriff auf alle Merkmale und Strukturen der Query.

- **Filterbereich einfügen**
 Liefert die aktuellen Filterwerte.

- **Button einfügen**
 Ermöglicht das Anbringen von Buttons für eigene Befehle, etwa zum Wechsel zwischen Navigationszuständen oder für den Wechsel zwischen Tabelle und Grafik.

- **Dropdown-Box einfügen**
 Ermöglicht die Wahl von Filterwerten über Dropdown-Wertelisten.

- **Checkbox-Group in Arbeitsmappe einfügen**
 Zum Setzen von Filtern können auch Checkboxen definiert werden.

- **Radio-Button-Group in Arbeitsmappe einfügen**
 Ebenso können Sie mit einer Gruppe von Radio-Buttons das Filtern von Werten ausführen.

- **Liste der Bedingungen einfügen**
 Gibt alle Bedingungen mit aktuellen Status wieder und ermöglicht das Ein- und Ausschalten dieser Bedingungen.

- **Liste der Exceptions einfügen**
 Listet alle Exceptions auf und ermöglicht das Ein- und Ausschalten dieser Exceptions.

- **Text einfügen**
 Ermöglicht die Anzeige textbasierter Informationen wie der InfoProvider oder globaler Filter.

- **Nachrichten in Arbeitsmappe einfügen**
 Mit dieser Funktion können Sie konfigurieren, welche Nachrichten angezeigt werden sollen.

- **Arbeitsmappeneinstellungen**
 Legt die Arbeitsmappeneinstellung fest, z.B. das automatische Aktualisieren nach dem Öffnen der Arbeitsmappe. Legt außerdem ein Kennwort für den Schutz der Arbeitsmappe fest.

Mithilfe von Kontextmenüs, die mit der rechten Maustaste aktiviert werden, können Sie in der Query navigieren (siehe Abbildung 16.11).

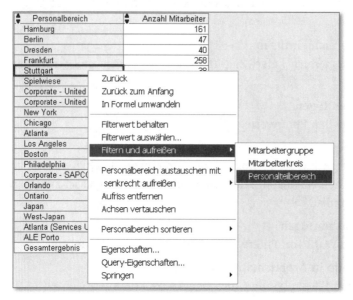

Abbildung 16.11 Filter- und Aufrissfunktionen

Im Menü stehen Ihnen folgende Funktionen stehen zur Verfügung:

- **Zurück**
  Nimmt den letzten Navigationsschritt zurück.

- **Zurück zum Anfang**
  Nimmt alle Navigationsschritte zurück und versetzt die Query in den Anfangszustand.

- **Filterwert festhalten**
  Setzt die markierte Zeile als Filterwert fest.

- **Filter entfernen**
  Entfernt den gesetzten Filterwert.

- **Filter und Aufriss nach**
  Setzt den Wert der aktuellen Zeile als Filterwert und fügt ein zusätzliches Merkmal als Aufriss hinzu.

- **Hinzufügen Aufriss nach**
  Fügt wie die vorangegangene Funktion ein zusätzliches Merkmal als Aufriss hinzu, ohne einen Filterwert zu setzen.

- **Austauschen ... mit**
  Der aktuelle Aufriss wird gegen ein anderes Merkmal ausgetauscht.
- **Sortierung**
  Die Sortierung kann nach Schlüssel, Text oder Ergebnis eingestellt werden.
- **Darstellung von Merkmalen**
  Die Darstellung der Merkmale kann beeinflusst werden. Es können Schlüssel, Kurztext oder Langtext angezeigt werden.

Das Filtern von Merkmalen ist per rechter Maustaste oder per Drag & Drop möglich. Wie in Abbildung 16.12 zu sehen ist, muss erst der Filterbereich aktiviert werden ❶, danach kann mit der rechten Maustaste ein Merkmal ausgewählt werden ❷ und mit dem Menüpunkt FILTERWERTE AUSWÄHLEN das Merkmal eingeschränkt werden ❸. Alternativ kann ein Merkmal der dargestellten Query mit der Maus auf oder neben den Filterbereich gezogen werden, um den Wert ein- oder oder auszuschließen.

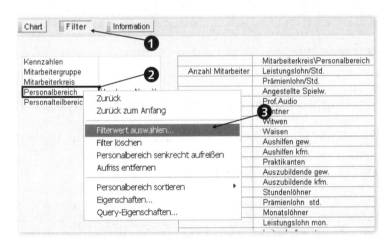

Abbildung 16.12 Auswahl von Filterwerten

Die in der Query dargestellten Werte können auch mit einem Diagramm anschaulich dargestellt werden (siehe Abbildung 16.13). Diagramme, die über die Symbolleiste eingebunden wurden, aktualisieren sich automatisch bei jedem Navigationsschritt.

Nachdem eine Query mit Excel gestaltet wurde, kann diese als Arbeitsmappe gespeichert werden. Diese kann lokal als Datei auf dem PC abgelegt oder auf dem BW-Server gesichert werden, sodass die Arbeitsmappe von anderen

Benutzern verwendet werden kann. Beim Speichern einer Arbeitsmappe werden die Eigenschaften der Query übernommen.

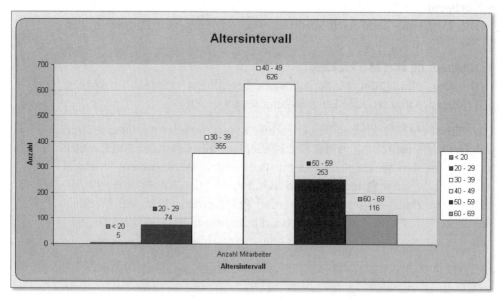

Abbildung 16.13 Diagramm anbinden

16.4 Reporting im Portal mit dem BEx Web Analyzer

Das Reporting mit BW im SAP NetWeaver Portal erfolgt mit dem BEx Web Analyzer. Mit diesem Werkzeug können Sie Ad-hoc-Auswertungen erstellen, indem Sie InfoCubes auswählen und daraus Queries erzeugen.

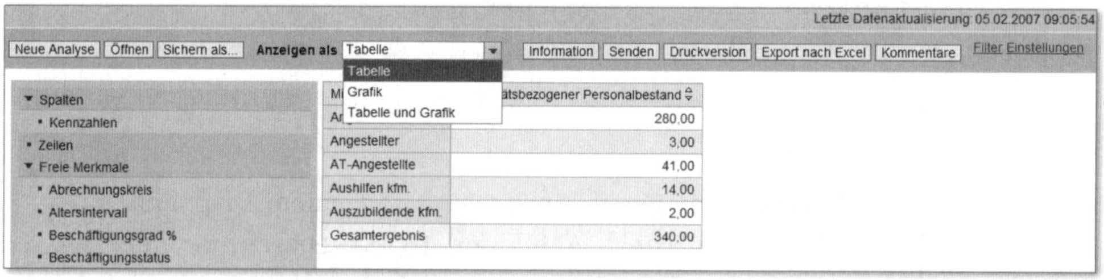

Abbildung 16.14 BEx Web Analyzer

Die Navigation im SAP NetWeaver Portal verläuft ganz ähnlich wie die Navigation in Excel (siehe Abbildung 16.15). Auch hier können Sie mit der rechten Maustaste ein Kontextmenü aktivieren und per Drag & Drop filtern.

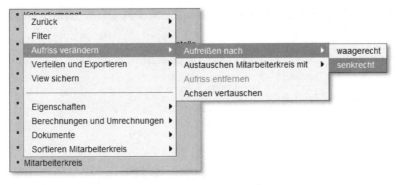

Abbildung 16.15 Navigation im SAP NetWeaver Portal

Der Web Analyzer bietet nur sehr eingeschränkte Gestaltungsmöglichkeiten bei der Darstellung von Tabellen und Grafiken, daher sollten Sie mit dem Web Application Designer sogenannte Web Templates für regelmäßig verwendete Auswertungen erstellen, die dann im Portal eingebunden werden.

16.5 BEx Web Application Designer

Der BEx Web Application Designer ist das Werkzeug, mit dem BW-Inhalte wie Queries und Grafiken für die Darstellung im Portal aufbereitet werden. Es werden sogenannte Web-Templates erstellt, die Eigenschaften zur Darstellung der Inhalte enthalten. Jede im Portal dargestellte Query sollte mit einem Web-Template dargestellt werden. Sie können aber auch komplexere Anwendungen erstellen, z.B. Dashboards einer Zusammenstellung von Berichten oder Planungsanwendungen.

Wie in Abbildung 16.16 zu sehen ist, wird festgelegt, welche Data Provider die Daten für die Auswertung liefern – in der Regel sind es Queries. Es werden sogenannte Web Items platziert (z.B. eine Analyse oder Grafik) und mit Eigenschaften versehen. Darüber hinaus können noch zahlreiche andere Web Items verwendet werden, z.B. Filterbereiche, Karten und vieles mehr. Die Anwendung wird in XHTML generiert und kann durch eigene Programmierung ergänzt werden.

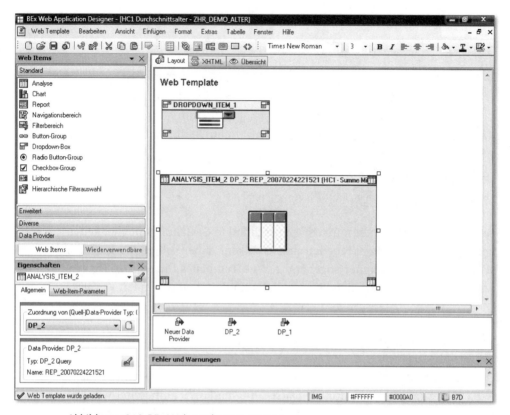

Abbildung 16.16 BEx Web Application Designer

16.6 Business Content

SAP liefert für das Human Capital Management einen umfangreichen Business Content aus, der alle Bereiche abdeckt. Dieser Business Content ist bereits vorhanden, aber nicht aktiv. Er muss vor der Verwendung entpackt werden. Der Business Content ist in den meisten Fällen nicht ohne Anpassungen verwendbar; er ist als Muster zu verstehen, das an die individuellen Bedürfnisse angepasst werden muss. Jedoch ist die Einführung von SAP NetWeaver BW mithilfe des Business Contents wesentlich schneller als eine komplett durchgeführte Neumodellierung. Insofern sollte der Business Content der einzelnen Komponenten erst geprüft werden, um festzustellen, inwieweit der Standard-Content bereits auf die eigenen Bedürfnisse passt.

In den folgenden Abschnitten zeigen wir Ihnen nun Anwendungsbeispiele für Analysen mit dem Standard-Content.

16.6.1 Strategische Personalwirtschaft

Die Auswertungen im Bereich der strategischen Personalwirtschaft basieren auf dem InfoCube 0PA_C03 (HR-Benchmarks), der seine Daten aus den InfoCubes 0PA_C01 (Personalbestand und -maßnahmen), 0PT_C01 (Personalzeiten) und 0PE_C01 (Veranstaltungsmanagement) bezieht. In den InfoCube können Daten von Vergleichsanbietern eingelesen und mit den Kennzahlen aus dem eigenen Unternehmen verglichen werden. Beispiele für Auswertungen sind:

- Quote der Vollzeit-/Teilzeitkräfte
- Quote der Personalbeschaffungsquellen
- externe/interne Einstellungsquote
- Nettoeintrittsquote
- durchschnittliche Betriebszugehörigkeit (siehe Abbildung 16.17)
- Durchschnittsalter
- Krankheitsquote
- Fluktuationsquote
- Trainingsstunden und Trainingsgebühren pro Mitarbeiter

KalJahr/Monat	02.2008	02.2008
Organisationseinheit	Anzahl Mitarbeiter	Durchschnittliche Betriebszugehörigkeit
Gesamtergebnis	5.209	7,59
Aufbauorganisation	1.192	10,57
OrgEH Tec LO	8	10,88
IDES Japan	8	10,38
OrgEH IS	58	8,38
OrgEH Tec HR	239	9,85
IDES AG	879	10,90
Vorstand-D	549	11,49
Vorstand-D	9	13,56
Personal-D	18	10,11
Personal-D	5	11,00
Pers.adm.-D	3	14,00
PE/CO-D	4	5,25
Soz./Recht-D	4	12,50
PE Ausb.	2	7,00
Corp.Serv-D	43	11,21
Fin./Adm.-D	48	11,04
Prod./Ver.-D	431	11,58
Vorstand-I	1	11,00
Vorstand-US	230	10,52
Vorstand-CAN	16	11,44

Abbildung 16.17 Durchschnittliche Betriebszugehörigkeit

Wie in Abbildung 16.17 zu sehen ist, kann die Organisationsstruktur aus dem Organisationsmanagement zur Navigation in Auswertungen eingesetzt werden. Die Kennzahlen werden in übergeordneten Organisationseinheiten komprimiert dargestellt und können bis auf die unterste Ebene aufgerissen werden.

16.6.2 Organisationsmanagement

Das Organisationsmanagement als Werkzeug für die Planung der erforderlichen Personalkapazität bietet Auswertungsmöglichkeiten der Planstellenbesetzung und Vakanzen. Die Auswertungen basieren auf dem InfoCube 0PAOS_C01 (Planstellenbesetzung).

- vakante Planstellen
- vakante Planstellen je Stelle
- Planstellen besetzt/vakant/obsolet

Während die Auswertung von existierenden Planstellen und Stellen abgedeckt ist, bietet der Standard-Content keine Möglichkeit zur Auswertung der Daten aus der Kontingentplanung, was für eine Gegenüberstellung der geplanten Personalkapazitäten mit den vorhandenen Mitarbeiterkapazitäten notwendig wäre.

16.6.3 Personalentwicklung

Im Bereich der Personalentwicklung steht der InfoCube 0PAPD_C01 (Qualifikationen) mit den Kennzahlen »Anzahl Mitarbeiter«, »Anzahl Qualifikationen« und »Ausprägungen« zur Verfügung. Diese Kennzahlen ermöglichen die Auswertung nach persönlichen Daten (z.B. Nationalität oder Geschlecht), nach organisatorischen Daten (z.B. Mitarbeiterkreis oder Personalbereich) und nach Qualifikationsdaten (z.B. Skala oder Qualifikationsgruppe). Beispiele für Auswertungen aus dem Bereich Personalentwicklung/Skillmanagement sind.

- prozentuale Verteilung der Mitarbeiter zur Qualifikation
- Qualifikationen je Mitarbeiter nach Organisationseinheiten
- durchschnittliche Ausprägung je Qualifikation

16.6.4 Personalkostenplanung

Im Bereich der Personalkostenplanung stehen die InfoCubes 0PACP_C01 (Personalkostenpläne), 0PACP_C02 (Geplante Personalkosten pro Kostenobjekt) und 0PAC_MC01 (Plan-/Ist-Vergleich für Personalkosten) zur Verfügung. Der InfoCube »Plan-/Ist-Vergleich« ist ein MultiCube, der keine eigenen Daten beinhaltet, sondern die Daten aus den InfoCubes 0PACP_C01 (Personalkostenpläne) und 0PY_PPC01 (Revisionsinfo) zu kostenrechnungsrelevanten Buchungen vereint. Die Schwäche dieses MultiCubes besteht darin, dass der Bezugspunkt zur Verbindung der Daten das symbolische Konto ist, das in der Kostenplanung und Personalabrechnung nicht identisch definiert sein muss. Hier ist in der Praxis die Ergänzung der Daten um das Sachkonto notwendig, damit der Vergleich auf Basis des Sachkontos durchgeführt werden kann.

Auswertungen aus dem Bereich der Personalkostenplanung sind:

- Analyse des Personalkostenplans (siehe Abbildung 16.18)
- Plan-/Ist-Vergleich
- geplante Kosten pro Organisationseinheit/Mitarbeiter/Stelle

Analyse Personalkostenplan (Kontierungssicht)

KalJahr/Quartal	20071	20072	20073	20074	Gesamtergebnis
Kostenstelle	Betrag	Betrag	Betrag	Betrag	Betrag
Vorstand	4.534,29 EUR	4.534,29 EUR	4.534,29 EUR	4.534,29 EUR	18.137,16 EUR
Finanzen & Admin.	10.876,80 EUR	10.876,80 EUR	10.876,80 EUR	10.876,80 EUR	43.507,20 EUR
Personal	78.189,99 EUR	78.189,99 EUR	78.189,99 EUR	78.189,99 EUR	312.759,96 EUR
Produktion Motorrad	6.082,56 EUR	6.082,56 EUR	6.082,56 EUR	6.082,56 EUR	24.330,24 EUR
Gesamtergebnis	99.683,64 EUR	99.683,64 EUR	99.683,64 EUR	99.683,64 EUR	398.734,56 EUR

Abbildung 16.18 Analyse des Personalkostenplans

16.6.5 Veranstaltungsmanagement und SAP Learning Solution

In den Bereichen *Veranstaltungsmanagement* und *SAP Learning Solution* (LSO) stehen ähnliche Auswertungen zur Verfügung, weshalb die Auswertungsmöglichkeiten in diesem Abschnitt zusammengefasst werden. Dem InfoCube 0PE_C01 (Veranstaltungsmanagement) steht in der LSO der InfoCube 0LSO_C01 (Trainingsmanagement) gegenüber. Bis auf kleine Unterschiede bei den Navigationsattributen bieten beide InfoCubes identische Möglichkeiten und beziehen ihre Daten aus den Buchungen und Stornierungen zu Veranstaltungen. Zur Auswertung der Ressourcenbelegung stehen die InfoCubes 0PE_C02 und 0LSO_C02 zur Verfügung.

Beispiele für Auswertungen sind:

- Anzahl der Teilnahmen und Stornierungen
- Ausbildungsdauer
- Veranstaltungskosten im Jahresvergleich
- Weiterbildungskosten der eigenen Kostenstelle
- Weiterbildung nach Zielgruppe
- Weiterbildung nach organisatorischer Zuordnung
- Ressourcenkosten im Jahresvergleich

16.6.6 Performance Management

Die Daten zur Auswertung der Beurteilungen werden den DataStore-Objekten 0PAH_DS01 (Beurteiler pro Dokument), 0PAH_DS02 (Beurteilte pro Dokument), 0PAH_DS03 (Beurteilungen), 0PAH_DS04 (Beurteilte Mitarbeiter pro Dokument) entnommen. DSO-Objekte sind InfoSourcen, die im Gegensatz zum InfoCube nur aus einer flachen Tabellenstruktur bestehen.

Außerdem gibt es einen MultiCube, der die Beurteilungsdaten mit den Daten aus dem InfoCube 0TM_C01 (Planstellenbesetzung) im Talentmanagement in Verbindung bringt. Diese Daten können für das Calibration Grid verwendet werden. Das Calibration Grid (siehe Abbildung 16.19) ist eine zweidimensionale grafische oder tabellarische Auswertung, mit deren Hilfe Personalentwickler Mitarbeiter nach Kriteriengruppen vergleichen können.

Solche Auswertungen, die hauptsächlich dem Personalentwickler bei der Arbeit helfen, sind beispielsweise:

- Statusübersicht
- Beurteilungsdurchschnitt Gesamtbeurteilung oder Kriterium
- Zeitreihe für Beurteilung

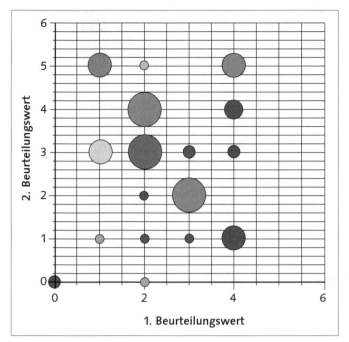

Abbildung 16.19 Calibration Grid – grafische Darstellung

16.6.7 Unternehmensvergütungsmanagement

Im Bereich des Unternehmensvergütungsmanagements sind die Auswertungen in die Bereiche *Vergütungsverwaltung*, *Long-Term Incentives* (LTI), *Budgetierung* und *monetäre Stellenbewertung* zu differenzieren.

Vergütungsverwaltung

Die Daten der Vergütungsverwaltung werden in das DSO-Objekt 0ECM_DS03 (Vergütungsverwaltung) geladen, wo sie zur Auswertung von geplanten Vergütungsänderungen wie Bonuszahlungen, Gehaltsanpassungen und LTI-Zahlungen zur Verfügung stehen. Beispiele für Auswertungen sind:

- geplante Vergütungsbeträge
- Prozent im Gehaltsband
- geplante Änderungen von Gehaltsbändern

Long-Term Incentives (LTI)

Der InfoCube 0ECM_C01 (LTI-Zuteilung) hilft dem Vergütungsspezialisten bei der Auswertung der LTI-Zuteilung aus den Infotypen 0761 (LTI-Zuteilung) und 0762 (LTI-Ausübung) – Beispiele sind:

- geplante LTI-Zuteilungen
- ausgeübte/zugeteilte/offene/verfallene Anteile

Budgetierung

Im Bereich der Budgetierung steht das DSO-Objekt 0ECM_DS04 (Vergütungsbudget) für das Reporting zur Verfügung. Mit diesem Objekt können Sie folgende Budgets auswerten:

- monetäre Budgets
- verbrauchte Budgets pro Budgeteinheit

Monetäre Stellenbewertung

Zur Auswertung der Daten aus der monetären Stellenbewertung stehen mehrere DSO-Objekte zur Verfügung:

- 0ECM_DS01 (Mitarbeiterbezahlungskategorien)
- 0ECM_DS02 (Kombinierte Marktdaten)
- 0ECM_DS05 (Umfrage-Marktrohdaten)
- 0ECM_DS06 (Stellenzuordnung)
- 0ECM_DS08 (Ist- und Sollgehaltsstruktur)
- 0ECM_DS09 (Gehaltsstruktur der Stellen)

Diese Daten helfen dem Vergütungsspezialisten dabei, den Abteilungen Informationen zur Verfügung zu stellen wie:

- Gehaltsumfragedaten
- Vergleich zwischen Mitarbeiterdaten mit Marktdaten
- Gehaltsstrukturvergleich
- Vergleich von Gehaltsstruktur mit Markt

16.6.8 Talent Management

Der Content aus dem Bereich *Talent Management* greift nicht nur auf Daten aus der InfoArea *Talent Development* zu, sondern auch auf Daten aus den Komponenten *Personaladministration, Personalentwicklung, Performance Management, Organisationsmanagement, Nachfolgeplanung* und *E-Recruiting* zu. In diesem Abschnitt beschreiben wir Beispiele aus dem Bereich der Talententwicklung und der Nachfolgeplanung. Weitere Beispiele (etwa zum E-Recruiting) werden in den folgenden Abschnitten dieses Kapitels vorgestellt.

Talententwicklung

Der MultiCube 0TM_MP01 (Talent Management) vereint Daten aus dem InfoCube 0TM_C01 (Planstellenbesetzung) im Talent Management und dem DataStore-Objekt 0TM_DS01 (Planstellenbesetzung) im Talent Management. Damit lassen sich Auswertungen realisieren, z.B.:

- Talentverteilung nach Altersgruppe/Geschlecht/Betriebszugehörigkeit
- Schlüsselplanstellenbesetzung mit/ohne Talentgruppenmitglieder
- Beförderungen in höhere Jobfamilie

Nachfolgeplanung

Der InfoCube 0SCP_IS01 (Nachfolger und Inhaber der Schlüsselplanstellen) enthält die Daten zu den aktuellen Planstelleninhabern und den Nachfolgern der Schlüsselplanstellen. Er ermöglicht unter anderem folgende Auswertungen:

- Nachfolgeplanungsmonitor (siehe Abbildung 16.20)
- Anzahl der Schlüsselplanstellen mit Nachfolger
- Altersunterschied zwischen Inhaber und Nachfolger

Der Nachfolgeplanungsmonitor in Abbildung 16.20 stellt die Anzahl der Schlüsselpositionen mit und ohne Nachfolger gegenüber. Der linke Balken der Grafik repräsentiert die Anzahl der Schlüsselpositionen, der mittlere Balken die Schlüsselpositionen mit Nachfolger und der Balken rechts die Schlüsselpositionen ohne Nachfolger.

16 | Analyse der Personalplanung und -entwicklung mit SAP NetWeaver BW

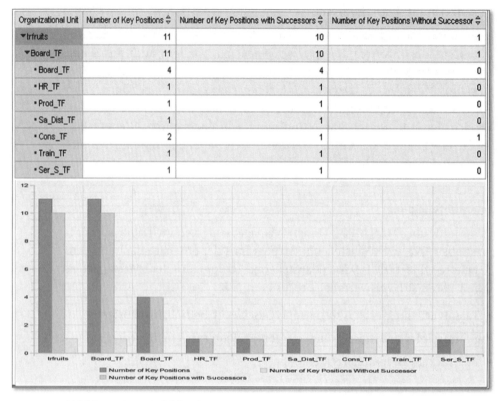

Abbildung 16.20 Nachfolgeplanungsmonitor

16.6.9 E-Recruiting

Die Daten des E-Recruiting werden in folgende DSO-Objekte geladen:

- 0ERC_DS01 (Bearbeitungsteam des Suchauftrags)
- 0ERC_DS02 (Bearbeitungsteam der Bewerbung)
- 0ERC_DS03 (Qualifikationen)
- 0ERC_DS04 (Zuordnung Talentgruppe – Kandidat)

Mit diesen Daten sind folgende Auswertungen möglich:

- Suchauftragsbestand
- Vertragsangebote versus Einstellungen
- Vorstellungsgespräche versus Vertragsangebote
- Bewerbungen versus Einstellungen

- Herkunft der Bewerbungen (siehe Abbildung 16.21)
- Qualifikation der Kandidaten

Herkunftsart Bewerb.	Herkunft Bewerbung	Anzahl Bewerbungen	Anzahl Einstellungen	Einstellungen pro Bewerbung
Empfehlung	Mitarbeiterempfehlung	7	0	0,000 %
	Ergebnis	7	0	0,000 %
Messe / Kongress	Messe/Kongress	1	0	0,000 %
	Ergebnis	1	0	0,000 %
Gesamtergebnis		8	0	0,000 %

Abbildung 16.21 Herkunft der Bewerbungen

16.7 Fazit

SAP NetWeaver BW ist ein leistungsfähiges Analysewerkzeug, das bei der Analyse der Personalplanung und -entwicklung nicht fehlen sollte. Gerade für den gemeinsamen Einsatz mit SAP NetWeaver Portal bietet dieses Werkzeug optimale Voraussetzungen. Für den Einsatz sollten Sie die Anforderungen an das Reporting genau analysieren und festlegen und anschließend mit dem Angebot des Standard-Contents vergleichen.

Im nächsten Kapitel lernen Sie SAP Strategic Enterprise Management (SAP SEM) kennen, das zur strategischen Unternehmensplanung eingesetzt wird und in die Personalplanung und -entwicklung integriert werden kann.

Die Komponente »Strategic Enterprise Management« (SEM) unterstützt die strategische Führung und die Steuerung des Unternehmens. Zu diesem Zweck steht eine Reihe von Instrumenten zur Verfügung, mit deren Hilfe Sie strategische und operative Unternehmensführung verknüpfen können.

17 SAP Strategic Enterprise Management

Die strategische Planung beschäftigt sich mit der strategischen Ausrichtung eines Unternehmens – im Unterschied zu der in den vorangegangenen Kapiteln besprochenen Personalplanung, die sich mit internen Abläufen des Unternehmens beschäftigt. Das Strategic Enterprise Management (SEM) erfüllt somit eine übergeordnete Funktion: Hier werden die Unternehmensziele festgelegt und auf Bereiche heruntergebrochen. Diese Ziele bestimmen dann die operativen Ziele der Personalplanung und -entwicklung mit.

17.1 Grundlagen

In diesem Abschnitt beschäftigen wir uns mit den betriebswirtschaftlichen Grundlagen der strategischen Planung

17.1.1 Betriebswirtschaftliche Grundlagen

Die strategische Unternehmensführung beschäftigt sich mit der längerfristigen Entwicklung des Unternehmens: Ausgehend von einer Vision des Managements wird eine Gesamtstrategie für das Unternehmen entwickelt. Die Gesamtstrategie legt dabei Art und Richtung der geplanten Unternehmensentwicklung fest. In der Regel setzt sich diese Strategie aus mehreren Teilstrategien zusammen, die im Folgenden aufgeführt werden. Zur Entwicklung dieser Strategien steht eine Reihe von Analysemethoden zur Verfügung.

- **Unternehmensstrategie**
  Festlegung des Produkt-Markt-Konzepts
- **Geschäftsfeldsstrategie**
  Marktverhalten der Business Units

- **Wettbewerbsstrategie**
  Marktverhalten gegenüber der Konkurrenz, ausgerichtet auf Schaffung von Wettbewerbsvorteilen

- **Funktionalstrategie**
  Konkretisierung der vorgenannten Strategien auf der Ebene der betrieblichen Funktionsbereiche

In der jüngeren Vergangenheit wurden weitere betribwirtschaftliche Instrumente zur Unterstützung der strategischen Unternehmensführung entwickelt (z.B. *Value-Based Management, Target Costing* etc.). Diese neueren Instrumente bedürfen eines erheblich intensiveren Datenaustauschs mit den operativen EDV-Systemen, den viele Softwareprodukte nicht bieten können.

17.1.2 Problemfelder

Noch vor wenigen Jahren galt die Entwicklung einer Erfolg versprechenden und konsistenten Gesamtsstrategie als größtes Problem im Rahmen der strategischen Unternehmensführung. Die Entwicklung zeigt aber, dass eine Gesamtstrategie zwar wichtig ist, das eigentliche Problem aber in der mangelnden und inkonsequenten Strategieumsetzung liegt. Zurückzuführen ist dies auf die mangelhafte oder nicht vorhandene Verknüpfung zwischen strategischer und operativer Unternehmensführung. Dieser Mangel leitet sich aus dem Umstand ab, dass viele Mitarbeiter des mittleren Managements die Strategie ihres Unternehmens zwar kennen, aber häufig nicht hinreichend verstehen. Hier fehlt eine eindeutige und klare Operationalisierung der Strategie.

Betriebswirtschaftliche EDV-Systeme können in operative Systeme (z.B. SAP ERP) und Systeme für die Unternehmensführung eingeteilt werden. Diese Systeme sind vielfach vollständig voneinander getrennt und ermöglichen keinerlei Datenaustausch. Daten aus den operativen Systemen werden dann gesondert extrahiert und in die Führungssysteme eingespielt. Die aktuellen Anforderungen auf strategischer Ebene erfordern eine möglichst vollständige Integration von operativen Systemen und Unternehmensführungssystemen, um Führungsinformationen schnell und konsistent bereitstellen zu können.

Auch die heutigen Organisationsstrukturen, die durch Komplexität und Dynamik geprägt sind, erfordern aufgrund der zunehmenden Dezentralisierung von Entscheidungskompetenzen in den Unternehmen integrierte Anwendungssysteme.

17.2 Systembausteine von SAP SEM

SAP SEM ist in fünf Komponenten untergliedert:

- Business Planning und Simulation (SEM-BPS)
- Business Consolidation (SEM-BCS)
- Strategy Management (SEM-SM)
- Performance Measurement (SEM-PM)
- Stakeholder-Relationship Management (SEM-SRM)

Die folgenden Abschnitte stellen diese fünf Komponenten im Detail vor.

17.2.1 Business Planning und Simulation (SEM-BPS)

SEM-BPS bietet eine geschlossene und konsistente Unternehmensplanung – sowohl auf strategischer als auch auf operativer Ebene. Dieses Konzept umfasst die folgenden Planungsmöglichkeiten:

- Modellierung der Planstrukturen auf einer frei definierbaren Datenbasis
- flexible Anpassung des Detaillierungsgrads an die Unternehmenserfordernisse, ohne auf Restriktionen der operativen Systeme Rücksicht nehmen zu müssen
- Nutzung gleichartiger Planungsfunktionen in allen betriebswirtschaftlichen Bereichen

Die Planungsprozesse können nach Art eines Workflow-Management-Systems gesteuert werden, da alle Planungsstrukturen, -daten und -funktionen in einem System integriert sind und so die unternehmensweite Konsistenz der Daten sichergestellt ist. Darüber hinaus besteht die Möglichkeit, SEM-BPS zur Simulation anstehender unternehmerischer Entscheidungen zu verwenden.

17.2.2 Business Consolidation (SEM-BCS)

SEM-BCS unterstützt die Konsolidierung im internen und externen Rechnungswesen nach gesetzlichen Vorgaben (z.B. nach HGB, IAS/IFRS oder nach US-GAAP). Zum anderen ermöglicht diese Komponente auch Konsolidierungen nach internen Unternehmensanforderungen (z.B. der Business Units) zur Information der Unternehmensführung.

Im Rahmen der externen Konzernrechnungslegung sind insbesondere die Bereinigungen aus Lieferungen und Leistungen sowie die Kapitalverflechtungen zwischen den in den Konzernabschluss zu integrierenden Unternehmen von großer Bedeutung. Diese Bereinigungen können weitgehend automatisiert durchgeführt werden.

17.2.3 Strategy Management (SEM-SM)

Herzstück des Strategy Managements (SEM-SM) ist die *Balanced Scorecard* (BSC), die die Umsetzung von Strategien unterstützt. Darüber hinaus stehen Bausteine und betriebswirtschaftliche Inhalte zur wertorientierten Unternehmensführung zur Verfügung. Letztlich enthält das Strategy Management Instrumente zum Risikomanagement, die die Kriterien des deutschen Gesetzgebers nach dem KonTraG (Gesetz zur Kontrolle und Transparenz im Unternehmensbereich) erfüllen.

Die Balanced Scorecard ist ein Managementsystem, das durch folgende Faktoren gekennzeichnet ist:

- konsequente Kennzahlenorientierung
- Fokussierung auf Maßnahmen und Aktionen
- ausgewogene Gewichtung der Ziele der verschiedenen Unternehmensbereiche
- Verknüpfung von strategischer und operativer Steuerung
- umfassende und intensive Kommunikation auf allen Hierarchieebenen

Nicht nur die finanzielle Perspektive eines Unternehmens wird im Rahmen dieses Systems betrachtet – auch die Kunden, interne Prozesse sowie Lernen und Entwicklung konstituieren eigene Betrachtungsperspektiven. Abbildung 17.1 zeigt eine Darstellung der Perspektiven und Kriterien für die Zieldefinition. Bedeutend sind dabei im Rahmen der Entwicklung der BSC die Ursache-Wirkungs-Ketten, auch *Strategy Maps* genannt, die die Zusammenhänge zwischen den einzelnen Zielen visualisieren.

17.2.4 Performance Measurement (SEM-PM)

Der Bereich *Performance Measurement* (SEM-PM) besteht aus dem *Measure Builder* und dem *Management Cockpit*. Der Measure Builder unterstützt Sie bei der Definition komplexer Messgrößen zur Bewertung der Unternehmensleistung und beim Aufbau umfangreicher betriebswirtschaftlicher Kennzahlensysteme (z.B. EVA, ROI).

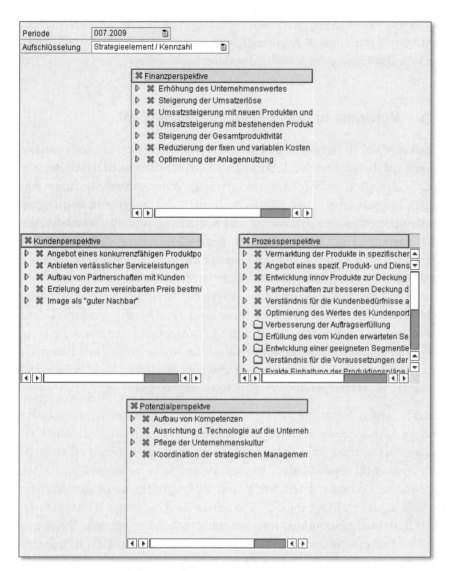

Abbildung 17.1 Perspektiven der Balanced Scorecard

Das Management Cockpit dient vorrangig zur Präsentation von Führungsinformationen für die oberen Unternehmenshierarchien und ist hinsichtlich Bedienung und Visualisierung sehr einfach gestaltet.

17.2.5 Stakeholder Relationship Management (SEM-SRM)

Dieser Baustein unterstützt die effiziente Kommunikation und Beziehungspflege zu den Stakeholdern des Unternehmens. Das SEM-SRM umfasst eine

Kontaktverwaltung, ein Stakeholder-Portal, Funktionen zur individuellen Kommunikation mit den Anspruchsgruppen sowie Möglichkeiten zur Analyse und Darstellung der Stakeholder-Datenbasis.

17.3 Relevanz für das Personalmanagement

Selbstverständlich hat die strategische Unternehmensführung auch Auswirkungen auf die Prozesse und Aktivitäten im Personalbereich. Diese Auswirkungen betreffen insbesondere das *Strategy Management*, das über eine direkte Integration mit SAP ERP HCM verfügt. Die Integration betrifft dort die Komponenten *Zielvereinbarung und Beurteilung* sowie *Unternehmensvergütungsmanagement*. Die im Rahmen der BSC-Erstellung definierten Ziele können bis auf die Ebene des einzelnen Mitarbeiters heruntergebrochen und ihr Erreichen mit dem Mitarbeiter vereinbart werden. Kapitel 9, »Zielvereinbarung und Beurteilung«, gibt eine nähere Beschreibung dieser Vorgehensweise. Nach Ablauf des Geschäftsjahres kann der Zielerreichungsgrad dann Auswirkungen im Rahmen des Vergütungsmanagements entfalten. Zum Beispiel kann der Zielerreichungsgrad maßgeblich für die Höhe einer Bonuszahlung sein. Weitere Hinweise zum Einrichten einer solchen Regel erhalten Sie in Kapitel 12, »Unternehmensvergütungsmanagement«.

Darüber hinaus bietet die Funktion des Risikomanagements innerhalb des Strategy Managements auch die Möglichkeit, Personalrisiken wie Austritts-, Motivations-, Anpassungs- oder Engpassrisiken zu definieren und teilweise auch zu quantifizieren. Zudem können Sie aus SEM heraus auf Inhalte des HR-Business Contents in SAP NetWeaver BW zugreifen und diese Daten für die verschiedenen Bausteine des SEM nutzen. So können Sie im Rahmen des jährlichen Geschäftsplanungsprozesses entsprechend gewonnene Daten nutzen, um die Personalkosten und -kontingente mit dem Baustein BPS dezentral zu planen und für die Unternehmensführung zu konsolidieren.

17.4 Fazit

SAP SEM als Werkzeug zur strategischen Unternehmensplanung ist im Kontext dieses Buchs sicher ein exotisches Thema, weshalb wir Sie an dieser Stelle hauptsächlich auf die Integrationsaspekte zur Personalplanung und -entwicklung aufmerksam machen wollten. Im Anhang finden Sie Hinweise auf weiterführende Literatur, die dieses Thema ausgiebig behandelt.

Anhang

A	Infotypen der Personalplanung und -entwicklung	591
B	Auswertungen im Organisationsmanagement	605
C	Berechtigungsobjekte	609
D	BAdIs in der Komponente »Zielvereinbarung und Beurteilung«	613
E	Erläuterungen zu Prozessmodellen	615
F	Literaturverzeichnis	619
G	Die Autoren	621

A Infotypen der Personalplanung und -entwicklung

Im Folgenden sind alle Infotypen der Personalplanung und -entwicklung aufgelistet und ebenso die Objekttypen, zu denen sie jeweils erfasst werden können. Die Kürzel der Objekttypen werden im Anschluss daran erläutert. Diese Übersicht steht als PDF-Dokument unter *www.sap-press.de* auch zum Download zur Verfügung.

Infotypen

Nr.	Bezeichnung	Objekttypen
1000	Objekt	*
1001	Verknüpfungen	*
1002	Verbale Beschreibung	A, B, BA, BG, BK, BL, BS, BU, C, CH, CL, CR, CT, D, DC, E, EG, EK, F, G, JF, L, LB, M0, M1, M2, M3, M8, M9, MA, MG, MM, MO, MP, MR, MT, O, OJ, Q, QB, QK, QP, R, RF, RQ, RR, RY, S, SR, T, TN, TP, VA, VB, VC, VE, WF
1003	Abteilung/Stab	O, S
1004	Charakter	A, T
1005	Sollbezahlung	A, BU, C, S
1006	Einschränkungen	A, C
1007	Vakanz	S
1008	Kontierungsmerkmale	O, S
1009	Gesundheitsvorsorge	A
1010	Kompetenzen/Hilfsmittel	A, C, S
1011	Arbeitszeit	A, O, S
1013	Mitarbeitergruppe/-kreis	A, BU, C, O, S
1014	Obsolet	A, S

Nr.	Bezeichnung	Objekttypen
1015	Kostenplanung	A, C, O, S
1016	Standard-Profile	C, O, RY, S, T, TS
1017	PD-Profile	C, O, RY, S, T, TS
1018	Kostenverteilung	A, O, S
1019	Kontingentplanung	O
1021	Preise	D, E, ET
1023	Dispositionsmerkmale	R
1024	Kapazität	D, DC, E, EC, G, R
1025	Halbwertszeit/Gültigkeit	D, DC, Q, QB
1026	Info Veranstaltung	E, EC, EK, ET
1027	Ortsabhängige Zusatzinfo	F, O
1028	Adresse	A, F, G, H, O, S, U, VE
1029	Info Trainingstyp	D, DC, EK
1030	Verfahren	D, DC, EK
1031	Info Raumbelegung	E
1032	Mail-Adresse	A, H, O, S, U
1033	Skala	QB, QK
1034	Namensaufbereitung	H
1035	Operativer Ablauf	E
1036	Kosten	D, E, G, R, TN
1037	Info Faktura/Verrechnung	D, DC, O
1038	Externer Schlüssel	C, Q, S
1039	Einsatzgruppe	A, O
1041	Trainingsblöcke	E
1042	Dispositiver Ablauf	D
1043	Info Beurteilungsmuster	BS
1044	Ergebnisdefinition	BG, BK, BS, Q
1045	Bewertung	BA
1046	Bedarfsattribute	SR

Nr.	Bezeichnung	Objekttypen
1047	Verarbeitungsbausteine	BA, BS
1048	Ausprägungsbeschreibung	BG, BK, BS, Q, QB, QK, VA, VB, VC
1049	Bedarfsattribute	SR
1050	Stellenbewertungsergebnis	9E, C, S
1051	Umfrageergebnisse	C, S
1055	Qualifikationsmanagement	C, O, QB, S, T
1060	Trainingsbedarf	D
1061	Web Link	D, DC, E, EC, EK, F, G, L, T
1062	Knowledge Link	D, E, EK
1063	Info Trainingsgruppe	L
1070	Anwendungsbereich	Q
1201	WF Objektmethode	T
1205	WF Workflowdefinition	WF
1206	WF Workitem-Text	T, WF
1207	Kundenaufgabe, ersetzt TS	-
1208	SAP Organisationsobjekte	O, S, XO
1209	Kostendaten	T, TS, WF, WS
1210	WF Containerdefinition	T, WF
1211	WF Containertexte	T, WF
1212	WF Ereignisdatenfluss	T, WF
1213	WF Rollendatenfluss	T, WF
1214	WF Sonstige Datenflüsse	T, WF
1216	Zugeord. Funktionsbereich	T, WF, XF
1217	Klassifikation/Sperrkennz.	T, TS, WF, WS
1218	WF Def. Zuständigkeiten	RY
1220	Tätigkeitsprofile	T
1221	Exkludierte Tätigkeiten	T
1222	Allgemeine Attributpflege	A, O, S
1240	Existenziel. Abhängigkeit	RY

Nr.	Bezeichnung	Objekttypen
1250	Profilgen: Berechtigungen	RY, T
1251	Profilgen: Ausprägungen	RY, T
1252	Profilgen: Orgebenen	RY, T
1253	Profilgen: Varianten	RY, T
1254	Benutzervariablen/AktGrp	*, RY, T
1260	CIC Profil	C, O, S
1261	IC WebClient Profil	C, O, S
1270	CO Gruppenzuordnung	C, O
1291	EIC: Support-Stufe	O
1403	Belastung: Langzeit-MW	C, EG, S, T
1404	Belastung: Aufg.bezogen	C, EG, S, T
1500	Verwaltung Haushaltselem.	BU
1501	Bewertung Tarif	BU, S
1502	Bewertung Zulage	BU, S
1503	Dienstart/Unterdienstart	S
1504	Budgetaktualisierungen	BU
1505	Stellenv. (obsolet → 1509)	BU
1506	Umwandlungsvermerk	BU
1507	Lehrdeputate	S
1509	Stellenvermerk (PBC)	BU, O, S
1511	Alternative Bewertungen	S
1512	Stellenplanattribute	S
1513	ADT	BU, O, S
1514	Zusatzdaten Bewertung (D)	BU, S
1515	Terminverfolgung	BU
1516	Finanzierungsstatus	S
1517	Excel-Kommunikation	BU
1518	Zuord. HHM-Vormerkungen	BU

Nr.	Bezeichnung	Objekttypen
1519	Integration HHM	BU
1520	Originalbudget	BU
1600	Veranstalter-Id (F)	D
1601	Gesetzliche Vorgaben (F)	D
1620	Stellenzusätze (D)	C
1633	Equity Attributes (ZA)	C, S
1650	Grade (FR)	C, S
1651	Grades (BE)	C
1652	Occupational categories	C
1653	Retirement Age	C, S
1680	Status	TN
1682	Verwaltungsdaten	TN
1684	Rechnung	
1685	Allgemeine Eigenschaften	
1686	Abwesenheit/Teilnahme	
1687	Nichtvererbungsdaten	TN
1800	Branche	MP
1801	Kontenzuordnung	MA
1802	Bedeutung	M2, MT
1803	Rollen	M0, M1, M2, M3, O
1804	Details	M2, MT
1805	Kontrollzieltyp	MO
1806	Details	MM
1810	Kontrollart	M2, M3, MT
1811	Einstellungen: Prozess	M1
1812	Einstellungen: Pr.Gruppe	MO
1813	Einstellungen: OrgUnit	O
1814	Tester	M2, M3, M9, O
1815	Einstellungen: L. Mgmt-K.	M9

Nr.	Bezeichnung	Objekttypen
1816	Rechnungslegungsrel.Auss.	M2, MA, MP, MT
1817	K.-Gr: Signifikanz	M8, MA
1818	Schwellwert	M8, MA
1819	Vorgangsart	M1, MP
1820	Projekt-Scope	M4, O
1821	Schaden (qualitativ)	MR
1822	Kontenplan	MA
1823	Änderungsdokumentation	M1, M2, MP, MT
1824	AIS-Berichte	M2, MT
1950	Force Properties	O, RF
1951	Force Readiness	O, RF
1952	Stationierung	O
1953	Leistungsangebot	O
1954	Leistungserbringer	O
1955	Unterstellungsbeziehungen	O, S
1956	Einsatz/Übung	O
1957	Obsolet, nicht benutzen!	O
1958	Spez. Planstellenmerkmale	S
1959	Führungsunterstützung	S
1960	Joint Venture Partner	O
1961	Zus. Attribute	O
1980	Verlegung	O
1981	Zuord. Verlegung Material	O
1982	Zuord. Verlegung Personal	O
1983	Spez. Stellenmerkmale	C
1984	Logisches System	O
1985	Verknüpf. Einsatz/Übung	
1986	Strukturinformation	
1990	NATO Information	

Infotypen der Personalplanung und -entwicklung | A

Nr.	Bezeichnung	Objekttypen
3000	PPS Grunddaten	
3001	PPS Hierarchieeinordnung	
3003	PPS Vorschlagswerte	
3005	PPS Terminierungsdaten	
3006	PPS Kapazitätszuordnung	
3007	PPS Technologiedaten	
5003	Trainingsinhalt statisch	D, E
5004	Info Curriculumtyp	DC
5006	Trainingstypinhalt	D
5007	Trainingsform	D, DC, EK
5008	Durchführungsvorgaben	D
5009	Trainingsinhalt	E, ET
5010	Planung Personalkosten	C, O, S
5020	Kategorie Zuordnung	VA, VB, VC
5021	Layout Definition	VA
5022	Salten/Zellen Definition	VA, VB, VC
5023	Spaltenzugriff	VA
5024	Rollen Zuordnung	VA, VB, VC
5025	Verarbeitung	VA
5026	Statuswechsel	VA
5030	Expertengrunddaten	XP
5031	Profilart, Suchszenarien	XG
5032	Qualifikationsexport EF	Q, QK
5041	Workfloweinstellungen	D, DC
5042	Externe Kataloganbindung	D, E, ET
5043	ext. Trainingsanbieter	U
5044	Lernportalsteuerung	D, DC
5045	Collaboration Room	D, DC, E, EC, EK, ET, L

Nr.	Bezeichnung	Objekttypen
5046	Vorlage Collaboration-Room	D
5047	Nachbereitungssteuerung	D, DC, EK
5048	Korrespondenzsteuerung	D, DC, E, EC
5049	Versionierungsoptionen	D
5070	Job Family	JF
5102	Kandidateninformation	
5103	Berufserfahrung	
5104	Ausbildung	
5105	Qualifikationen	
5106	Beschäftigungswunsch	
5107	Arbeitsortwunsch	
5108	Verfügbarkeit	
5110	Kontaktregelung	
5111	Lizenzen/Zertifikate	
5112	Beratungsaktivitäten	
5115	Talentgruppeninformation	
5121	Ausschreibungsinformation	
5122	Ausschreibungsinstanz	
5125	Suchauftragsinformation	
5126	Stellenbeschreibung	
5127	Weitere Anforderungen	NB
5128	Ausbildungsanforderungen	
5129	Erf. Qualifikationen	
5130	Erf. Lizenzen/Zertifikate	
5131	Verantwortliche	
5132	Bewerbungsinformation	
5133	Kandidaturinformation	
5134	Anlagen	

Nr.	Bezeichnung	Objekttypen
5135	Manuelle Aktivitäten	
5136	Korrespondenz	
5137	Eignungsprüfung	
5138	Einladung	
5139	Statusänderung	
5140	Datentransfer	
5141	Fragebogen	
5142	Beurteilung	
5143	Rückmeldung	
5580	Personal-Stammsatz(0000)	CP
5581	Org. Zuordnung(0001)	CP
5582	Daten zur Person(0002)	CP
5583	Anschrift(0006)	CP
5584	Bankverbindung(0009)	CP
5585	Kommunikation(0105)	CP
5586	Verkntüpfungen(5586)	CP
5587	CATS: Senderinformationen	
6200	Geplante Operationen	A, C, CP, O, S
9xxx	Kundeneigene Infotypen	

Kürzel der Objekttypen

OT	Objekttyptext
A	Arbeitsplatz
AC	Regel
AG	Rolle
AP	Bewerber
B	Entwicklungsplan
BA	Beurteilung
BG	Kriteriengruppe

OT	Objekttyptext
BK	Kriterium
BL	Entwicklungsplangruppe
BP	Geschäftspartner
BS	Beurteilungsmuster
BU	Haushaltselement
C	Stelle
CH	Harmful work. conditions
CL	Spec.work.cond.-long serv
CP	Zentrale Person
CR	Regional work. conditions
CT	Spec.work.cond.-calc.sen.
D	Trainingstyp
DC	Curriculumstyp
E	Training
EC	Curriculum
EG	Belastungsgruppe
EK	Trainingsprogramm
EP	Inv.Programmposition
ET	eTraining
F	Ort
FA	Anwendungskomponente
G	Ressource
H	Externe Person
I1	Personalteilbereich
I2	Mitarbeiterkreis
I3	Mitarbeitergruppe
IA	Gesellschaft
IB	Kreditkontr.bereich
IC	Buchungskreis

OT	Objekttyptext
ID	Geschäftsbereich
IE	Funktionsbereich
IF	KonsGeschäftsbereich
IG	Finanzkreis
IH	Kostenrechnungskreis
II	Ergebnisberich
IJ	Werk
IK	Standort
IL	Sparte
IM	Verkaufsorganisation
IN	Vertriebsweg
IO	Vertriebslinie
IP	Vkorg-Sparte-Zuordnung
IQ	Vertriebsbereich
IR	Verkaufsbüro
IS	Verkäufergruppe
IT	Versandstelle
IU	Ladestelle
IV	Transportdispostelle
IW	Werkslager
IX	Einkaufsorganisation
IY	Lagerkomplex
IZ	Personalbereich
JF	Job Familie
K	Kostenstelle
KA	Kapazität (Logistik)
KG	Kostenstellengruppe
KI	Interessent
KU	Kunde

OT	Objekttyptext
L	Trainingsgruppe
LA	Logistik-Arbeitsplatz
LB	Laufbahn
M	Material
M0	Prozessgruppe
M1	Prozess
M2	Lokaler Prozessschritt
M3	Prozessschritt
M4	Prozess (Scope)
M8	Lokale Kontengruppe
M9	Lokale Mgmt-K./Gruppe
MA	Kontengruppe
MC	Management Cockpit
MG	Zentrale Prozessgruppe
MM	Mgmt-Kontrolle/Gruppe
MO	Kontrollziel
MP	Zentraler Prozess
MR	Risiko
MS	Scorecard
MT	Zentraler Prozessschritt
MV	Werttreiberbaum
NA	Kandidat
NB	Suchauftrag
NC	Ausschreibung
ND	Bewerbung
NE	Kandidatur
NF	Talentgruppe
O	Organisationseinheit
OD	Auftrag

OT	Objekttyptext
OJ	Lernziel
OR	Rechtlich selbst. Einheit
P	Person
PC	Profit Center
PG	Geschäftsprozessgruppe
PH	Profit-Center-Gruppe
PJ	PSP-Element (Projekt)
PR	Geschäftsprozess
PT	Ansprechpartner
Q	Qualifikation
QB	Qualifikationsblock
QK	Qualifikationsgruppe
QP	Anforderungsprofil (Log.)
R	Ressourcentyp
RA	Advertisement
RE	Report (mit Variante)
RF	Referenzstrukturelement
RI	Recruitment Instrument
RP	Roster Point
RQ	Requisition
RR	Requisition Request (ISR)
RS	Roster Object
RY	Zuständigkeit
S	Planstelle
SI	Aktivität (EIC)
SO	SAP Organisationsobjekt
SR	Personalbedarf dispositiv
T	Aufgabe
TG	Aufgabengruppe

OT	Objekttyptext
TN	Trainingsbedarf
TP	Trainingsplan
TR	Transaktion
TS	Standardaufgabe
U	Firma
UD	Unterrichtseinheitstyp
UE	Unterrichtseinheit
UG	Benutzergruppe
US	Benutzer
VA	Beurteilungsformular
VB	Kriteriengruppe
VC	Kriterium
VE	Versorgungseinrichtung
WA	Arbeitsbereich
WE	Workflow-Ereignis
WF	Workflow-Aufgabe
WG	Wissensgebiet
WI	Workitem
WM	Workflow-Objektmethode
WO	Workflow-Objekt
WS	Workflow-Muster
WT	Workflow-Objekttyp
XC	ALE FilterobjKombination
XF	ALE Verteilte Funktion
XG	Expertengruppe
XO	ALE Filterobjekt
XP	Experte
XS	ALE Logisches System

B   Auswertungen im Organisationsmanagement

Im Folgenden werden einige nützliche Reports des Organisationsmanagements aufgelistet. Die meisten dieser Reports können aber auch außerhalb des Organisationsmanagements für die Auswertung über Strukturen anderer Objekttypen und Verknüpfungsarten eingesetzt werden. Diese Übersicht steht als PDF-Dokument unter *www.sap-press.de* auch zum Download zur Verfügung.

Report	Beschreibung
RHDESC20	Der Report gibt eine Planstellenbeschreibung mit Inhabern aus.
RHFILLPOS/ RHXFILLPOS	Der Report summiert die Nichtbesetzungszeiträume von Planstellen, die einer bestimmten Organisationseinheit zugeordnet sind. Wahlweise können auch mehrere bestimmte Organisationseinheiten für die Auswertung angegeben werden.
RHINFAW0	Der Report wertet Infotypen (auch selbst angelegte) aus. Die Auswertung kann entweder sequenziell oder strukturell (d.h. entlang einer Struktur mittels eines Auswertungsweges) durchgeführt werden.
RHINFAW1	Der Report wertet auch die Infotypen bzw. Felder eines Infotyps aus, die auf Texttabellen zurückgreifen.
RHPAPSUB	Der Report geht anhand der angegebenen Selektionen über die PD-Datenbank und sammelt Bewerbernummern, sofern in der selektierten Objektmenge Objekte des Typs AP enthalten sind. Danach wird die im Parameter »Bewerberauswertung« angegebene Bewerberstammdatenauswertung mit diesen Bewerbernummern gestartet.
RHPNPSUB	Der Report geht anhand der angegebenen Selektion über die PD-Datenbank und sammelt Personalnummern, sofern in der ausgewählten Objektmenge Objekte des Typs P enthalten sind. Danach wird die im Parameter »Personalauswertung« angegebene Personalstammdatenauswertung mit diesen Personalnummern gestartet.

Report	Beschreibung
RHPREL20	Der Report zeigt zu einer ausgewählten Personalnummer die existierenden Daten aus den Bereichen Aufbauorganisation, Aus- und Weiterbildung oder Allgemeine Planungsdaten an.
RHRPPL00	Der Report listet, ggf. entlang der Organisationsstruktur, alle einer Person zugeordneten Planstellen und Arbeitsplätze zeitgerecht auf. Zusätzlich werden die Stelle, die Organisationseinheit und die Kostenstelle, mit denen diese Planstellen verknüpft sind, angezeigt.
RHSBES00/ RHSBES10	Der Report gibt einen Planstellenbesetzungsplan aus. Die Auswertung erfolgt entlang der Organisationsstruktur gemäß den eingegebenen Selektionskriterien. Die Liste enthält alle selektierten Planstellen und Personen einer oder mehrerer Organisationseinheiten mit Besetzungsprozentsatz und Genehmigungs- und Beschäftigungsstunden.
RHXSBES0	Der Report gibt den gleichen Planstellenbesetzungsplan aus wie der Report RHSBES00, jedoch werden hier nur die wichtigsten Selektionsparameter zur Auswahl angeboten.
RHSCRP00/ RHSCRP10	Der Report gibt gemäß den eingetragenen Selektionskriterien eine Beschreibung aller Stellen bzw. Planstellen aus.
RHSTAB00	Der Report zeigt gemäß den eingetragenen Selektionskriterien alle Objekte mit Stabsfunktion an. Für die Objekte muss der Infotyp 1003 (Abteilung/Stab) gepflegt sein.
RHSTEL00/RHXSTEL0	Der Report gibt gemäß den eingetragenen Selektionskriterien eine Liste mit allen Stellen und den zugeordneten Planstellen einschließlich der Inhaber aus.
RHXTCAT0	Der Report gibt den Aufgabenkatalog aus. Zusätzlich können Aufgaben gepflegt werden.
RHVOPOS0	Der Report gibt gemäß der eingetragenen Selektionskriterien eine Liste von Planstellen aus, die als vakant oder obsolet gekennzeichnet sind.

Report	Beschreibung
RHVOPOS1	Der Report gibt gemäß der eingetragenen Selektionskriterien eine Liste von Planstellen aus, die als obsolet gekennzeichnet sind.
RHXDESC0	Der Report gibt eine Stellenbeschreibung für eine bzw. mehrere Stellen aus. Es ist eine Stichtags- oder Zeitraumauswertung möglich. Es können sowohl aktive als auch geplante Informationen ausgegeben werden.
RHXDESC1	Der Report gibt eine Planstellenbeschreibung für eine bzw. mehrere Planstellen aus. Es ist eine Stichtags- oder Zeitraumauswertung möglich. Es können sowohl aktive als auch geplante Informationen ausgegeben werden.
RHXIAW00/ RHXIAW01	Der Report gibt einen Überblick über alle Arbeitsplätze, die nur »eingeschränkt« besetzbar sind. Die Einschränkungen werden im Infotyp 1006 definiert.
RHXIAW02	Der Report gibt einen Überblick über alle Arbeitsplätze, die entweder mit Handicaps belegt sind oder der Gesundheitsvorsorge gemäß der Definition im Infotyp 1006 unterliegen.
RHXIAW04/ RHXIAW05	Der Report gibt einen Überblick über die Charakterisierung von Aufgaben nach Rang, Phase und Zweck. Er wertet die Einstellungen des Infotyps 1004 aus.
RHXSCRP0	Der Report gibt eine Beschreibung zu einer oder mehreren Stellen aus. Die Beschreibung umfasst die verbale Beschreibung der Stelle (Infotyp 1002), das Anforderungsprofil, das Tätigkeitsprofil und gegebenenfalls Hilfsmittel/Kompetenzen.
RHXSCRP1	Der Report gibt eine komplette Beschreibung zu einer oder mehreren Planstellen aus.
RHXSTAB0	Der Report zeigt alle Organisationseinheiten mit Stabsfunktionen an.
RHXSTAB1	Der Report zeigt alle Planstellen mit Stabsfunktionen an.
RHHFMT00	Der Report zeigt gemäß den eingetragenen Selektionskriterien die Kompetenzen und/oder Hilfsmittel der Planstellen/Arbeitsplätze an.

Report	Beschreibung
RHTPOOL0	Der Report zeigt gemäß den eingetragenen Selektionskriterien für Planstellen und Stellen die Aufgabenbeschreibungen an.
RHXHFMT0	Der Report gibt die gewünschten Hilfsmittel und Kompetenzen an Arbeitsplätzen und/oder Planstellen entlang der Organisationsstruktur aus.

C Berechtigungsobjekte

Hier werden die Berechtigungsobjekte von SAP ERP HCM im Überblick dargestellt – soweit diese im Umfeld der Planung und Entwicklung relevant werden können. In der Praxis kommen noch weitere Objekte hinzu, die prozessübergreifend wirken. Ebenso sind hier die wesentlichen Customizing-Tabellen aufgeführt, die sich auf die Berechtigungsprüfung in HCM auswirken. Sie sollten als kritisches Customizing in keiner schriftlichen Berechtigungskonzeption fehlen und besonders geschützt werden. Diese Übersicht steht als PDF-Dokument unter *www.sap-press.de* auch zum Download zur Verfügung.

Berechtigungsobjekte der Klasse »Personalwirtschaft«

Berechtigungsobjekt	Beschreibung
P_ABAP	Reporting: Berechtigungsprüfung vereinfachen
P_APPL	Bewerberdaten
P_HAP_DOC	Beurteilungssysteme: Beurteilung
P_HRF_INFO	Berechtigungsprüfung: Infodatenpflege für HR-Forms
P_HRF_META	Berechtigungsprüfung: Metadatenpflege für HR-Forms
P_LSO_FOUP	Berechtigungsobjekt für die Nachbereitung einer Teilnahme
P_LSO_TU	Berechtigung für LSO Contentmanagement
P_NNNNN	Kundeneigene Berechtigungsprüfung
P_NNNNNCON	Kundeneigene Berechtigungsprüfung (ab R/3 Enterprise)
P_ORGIN	Stammdaten
P_ORGINCON	Stammdaten mit strukturellem Profil (Kontext)
P_ORGXX	Stammdaten – erweiterte Prüfung über Sachbearbeiter
P_ORGXXCON	Stammdaten – erweiterte Prüfung mit strukturellem Profil (Kontext)
P_PCLX	Cluster (Abrechnung, Zeitwirtschaft usw.)

Berechtigungsobjekt	Beschreibung
P_PERNR	Stammdaten – Berechtigung für die eigene Personalnummer
P_RCF_ACT	Aktivitäten im E-Recruiting
P_RCF_APPL	Anwendungen im E-Recruiting
P_RCF_POOL	Direkter Zugriff auf den Talent Pool
P_RCF_STAT	Objektstatus im E-Recruiting
P_RCF_VIEW	Datenübersicht im E-Recruiting
P_RCF_WL	Zugriff auf Arbeitsvorräte
P_TCODE	Transaktionscode
PLOG	PD-Objekte
PLOG_CON	Personalplanung mit Kontext
S_MWB_FCOD	Erlaubte Funktionscodes für Manager's Desktop

Für Berechtigungsprüfung kritisches HCM-Customizing

Tabelle	IMG-Pfad	Zweck
T582A	Personalmanagement • Personaladministration • Anpassung der Arbeitsabläufe • Informationstypen • Infotypen	Steuerung der Zeitabhängigkeit des Zugriffs auf einen Infotyp mit dem Kennzeichen »Zugriffsberechtigung«
T591A	Personalmanagement • Personaladministration • Werkzeuge • Berechtigungsverwaltung • Spezielle Berechtigung der Personaladministration • Prüfverfahren • Prüfverfahren festlegen	Definition von Prüfverfahren für Infotypen
T77PR	Personalmanagement • Organisationsmanagement • Grundeinstellungen • Berechtigungsverwaltung • strukturelle Berechtigung • strukturelle Profile pflegen	Definition eines strukturellen Berechtigungsprofils

Tabelle	IMG-Pfad	Zweck
T77S0	Personalmanagement • Personaladministration • Werkzeuge • Berechtigungsverwaltung • Berechtigungshauptschalter bearbeiten	Aktivierung der Berechtigungsobjekte, mit denen der Zugriff auf Personalstammdaten gesteuert werden soll
T77UA	Personalmanagement • Organisationsmanagement • Berechtigungsverwaltung • strukturelle Berechtigung • strukturelle Berechtigungen zuordnen	Zuordnung der Benutzer zum strukturellen Berechtigungsprofil

D BAdIs in der Komponente »Zielvereinbarung und Beurteilung«

Im Folgenden listen wir die BAdIs in der Komponente *Zielvereinbarung und Beurteilung* auf. Diese Übersicht steht als PDF-Dokument unter *www.sap-press.de* auch zum Download zur Verfügung.

BAdI	Sprechende Bezeichnung
HRHAP00_ACC_HEADER	Kopfdatenzugriff
HRHAP00_ADD_HEADER	Zusatzkopfdaten
HRHAP00_ADD_ON_APPL	Add-on-Anwendung
HRHAP00_ADMIN	Administratorfunktionen
HRHAP00_ATT_ACCESS	Anlagen: Berechtigungshandhabung
HRHAP00_BC_ELEMENT	Business Checks Elements
HRHAP00_BSP_TMPL	Web-Layout (BSP)
HRHAP00_BUT_ACCESS	Drucktastenzugriff
HRHAP00_COL_ACCESS	Spaltenzugriff
HRHAP00_COL_OWNER	Spalteneigentümer
HRHAP00_DEFAULT_OBJ	Vorschlag erzeugen (Benutzer ↔ Objekt)
HRHAP00_DOC_BC	Betriebswirtschaftliche Prüfung
HRHAP00_DOC_DEF_D1	Vorschlag Beurteiler
HRHAP00_DOC_DEF_D2	Vorschlag Beurteilter
HRHAP00_DOC_DEF_DE	Vorschlag Durchführungszeitraum
HRHAP00_DEF_DN	Vorschlag Beurteilungsname
HRHAP00_DEF_DO	Vorschlag weitere Beteiligte
HRHAP00_DOC_DEF_DP	Vorschlag Teilbeurteiler
HRHAP00_DOC_DEF_DR	Vorschlag Review-Datum
HRHAP00_DOC_DEF_DV	Vorschlag Beurteilungsgültigkeitszeitraum
HRHAP00_DOC_DELETE	Löschen

BAdI	Sprechende Bezeichnung
HRHAP00_DOC_PREPARE	Beurteilung vorbereiten
HRHAP00_DOC_SAVE	Beurteilung sichern
HRHAP00_DOC_STATNAME	Alternative für Statusbezeichnungen
HRHAP00_DYN_EVENT	Dynamisches Ereignis Zellenwert
HRHAP00_ENHANCE_DEL	Element löschen
HRHAP00_FOLLOW_UP	Nachbereitung (Hintergrund)
HRHAP00_FOLLOW_UP_D	Nachbereitung (Dialog)
HRHAP00_GET_LIST_FLT	Filter HRHAP_DOCUMENT_GET_LIST_XXL
HRHAP00_MAX_P_APPER	Maximale Anzahl Teilbeurteiler
HRHAP00_REP_GEN_VAR	Reporting (generische Varianten)
HRHAP00_REPORTING	Reporting
HRHAP00_TMPL_RESTR	Add-on-abhängige Restriktion der Suchhilfe
HRHAP00_VAL_DET	Wertfestlegung

E Erläuterungen zu Prozessmodellen

Zum Lesen der Prozessbeispiele sollten Sie die Bedeutung der im Folgenden dargestellten Symbole kennen.

Ereignisse

Ereignisse (siehe Abbildung E.1) sind Startpunkte für die Prozesse, d.h., ein Prozess wird aufgrund eines Ereignisses »Etwas ist passiert« gestartet: Aus der Bewerberverwaltung kommt das Ereignis »Bewerber ist einzustellen«. Für den Prozess der Einstellung bedeutet dies, dass ein auslösendes Ereignis stattfindet und der Prozess gestartet wird. Des Weiteren sind Ereignisse Ergebnisse von Entscheidungsprozessen. Beispiel: Nach einem Vorstellungsgespräch ist zu entscheiden, ob der Bewerber eingestellt werden soll. Mögliche Ergebnisse dieses Entscheidungsprozesses können sein »Bewerber ist einzustellen« oder »Bewerber ist abzusagen«.

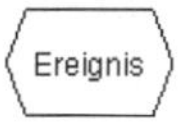

Abbildung E.1 ARIS©-Symbol: Ereignis

Funktionen

Funktionen (siehe Abbildung E.2) stellen Tätigkeiten dar, z.B. »Vorstellungsgespräch führen«. Laut allgemeiner ARIS-Konvention ist eigentlich nach jeder Funktion ein Ereignis zu setzen (siehe Abbildung E.3). Aufgrund des Platzbedarfs der Prozessmodelle wurde auf die Verwendung dieser »Trivialereignisse« verzichtet. Die Verbindungen zwischen Funktionen, Ereignissen und den Konnektoren nennt man *Kanten*.

Abbildung E.2 ARIS©-Symbol: Funktion

E | Erläuterungen zu Prozessmodellen

Abbildung E.3 ARIS©-Symbol: Funktion → Ereignis

Systemfunktionen

Vom System – in diesem Fall SAP – durchgeführte Aktionen sind in sogenannten *Systemfunktionen* (siehe Abbildung E.4) dargestellt. Es handelt sich hierbei um Aktionen, die ausschließlich vom System, d. h. ohne Zutun eines Benutzers, ablaufen.

Abbildung E.4 ARIS©-Symbol: Systemfunktion

Prozessschnittstellen

Prozessschnittstellen (siehe Abbildung E.5) stellen eine Verbindung zwischen zwei Prozessen her. Beispiel: Der Prozess »Trainingsplanung« endet mit dem Ereignis »Trainingskatalog ist erstellt« und verzweigt dann in den Prozess »Training buchen«.

Abbildung E.5 ARIS©-Symbol: Prozessschnittstelle

Stellen und Organisationseinheiten

Stellen und Organisationseinheiten (siehe Abbildung E.6) sind mit Funktionen verbunden und stellen dar, wer die jeweilige Funktion durchführt bzw. in welcher Organisationseinheit diese durchführt werden.

Abbildung E.6 ARIS©-Symbole: Stelle und Organisationseinheit

Konnektoren

Konnektoren stellen zwischen Funktionen, die Entscheidungen beinhalten, und den daraus resultierenden Ereignissen eine logische Verbindung dar. Aber auch die Verbindung zwischen einem Ereignis und daraus resultierenden Funktionen wird über Konnektoren abgebildet. In den dargestellten Prozessbeispielen wurden folgende Konnektoren eingesetzt:

- Der *UND-Konnektor* (siehe Abbildung E.7) bedeutet, dass nach einem Ereignis oder einer Funktion mehrere Funktionen parallel durchgeführt werden. Er wird dann eingesetzt, wenn grundsätzlich *alle* Funktionen durchgeführt werden *müssen*, die nach einem Ereignis oder einer Funktion erscheinen.

Abbildung E.7 ARIS©-Symbol: UND-Konnektor

- Wenn im Gegensatz zum UND-Konnektor nicht in jedem Fall alle Funktionen, die einer Funktion folgen, durchgeführt werden müssen, wird der *UND/ODER-Konnektor* (siehe Abbildung E.8) eingesetz.

Abbildung E.8 ARIS©-Symbol: UND/ODER-Konnektor

- Über den *XOR-Konnektor* (siehe Abbildung E.9) ist der Fall abgebildet, dass in einer Funktion Entscheidungen getroffen werden. Abbildung E.10 zeigt die Verwendung des XOR-Konnektors anhand eines Beispiels..

Abbildung E.9 ARIS©-Symbol: XOR-Konnektor

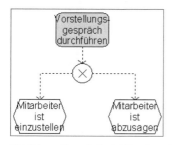

Abbildung E.10 Beispiel für einen XOR-Konnektor

F   Literaturverzeichnis

Berlecon Research: *Wachstumsmarkt E-Learning – Anforderungen, Akteure und Perspektiven im deutschen Markt* (08/2001).

Berthel, Jürgen: Personal-Management: *Grundzüge für Konzeptionen betrieblicher Personalarbeit*. 8. Auflage. Stuttgart 2007.

Edinger, Jörg; Haßmann, Richard; Heitz, Gerold: *Personalabrechnung mit SAP*. Bonn 2009.

Edinger, Jörg; Junold, Anja; Renneberg, Klaus-Peter: *Praxishandbuch SAP-Personalwirtschaft*. Bonn 2009.

Edinger, Jörg; Krämer, Christian; Lübke, Christian; Ringling, Sven: *Personalwirtschaft mit SAP ERP HCM*. Bonn 2008.

Egger, Norbert; Friedrichsen, Marc; Haldi, Christoph: *Corporate Performance Management mit SAP*. Bonn 2008.

Esch, Martin; Junold, Anja: *Berechtigungen in SAP ERP HCM*. Bonn 2008.

Figaj, Jürgen; Haßmann Richard; Junold, Anja: *HR-Reporting mit SAP*. Bonn 2007.

Goetsch, Harald; Herrmann, Sven; Knapp Daniel: *Personalwirtschaft mit SAP NetWeaver Portal*. Bonn 2008.

Hertleif, Werner; Wachter, Christoph: *SAP Smart Forms – Formulare komfortabel erstellen*. 2., akt. u. erw. Auflage. Bonn 2003.

Heuser, Raimund; Günther, Frank; Hatzfeld, Oliver: *Integrierte Planung mit SAP*. Bonn 2003.

Kauf, Stefan; Papadopoulou, Viktoria: *Formulargestaltung in SAP ERP HCM*. Bonn 2009.

Kienbaum Studie: *High Potentials 2007*. URL: http://www3.kienbaum.de/cms/internal/printview.cfm?objectID=44E6AEDD-323D-488B-80D66E8A5DBC2272.

Kießwetter, Martin; Berkenkamp, Stephan; Vahlkamp, Dirk: *Integrierte Planungsanwendungen mit SAP NetWeaver BI 7.0 entwickeln*. Bonn 2009.

Kossbiel, Hugo: *Betriebliche Weiterbildung und ihre Wirkung auf Personalstruktur und Personalflexibilität.* In: Gaugle, Eduard (Hrsg.): *Betriebliche Weiterbildung als Führungsaufgabe.* Wiesbaden 1987, S. 85–117.

MMB-Institut für Medien- und Kompetenzforschung: *Corporate Learning 2006.*

Statistisches Bundesamt Wiesbaden, systematische Verzeichnisse: *Internationale Standardklassifikation der Berufe (ISCO) 1968.* Stuttgart, Berlin, Köln, Mainz 1971.

G   Die Autoren

Richard Haßmann ist Geschäftsführer der Hassmann-Consulting GmbH (*www.hcons.de*), einem auf SAP ERP HCM spezialisierten Beratungsunternehmen des AdManus-Netzwerks. Richard Haßmann verfügt über 18 Jahre Erfahrung im Bereich SAP ERP HCM. Er hat zahlreiche Projekte im Bereich Organisationsmanagement, Veranstaltungsmanagement/Learning Solution, Personalentwicklung, -kostenplanung und -beschaffung, Performance Management sowie SAP NetWeaver BW im nationalen und internationalen Umfeld mit verschiedensten Anforderungen durchgeführt.

Christian Krämer arbeitet seit Mitte 2008 als Department Manager HR & Payroll Solutions bei der Media-Saturn IT Services GmbH (*www.media-saturn.com*). Zuvor hat er zehn Jahre lang als Senior Consultant Kunden im Bereich SAP ERP HCM mit Schwerpunkten in E-Recruiting, Personalbeschaffung, Personalentwicklung und Zeitwirtschaft betreut. Darüber hinaus hat er umfangreiche Projekte zur prozessorientierten Konzeption für die Implementierung von SAP ERP HCM durchgeführt und Erfahrungen in E-Learning-Projekten gesammelt. Bis Mitte 2008 war er Senior Consultant bei der iProCon GmbH und Vorstand des Beratungsnetzwerkes AdManus.

Jens Richter ist Diplom-Wirtschaftsinformatiker und arbeitet seit Ende 2006 als Consultant bei der iProCon GmbH (*www.iprocon.de*). Er betreut mehrere Kunden im Bereich SAP ERP HCM mit den Schwerpunkten Performance Management (MbO), E-Recruiting, Personalbeschaffung und Personalentwicklung. Weitere Schwerpunkte sind ESS/MSS, Web Dynpro ABAP und Workflow. Jens Richter hat außerdem an Veröffentlichungen zum Thema Performance Management (MbO) im HR Expert mitgewirkt.

Index

360-Grad-Beurteilung 232

A

Abgrenzen 34
Abneigung 204
Abrechnung/Verrechnung von Trainingskosten 367
Abrechnungsergebnis 530
Ad-hoc Query 173, 181
Administrator Workbench 558
AIDA-Prinzip 412
Altersversorgung 29, 508
Analysis Toolbox 566
Anforderungsprofil 39, 204
Applicant Tracking 476
Arbeitgeber
 andere/frühere 208
Arbeitgeberleistung 29
Arbeitnehmerüberlassung 413
Arbeitsmarkt 525
Arbeitsplatz 49, 204
Arbeitsplatzkosten 501
Arbeitsvermittlung
 private 413
Arbeitsvorrat 367
Arbeitszeit 515, 521
Arbeitszeugnis 232
Aufgabe 49, 204
 Beschreibung 608
 Katalog 56, 57
 Veränderung 524
auftragsbasierte Korrespondenz 362
Aufwärtsbeurteilung 232
Aus- und Weiterbildung 28
 Kosten 501
Ausbildung 208
Auskunftsmenü 303
Ausprägung 214
Ausprägungsbeschreibung 214
Ausprägungsskala → Skala 213
Ausschreibung 444
 externe 412
 interne 411

Auswahlverfahren 418
Auswertungsweg 53, 91, 138, 526
 ORGCHART 139
Authoring Environment 374
Autorenumgebung 374

B

BAdI
 HRHAP_FOLLOW_UP 256
 HRHAP_FOLLOW_UP_D 256
 HRHAP_OFFLINE 250
 HRHAP_REPORTING 274
 HRHAP00_ADD_HEADER 249
 HRHAP00_BSP_TMPL 250
 HRHAP00_BUT_ACCESS 255
 HRHAP00_COL_ACCESS 255
 HRHAP00_DOC_BC 255
 HRHAP00_DOC_PREPARE 268
 HRHAP00_ENHANCE_FREE 265
 *HRHAP00_FOLLOW_UP_* 239
 HRHAP00_LINK 250
 HRHAP00_REPORTING 271
 HRHAP00_SAMRTFORM 249
 HRHAP00_VAL_DET 261
 HRPAD00AUTH_CHECK 149
 HRPDV00APPRAISAL0000 241
 HRRCF00_DOC_UPLOAD 474
 LSO_CANCELREASONS_C 321
 LSO_LEARNER 395
Balanced Scorecard (BSC) 240, 586
Basel II 410, 508
Baumgrafik 54
Bearbeiterfindung 170
Bearbeiterteam 432
Bedarf
 qualitativer 40
 quantitativer 40
Bedarfsbestimmung 499
Bedarfsmanagement 428
Bedarfsplanung 510
Belehrung 208
Benchmarking 29
Benutzergruppe 175

Benutzerstamm 129
Benutzerverwaltung 159
Benutzerzuordnung 127
berechnete Kennzahlen 564
Berechtigung 128, 174, 175, 283
  kontextabhängige 151
  strukturelle 56, 253
Berechtigungshauptschalter 135, 153
  AUTSW – ADAYS 145
  AUTSW – DFCON 153
  AUTSW – INCON 153
  AUTSW – NNCON 153
  AUTSW – NNNNN 149
  AUTSW – ORGPD 143, 153
  AUTSW – XXCON 153
  AUTSW-ORGPD 138
Berechtigungskonzept 133, 154, 175
Berechtigungslevel 135
Berechtigungsobjekt 128, 133
  P_ABAP 137, 138, 150
  P_ORGIN 135, 137, 148
  P_ORGINCON 151
  P_ORGXX 137
  P_ORGXXCON 151
  P_PERNR 136, 137, 149
  P_TCODE 134
  PLOG 134
  S_TCODE 134
Berechtigungsprofil 129, 132
Berechtigungsprüfung
  kontextabhängige 151
  strukturelle 138, 142, 143
Berechtigungsverwaltung 56
Beschaffungs-Controlling 419
Beschaffungsmedien 411
Besetzungsplan 521
Besetzungsprozentsatz 521
betriebliche Funktion 208
Betriebsverfassungsgesetz 411
Beurteilung 40, 231, 366
Beurteilungs-/Zielvereinbarungsprozess
  Genehmigung 235
  Nachbereitung 237
  Review 235
  Vorbereitungsphase 232
  Zielerreichung/Beurteilung 235
  Zielvereinbarung 233
Beurteilungsformular 242, 278
  Katalog 242

Bewerbervorauswahl 417
Bewerbung 444
  Prozess 415
  Status 416
Bewertungsskala → Skala 201
BEx Analyzer 566
BEx Query Designer 560, 561
BEx Web Application Designer 571
Blended Learning 286, 341
BSP 265, 480
BSP-Applikation
  HAP_CALIBRATION 274, 275
  HAP_DOCUMENT_PA 265
Buchungspriorität 352
Budget 505
Budgetierung 486, 490, 578
Bundesagentur für Arbeit 413
Bundesministerium für Bildung und Forschung (BMBF) 372
Business Consolidation (SEM-BCS) 585
Business Content 557
Business Explorer → BEx
Business Object Repository (BOR) 167
Business Package 161
Business Planning und Simulation (SEM-BPS) 585
Business Server Page → BSP

C

Calibration Tool 274, 275
Callibration Grid 576
Controlling 313
Curriculum 299, 341, 355
Curriculumstyp 299
Customer Relationship Management 423

D

Data-Dictionary-Struktur (DDIC) 101
Datensammlung 529
Datenschutz 417
Default-Profil 142
Design Toolbox 566
Detailpflege 52
dezentrale Kostenplanung 530

Index

dezentraler Ansatz 202, 230
Dimension 559
Dimensionstabelle 559
Dokumentation von Testergebnissen 232
Doppelbewerbung 416
Druck-Workbench 361
DSO-Objekt
   0ECM_DS01 (Mitarbeiterbezahlungskategorien) 578
   0ECM_DS02 (Kombinierte Marktdaten) 578
   0ECM_DS03 (Vergütungsverwaltung) 577
   0ECM_DS04 (Vergütungsbudget) 578
   0ECM_DS05 (Umfrage-Marktrohdaten) 578
   0ECM_DS06 (Stellenzuordnung) 578
   0ECM_DS08 (Ist- und Sollgehaltsstruktur) 578
   0ECM_DS09 (Gehaltsstruktur der Stellen) 578
   0ERC_DS01 (Bearbeitungsteam des Suchauftrags) 580
   0ERC_DS02 (Bearbeitungsteam der Bewerbung) 580
   0ERC_DS03 (Qualifikationen) 580
   0ERC_DS04 (Zuordnung Talentgruppe – Kandidat) 580
   0PAH_DS01 (Beurteiler pro Dokument) 576
   0PAH_DS02 (Beurteilte pro Dokument) 576
   0PAH_DS03 (Beurteilungen) 576
   0PAH_DS04 (Beurteilte Mitarbeiter pro Dokument) 576
   0TM_DS01 (Planstellenbesetzung) 579
dynamische E-Mail 369
dynamisches Menü 300
Dynpro 99

E

Einheit 560
Einsatzplanung für den Einzelhandel 29
Einschränkungen 519
Einzelrolle 126
E-Learning 285
   Blended Learning 288
   Business TV 286
   Computer Based Training (offline) 286
   Computer Supported Cooperative Learning (CSCL) 287
   Learning Communities 286
   Mikrolernen 287
   Prozessbeispiel 392
   strategische Bedeutung 292
   Virtual Classroom 287
   Voraussetzungen 288
   Vorteile 291
   Web Based Training (online) 287
   Whiteboard 286
Employee Self-Services → ESS
End-User Delivery 28
Enhancement Package 4 276, 385, 426, 481
Entgeltbestandteil 531
Entsperren 35
Entwicklungsplanung 28
E-Recruiting 48, 69, 89, 409, 580
   Administrator 471
   Customizing 473
   externer Kandidat 453
   interner Kandidat 464
   Manager 465
   Nachfolgeplaner 472
   Personalbeschaffer 467
   Rollen 452
Ereignis 167
Ereigniskopplung 167
Ersatzqualifikation 203, 210, 215
ESS 136, 157, 161, 201, 226, 486, 504, 509
   im Veranstaltungsmanagement 368
E-Training 299
Event 167
Excel-Datei 558
Excel-Inplace 64
Exception 565
externe Datenbank 558
Extraktor 557

F

Faktentabelle 559
Favoritenliste 462

Feldgruppe 173, 180
Fluktuation 501
Fragebogen 437, 479
freie Suche 33
Freisetzungskosten 501
FTE 432, 516, 523, 524
Führungskraft 504, 509, 524
Führungskräfteentwicklung 229
Full Time Equivalent → FTE
Funktionalstrategie 584
Funktionsbaustein
  RH_GET_MANAGER_ASSIGNMENT 141
  RH_GET_ORG_ASSIGNMENT 140

G

Gehaltsanpassung 500
Gehaltsplanung 280
Gesamtversorgungszusage 508
Geschäftsentwicklung 507
Geschäftsfeldstrategie 583
Geschäftsprozess 206
globaler Arbeitsbereich 174
globaler Mitarbeiter 388
Grid Control 64
Gültigkeit von Qualifikationen 203

H

Halbwertszeit 203
Headhunting 413
HGB 585
Hilfsmittel 519, 607
Historisierung 365
Hochrechnung der Personalkosten 507

I

IAS/IFRS 585
Identity Management 159
InfoCube 559
  0ECM_C01 (LTI-Zuteilung) 578
  0LSO_C01 (Trainingsmanagement) 575
  0PA_C01 (Personalbestand und -maßnahmen) 573
  0PA_C03 (HR-Benchmarks) 573
  0PAC_MC01 (Plan-/Ist-Vergleich für Personalkosten) 575
  0PACP_C01 (Personalkostenpläne) 575
  0PACP_C02 (Geplante Personalkosten pro Kostenobjekt) 575
  0PAOS_C01 (Planstellenbesetzung) 574
  0PAPD_C01 (Qualifikationen) 574
  0PE_C01 (Veranstaltungsmanagement) 573, 575
  0PT_C01 (Personalzeiten) 573
  0PY_PPC01 (Revisionsinfo) 575
  0SCP_IS01 (Nachfolger und Inhaber der Schlüsselplanstellen) 579
  0TM_C01 (Planstellenbesetzung) 579
InfoObject 558, 559
InfoProvider 558
Infoset 173
Infotyp 31, 41, 66, 100, 176, 517
  0008 (Basisbezüge) 530
  0014 (Wiederkehrende Bezüge und Abzüge) 530
  0015 (Ergänzende Zahlungen) 530
  0105 (Kommunikation) 131
  0130 (Prüfverfahren) 146
  0666 (Planung Personalkosten) 530
  0758 (Vergütungsprogramm) 486
  0759 (Vergütungsprozess) 487
  0760 (Übersteuerung Vergütungszulässigkeit) 487
  0761 (LTI-Zuteilung) 489, 578
  0762 (LTI-Ausübung) 489, 578
  0763 (Teilnehmerdaten) 489
  1000 (Objekt) 328
  1001 (Verknüpfungen) 332
  1002 (Verbale Beschreibung) 328
  1021 (Preise) 331
  1024 (Kapazität) 330, 331
  1025 (Halbwertszeit/Gültigkeit) 335
  1029 (InfoTrainingstyp) 331
  1030 (Verfahren) 335
  1036 (Kosten) 331, 336
  1037 (InfoFaktura/Verrechnung) 336
  1042 (Dispositiver Ablauf) 328, 331
  1060 (Veranstaltungsbedarf) 335
  7420 (Talentgruppe) 192
  Grundfunktionen der Arbeit mit Infotypen 34
  Subtypen 42

Integration 30, 35, 207, 210, 527
Integrationsplanvariante → Planvariante, aktive
Interesse 204
Internet 413
Intranet 412
iView 161

J

Jobsharing 515

K

Kandidat 444
Kandidatur 444
Kapazität 204
Kapazitätsangebot 499
Kapazitätsanpassung 505
Kapazitätsbedarf 514
Kapazitätsplanung 209, 498
  projektbezogene 29
Kapazitätsrisiko 508
Karrierepfad 39, 40, 409, 410
Karriereplanung 28
Kategorie 244
Kategoriengruppe 242
Kennzahl 559, 560
Kennziffernverfahren 499
Knowledge Management 160
Knowledge Warehouse 307
Kompetenz 519, 607
Kontierung 90
Kontierungsmerkmale 55
Kontingentplanung 516, 523
KonTraG 508, 586
Korrespondenz 478
  SAP Learning Solution 362
  Veranstaltungsmanagement 361
Kosten pro Einstellung 423
Kostenbestandteil 529
Kostenplanung 28, 510
Kostenplanungslauf 529
Kostenrechnung 313
Kostenrechnungskreis 55
Kostenrisiko 508
Kostenstelle 54

L

L3 – Lebenslanges Lernen 372
Laufbahn 39, 40
Laufbahnplanung 223
Laufzeitsystem 167
LDAP-Verzeichnis 159
Learning on Demand 285
Learning-Management-System (LMS) 294
Lehrdeputate 520
Leistungsbeurteilung 231
Leiterplanstelle 48
Leitungsspannenmodell 499
Lernobjekt 374
  Referenz 375
Lifelong Learning 285
Linienmanager 229
Listerfassung 35
List-Viewer 181
logische Datenbank 174
  PCH 174
  PNP 138, 174
  PNPCE 174
Logistik → SAP ERP Operations
Long-Term Incentives (LTI) 485, 488, 578
LSO → SAP Learning Solution

M

Management Cockpit 586, 587
Management internationaler Mitarbeiter 29
Manager Self-Services → MSS
Manager's Desktop → MSS 222
Markoff-Analyse 499
Maßnahme 326
Matchcode 33
Materialwirtschaft 310
Matrixorganisation 84
Matrixsicht 88
Matrixtyp 85
Measure Builder 586
Mehrfachbeschäftigung 388
mehrteiliges/r Training/Kongress 339
Merkmal 560
  HCP01 546

HCP02 546
HCP03 550
MetaData Repository 560
Mitarbeiterbefragung 232
Mitarbeiterbeurteilung 202
Mitarbeitergespräch 504
monetäre Stellenbewertung 486, 491, 578
Motivationsrisiko 509
MSS 157, 162, 222, 226, 509
MultiCube 558
 0TM_MP01 (Talent Management) 579
Mussqualifikation 219
Mussveranstaltung 383
Mussverknüpfung 93
Muster-Funktionsbausteine 104

N

N.N.-Buchung 353
Nachbereitung von Trainings 334, 336, 363
Nachfolgeplanung 28, 40, 192, 223, 409, 410, 426, 429, 445, 472
Nachfolgeplanungsmonitor 580
Normalbuchung 352
Nummernkreis 44
Nummernkreisintervalle 44
Nummernvergabe 45
 externe 45
 interne 45
 planvariantenübergreifend 44

O

Objektmanager 32, 65
Objekttyp 47, 54, 97, 102, 114, 444, 518
Obsolet 606
Offline-Content Player 386
Online-Bewerbung 420, 421
Organisationseinheit 36, 47, 531
Organisationsmanagement 29, 31, 39, 129, 170, 207, 238, 308, 514, 574
 Rollenzuordnung 131
Organisationsplan 113
Organisationsstruktur 54, 73
Organisationstheorie 39

P

Performance Management → Zielvereinbarung und Beurteilung
Performance Measurement (SEM-PM) 586
Personalabrechnung 29
Personaladministration 29, 30, 207, 307
Personalbeschaffung 409, 518
Personalbeschaffungsplanung 502
Personalbeschaffungsprozess 410
Personalcontrolling 502
Personaleinsatzplanung 209, 498, 510
Personalentwicklung 238, 574
Personalentwicklungsplanung 502
Personalisierung 125, 127
Personalkostenplanung 500, 517, 575
Personalkostenplanung und -simulation 529
Personalmaßnahme 42
Personalnummer 31, 33
Personalplanung 29, 495
Personalstammdaten 30, 207
Personalstrategie 505
Personalwechselkosten 423
Personalwirtschaft → SAP ERP Human Capital Management (HCM)
Planstelle 36, 48, 204, 513, 514, 531
 obsolete 514, 518, 522
 vakante 518, 522
 Vakanz 513
Planstellenbeschreibung 605, 607
Planstellenbesetzungsplan 606
Planung und Simulation der Personalkosten 29
Planungskontext 532
Planungslauf 532
Planungsmenü 304
Planungsprozess 502
Planungsvorbereitung 532
Planvariante 41, 109
 aktive 41
PLOGI 36, 70
Positionsfamilie 526
Potenzial 204
Potenzialbeurteilung 232
Profil 204
Profilabgleich 220, 281
Profilgenerator 129, 132, 134

Index

Profilpflege 218
Profilsicht 210
Prozessanalyse 29
Prozessbeispiel 615
Prozesse und Formulare 29
Prüfverfahren 146

Q

Qualifikation 50, 199, 264
Qualifikationsbedarf 39
Qualifikationsgruppe 199, 214
Qualifikationskatalog 199, 200, 213
Qualifikationsprofil 39
Qualifikationsübertragung 313
Qualitätssicherung 506
Qualitätsskala 202
Quantitätsskala 202
Query 173

R

Raumbelegungsmanagement 304
Rechnungswesen → SAP ERP Financials
Registerkarten 65, 103, 105
Reisekosten 502
Reiseplanung 502
Rekrutierungskosten 501
Remote Function Call (RFC) 161
Reorganisation 501
Report
 Ausbildungshistorie 357
 MPPAUTZZ 148
 RHAKTI00 52
 RHAUTH00 140
 RHBEGDA0 74
 RHCOPL00 110
 RHCOPLPT 110
 RHECM_BUDGET_RPT 491
 RHECM_CREATE_COMP_PROCESS 487
 RHHCP_DC_EMPLOYEE 538
 RHHCP_DC_ORGOBJECT 542
 RHMOVE30 117
 RHPROFL0 58
 RHXIAW04 58
 RHXIAW05 58

 RPUACG00 148
 Teilnahmevoraussetzungen 358
 Voraussetzungsabgleich 358
Reporting 271
 Analyse 273
 Drucken 272
 nach Excel exportieren 272
 Rangliste 271
Researcher 413
Ressourcen- und Programm-Management 29
Ressourcenmenü 304, 305
Ressourcentyp 299
Risikomanagement 508, 524, 586
Rolle 125, 509
 Auflösung 171
 Konzept 56, 58, 125
 Struktur 126
Rosenkranzformel 499
Routing-Struktur 171

S

Sammelrolle 126
SAP Business Suite 25, 26
SAP Business Workflow 165
 Steuerung einzelner Prozesse 166
 Steuerung komplexer Prozesse 166
 Steuerung von Informationsflüssen 166
SAP Customer Relationship Management (CRM) 26
SAP Enterprise Learning 385
SAP E-Recruiting 190
 Rollen im 452
SAP ERP 25
SAP ERP Corporate Services 25
SAP ERP Financials 25
SAP ERP HCM-Extensions 530
SAP ERP Human Capital Management (HCM) 25, 28
 Integration mit anderen SAP-Komponenten 27
SAP ERP Operations 25, 209
SAP Learning Solution 190, 239, 285, 575
 Integration 381
 Korrespondenz 362
 Rollen 373

Index

SAP NetWeaver 25
SAP NetWeaver Application Server 25
SAP NetWeaver Business Warehouse (BW) 26, 239, 271, 557, 588
  Extraktionsebene 557
  Modellierungsebene 557
  Reporting- und Analyseebene 557
SAP NetWeaver Portal 26, 157, 570
  Content-Bereich 161
  Kopfbereich 160
  Navigationspanel 160
  Reporting 163
SAP NetWeaver Process Integration (PI) 26
SAP Product Lifecycle Management (PLM) 26
SAP Query 173, 178
SAP R/3 25
SAP Solution Map 26
SAP Strategic Enterprise Management (SEM) 240, 510, 583
SAP Supplier Relationship Management (SRM) 27
SAP Supply Chain Management (SCM) 26
SAP* 142
SAP-Hinweis
  339367 143
  953254 368
  953832 30, 296, 368
SAP-Memory 142
SAPscript 361
Schalter
  HRLSO WFSTO 318, 321
  PLOGI 36, 70, 308
  PLOGI QUALI 312
  SEMIN CCDEL 322
  SEMIN INPRI 318
  WORKF ACTIV 317
Schichtplanung 498
Schlüsselplanstelle 447
Schulnotenskala 201, 214
Schulungskatalog 325
Schwellenwert 565
SCORM (Shareable Content Object Reference Model) 295, 374
Search and Classification Engine 480
selbstgesteuertes Lernen 286
Selbststeuerung 286

SEM → SAP Strategic Enterprise Management
Service Providing in der Personalbeschaffung 425
Single Sign-On (SSO) 159
Skala 201, 213
Skalenwert → Ausprägung 214
Skill → Qualifikation 199
Skillmanagement 199
Smart Forms 480
Soft Skill 39, 201
Sollbezahlung 89
Spartenmatrix 85
Sperren 35
Split-Screen-Technik 60
Stabsfunktion 606
Stakeholder 588
Stakeholder Relationship Management (SEM-SRM) 587
Stammdatenkatalog 306, 325
Stammdatenpflege 32
Standardarbeitsbereich 174
Standardaufgabe 49
Startobjekt 53, 60
Statusverwaltung 51
Stelle 36, 49, 204, 531
Stellenanzeige 412
Stellenbeschreibung 114, 607
Stellenbesetzungsplan 507
Stellenbörse 421
Stellengesuchsdatenbank 421
Stellenplan 526
Sternschema 559
Stornierungsgrund 355
Stornogebühr 355
strategische Unternehmensführung 583
Strategy Management (SEM-SM) 586
Strategy Map → Ursache-Wirkungs-Kette
Strukturgrafik 113
Stufensteigerung 500
Subgruppe 45
  Platzhalter 45
Subtyp 42
Succession Planner 428
Suchauftrag 431, 444
Suchauftragsmanagement 479
Suchhilfe 33
Suchvariante 63

Index

Suchwerkzeuge für Objekte
  freie Suche 62
  Struktursuche 62
  Suchbegriff 61
symbolisches Konto 531
System Dynamics 499

T

Tabelle
  EX_CITEMS 540
  EX_DIFFCA 540
  IM_PERNRTAB 540
  LSOWF_CUSTOMIZE 318
  T582A 145
  T591A 146
  T777I 102
  T777O 92
  T77EO 94
  T77ITEX 78
  T77OS 94
  T77PR 139, 140, 141, 144, 151
  T77SO 117, 134, 143, 153, 240, 253, 317, 318, 321
  T77SO 94
  T77UA 139, 142, 144, 152, 153
Table Control 114
Talent Management 27, 28, 29, 187
  Datenmodell 194
  Einsatz von Mitarbeitern 189
  Entwicklung von Mitarbeitern 188
  erweiterte Stellenarchitektur 194
  Gewinnung von Mitarbeitern 188
  Identifikation von talentierten Mitarbeitern 188
  Infotyp 194
  technische Voraussetzung 197
  vier Tätigkeitsfelder 188
Talent Pool 422, 444, 450
Talent Relationship Management 421
Talent Review Meeting 451
Talent Warehouse 475
Talenteinschätzung 192
Talententwicklung 193
Talentgruppe 192, 444
Talentkonferenz 192
Talentprofil 190
Talentvergleich 192

Tarif 500
Tarifbindung 233
Teamkalibrierung 280
Teamziel 279
technisches Merkmal 560
Teilnahmemenü 303
Teilnehmerbeurteilung 232, 366
Teilnehmertypsteuerung 354
Teilplanung 505
Teilprofil 204, 210
Teilzeit 515
Terminkalender 322
Total Compensation 499
Traffic-Generatoren 420
Training 299
  Anlegen 337
Trainingsbeurteilung 366
Trainingsgruppe 298
Trainingshierarchie 298
Trainingskatalog 281, 297, 300
Trainingskosten 316
Trainingsmenü 302
Trainingstermin 299
Trainingstyp 298
  anlegen 327
Transaktion 133
  OOHAP_SETTINGS_P 240
  PHAP_ADMIN_PA 241
  PHAP_CATALOG 242
  PHAP_CATALOG_PA 241
  PHAP_CHANGE_ 241
  PHAP_CREATE_ 241
  PHAP_PREPARE 268
  PHAP_PREPARE_PA 241
  PHAP_SEARCH 271, 274
  PHAP_SEARCH_PA 241
  PHCPADMIN 544
  PPCI 101
  PPOME 104, 523
  SE11 101
  SFW5 481
  SLG1 255
  SM31 91
  SU21 148
Transportanschluss 116
TREX → Search and Classification Engine

631

U

Übergangszeit 423
Überqualifikation 210
Übersetzung 216
Umgruppierung 500
Unternehmensplanung 585
Unternehmensstrategie 502, 506, 525, 583
Unternehmensvergütungsmanagement 190, 485, 577
Unternehmensziel 279
Ursache-Wirkungs-Kette 586
US-GAAP 585

V

Vakanz 89, 606
Veranstaltung 299
Veranstaltungsbeurteilung 232
Veranstaltungsgruppe 298
Veranstaltungskatalog 300
Veranstaltungsmanagement 208, 239, 285, 575
   Auskunftserteilung 357
   Bedarfsplanung 344
   Buchung 351
   Budgetierung 341
   Integration 306
   Kalkulation 350
   Konzeption 295, 381
   Korrespondenz 361
   Materialplanung 349
   Nachbereitung 311
   Ressourcenplanung 346
   Stornierung 351
   Struktur 297
   Tagesgeschäft 351
   Umbuchung 351
   Vormerkliste 356
   Warteliste 356
Veranstaltungsmenü 302
Veranstaltungstyp 298
Vererbung 55, 205
Vererbungsprinzip 90

Vergleichbarkeit 230
Vergütung 280
Vergütungsgestaltung 28
Vergütungsmanagement 239
Vergütungsmanagement → Unternehmensvergütungsmanagement
Vergütungsplan 531
Vergütungsplanung 499, 511
Vergütungspolitik 499
Vergütungsprogrammgruppierung 487
Vergütungsrisiko 508
Vergütungsverwaltung 485, 486, 577
Verknüpfung 47, 54, 134
   Pflegen 97
Verknüpfungsart 518, 526
Vertrieb 306
Vier-Augen-Prinzip 135
Vollmacht 519
Vollzeit 515
Vollzeitäquivalent → FTE 524
Vorauswahl der Bewerber 418

W

War for Talent 422
Web 2.0 287
Web Based Training (WBS) 341
Web Dynpro ABAP 277, 480
Weiterbildung 285
Weiterbildungsempfehlung 220
Werkzeugmenü 304
Wettbewerbsstrategie 584
Workflow 56, 316
   Fehlerbehandlung Korrespondenz (ERROR PD-SCM) 317
   Genehmigung Teilnahme eines Mitarbeiters (LSO_APPROVE1) 317
   Teilnahmestornierung Mitarbeiter 321
Workflow Builder 167
Workflow-Container 168
Workflow-Definition 167
Workflow-Muster 167, 169
Workforce Deployment 28, 29
Workforce Planning and Analytics 28
Workforce Process Management 28, 29

Z

Zeitbindung 43
  Art 43
Zeitmerkmal 560
Zeitwirtschaft 29, 308
Zentrale Benutzerverwaltung (ZBV) 159

Ziele kaskadieren 279
Zielvereinbarung 231
Zielvereinbarung und Beurteilung 28, 190, 231, 576
  Akteur 245
  Aufgabenvorrat 277
Zuständigkeitszeitraum 145

www.sap-press.de

3., aktualisierte und erweiterte Auflage des HR-Standardwerks

Betriebswirtschaftliche Anforderungen und ihre Realisierung in SAP ERP HCM

Stammdaten, Customizing und Prozessbeispiele

Jörg Edinger, Christian Krämer, Christian Lübke, Sven Ringling

Personalwirtschaft mit SAP ERP HCM

Unser HR-Standardwerk begleitet den personalwirtschaftlichen Prozess von der Personalauswahl bis hin zur Überleitung der Daten in die Finanzbuchhaltung und Kostenrechnung. Die Mischung aus betriebswirtschaftlichen Grundlagen, praxisnahem Prozesswissen und wichtigen Customizing-Einstellungen macht dieses Buch zum optimalen Begleiter. Wichtige Erweiterungen der dritten Auflage sind E-Recruiting, das Interne Kontrollsystem (IKS) und die durchgängige Einbeziehung des SAP NetWeaver Portals. Außerdem wurde das gesamte Buch auf Release SAP ERP 6.0 aktualisiert.

647 S., 3. Auflage 2008, 69,90 Euro, 115,– CHF
ISBN 978-3-89842-865-1

>> www.sap-press.de/1365

www.sap-press.de

Alle wichtigen HR-Funktionen Schritt für Schritt erklärt

Zahlreiche Übungen, anschauliche Beispiele und Tipps für die tägliche Arbeit

2. Auflage, aktuell zu SAP ERP HCM 6.0

Jörg Edinger, Anja Junold, Klaus-Peter Renneberg

Praxishandbuch SAP-Personalwirtschaft

Die zweite Auflage unseres Bestsellers, aktuell zu SAP ERP HCM 6.0. Alle für Sie wichtigen Themengebiete des SAP-Systems werden schrittweise, detailliert und leicht verständlich erläutert. Viele aktuelle Screenshots, anschauliche Beispiele sowie Übungsaufgaben versetzen Sie in die Lage, Ihre Arbeit in der Personalwirtschaft erfolgreicher und effizienter zu gestalten. Der bewährte Inhalt wird durch zahlreiche neue Tipps und durch einen Schulungsplan abgerundet.

565 S., 2. Auflage 2009, 59,90 Euro, 99,90 CHF
ISBN 978-3-8362-1312-7

>> www.sap-press.de/1954

Einsatz des SAP-Standard-MetaNet und des HR-Formular-Workplace

Formulargestaltung mit dem Form Builder für Smart Forms und SAP Interactive Forms by Adobe

Erweiterungen, Integration mit Abrechnung und Zeitwirtschaft sowie Berechtigungsobjekte

Stefan Kauf, Viktoria Papadopoulou

Formulargestaltung in SAP ERP HCM

Dieses Buch erklärt Ihnen, wie Sie in SAP ERP HCM selbst Druckformulare erstellen und die Instrumente dazu im SAP-System customizen. Die Gestaltung des Layouts wird Ihnen anhand des Entgelt- und Zeitnachweises konkret erläutert. Außerdem erfahren Sie, wie Sie die Anwendung durch BAdIs erweitern, Formulare in bestehende Anwendungen, z.B. die Gehaltsabrechnung, integrieren und Berechtigungen zuweisen. Sie erhalten eine praxis- und problemorientierte Anleitung und können die Formularerstellung anhand dieses Buches Schritt für Schritt nachvollziehen.

231 S., 2009, 49,90 Euro, 83,90 CHF
ISBN 978-3-8362-1220-5

>> www.sap-press.de/1836

www.sap-press.de

Detaillierte und praxisorientierte Darstellung des Ablaufs mit Beschreibung des Abrechnungsschemas D000

Folgeaktivitäten und spezielle Themen der deutschen Personalabrechnung

Customizing mit Schemen- und Regeleditor, Merkmalen, Formularen

Jörg Edinger, Richard Haßmann, Gerold Heitz

Personalabrechnung mit SAP

Dieses Buch zeigt Ihnen detailliert den Ablauf der Personalabrechnung und gibt Ihnen einen Überblick über das Schema D000. Es führt Sie kompetent durch die Folgeaktivitäten, zeigt Ihnen Sondersituationen und wie Sie sie bewältigen. Sie lernen auch deutsche Spezialthemen kennen, wie z.B. Krankengeld- und Mutterschaftsgeldzuschuss, Altersteilzeit und Pfändungen. Sie erfahren alles über die Customizing-Werkzeuge, mit denen Sie die Personalabrechnung anpassen können. Geschrieben aus der Praxis für die Praxis, bietet Ihnen dieses Buch fundiertes Wissen für die Erstimplementierung und die tägliche Nutzung und Pflege des installierten Systems.

595 S., 2009, 69,90 Euro, 115,– CHF
ISBN 978-3-8362-1154-3
>> www.sap-press.de/1703

www.sap-press.de

Erstellen Sie ein prozessorientiertes Berechtigungskonzept

Setzen Sie die komplexen Berechtigungswerkzeuge praxisorientiert ein

Inkl. Customizing und Erweiterungen, Auswertungen und Fehlersuche

Martin Esch, Anja Junold

Berechtigungen in SAP ERP HCM

Konzeption, Implementierung, Betrieb

Mit diesem Buch lernen Sie, wie Sie ein passendes HR-Berechtigungskonzept für Ihr Unternehmen erstellen und es in SAP ERP HCM realisieren. Von den Unterschieden und Einsatzgebieten der allgemeinen, strukturellen und kontextsensitiven Berechtigungsprüfung bis zu den besonderen Herausforderungen beim Einsatz des Performance Managements wird kein Thema Ihres Interesses ausgespart. Außerdem lernen Sie typische Problemfelder und die Lösungsansätze kennen. Viele praktische Tipps unterstützen Sie sowohl bei der erstmaligen Einführung als auch bei der täglichen Arbeit im Berechtigungswesen.

352 S., 2008, 69,90 Euro, 115,– CHF
ISBN 978-3-8362-1081-2

>> www.sap-press.de/1566

www.sap-press.de

Betriebswirtschaftliche Aspekte eines HCM-Portals

ESS, MSS und SAP NetWeaver BI im Portal

Umfassendes Wissen zum Projektablauf

Harald Goetsch, Sven Herrmann, Daniel Knapp

Personalwirtschaft mit SAP NetWeaver Portal

Was sind Sinn und Nutzen eines Portals? Wie können Sie den Einführungsprozess gestalten? Welche technischen Aspekte sind dafür relevant? – Drei Fragenkomplexe, auf die Ihnen dieses Buch Antwort gibt. Sie lernen die Nutzenpotenziale, die zentralen Portalbegriffe und -komponenten und die Einsatz- und Integrationsmöglichkeiten von ESS, MSS und SAP NetWeaver BI kennen. Darüber hinaus gibt Ihnen ein detaillierter Leitfaden Ansatzpunkte und Ideen für jede Projektphase. Und natürlich erhalten Sie auch Einblick in Datenschutz- und Integrationsaspekte und die verschiedenen Tools zur Entwicklung eigener Anwendungen.

421 S., 2008, 69,90 Euro, 115,– CHF
ISBN 978-3-8362-1054-6
>> www.sap-press.de/1503

www.sap-press.de

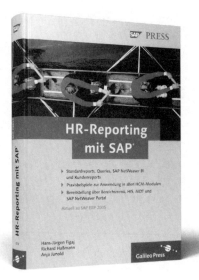

Standardreports, Queries, SAP NetWeaver BI und Kundenreports

Praxisbeispiele zur Anwendung in allen HCM-Modulen

Bereitstellung über Bereichsmenü, HIS, MDT und SAP NetWeaver Portal

Aktuell zu SAP ERP 6.0

Hans-Jürgen Figaj, Richard Haßmann, Anja Junold

HR-Reporting mit SAP

Dieses Buch zeigt Ihnen, wie Sie die Reporting-Werkzeuge des SAP-Systems zielgerichtet und effektiv einsetzen können. Zunächst lernen Sie Standardreports, Queries und SAP NetWeaver BI detailliert kennen. In Praxisbeispielen können Sie anschließend nachvollziehen, wie die einzelnen Tools in den unterschiedlichen HCM-Modulen bestmöglich eingesetzt werden und lernen jeweils auch den BI-Standard-Content kennen. Zusätzlich erfahren Sie, wie Sie die Reports für die Anwender bereitstellen können. Das Buch basiert auf SAP ERP 6.0 und kann ab Release R/3 Enterprise eingesetzt werden.

431 S., 2007, 69,90 Euro, 115,– CHF
ISBN 978-3-89842-878-1

\>> www.sap-press.de/1384

MITMACHEN & GEWINNEN

SAP PRESS

Sagen Sie uns Ihre Meinung und gewinnen Sie einen von 5 SAP PRESS-Buchgutscheinen, die wir jeden Monat unter allen Einsendern verlosen. Zusätzlich haben Sie mit dieser Karte die Möglichkeit, unseren aktuellen Katalog und/oder Newsletter zu bestellen. Einfach ausfüllen und abschicken. Die Gewinner der Buchgutscheine werden persönlich von uns benachrichtigt. Viel Glück!

▶ **Wie lautet der Titel des Buches, das Sie bewerten möchten?**

▶ **Wegen welcher Inhalte haben Sie das Buch gekauft?**

▶ **Haben Sie in diesem Buch die Informationen gefunden, die Sie gesucht haben? Wenn nein, was haben Sie vermisst?**
   - ☐ Ja, ich habe die gewünschten Informationen gefunden.
   - ☐ Teilweise, ich habe nicht alle Informationen gefunden.
   - ☐ Nein, ich habe die gewünschten Informationen nicht gefunden. Vermisst habe ich:

▶ **Welche Aussagen treffen am ehesten zu?** (Mehrfachantworten möglich)
   - ☐ Ich habe das Buch von vorne nach hinten gelesen.
   - ☐ Ich habe nur einzelne Abschnitte gelesen.
   - ☐ Ich verwende das Buch als Nachschlagewerk.
   - ☐ Ich lese immer mal wieder in dem Buch.

▶ **Wie suchen Sie Informationen in diesem Buch?** (Mehrfachantworten möglich)
   - ☐ Inhaltsverzeichnis
   - ☐ Marginalien (Stichwörter am Seitenrand)
   - ☐ Index/Stichwortverzeichnis
   - ☐ Buchscanner (Volltextsuche auf der Galileo-Website)
   - ☐ Durchblättern

▶ **Wie beurteilen Sie die Qualität der Fachinformationen nach Schulnoten von 1 (sehr gut) bis 6 (ungenügend)?**
   ☐ 1 ☐ 2 ☐ 3 ☐ 4 ☐ 5 ☐ 6

▶ **Was hat Ihnen an diesem Buch gefallen?**

▶ **Was hat Ihnen nicht gefallen?**

▶ **Würden Sie das Buch weiterempfehlen?**
   ☐ Ja   ☐ Nein
   Falls nein, warum nicht?

▶ **Was ist Ihre Haupttätigkeit im Unternehmen?**
   (z.B. Management, Berater, Entwickler, Key-User etc.)

▶ **Welche Berufsbezeichnung steht auf Ihrer Visitenkarte?**

▶ **Haben Sie dieses Buch selbst gekauft?**
   - ☐ Ich habe das Buch selbst gekauft.
   - ☐ Das Unternehmen hat das Buch gekauft.

Katalog & Newsletter

www.sap-press.de

Ja, bitte senden Sie mir kostenlos den neuen Katalog. Für folgende SAP-Themen interessiere ich mich besonders: (Bitte Entsprechendes ankreuzen)

- ☐ Programmierung
- ☐ Administration
- ☐ IT-Management
- ☐ Business Intelligence
- ☐ Logistik
- ☐ Marketing und Vertrieb
- ☐ Finanzen und Controlling
- ☐ Personalwesen
- ☐ Branchen und Mittelstand
- ☐ Management und Strategie

☐ Ja, ich möchte den SAP PRESS-Newsletter abonnieren. Meine E-Mail-Adresse lautet:

Absender

Firma

Abteilung

Position

Anrede   Frau ☐   Herr ☐

Vorname

Name

Straße, Nr.

PLZ, Ort

Telefon

E-Mail

Datum, Unterschrift

Teilnahmebedingungen und Datenschutz:
Die Gewinner werden jeweils am Ende jeden Monats ermittelt und schriftlich benachrichtigt. Mitarbeiter der Galileo Press GmbH und deren Angehörige sind von der Teilnahme ausgeschlossen. Eine Barablösung der Gewinne ist nicht möglich. Der Rechtsweg ist ausgeschlossen. Ihre freiwilligen Angaben dienen dazu, Sie über weitere Titel aus unserem Programm zu informieren. Falls sie diesen Service nicht nutzen wollen, genügt eine E-Mail an **service@galileo-press.de**. Eine Weitergabe Ihrer persönlichen Daten an Dritte erfolgt nicht.

Antwort

SAP PRESS
c/o Galileo Press
Rheinwerkallee 4
53227 Bonn

Bitte freimachen!

SAP PRESS

Hat Ihnen dieses Buch gefallen?
Hat das Buch einen hohen Nutzwert?

Wir informieren Sie gern über alle
Neuerscheinungen von SAP PRESS.
Abonnieren Sie doch einfach unseren
monatlichen Newsletter:

www.sap-press.de